U0453066

社会性别与公共政策(之二)

中央党校妇女研究中心性别平等政策倡导课题组

李慧英 刘澄 主编

中国社会科学出版社

图书在版编目（CIP）数据

社会性别与公共政策（之二）/李慧英等主编 . —北京：中国社会科学出版社，2014.12
ISBN 978 - 7 - 5161 - 5213 - 3

Ⅰ.①社… Ⅱ.①李… Ⅲ.①性别差异—方针政策—研究—世界 Ⅳ.①D581

中国版本图书馆 CIP 数据核字（2014）第 290754 号

出 版 人	赵剑英
责任编辑	吴丽平
责任校对	周 昊
责任印制	张雪娇

出　　版	中国社会科学出版社
社　　址	北京鼓楼西大街甲 158 号（邮编 100720）
网　　址	http：//www.csspw.cn
	中文域名：中国社科网　　010 - 64070619
发 行 部	010 - 84083685
门 市 部	010 - 84029450
经　　销	新华书店及其他书店

印刷装订	北京君升印刷有限公司
版　　次	2014 年 12 月第 1 版
印　　次	2014 年 12 月第 1 次印刷

开　　本	710×1000　1/16
印　　张	32
插　　页	2
字　　数	539 千字
定　　价	96.00 元

凡购买中国社会科学出版社图书，如有质量问题请与本社联系调换
电话：010 - 64009791

版权所有　侵权必究

谨以此书献给"北京+20"
献给发现和构建性别议题的专家与学者
献给关注和推动性别平等的同仁与朋友

让我们铭记：
妇女，一个最漫长的革命
争取男女平等的重要性，不亚于废除奴隶制和殖民主义的消亡！

目 录

前言 …………………………………………………………………… (1)

第一单元　经济建设

新农村建设与性别平等的推进 ………………………………………… (3)
我国当代农村土地政策的社会性别分析 ……………………………… (23)
劳动的性别分工与就业政策 …………………………………………… (41)
从社会性别的视角看"美女经济" …………………………………… (59)
将性别视角纳入整村推进扶贫工作 …………………………………… (68)
性别敏感的农村劳动力转移工作实践 ………………………………… (77)
村级森林经营方案编制中如何体现社会性别意识 …………………… (87)

第二单元　社会建设

社会保障统一制度下的权利差异 ……………………………………… (99)
艾滋病政策法规的社会性别分析 ……………………………………… (118)
社会性别与妇女儿童的人身权利 ……………………………………… (136)
生殖健康服务中理念和方法的变革与延续 …………………………… (153)
流动女性参加社会保险的政策制约 …………………………………… (170)
性别结构与社区规则的实践逻辑 ……………………………………… (189)
一个性别平等的村规民约是如何产生的 ……………………………… (208)

第三单元　政治建设

国内外妇女参政配额制的思考 ………………………………………… (231)

性别平等政策的转变:从倡导走向反歧视 …………………… (257)
性别平等政策倡导的路径与方法 ……………………………… (268)
推进社会性别平等的国家机制 ………………………………… (282)
我国提高妇女地位的政府机构及其作用 ……………………… (302)
公共政策性别影响分析 ………………………………………… (313)
从性别视角看公共资源的公平配置 …………………………… (323)

第四单元 文化建设

祭祖热与父系传承 ……………………………………………… (339)
婚居模式与从夫居的文化现象 ………………………………… (349)
性别刻板定型与"文化陷阱" …………………………………… (367)
女人祸水论与性骚扰防治 ……………………………………… (377)
"怀孕歧视":为什么有禁不止 ………………………………… (389)
两性平等参与生育事务的立法可能 …………………………… (405)
性别平等是一种生活方式 ……………………………………… (431)

附录一 深圳经济特区性别平等促进条例 …………………… (439)
附录二 "台湾性别平等教育法" ……………………………… (444)
附录三 我国百年性别政策演变轨迹 ………………………… (453)

后记 …………………………………………………………… (496)

Contents

Preface ·· (1)

Unit 1 Economy Development

New Rural Construction and Gender Equality Promotion ···················· (3)
Gender Analysis on Land Policies ·· (23)
Gender Issues in Labor Division and Employment Policies ·············· (41)
Beauty Economy in Gender Perspectives ·· (59)
Village-based Poverty Alleviation in Gender Perspective ················ (68)
The Transfer of Rural Labor with Gender Sensitivity ····················· (77)
Gender Awareness in Community-based Forest Management Plan ········ (87)

Unit 2 Social Development

Rights Differences under the Integration of Social Security System ······ (99)
Gender-perspective Analysis on AIDS Policies ······························ (118)
Gender and Personal Rights of Women and Children ···················· (136)
The Revolution and Continuance of Ideology and Approach in
    Reproductive Health Services ·· (153)
The Policy Restriction of Emigrant Women's Social Security ············ (170)
The Gender Structure and the Logic of Community Rules in
    Practice ·· (189)
How Gender Equal Village Rules been Produced ·························· (208)

Unit 3 Political Development

About the Quota System for Women's Political Participation ············ (231)
Strategic Shift of Gender Equal Policies: From Advocacy to
    Anti-discrimination ·· (257)
Approach and Method for Gender Equal Policy Advocacy ············· (268)
To Better Gender Equal State System ··· (282)
Governmental Departments for Better Women's Status and
    Their Functions ·· (302)
Public Policy Analysis and the Gender Influence ··························· (313)
Public Resources Allocation in Gender Perspectives ······················ (323)

Unit 4 Culture Development

Ancestor Worship and Patriarchal Inheritance ······························· (339)
The Marital Living Mode and the Phenomenon of Uxorilocal
    Marriage ·· (349)
Gender Stereotype and the "Culture trap" ····································· (367)
The Argument of "Women Bring Back Luck" and Sexual Harassment
    Prevention ··· (377)
Discrimination against Pregnancy: Why Can not be Stopped ············ (389)
The Possibility of Legislation of Gender Equal Participation in
    Reproduction ··· (405)
Gender Equality as a Way of Living ·· (431)

Appendix A   Regulations Promoting Gender Equality in Shenzhen ··· (439)
Appendix B   "Gender Equality Education Law in Taiwan" ············ (444)
Appendix C   China's Policy Evolution within a Century ················ (453)

Postscript ·· (496)

前　言

现代国家的政治框架内，平等作为基本人权首先来自宪法和法律的肯定，并在法治基础上得到国家政治的保障。中国政府历来重视性别平等，承诺把男女平等作为基本国策，表明中国政府主动承担保障两性平等的责任，其中蕴含的理念是：在法律赋权的基础上，通过稳定而持久的政策实施，着力改造造成男女不平等的分工形式和社会结构，克服支撑这一结构的文化观念和社会习俗，消除实际上存在的对妇女的性别歧视，促进男女平等的实现。那么政府通过怎样的政治和政策行动来保障两性平等，通常政策执行的过程和管理行为对两性平等又会产生什么影响？这就需要具体深入的分析和研究。

现实生活中，性别歧视乃至性别压迫仍然存在，男女两性社会地位的总体差距和分层差距仍然存在。但对两性关系的认识经常受本质主义的影响，认为由于男女不同的生理结构和生物特性，形成了两性不同的性别气质，并产生了两性不同的行为特征和社会特征。这种说法把两性的不平等归结为生物性特征，掩盖了两性不平等的社会机制作用。而在以经济建设为中心的逻辑中，两性平等与经济发展水平简单划上等号，以为"经济发展了，妇女自然会跟着受益"。这种说法忽视了社会分配中的性别不公平，男性事实上比女性拥有更多的机会、权力、服务和舆论支持，这种资源分配中的性别倾向让他们处于强势地位。如果不注意政策的性别公平，在经济发展的同时，还有可能会扩大两性的不平等。

社会生活中存在着性别结构以及这一结构会导致两性的社会差距是一个不争的事实，但如何从公共政策的角度分析和理解性别差异的社会意义，以及需要进行什么样的政策调整，似乎还比较模糊，而这又被理解为与政策的特质有关。公共政策之所以被视为"公共的"，就因为它基于实现公共利益的目标，对所有政策对象采取了平等对待的立场，即政策对象不分男女，一律同等对待。这样的政策在性别上采取了不偏不倚的中立立场，也因此被视为是平等的政策。但是性别中立政策默认的前提是两性的政策权利和地位是平等的，因而只要同等对待就能保证平等。而这恰恰是问题所在。两性的政策权利和地位并不是平等的，政策环境存在着明显的性别差异，区别对待仍然是两性间权利资源分配的基本方式。但性别中立政策并不考虑这些差异，当然也不会考虑由于差异的存在而使政策资源的分配不平等，以及由此造成的不同结果。因此，性别中立政策所坚持的一致性的规则，虽然不具有明显的性别歧视，但却不改变原有的歧视性差距，在实际操作过程中有可能因此而扩大差距。

性别中立政策实质上是性别盲视政策。政策设计时，缺乏对两性不同的生命体验和利益需求的考虑；政策执行中，缺乏对两性原有的地位差距导致的政策功能扭曲和权利分配不平等的关注；政策结果出现后，缺乏对由此造成的两性现实差距的重视，或者模糊两性之间的真实差距。而在分析差距的原因时，要么简单说成是传统文化的影响，要么归结为妇女自身"素质低"。因此，性别中立政策并不能保证两性平等享有政策权利，在存在性别差异的环境中运行的政策，因为坚持一样对待，更有可能不是缩小差距，而是强化差距。

性别问题不只是一种家庭内部关系，而是社会生活中的普遍关系。性别平等也不是在国家发展的大道上给妇女增加一辆车那么简单，它需要通过对制度及其运行追根溯源，包括充分认识现行社会系统、结构运行、政策项目造成的歧视性，通过加强法律权利、积极行动政策和长期性的制度变迁，改变对妇女的偏见和歧视。采取积极的政策措施调整两性的社会关系，不仅指制定若干项专门解决妇女问题的具体政策，而且在所有公共政策的制定、执行的全过程中，都要有明确的社会性别平等观点。那么，对公共政策过程进行社会性别分析和研究，就显得十分必要。

一般来说，公共政策过程包括四个阶段：制定、执行、评估、调整。每个阶段的重点不一样，围绕政策目标的实现，构成一个完整的政策周期。男女平等作为一般政策理念总会得到原则确认，但运用社会性别视角观察分析公共政策周期，仍然会发现那些容易被忽视的问题，而这些问题对于性别平等的政策目标以及相关行动非常重要。

第一，政策制定。这是政策过程的首要阶段，也是政策分析的核心内容。政策制定阶段有两个步骤非常重要，即政策议程设置和政策方案选择。

政策议程设置要解决的是哪些问题能够被认定为政策问题,哪些问题不能被认定为政策问题。公共政策的制定,首先要发现社会问题的存在形式、发展的严重程度以及变化趋势,然后才可能通过合法手段,确立问题解决的目标体系,以及实现目标的途径和方法。政策问题认定是政策制定的实际起点。形成政策问题需要三个条件:实际问题、表达渠道、政府认可。从实际存在的社会问题到政策问题,有赖于通过表达渠道传递给决策层,表达的过程实际上也是一个建构的过程。政策议程设置不管是有意还是无意,都会倾向于强势表达的意见。这些强势话语就会因为强势而成为"重要的",被优先考虑和安排。男性的经验和愿望往往被建构成全体社会成员的经验和愿望,更容易成为全体的、公共的,而女性的经验和需求则被"妇女化","妇女问题"能否成为政策议程,很大程度上取决于男性如何看待女性以及女性问题。男性拥有话语权,有能力建构"政策问题",话语弱势造成了女性的表达不能有效传递给政府决策者,从而在政策议程设置中不得不被边缘化。比如农村出嫁女的土地权益问题,因为这个问题在男性中几乎不存在,它就始终是一个妇女问题而不是政策问题。那么政策分析很重要的前提就是把"妇女问题"还原为社会问题,通过问题建构设置政策议程。

与"妇女问题"很难进入政策议程相应,政策方案更多表现为"无性"的特点。一种流行的观点是:只有与妇女有关的政策才需要性别意识,一般政策不涉及性别,不需要做性别分析。这就使大量涉及经济、政治、文化、社会等生活各个方面的政策,基本不会做性别方面的考虑。但社会生活各个方面都是两性共同参与的,一项缺乏性别意识的政策在存在性别差异的社会环境中运行,怎么保证两性平等受益?"社会性别主流化"正是强调了要把社会性别问题贯穿社会发展全过程,不能局限于妇女工作:对任何领域各个层面上的任何一项计划行动,包括立法、政策或项目计划对妇女和男人产生的影响进行分析。这就需要:把妇女和男人的关注、经历作为在政治、经济和社会各领域中设计、执行、跟踪、评估政策和项目计划的不可分割的一部分来考虑,以使妇女和男人能平等受益,不平等不再延续下去。

第二,政策执行。任何政策执行总是在具体的环境中,将政策规范运用于实践的精心操作过程。政策执行经常需要各个部门的通力合作,提供政策执行所需要的有效的资源调动、广泛的社会动员、普遍的舆论支持、对偏离行为的控制，以及不同利益群体对政策回应的多渠道反馈。而这一切必须通过一定的制度和途径才能有效调动和配置。政策执行并不是简单地"干"，执行者经常需要进行再决策，通过具体细则和规定，让比较有原则的政策落地，这些再决策既涉及政策资源和权益的分配，也涉及责任和义务的分配。执行是一个具体和持续的过程，执行者需要经常面对不同的对象采取具体行动，应当承认，由于传统性别文化很大程度上左右着执行主体的行为选择，一项原本不具有性别歧视含义的政策，很可能最终产生了性别歧视的结果。比如计划生育，在国家政策和法律上，都强调夫妻双方有实行计划生育的责任，但在实际执行过程中，节育和绝育的责任，已经完全落到妇女身上。出现这种变化的原因，往往被用生理的或技术的理由来说明。如果运用社会性别分析方法，就能比较清楚地发现背后隐藏的两性权力关系，以及由此导致的权利和义务分配。

政策执行不仅受执行者主观意识的影响，也受环境的左右。首先社会分工形式还不得不对传统分工模式有所依赖，因而对两性仍然具有某种强制性。其次私有制社会内形成的父权制结构仍然存在，由此决定了两性在社会地位、权力享有、资源分配以及利益获得等方面的差距仍然较为明显。再次民主法制不健全导致妇女不能充分享有法律规定的平等权利，并且在权利受损时，也不能完全通过法律手段得到有效维护和适当救济，在权利的法律规定和实际享有之间形成较大落差。最后文化传统落后内在地包含了性别文化的落后，可是这种性别文化还经常被作为标准，用来规范和评价现实的两性关系，继续强化两性角色的社会指派，复制和塑造两性不平等。正因为时代约束条件的普遍存在，政策执行经常不是以理想指引的坚决行动，而是对环境不断妥协的产物。观察和分析政策执行是如何妥协，以及这些妥协对两性关系有着怎样的影响，是政策分析需要认真对待的事。

第三，政策评估。主要是对政策方案通过执行后产生的效果进行评估。运用社会性别分析方法，分析评价政策实际运行中对两性可能产生的不同影响，以及执行行为可能的性别偏差，是对政策进行社会性别评估的关键。现在至少在公开的层面上，没有人会反对性别平等，但是却没有多少人承认性别不平等。不仅仅男性不承认，女性也觉得没什么不平等，或者即使有也是属于"应该的"。对于性别不平等的集体无意识，造成了对现实问题的不察觉和不认可，也就很难对政策结果进行准确的评估。所谓

"性别敏感"就是要运用社会性别分析方法,研究和分析两性实际存在的社会差距,评估性别中立政策对两性可能产生的不同结果。这就需要较强的性别歧视识别能力,在司空见惯的甚至被认为是平等的社会现象中,发现性别不平等的存在及其表现形式。对此可以借助一个重要的工具,即建立不同的性别统计,通过统计数据可以比较客观地反映出两性之间的真实差异。

政策评估还有一个作用就是分析性别差异的原因。由性别结构决定的分工形式以及文化上的区别对待,造成两性生存状态和发展机会的明显反差,女不如男恰恰是性别不平等的结果,但这种状况经常被认为是女性素质低、能力差、问题多。政策评估应当建立"妇女不是问题,社会结构才是问题"的基本认识,警惕由于本质主义的思维逻辑导致的对性别问题的误解和扭曲。关键是要系统清理现有的社会性别观念,重新思考那些被视为理所当然的性别主张以及司空见惯的性别现象,揭示其中的不平等因素,发现产生不平等的社会机制,提高对社会性别问题的识别能力。具有性别敏感意识的政策评估,从造成男女社会差异的社会性别的存在出发,不是帮助妇女适应社会现状,将男女纳入固定的社会秩序,而是试图改变根深蒂固的社会性别结构来改变社会秩序。

第四,政策调整。在政策实施过程中,为了保证政策目标的实现,需要对政策进行调整,既包括完善现行政策,也包括改变不适当的政策,甚至终止造成负面影响的政策,这是政策方案重新制定和执行的过程。政策调整往往会受多种因素影响,经济效率、资源紧缺、性别分工等,都会使政策调整的方向偏离性别平等的原则。政策调整不能依靠经济发展,用经济水平等条件的限制来说明妇女只能享受一定范围的、有等级差距的权利,这本身就不符合政策公平性的特质。政策调整也不能只是靠提高妇女素质,通过妇女自身的努力来完成。因为不平等的根本原因是社会性别分工和与之相适应的社会性别机制,不是经济发展水平问题,更不是妇女自身的问题。

男女平等在国家意识中无疑具有合法性,但文化规则造成的社会性别差异已经深刻地内化,在理论工具缺乏、理性认识不足的前提下,仅有对性别平等的一般愿望是无法识别性别不平等的,在性别不平等基础上所建立的平等规则,很难保证不是对女性的另一种不平等。而从"照顾"女性的角度考虑,也很难避免不是对女性权利的歧视性对待。比如许多劳动就业政策都明确规定,不得以性别为由歧视妇女,但这种原则规定对实际存在的形形色色排挤、拒绝、歧视妇女的做法,几乎没有任何约束力。而市场化进程中就业政策的不断调整,似乎并没有有效消除就业的性别歧视,反而使就业的性别歧视变成一种无奈的现实。这就特别需要坚持用社会性别方法,分析政策、法律、观念和行为,提高现行政策和机制,促进性别平等的能力。

政策行动不仅具有周期性,还具有层次性,国家宏观层面的政策和法律,要经过一般政策和具体政策,才能落到实处。从社会性别视角来看,男女平等是国家层面政策和法律的一个核心原则,宪法对妇女在政治、经济、文化、家庭等方面的平等权利做出了明确规定,同时还制定了专门的《妇女权益保障法》,许多部门法和政策都有男女平等的原则规定。但进入一般政策和具体政策时,经过各个不同政策层级的再决策,性别平等的准则逐渐变得弱化,对妇女的平等保护作用也逐渐弱化,性别偏见和歧视则逐渐强化,越接近实际生活,传统性别关系越容易左右政策执行。这就要求在进行政策分析时,不能仅以国家法律和高层政策为蓝本,还要关注具有实际操作意义的具体政策,并且不仅注重政策的文本规定,还要发现那些潜规则。这些潜规则在公开的政策文本中几乎不存在,但往往以传统习俗、社会惯习的方式,顽强地操纵和控制着两性间的社会权利和义务分配,而且还经常以民主自治的名义,阻挡国家法律和政策的落实。比如对农村妇女影响重大的村集体资源分配,多数情况下都是按不成文的乡风习俗进行,而村民自治的形式又使这种对妇女的权利损害变得有根有据。

本书中收录的这些篇章,是运用社会性别方法对公共政策进行具体分析的尝试。主要是从具体政策领域的现实出发,讨论和分析政策过程的影响,既有对政策理念和原则的探讨,也有对政策操作层面的回顾和分析。特别强调在社会性别结构中的政策运行,实际会形成什么结果。本书讨论的政策主要是社会政策,当然也包括了经济政策,比如土地政策等,无论是哪类政策,有一点是一致的,都是从社会公正的视角来审视政策,看到了不仅在社会政策和政治政策中涉及公平议题,也揭示了经济政策与公平正义有着千丝万缕的联系。为了方便讨论,我们将议题分为四个部分:经济建设、社会建设、政治建设和文化建设,每个部分围绕相关主题选择六到八个具体的政策问题展开讨论。这些讨论努力把国家宏观政策与政策执行过程和实际结果结合起来,揭示社会性别结构在与政策互动过程中,是如何影响政策目标和走向，从而使政策执行在推动性别平等方面表现出相当的复杂性。当然揭示问题并不是这本书的全部任务，如何解决问题，使政策执行能够担当起促进性别平等的责任才是我们真正想要探索的。书中收录了部分项目报告，是对在基层解决性别问题的行动记录，这些记录真实鲜活地记载了把平等理念变成实际生活的努力。尽管变化只是点滴形状，但其中蕴含的把性别平等理念和方法贯通政策执行过程和提升政策层次的做法，以及脚踏实地的探索精神，值得学习、借鉴。

编　者

2013 年 4 月

第一单元

经济建设

　　经济建设是社会发展的基础，其目的是促进物质财富的不断增长，满足社会成员的需求。经济建设中公平与效率是相互依存的两轮，缺一不可，不能偏废。但人们常常将关注点放在经济增长上，希望通过促进经济增长做大蛋糕，增加可供分配的资源。可是单纯经济增长并不能保障社会公平，不能保障社会成员共享发展成果。没有公平的分配，甚至会出现穷者越穷、富者越富的马太效应。目前分配的公平性问题更加突出，特别是在土地等资源的分配中，利益冲突越来越明显。本单元着力于经济的性别公平议题，如就业中的两性是否有平等的机会，资源分配中两性是否有同等的资格，集体资源分配是否有平等的分配规则等，并且侧重讨论公共政策如何保障市场的公平竞争，坚持分配的公平性。

新农村建设与性别平等的推进

金一虹[①]

编者语： 新农村建设在借助政府投入兴起一个个新村的同时，如何发挥农民的主体作用，是一个不应忽视的研究重点。"三农"问题为什么会与社会性别高度相关，而农村妇女以及她们对维系乡村社会和家庭所作出的贡献，为什么常常会被视而不见？面对男性大量外出的农村，许多论者不仅眼中"无人"，更是眼中"无女"。"留守妇女"不应该仅仅作为问题引起社会关注，而是要作为新农村建设的主体力量，得到主流的承认和肯定。那么，应当采取怎样的措施，真正体现妇女是新农村建设的主力军？

一 议题提出的背景

问题提出的缘由，是基于对新农村建设理论和实践的反思——它的成就、不足和局限。

1. 新农村建设理论研究的成就、不足和局限

如何理解新农村建设的主旨？学界和政府政策研究部门存在6种不同的战略设计：

（1）以经济发展为中心、注重村庄建设说。新农村建设的落脚点在农民增收和农村经济发展。因此，新农村建设要加快完善农村经济、社会管理体制[②]；新农村建设的重点应放在农村区域性的基础设施和公共服务

[①] 金一虹，南京师范大学社会学教授。
[②] 陈锡文：《深化对统筹城乡经济社会发展的认识，扎实推进社会主义新农村建设》，《小城镇建设》2005年第11期。

设施项目上①。

（2）新农村建设要纳入城市化主导战略说。"新农村建设必然和城镇化同时进行……而且要把城镇化放在最主要的地位"②；新农村建设的意义在于"加快中国城市化，争取一个持久的、内需推动的经济增长"③；"建设社会主义新农村就是要通过各种办法来形成一个稳定的农村，从而使农村和9亿农民成为中国现代化的'稳定器'和'蓄水池'"④。

（3）农村基层社会再造说。社会主义新农村建设必须以政府为主导，农民很难形成行动一致的步调，很难以集体的方式去创造和提供依靠单家独户无法提供的公共产品。因此，新农村建设应将农民的再组织和合作能力的培养纳入体制内的框架中。⑤

（4）组织制度创新说。新农村建设重点是在小农经济基础上的组织创新和制度创新，因此，需要通过国家财政转移支付以提高农民的组织能力。⑥

（5）农民福利增长说。新农村建设应立足于农民福利的提高，在城市化过程中阻止农村衰败，保持农村稳定和农民满意。⑦

（6）文化建设视角，视新农村建设为又一次"乡村建设"运动。

这些学说，从不同的角度诠释新农村建设的意义，影响着新农村建设的战略目标与实践。但是我们看到有两个不应被忽视的问题常被忽略：

第一，重视"新村"的基础设施建设而忽略新农村建设的社会建设。固然，当今中国农村存在公共用品供应不足、基础设施落后等问题，但更多的是社会转型带来的社会问题。目前在新农村建设实践中，存在重修路

---

① 郑新立：《借鉴韩国"新村运动"经验，加快我国新农村建设》，《农村工作通讯》2005年第8期。

② 茅于轼：《90%农民要变成非农民，如何建设农村让人困惑》，搜狐沙龙，2006年3月29日。

③ 周其仁：《中国经济的下一个增长极限：城市化与征地制度的改革》，（长沙参加"晨报会讲堂"讲稿，2011年12月28日）。

④ 贺雪峰：《乡村的前途——新农村建设与中国道路》，山东人民出版社2007年版，第319—320页。

⑤ 王立胜：《建设社会主义新农村的关键在于农村社会基础之再造》，《三农中国》2007年第10辑，湖北人民出版社2007年版。

⑥ 温铁军：《新农村建设与城乡和谐社会》，张晓山、赵江涛、钱良举：《全球化与新农村建设》，社会科学文献出版社2007年版。

⑦ 贺雪峰：《新农村建设：打造中国现代化的基础》，黄平主编：《乡土中国与文化自觉》，生活·读书·新知三联书店2007年版，第144页。

通衢、兴办农田水利、集中建设新农村等基础设施以及产业结构的调整，而忽视社会建设的趋向。而农村社会建设——包括社区的整合等，"常常成了离'池底'最近的一个缺口"。①

第二个易被忽略的问题是新农村建设的主体问题。我国社会主义新农村建设是政府主导型，政府为农村建设注入大量资源以增加农村公共用品的供给，无疑是解决"三农"问题的重要保证，但这不等于说，只有从上到下的推动作用，才是新农村建设的根本。新农村建设离不开农民这个主体，如果农民不认同、不配合，相反不断逃离，那么即使替他们造就一个楼舍屋宇设施齐全的"新农村"，也不是农民真正的家园。《中共中央关于推进社会主义新农村建设的若干意见》也强调：要尊重农民的主体地位。无论是发展农村经济、乡村治理还是文明乡风的建设，都离不开人。如何发挥农民在新农村建设中的主体作用，也是一个不应忽视的研究重点，但目前只停留在理论研究中，除个别研究报告外②，主体性问题很少被浓墨重彩地凸现出来。而在农村基层干部中则到处听到"哪有人搞建设？"的抱怨，说现在的农村是"干活的一堆老鬼，吃饭的一桌小嘴，床上睡的一床小腿"。"男的95%都出去打工了。村里平时看不见劳动力""要想开个青壮年的会……说不好听，连一桌都凑不齐"。

河南省长期从事农村社区教育的梁军老师对此不能认同，说："我就对农村'空心化'的说法感到不舒服，老说农村没人，那么多妇女在这儿呢，咋就看不到呢？咋就想不到发挥她们的作用呢?!"眼中"无人"，眼中"无女"，新农村建设的理论研究和实践中普遍存在着性别的盲点。

2. 新农村建设视野中的性别盲点

以上两点局限最终都可以归为性别视角的缺失。

中国农村的人口社会结构因高度持续的流动性发生了巨大变化，今日农村无论常住人口还是农业劳动力，都呈现女性化特点。无论从农村农业

---

① 吴重庆：《社会建设：离"池底"最近的一个缺口》，《三农中国》，http://www.snzg.cn,2006年11月2日14:42:49。

② 叶敬忠：《农民视角的新农村建设》，社会科学文献出版社2006年版。

劳动力结构还是妇女所做出的贡献，都应是不容忽视的一支重要力量，但是，除了妇女组织坚称妇女就是乡村建设的主力军，①在官方和主流理论家那里，妇女的"主力军"地位都没有得到正式的肯定，相反，农村人口和农业劳动的女性化和老龄化一样，被视为当前农村衰落、农业弱质化的表征。②

性别盲视表现在以下几点：

(1) 伴随传统农业的衰退，"农业女性化"成为农业弱质化的表征。

当前，农村妇女虽然承担了60%—70%的大田生产任务，农业的重要性却大为降低，一家一户经营的农业经济现在已成为"糊口农业"，甚至成为"庭院经济"、副业。③

全国农民外出务工所得是农民现金收入的40%④甚至更多，（笔者调查村中打工收入所占农村家庭经济比例有的高达70%），"一个人出去打工抵得上种20亩地"——女性承担农业生产工作量的增多，并没有给她们带来经济地位的提升。

农村妇女大多以分散的小农方式经营农业，并未被整合进集约化经营的现代农业之中，因此，女性化的农业成为传统农业衰退、农业弱质化的表征。

(2) 男人的缺席和从农业中的撤离，并没有给妇女以当然的主体地位。

伴随着男性从农业中"撤离"和在农村日常生活中"缺席"，妇女在人口数量和经济活动以及在劳作中所占份额，都不能说明她们在农村社会中已然获得了主体性地位。数量和价值背离的原因，要从妇女在农村经济社会结构中的地位去找寻。剧烈变迁中的农村至今有两点未变：一个是父

---

① 参见原全国人大副委员长、全国妇联原主席顾秀莲所说："占农村劳动力60%以上的农村妇女是新农村建设的主体。"全国妇联副主席、书记处第一书记黄晴宜在"建设社会主义新农村与性别平等研讨会"开幕式上的讲话："无论从农村劳动力结构上看，还是从增收致富进程中所发挥的作用上看，妇女都是建设社会主义新农村、促进农村和谐发展的主力军"（谭琳等主编：《建设社会主义新农村与性别平等》序言，中国妇女出版社2007年版，第2页。）

② 国家领导人曾将当前农村存在问题归纳为"三缺"（农业生产缺人手、新农村建设缺人才、抗灾救灾缺人力），摘自回良玉副总理在国务院第二次全国农业普查工作总结会议上的讲话（2008年7月8日），资料来源：中央政府门户网站（www.gov.cn），2008年7月29日。

③ 黄平：《未完成的叙说》，四川人民出版社1997年版，第161、184页。

④ 数据引自李培林《全球化与中国"新三农问题"》，张晓山等主编：《全球化与新农村建设》，社会科学文献出版社2007年版，第23页。

系、从夫居和父权制家庭依旧,一个是村庄权力依旧男性主导。妇女尽管在经济参与方面获得较大进展,但不仅在家中依然处于从属地位,且在公共领域也仍受到排斥——根据民政部2008年统计数字,在全国60多万行政村村主任中,女性仅占1%,村委会中女委员占17.6%,部分地区农村妇女甚至"集体失语"。

(3) 守住农村、守住家园,但却是以从属的方式。

在农村社会发生结构性变化的二十余年中,农村妇女整体上处于被动参与和被动适应的状态。就"留守"这个概念本身就是凸现女性的"雌守"之势——守住农村、守住家园,但居于从属地位。

(4) 被低估的价值:生产、人的再生产乃至对农村社会稳定的贡献。

中国之所以能靠"几乎不支付成本的劳动力来替代资本要素投入",就因为农村妇女独自支撑起人口再生产的重担(在农村生养子女、赡养老人,乃至丈夫劳动力减退、伤残时回到农村的照顾),她们从事的照顾性劳动都是无酬的,因此极大降低了农村人口再生产的成本,支撑着中国长达三十年低成本高速增长的模式。且正因为留守妇女和留守老人们的超额付出,维系了流动者在农村的"根",中国农民才能长期承受这种流动方式带来的家庭分离①,保持了农村社会的基本稳定。但农村女性对农业、农村的发展、农村乃至整个中国社会的稳定所做的贡献被大大低估。男性肯定的是她们守家之辛苦,社会承认的是她们对家庭的贡献,但是其社会意义却被低估。说"中国经济增长和发展的发动机在城市,而中国现代化的稳定器与蓄水池在农村",应该说,这一个现代化的稳定器与蓄水池是以农村女性为主构建而成的。

(5) 当前农村存在的社会问题都与社会性别相关,如农村"三留守"带来的一系列人口、人际关系再生产、农村和谐关系建设等问题以及农民的发展问题。这些既是社会结构问题,在某种意义上也是性别问题。但是遗憾的是,性别,始终未能进入主流学者和政策研究者的视野,即使他们的研究涉及了有关问题,妇女也常常仅仅作为问题被呈现,即将农村的"社会问题女性化"。

因此,在新农村建设研究中导入社会性别视角的任务就成为一个重要

---

① 金一虹:《农村劳动力流动中的社会性别和两种生产的二元分割》,《妇女研究论丛》2009年第2期。

议题，旨在回答农村社会建设与推进性别平等——是毫不相干的两个社会建设项目，还是相互高度关联、密不可分？新农村建设的主体问题——谁是新农村建设的主体，主体在什么条件下才能形成？以及有效推动农村发展与农村妇女发展的关系问题。

围绕这三个问题，《新农村建设与性别平等》的项目①，历时 6 年调查了江苏、安徽、河南、陕西、湖北、广东 6 省 21 村，其中以江苏、安徽和包括河南登封周山村在内的 6 村作为样本村进行比较研究。涉及农村男女两性在经济参与、公共事务参与、家庭权力关系等，本文所使用的资料多来自这些农村调查数据与相关文献。

二 新农村建设与性别平等：不可分割的两翼

建设社会主义新农村与推进农村社会的男女平等看似是两个不同指涉的独立议题——前者是为破解"三农"困局、推进城乡一体化、实现现代化的战略大计，而实现男女平等则是中国社会的基本国策，谋求的是妇女的发展和两性关系的和谐发展。但实际上这两大议题在社会实践中不可避免地相互交集关联，并被统合于中国现代化工程之中。

1. "三农"问题和社会性别高度相关

建设社会主义新农村，缘起于中国现代化过程中"三农"问题②的日渐凸现和中央的高度关注，但必须看到，"三农"问题和社会性别高度相关。

由于农村劳动力大规模流动过程中表现出持续的男性转移势头，尽管近年来流动劳动者中女性所占比例大有上升趋势（女性比例从 1998 年的 32.9% 提高到 2006 年的 36%③），但整体仍低于男性。且男性外出打工具有持续、长期、受婚姻状况影响小，女性外出打工则具有间断性、不稳定性和受婚姻状况影响较大等特点。流动的性别、年龄的差别化的直接后果

---

① 指国家社科基金项目《社会主义新农村建设与性别平等的理论与实践问题》，项目批准号：07BSH028，以下简称《新农村建设与性别平等》课题。

② 所谓"三农"问题，起源于 2000 年时任湖北监利县棋盘乡党委书记的李昌平上书国务院总理朱镕基，将我国农民、农村、农业的困境形象地概括为"农民真苦，农村真穷，农业真危险"，随后农民、农村、农业问题被概括为"三农"问题（李昌平，2009）。

③ 国务院第二次全国农业普查领导小组办公室、国家统计局：中国第二次农业普查主要数据第 2 号公报，2008 年。

之一，就是农村人口和农业的女性化。

农业女性化包含两层含义：从事农业劳动的女性绝对数量在增加；同男性相比女性所占比例越来越高。这两种趋向在我国都同时存在。1996年第一次全国农业普查时，农业劳动力中女性比例为51.78%，在10年后第二次全国农业普查时，女性比例已提高到61.3%①，而在一些农业大省女性所占比例更高，如山东省妇女在农业劳动力中的比例达到65%②，福建省农业女性化程度甚至在70%以上③。

农业劳动的性别—年龄构成，可以成为农业发展的一个敏感指标。农业的女性化、老龄化，说明农业整体在弱质化，日益成为"生计农业"。农业持续地弱质化已经构成农业众多危象之一。

第二是农村的社会建设和农村社会的稳定问题与性别高度相关。

当前，农村的社会关系及农村家庭结构正经历前所未有的冲击，对农村社会和谐构成严峻挑战的问题有：农村社会分化带来的社会整合问题、大规模性别化的流动带来家庭稳定性问题、道德的失序带来的代际失衡和农村养老问题、父权制家庭和意识形态维系着男性优势和"男孩偏好"，造成出生性别比失衡等……其中一些问题如出生性别比失衡和老无所依在一些地区还相当严重。

这些现实问题相当一部分是与社会性别相关、与性别利益失衡相关。以男性为主的流动模式和"男外出女留守"的家庭策略带来的一个直接后果，就是农村的空心化和以妇女、儿童、老人为主的"三留守"现象④。据估计，截至2009年，中国有"留守妇女"4700万—8500万，⑤

---

① 数据转引自叶敬忠《农民视角的新农村建设》，社会科学文献出版社2006年版，第66页。
② 《关于农业女性化问题的几点思考》，中国妇女网（http://www.women.org.cn/allnews/02/1096.html），2006年3月15日。
③ 沈汝发：《我国新农村建设中"农业女性化"现象分析》，新华社（www.cqagri.gov.cn），2006年1月17日。
④ 农村"三化"（农业兼业化、农村空心化、农民老龄化）和"三留守"（留守儿童、留守妇女、留守老人）的提法参见国务院副总理回良玉在国务院第二次全国农业普查工作总结会议上的讲话，资料来源：中央政府门户网站（www.gov.cn），2008年7月29日。
⑤ 4700万留守妇女的数据来自http://www.chinanews.com.cn/sh/2010/07-13/2397389.shtml，而8500万是张原根据"中国居民健康和营养调查"（CHNS）抽样调查现实的年均增幅推算所得。参见张原《中国农村留守妇女的劳动供给模式及其家庭福利效应》，《农业经济问题》2011年第5期。

"留守儿童"5800万,①"留守老人"4000万,② 这种延续30年之久的拆分式流动和涉及数以千万计的流动家庭生活非常态化,"对数千年来相对稳定的小农家庭造成剧烈的冲击,从基础结构层面颠覆着乡村社会,导致乡土中国走向解体"③。

此外,与农村经济体制改革相关的社会问题,如农村集体企业改制以及取消农业税收后,国家从乡村基层的撤退,农村公共用品供给一度大为减少,削减后的农民福利要由家庭提供补偿,亦即由妇女承担更多无偿福利供给,包括在独撑农业劳动重担的同时,还要承担起照顾老人和小孩的重任,使得农村弱势群体变得更加脆弱,家庭成员在责任权利分配中的利益失衡和紧张;再如出嫁不出村的闺女和失婚妇女的土地权益问题、老年人权益的保护、有女无儿户的招婿养老、家庭暴力等,在某种意义上都是因为性别利益失衡和代际均衡机制遭到破坏而引起,因此,也有待于用推进性别平等和代际公平的方式加以解决。概言之,所谓"三农"问题绝大多数是和社会性别高度相关,要通过新农村建设破除"三农"困局,就必须要正视和积极推进两性均衡和谐发展。

2. 新农村建设与推进性别平等的目标具有同一性

社会主义新农村建设与推进性别平等并非是两个独立平行的主题,从发展的根本宗旨来看,社会主义新农村建设的核心是在中国现代化道路中,寻找一个以人为本、城乡统筹、农村社区可持续的发展模式。公平正义和谐的目标就是社会主义新农村建设的题中之义,包括城乡发展的公平与和谐、代际间的公平与和谐、男女两性间的平等与和谐、人和自然的和谐发展。这与在公平正义的原则下,推动男女平等以促进男女两性和谐发展的目标是一致的。

2006年中央一号文件明确提出要"协调推进农村经济建设、政治建设、文化建设、社会建设和党的建设",新农村建设要五大建设并举,这是一个非常有远见卓识的指导意见,特别是社会建设意义重大。建设社会

---

① 数据来源于全国妇联课题组《全国农村留守儿童状况研究报告》,中国妇女网(http://www.women.org.cn/allnews/02/1985.html) 2008年3月5日。
② 数据由中国老年学学会常务副会长赵宝华披露,《京华时报》2011年10月5日04版。
③ 张玉林:《"离土"时代的农村家庭——"民工潮"如何解构乡土中国》,周晓虹、谢曙光主编:《中国研究》,社会科学文献出版社2008年版,秋季卷。

主义新农村,为的是打造中国现代化的基础,一方面,解决城市化、市场化所无法解决的9亿农民的问题,另一方面,建设一个稳定的农村,中国城市化才能有必须的"蓄水池"和"稳定器"。

新农村的社会建设内容包括发展农村教育、卫生、文化、保障事业、优化社会结构、完善社会服务功能、促进社会组织发展四方面。其核心是优化社会结构,重点是民生。也就是说,在人本主义的前提下,维护不同利益群体特别是弱势群体的基本权利,保障其需求满足;提高社会的整合度、促进不同群体的融合和社会关系的和谐。而和谐一定应该是利益均衡机制下的和谐,是体现平等与公平的和谐。因此我们必须正视农村发展中存在的非均衡性发展问题。非均衡性发展问题不仅仅存在于城乡之间、区域之间,也存在于农村不断分化中的不同利益群体之间,包括两性之间;农村社会建设必须关注处于相对弱势的群体,妇女、老人、儿童、贫困人群能否平等地分享发展成果的公平性问题。换言之,推进性别平等也并非仅仅是妇女运动的目标和妇女群团的使命,而是国家的责任也是国家的发展战略。

如果我们把农村公共资源分配的公平公正、不同利益群体的融合程度、社会关系的和谐度作为社会建设水平的衡量标准,那么性别平等显然是农村发展不可分割的一翼。

三 新农村建设与妇女发展互为前提

1. 主体的寻找与建构

谁是新农村建设的主体?农村妇女能否成为新农村建设的主体?无论是从妇女在当今农村的数量优势、已经做出的贡献和可能发挥的更大作用,还是从新农村建设提供的新空间来说,农村妇女都具有成为新农村建设主体的合理性——但合理并不等于必然。

首先,主体不是分散的妇女个体,而必须是组织起来的妇女群体。我们从调查中看到,单个的妇女个体是脆弱的、力量是有限的。她们即使有梦想,有奋斗,有抗争,非常的能干,她们在集体父权制和家庭父权制中,通常都处于不利的位置。只有组织化的妇女,才有可能得到可持续的发展。比如合阳的女村官,她们名气响亮、不少人得到了很多荣誉,但是其实奋斗得很艰难,是女村官协会和背后更广泛的妇女群团的支持和社会的关注，才使她们得以坚持。

其次，主体是妇女但还不是当下状态的农村妇女。中国农业现代化的过程是一个"技术排挤农民"、"资源排挤农民"、"制度排挤农民"的过程。现代技术对传统技术的取代，使得农民中不断有剩余劳动力被排挤出来，传统农业退化，农民减少。

一些农村地区资源条件不好，不适宜继续进行农业生产；一些地方虽有资源，但因生态环境保护等考虑也不适宜继续农业生产，这些地方的原有农业人口要逐渐退出，退耕还林、还草。城市要为"技术排挤"和"资源排挤"出来的剩余人口，提供转移空间。但城乡二元分割的机制形成对农民的制度性排挤，社会保障、医疗卫生、义务教育等背后核心的是户口制度，其他所有制度对城乡所规定的不同"待遇"都是以户口为纲领的。[①]

如果农村妇女总是在"技术替代"、"劳动置换"中处于被替代、被置换的不利位置；在现代农业逐渐淘汰传统小农生产方式的过程中，总是被固化在固守传统农业、传统技术、坚守不利于生产和人居环境的那一部分，何以成为建设社会主义新农村的主体？

所以，真正的主体应该是以独立主体身份而不是以从属身份（父亲的女儿、丈夫的妻子）参与农村的经济发展和社区建设，同时自身又能够适应农业从传统小农经济向现代大农业转型，农村社会从血缘、地缘关系下的传统社会向法理社会转型，农村家庭从父权制向民主、平等的关系转变的具有现代素质的妇女——亦即通过自身的发展完成现代转型的妇女。

因此，改变妇女被动、附属地参与发展的模式，给妇女更多的发展资源，以提高农村妇女的人力资本是她们能够成为建设新农村主体和发挥主体积极作用的必要条件。当然，这需要有一系列的制度和政策保证为主体性建构提供基石。

最后，妇女主体建构需要机会和舞台。新农村建设强劲的推动力和丰富的内涵在理论上是农村女性作为主体的表现空间。但新农村建设毕竟是政府主导的运动，政府和基层组织如何激发农民的建设激情与活力，从而建构其主体地位十分关键。仍以陕西合阳县为例，那里的"女村官"能

---

① 焦建国：《新农村建设：目标、路径与政策的三种选择》，《中国经济时报》2006年6月12日。

够作为一个群体"横空出世",使我们看到农村妇女中不缺乏行政管理的能人,也不缺少参政热情,只需要给她们适当的激发、表现舞台和强有力的社会支持系统。即使基于经济相对不发达的底子、浓厚的传统村落文化,也能带领那些被视为"老弱""妇孺"的村民一起改变村容村貌和脱贫致富,成为当之无愧的农村建设主体。我们不能不归功于地方政府通过政策措施推动妇女参政的制度化力量。① 另一方面妇女组织为女村官提供的能力建设以及为妇女提供培训等发展资源,使妇女提高权能,这是妇女群体成为新农村主体的重要前提。

2. 妇女的参与是实现新农村建设目标的必要条件

实践证明:妇女的参与和妇女自身的发展,是实现新农村建设目标的必要条件。

(1) 妇女对经济活动的广泛参与,为农村经济发展和家庭生计做出了贡献。

农村妇女不仅承担了农业劳动的 60%—70%,留守妇女和留守老人承担了无偿照顾劳动,才使得"在城市打工、在农村养小和养老"式劳动供给模式在一个较长时间得以维持,成为很长一段时期以发展劳动密集型加工业作为中国经济增长的保障。

《新农村建设与性别平等》课题组的调查也显示,无论哪种发展类型的农村,妇女在经济活动领域中十分活跃,起到举足轻重的作用。在那些非农产业得到较好发展的乡村,妇女作为工薪赚取者,不仅为农村经济发展做出积极贡献,其经济收入也成为家庭经济的稳定来源。在我们调查的样本村中,妻子收入甚至超过丈夫的家庭也增多了。

在以劳务输出为农民家庭增收主要来源的农村,固然打工收益已成为众多农村经济的主要来源,但实际上,留守妇女并没有因为承担农业生产和家务劳动而减少工资性劳动,她们普遍利用农闲时间打短工和就近非农就业,工资性劳动甚至占到留守妇女劳动总量的 50.7%②。"留守家园"

---

① 2008 年陕西省委组织部、省民政厅、省妇联三家发文,要求两委班子中至少各有一名妇女,每个县(区、市)的村委会主任数,应达到村委会主任总数的 5%。为妇女参政提供了强有力的制度保证。2011 年时陕西合阳县任一正职的女村官已有 37 名。

② 张原:《中国农村留守妇女的劳动供给模式及其家庭福利效应》,《农村经济问题》2011年第 5 期。

并不意味着妇女依赖男性外出打工的收入维持生活，而是她们以自己的劳动（有酬的和无酬的）、以自己的劳动所得（实物和现金）维持家庭生存和日常消费开支，使一家人在当地过着有尊严的生活。

（2）妇女对社区管理的参与，是农村社区实现善治的重要推动力。

在新农村建设过程中，村庄治理和善治的意义被进一步凸现出来。什么是善治？联合国开发计划署对善治有一个定义，即指对发展利益的公平和负责任的分配。所谓公平，在这里是指所有男人和女人拥有机会提高和维护他们的福利。[1]

善治被看作人类可持续发展的先决条件。而善治首先依赖于公共参与——用公共参与来确保政治、社会和经济的优先考虑事务是基于广泛的社会共识。所有的男人和女人应该在决策中发出自己的声音，都要体现他们的利益。

有研究指出，妇女参加村庄自治不仅有利于维护农村妇女政治权利，促进妇女发展是实现男女真正平等的重要途径，同时也有利于推动农村的政治民主化，亦是完善和发展农村社会政治文明和全面实现小康社会的重要途径。[2]

但是一般情况下，农村妇女多数被认为是不会关心家庭以外的事，她们没有参与社区公共事务的热情。确实，在"新农村建设与性别平等"课题组调查中，周山村除外，妇女的公共参与率均很低（男性的关注度和参与度也不高）。但是课题组在 2009 年对陕西合阳县 20 个"异军突起"的女村官进行调查访问时，发现所谓低度参与社区公共事务的妇女，就像沉睡的大地，一旦被唤醒就会喷薄爆发出惊人的热情和能量。这些女村官身上不乏共性的东西——她们往往显露于贫困、矛盾问题多的村庄，"受命于危难之际"。她们上任伊始都首先抓修路、人畜饮水工程、平整土地、搞卫生改善村容村貌。这在公共用品供给不足、本土资源贫乏的偏远地区是解决农民实际困难的大事；其次是抓项目引进，促进村民增收；

---

[1] 有关 UNDP 对善治的定义，转引自联合国开发计划署发展司、管理发展与治理部负责人 G. 斯比尔·斯莫《联合国开发计划署与治理：经验与教训，管理的发展和治理划分》，亚太妇女政治参与中心、联合国社会性别主题工作组（UNDP、UNIFEM）：《让治理关注社会性别》，基础教程 2002 年，第 19 页。

[2] 韩玲梅、黄祖辉：《新制度经济学视野下的妇女参与村民自治解析》，2006 年中国制度经济学年会论文，转载于 www.docin.com/p-333090804.html，2012 年 3 月 1 日。

再次，女村官大多注意抓农村社区的社会文化建设，比如修建小学、建文化大院、老年活动室、妇女学校、红白理事会、组建妇女秧歌队等。此外，女村官对村务公开和发展过程中的环境保护也给予高度重视。总之，女村官当家的村，村容村貌变化显著，村民增收效果明显，村里文化活动搞得热火朝天，因此能得到村民的衷心拥戴。

为什么大多数女村官政绩更为突出？一个重要的原因是妇女往往通过激烈的竞选才得以走上农村社区管理者的位置，她们珍惜这个难得的机会，有更大的决心兑现竞选时对村民的承诺，甚至不惜牺牲自己小家的利益；其次，从治家到治村，换一个空间天地大，女村官因此感到人生有意义，她们有锲而不舍的韧劲和执着，千方百计组织动员社区内外资源改变落后村貌，在建设家乡的同时实现人生价值。

合阳女村官集体"冒尖"和"爆发"，使我们深深感到：农村妇女中并不缺能人，缺的是让她们进入管理中心的机会和环境。如果更多的妇女能人能够进入村级管理位置，她们对于新农村建设和村庄善治肯定是一支富有活力的生力军。

（3）妇女是农村和谐关系的建设者、农村社会的稳定器。

对中国农村社会结构带来巨大冲击的一是农村社会的阶层分化，二是伴随加快城市化带来的城乡间的大规模的流动。农民离开故土进入城市，而城市又不能使家庭成员实现空间聚合，流动家庭处于离散化和亲属关系碎片化状态中，造成流动农村家庭结构功能的部分缺损，并对原有家庭关系、家庭维系模式构成挑战。① 在各种离散类型中，又以夫妻被迫分居和未成年儿童被迫与父母分离造成的后果最为严重。②

有学者利用 CHNS 数据对有流动劳动力人口家庭和无流动劳动力人口家庭进行比较分析得出：在其他条件不变的情况下，仅劳动力流动一项，离婚率显著提高，达 60% 以上，这意味着劳动力流动者面临家庭破裂的更大风险。③

---

① 金一虹：《离散中的弥合——农村流动家庭研究》，《江苏社会科学》2009 年第 2 期。
② 魏翠妮：《农村留守妇女问题研究》，南京师范大学社会与历史发展学院，硕士论文，2006 年。吴惠芳、饶静：《农业女性化对农业发展的影响》，《农业技术经济》2009 年第 2 期，第 55—61 页。吴惠芳、叶敬忠：《丈夫外出务工对农村留守妇女的心理影响分析》，《浙江大学学报》2010 年第 1 期。
③ 杜凤莲：《中国城乡劳动力流动对婚姻稳定性的影响》，《经济社会体制比较》2010 年第 5 期。

事实上尽管存在诸多不稳定因素，大多数拆分式家庭还是得以维系和运转。这不能不归功于妇女在维系家庭稳定方面做出的贡献：她们在丈夫缺席、互助网缺损的情况下，苦心经营维持了家庭功能的基本完整，想方设法创造家庭团聚和增加情感维系力，妇女们的超额付出是农民家庭在较长时间内能分而不断、离而不散的一个重要原因。

前述中国现代化、城市化需要农村这个"蓄水池"和"稳定器"，而农村女性在中国现代化过程中的作用，既作为劳动力市场意义上的蓄水池而存在（随时准备应对城市和农业以及家庭劳动力的短缺），又承担照料老幼以及人口再生产重任，协调整合离散的家庭、维系发展着农村社会关系，她们是农村社会建设的主要力量，成为当下农村须臾不可缺少的名副其实的社会稳定器。

（4）妇女是建设农村文化的主导力量。

社会主义新农村建设的实践使人们越来越清晰地看到，硬件的建设只是"硬实力"，没有文化建设的"软实力"不行。文化"具有凝聚、整合、同化、规范农民群体行为和心理的功能"①，只有加强新农村文化建设，提升农民的文化素质，克服传统观念才能保证新农村建设沿着健康方向发展。此外，加强农村文化建设还具有弥合城乡、区域矛盾，保持乡土文化的活力的重要作用。

我们在调查中看到，在城市文化特别是消费文化大举入侵之时，乡土文化不断萎缩（如地方戏剧和民间艺术普遍被年轻人冷落）。因此有学者提出，村庄应该成为一个"文化生产的场所"，确实，仅仅接受都市文化的"涓滴效应"（文化下乡）是不够的，不分良莠地任由消费文化泛滥更加糟糕，农村文化只有扎根于本土才能有生命力。这种有生命力的文化使农民有自己的根、对未来有预期、有道德伦理规范、有精神愉悦感。

但是农村文化建设仅仅靠建文化大院、活动室、图书馆，没有群众的积极参与，文化就没有灵魂。

课题组的调查发现，在当下农村，但凡文化建设搞得好的农村，都是由妇女组织并积极参与的。妇女无疑是农村文化建设的主力军。例如陕西合阳尽管地方经济算不上发达，但几乎每一个女村官都会在村里组建一个文化社团，妇女们参与了这些文化活动对农村有认同感和归属感，个人幸

---

① 曾秋、李昱：《加强新农村文化建设是当务之急》，《光明日报》2009年4月3日。

福感也得到提高。而那些没有群众性文化生活的村落,妇女只能以打牌和烧香消磨时光。另一个典型是河南社区教育中心,她们坚持用编写地方戏的方式表达妇女对土地权益的诉求、抨击男孩偏好和家庭暴力等,宣传计划生育和尊老爱幼,以农民喜闻乐见方式寓教于乐,起到非常好的宣传作用。

妇女在文化建设上能发挥重要作用,不仅因为她们是农村人口的多数,更因为在地方民间文化传承上也具有优势。

3. 农村妇女的发展是农村发展的重要前提

社会主义新农村建设寻求的目标是农村、农业、农民的发展,那么人的发展——包括男人和女人——既是农村建设发展的目的,又是实现发展的重要前提。

为什么要重点谈农村妇女的发展?因为妇女历来所掌握的资源较少,"与同一阶层的男性相比,妇女们总是更加远离权力、远离知识,更多地限制在家庭和农村","男女两性的权利不平等依然普遍存在"[①],所以新农村建设更需关注妇女的发展。

妇女发展是一个被赋予权能的过程。权力在这里应该理解为具有创造性和影响他人、改变现状的能力。当妇女们学到一门新的技术的时候,当她们的意见产生了影响,她们的贡献变得"可见"的时候,她们就能感觉到自己的力量。此外,组织合作也能产生力量,产生权力,而因为提高了自我意识,增加了自信和自尊,她们会获得一种内在的权力。这是一种自我赋权的过程。

除了妇女的发展是权能的增加,安德森和伍德罗还给出另一个极有意义的定义:"发展是一个降低脆弱性、增强能力的过程"[②],这是一个"能力与脆弱性"的分析框架。因为历史的原因,农村妇女在各方面表现出比男性更大的脆弱性。但是一方面权能是一个不断变化的量,另一方面在当今农村社区,农村妇女无论在人口结构中还是农业生产劳动中,都不能不成为主要力量(不管你愿不愿意将她们视为主力),因此妇女的发展对

---

① 李慧英:"前言",蔡葵、黄晓主编、武承睿、任晓冬副主编:《社会性别与农村发展政策——中国西南的探索与实施》,中国社会科学出版社2009年版,第1页。

② 安德森、伍德罗:《从废墟中崛起:灾难时期的发展战略》,西景出版社,联合国教科文组织,巴黎,1989:12。

今天农村未来的发展举足轻重。

正如加拿大国际合作委员会的《一个整体的两个组成部分：平衡发展中的性别关系》报告所指出的，妇女在教育、培训、社区参与诸方面的发展，包括知识与信息、权能的增长，将给新农村建设提供重要的内在动力。

概言之，没有妇女的参与、没有妇女的发展、农村的以人为本的发展目标无法实现；而另一方面正是新农村建设为妇女走上更为广阔的经济、政治舞台提供了重要机会，使妇女可以在实践中得到自身发展，成为农村建设的主体。

四 将推进性别平等与农村妇女发展纳入新农村建设目标

既然新农村建设与推进性别平等具有终极目标的一致性和内在的关联性，既然农村的发展与农村妇女的发展互为前提，那么将推进性别平等与农村妇女发展纳入新农村建设目标之中则是题中之义。这个"纳入"是必须的而不是可有可无的。这是因为——

1. 经济的发展并不自然带来性别的平等和性别关系的和谐

如前所述，性别平等—妇女发展—新农村建设之间有相互推进、相辅相成的关系，但是反过来，如果其中一个环节成为短板，则会相互制约。

很多人认为：农村经济发展了，基本设施健全了，妇女自然会随之受益，农村的社会事业也自然会好起来。

但是从我们的调查得出的结论是：

（1）两性之间的不平等仍是当前农村普遍存在的一个现实，这对妇女发展构成巨大制约。

课题组在对 6 个样本村的调查研究中看到，无论在实际经济收入、家庭权力地位以及在发展资源方面，都呈现出明显的男性优势。在经济收入方面，根据男性受访者的报告，丈夫收入是女性的 6.08 倍，差距最高的农村男女之间收入相差了 11 倍。此外，无论是获得公共资源还是家庭可支配资源，男性都大于女性。男性日常可支配家庭资源是女性的 5.7 倍，男性掌控的可借贷钱数额是女性的 5.5 倍。

再看家庭权力结构，我们从家庭生产经营决策、家庭日常开支、家庭礼尚往来和借贷 4 个方面作为描述家庭事务决策权的变量，以采取夫妻"两个人商量着办"作为民主管理指数，以"丈夫说了算"计算"夫权指数"，以"妻子说了算"作为"妇权"指数（需要说明的是，"妇权"在这里仅仅是描述妇女支配权的一个参考指数。男女平等固然反对"丈夫一人说了算"的夫权专制，但也并不认为"妻子一人说了算"的比例越高越好）。

分析结果 4 项综合决策模式指数，民主化管理指数为 40.1，夫权指数为 24.5，妇权指数为 16.6，说明民主决策大于其他权力模式，表现出农村家庭管理民主化的趋向。但夫权仍然大于妇权，显示了男女两性在家庭权力方面的不均衡。

男女之间不均衡的还有两性对社区公共事务的参与，除了周山村，其余各村男性的参与度都远高于女性。

（2）农村经济社会的发展是农村妇女发展的重要基础，但经济发展并不自然而然带来妇女发展和性别平等。

对 6 村的比较研究得出：社区经济的发展是农村妇女发展的重要前提——6 村中社区经济最发达的苏南两村（人均年收入都超过万元）两性经济收入的差别是 6 村中最小的，其中一村妇女的平均收入甚至略高于丈夫，这和其他 4 个村形成巨大差别。

但是调查又使我们看到，经济发展并不自然而然带来妇女发展和性别平等，6 村中经济最发达的一个村，人均年收入达到 14336 元，反而是男性优势和男性支配明显、夫权较强，民主化程度最低的一个村。该村男性日常可支配资源是女性的 10.3 倍，可控借贷资源是女性的 13.8 倍！是 6 村中男女可支配资源差别最大的。似乎经济发达家庭富裕的地区，女人们在挣钱方面与男性的差距在缩小，但是男性对家庭资源的支配权反而在扩大。

女性发展资源最贫乏的也是这个最富庶的村庄，92.6% 的妇女从来没有参加过技术培训。她们参加专业协会的比例也为 0。该村妇女自身发展的不足，明显影响到她们的经济社会参与。在这个乡村工业发达、有较多就业机会的村庄，竟有 40.7% 的妇女在家专事家务。经济参与指数为 33，在 6 村中是妇女经济活动参与度最低的（6 村妇女平均参与指数是 51.7）；家庭民主化指数只有 22.4，也是 6 个村中最弱的（6 村家庭民主平均指数为 70.0）。

（3）男女之间发展的不平衡将制约新农村建设的进程。

拥有发展资源的多寡，无论对个体还是对某一个群体来说，都将直接影响其发展。当前农村居民无论男女，发展资源都较贫乏，但是男性的发展资源依然高于女性（周山村相反，是个例外）。以接受技术培训和参加专业协会的概率作为发展资源计算出发展资源指数，差距最大的村，男性比女性高出 85.6 分，相差十分悬殊。另以参加专业协会等作为组织资源计，除了周山村妇女，其他村的妇女组织化程度均很低，6 个村里有 3 个村妇女组织化指数为 0。

仍以那个经济发达，但男性支配明显、民主化程度最低、妇女发展资源最贫乏的村庄为例，该村妇女对社区内公共事务的关注度很低，"什么事都不关心"的占到 70.4%。对社区公共事务参与度在 6 村中倒数第二，这个村的妇女除了烧香、打牌外几乎没有社区文化活动。都市"文化下乡"免费为村民放电影，而观者寥寥，到场的仅能以个位数计。导致该村社区经济富裕、文化相对贫乏，村民忙于个人致富，全村涣散，近年来全村连村民大会都开不起来。而第二富庶的村落，由于妇女经济参与度最高，与男性收入差距最小（甚至略高于丈夫），家庭管理相对民主，妇女有较多机会参与社区活动，这个村连年被评为省文明村。

2. 农村发展的进路前程与妇女发展程度紧密相关

从新农村的现代化进路看，未来农村还将经历巨大的变迁，一些农村将面临"终结"，大量农村人口将通过"筛选式流动"完成职业身份的转型。那些进入城市的，需要适应都市生活和工业经济的要求，成为具有较高技能和职业素养的产业工人；留在农村的，也需要面对传统农业"退化"向集约化经营的现代农业转型，未来几十年间，妇女的发展对她们自身的命运和农村的命运影响至关重要，农村妇女不仅需要提高自己的人力资本，也要提高妇女的组织化水平以应对激烈的市场竞争。

农村妇女还需要面对不断变化着的农村社会和社会关系——村社共同体、熟人社会都在不断解体之中……农村妇女能否继续担负起农村社会整合和重建认同的重任，在大变动中协调、适应、重构农村社区的社会秩序和社会关系，从而起到农村社会大流动、大变革时代的稳定器作用？

这些都需要在新农村建设的蓝图中，纳入农民的发展、农村妇女发展的内容，方可适应这一农村经济文化社会的巨变。农村妇女的发展，既是一个通过培训、组织化注入发展资源，赋予农村妇女权能的过程，也是一个把社会转型过程中稳定器、蓄水池同时变为助推器的过程。

3. 对如何将性别平等纳入新农村建设的几点建议

（1）让性别议题进入新农村建设战略目标

建设新农村必须正视前述的性别结构和性别利益失衡问题，让性别议题进入新农村建设，其前提是提高对社会性别平等的认识程度。因为只有对社会性别平等的议题和实现社会性别平等的意义有了深刻的认识，才能在目标计划上将社会性别平等纳入新农村建设的目标，在行动中自觉促进性别平等。

（2）对农村社会进行社会性别分析

如前所述，农民在农业现代化过程中遭遇的"技术排斥"、"资源排斥"和"制度排斥"，学界对这三个排斥都有研究，但是很少有人考虑和关注，在农民被技术、资源和制度排挤的过程中，受到排挤最大的是哪一部分农民？从性别视角所做的研究证实，受到现代农业技术、环境资源排斥和制度排挤的主要是女性，特别是已婚的妇女（所谓有了家庭拖累）和年龄偏大、文化程度较低和缺少技术培训的。

（3）基于性别需求，制订和实行促进性别平等计划

如上所分析的问题，靠农村妇女个体的、自发的力量是无法解决的，因此需要有促进性别平等的长远计划。社会性别计划即在社会性别分析的基础之上，制定有针对性的政策和措施。

首先，我们需要识别妇女的实际需求和战略利益。新农村建设的项目可以从解决妇女的实用性需求入手，如获得更便利的服务（孩子就近读书、看病、购买农用物资等）、有更多的文娱活动、丰富精神生活等。但新农村建设的目标却应该可以超出解决实际需求问题，立足于通过现实问题的解决，向性别平等的目标迈进。

其次，制订倡导性、干预性行动计划：

——通过制定鼓励性政策、提供需求表达渠道和参与治理的机会，鼓励农村妇女更积极地参政、参与农村的社会建设；有更多的女村官涌出，直接参与村庄治理，并"让治理关注社会性别"，改善农村社会的和谐度。

——修改村规民约中含有歧视性、排斥性的条款，使妇女无论婚姻状况如何，都能平等地享有生产和发展资源；通过移风易俗，改变偏好男孩、歧视女孩的民间习俗，消解一切不利于妇女生存发展的文化因素。

——在农村资源置换、产业转型过程中，关注农村妇女劳动力的新出路，通过培训鼓励妇女在流动转移中完成职业转换、在政策和资金上向农村妇女倾斜，比如提供小额贷款、妇女的发展专项，鼓励农村妇女创业、组织经济协作组织，适应农村产业的转型。

——通过技术培训、鼓励妇女建立多种多样的妇女组织，给广大农村妇女增权充能，以使她们能与先进的技术、先进的生产方式、更具民主精神的组织模式相关联。

——鼓励男到女家落户，以改变"从夫居"独大的状况；向男孩女孩都能养老、都能继承家产的双系制过渡；鼓励男女平等分担家务劳动、家庭民主化管理，以建立平等和谐的家庭关系。

（4）新农村建设评估中加入性别评估的指标

具体分解为以下几方面内容：

——新农村建设计划中是否纳入性别平等；

——新农村建设的实施过程中，是否促进了性别平等及其程度；

——新农村建设具体项目的结构，对不同性别的影响，女性是否和男性同样从政策、项目中获益；

——长远影响的评估：新农村建设的计划和行动对某一地区性别平等的深远影响。

（5）在探讨如何将性别平等纳入新农村建设问题，同时一定还有"谁是实施的责任主体"的问题。

概言之，只有当政策制定者能够积极评价和证明肯定农村妇女发挥新农村建设主体作用的积极意义，并给予她们成为主体的制度环境，从制度上消除那些制约农村妇女参与农村发展歧视性、排斥性规定（例如平等的土地使用、支配权，确保平等地参与经济发展的机会），才能在新农村建设中促进性别平等、在促进性别平等过程中有效推动新农村建设。

我国当代农村土地政策的社会性别分析

王晓莉[①]

编者语：中国共产党从根据地时期一改历史上的"计丁（男称丁，女称口）授田"制度，采取分田不分男女的土地政策，这一政策一直成为执政党促进男女平等的重要措施。值得关注的是，家庭联产承包责任制推行以来，妇女土地权益问题日益增多，随着城镇化的推进，土地开发征地的加快，妇女土地权益信访案件在全国越来越普遍和凸现，妇女上访维权给地方政府带来的维稳压力也越来越大。如何看待妇女的土地权益问题？为什么我国的土地政策强调男女平等，而与政策法律相抵触的妇女土地权益受侵害事件却层出不穷？该专题选择从政策和实践两个维度进行阐述，并提出相关政策建议。

一 我国农村土地政策的特点

农村土地政策是指国家对农村土地的所有、使用、租赁、转让等事宜所做的法律制度的总称，主要包括土地承包的耕地政策与宅基地政策以及其他相关的转让补偿等政策。

农村土地政策有四大特点。

第一个特点，调动农民农业生产积极性和对于土地的热情，最大化发挥农地的经济效益。土地联产家庭承包制，终止了农民享有的人民公社时期的工分制：土地归集体所有，个人参加集体生产劳动，按照工分分配收益。改变了农民与土地分离的状态，农民直接经营和使用耕地，将土地所有权归集体，将使用权、承包权与收益权归农民。这一政策颁布之后，对中国经济发展的走向产生了深远的影响，开启了城市经济改革的先河。土

[①] 王晓莉，清华大学中国农村研究院博士后。

地承包后，农村土地政策几乎年年调整，引起农民对于承包地的担心与不安。为了保护农民对土地的积极性，使得农业经济不断增长，1984年家庭承包经营历经了"第一轮承包15年不变"，1993年又开始了"第二轮承包30年不变"，实行"增人不增地、减人不减地"的政策，1998年在全国实行。

农业部发布《农村土地承包经营权证管理办法》，2004年1月1日起正式施行。农村土地承包经营权证是农村土地承包合同生效后，国家依法确认承包方享有土地承包经营权的法律凭证。应当说，农村土地承包经营权证的确认，将土地管理纳入法制化轨道，为农民的土地流转提供了法律依据和可能性。与此同时，还可以赋予农民承包地更多的财产权。到2012年，已经有2亿农民获得了承包地经营权证。2014年中央一号文件《关于全面深化农村改革加快推进农业现代化的若干意见》中关于深化农村土地制度改革的论述，强调赋予农民更多财产权，"抓紧抓实农村土地承包经营权确权登记领证工作"，"在落实农村土地集体所有权的基础上，稳定农户承包权，放活土地经营权，允许土地经营权向金融机构抵押融资"。效益土地最大化成为农村土地承包的重要指向。

第二个特点，国家土地政策力图体现土地资源分配的公平原则。土地的分配以"户"为单位，耕地尽管是按照人均的方式来划分，但是按照家庭"户"为单位，由户主来与村集体签订土地承包的合同。宅基地的分配，也是按照"一户一宅"，杜绝一户多宅。1981年《国务院关于制止农村建房侵占耕地的紧急通知》规定，农村社队的土地归集体所有，分配给社员的宅基地等，村民仅仅拥有使用权，不得出租、买卖和擅自转让。1999年《国务院办公厅关于加强土地转让管理严禁炒卖土地的通知》规定，在农村，村民一户只能拥有一处宅基地，如果出售、出租已经拥有的住房再申请宅基地的话，相关部门不予批准。无论是一户一宅，都力图体现分配集体资源的公平原则，对于农村妇女没有排斥，与我国土地政策男女平等的原则是一致的。

第三个特点，农村土地资源分配的民主原则。城镇化以来，土地越来越成为稀缺资源，为了防止村干部以权谋私，法律与相关政策强调多数表决参与制定分配分案。《土地管理法实施条例》于1999年1月1日修订，对农村土地征用补偿做出具体规定：土地补偿费归农村集体经济组织所有；地上附着物及青苗补偿费归地上附着物及青苗的所有者所有；需要安置的人员由农村集体经济组织（或其他单位）安置的，安置补助费支付给农村集体经济组织（或其他单位）；不需要统一安置的，安置补助费发放给被安置人员个人或者征得被安置人员同意后用于支付被安置人员的保险费用。《村民委员会组织法》于1998年制定，2010年10月28日修订并施行，第四章第二十四条规定，对涉及村民利益的宅基地的使用方案和征地补偿费的使用、分配方案，经村民会议讨论决定方可办理。村民会议可以授权村民代表会议讨论决定前款规定的事项。由村民会议讨论通过村规民约以及分配规则，成为农村基层政权一项重要的制度。

第四个特点，农村土地政策几乎都不会考虑对于男女两性带来的后果与影响，特别是对农村妇女带来的影响。这里有着一个不言自明的假设，既然是农民自然包含着男女两性，还有必要特别考虑政策对于妇女的影响吗？如此，是否会导致对男性的反向歧视和排斥？正因为缺乏土地政策的性别分析与评估，产生了决策者始料不及的后果：越来越多的农村妇女的土地权益遭受侵犯，形成农民阶层内部的性别分化。这一性别分化已经成为城市化进程中不得不面对的棘手社会问题。

中国城市化进程迅速推进，从2000年的37%增加到2010年的49.7%，10年提升了13个百分点，目前，全国城镇人口占了一半。据九三学社中央提交给全国人大的一份《关于构建失地农民权益保障机制的提案》分析，2005年全国实有的失地农民总数为4000多万人，并仍以每年200万人的速度递增。其中，女性农民失地和土地收益问题最为突出，2006年全国妇联对全国30个省市区调查发现，女性农民没有土地和失去土地的占到70%。据全国妇联第三次妇女地位社会调查数据显示，2010年，没有土地的农村妇女占21%，比2000年增加了11.8%，同年，农村妇女无地的比例高于男性9.1%。由此可见，随着城市化的快速推进，性别分层与性别矛盾也在同时加剧，正在导致深刻而复杂的社会治理危机。

二 侵犯农村妇女土地权益的几种表现形式

伴随着1981年农村联产承包责任制的首轮推行，侵犯农村妇女土地权益的社会问题重新抬头，至今已30多年，波及全国30个省份。农村妇女土地权益，可以分为直接土地权益和派生土地权益两大类，直接土地权益包括责任田、口粮田和宅基地分配权；由土地权益派生的权益包括分配款、征地款、福利费、安置费等分配权。在上述两类土地权益之外，土地权益有时还会影响到妇女参选参政的政治权利以及家庭财产处置等权益。

无论是直接土地权益还是派生土地权益，出嫁女、离异妇女、入赘婿以及他们的子女都被列入另类，部分或者全部剥夺他/她们参与分配的权利。尤其是征地款和安置费，由于直接影响到生存与发展，这种剥夺显得特别残酷，对妇女及其家庭的直接伤害特别严重，甚至威胁到妇女的尊严和身份认定。

农村妇女土地权益的剥夺至少有三种表现形式：

1. 家庭"户"对妇女土地权益的剥夺

从国家分配政策来看，以"户"为单位，"户"包括了家庭中的每个成员，不论男女均应平等对待。但实际上，"户"是变动的，户内的成员也是变化的，有的成员离开了"户"，有的成员进入了"户"，有的成员过世了，有的成员出生了，新增人口面临着能否获得土地分配的问题。"户"与家庭成员的权益不能简单划等号。户的土地权益得到了，也不等同于每个家庭成员的权利都得到了保障。应当注意的是，我国家庭户是根据男性为中心建立起来的，根据父权制的家庭规则，女儿结婚是不能单独立户的，必须出嫁到男方所在地立户，以男方作为单位户主。即形式上妇女同男子同样在家庭"户"里有一份承包权，实际上却得不到相应的权利，个人权利在家庭中处于虚置的状态，难以得到保障。

对于农村妇女来说，与男性村民最大的不同，在于结婚的意义不同。男性村民结婚是娶妻，不会因为婚姻流动，而农村妇女结婚，大多数从夫居，出现了婚姻流动，严格执行"增人不增地，减人不减地"政策的地区，人走了承包地不会减少，结果会导致"人地分离"：人在男方村庄，地在女方村庄。土地的稳定性与女性婚姻的流动性产生了难以调和的矛盾。

于是出现了两种情况，一种情况是，家庭的土地确权证与妇女的土地确权证是分离的，属于妇女个体的承包地确权证归于以父亲为户主的原有父系家庭中。另一种情况是，尽管家庭的土地确权证与妇女的土地确权证并不分离，但大多数地区登记证上只有男性户主的名字，即属于妇女个体的承包地确权证归于以丈夫为户主的现有父系家庭中。

仅以河北昌黎为例，该县严格执行国家土地政策。2008年8月下旬，河北昌黎县妇联对8个乡镇200个行政村进行了问卷调查，无地人数达

6740人，其中妇女占22.1%，儿童占71.9%，而拥有土地的妇女大多数嫁到男方村，由于空间距离的阻隔，出现了政策设计中难以料到的情况：妇女的承包权、经营权与收益权出现了脱节，妇女无法耕种属于自己的承包地，也无法得到收益。

　　人地分离会导致"性别困境"，即土地登记证的"户"与户口本不一致，从户籍登记来看，通常是一个家庭，而在土地承包证上却被拆分成两户。我们在山东滕州考察土地确权登记时，发现不少"牛郎织女"的承包证：丈夫和妻子人各一方，本来是一个家庭，却被分成两半，一半是"牛郎"，丈夫与孩子共有一个确权证；一半是"织女"，妻子的名字却不在这个证里，而是与她的父母在一起。这种情况大多是在当地分地之后结婚，土地确权证通常是依据上一次分配承包地核准承包户，颁发证书。对于后一种情况，随着土地制度改革的深化，妇女对属于自己的承包地如何获得补偿？如何进行承包地的转让、抵押和担保？作为父母户中的一个家庭成员如何保障属于自己的那部分权利？调查发现：家长一般不会考虑给出嫁女儿分配家庭资源，女儿被视为嫁出去的姑娘、泼出去的水，不再属于家庭成员。

　　对于"人地合一"的情况，调查发现户主绝大多数都是男性家长，2004年，王景新对陕西、甘肃、青海3省关于"农户户主男女主人比重"的调查表明，在全部样本中，有92.3%的农户是男性户主，只有7.2%的家庭是女性户主（未回答的人占0.5%）。2013年中央党校社会学研究生在安徽农村进行问卷调查，发现95%以上的家庭都是男性为户主，只有极少的个案是女性为户主（因为男性不是非农户口等原因才让女性作为户主）的。无论是征地补偿金的发放，还是土地的转让、抵押，都需要户主签名确认，男性家长的权利不言而喻，女性家长及其子女的名字都消失不见，女性家长及其子女的权利很容易被忽视被侵犯。调查中发现，征地补偿款往往是直接发放给户主，由户主决定在户内如何分配。结果，导致了很多意料不到的纠纷和矛盾，有的男性家长将所有的资金拿去赌博，妻子阻拦还导致家庭暴力。

　　切实维护妇女土地权益，实际上，强调了家庭内部平等的个体权利，个体权利与家庭权利并不能够划等号。作为家庭可以分为两大类，一类是性别平等的家庭，更看重权利与责任的对等，尊重个体的权利，对于男孩女孩平等对待，这类家庭依然占少数。另一类是父权制家庭，将家庭看作一个不可分割的整体，强调整体的家庭利益，与此同时，又漠视家庭成员的个体权利，个体权利与义务的边界是不清晰的，作为家长，通常会无所顾忌地进入个体权利领域，决定财产的使用、处置，男性往往拥有更多的财产权和继承权，这类家庭占据主流。国家政策通过"户"分配给每一个家庭成员的承包地，经过家庭父权制的重新分配，出现了女性权利自动转移流失，个体权利由"实"转化为"虚"，在以"户"为单位的分配制度中难以保障。

隐性剥夺比起显性剥夺，往往更不容易引起关注，通常是在家庭内部发生的，家丑不可外扬，家人极少声张，通常湮没在家庭的整体利益之中了。不过，也应当看到，家庭成员的个体权利意识不断觉醒，婚前财产公证，子女要求清晰划分个人产权，已经成为民事调解的一个重点。这就需要在稳定户承包的前提下落实个体权利，落实妇女个体土地确权。

2. 村民自治对农村妇女土地权益的剥夺

《土地管理法实施条例》和《村民委员会组织法》都强调对涉及村民利益的宅基地的使用方案和征地补偿费的使用、分配方案，经村民会议讨论决定方可办理。目前，村民自治已经成为农村基层民主建设一项重要的制度，乡镇政府或街道办事处凡是涉及重大事务都需要村居委会提交村居民代表签字名单。可以说，土地管理法与村民委员会组织法赋予了村民自治更大的权力，即确认村民资格、决定村民待遇和集体资源分配规则。

加强基层政权民主建设，让农民当家做主，限制村干部以权谋私，这是一项好制度。要将这一制度落实好，还需要两个条件：一是法律与基本权利意识，一是男女平等意识。糟糕的是，在农村绝大多数地区，这两种意识普遍缺失，而男娶女嫁，以男性为中心的意识却深入人心。当村民自治与传统性别观结合到一起，就颠覆了国家土地分配的男女平等原则，形成了男女不平等的村规民约（包括村庄分配规则）。

这种奇妙的化学变化，使得土地政策的公平性与男女平等化为乌有。具体表现在两个方面。

第一，对一户一宅的颠覆。政策规定，宅基地分配，只能一户一宅，禁止一户多宅。如何确认"一户"？按照法律的逻辑，成年男女结婚可以选择男方家或女方家生活的居住地，单独立户，取得一户一宅的资格。按照农民的逻辑，只有男性在本村结婚娶妻，才能形成一户，女性在本村结婚是不能落户的，没有一户的资格，不能获得一宅。妻子与本村男性离婚，她也就自动丧失了一户的前提条件。

第二，对于集体成员资格的认定倾向于男女有别。集体成员资格的确认，是能否享有村民待遇的基本条件。集体成员资格的确认，国家法律政策与村委会的民间规则差距极大，从国家法律政策来看，婚姻流动不能成为丧失土地承包权的理由，针对农村妇女因为婚姻导致的土地承包权两头落空的现象，《农村土地承包法》（2003年）在关于本集体经济组织发包的农村土地承包经营权，第一章第六条规定"妇女与男子享有平等的权利"。第三十条对出嫁、离婚、丧偶妇女的土地承包经营权做出了更为明确的规定，"承包期内，妇女结婚，在新居住地未取得承包地的，发包方不得收回其原承包地；妇女离婚或者丧偶，仍在原居住地生活或者不在原居住地生活但在新居住地未取得承包地的，发包方不得收回其原承包地"。第五十四条规定，发包方剥夺、侵害妇女依法享有的土地承包经营权，应当承担民事责任；村委会认为，妇女是嫁出去的姑娘泼出去的水，既然已经结婚外嫁就不再具有村民资格，将承包地收回理所应当。既然村民委员会组织法允许村民自治，就要尊重多数村民决定的结果。

对于村庄普遍存在的集体父权制，国家土地政策缺乏应有的认识，更缺乏足够有效的应对机制。因此，从实际效果来说，国家政策的男女平等的原则，无法有效地转化为实践，而集体父权制通过村民自治长驱直入，直接赤裸裸地剥夺妇女土地权益。

2005年中共中央党校妇女研究中心课题组在中原某县做过调查，将全县各村计生专干和妇女主任组织到一起，问村庄的资源是如何分配的，结果所有的村庄都是按照男娶女嫁的老规矩确定村民资格，百分之百违法。2009年江苏省妇联在2000个行政村进行了调查，结果50%以上的村规民约与妇女权益法相抵触。2008—2014年，课题组在全国十多个省收集上百份村规民约、村庄分配方案、农村股份合作社章程，采访了上百位农村妇女。发现了以下特点：

第一，村规民约违法情况十分普遍，无所顾忌。有的分配方案在总体原则上明确规定：以成年男子为主体，未成年子女挂靠父母，父母挂靠成年子女为基本户。更多的村规民约明文规定："有儿户不允许招上门女婿，自行招入的男方不准迁入户口，女方自登记日起，半年后不享受村民待遇，所生子女不报户口。"这些村规民约根本不考虑农村妇女个人结婚的居住意愿，也不考虑女方与男方村庄的衔接，完全漠视《婚姻法》、

《农村土地承包法》的规定。

第二，随着土地的增值，对于农村妇女的排斥，越来越强烈。不少地区的农村妇女反映，家庭联产承包责任制创建的初期，自上而下的行政渗透力强，加之男女平等的政治氛围，很少有人质疑妇女的村民身份，绝大多数妇女与男子同样取得了土地承包权。

南宁市江南区一些村的部分"出嫁女"，在90年代中期的土地小调整和第二轮的土地延包中，不但分不到新的土地，原先第一轮分到的土地也被强行收回，变成"黑户"。仅在黑龙江省二轮承包中就有34.1万农村妇女没有分到承包地，占农业人口的1.9%，占农村妇女的4.3%。

2000年，南宁市3000名出嫁女及其子女向广西妇联主席写信，泣诉出嫁女权利逐渐遭受剥夺的过程："1984年实行家庭联产承包责任制，我们同样承包了责任田；1988年，政府征地后给的征地补偿金，出嫁女可以享受，子女二人中只可以享受一人；1992年，出嫁女可以享受，子女一律不得了；1993年，出嫁女及其子女统统不得享受；承包期15年，远远未曾到期，村干部强行没收土地分给他人；1999年，我们出嫁女及其子女的户口被村干部偷偷强行迁出，不知去向……有些村干部理直气壮地说：这个世界是外公、舅爷的，你们出嫁女是泼出去的水，没有你们的份。"

在经济发达的地区和村庄，农村妇女的婚姻自主选择意识越来越强，招婿女和嫁城女越来越多，有的一个村多达40—50多户，甚至上百户，所以妇女土地权益问题更为突出。据2007年底广东妇联的调查统计，在珠江三角洲经济发达地区，应享有权益的农村"出嫁女"及子女总数达41.54万人，她们结婚留在自己本村多年，不能享有村民待遇，得不到分红和土地补偿金等。以佛山市南海区为例，在该区全面解决农村出嫁女及其子女权益问题工作正式开展以前，全区共有19634名农村"出嫁女"及其子女的股权未落实。（引自《广东省解决农村出嫁女权益问题调查》）

第三，村规民约和分配规则的产生，不仅仅与集体父权制有关，还与巨大的村庄利益乃至个人利益相关。对于村民自治高的地区来说，将征地补偿款交由村民决定，就意味着蛋糕是固定的，分配的人越多，个人所得就越少，排斥出嫁女，就等于加大了个人份额。运用多数表决制定分配规则，利用传统观念，就可以轻而易举将出嫁女排除在外。从力量对比来看，出嫁女在近郊已经形成一定规模，一个村庄少则20—30人，多则上百人，形成了一种利益联结的群体力量。这支力量与村民相比依然是少数，通常不到10%，在多数表决中并不占优势，单单依靠民主表决，难以占上风。对于村民自治低的地区来说，村干部一手控制资源分配，绑架民意，操控表决，村民自治有名无实。不要说出嫁女没有知情权和参与权，连村民代表也成为摆设和装饰，并不能真正制定资源分配规则。青海西宁的城郊村征地拆迁时，村里不停有人叫喊：谁支持出嫁女就打死谁；开会时，村干部明确告知：不支持出嫁女，可以发五元，支持出嫁女的，一分钱没有。在村干部的引导与恐吓下，结果可想而知。

最终结果，就是依靠村庄干部，通过村民自治的方式，借助传统的父权制力量，成功地完成了对于农村妇女合法权利的剥夺。这部分妇女往往有两种身份，一种是媳妇身份，女方村收回了承包地，男方村已经分完了承包地，导致"两头空"；一种是女儿身份，生于斯长于斯，结婚之后始终在女方村生活生产，出现了村民身份危机，不再享有平等的村民待遇。她们说：一开始作为嫁城女，城市不要我们，农村户口迁不过去，现在，农村不要我们。我们这里生这里长，却不知道自己是哪里人。

3. 公权力对于侵犯妇女土地权利的默认与纵容

在乡村政治的性别较量中，政府通常是不在场的，村委会不合法却拥有权力，出嫁女合法却丧失权利。为了争取合法权益，出嫁女首先考虑到的是找政府，使得政府由缺位转向"在场"，走向了依法维权之路。在她们看来，所谓的政府就是与妇女权益相关的、行使行政司法和立法权的公共权力机构，这些权力机构理所当然会依法办事，纠正基层的违法做法。不错，对此确实有相关法律规定，2010年村民委员会组织法第二十七条规定，"决定不得与宪法、法律、法规和国家的政策相抵触，不得有侵犯村民的人身权利、民主权利和合法财产权利的内容"。如有违反前款规定的，由乡、民族乡、镇的人民政府责令改正。

不过，这里存在两个棘手难题，一是国家法律规定模糊笼统，只是强调户籍和男女平等的原则，对于村民集体成员资格并未明确界定，难以适应正在变化的现实状况。很多村庄的情况十分复杂，有空挂户的，长期不在村庄生活；有城市居民迁过来的；有到城市打工三个月又重新回到农村，而户口却变成市民；有长期在村庄生活并履行义务的。二是解决起来难度大，维护出嫁女的权益，往往会触及到多数人的利益。于是，各种矛盾与问题迟迟难以解决，最后反映到地市和省政府。政府通常采取三种做法：

（1）根据不同的情况，制定相应的政策，但政策之间矛盾冲突多

通常，国家出台了相关的立法，各省都要颁布实施办法。这种政策的制定具有自上而下的特点，往往与国家法律更能衔接。《农村土地承包法》颁布后，目前全国已有18个省（自治区、直辖市）制定了《农村土地承包法》实施办法，辽宁、广东、江苏、安徽、山东等省市专门下发文件，把关于维护农村妇女土地承包权益的规定进一步具体化，探索界定农村妇女的集体经济组织成员资格，包括婚后户口未迁出的妇女以及按政策生育的子女，结婚后到女方住所落户的男子，离婚或丧偶后仍在原居住地生活或者不在原居住地生活但在新居住地未取得承包地的妇女。如《江苏省农村土地承包经营权保护条例》、《湖北省农村土地承包经营条例》中规定，在土地承包经营权方面应给予同等村民待遇。海南省出台的《土地承包法》实施办法，明文规定登记享有土地承包经营权的所有家庭成员的姓名。有的要求流转合同中明确妇女的收益，明确依法保障农村集体经济组织成员对本集体经济组织土地发包承包、征收征用等的知情权、参与权、决策权和监督权。

还有一类政策，是根据信访反映的问题研究制定的，要解决棘手的信访问题，《广东省关于切实维护农村妇女土地承包和集体收益分配权益的意见》等，都属于这类政策文件。政策指向比较复杂，有的与国家法律相一致，有的与国家法律相矛盾。有的政策明确支持村庄排斥出嫁女，如姐妹在两人以上，可确定其中一位享有农村集体经济组织成员资格。这类默认排斥出嫁女的政策越基层越多，不少地级市将经济发展和城镇化放在首位，对于村规民约总的指导原则是"一村一策"，政府不予干涉，对于侵犯妇女土地权益的村规民约听之任之。

（2）行政政府部门之间相互踢皮球，推脱责任

出嫁女上访维权，通常的路径是：自下而上，首先从基层政府——乡镇开始，找乡镇办公室、乡镇领导、信访部门，解决不了再找县级政府、市地政府，乃至省级政府，逐级上升；由点及面，先找妇联部门——负责维护妇女权利，民政部门——负责纠正村规民约中的违法行为，农业部门——管理耕地资源执行相关政策，土地资源部门——负责宅基地的管理，社会事业人力资源——负责失地农民的安置。再找人大信访办——监督各项法律的实施，向各级人民法院投诉——依法纠正各种违法行为。

而各个层级的政府与部门经常的做法是"踢皮球",一是部门相互之间推脱责任,无论哪个部门都不愿意揽这些麻烦事,让她们找妇联,妇联回答:我们没有决策权,只能呼吁,最终还要依靠政府纠正。通常是找来找去,找不到可以解决问题的责任主体。之所以如此,反映出政府责任不清晰、不明确,哪个政府部门来承担,有什么权利与责任,不能履职如何?问责统统没有,结果导致权利受到侵犯者要维护正当权益,却投诉无门。二是上级政府向下级政府推卸责任。与出嫁女由下向上反映问题的方向正好相反,上级政府将解决问题的任务逐级交给了下一级,在科层制的管理体制中,似乎是理所当然不需要争议的事情,然而,问题就出现在这里。需要解决的问题,又重新提交给制造问题的一方。本来是村委会与出嫁女之间的矛盾纠纷,需要上级政府予以仲裁纠正其非法行为,现在又重新回到村委会手里,村组干部继续掌握着对于出嫁女的生杀大权。于是,出嫁女的维权之路陷入一个不断循环而又无解的怪圈,无论到哪里维权,依然回到村庄,问题依然得不到解决。

(3) 法院对于侵犯妇女土地权益往往不予受理

如果说维护妇女土地权益有三道防线,第一道防线是村委会,第二道防线是行政政府,法院就是最后一道防线。当前两道防线出现漏洞,第三道防线就显得尤为重要。用出嫁女的话说,通过法院的判决告知村委会和村民,出嫁女的要求是合法的,不是无理取闹。讨回农村妇女做人的尊严。

当大量的妇女土地讼诉涌入法院的时候,法院提出对于出嫁女的村民资格诉讼不予受理。最高人民法院审判委员会通过了《关于审理涉及农村土地承包纠纷案件适用法律问题的解释》(法释〔2005〕6号),于2005年9月1日起施行。其中第一条规定了法院应当受理的涉及农村土地承包的五类民事纠纷,包括承包合同、承包经营权侵权、承包经营权流转、承包地征收补偿费用分配和承包经营权继承纠纷。同时规定了不受理的几种情形,如"集体经济组织成员因未实际取得土地承包经营权提起的民事诉讼",还有"集体经济组织成员就用于分配的土地补偿费数额提起民事诉讼的",均不属受理范围。最高人民法院《关于审理涉及农村土地承包纠纷案件适用法律问题的解释》第二十四条规定:"农村集体经济组织或者村民委员会、村民小组,可以依照法律规定的民主议定程序,决定在本集体经济组织内部分配已经收到的土地补偿费。征地补偿安置方案确定时已经具有本集体经济组织成员资格的人，请求支付相应份额的，应予支持。"

大多法院对于农村妇女土地维权关闭了大门。理由不一，有的法院认为，村委会与农村妇女之间不是平等的民事主体，不能适用民事诉讼法，不能作为民事案件受理。同时，由村民会议选举产生的村民委员会不是行政机构，不适用行政诉讼法，不能作为行政案件受理。有的担心一起胜诉的案件会引发类似案件的涌入，导致法院负担过重，难以承受。总而言之，那些在集体经济组织分配中被剥夺了合法权益的妇女，试图通过司法解决问题的最后一道防线也被取消了。

三　如何认识妇女土地权益受损害的问题？

妇女土地权益受损，已经成为长期得不到解决的老大难问题。难在哪？难在问题牵扯到的因素错综复杂，不仅牵涉到经济利益，还涉及分配制度，也涉及根深蒂固的性别观念；不仅涉及家庭规则，涉及村民多数表决，还涉及政府各个部门之间的协同合作。单一的要素难以解决这一触及深层结构的问题。

1. 妇女土地权益受侵犯，影响到的不仅仅是妇女，还会强化社会结构失衡。

至少表现在两个方面，第一，拉大我国日益严重的贫富差距。正常的贫富差距在 0.25—0.4，我国 2003—2012 年，最高达到 0.49，2012 年在全球排名第五位。影响贫富差距有三种因素，劳动收入、集体经济收入和社会保障收入，农村集体经济收入成为三项收益中最大的一块蛋糕，从征地补偿标准看，广东在 15600—66300 元/亩，而重庆土地补偿费、安置补助费总和在 21000—69000 元/亩、20700—22050 元/亩。家庭一次性征地补偿款可以达到几十万乃至上百万元。在浙江经济发达地区分配的宅基地或新建房收益抵得上一个青壮年劳动力 30 年的劳动收入总和。当这些农村妇女丧失了村民资格和村民待遇，就会与男性村民的收入差距急剧拉大，被抛到农村的贫困阶层。如果按照 21 世纪第一个 10 年推算，中国未来 20 年城镇化率将达到 75%，农村性别分化将出现持续加剧之势，贫富差距将会持续扩大。第二，性别结构持续失衡。人口出生性别结构正常值是 100∶103—107，女婴出生 100 个男孩出生 103—107 个，男孩低于 103 会导致女多男少，高于107会出现男多女少。从1980年以来，我国出生性别比出现了阶梯式的攀升，2008年达到最高点120.56∶100，尽管这几年有所回落，但始终在高位运行，2012年出生人口性别比为117.7，在国际上18个出生性别比失衡的国家中排名第一。国家卫计委一直采取各种措施遏制性别比失衡，比如启动利益导向机制，给女孩各种优惠政策，如计划生育奖励扶助金、独生子女父母保健费、计划生育家庭特别扶助资金以及符合再生育政策自愿放弃再生育奖励等。除计划生育奖励扶助金对60岁以上的农村计生家庭夫妇每人每年发放600元外（2010年后增加到720元），其他奖励均为金额很低的经常性奖励或金额较低的一次性奖励，有的地区最高达到2000—3000元。这些奖励扶助政策远远赶不上一次性的征地补偿款，在城镇化进程中，男女有别的分配政策成为最大的利益导向机制，会使生女不如生男的生育观念得到强化，性别失衡更是雪上加霜。当一个社会的资源分配是由性别决定——生了男孩就可以获得资源，生了女孩就可能丧失资源的时候，村民们自然就会得出"女不如男"的结论。一位出嫁女说，当她出生的时候，父亲难过地说，完了，庄基地没了。可以说，村规民约中按照性别进行资源分配的条款，为"男孩偏好"提供了制度性支持。而且，这种村庄集体资源分配的规则，较之国家的利益导向措施更为直接，涉及面更广，也更能发挥作用。

2. 妇女土地权益受损，还会加深社会矛盾，形成妇女维权与政府维稳的恶性循环。

与城镇化进程相伴而生的是出嫁女的维权意识觉醒，2005年之后，出嫁女信访上访数量迅速增多，在东部沿海地区信访案件增加两倍多，在广东佛山地区妇女土地权益案件占整个土地信访案件的60%以上。要求依法纠正村规民约，确认集体经济组织成员资格。通常的路径是先下而上，层层反映问题，一旦问题解决不了，就会长期访、集体访、越级访，给政府带来压力。

我国县乡两级政治体制的基本特征是压力型体制，即为实现上级下达的各项指标而采取数量化任务分配方式的评价体系。如经济增长指标、招商引资指标、社会政治指标、安全事故指标、社会治安指标、上访人数指标。这些任务指标采取的评价方式往往是"一票否决制"，即一旦某项指标没完成，就视其全年成绩为零而受到处罚，零进京上访是考核干部的重要指标。考核指标对于地方干部是一把双刃剑，对于积极主动敢于担当的干部，会想方设法解决一些棘手的问题，甚至建立一些行之有效的措施，杜绝大规模的集体访、越级访，而对于不善于创造性地公平解决信访问题，习惯于用拖延办法处理问题的地区，就会十分被动。一方面，对于村庄治理束手无策，甚至还要从中谋取私利，还要保障"零进京"。那些长期访、越级访的出嫁女就成为维稳监控的对象。

维稳监控有多种方式，最多的是"盯"，针对出嫁女上访人员建立维稳领导小组，设置多道防线来拦截上访，看死盯牢，先是一盯一，发展到三盯一，坚决阻止农嫁女到北京上访。为此，各地维稳办动用了大量人力物力，成为一项日常工作。一旦出现漏洞，出嫁女进京上访成功，信访部门就会要求地方政府接人，循环反复，基层维稳经费直线上升，有的县拦截10位上访者，几年下来合计达到300多万元。此时，基层矛盾不断升级，从农嫁女与村级的矛盾，升级为与地方政府的矛盾。出嫁女与地方政府玩起了"猫捉老鼠"的游戏，她们从维权者转为维稳控制的对象。地方政府非常被动，有的多次亮起平安建设的黄牌警告，屡屡受到上级通报批评，不断进行诫勉谈话，多次进行检查，乡镇工作几乎陷于瘫痪，本来是要发展经济，却导致整个开发工作不能正常运行。

另一种监控办法是短期监禁，一旦到各种会议召开的敏感日子，就迫使她们离开家，被旅游、被扣押，甚至承诺尽快解决问题。敏感日子结束，所有的承诺都付之流水。在这里，最糟糕的方式是动用公安司法进行拘留乃至劳动教养，使其失去人身自由。导致的结果：原有的矛盾没有解决，却派生出大量新的矛盾问题，形成了一个源源不断的矛盾链。出嫁女从状告村委会，发展到状告地方政府"不作为"，最后是状告公安、派出所的"乱作为"，由起初的一个矛盾问题派生出五个乃至十多个矛盾问题。由于问题长期得不到解决，一些农嫁女一直在地方与北京之间往返上访。

在这里，妇女维权与社会稳定也进入一个怪圈。从社会维稳的视角，妇女维权上访，就会引发社会不稳定，而妇女上访维权的真正原因却被忽视了，直接将维权妇女作为稳控对象，结果越是维稳就越是不稳定，社会矛盾几何式增多。

3. 城镇化在领导干部的心中一直是打破城乡差距、推进经济迅速发展的神话，似乎一旦推进了城镇化，农民转化为市民，农民的日子就好过了，包括农村妇女问题就迎刃而解了。

整个国家都在做着城镇化的中国梦，在瞻望前景的时候，常常关注了城镇化的最终结果，而忽视了这个艰难的转化过程，忽视了城镇化过程中资源分配的公平性，忽视了农民阶层隐含着的性别分层问题。城镇化对于大多村庄的男性是福音，可以得到几乎一生劳动难以得到的补偿金，可以说一夜暴富。而对于出嫁女却是灭顶之灾，她们原本有属于自己的地，却被"多数决"轻而易举地拿走，失去了征地补偿款；她们本来在村里居住，却没有资格分配房屋，成为地地道道的赤贫阶层；她们的户籍在农村，却没有村民资格，更无法享有村民待遇和农村所有的社会保障。出嫁女作为村庄的局外人，面临村民身份认同危机，失去了法律赋予公民的起码尊严和权利。

在城镇化过程中，我们看到，村规民约作为民间法与国家法之间的尖锐冲突。国家法以及国家土地政策的基本理念，与我国工业社会的走向是一致的，即保障每个公民的基本权利，包括每个农民拥有一份土地权，婚姻居住地的个体选择权。《妇女权益保护法》第33条规定："任何组织和个人不得以妇女未婚、结婚、离婚、丧偶等为由，侵害妇女在农村集体经济组织中的各项权益。"《婚姻法》第9条规定："登记结婚后，根据男女双方约定，女方可以成为男方家庭的成员，男方也可以成为女方家庭的成员。"然而，却没有一套相应的机制加以保障。

而大多村规民约强调男女有别，排斥婚姻变动妇女的婚居选择权和村民资格，以男性为中心分配资源。整个价值取向停留于工业化的前期——农耕社会，用性别、年龄、民族等对人进行划分，属于农耕社会的一种价值认定，强调的是先赋因素，是社会滞后的表现。

四 维护农村妇女土地权益的政策建议

通过对土地政策与妇女土地权益的分析，可以看到，我国的土地政策是忽视性别议题的，关注的是家庭户，而忽视了家庭中的个体权利，关注村民自治，而忽视了村民自治导致的多数人对少数人权利的剥夺。对于与土地政策紧密相关的农村两性关系缺乏深刻的了解，更谈不上积极的改造。忽视的结果使得土地政策的公平性大打折扣，反而使得传统的性别文化和规范长驱直入，严峻挑战我国男女平等基本国策与法律的尊严。

要解决妇女土地权益问题，需要从三方面入手：

第一，对于土地政策应当进行性别分析与评估，即要考虑对于男女两性特别是妇女带来的影响。可以邀请社会性别专家参与到政策制定当中来，也可以建立社会性别评估机制，在政策实施之前，就可以预见其结果，并对消极后果提出建议，预防可能产生的负面影响。

比如，在坚持以"户"为单位的同时，确保家庭成员的个体权利，防止家庭父权制对于妇女"个体"权利的剥夺。

首先，在进行土地确权登记时，需要坚持一项原则，即公平的原则，保证每个农民都无偿获得一份承包地（或一份林地，或一份牧场），既不能得到两份，也不能两头落空。应当将被村集体剥夺的出嫁女的土地承包权找回来，解决两头空的问题。而不是仅仅按照已经拥有承包地的承包人进行登记，否则，土地确权登记很可能导致部分妇女永远失去土地承包认证。与此同时，还需要清理两边得的情况，如：女方村庄土地分配已经获得，结婚后到男方村庄又获得一份；村民身份转为非农进入国家公职人员系列，已经获得稳定工作收入，依然在农村保留一份承包地。按照每人一份的原则加以认定，多出来的可以调剂给无地的农民，首先是曾经有地的妇女。促使妇女土地承包权由"无"转"有"，由"虚"转"实"，将家庭内部个人权利落实。

其次，落实家庭内部个人权利。过去，土地确权证只是写上户主的名字和家庭承包地，没有细化到每个家庭成员。为了避免个人权利的丢失，需要将每个家庭成员的名字写入承包证。此外，国家政策需要明确规定，家庭成员可以将个人拥有的承包地进行转让、抵押和贷款，由此解决农村妇女婚姻流动导致的人地分离的难题。此外，凡是属于家庭共同财产的证件，要规定：夫妻作为共有人要联合签名。凡是，相关财产的转让抵押等需要夫妻签字同意，签名同意是确保个体权利的一项制度安排，可以有效防止个体权利的自动流失。

再次，在土地确权时，需要给长期稳定的土地政策划定一个范围，即农民只要保持农民身份土地就可以终身享有承包权，已经死去的人就要取消土地用益权。防止出现有些户过多占有土地、有些家庭土地过于紧张的困境。建立死者与生者承包权的土地转让制度，制度设计要考虑到每一个无地成员的个体权利，包括男女两性。我国土地确权登记要用五年时间搞完，将性别平等纳入其间时不我待，否则，就会导致更多的妇女丧失土地确权证。

第二，在城镇化快速推进过程中，行政政府对于村规民约和分配规则要切实行使依法纠错职责。这就要求中央政府和相关部门制定考核指标，将其纳入绩效考核之中，提出具体明确的要求，从而引导地方政府，在依法行政和纠正村规民约上下功夫，而不是本末倒置，对于妇女合法维权进行打压。

（1）对于正在拆迁的村庄，政府要对村庄制定的分配方案，进行合法性包括性别平等的审查。明确要求村庄的分配方案要男女平等，凡是男女不平等的分配方案，审查不予通过，不予发放征地补充款，或者将出嫁女的征地款直接发放到人。在这方面，广西南宁经济技术开发区，有成功的经验，此前"出嫁女"进京上访的次数之多，使得经开区更换了领导。新任领导上任后，采用"干部对干部"的策略，与村队协商，最终形成协议：村委会提供给"出嫁女" 44 平方米的宅基地，按照户口提供每人 2.5 万—3 万元不等的自谋职业补助。在南宁市经开区政府新任领导班子的积极干预下，全区 184 名出嫁女的合法土地权益得到了不同程度的解决。

深圳 2004 年全部完成了城市化过程，在农村股份合作组织建立时，不少村庄排斥出嫁女，导致出嫁女不断上访，由此，地方政府出台了关于制定股份合作章程的指导意见，在制定指导意见的时候，要求考虑出嫁女与村民权益同等对待，否则不予审批。效果相当好，几乎各个村庄都遵照执行。但是，遗憾的是没有考虑到出嫁女家庭的权益，没有将女婿和孩子的权利一起写进去，结果出嫁女家庭被排斥在外。所以，指导意见考虑要全面，可以包括两个层面：其一，户口在本村委会的包括妇女、女婿及其子女同样享有村民或居民待遇。其二，人户分离的妇女，如果在男方家不享有土地使用权和村民待遇，土地留在女方家，女方家土地拆迁应享有村民待遇。

（2）在尚未征地拆迁的村庄，要求地方政府组织修订性别平等村规民约，此时矛盾冲突小，比较容易组织修订。

引入现代治理理念，政府负责，社会协同，村民参与，实现多元主体协商合作。政府要从缺位转成到位，在履行社会管理职能时，要依法行使权力，还要把握权力的边界，即不能直接代替村民制定规则、直接干预村庄事务，同时又不放任自流，组织推动基层社区制定合法的规章制度；发挥性别专家的作用，采用文化倡导的手段，通过入脑入心的培训，切实转变县乡村领导干部的性别观念，为修订新的公平的规则奠定思想基础；村两委在转变观念的基础上，起草性别平等的村规民约或集体分配规则草案，广泛征求村民意见，男女村民代表共同参与制定规则，依照村民组织法规定的民主程序充分讨论，最终形成性别平等的村规民约（或集体分配规则）。

依据《组织法》的要求，村规民约（或村民自治章程）产生之后，要报乡镇政府备案。乡镇政府要做好村规民约的收集和备案工作，以便及时发现村规民约修订中的问题。此外，备案工作还可以为县级政府进行村规民约合法性检查提供文本资料，便于县级政府掌握村规民约的总体情况，并针对其中的难点研究解决方案。民政部门是指导村规民约工作的责任主体，需要制定规划要求省市民政部门每年度对于村规民约的合法性进行检查，检查结果纳入当地干部考核指标。

在省市县应当建立维护妇女土地权益的投诉机构，一来可以反馈性别平等的村规民约或集体分配方案是否得到落实，二来形成公众参与的监督机制。针对投诉情况，该机构进行调查核实，情况属实确有问题，上一级机构便限期予以纠正，逾期不予解决，应当进行干部问责。根据湖北宜都农村的经验，修订性别平等的村规民约，是一条切实保障妇女承包权的路径。湖北宜都的信访案件显示：多年来，没有一起村委会剥夺妇女土地权益的案件。

第三，司法部门要建立起最后一道法律防线，受理妇女土地权益的投诉，依法维护妇女的合法权利。法院在受理妇女土地权益的案件时，首先遇到的问题是如何确定村集体成员资格，我国长期以来以户籍作为集体经济组织成员的标志，在社会相对封闭、人口流动较少的情况下，是比较可行的，也比较合理。但是，随着人口流动与居民生活就业的变化，以户籍作为唯一标准，就难以适应复杂的现实需要。需要重新界定集体经济组织成员资格。

对此，河北邢台中级人民法院在《关于审理农村集体经济组织收益分配纠纷案件若干问题的意见》（2009）进行界定，将户籍、常住以及与集体经济的权利与义务关系作为成员资格的标准。对法官、律师和村干部进行培训，从立案、审判到执行，环环相扣，切实依法维护妇女土地权益。实行一村一法官，法官入村宣传国家法律。由于司法执法到位，工作积极主动，邢台地区的相关案件从2010年以来持续下降，目前，状告村委会的案件大大减少，村民自治开始逐渐纳入法制轨道，状告家庭成员的案件成为重点，法院的积极介入，使得集体与家庭父权制规则正在得到矫正。

劳动的性别分工与就业政策

刘 澄[①]

编者语：就业领域存在显而易见的性别差异，但对问题的识别和判断并不容易。由于性别关系经常地而且系统地被忽略，女性生存的真实状态被主观想象的妇女地位代替，"男主外、女主内"还被当作两性关系和谐的注解，劳动的性别分工常常成为解释就业差别的主要原因，并且因为这种分工是"天生的"，从而使就业差别变成了"合理的"。需要进一步讨论的是，文化上的性别分工如何嵌入现代社会的劳动体制，构成两性就业的背景和基本取向。而国家的就业政策又是如何建构两性的劳动关系，围绕国家发展目标变化的政策方案对女性有着怎样的影响？

一 劳动的性别分工

表面上看起来，劳动的性别分工是由生理特点决定的，妇女负责人类再生产事务，男子则负责生产性事务。这种分工与人类的生理构造结合得如此紧密，以至两性之间的分工被视为天生如此，属于自然分工秩序。但是正像马克思主义揭示的那样，社会分工始终是社会关系的产物。两性的劳动分工始终是构建两性等级关系的重要手段。

1. 性别分工的社会意义

一般认为，男女之间的劳动分工是纯粹自然产成的，是为了生育子女而发生的，妇女照顾孩子、管家，男子获得食物、制造工具。这样的分工当然是为了满足人类自身再生产的需要。但是，人类自身的再生产，并不如我们现在想象得那么简单和自然而然。从弗洛伊德揭示的儿童性心理过

[①] 刘澄，江苏扬州市委党校教授。

程，可以想象，和儿童相似的早期人类，在建立性关系过程中，同样颇费周折，甚至需要做的第一件事就是把男人和女人分开，以保证性活动指向生育。那么，给男人和女人指派不同的工作，就是男女有别的重要手段。

费孝通先生曾说起分工的基础："人们好像是任何差别都能利用来做分工的基础：年龄、性别、皮肤的颜色、鼻子的高度，甚至各种病态，都可以被利用。性别可以说是用得最普遍的差别了。到现在为止，人类还没有造出一个社会结构不是把男女的性别作为社会分工的基础。"[①] 妇女负责的人类再生产并不仅仅指繁衍新生命的生育，还包括维持生命的再生产，实际上包括一切主要在家内进行的、直接消费的劳动。尽管妇女与这些劳动之间并不存在生物性联系，但一定存在着社会性联系。这种性别分工方式如此长久，其中蕴含的社会指派的强制性和等级含义被有意无意地忽略了，先赋性因素成为最直接最有说服力的解释，因为"男性不擅长照料性工作，而女性却天生擅长于照料"。对此，古德评价说："若要断言是生理因素决定了妇女的任务是照看孩子和家庭（或者说婴儿必须由母亲抚育），这在逻辑上来说是不恰当的。'妇女'与'照看孩子和家庭'这两者之间并没有生物因素上的联系，但肯定有着强有力的社会联系。如果说妇女所肩负的社会责任是由生物因素所决定的，社会就没有必要大肆宣扬什么'妇女的责任'了。"[②] 这个评论非常有见地，它清楚地表明了，劳动的性别分工一定不是天生的，而是由社会指派的。

生理因素决定劳动分工的逻辑并不成立，至今生物学也没有提供确切的证据，证明两性不同的生物学基础是如何导致不同的性别分工。尽管心理学家建造了一个以性器官为基础的心理学理论模式，如在弗洛伊德那里，解释两性不同的心理特征时，采用的是有性生物决定一切，身体就是命运的观点。可是这一观点却被人类学家的发现轻而易举地击破了，人类学家玛格丽特·米德在考察了三个原始部落之间截然不同的性别人格和分工形式之后认为："如果说柔弱、被动、敏感、情愿抚育儿童等这些被我们视为女人所特有的气质，能够在一个部落里的男性中容易地被塑造出来，而在另一部落，这种气质却只能给大多数的男女带来厄运，那么，我

[①] 费孝通：《乡土中国　生育制度》，北京大学出版社1998年版。
[②] 参见古德《家庭》，社会科学文献出版社1986年版，第35、37页。

们则不再有任何理由把上述的行为特征说成是性别差异所决定的了。"①

生理差异不是性别分工的真正原因,真正对性别划分起作用的是文化规范,是长期以来的文化熏陶使人们形成了男人和女人的概念,这个过程中所明确的"什么是"男人和女人,以及男人和女人"能做什么"的概念,不过是男人和女人"应该是什么"和"应该做什么"的文化规范的转化形式,与生物性的性别特征没有必然的关系。在男权社会里,多数社会的法律和社会经济结构都让男性拥有更多权力,费孝通认为:"分工的用处并不只视为经济上的利益,而时常用以表示社会的尊卑,甚至还带一些宗教的意味。"② 恩格斯则认为:"在历史上出现的最初的阶级对立,是同个体婚制下的夫妻间的对抗的发展同时发生的,而最初的阶级压迫是同男性对女性的奴役同时发生的。"③ 恩格斯把"父权"视为"男子独裁制"家庭的主要标志之一,这种让男性拥有控制和支配女性的权力,以及由此形成的社会秩序,又在国家制度中得以合法化,这一过程被恩格斯称为"女性的具有世界历史意义的失败"。④

马克思主义认为,"一定历史时代和一定地区内的人们生活于其下的社会制度,受着两种生产的制约:一方面受劳动的发展阶段制约,另一方面受家庭的发展阶段制约"。⑤ 受生产发展阶段的制约,两种生产总是在一定的社会形式中展开,而两种生产的不同性质,形成了两种不同的社会形式。物质资料生产的社会形式是劳动者与生产资料的结合形式,即生产关系。人类生产的社会形式是两性相结合的形式,即婚姻和家庭制度。这一生产系统形成的男女有别的性别制度,最初只是一种社会分工,随着私有制的出现,劳动分工变成奴役,性别制度也具有了压迫的性质,并在人类自身生产过程中,再生产出压迫性的性别关系。

2. 公私分离的劳动体制

现代社会劳动组织在形式上与以家庭为基础的劳动组织最显著的不同

---

① 玛格丽特·米德:《三个原始部落的性别与气质》,宋践等译,浙江人民出版社1998年版,第266页。
② 费孝通:《乡土中国 生育制度》,北京大学出版社1998年版,第122页。
③ 《马克思恩格斯全集》(第21卷),人民出版社1965年版,第78页。
④ 同上书,第69页。
⑤ 同上书,第30页。

是，工作和生活在空间时间上是分离的。以大工业为特征组织的现代劳动，把人的空间清楚地分为工作场合和私人场合；同时也把人的时间分为工作时间和工余时间。工作场所的重组，取消了所有非生产性的功能，同时工薪劳动的兴起则剥夺了家庭的经济功能。工作和私人生活在空间和时间上不交叉，区分得越来越清楚。如今，私人生活和工作之间的差异已经深深嵌入现代城市的结构和日程中，人们再也不会在同一个地方既工作又生活，每天，在家和工作单位之间都有巨大的人流利用汽车和公共交通穿梭往来。[①]

与工作和生活区分开来相应的，是人的活动分为公领域和私领域两个部分。一个人是在家里工作还是在别处工作，其意义是截然不同的。家庭以外的工作场合所从事的劳动，是有报酬的，因而是有价值的劳动；家庭内部的劳动属于私人生活，没有报酬，因而也没有价值。多少代以来，妇女们都是待在家里，照顾家庭。而现在做家务是与社会脱节的，是从属于男性的。同时，家庭经济也"金钱化"了：节省花费变得不如挣钱重要。劳动的性别分工在以交换性生产为基础的经济体系中，表现出这样的结果：男子的生产性劳动具有交换价值，因而是有报酬劳动；妇女的再生产劳动只有使用价值，没有交换价值，因而是无报酬劳动。

但是无酬的家内劳动并不是不必要的，相反，即使在社会化劳动已经成为现代社会基本的劳动组织形式，家内劳动仍然不可或缺。这不仅对于劳动者本身很重要，对于维持整个经济体系的运转也非常重要。在以工资形式支付的劳动力价格中，只包括了购买劳动力再生产所需的生活资料的市场价格，既不包括维持劳动力再生产所需最终消费的劳动投入，比如食物的制作、住所清扫等，也不包括劳动力繁殖全过程中的所有劳动投入，比如儿童的抚育照顾和社会化，还不包括劳动力退出生产体系后所需要的服务性劳动投入，比如看护病人、照顾老人等。这些劳动投入都是由女性的家内劳动承担，资本化的企业对于再生产不承担直接责任。女性无酬的家内劳动在资本主义制度中的合法存在，使企业无需为劳动力再生产的全部需要付费，通过把再生产职能私人化，减少企业的生产成本和社会责任，实现资本利润的最大化。企业利用了父权制的性别分工，通过女性的无酬劳动，最大限度地降低了劳动力再生产的成本。因此，不是家务劳动

---

① 菲利浦·阿利埃斯、乔治·杜比：《私人生活史》，北方文艺出版社2008年版。

没有社会价值，根本原因还是因为资本从女性的无酬劳动中获得了显而易见的好处。整个经济体系需要依靠妇女无报酬的人类再生产劳动作为它的必要基础，那么，控制和维持女性家务劳动的无报酬制就显得非常必要。

资本主义社会中"男性对女性的奴役"不仅表现为隐秘的家庭内部的形式，也表现为公开的阶级压迫的形式。尽管男权文化始终贬低女性在公共领域的工作能力，但资本却发现了女性的劳动力价值，雇用廉价的女性劳动力成为榨取更多剩余价值的重要手段，也是与劳工之间进行利益平衡的砝码。女性开始大规模地进入社会劳动领域，这一变化客观上形成了摧毁家庭父权制的力量，"自从大工业迫使妇女走出家庭，走进劳动市场和工厂，而且往往把她们变成家庭的供养者以后，在无产阶级家庭中，除了自一夫一妻制出现以来就扎下了根的对妻子的虐待也许还遗留下一些以外，男子的统治的最后残余也已失去了任何基础"。①

工业化进程中劳动的性别分工至少有两方面的变化：一是家庭内。传统社会"男耕女织"的分工是在家庭范围内展开的，"我挑水来你浇园"，彼此的直接合作能够看到对方的辛劳和贡献。但是工作和生活分离后，能够看到的只是男性在公领域有酬劳动的贡献，女性在私领域的家内劳动不再具有对家庭"贡献"的意义，只是一种被供养人应尽的义务了。"男外女内"不仅表现为劳动场所的变化，更是劳动内容和责任的分野，男性可以因为"养家"的责任而理所当然地退出家内劳动，至少在文化观念上，家务劳动是妇女的责任而非男性的义务了。二是工作中。女性作为次于男性的低质劳动力，尽管进入了属于"外"的公共劳动领域，但被相对集中地安排在低技术、低报酬的职位上，经常从事重复乏味的、单调机械的工作，总是比男性较迟地接触新技术，多数时候接受男性的领导。整个社会劳动由此表现出明显的性别分工：大部分是男性行业，如机械、冶金、通讯、运输等，少部分是女性行业，如纺织服装、餐饮服务等；男性职业多是技术性的，女性职业则多是辅助性的。这种性别分工通过国家制度进一步普遍化，成为工业化的组成部分，建构了女性在社会劳动体制中的从属性地位。因此，当女性可以而且确实进入到了公共劳动中以后，由于性别分工的社会指派没有改变，女性实际上承担了公共和私人的双重劳动，并且在公共劳动领域仍然处于第二性。

---

① 《马克思恩格斯全集》第21卷，人民出版社1965年版，第85页。

二 中国工业化进程中女性就业的变化

新中国成立以后的中国,分别实行了计划体制和向市场体制的转型,劳动力也经历了计划配置和市场配置两种不同的配置方式,从"等工作"到"找工作",就业方式和渠道发生了重大变化。对于女性而言,就业不仅是个人机遇的变化,还与国家的战略调整有着密不可分的关系。女性群体的就业状况受国家战略调整的影响比男性要大得多,也明显得多。

1. 计划体制时期女性的就业动员

中国女性走出家庭,走进社会劳动领域,与中国工业化的进程几乎同步。1949年以后,女性就业已经被有目的地纳入国家计划中,成为国家工业化必不可少的组成部分。对工业化目标的急切追求,导致特定时期激进工业化的出现,劳动力需求巨大,动员妇女参加社会劳动就非常必要。由于这种需求来自国家而非妇女自己,妇女就业动员就有着明显的国家话语特征,在从"妇女解放"到"男女都一样"的话语转变中,性别意识悄然隐退。

最初对女性劳动力的动员,采取的是"妇女解放"的话语策略。妇女遭受的压迫被归结为私有制条件下的阶级压迫,是中国人民受"三座大山"压迫的一部分,性别压迫只是阶级压迫的具体表现,并且压迫者与被压迫者的身份常常与他们的阶级身份一致。经典作品《白毛女》中,黄世仁对喜儿的压迫和凌辱,与他作为地主阶级成员的身份一致,喜儿则无疑是劳苦大众的典型,他们之间的冲突是地主阶级与被压迫的农民阶级的冲突。尽管故事架构有着明确的性别压迫的内容,但在阶级压迫和反抗的主题中,性别压迫作为隐秘的线索几乎不能被识别。将性别压迫归结为阶级压迫,在以马克思主义为指导思想的社会主义意识中是有依据的。根据生产关系决定社会关系的理论,马克思主义把包括性别压迫在内的社会压迫,视为是私有制的必然产物,并且把家庭内的性别关系也解释为阶级压迫的一种。恩格斯说过:"在历史上出现的最初的阶级对立,是同个体婚制下的夫妻间的对抗的发展同时发生的,而最初的阶级压迫是同男性对女性的奴役同时发生的。"[①]

[①] 《马克思恩格斯全集》第21卷,人民出版社1965年版,第78页。

既然对妇女的奴役存在于私有制的家庭中，那么，走出这样的家庭，走进公有制的社会劳动，就是对妇女的"解放"。恩格斯就十分肯定地指出："妇女解放的第一个先决条件是一切女性重新回到公共的劳动中去。"[①] 在这个理论指导下，社会主义的妇女解放，等同于妇女参加工作或参加集体劳动。很长一段时期，中国工业化所需要的积累主要依靠农业部门创造，为了稳定农村劳动力，从1958年开始实行城乡二元的户籍制度。农村劳动力进城受阻所造成的空缺，需要靠城市人口来填补，动员城市妇女就业显得尤其重要。几乎没有个人意志的选择，城市妇女被计划安排到了国家需要的岗位上，从事与传统指派不一样的社会工作，甚至从事与男性一样的工作，出现了被学者称之为"去性别化"的就业过程。"男女都一样"作为"妇女解放"的替代性话语，在强制性地实现社会劳动义务平等的同时，为"去性别化"增加了政治道德的理想色彩。

对于女性承担的劳动力再生产的责任，马克思主义曾经的解决方案是：家务劳动社会化。显而易见这个方案在现实中行不通，仅仅为了照顾婴幼儿这一件事，就需要众多的托儿机构和大量人力。家务劳动社会化将派生出庞大的社会福利体系，这是处于工业化起步阶段的国家无法承受的，也与追赶工业化的战略目标不吻合。于是，家庭作为最有效的劳动力再生产机构，仍然承担了传统职能，而传统的性别分工又把这个职能完全交给了女性。尽管这并不符合"妇女解放"的理想，但在"男女都一样"的国家话语中，被刻意塑造的是女性在社会劳动前台无私无我的形象，女性的家务劳动则被刻意回避和隐藏了，成为看不见的后台劳动。有学者认为，与资本主义公私分离的劳动体制不同的是，社会主义劳动体制中生产和再生产两个领域为公私相嵌型结构。在"以生产为中心"的社会体制中，社会主义劳动体制仍然有意识地维持了父权制家庭遗留下来的家庭模式，把性别化分工编织进大生产体制，由妇女无酬承担起绝大部分的再生产职责。[②] 如果家庭领域内性别化分工的刻意保留，只是特定历史阶段追求经济发展的妥协性政策，那么，在市场化转型过程中，这一妥协性政策却使妇女在市场条件下成为低等劳动力。

---

① 《马克思恩格斯全集》第21卷，人民出版社1965年版，第89页。
② 宋少鹏：《从彰显到消失：集体主义时期的家庭劳动》，《江苏社会科学》2012年第1期。

2. 市场化转型中的妇女就业问题

国家经济体制市场化取向的改革，始于 20 世纪 80 年代。城市劳动就业制度改革是从增量上开始的，1980 年政府推行的"三结合"就业模式（即在国家统筹规划和指导下，劳动部门介绍就业、自愿组织就业以及自谋职业三者结合），第一次突破了城市劳动力配置的完全计划化，形成了一个边际意义上的政策调整。劳动就业制度的存量改革始于 1987 年开始的"搞活固定工制度"，要求企业招收新工人一律实行劳动合同制，企业与职工自愿签订劳动合同。同时改革也涉及企业原有职工，标志着城市以国有企业为重点的劳动就业制度改革全面展开。国有企业放权让利式改革的每一步深入，都意味着企业在使用劳动力方面自主权的扩大。企业开始具有筛选、解雇职工的合法权，也有权根据企业效益和职工的表现决定和调整工资水平。劳动力市场配置代替了国家的计划配置。

在向市场经济转变过程中，国有企业职工普遍经历了从富余到下岗的过程。但这个过程中，两性的遭遇并不完全一样。据 1987 年全国总工会对 660 个单位的调查报告显示，富余人员中女工占 64%。从 1992 年起，女工们特别受到两个政策的影响：延长产假和内退。在延长产假政策中，法定的产假内，女工能领取到基本工资，而在延长的阶段，她们一般没有工资或者只拿部分工资，因为女人被认为可以依靠她们的丈夫。内退作为特定时期的概念，指仍然保留职工身份，但已经没有工作，只领取基本生活费，内退女工年龄可能低到 40 岁。当下岗大潮到来时，女性明显比男性容易下岗。全国总工会 1993 年抽样调查 1230 个企业，下岗女职工为 2.3 万人，占下岗职工总数的 60% 左右。同年，对上海、广州、沈阳等六城市的一项调查也显示，女性在下岗大军中平均比例为 56.7%，高的达 67%。据中国劳动和社会保障部劳动科学研究所 2002 年 6 月的调查，在全体下岗职工中女性所占比重为 57.5%，[1] 仍然超过半数。如果考虑到在职工总数中女性比例只占 38% 左右，相比较之下，下岗的女性比例就相当高。很明显，女性在下岗潮中所受到的冲击是巨大的。

当下岗成为严峻的社会问题时，国家开始启动再就业援助。下岗女工再就业的障碍，一方面来自她们基于家庭责任而在选择岗位时限制较多，

---

[1] 蒋永萍：《两种体制下的中国城市妇女就业》，《妇女研究论丛》2003 年第 1 期。

如需要照顾孩子而不能离家太远;另一方面正是由于对家庭的责任使市场视她们为低等劳动力,不如男性有竞争力。所谓"4050 现象",说明女性比男性提前 10 年就被劳动力市场拒绝。尽管下岗女工有着强烈的再就业意愿,社会各界也有帮助下岗工人的热情,但热闹过后常常不能真正改变下岗女工的困境,她们兼顾工作和家庭的考虑,经常被视为落后的表现。"就业观念落后、缺乏竞争意识、等靠要思想严重、贪图轻松、想少干活多拿钱"等,是下岗女工最容易得到的社会评价,在社会舆论中,下岗女工总体上是一个"素质低"的群体。作为"优胜劣汰"中被淘汰者,下岗女工承受了社会身份和个人德性的双重失败。既然下岗女工再就业困难的原因是由于自身的问题,国家的应对策略就是要求下岗女工"转变观念,提高素质"。

就业市场的性别歧视开始受到社会关注,是女大学生就业难问题的显现。相对于她们的男性同学,女大学生择业时间较长、工作单位相对较差,而市场对接受女大学生就业的意愿较低,提供给女大学生的就业机会较少。2002 年江苏省妇联对这个问题进行了调查,在南京 5 所高校女大学生择业调查中,80% 的女大学生在求职过程中因性别原因遭用人单位的"拒绝"。[①] 对厦门大学应届本科毕业生问卷调查,其结果也显示有 87.8% 的女生表示,她们在找工作的过程中遇到性别歧视。[②] 西南政法大学在 2007 年初,组织女大学生就业情况调查,数据显示,约 70% 的女大学生认为在求职过程中存在男女不平等,四成以上女大学生认为政府机关和事业单位存在性别歧视,其中,在歧视情况排名中,政府机关居于首位,其次是事业单位,再次是国有企业。

女大学生是一个素质较高的女性群体,她们接受了系统的现代高等教育,有独立的人格理想,也有与男大学生一样奋斗拼搏的经历,并取得不俗的成绩。她们遭遇的就业难已经完全不能归结于自身的"素质低"。尽管仍然有人认为女大学生"高分低能",但已经不被主流认可。这次主流话语的应对策略是:重塑女性形象。作为对"男女都一样"的反思,"女强人"成为有缺陷的女性形象,传统性别分工中温柔体贴的母亲形象和

[①] 朱安平:《女大学生择业难探因》,《中国妇女报》2002 年 5 月 28 日。
[②] 叶文振、刘建华、夏怡然等:《女大学生的"同民同工"》,《中国人口科学》2002 年第 6 期。

现代都市美丽性感的时尚女性形象，代替了朴素的劳动妇女形象。通过消费主义的时髦话语和现代传媒的强势传播，"男主外，女主内"重新被解释为合理的性别分工，向陷入就业困境的女性或公开或暗示地指出了一条回归家庭的解困之路。不同的是，这次的话语权力主要来自市场而不是国家，对应了国家退出劳动力的计划配置，由市场主导劳动力配置。其实无论是计划配置还是市场配置，只要公私分离的性别分工仍然存在，妇女仍然承担着主内的责任，她们对于大生产体制的意义就在于充当劳动力的蓄水池，招之能来，挥之可去。

3. 全球化背景下的女性流动就业

中国彻底打开国门之后，"全球化"一下子充斥了中国人的视野，中国要成为世界工厂，成为主流声音，越来越多的中国农民进入城市，他们得到了工作和收入，世界则因源源不断的廉价劳动力而得到了更便宜的中国产品。中国在全球范围的比较优势在于劳动力丰富而低廉，但意味着中国的劳动者可以为西方资本创造价值，却不能参与价值分配。比如纺织品是中国大宗出口商品，但中国纺织品大多是贴牌生产，企业的出口利润十分低廉。面对挟持着国际规则而实力强大的西方资本，高度分散的中国企业完全处于被动接受的地位，只能一再地压低企业成本。更低的价格就成为中国企业追求的唯一目标，而片面追求低价前提下的盈利模式使技术进步在中国成为一种不经济的企业行为。因为有大量农村家庭急于通过工业化致富，劳动力后备军巨大且源源不断。

在全球化过程中兴起的市场力量，一方面拒绝高素质的女大学生，另一方面却需要低廉的"打工妹"作为劳工。"打工妹"这一称呼所指涉的不仅是年轻未婚的、地位较低的农村女性，而且包含了贫困的、落后的意义，是非现代性的，因此她们更应该是驯服的、忍耐的，需要被现代性改造的对象。对打工妹的社会建构和身份贬低作为某种话语策略，实际上掩盖了市场对廉价而驯服的女性身体作为劳工的需要。打工妹之所以能够被招进工厂，不仅因为她是一名来自农村的外来工，也因为她是一名女性，是被认为价格更便宜，而且更容易管理和控制的女性。对打工妹进行驯化的工厂管理者被视为文明的、进取的，是现代性的象征，这一象征往往表现出较典型的男权特征，这些特征所体现的支配力量控制着流动女性的身体，她们如果不表现出女性应有的驯服就会受到惩罚。有研究者将工厂视为一个针对打工妹的社会暴力场所,在这个场所中,打工妹受到三重压迫,首先是全球资本主义,其次是现行体制,最后是父权制。这三重压力相互结合并相互强化,使流动女性遭遇了更大程度的压迫。

全球化也使中国政府进退维谷。一方面政府仍然坚持着社会主义的政治承诺,另一方面又难以解决与资本主义现实之间的紧张关系。这种紧张表现在农民工问题上就表现为官方话语与现实实践的分离,一方面国家承认了农民工的工人阶级地位和权利,并出台一系列政策措施保障农民工的权益,另一方面地方政府在实践中往往漠视乃至剥夺农民工的合法权益,反映出资本与权力结合的现实。长期实行的户籍制度制造了农村的贫困和大量剩余劳动力,当国家致力于成为全球经济链条中主要商品供应者时,开始放松对户籍制度的限制,使资本可以获得大量农村廉价劳动力。"宿舍劳动体制"[①]又使打工妹始终处于全景式监控中,这种制度安排保证了资本获得驯服的、临时性的劳工。在"打工"悄悄替换了"工人"的概念后,"意味着劳动者不再受到国家的全面庇护,它是临时性的劳动、会被任意解雇的劳动、并且是随时可能被更低价格的劳动所替代的劳动"。[②]

三 市场化转型中就业政策的选择

1. 效率优先与平等保护的矛盾

传统性别分工的存在导致两性的市场机会不平等,市场的逐利本性又只会扩大不平等,而不是缩小差距。正因为如此,才需要通过政策的作为,克服"市场失灵",保护劳动者平等的劳动权利。然而正是在这一点上,平等保护的要求与国家宏观发展目标出现了某些不一致。以经济建设为中心,高速度高效率地发展经济,追赶现代化进程,无论如何也是国家更为关注的目标。从政策方面看,效率无疑被放在了优先的地位,只有当公平问题影响到了效率,才有可能被兼顾。进一步分析还可以发现,仅仅是女性受到歧视性对待,并不构成国家关心的公平问题,只有当男性社会成员也遭遇权利损害时,公平问题才变得重要起来。20世纪80年代国企

[①] 任焰、潘毅:《宿舍劳动体制:劳动控制与抗争的另类空间》,《开放时代》2006年第3期。

[②] 潘毅:《打工者:阶级的归来或重生》,《南风窗》2007年5月1日。

改革出现的下岗女工群体,往往被看成是"劣汰"的结果。20世纪90年代,男性下岗人员大大增加,这才引起政府和社会的空前关注,国家再就业工程随之启动。只是在这样一个背景下,对下岗女工的关注和帮助才有所增加。这个事实也许可以说明,在国家宏观发展目标与女性劳动权利之间,存在着这么一种关系:在效率与公平之间,效率优先兼顾公平;而在公平的男性权利与女性权利之间,男性权利优先,兼顾女性权利。经过这样两个阶梯,两性之间在劳动权利的实现上,理所当然地拉大了差距。

因为国家退出了对劳动者的平等保护,以前被计划配置掩盖的劳动性别分工的潜规则变为明规则,性别分工呈两极变化,男性在这一变化过程中拥有优先权和主动权,无论新旧工作男性在性别分工体系中保持优势,劳动一旦分性别,即形成男高女低的差等。① 这些规则直接表现为男女有别的就业状况。在就业时,用人单位对某一性别群体的偏好,通常是对女性的排斥,直接以文字或口头形式表述出来。这样的例子在我们的日常生活中屡见不鲜,例如一些招聘广告中明确标明:"只招男性",而此类职位,并非是不适合女性从事的高强度、高风险的岗位。这种现象几乎发生在所有类别的用人单位中,不但包括各类企业,也包括政府机关及事业单位。即使允许招女性的岗位,往往会提出更高的要求,如在年龄、身高、相貌方面提出限制条件。与男性相比,还存在对女性婚育情况的限制,一些单位甚至要求与女员工签订生育协议,要求女员工在规定的时间段内不许怀孕,否则就会面临失业的风险。根据2002年劳动和社会保障部对62个定点城市的调查结果显示,有67%的用人单位提出了性别限制,或明文规定女性在聘用期不得怀孕生育。②

在工作中,性别分化表现为行业和职位的性别隔离。在那些享有较高待遇或地位、社会评价较高的行业,如能源、电信、金融、房地产业、高新技术产业、党政机关和社会团体,女性的就业率一般不到1/3。大部分的女性就业只在与其传统角色相关的较低地位的职业和行业间流动,尤其是从事那些具有家庭服务性质延伸的职业和行业,如卫生、餐饮业、社会服务业等,这些行业还经常只接受年轻貌美和有一定文化的女性而不接纳

---

① 金一虹:《性别分工与男女平等话语》,http://wenku.baidu.com/view/66fd4e2558fb770bf78a55b0.html

② 郭秀云:《女性就业对平等地位获得的影响》,《宁夏社会科学》2005年第7期。

全体女性。激烈的市场竞争还将已经转移到城市或工业部门的农村女劳动力进一步推向生产条件落后、技术等级低，以及城市人不愿干的脏、累、差的职业领域。即使在同一个工作场合，女性大部分在单位的级别底层，男性则比女性更容易得到工作上的升迁。几乎在所有职业，包括所谓女性职业中，具有较高的技术、责任、地位和收入的职位上，女性所占比例都低于男性并且有不断下降的趋势。而行业和职位的性别隔离是男女收入差别的主要原因。

2. 妇女回家与就业促进的政策选择

劳动力的自由市场存在着性别歧视，需要通过政策干预加以调整。但是，干预是为了提高效率还是保障公平，成为决策者需要作出的选择。在"发展是硬道理"的战略目标约束下，效率无疑被放到了优先的位置，妇女的就业权在政策上出现了打折的考虑。2000年10月，《中共中央关于制定国民经济和社会发展第十个五年计划的建议》，在"积极促进就业，健全社会保障制度"一节中，出现了"建立阶段性就业制度"的提法，这是在国家最高层面明确提出的政策建议，引起强烈震动和广泛讨论。虽然政策设计者解释阶段就业不是针对某一性别的就业形式，男女都适用，因为阶段就业涉及三种人：生育期妇女、继续学习者、因家庭需要退出工作岗位的。但也承认，阶段就业对妇女的负面影响要大得多，实际上就是妇女的阶段就业。经过学术界和妇女界的大声呼吁，在最终形成的《国民经济和社会发展第十个五年计划纲要》中，放弃"建立阶段性就业制度"的提法，代之以"采取非全日制就业、季节性就业等灵活多样的就业形式，提倡自主就业"。[①]

尽管"建立阶段性就业制度"的建议没有成为国家正式政策，但在国家最高层面提出这样的建议，本身就值得思考。自从劳动力从计划配置向市场配置转变，"妇女回家"就是一个经常被提及的话题。无论是企业的"减员增效"，还是市场的"就业难"，都会引出劳动力供大于求、妇女应当回家的说辞。当这些说法已经不限于社会讨论，而是上升到公共政策层面，进入决策程序时，说明决策者与市场达成了共识。这个共识的基

---

① 蒋永萍：《世纪之交关于"阶段就业"、"妇女回家"的大讨论》，《中国妇女研究十年（1995—2005）》，社会科学文献出版社2005年版。

础是：肯定传统的性别分工是合理的，强调男外女内的分工形式是必要的。这个事实其实说明了，尽管中国妇女在"解放"的话语实践中，已经从"主内"变成了"既主内又主外"，但文化身份还是被界定在家庭内部，对她们的性别角色期待还是传统的。这也进一步说明，仅仅让妇女参与公共劳动，不改变公私分离的劳动体制，不改变传统的性别分工，妇女就不能得到彻底解放，或者解放也只是暂时的。

市场本身的特性倾向于排斥弱者，当就业市场形成一系列排斥，影响到社会稳定时，干预就十分必要了。2008年开始实施的《就业促进法》，旨在将政府、企业和社会的"道义责任"上升为"法律责任"，以保证公民充分就业。其中实行公平就业，反对就业歧视，保障劳动者的平等就业权利，是一项重要原则。从促进就业的性别平等来看，该法体现在这几个方面：一是肯定了妇女的平等就业权，第三条规定："劳动者就业，不因民族、种族、性别、宗教信仰等不同而受歧视。"二是强调了政府促进就业的责任，建立国家促进就业的政策支持体系，工会、妇联等人民团体有协助义务。三是不得以性别为由拒绝或限制录用女性，也不得在劳动合同里增加限制婚育的内容。《就业促进法》在倡导就业平等、关注弱势群体、禁止就业歧视等方面，有明确意识。在就业的政策扶持、就业教育和培训、就业援助等需要政府承担责任的地方，也表现出应有的责任意识。对于用人单位歧视某类别人群的行为也规定了应承担的法律责任，具有进步和积极的意义。

但《就业促进法》对于如何消除就业市场的歧视现象，特别是性别歧视，除了一些原则宣示外，没有更具体的法律规定和措施。这就会导致一些问题：首先，法律没有界定什么是就业的性别歧视，因此，对就业市场上的性别分化，无法判断是性别歧视还是人力资源差异的结果。二是没有对性别歧视的标准作出规定，对于用人单位具体岗位提出的性别要求，究竟属于性别歧视还是性别适应，无法根据法律做出明确判断。三是只列举了三四种现象作为禁止现象，其他大量公开和隐性的各种现象，无法作为歧视行为给予法律对等。四是可诉性不强，无法通过司法途径实现权利救济。与其他保障妇女权益的法律相同，《就业促进法》权利宣示的意义大于司法保障的意义，实际生活中很难从法律上保障女性平等就业权。《就业促进法》不是《平等就业法》，其背景是为了实施充分就业战略，立法目的是"为了促进就业，促进经济发展与扩大就业相协调，促进社会和谐稳定"。因此，千方百计扩大就业，使更多的劳动者找到工作岗位是主要目标。这也就不难理解，为什么这部法律没有接受单列一章禁止性别歧视的建议。①

3. 就业干预中的性别视角问题

一直以来我们想当然地认为作为公共政策的制定主体，政府会平等地对待所有人。但是公共选择理论却给出了不同的答案。该理论从人的经济理性出发，认为公共领域也和私人领域一样，人们受利益驱动而选择自利性行为，这种行为选择会导致政府偏离公共立场，"政府失效"就是这种偏离的表现。进一步来说，社会关系中不仅存在着利益关系，也存在着性别关系，组成政府的个人不仅是经济人，也是有性别的人。而男性中心的社会性别结构，也会以某种方式体现在政府的政策制定过程中。上述女性就业政策的变化，从两个方面表现了这种影响：一是政府对现有的性别关系不干涉。现有的性别关系不是平等的关系，不干涉也就意味着维持甚至放任性别不平等。就业市场中存在排挤女性和性别分化的现象，而政策干预始终不到位，就是属于这种情形。二是按照男性优先进行制度安排。当需要时，女性可以作为"伟大的人力资源"大规模被动员参加社会劳动，当岗位紧缺时，则希望妇女回家，实行阶段性就业。

应当承认文化规则造成的社会性别差异已经深刻地内化，在理论工具缺乏、理性认识不足的前提下，光有对性别平等的一般愿望是无法感受女性的生命体验，进而识别性别不平等的所建立的平等规则，很难保证不是对女性的另一种不平等。所谓"男女都一样"在不改变性别分工的前提下，只不过要求女性承担了双重劳动义务。而从"照顾"女性出发的规则考虑，也很难避免不是对女性权利的歧视性对待，比如女性提前退休的规定。一旦权利实现的条件资源紧张，女性首先被考虑权利缩水，这种考虑有可能是在"关爱"的名义下展开的，比如阶段性就业的政策建议。在政策制定过程中，代替女性发言，安置女性权利，决定性别事务，很难保证所制定的规则是真正平等的，可能更多是一种平等想象。同时，当平等主要是一种给定的权利，女性成了自己权利的客体，只能接受被给定的相关利益，无法自主地决定自身权利，无法实现赋权。这样一种权利关

---

① 刘佳：《〈促进就业法〉需要性别意识》，《中国妇女报》2005年3月11日。

系,仍然是不平等的父权,只不过在形式上从家庭父权转变为公共父权了。

四 平等就业的权利保障与政策调整

自 1949 年以来,国家一直秉承着"男女平等"原则,制定了各项旨在保护女性平等就业的法规政策,但从女性的总体就业发展趋势来看,从新中国成立初期的"高就业率"变成目前的"低端就业""边缘化",显现出与经济发展不相对应的发展趋势。这一发展趋势并不能以女性的人力资本投入不足、受教育程度低下解释。目前我国的女性劳动者所拥有的教育资本并不逊色于男性,而劳动力市场中女性的竞争劣势,很大程度上与就业和职业竞争中的性别歧视相关。[①] 从公共政策平等保护的原则出发,应当对政策的制定和执行机制进行分析,考察政策在平等保护中的实际作用,并思考如何调整。

1. 需要形成完整的政策体系

我国保障女性就业权利的宏观政策主要是以《宪法》《劳动法》《妇女权益保护法》《就业促进法》等相关条文为基础构成。这些法律规定都体现了保证男女两性平等的劳动权利,体现出赋予男女两性同样就业保障的立法精神,也赋予女性维护平等劳动权时所拥有的法律支持。政策体系不仅要有表达政策思想的一般原则,更要有具体的政策规范,才能保证政策操作有据可依。"男女平等"之所以在就业市场上遭遇滑铁卢,很大程度上在于缺乏由具体政策规范构成的完整的政策体系。具有社会性别意识的完整的公共政策体系应当包括:一是保障型政策。要保障女性就业机会和结果都平等,就业政策必须具体、可操作。政策不具体,会留下歧视妇女的政策性漏洞,又会让那些不平等的政策规定继续执行,造成对妇女权利的实际损害,再加上缺乏对损害的具体政策补救,就会进一步扩大两性权利不平等的社会现状。二是协调型政策。在有关资源调整、转移和利益分配等问题上,最能反映出男女是否平等。其中最为人熟知的一项政策规定就是"同工同酬",它保证了妇女在承担同等责任、付出同等劳动、取

---

① 谭琳:《1995—2005:中国性别平等与妇女发展报告》,社会科学文献出版社 2006 年版。

得同等工效的前提下，获得与男性相同的报酬。面对当前男女收入差距明显拉大的现实，同工同酬政策对保障妇女经济收益的平等获得，其协调意义显得特别重要，通过具体的协调性政策，能够促使相关资源对妇女作出一定程度的倾斜。三是控制型政策。男女不平等是一个社会现实，意味着社会生活中存在许多损害妇女权利的社会行为和歧视妇女的社会偏向，只有对这些行为和偏向加以控制、克服和纠正，限制其产生，阻止其发展，给予其惩戒，才能有效维护妇女的平等权利。

2. 评估和纠正政策执行中的性别偏差

就业的平等保障政策能否达到目的，其实并不取决于政策制定者的主观意图，而是看其在运行过程中产生的实际结果。这需要运用社会性别方法分析两性差异和利益需求，评估政策的可能结果。随着经济体制的转换，具有高效率的市场机制被广泛引入各个发展领域，以竞争为主要特征的市场机制，造就了不少女能人、女精英。但是在相同领域和同一阶层中，女性总体上还是处于竞争劣势。这种劣势从两个方面表现出来：一是社会急剧转型，第二性的身份使妇女面对来自市场经济和传统文化的冲击时，承受了更大压力，而妇女由于不平等的社会经历，在资源享有、机会获得、能力锻炼等方面受到更多限制，与男性相比较，表现出能力和素质上的不足。从而在竞争中处于绝对劣势。二是妇女由于性别分工和社会习俗，承担着家务劳动和养育等多重负担，妇女作为劳动力的潜在使用价值不如男性，即使那些具有较高素质的女性，也会因此而在竞争中处于相对劣势。也就是说，性别分工造成了两性生存状态和发展机会的明显反差。妇女在竞争中的劣势地位，实际上是强制妇女承担"主内"劳动的结果，那种认为女性素质低、能力差、问题多的认识，本身就是一种偏见。但是，当妇女对这种不平等和偏见表示反对，积极主张自己的平等权利时，却被视为个人要求高，只重索取不要奉献，强化了妇女境界低、素质差的社会印象。在政府和舆论异口同声地强调妇女要提高素质、转变观念的背后，隐藏着的是一个不合理的思维逻辑：妇女应该自己承担被不公平对待的责任。相反，由于性别歧视造成的妇女权益损害必须给予有效纠正的国家责任被轻易地忽略了，在存在性别差异的政策环境中，形式平等的就业政策并不能保证女性的平等就业权利，这需要通过具有社会性别意识的政策评估加以识别。

任何政策都需要通过执行才能形成政策效能，而执行总是由一系列具体行动构成。尽管许多劳动就业政策都明确规定，不得以性别为由歧视妇女，但这种原则规定对实际存在的形形色色排挤、拒绝、歧视妇女的做法，几乎没有任何约束力。平等保护不是对妇女的照顾安排，而是在政策制定和运行过程中，应该避免因政策原因造成对妇女公民权利的损害。正是利用工资制度、就业机会、晋升制度和培训机会等制度运行，造成了男性主导的社会和性别隔离代代相传。政策执行也包括通过法律诉讼纠正性别歧视。一部能真正起到反就业歧视的法律中，应当明确界定性别歧视的构成要件及免责条件，为法官断案提供可操作的判断标准。但若干保障妇女权利的法律似乎都不具有这方面的明确规定，救济机制的不完善是我国就业歧视规制所面临的一个重要问题，这使法律更像是权利宣言而非诉讼依据。如果法律不能起到纠偏的作用，只是看上去很美，那么这无疑会助长性别歧视的蔓延。应当将法定的权利变成女性社会生活中的权利，设计诉讼或仲裁程序，提高性别歧视案件的司法化程度。

从社会性别的视角看"美女经济"

金一虹①

编者语："美女"如何与"经济"挂钩，偏又遭到经济学家的拒绝？"美女经济"给社会带来了正能量，还是挑战了社会价值？一个社会如果要以美女甚至女性的色相来"拉动地区经济"，是该庆贺还是悲哀？面对观点各异莫衷一是的评说，应当怎样看待这种社会文化现象？不一定需要表态，但一定需要深入思考。

最近，因为全国妇联参加政协会议的政协委员提交了一份关于遏制"美女经济"的提案，"美女经济"这一提法引起社会的普遍关注。

什么是"美女经济"？作为最先提出这一概念的全国妇联②，在提案中是这样界定的："利用女性的身体、容貌及性的特征以刺激消费，以追求经济利益为基本特征的社会现象。"使用类似概念的还有一个是被捧为中国"美丽经济"理论奠基人、专做选美模特的天久传媒董事长卢俊卿，他说："美女经济就是围绕美女资源所进行的财富创造和分配的经济活动，也叫美丽经济，它的本质是以美丽为介质传播、提升、放大经济价值。在美女经济中美女的角色是媒体。"③ 还有一位姓赵的新闻学硕士，他的定义和卢俊卿的差不多："美女经济就是以美女为媒介的多种经济形

---

① 金一虹，南京师范大学金陵女子学院教授。
② 芊苠:《全国妇联建议遏制选美泛滥提议规范选美比赛》,《新快报》2005 年 3 月 13 日，报道称，全国妇联妇女研究所用了一个多月的时间，通过在网上搜集全国的期刊及相关研究进行调查，最后形成一份名为《"美女经济"愈演愈热值得警觉》的信息简报。提案起草人表示，"这份简报随后被送交到中央，去年七八月，中央领导纷纷对此批示，要求认真研究此类现象，遏制这种不良之风，特别是主流媒体要带头抵制"。
③ 参见《美丽经济第一人卢俊卿：美丽脸蛋换大米》，搜狐娱乐 YULE. SOHU. COM 2004 – 10 – 15。

式的混合体,美女就是各种经济形式转化的媒介,美女就是媒介。"① 如果说卢俊卿还用了诸如"资源""财富分配"之类的经济学概念"炫"一把,赵先生的"美女就是媒介"更直白,把女性充分工具化、客体化。我们可以看到,不同的界定包含着不同的价值取向,全国妇联对"美女经济"界定的批判取向是很鲜明的。

比较有意思的是,经济学界几乎都拒绝把"美女经济"当作经济问题来探讨,比如厉以宁就拒绝对此发表看法,说:"我对美女经济没有研究。"② 另一个经济学家胡必亮也说没研究,不知如何界定,他说他更关注经济学里的"女性经济"③。所谓"女性经济"是指向女性消费,女性作为一个消费群体往往比男性更活跃,他认为"女性经济"研究很有意义。而两会中提到的"美女经济",更多的是一种文化或社会现象,而不是一种经济现象——经济学界普遍拒绝这个概念。还有一种拒绝来自另外的界别,如举办过世界小姐比赛的海南省委书记汪啸风就决然地说:"我们从来不提美女经济,我不赞成这个概念。"④ 对"世姐"选美"盛事",他也有一番激烈的辩护:"对于海南举行的世界小姐选美赛,准确地说是一种慈善事业,是一种提倡以展示才艺为主的活动,它所创造的慈善方面的价值、社会、文化方面的效应,如宣传真善美等方面做得更好,它根本不能归根于'美女经济',甚至连选美这种提法我都不赞成,世界小姐的比赛是一种文化活动。"前者,经济学家拒绝"美女经济"可以说是为了维护经济学的规范性、权威性,后者的拒绝更多的是出于意识形态方面的考虑,以及他的党政负责人的身份。可以说,"美女经济"并不能成为一个严格意义上的经济学概念,也不是一种纯粹的经济现象,尽管女性的容颜和身体正在前所未有地被"经济"着(物化),伴随着经济交换活动,但更准确地说,"美女经济"是一种社会文化现象。一些人把它变成经济现象和经济范畴,无非是试图使那些将女性商品化的行为合理化。

怎样看待"美女被经济"这一现象?当前一类批判性的评价认为:

---

① 赵姓硕士的言说见仲志远《"美女经济"又见花样年华》,和讯评论,opinion.hexun.com/2004-06-03。
② 厉以宁、胡必亮以及时任海南省委书记的汪啸风的言说均引自《遏制"美女经济"引发大讨论》,《东方早报》2005年3月14日。
③ 同上。
④ 同上。

"美女经济"的泛滥已经产生了明显的负面影响。但同样指出它的负面效应,角度还是有些差异,出发点也不一样。一种是从"美女经济"影响妇女地位、妇女权益角度出发的,如全国妇联就明确说:"美女经济"过分强调了女性的外在的美丽性感,实际上是将女性物化和商品化,"美女经济"使以貌取人成了某些用人单位的录取标准和价值取向,造成性别歧视和容貌歧视。还有一些人认为美女经济对美女构成诱惑,实际上是对女性的一种软暴力,这一类观点和全国妇联有某些相似的地方,都是从对女性影响的角度来说的,但分析视角还有些差别。还有一些从价值角度、从社会的价值取向来看负面影响——如有人指出,"美女经济"最坏的不是对妇女造成什么样的影响,而是对社会造成误导,特别影响未成年人的价值取向,如美容的低龄化、中小学生选班花,等等。全国政协委员舒乙在附议一些政协委员的遏制"美女经济"提案时,说他同意遏制,但从什么角度说同意?"从美学角度说适当提'美女经济'是可以的,但现在'美女经济'搞得这么滥、完全依靠美女经济做买卖。它推行的是低俗的价值观,这是应该制止的。"[①] 也有从女性自省、女性自身发展的角度指出"美女经济"的负面影响。如江西省的妇联主席说,社会对这个现象麻木,女性自身还乐此不疲,这是女性的悲哀、历史的倒退。[②] 这类观点认为女性自身也要反省。"美女经济"能大行其是,反映了女性自身觉醒的危机,女性价值观的滑坡。另外从维护社会道德和反对腐败的角度,强调反对美女经济。因为"美女经济"是腐败的温床,所以要解决美女腐败问题,但也强调不要责怪女性的美,是否是温床还与男性权势有关。角度虽不同,但都认为"美女经济"产生的负面影响。

第二类观点认为"美女经济"效应主要是正面的,他们极力为美女经济合理化提供论据。最普遍的一种解释:爱美之心人皆有之,真善美是人类永恒的消费,美丽消费已经成为一种潮流,美丽本身没有错,错在某些人的观念,而且美丽起码使人赏心悦目,因为现在是"姿"本主义时代,人们对外在东西关注,没有什么不好,而且人们对美的追求是无止境的,就是"花瓶"也要比一般女人更引人注目,做花瓶有何不好,我们就是爱看花瓶。

---

① 郑超:《政协委员称应警惕美女经济扭曲教育观》,《北京娱乐信报》2005年3月12日。
② 引自《遏制"美女经济"引发大讨论》,《东方早报》2005年3月14日。

还有将"美女经济"盛行提到社会进步的高度:"当大街上美女不知不觉多起来的时候,我们感觉到不只是生活水平的提升,也是审美情绪,审美需求的增加,这是社会的进步。"①

有一位教授讲到,选美是最具共产主义色彩的,因为它能把旧时达官贵人私下场合的享受普及平民阶层,选美时平民也可以观看,"美女经济"是满足社会需求的。人们在食与色之间可以没有过多的情色想象,也可以有这种想象,市场经济会自行调节,根本无需杞人忧天。②"共享"什么?女人的红唇、美腿、丰胸?还是女性的智慧、精神气质?再有,谁"共享"谁?这些欲将之合理化的声音,都是以审美的名义来宣称:消费美女是合理的,美丽创造巨大经济效益。卢俊卿③在《美丽脸蛋长大米》一书讲到,美丽也是生产力,美女广告是人性化。广告形象代言人,美女是最佳的传播主体。他还宣传一种观点,美女是一个国家经济发展到了一定水平的产物。因为全球最大的选美赛事都发生在发达国家,环球小姐在美国、世界小姐在英国、国际小姐在日本,现在中国选美大赛频频登陆和中国经济高速增长不无关系,美女经济是推动经济发展的重要力量。另据世界传媒估计,世界小姐造成城市的品牌、全球影响力,提升价值相当于44亿美元的广告投入。也有人估算说,三亚的世界大赛对三亚的经济贡献可达40个亿,包括海南省委书记也讲道:"世界小姐选美大赛对推动海南旅游起了非常大的作用。更主要的是对海南的国际交流起到巨大的推动作用。因为参加报道的新闻媒体覆盖全世界22亿人口,经济效益非常好。"在说到美女创造经济效益还有一个观点,美女经济最起码无害,战争中还有美人计呢。商场如战场,美女在经济活动中就是一个美人计,你不要把它想得那么多,只要经济是健康的就不要说三道四,不要把美女经济和妇女尊严扯到一起。经济学家胡必亮讲:我们不要过分夸大美女经济的负面效益,因为从整体上,选美活动没什么问题,展示人类美的一面,不分男女都可以是美的,更应该关注女性经济怎样推动女性消费。

我们怎样看待解析"美女经济"现象?及所有以审美名义将"美女消费"正当化、合理化的观点?美女经济现在还不能够成为一个经济学

---

① 参见仲志远《"美女经济"风起云涌搅热中国》,《经济》杂志2004年第6期。
② 同上。
③ 卢俊卿:《美丽脸蛋长大米》,当代世界出版社2004年版。

的范畴，经济学是否可以提供一个分析视角，探讨一下美女为何与经济发生关系，而且愈演愈烈。其实女性被窥测、被观赏、被作为欲望的对象是男权文化的固有特点，广东中山大学艾晓明写过一篇文章，《那一盆泡了两千年的洗澡水》[①]，从古代苏姗娜洗澡被偷窥的故事（这个题材为文艺复兴时期画家们最喜爱的）到第五代导演娄烨的《苏州河》，女人一直摆脱不了被窥测的命运，几千年来都是如此。今天尽管这种观赏方式因媒介传播手段的发达而变得多种多样，但我们同样看到，观赏者——男性；被观赏——女性，这一点始终没变。为何今天美女与经济关联度这么大？市场需要极大的刺激需求，特别是商品以男性为购买对象时，女性形象总是作为一个诱惑物出现在广告中。所谓美丽创造经济价值，不如说商家把这种美丽转变成"按质论价"的市场价值。经济学讲需求供给，商家就挖空心思研究怎么样推动物欲、色欲、性欲，以刺激需求。为什么只是展示美女，因为现今社会优势资源还是掌握在男性手中，男性是最大的买家。在市场经济发展起来以前，女性作为性欲的对象还是一个总体，现在被精细地切割、放大，一个部位一个部位地进行切割。红唇、丰乳各个敏感部位论质卖价，市场化到了费尽心机的地步。传媒业的发展、文化工业的发达，可以大规模地造梦，男人的"光荣和梦想"被导向并定位于对女性观赏、征服和占有。当然，因市场经济的发达，市场已经把这种观赏从类似"宫廷藏画"般的私人观赏，变成"大众消费"，进入美女的"公共"消费。各种消费层次商家都不放过，如对民工，会让你相信，虽然你可能很穷，你没有"口欲"，但你同样可以有眼福，如另一个第五代导演镜头中描绘的"野模特"也有它的低档的市场和特定的消费对象。

  商家努力把美色消费合理化。广东的盐步是一个内衣城，一个生产基地，为开拓市场不断组织内衣秀。一篇文章说，办内衣秀特别好，因为他让我们男人在情色消费方面的蒙昧受一堂启蒙教育，让我们可以名正言顺地提高这方面的观赏水平。在这里我们看到商家在推动它，让它"名正言顺"进行"情色消费"。对那些现在还没有力量征服和占有女性的，告诉他，你可以观赏，造这样一个梦。为这种行为辩护的一个最明显的观点，一是审美，一是发展经济的名义。

  [①] 艾晓明：《那一盆泡了两千年的洗澡水——"苏珊娜与长老"或裸女沐浴的原型及演变》，《妇女研究论丛》2003年。

先说审美。美女是一个稀缺资源，真正的美女是很少的，稀缺资源肯定是很宝贵的，为什么不去发挥稀缺资源的优势呢？有这种需求就可以推动这种消费。商家的嗅觉非常敏锐，发现了一个新大陆，一个利润非常丰厚的市场，因为这种情色消费的买主往往具有强大的购买力，不仅仅是我们想象的那些所谓成功人士的财富，有相当一部分对美女经济的消费是公务消费。比如会展经济，一定要有美女点缀，还有其他一些公务消费，如足浴、洗浴城等，这比私人消费的购买力还要强大，是权力消费。所以，商家发现了这个市场空间巨大以后，一定会培养某种审美趣味，来激发这种曾经不能见光的潜在需求，所以它用审美的名义来激发。用性欲、情欲、物欲来激发这方面的需求。如香车美女、别墅二房。有一个卖别墅的广告：你有二房吗？以此来激发人的物欲，社会身份的认定，一种成功的象征，一种声望的象征。

为什么从来都是男人观赏美女。有人说，因为美女是一种稀缺资源。美男同样也稀缺。但人类社会迄今在审美上两者之间是不对称的。有人说，把女性作为美的载体，不是对女性的尊重吗？其实女人在这里不是美的载体，更多的情况下，美女是商业价值的符号。女性并非作为审美主体存在，而是一个被动的客体，是作为男性欲望的承载者。会展经济在剪彩时候，那些显要人物的身边都有美女，有谁去多看她一眼，但如果小姐不漂亮，马上会有人批评怎么这个城市的小姐这么丑，就找不到漂亮一点的了？但漂亮的女孩站在身边，没有人把她们当作独立、有自己独特价值的人去观赏，而是一种点缀。甚至没有人意识到她们存在，她们是透明的，但又是不可缺少的点缀，这里有什么尊重、尊严可言！更不要说女体盛这样一种极端的形式。女性完全被视为"秀色可餐"之物，不仅女性毫无人格（只有物格），也是这些面对女性身体方食欲大振的饕餮之徒的堕落。

以审美的名义进行的物化过程，对女性亦有一定的迷惑性。我在上社会性别课的时候，经常遇到这样的提问：女孩子美一点有什么不好？不管怎样，我把自己变得美一点是好事，你那么女权，你嫉妒我们青春美貌。几年前，有一位男性作家曾经在《中国妇女报》上发表一篇文章《丰乳肥臀：我伟大的母亲，我美丽的妻子》，说现在女性已经成了美的载体。我要对女权主义者们鞠一个躬，请你们允许我们男人欣赏你们。意思是说，女人如此被观赏是好事，女孩子机会增多，女性的美能够充分展示出来。你们不要神经过敏。确实驳斥起来有一点难度,我当时也写了一篇文章,我这样说:"我也要向你鞠一个躬,请你欣赏女性的眼睛,不要只停留在丰乳肥臀之上。"如果男人只会欣赏女人的丰乳肥臀,这种水准对男人来说,也是一种堕落,也是一种审美情趣的下坠,真正的审美提升,在于能不能进一步阅读出女人的精神之美。这些年不断地在论战,不断地遇到挑战。有一次课上讨论人造美女,有的说把自己变得更美丽一点没什么不好,有的说内在美更重要。有一个女生说,我现在没有足够的钱,而且整容技术还不过关,风险很大。如果这两个问题都解决了,她一定要把自己全身各个部位都改过。她一直关注着整容技术的发展,如增高术,怎样打断腿骨增高,结果要不一腿长一腿短,要不瘫痪。还有隆鼻术,她知道有一个人装了人造鼻梁以后,一敲会发出空洞的声音,鼻梁变得很硬,她说谁摸我的鼻子我跟谁急,因为一触就疼。一个个案例一一道来,听得大家毛骨悚然。一个漂亮的女生几乎要哭出来,说:我实在不明白,明知有这样的风险,人们为什么还要这样自我残害?那个女生说,因为你不知道,一个人从小到大,因为不漂亮、个子不够高挑、因为胖,被别人冷眼、轻视、起侮辱性外号的滋味!我当时对同学们说:不要责怪那些为了外表的美,甘愿忍受痛苦甚至冒风险去整容的女孩们"浅薄",我们更应关注:是什么将女性容貌对一个女孩的价值,强调到了如此不恰当的地步?!到底是世界有问题呢?还是我们错了?当然我们自己有一定责任,我们应该试图去改变这种过分强调女性观赏价值、忽略她作为一个人的完整价值的文化。

　　说过了以审美的名义,现在再说以促进经济发展的名义。以促进经济发展的名义也是好策略,似乎合理性就更加有说服力了。有的说,既然是一个经济活动,在市场经济下自由交易,你情我愿,女孩子在这个过程中,她起码没损失什么,她得到了丰厚的回报。作为一个经济活动,不要用道德的观念来加以限制。它把消费美女经济化,其实是寻找强势化的保护。众所周知,当今的经济学是显学,有人称之为经济帝国,非常厉害,消费美女本来是一个社会文化现象,非要给它经济化,要找一个强势化的保护。我在想,经济学是否也应考虑这样一个问题,无需回避。经济学分析社会溢出效应、社会福利最大化等问题。所谓消费的社会溢出效应,就是当产品或服务的消费导致直接消费者以外人的满足程度发生变化时,就存在消费的社会溢出效应。这种社会溢出效应可能是正的,也可能是负的。比如吸烟的人得到快感,被动吸烟的人却是权利受损害者,这就是负效应。再如生产环节的污染,对社会而言是大大的负效应。我们为什么不分析所谓的美女经济负面的溢出效应?相貌歧视,其实是一种审美品格的倒退,女性自尊心下降。我的一个女学生参加招聘会回来后特别受刺激,她说第一最想做变性手术,第二想做整容手术。有一次偶然看到一个台湾电视台在播减肥比赛,谁减肥减得最厉害。现在这些比赛选手都很苗条,拿着原来她们的肥胖照片,对减肥前后"忆苦思甜",说当初胖的时候,没有男生理睬,有的只是歧视,叫我小猪,叫我肉丸,各种侮辱性的绰号,现在人见人爱,男生狂追。我那时的第一个感觉,这对现在还胖的女孩们岂不是一种"暴力"吗!审美也可以成为暴力。我们不能因为一种现象伴随着经济交换过程,而忽略它的社会溢出效应。我们可以分析美女经济溢出的负面效益在什么地方。美女经济大行其事,实际挤压了女性群体发展的社会空间。它把女人的观赏价值强调到了不恰当的地步。报纸上讲到台湾第一美女林志玲,她是双学士有两个学位,人称她花瓶,她讲:做花瓶没有什么不好,花瓶有花瓶的价值,她甘愿做花瓶,[①] 这确实令人悲哀。如果一个社会,一个地区,甚至依靠女性的色相来"拉动地区经济",我不知道是该庆贺还是该悲哀。在分析美女经济这种溢出效应时我们一定要分析这种负面效应。另外,男性的情色消费观,男权文化在某种意义上被强化,实际上也是对男性极大的伤害。在男性中,那种无权无势的男性自卑,甚至老婆都找不到,或者被迫分居,如外出打工者长期过着一种禁欲的生活,到了这种地步,让他过一过"眼福",到街上看一看各种"秀",算是对自己男人价值的认可,但这改变不了他被那些占有更多的财富,占有女色的男性挤压的现实,如果是"启蒙"色欲,连人的尊严都丢失了,这种负面效应并不仅仅是对女性的,也是对男性的。个体的情色消费被文化工业大规模生产化。生产色欲化以后,腐蚀和侵蚀的是一代人的价值观念。

还有一个成本的社会溢出效应也需要分析,成本的社会溢出效应既可以是正面的,也可以是负面的。美女经济的正面效应说能拉动消费,确实是拉动了,但负面效应呢?且不说人造美女的直接成本风险,还有机会成本,一旦生产这种产品,必须放弃其他产品的服务和价值。有学生质疑我

---

① 李云灵:《林志玲自认花瓶,发誓35岁前要结婚》,《东方早报》2006年10月20日。

说，为什么一定认为美女"无脑"，能不能才貌双全啊？整容之后，才貌都具备了，为什么要排斥？才貌，当然可以双全，但得到"美貌"的机会成本，还是存在着一定的排斥性，所以在女大学生里有句话，不怕你学习不好，就怕你长得不好。人的机遇和关注点放在不同方面，她确实是放弃了很多东西。这是从个体来说的，从社会角度看，除了人造美女的直接成本（由此造成的各种社会问题）外，还有一个成本——歧视的产生、畸形消费问题、腐败问题、情色文化泛滥问题。我们发展经济的目的是什么？最终目的是让社会福利最大化，我们可以做一个评估，发展美女经济是否可以使社会福利达到最大化？分析时其实分成两块，美女经济分成消费美女和造美消费。前者消费主体是男性的，主要是拥有权力和财富的男性，后者消费主体是女性，商家诱惑女性消费而谋利，如整容业美容业，有人估计每年正在以 20% 的速度递增，产值已占中国 GDP 的 1.8%。仅美容院在全国已达 154 万家，产值 1680 亿元，还不包括其他的时尚消费。

"美女经济"引发的一种消费主义浪潮，付出昂贵的社会成本和代价，政府是不是应该干预？从社会责任的承担层次来分，最重要的公共责任，如严禁各级党政部门参与组织选美；宣传文化部门禁止有关媒体对某些美色活动大肆炒作；工商局对败坏社会风气的商业活动及时依法查处；卫生部门禁止非医学需要针对未成年人的美容手术；教育部门应明确禁止校园内选美活动。这些完全可以有强制性要求。另外，可以根据对女性权益的侵犯程度，对社会公众福利的侵犯程度来分级处理。首先色情的东西就应该打击，其他的负面影响如不是那么明显可以分步来。在研究"美女经济"时，我们不仅强调对女性，而且要看到对男性、对整个社会的负面影响，应考虑如何让更多的人来认同抵制"美女经济"的积极意义。

将性别视角纳入整村推进扶贫工作

戴 聪 武成睿[①]

编者语：社会性别主流化不仅需要在国家法律和政策层面表达，也需要在基层的操作实践中体现。由政府主导的整村推进扶贫工作有来自国家层面的支持，那么如何把社会性别理念和方法融入政府扶贫项目中，基层如何操作？该研究报告对社会性别主流化在基层操作实践提供了可资借鉴的实际案例。

一 试验的背景情况

当前，我国的扶贫工作日益得到各级政府和全社会的共同关注，但目前所制定的相关扶贫政策和实施的策略措施中，没有特别关注推动社会性别平等，这影响了扶贫工作的进一步有效开展。为此，云南省扶贫办与云南省社会科学院参与式社会性别工作室合作，参与了云南大学"中国西部农村发展政策的社会性别主流化探索项目"中的子项目"整村推进扶贫的社会性别主流化探索"研究与实践。

（一）云南整村推进扶贫的政策及措施

国务院扶贫开发领导小组于2005年6月28日下发了《关于加强扶贫开发整村推进工作的意见》（国开发［2005］2号），明确提出"整村推进"工作的总体目标是：在2010年之前，全面完成全国14.8万个贫困村扶贫规划的实施。云南"整村推进"的总体目标是：在2010年之前，全面完成全

[①] 中国西部农村发展政策的社会性别主流化探索课题组成员。戴聪，云南省社会科学院副研究员；武成睿，云南民族大学副教授。

省3万个（省级安排2万个，州市安排1万个）贫困村扶贫规划的实施。具体目标是：全村农民人均纯收入达到解决温饱标准，人均拥有粮食300公斤以上；通过坡改梯等形式，人均建成1亩以上的稳产基本农田（地）；贫困农户居住的茅草房和杈杈房基本得到改造；基本解决人畜饮水困难；户均有1—2项稳定可靠的增收特色产业项目；有条件的配套建设1口沼气池或节能灶；有条件的户均输出1个劳动力；基本解决适龄儿童入学难和贫困群众看病难问题；基本实现村村通简易公路和村间道路基本硬化。

近4年来，共完成1274个村民委员会和2万个自然村的整村推进任务，贫困地区交通、水利等基础设施的瓶颈明显缓解，贫困村生产生活条件明显改善，公共服务水平明显提高，村容村貌及群众精神面貌发生了较大变化。

（二）整村推进政策和措施的社会性别情况

虽然政府主导的整村推进政策和措施取得了很大的成绩及效果，但是，社会性别专家和项目工作人员调研认为："社会性别主流化"方面的内容在云南省实施整村推进扶贫的主要政策和措施文件中没有得到体现，其中，在绩效指标评价体系基本数据统计表和绩效指标体系评价表中没有反映社会性别的内容，这表明"社会性别主流化"方面的内容在云南省实施整村推进扶贫的主要政策和措施中还没有被明确提出。

为此，云南省社会科学院和云南省扶贫办外资扶贫项目管理中心合作，选择了既实施整村推进扶贫项目又实施世界银行与英国政府混合贷款"贫困农村社区发展项目"的贫困村，结合项目的具体活动，调查项目活动效果与妇女能力和贡献的关联性，期望找到合适的切入点，提出通过运用社会性别理念和方法推动扶贫项目顺利实施的建议和意见，推动将社会性别理念和方法融入政府扶贫项目中，也为今后相关政府工作人员能力建设，提供可操作的实际案例或可行的措施、方法。

二 推动社会性别主流化政策的实践探索

（一）本试验项目的目的

1. 试验示范点基本情况

昌宁县地处滇西大理、临沧、保山三州市结合部，到2007年年底，全县总人口 34.41 万人，其中少数民族人口 3.69 万人。全县年人均纯收入在 693 元以下的绝对贫困人口有 7.39 万人，占农村总人口的 23.6%，被确定为国家扶贫开发工作重点县。尼诺村隶属昌宁县温泉乡，距乡政府所在地 25 公里，距县城 45 公里，交通不便。其中杞木林是尼诺村一个比较有代表性的社区，海拔 1860 米，年平均气温 17℃，年降水量 1300 毫米，气候温凉，一年内长时间有雾，适宜种植粮食、茶叶等农作物。杞木林有农户 53 户 233 人，贫困人口 166 人，劳动力 139 人，其中，男劳动力 65 人，女劳动力 74 人。耕地 186.5 亩，茶地 98 亩，泡核桃 65 亩。粮食户均产量为 320 公斤，人均耕地 0.91 亩，农民纯收入为 1100 元，主要产业是粮食、茶叶、泡核桃及畜牧业等。由于山高坡陡、交通不便、基础设施差、资源贫乏、灾害频繁、产业单一以及劳动力文化素质低、缺少发展产业的知识和技能等原因，造成了当地社区农户长期处于贫困状态，贫困面大、贫困程度深、返贫率高。整个社区主要的收入来源于茶叶，当地的农村妇女一年 75% 的时间都在进行茶叶生产和管理，她们是社区农业生产的主要劳动力，也是社区脱贫致富的重要力量。

2. 试验项目目标

根据前期调查，我们决定把更多妇女参与项目管理作为运用社会性别理念和方法推动整村扶贫顺利实施的突破口。受传统性别分工——男主外女主内的影响，妇女在社区活动中只是参加者，经常不承担组织者的角色，村社干部通常认为妇女干不了组织者的工作，即使是妇女自己，也认为自己不适合做社区层面的组织领导工作。因此，在扶贫活动中需要推动男人和女人共同承担扶贫活动中的组织领导工作。

试验项目目标为：在试验示范点，运用参与性的方法，通过结合整村推进扶贫项目的试验示范活动，推动妇女参与社区管理，并通过社区培训和交流活动的开展，提高妇女的能力，从而增强整村推进等扶贫项目中的社会性别意识。

具体成果性目标包括：推动试点项目市的扶贫办，制定让更多妇女参与项目管理的文件；推动上述文件在项目区得到落实应用，并将取得的经验在全省进行宣传推广；通过项目活动，完成一个妇女参与项目管理的案例分析报告，为文件落实应用提供理论和技术支持。

此项目工作的主要方法：通过参与性工作方法，组织项目工作人员和社区农户代表，特别是妇女代表开展参与性研讨、学习、交流和分享活动,结合整村推进扶贫项目,组织相关的工作小组,开展社区活动(包括妇女能力建设活动)。

(二) 主要干预措施和活动

1. 项目前期活动

(1) 项目启动会

项目启动会的目的和作用在于:一是通过专家培训社会性别知识和省项目办领导强调该项目的目的、意义,明确本项目的针对性和特点。二是通过强调社会性别意识和参与性的过程,有效地将妇女吸收到项目活动中,并在项目执行小组中担任重要的角色,为在项目实施的过程中发挥作用奠定基础。启动会上还选举产生了村级执行小组,妇女入选人数的比例不低于50%,并积极推选她们担任小组负责工作。

(2) 执行小组发动群众进行需求评估

具有社会性别视角的需求评估与一般需求评估的不同之处在于需求评估的过程中强调社区妇女的参与,并在过程中赋予妇女表达意愿和决策的权利。因此,村执行小组召开的村民代表大会上,共有48名群众参加了会议,其中妇女36名,男性12名。项目领导小组有意安排妇女比例高于男性,要求妇女参与项目人数要超过总人数的一半,这种做法主要是给妇女提供一个表现的舞台,改变以往少数妇女参会被嘲笑的情况,让妇女在扶贫开发工作中发挥作用。需求评估活动主要运用讨论、访谈、绘图等方法,分析、讨论了杞木林村民小组贫困的诱因、现有资源、农户需求和整个村民小组的主要需求等。

2. 项目实施阶段主要活动

根据具有社会性别视角的需求评估,确定了杞木林社区2008年整村推进项目的实施内容:新植泡核桃202亩,新植茶叶41亩,改卫生厩23户560平方米,养种公猪1头,新建人畜饮水1件,举办劳务输出培训1期20人,举办沼气池技术培训1期50人,茶叶栽培及管理技术培训1期100人,泡核桃嫁接技术培训1期100人,新建沼气池12口,新建节能灶8眼,新建卫生厕32户。总投资25.01万元,其中申请整村推进项目资金补助15万元,部门整合资金2.42万元,群众自筹及投工投劳折资7.59万元。

根据该项目实施阶段的干预措施和活动规划,执行小组进行了具体的分工,保证每个项目都有一名妇女负责人。在实施的过程中,妇女们表现出非常积极的态度。例如,在改灶中,由于妇女的要求,男主人注意到要根据妻子的身高设计修建灶台的高度,这一提议得到了参与农户妇女的称赞。而在改厩、改厕中,分管项目的执行小组女成员不厌其烦地到农户家去落实,动员农户参加。项目实施中进行了4期培训,内容涉及茶叶栽培技术、核桃嫁接和管理、沼气使用技术及外出务工常识。随着培训的开展,妇女参加的人数越来越多,胆量也越来越大,求知的欲望越来越强烈。而且,妇女们大胆地表达了对培训的意见,认为培训老师经常用专业术语,很多人都听不懂,她们希望以后用一些通俗易懂的语言进行培训。在组织农户交流考察时,妇女们报名的积极性很高,"我肯定要去的,想出去开开眼界,看一下别人是如何增收致富,都搞些什么产业"。"自从知道有出去考察的机会我就打算要去了,现在组织去,我肯定去。"

三 推动社会性别主流化的影响

(一) 项目过程中的妇女参与

1. 社区参加/参与

2007年9月以前,杞木林社区开群众会95%以上是男性参加。在当地,妇女是不能也特别不愿意参加社区会议,因为如果女性参加会议就会遭到所有的村民取笑,表明她们的家庭不行,尤其是这个家庭的男主人没有地位。所以,在这个社区,不仅男人不愿意让别人说是"女人当家",连妇女也不愿意承认。从2007年9月在杞木林社区召开社会性别主流化启动会议之后,项目号召在整村推进活动中鼓励、动员妇女积极参与,组成妇女执行小组,就是给妇女一个发言机会和表现平台,并且承当相应的工作任务。

在整村推进项目活动中,每次开会,执行小组妇女都是相互商量如何分工,一位妇女负责通知几家,全村53户人家,妇女们挨家挨户通知到,开会时间基本能到40人以上,并且大多数都是妇女。妇女参加会议的人数多了,男性不再取笑。一位五六十岁大妈说,"以前我们女的怎么敢参加开会,一到场男的就会笑我们,还说我们是'泼妇',现在我也敢来开会了,妇女人也多了";妇女执行小组的一位骨干妇女说,"原来女人开会大家就议论说这个女人思想不好,我为了给自己男人一个面子,所以让他开会，执行项目后，不用担心别人耻笑了"。村委会的领导也反映，"男人参加开会，他们听进去听不进去觉得都无所谓，女人参加会特别认真"，"女人参加会议后，我们的工作容易多了"。

2. 赢得村民的信任

李翠益是一个思想开放、聪明能干、敢想敢闯的妇女，在整村推进项目村级执行小组的选举中，李翠益脱颖而出，成为执行小组的副组长。李翠益当选时曾表示不愿意干，"最关键是担心村里人说闲话，口水话多，我们这里女人很没有出头的机会，我家里的事情又多"。经过做工作答应试试。"既然答应了就得负责，仅改圈就召开了四五次群众会，村子里的事情该我付出就付出，该说服的地方就说服，群众不通不懂的地方，耐心解释，项目大家一起努力落实，每次开会自己积极主动先到，必须完成。"李翠益认为她参与整村推进项目付出最多的是开会的时间，收获最多的是有机会与项目组成员在一起，她表示自己一定要把负责的工作干好，不然对不起村民的信任与支持。

3. 公平与公正

整村推进项目中，妇女们发现有些人并不是真正想改圈，她们认为不能随随便便应付了事，应该坚持公平公正，"一定要把条件不适合的人家剔除出去，动员真正想干的人家来参加"。最后，她们确定了26户愿意参加改圈的家庭。但是，杞木林社区村民在村级规划的需求评估中需要改圈的是23户，现在共有26户人家报名。怎么办呢？李翠益又把26户人家召集起来讨论，大家又纷纷认为"改圈是非常喜欢的，即使没有补助也还是要改，现在又有补助，更要改"，最后大家一致同意每家少分一点钱，让26户家庭都参与改造。

4. 靠自己的能力

李燕被选为执行小组成员时也提出不干，主要因为"丈夫是社长，我参加执行小组，村里人有想法，以为我依靠丈夫，以为会有什么好处，做工作可能也会困难些"。妇女参与活动之后，李燕坚定地认为，"其实不一定男人做事就正确"，并且"有些男人酒吃了就误事"。她还总结经验并在妇女中不断地宣传，"女的在开会总是带针线活做，男的在一起商量事情，女的三五个在一起'讲白话'，男的作出什么决定也认不得。男的就可以说我们女的干什么都不正规了，我们应该改变这些习惯，要让人家说我们女的和男的一样"。她坚持认为，"女的说话只要考虑，还是有一定的可行性的"。

在整村推进项目活动，李燕不仅参与了所有的项目，而且还负责种核桃、茶叶及人畜饮水的测量工作，通过这些活动，李燕表示自己参加的事情多了，胆子也锻炼了，说话也敢了，不仅敢和丈夫说"不要在外面是领导，回家还把自己当领导"，而且现在丈夫还会与她商量社区里的工作。

5. 像做自己家事一样

杞木林是一个严重缺水的社区，人畜饮水工程中，从山林（水源）拉到村社的主管道由项目补助，村民自己负责从主管道分水到各自的家中。在入户调研过程中，李燕了解到相当一部分村民对工程队设计的水源点选点位置表示不满意，她主动收集村民新的选点建议及理由，并且向村委会及工程队反映。工程队经过反复实地踏勘，认为村民们的建议技术可行，就调整了设计方案。村委会则表示，以前的项目都是工程队承包，根本没有想过听取老百姓的意见，更没有想到让老百姓参与，征求群众意见，项目质量会更好，老百姓也更满意。不少群众反映，"女的做工作比较细心些，男的粗心，女的多说几遍，解决了我们的很多顾虑"，"如果男人来做，不负责任就会断水，吃亏的还是我们村民"。

6. 爱村像爱家

执行小组的妇女们测量完社区的全部管道之后，大家走在回家的路上，正好看到村民房后路边水沟没有挖好，几位妇女议论下雨的时候，水流总是从公路满出来，损害村民的房子。有位妇女提议大家一起把水沟修好，几位妇女拿起工具，工作了近两个小时，修好了水沟。社区的村民表示，"女人考虑多点，办的事情好一点"。

7. 社区凝聚力

2008年，茶叶的价格暴跌，尼诺村作为茶叶的主产区，村民的经济收入受到很大影响，项目初期选择种茶叶的许多农户表示反悔，提出种植核桃的需求，希望得到项目补助。怎么办呢？在执行小组妇女的讨论中，大家认为不让种茶叶的农户改种核桃，会挫伤很多人的积极性，并且很可能破坏村民的团结，引起一些冲突。由此，根据妇女的建议，执行小组最后决定改革，在补助一定资金的前提下，所有人家都可以得到资金补助，但需要根据总资金和农户种植的实际面积进行补助。大多数村民表示妇女考虑问题十分全面，能保证大多数人的利益，也能够创造更和谐的社区氛围。

8. 外出考察长见识

农户交流考察活动的目的是让农户走出去。贫困妇女往往是最没有机会走出去的群体，她们参与交流考察学习，有助于增强妇女为社区服务的信心和能力。外出考察是杞木林社区妇女最有感触的一项活动。李燕说，"杞木林社区妇女本身也与人家有一些差距，发展经济、卫生方面，应该做的事情相当多。比如自己家的路口摆放着的东西不按顺序，以后要注意什么东西放在哪里，经常打扫卫生"。李翠益说，"我们女的在参观的过程中考虑女的应该在什么方面起作用，也认得自己哪些方面的不足"。"原来村里有10个沼气池名额，家家都说没有资金所以不落实，通过妇女外出参观，大家都说沼气的好处。村里有一户人家，男的不愿意整，女的参观回来就要改灶。"

杞木林社区的妇女们通过参观学习，看到了自己村庄、家庭发展的差距，也看到了自身不足。她们连夜讨论社区建设问题，描绘未来杞木林社区的蓝图，大家跳出了过去仅仅以家庭出发考虑问题的不足，更多地开始思考社会公益事业、与邻村的差距、计划村庄未来的发展等，这使她们拥有了通过自己的努力把村庄面貌变得更好的信心。

（二）在本项目的实施过程中，我们也注意到存在的问题

首先，项目前期要对村级领导进行具有社会性别意识的培训，妇女干部进入领导班子以后才有可能发挥作用，否则妇女仍然仅仅是摆设。

其次，我们觉得在本县范围或者小范围内组织外出参观学习对妇女干部的思想促进作用很大。这种组织参观是不分男女的，到妇女发挥作用好的社区参观，不仅是对女人的触动，也是对男人的触动，虽然对男人的触动不是最直接的，但是对观念的转变还是有一定正面作用。

再次，在把妇女干部送上管理工作岗位或进入管理层以后，最好首先采用男女共同负责的方式。由于她们过去从来没有涉及这些工作，在她们不熟悉的领域，男女共同负责，有助于对妇女干部的培养和帮助。

最后，社会性别传统势力仍然非常强大，短期项目的应用不可能完全冲击到男人当家的理念。尤其对男性的观念进行真正、完全地转变，还需要更长时间的努力。

因此，在社区层面进行社会性别主流化促进活动中，妇女骨干被委以重任是远远不够的。在基层的社会性别主流化实践中，必须考虑到她原来承担的家庭事务，考虑到她第一次走入公共领域及相应的发展环境，针对具体情况给以相应的帮助和支持。在项目活动开展的过程中，虽然杞木林社区的妇女们都有很好的表现，发挥了过去未曾有的作用，但她们都感到来自不同方面、不同程度的压力，而其中，"女人当家"就意味着"你家男人不行或你没有嫁一个好男人"等舆论，往往使妇女参与社区公共事务时顾虑颇多。因而，在现有"男尊女卑、男强女弱、男高女低及男主外女主内"等传统观念影响下，各级干部，特别是村长、村支书应该带头给执行小组的妇女公开的、旗帜鲜明的支持。

杞木林社区的试验示范使我们认识到，打破传统观念，帮助妇女从"后台"走上"前台"，促进社会性别平等，发挥妇女的作用不仅是可行的，更重要的是能使扶贫工作更具针对性和提高扶贫项目的实施质量。

性别敏感的农村劳动力转移工作实践

刘 杰 蔡 葵 付保红 袁 玫[①]

编者语： 农村劳动力转移培训就业工作中社会性别差异大，男女劳动力资源供给和岗位需求结构性矛盾大，从而使农村劳动力转移过程中男女两性呈现出许多不同的特点。探索在农村劳动力转移培训就业中增加社会性别的视角和方法，总结带有社会性别敏感的农村劳动力转移培训就业政策措施，并促进这些政策措施的出台和实施，是该报告提供的典型经验。

一 劳动力转移与社会性别

1. 劳动力转移已经成为农村的中心工作

中国是一个农业大国，农村人口基数庞大，农村劳动力剩余现象较为突出。据估计，目前我国农村剩余劳动力数量达到1.5亿人左右；并且，每年还会新增农村劳动力约600万人[②]。农村剩余劳动力从20世纪80年代开始出现少量转移，20世纪90年代以后转移规模得到迅猛扩张。根据国家统计局的抽样调查，2005年末，农村转移劳动力达1.8亿人，已转移劳动力占农村劳动力的比重为37.4%。其中农村转移劳动力占农村劳动力在50%以上的有5个省市，比重在30%—50%间的有9个省市[③]。毋庸置疑，农村劳动力转移已在中国农村发展中占据了越来越重要的位置。农民收入构成中来自非农产业的比重已经接近1/2，工资性收入比重已经

---

① 刘杰，昆明市劳动力转移办，中国西部农村发展政策的社会性别主流化探索课题组成员；蔡葵，云南大学副研究员，中国西部农村发展政策的社会性别主流化探索课题组负责人；付保红，云南大学副研究员，中国农村发展政策的社会性别主流化探索课题组成员；袁玫，昆明市劳动力转移办，中国农村发展政策的社会性别主流化探索课题组成员。
② 胡枫：《关于中国农村劳动力转移的估计》，《山西财经大学学报》2006年第2期。
③ 国家统计局农村社会经济调查司：《2005年末全国已转移农村劳动力约1.8亿人》。

超过 1/3，工资性收入对农民收入增长的贡献率达 60%—80%①。目前，"只有减少农民，才能富裕农民"日益成为全社会的共识。农村贫困家庭实现一个劳动力转移就业，基本上就能解决一家人的脱贫问题，一个县实现 2 万农村劳动力的转移就业，就相当于新建一个纯收入上亿元的支柱产业。实施农村劳动力转移培训就业对促进西部地区经济发展、加快落后地区脱贫致富具有十分重要的意义。

在这样的社会背景下，农村富余劳动力转移培训就业工作越来越受到各界的关注，内地各省市，特别是西部地区都加快了农村劳动力转移的工作步伐，政府有组织有计划地引导，推动力度不断加大。农村劳动力转移培训就业成了现今农业农村工作的中心工作和难点工作。

云南省同其他西部地区一样，农民收入低的主要原因在于农民工资性收入低。从收入结构上分析，云南省农民从农业内部获得的收入为 1200—1400 元，与全国的平均水平接近，而在非农业方面的收入，全国的平均水平在 900—1000 元，高的省区达 3000—4000 元，而云南省只有 300 多元，只有全国平均水平的 1/3，与发达省区相差近 10 倍②。因此可见，目前云南省农民收入低的主要原因在于农民工资性收入低。做好劳动力转移，增加农民工资性收入是促进农民增收的根本性途径。

昆明已把促进农村富余劳动力转移作为农村经济工作的中心任务，作为农民增收的一项重大工程来抓。出台的《关于加快农村富余劳动力转移就业的实施意见》（昆办发［2005］2 号）中明确提出了"2006—2010 年平均每年转移 8 万人"的目标任务。2008 年市委、市政府进一步加大农村劳动力转移培训就业工作力度，提出全年完成农村劳动力转移培训 15 万人、转移就业 12 万人的工作目标任务，并把该任务纳入市政府对各县（市）区的目标管理考核中。

2. 劳动力转移与社会性别相关的主要问题

在农村劳动力转移过程中男女两性呈现出许多迥然不同的特点，也有各自不同的优势行业。总的来说，农村富余劳动力转移中的男女劳动力资

---

① 徐震：《农村劳动力转移就业是促进农民增收的现实选择》，《中共合肥市委党校学报》2006 年第 1 期。

② 云南省农村劳动力资源开发促进会：《农村劳务开发与云南发展》，《历史的使命，时代的重任》，第 116 页。

源供求矛盾大，女性用工需求量大，但外出务工人数少。同时，农村劳动力外出务工特点和从业领域存在明显的性别化。男性农村劳动力转移的特点和从业优势行业是：男性外出务工的意识相对女性较强，外出务工积极性较高，家庭也愿意支持他们外出，男性劳动力体能相对女性较好，保安、建筑、修理、运输等行业为男性的优势行业。女性农村劳动力转移的特点和从业优势行业是：女性外出务工数量少，家庭对她们外出顾虑较多，怕子女被骗、变坏，由于家庭阻力和传统观念影响，女性劳动力外出务工积极性不高，滞留于农村和土地上的数量大，家政、餐饮、缝纫、手工、刺绣等行业为女性的优势行业。女性劳动力组织纪律性较好，易管理，比较受企业欢迎，转移输出的稳定性高，回流率小，因此企业用工需求量大。

男性外出务工适宜年龄范围较宽，16—45岁为转移的重点年龄段，女性外出务工适宜年龄范围较窄，一般为16—25岁，超过这个年龄的农村妇女基本已处于婚育阶段，组织外出务工就业难度较大。

二 "昆明市农村劳动力转移培训就业的社会性别主流化探索"项目实施

1. 项目简介

在福特基金会资助下，在云南、贵州同时开展的"中国西部农村发展政策的社会性别主流化探索"项目于2006年3月正式启动，在云南省，省林业厅、省扶贫办、省委党校、昆明市农村劳动力转移办经申报成功，"昆明市农村劳动力转移培训就业的社会性别主流化探索"是4个子项目之一。该项目旨在调查分析当前昆明市农村劳动力转移培训就业工作的政策措施及其工作开展中存在的社会性别盲点，探索推动农村劳动力转移政策培训就业的社会性别主流化方法，有效促进农村妇女转移就业和素质提高，并通过试点试验和个案追踪，研究方法运用可行性，以期进一步推动劳动力转移政策的社会性别主流化。

2. 项目目标

（1）运用社会性别分析方法分析农村劳动力转移培训就业的相关政策及措施盲点；

（2）通过从市、县、乡、村四个不同行政区域对四个调查点进行实地调查，分析劳动力转移培训就业的政策实施过程，了解执行过程中对两性的影响，并对收集到的相关信息进行分析，总结利用社会性别分析推动农村劳动力转移培训就业工作有效开展的策略方法；

（3）综合研究劳动力转移培训就业政策、措施及田野调研，寻找提升社会性别意识的策略、方法，并制定有针对性的行动计划；

（4）摸索出对近郊失地农民、远郊贫困农民推动社会性别主流化的有效模式；

（5）探索出有社会性别视角的部门配合、县区联合、基地培训、企业参与的有效模式；

（6）研究职能部门人员的社会性别能力提升对相关政策制定和实施的影响；

（7）产出具有社会性别视角的劳动力转移政策。

3. 项目研究路线及试验过程

首先，政策文本分析。

收集和解读近年来有关农村劳动力转移培训就业工作的相关政策的相关文件（《云南省"十一五"发展规划》《昆明市"十一五"发展规划》《昆明市新农村建设试点方案》《昆明市农业"十一五"发展规划》《昆明市劳动和社会保障事业发展规划》《昆明市加快农村劳动力转移的实施意见》《云南省和昆明市妇女儿童发展纲要》等），利用社会性别视角来研究识别和确认与劳动力转移工作相关的社会性别问题。

其次，实地调研。

设计项目所需背景和数据的调查表，有针对性选择调查点，从市、县、乡、村开展调查研究和访谈。对试点村的自然、经济和社会状况分性别劳动力转移状况、劳动力转移需求、劳动力转移障碍等进行深入调查，建立试点基础档案，以便设计有效的转移模式和对项目成果进行分析。

再次，实地试验。

（1）项目实施前举办县乡村层面相关人员研讨会，探讨关注社会性别在劳动力转移中的作用，以及用社会性别视角的工作方法对劳动力转移的意义。

（2）在项目试点社区对村民开展以劳动力转移政策、外出务工生活常识、法律法规、维权、注意事项等为主要内容的农村劳动力转移引导性培训，特别注重开展分性别按需求的转移技能培训，提高就业能力，以培训促转移。

（3）协助试点村中有外出务工意愿的村民，按市场需求和本人意愿稳定持续就业。

（4）在每个试点村选择有代表性的 5 人进行个案跟踪，每半年回访一次，通过个案追踪分析、对比，了解就业选择与务工实践中影响劳动力转移就业的主要因素及其支持需求。

（5）从部门配合方面探索促进政策社会主流化的部门配合（主要是与妇联合作）方式；从县区联合方面探索根据县区不同，其用工、劳动力需求不同的特点，促进县区用工信息互补的县区联合方式；从与企业联合方面了解企业的用工需求，了解企业劳动力资源相对缺乏的现实，促进政策社会主流化的企业联合方式。

（6）项目后期举办政策决策、执行层面研讨会，交流项目实施情况和产出成果，研讨分析可纳入市、县劳动力转移工作和配合部门工作的推动社会性别主流化的政策、措施，并进行专家咨询。

三　项目的发现、产出和影响

1. 政策文本分析发现

按照项目活动计划，项目组对现有农村劳动力转移培训就业相关政策和工作措施及相关部门的政策措施进行了收集、文件解读，共解读文件 21 份，其中关于农村劳动力转移的共计 19 份，内容涉及劳动力转移的文件共计 2 份，其中国家级层面 3 份，省级层面 11 份，市级层面 7 份，其中明确妇女参与劳动力转移内容的有 1 份文件，即《云南省妇联关于做好农村妇女劳动力转移工作的意见》，经过文件解读，有如下发现。

（1）各文件进一步明确了农村劳动力转移培训就业工作的重要性和紧迫性，以及在社会经济发展中的特殊地位，涉及该项工作的具体范畴和具体实施。

（2）《云南省妇联关于做好农村妇女劳动力转移工作的意见》《昆明市妇女发展规划》中存在明确的女性农村劳动力转移输出的相关条款。

（3）大部分文件为中性文件，缺乏社会性别敏感性，对农村劳动转移就业培训就业工作中的社会性别问题没有反映，对现存结构性矛盾没有相应的政策措施。

2. 试点调查、实验发现

（1）西部农村农民人均收入较低，工资性收入差距较大，加快农村劳动力转移是增加农民收入最为有效的途径和手段，所以有必要进一步加大农村劳动力转移工作推进的力度。

（2）广大农村劳动力对现行的农村劳动力转移政策知晓程度不够，特别是农村妇女，接受宣传和培训的机会较少，需要特别加大对她们的引导性培训和宣传。

（3）现行农村劳动力转移培训就业的政策措施中普遍缺乏社会性别敏感性，而实际工作中男女差异性很大，推动社会性别主流化，可以有效提高农村劳动力转移培训就业工作的效果，使工作更具针对性，更符合实际需求。

3. 项目实施的主要产出

（1）相关政策产出

一是由昆明市农村劳动力转移及劳务输出工作领导小组办公室印发的昆农劳转办［2008］5号文件《昆明市实施农村劳动力培训专业就业工作的意见》中，增加了社会性别的相关内容。主要措施第3点"认真做实各项基础工作，注重工作实效，突出工作重点和亮点"中的第（5）条说明："注重农村劳动力转移培训就业工作中供需结构性矛盾，主动与市、县区妇联协作，开设适宜女农村劳动力转移就业的工种和专业，制订针对女性农村劳动力转移培训就业的工作计划，加大农村女性劳动力转移培训就业工作力度，做好女农村劳动力转移培训就业工作。"

二是由昆明市妇女联合会下发的昆妇发［2008］2号文件《昆明市妇联关于2008年度对县（市）区妇联进行工作目标考核的通知》中，明确了劳动力转移相关任务。在争取目标中明确提出"与有关部门配合，完成帮助农村富余女劳动力转移就业任务"，该项指标占总考核分的2%，在工作目标考核指标分解表中下达了"帮助农村富余女劳动力转移就业2000人"的任务。

三是由昆明市八个委办局联发的《关于实施"新型女农民素质教育

行动"的意见》中,把"农村富余女劳动力和失地女农民"列为培训对象,把"面向农村妇女富余劳动力和失地女农民,开展'四自'精神教育,引导她们转变就业、择业观念,争做'四有'女性,通过开展创业、就业技能、法律知识等培训,促进她们创业就业;通过开展文明、礼仪等知识培训,帮助她们融入城市文明,为争创全国文明城市的建功立业"列为行动主要内容之一。

四是市劳转办根据项目成果,与市妇联联合出台《加快昆明市女农村劳动力转移培训就业的工作意见》。

(2) 项目村村民积极参加项目活动

项目实施中,两试点村共有344人参加了培训,其中女性262人;有426人参加了绿化、刺绣、厨艺、摩托车驾驶等专业的转移技能培训,其中女性206人。

(3) 相关工作人员社会性别能力提升

项目的实施,使市、县、乡农村劳动力转移工作人员的社会性别能力得到大幅度提高,社会性别主流化逐渐融入到农村劳动力转移培训就业的常规工作中。

(4) 加强部门协作,发挥妇联参与的作用

项目的实施,使市劳转办进一步加强了与妇联的协作,为支持市妇联开展农村劳动力转移培训就业工作,2008年安排专项工作经费3万元;双方还将"女科技致富带头人培训"与"农村劳动力转移技能培训"相结合,联合举办培训。

四 农村劳动力转移政策实施中的社会性别主流化探索建议

通过项目活动的研究分析,我们发现了一些政策与分性别、文化程度、婚姻状况的需求之间的结合点,建议在农村劳动力转移培训就业工作中推动社会性别主流化,可以从工作对象(村民)和工作机构两个方面深入。

1. 工作对象(村民)方面

(1) 由于近年农村劳动力转移以男性输出为主体,使农村劳动力结构发生了很大的变化,无论是失地农民类型,还是远郊贫困农民类型,农

村剩余劳动力中女性比例不断上升，两试点村女性比例均超过50%，有较强代表性，女性农村劳动力也应成为农村劳动力转移中的重点人群和重点对象，应在农村劳动力转移工作中引入社会性别主流化理念并加以运用。

（2）从年龄、文化结构分析，青壮年农村劳动力多为初中以上文化，为增加收入，从事农事生产的传统生活习惯有所改变，外出打工致富的观念渐入人心，滞留于土地上的农民多为35—60岁人群，文化程度相对较低，技术技能缺乏，又以女性居多，在加大对青壮年劳动力转移的同时，也应关注这部分人群的需求，特别是这类人群中女性劳动力的需求。

（3）需要进一步转变农村妇女传统观念。由于"男主外，女主内"的传统家庭分工习惯，加之诸多顾虑，女性劳动力外出就业观念普遍不强，解决"三农"问题，也应注重农村妇女对家庭的增收作用，才能大幅度提高农民家庭的增收能力。

（4）婚姻家庭是女性农村劳动力转移的关键性因素，也是无法回避的限制性因素。进入婚育阶段以后的农村妇女因家庭需要很难外出务工，要想动员她们转移就业，还需从政策上研究她们外出务工后的老人、孩子照顾、农事生产等实际需求的解决办法。

（5）项目活动发现，女性农村劳动力对务工地域的要求较高，多愿意就近就地务工，不愿意外出，对女性农村劳动力要多采取就地转移的模式为好。

（6）女性农村劳动力与男性农村劳动力在工种选择上的差异性较大，也造成了培训、就业专业性别差异的事实，这就对我们农村劳动力转移培训就业提出了分性别、文化程度、婚姻状况按需求的客观要求。

2. 工作机构方面

通过项目研究，总结在农村劳动力转移培训就业工作中推动社会性别主流化的有效经验，特别是如何使社会性别主流化融入常规性工作，如何影响机构进而促进带有社会性别敏感性政策的产出，有以下几点值得注意。

（1）影响领导意识

要想在工作中推动社会性别主流化，首先要让领导认识到社会性别主流化对工作的促进作用，使领导成为社会性别主流化的直接推动者。

这可以采取高层社会性别培训（如党校）、社会性别分析咨询等方式进行。

(2) 提升相关人员社会性别能力

在工作中推动社会性别主流化，还需相关人员具备一定的社会性别能力，只有相关人员具备一定社会性别能力，他们才会在工作中主动自觉从社会性别角度分析实际工作，制定具有社会性别敏感性的工作措施。

(3) 介入政策措施

在实际工作中倡导和推动社会性别主流化，最有效的办法就是介入政策措施，政策措施的行政效力是最高的，进入政策就会对工作产生直接的作用，也会快速扩大推动的范围，提高推动层面和影响。

(4) 试点经验推荐

现今管理工作者行政事务繁多，较深层次的试点调查分析研究很难展开，指导实践的理论较为缺乏，社会性别主流化提供了一个较好的切入点。采用社会性别分析方法，通过项目试点研究，产出具有社会性别敏感性的试点结论，让管理工作者接受研究成果，为他们提供有理有据、现实可用的决策依据，反过来，也将较容易在政策和实际工作中推动社会性别主流化。

(5) 社会资源倾斜

项目调查发现，各类社会资源分配在男性和女性间不均衡，男性在多数情况下享有更多的社会资源，推动社会性别主流化，就要有意识地将社会资源向女性倾斜，使她们得到更多的发展机会。

(6) 妇女人群分类

由于不同类型的妇女所处状况和需要不一致，在推动社会性别主流化中要对妇女人群进行年龄、文化程度、婚姻状况等分类，有针对性解决困难和问题，工作效果才会好。

(7) 推动妇联参与

妇联是推动社会性别主流化最有力的群团组织，并且有一套完善的体系和网络。妇联也愿意在各项专项工作中发挥作用。充分利用妇联优势，主动与妇联合作，推动妇联参与，对加快社会性别主流化进程有非常积极的作用。

(8) 工作细节研究

在推动社会性别主流化过程中，注重与实际工作相结合，不能仅仅只是倡导社会性别主流化，而要利用社会性别分析方法研究工作细节，找到社会性别主流化与工作的合适的切入点，对实际工作产生积极的效果，这样的推动才具有现实意义。

村级森林经营方案编制中
如何体现社会性别意识

夏忠胜 李明君[①]

编者语: 受社会性别结构影响,农村妇女在资源分配和经营中,很难获得平等的权利和地位,尽管妇女已经承担起男性出走后的绝大部分劳动,但她们主体身份的建立仍然有障碍。该报告提供的案例立足林区妇女已经成为经营森林资源主体的现实,通过有性别意识的森林经营方案的编制,倡导和影响政策制定和执行机构对贫困林区妇女在森林资源保护利用中的各种具体需求的关注,突出妇女的主体地位。

一 项目背景和目的

1. 项目的由来

我国有长期编制森林经营方案的历史,全国90%以上国有林业局(场)和60%以上集体林区县都编制了森林经营方案,对推进森林经营工作起到了积极作用。然而,传统的经营方案编案工作忽略了与当地社区和林农就森林经营计划进行对话沟通、达成共识的过程,忽略了当地社区林农对森林的实际需求评估调查,因此,方案中的许多经营技术和政策措施难以得到当地林农的理解和支持,难以发挥不同性别的林农在森林资源培育、保护和利用中的有效参与,并达到森林资源经营管理持续发展的长远目标。

从2004年起,以确立林农主体地位、明晰产权、减轻税负、放活经营、规范流转为主要内容的林权制度改革,大大提高了广大林农对森林资源培育、保护和利用的积极性。为了确保林木所有者收益权和处置权的实

---

① 夏忠胜、李明君,均为中国西部农村发展政策的社会性别主流化探索项目组成员。

现,各级政府、村级组织和林农提出了编制村级森林经营方案的要求,以保障他们的权益,特别是保证林木采伐指标的取得,以实现他们对森林的多样化需求。

为此,本课题选择贵州省锦屏县启蒙镇玉泉村这一典型贫困林区自然村寨作为研究点,对该村进行调查分析,根据全村丰富的森林资源和森林培育发展潜力,以不同性别林农的多样化和差异性需求为主导,编制具有社会性别意识的《村级森林经营方案》,以期充分发掘不同性别林农在森林资源培育、保护和利用中的潜力,贴近实际需要,平衡性别矛盾,提高森林资源对不同性别主体经济增长和能力提高的贡献率。同时,倡导和影响政策制定和执行机构对贫困林区妇女在营造林及森林资源保护利用中的各种具体需求的关注,推动村级森林经营政策的性别主流化进程,以期为将来在村级森林经营方案中融入社会性别意识和关注妇女需求积累经验、提供借鉴。

2. 项目发现和需要倡导的问题

通过项目点所在县、乡、村等相关机构和101户林农的调查,结合各个层面现行营造林政策的分析发现:随着男劳力、壮劳力外出务工的增长,妇女已成为社区社会结构、人员组成、生产生活发展的主体。林木自身固有的生产周期较长,对改善性别主体的生活水平的贡献率相对较低,而非木质产品、林下种植、森林蔬菜等的开发利用成为提高林地生产效益的重要途径。而妇女在菌类等非木质产品的采集、薪柴收集、家畜饲料采摘、放牧等活动中发挥了重要的作用并取得了良好的效益。但传统的思维定势使得妇女在森林培育、保护和利用中的地位、需求等未能得到充分肯定和确立,项目点的营造林政策和森林经营中的性别盲点问题具有普遍性、典型性和代表性,社会性别的敏感问题在森林经营管理中未能得到充分认识和引导。从近20年来新造林来看,主要是单一功能、单一树种、单一密度、单一世代、单一植被类型、单一管理模式和营造林模式,不但影响了森林综合效益的发挥,而且影响了林区妇女对森林的各种具体需求,远不能满足她们对森林资源的多途利用,抑制了她们参与森林经营的积极性,最终影响了林区社会经济的和谐和持续发展。因此必须在森林经营中加入社会性别的视角,充分发挥妇女在西部农村林业发展中的作用,具有社会性别意识的村级森林经营方案的编制的研究就是其中一个有益的尝试。

村级森林经营方案的编制,就是尝试和探索在方案编制的各个环节和层面,融入社会性别的理念和视角,通过社会性别手法在编案各个环节的推进和倡导,减轻、干预项目点森林经营管理和利用中性别盲点和性别差异问题,推动村级森林经营管理的社会性别主流化进程,并在机构与政策层面进行倡导。

二 项目过程和活动

1. 项目目标

推动《村级森林经营方案编制》政策中融入社会性别意识,促进不同性别林农在森林资源培育、保护和利用中的作用,提高森林资源对他们的经济能力和发展能力的贡献率。

编制具有社会性别属性的《村级森林经营方案》,并就编案过程推动社会性别主流化进程。

编制具有社会性别属性的《村级森林经营方案编制指南》,为《村级森林经营方案》的社会性别倡导提供借鉴。

2. 开展的主要活动及过程

第一阶段:调查与选点。

2006年9月上旬,通过走访调查,确定位于锦屏县东南部的玉泉村为试点村,获取了试点社区的初步信息。根据初步调研,就社会性别倡导途径和政策影响问题,在县、乡(镇)、村分别座谈,并根据各层面的意见反馈,对初步调研成果进行评价修订。同时,通过各层面社会性别现状及发现存在的问题,明确项目方向和制订下一步的工作计划。与玉泉村妇代会建立工作合作伙伴关系,为项目的深入推进奠定了良好的基础。

第二阶段:社区需求评估与分析。

(1) 社区关键人物访谈

对村长龙必炜、支书龙必英进行访谈,初步了解全村资源状况、分布情况、留守人口结构、组织制度现状、公益事业管理情况等基础信息。对熟悉情况的妇女进行访谈,了解妇女在生产生活中的作用、妇女的日常生活与森林的关系、妇女的初步需求等基本信息。

（2）社区需求评估调查

通过社区代表大会（妇女占50%以上）需求评估，与会村民纷纷表达了在森林经营管理中的具体需求。如调查中，不少妇女提出对达到采伐标准的林木进行采伐、间伐和更新。就采摘活动而言，主要是妇女承担，有竹笋、蕨菜、甜藤、刺棒头、节骨茶等，其中以蕨菜、竹笋数量较多。林下种植主要是天麻，天麻已有人培植，基础较好，在需求评估中有人提出，扩大楠竹种植，在竹林下培植能够得到好品质的天麻。因此，在此方案编制中，应充分考虑妇女们对非木材产品的需求，进行科学论证和设计，进行比选，纳入编案。访谈中，部分妇女还提出了全村的公益性需求：如需要建设自来水设施、将约500米的通村公路修进村中、建水泥砂石修砌边坡的排水沟、增修消防池，保障全村消防安全、设统一的垃圾堆放场所、建作业便道，方便妇女进入林区采集、管理，需要林区公路，运输木材产品和农产品、在林区适宜处修建瞭望台，加强对火灾的观测预警和森林资源的管理。

（3）妇女营林活动调查

玉泉现有林地80%—90%都是妇女所造，尤其是高骚、高闷、高嫩3个林场的造林，不但本村女劳动力几乎全部出动，还在外村请了妇女一起参与。在调查中，男性对这一事实也非常认可。由此看来，玉泉的林业生产中，妇女的确起到了主力军的作用。事实上，妇女在造林规划、采种育苗、整地种植、抚育管护、采伐销售、非木材产品的采摘、销售活动中都是非常活跃的因素。在造林中她们是主角，在随后的抚育管理中她们也担起了重任，20世纪90年代，玉泉大多数妇女自己采种育苗出售获取收入补贴家用，近年，随着苗木价格下跌，已没有人再从事这一活动，但妇女们采摘非木材产品，或销售获取收入，或加工成自用食品。根据项目组调查估算，平均每户每年可从非木材产品获利约500元左右，最多的可达5000元，主要为甜藤、竹笋（楠竹笋、冬笋、春笋）、蕨菜、野芹菜、鱼腥草、腌菜等的鲜售、简易加工出售或自用。此外，在长期的生活实践中，妇女们已养成随时随处收集薪柴的习惯，对林中的枯枝败叶、枯死木、杂木进行清理收集用作薪柴，以节约生活成本。可以说，在玉泉村，妇女们与森林息息相关，不可分割，森林为她们提供了饲养动物的草料和一定的生活来源，而她们也习惯性地管理着这片属于自己的林地。所以，在项目组对全村林农的调查访问中，林农（尤其是妇女）纷纷提出了开发林副产品、非木质产品和培育周期短、效益快的林种,结合巨阳(巨寨—阳艾)公路建设,调整全村产业结构,充分挖掘林业潜力,提升林业对全村经济的贡献率。

第三阶段:方案编制

(1) 林权制度改革调查及宗地规划

林权制度改革过程,60%—70%的妇女均参与了全程工作,这使她们进一步熟悉和掌握自己的自留山、责任山的情况,为更有效地经营管理林地资源、满足自身对森林的需求奠定了良好的基础。

林权制度改革范围涉及全村 758.4 公顷林业用地,实际纳入改革的林业用地 747.87 公顷,共区划为宗地 940 块,确立法定代表人 204 人。项目组通过调查表,从满足社区需求的角度出发,对全部法人和宗地进行了调查和规划。在 204 个访问对象中,妇女 119 人,占调查对象的 58.3%。项目组在充分尊重妇女对林地的发展意愿的基础上,对各宗地进行利用规划。

(2) 建立项目点 GIS 数据库

借助 GIS 平台,实现社区遥感影像、地形图、林改宗地、森林资源规划设计调查小班、各基础信息的叠加组合,为综合分析社区信息提供有力帮助,为编案提供决策依据。

(3) 完成《村级森林经营方案》编制

具有社会性别意识的《村级森林经营方案》,是此项目主要的产出之一。在项目组的共同努力下,随着项目活动循序推进、每次活动的经验总结、各层面工作的宣传和倡导,社区资源、经济社会信息的参与式调查完成,收集资料的完善、整理、分析和运用,项目点 GIS 数据库的建立,项目组多次会议的讨论、分析,各工作人员工作成果的汇总修改,2008 年 6 月底,基于项目点社会性别意识的《村级森林经营方案》初步制作完成,为推进《方案》的实施,各层面的性别和政策倡导,项目点性别意识的提升和深化提供了实物载体。

(4) 参与项目分享会议

2008 年 1 月,省项目办召开贵州省项目研讨会,项目组在展示自身工作成果的同时,分享了其他项目经验,并就会议提出的问题和建议,对项目进行了调整。2008 年 7 月,贵州项目办和云南项目办联合举办了两省项目交流分享会,会议分享了各子项目在推进社会性别主流化过程中的活动、做法和项目经验。项目组以《村级森林经营方案》为核心,展示了项目开展的一系列活动,取得的经验,面临的问题,并就会议提出的问题和建议,结合社会性别的思维理念、方法技巧、政策倡导等将项目深入推进。

(5) 完成《村级森林经营方案编制指南》

根据项目活动计划,结合项目办要求,基于项目逻辑框架和编案流程,紧扣社会性别和项目点妇女需求,在《村级森林经营方案》成果基础上,项目组共同努力,于2008年7月底完成了《村级森林经营方案编制指南》,为《村级森林经营方案》中社会性别主流化推进提供操作实践层面的参考,为社会性别政策倡导提供借鉴。

三 项目的主要成效与发现

1. 成效方面

(1) 对项目点妇女的影响

通过项目活动,在入户调查和社区会议中,妇女们不但充分表达了自己对森林、林木、林副产品开发的具体需求,而且还说出了在社区发展中的其他需求,如修路、饮水、消防等。部分平时沉默寡言的妇女变得活跃起来,她们积极参与妇代会组织的腰鼓、秧歌等集体活动,参与推荐选举大家信任的妇女代表参与镇举办的妇女代表大会,2008年"三八"妇女节,妇代会还组织了全村妇女到"三板溪"电站旅游观光。

(2) 对项目人员的影响

项目之初,社会性别对于项目梯队绝大部分成员来说完全是一个陌生的概念,然而,随着项目的推进,通过参与项目和在项目活动中的实际操作,项目团队逐步认识了社会性别问题,理解了社会性别的现实意义和思维属性,并逐步掌握了社会性别的基本工作方法和技巧,成长为具有社会性别意识的工作组,不但有理论的讨论学习,还有具体项目的操作经验。这种理论与实践的结合,为今后相关项目培养了具有社会性别意识、经验和技巧的人力资源。

(3) 对项目点(社区)的影响

就社区而言,社会性别更是一个陌生的概念。然而,项目的介入不断增强了社区对社会性别的认识和理解,这不但激发了妇女的热情,而且转变了部分男性对妇女的认识。玉泉是以林业生产为主的村寨，尽管林业对村民的生活贡献较低，但仍改变不了其作为镇里，乃至县里核心杉木产区的事实。项目在社区的深入宣传，激起了村民们对林业发展的期望，他们希望对林业发展的需求意愿能得到充分满足并付诸实际。

(4) 对管理部门和政策的影响

在项目梯队中，主要成员来自各级林业管理部门，项目通过他们对社会性别的参与和实践，推动了社会性别在各个层面的倡导，从而使项目点得到了各级管理部门的政策扶持。

从省级层面来看，通过项目倡导，省林业厅有关专家在评审林业产业发展规划等相关材料时，已提出要将林农需求作为规划编制的重要基础依据和环节。基于这一转变，省林业调查规划院、黔东南州林业调查规划设计院部分技术人员在编制林业产业发展规划、林业发展规划、村级森林经营方案等相关材料时，将参与式的林农需求评估作为重要工作环节写入编案，成为编案的基础信息来源，而参与式需求评估必然包含不同性别林农的具体需求。

对于县级层面而言，县林业主管部门从技术层面完成了村级林经营方案的编制工作，为项目点的林业发展提供了技术保障，在为具体的村级经营方案的编制执行积累了经验的同时，也培养了具有社会性别意识的村级森林经营方案的技术和管理人员。

对于项目点来说，村两委通过参与方案的编制，进一步认识了妇女在森林资源经营，特别是对非木质产品的开发利用中的作用，并为具有社会性别意识的村级森林经营方案的编制、执行和监测奠定了基础，提高了组织不同性别的林农从事森林资源经营的能力。

2. 发现和问题

(1) 项目的主要发现

一是充分考虑所有者的需求是调动社区参与森林经营的根本。项目从妇女的需求入手，以社会性别的视角为技巧，充分调动社区的积极性，为《村级森林经营方案》的编制提供了大量的一手资料。但需求的多样性、复杂性和动态性，也成为需求评估的困难和障碍，往往难以把握"度"进行调和。

二是乡土知识与科技手段同等重要。项目构建了项目点的 GIS 数据库，而信息基础来源于社区，来源于具有传统知识背景的妇女和男性，乡土知识与现代科技手段的融合，为项目目标的实现提供了便利。但在青壮劳力外出务工大潮的冲击下，林区人口同样面临着严重的断层问题，这使得妇女在长期与森林资源打交道的过程中所积累的一些优秀的传统森林经营知识和方法难以为继、面临流失的风险。

三是能力建设有待加强。主要表现在以下几个方面：①玉泉村的妇女对村级森林经营方案的编制表现出了巨大的热情，并积极参与了经营方案的编制，但在编制过程中也发现了妇女在社会性别意识、相关政策、信息、林下产品和非木质产品的开发和培训技术、组织化、市场化、规模经营、产业化等方面存在一些问题，需要提高项目点妇女在《玉泉村森林经营方案》实施中的执行能力、参与能力和组织能力。②项目点所在的县、乡的林业部门的管理人员、技术人员和村干部在编制村级森林经营方案过程中，表现出在社会性别意识、林下产品和非木质产品开发和利用方面缺乏相关的理念、知识、技能以及服务能力，亟须进行相关意识和能力的提升。③项目点外的县、乡级林业部门的技术人员和管理人员在村级森林经营方案的编制中缺乏参与式和社会性别意识的视角，以及林下产品、非木质资源培育、开发的技术和服务能力，需要在相关方面进行理念、方法、技术、能力等方面的培训。

四是亟须倡导和推动。需要在林业行业的各级决策层开展一些倡导和推动活动，加强对妇女在林业发展，特别是在林下产品、非木质产品的开发和利用、村级森林经营方案中作用的关注。

五是社会性别主流化工作需要长期的努力。要把社会性别的理念和方法在林区扎根，并转化为妇女在森林经营，乃至日常生活中的自觉行动，需要长期不懈的努力。

（2）项目遇到的问题

在森林经营中，赋予妇女权利和自主，是平衡和协调性别行为差异的重要因素，是项目左右不了、也难以推进的挑战，这必然影响妇女利用自身能力条件解决面临的社会性别问题的真正实现，进而成为项目目标的阻碍。

妇女在森林经营中不仅仅是面临社会性别问题，也遇到林农经营过程中的普遍问题，使得妇女在森林经营中存在一些不规范、甚至是不合理的做法。较为混乱的森林利用活动，导致了低效的资源管理局面，使得有限的森林资源难以发挥最优的综合功效，难以发掘最大的潜力服务于社区生产生活及经济发展。所以，对于林区妇女而言，关注社会性别与提高森林经营技能同样重要，这对项目提出了更高的要求。

四 经验和体会

一是组建有效的项目梯队。省、地（州）、县、乡、村各级人员组成项目梯队，为各个层面的工作推进提供保障。在项目梯队中，有政府官员、技术人员、社区领袖、知情妇女，使各自工作各有侧重，既有合作下的分工，又有分工下的合作。

二是调查、收集大量的资料。从村规民约到相关政策、从河流走向到地质地貌、从人员结构到社会经济、从"二类调查"到"林权改革"、从个体访谈到社区大会、从网络文章到国家大政、从"项目逻辑"到工作技巧、从社会性别到《村级森林经营方案》倡导……通过大量资料的调查收集，分析理解，拓展项目视角，丰富项目人员，服务项目目标。

三是选准适合的载体。项目以《村级森林经营方案》编制这一基础而重要的林业工作为载体，从编案的过程中，对社会性别进行倡导，一方面在编案过程推动社会性别主流化，另一方面则推动具有社会性别意识的《村级森林经营方案》的实施，从而形成"一个载体，两条路线"的工作方式。同时，在森林经营方案中融入社会性别意识，使项目不但具有创新性，而且具有重要的现实意义。

四是建立合作伙伴。与社区建立合作伙伴关系，选用社区理解和接受的方式进行交流沟通，协助社区作为项目主体参与编案工作，并为妇女在《村级森林经营方案》实施中权益的实现提供保障。同时，项目梯队在各个层面建立合作伙伴，扩大项目影响，为社会性别主流化的倡导和推进创造可持续性的氛围。

第二单元

社会建设

　　社会建设是为了实现社会和谐。随着以人为本执政理念的树立，普惠型政策突出"民生优先"，妇女的生存权和发展权在一定程度上得到保障。特别是在健康、教育、就业和社会保障等方面，虽然一定程度上依赖于国家和地区经济发展水平，但更有赖于国家是否采取惠及每个人的民生政策和促进性别平等的机制。"全面建成小康社会"，需要通过均等化的基本公共服务体系的建立和完善，缩小社会分层的差距，促进社会成员之间的均衡发展。那么缩小性别分层、保障妇女的基本权利，也就成为"全面建成小康社会"中的一个具有必然性的目标。本单元的内容侧重于对社会政策的性别分析，既深入研究普惠性政策可能存在的权利享有的性别差异问题，也分析由性别分工导致的机会和责任不均等问题，还探索村民参与推动社区规则变革。

社会保障统一制度下的权利差异

刘 澄[①]

编者语：现行的社会保障制度有可能造成新的社会差距，这些差距目前已经被人们更多地从社会阶层和群体的角度认知。那么，从性别的角度来看，社会保障是不是也会在不同性别之间形成性别差距？社会保障的制度设计体现了男女平等的政策原则，不存在明显的两性区别对待的规定，但是，在实际存在着性别差异的政策环境中，现行的社会保障制度能否保证两性平等享有权利？或者在平等保障的制度前提下，仍然可能导致两性的不平等，甚至扩大两性的权利差距？

一　我国的社会保障制度及对两性的不同影响

（一）社会保障制度还不成熟、不完善

我国的社会保障制度主要包括社会保险、社会救助、社会福利、社会优抚，其中社会保险是社会保障体系中覆盖面最广也是最重要的部分。社会保障制度建立的基本出发点，是为每个社会成员提供相对平等的生存必需保障，从这一点上来说，社会保障制度对于保护社会弱势、促进社会公平有着积极的意义。正是基于这一考虑，现行的社会保障体系及其运行所产生的一些现象，需要我们高度重视。

一是社会保险制度不统一。伴随着国企改革产生的现行社会保险制度，一开始就是国企改革的配套措施，主要对象是城镇职工。当改革深入，单位制解体，特别是农民工进城后，这一社保制度的不适应显而易见。为了满足不同群体的参保需要，有关部门开始对不同群体实行不同的保险制度。如养老保险按单位性质，分别有公务员养老保险、事业单位职

[①] 刘澄，江苏扬州市委党校教授。

工养老保险、企业职工养老保险、城市居民养老保险、农村社会养老保险、失地农民养老保险、农民工养老保险等，不同养老保险制度相对独立，不易衔接，待遇差别较大。而医疗保险则分别有城镇职工医疗保险、城镇居民医疗保险、新型农村合作医疗、城乡医疗救助，并分属人社、卫生、民政几个部门管理。这种城市与农村分割、私人部门与公共部门分立、经办机构分属的多种保险制度并存现象，被学界称为社保制度的"碎片化"。[1]

二是待遇差别有扩大的趋势。"碎片化"的社保制度，在待遇方面的差别非常明显。如企业人员退休金只有退休前工资的30%左右，公务员的退休工资则能达到90%左右。而且养老金的增长速度，公务员也远远快于企业员工。[2] 即使在同一个保险制度内，以收入为基础计算的社保待遇，在不同人群之间也形成较大待遇差距。2006年下半年至2007年，网上流行将自己的工资收入在网上公布，据统计，网上"晒"出的工资条已经涉及到中国绝大部分行业，从收入水平上看，电信、电力、有线电视等部分由事业单位改制后的企业被列为收入最高的企业。[3] 根据"晒"出来的工资可以发现，高收入人群因为工资高，用于社会保险的扣除也高，社会保障项也齐全，除了社会统筹的保险外，还有企业补充保险、住房公积金等。这就意味着这些人群因为收入高，保障水平也高。社会保障有可能因此成为一种新的分配不公的途径。

三是社会保障向弱者倾斜的功能不明显。社保改革要求个人也要承担部分责任，参保者需要缴纳一定的费用，如企业职工被要求缴纳个人工资的11%作为参保费用，并且需要连续缴纳不得少于15年。而公务员个人不缴费，由财政统一划拨。但同等条件下机关事业单位的退休人员相比于企业退休人员，养老金可能要多三倍，以至国家社会保障部门也承认"退休待遇，机关事业和企业之间确实存在差距"。[4] 而在改革

---

[1] 郑秉文：《中国社保"碎片化制度"危害与"碎片化冲动"探源》，《甘肃社会科学》2009年第3期。

[2] 吴杰：《企业养老金六年七连涨仍"跑不赢"公务员》，《南方周末》（http://www.infzm.com/content/53837）2010年12月23日。

[3] 《网络流行"晒"工资》，新华网（http://news.xinhuanet.com/society/2007-02/13/content_5734392.htm）2007年2月13日。

[4] 《企业与政府机关人员的退休金相差最高达3倍以上》，《中国青年报》2007年3月14日 B01版。

中出现的下岗、失业等贫困群体，失去了单位的保护，在依靠社会保障渡过危机时，却往往碰到制度性障碍，因为身份、年龄、劳动关系等原因，不能进入社会保障体系，特别是一些收入水平略高于最低生活保障线的次贫困人群，几乎被排斥在社会保障制度之外，以极其脆弱的生存能力独自应对生活的风险。社会保障出现了对弱者的制度性排斥。

四是农民的社会保障水平很低。尽管20世纪50年代农村建立了面向孤老残幼的"五保"制度和优抚军烈属制度，60年代出现了合作医疗制度，但这些制度不是由国家负担，而是由集体负担，并且不能向所有农民提供基本生存保障。农民主要依靠传统的大家庭互助的方式实现保障。随着家庭联产承包制的实行，原来就非常脆弱的农村集体保障也消失了，农民完全依靠个人和家庭来抵抗天灾人祸。在社会保障制度改革过程中，其着眼点仍然是城镇，农民始终游离在社会保障制度之外。2003年，由于非典爆发，农村才开始建立"新农合"。直到2007年国家才着手建立农村最低生活保障制度。2009年开始试点的农村新型社会养老保险，年满60岁的农民每人每月养老金仅55元。相对于农村明显的贫困、农业低廉的收益、农民缺损的权利，建立全国统一的社会保障制度，给农民以更多保障的呼声越来越高。

从上述问题中可以看出，现行的社会保障制度有可能造成新的社会差距，这些差距目前已经被人们更多地从社会阶层和群体的角度认知。那么，从性别的角度来看，社会保障是不是也会在不同性别之间形成性别差距？

（二）社会保障的性别差距

其实从上述问题中已经反映出，从平等原则出发的制度建设，在不平等的社会环境中，经过一系列具体的制度规定和操作过程，产生了新的不平等。那么，具有承认差别和排斥作用的政策制度，通过在不平等性别结构的社会环境中运行，同样可能对两性平等地享有社会保障权利产生不同影响。以老年人群体为例，有研究表明城镇老年人中贫困发生是有性别差异的：如果是男性，则年龄偏小、受教育程度较高、身体健康、婚姻状况维系较好、保障程度较好、非农业户口，贫困发生率较低。与此相反，对于女性来说，年龄偏大、受教育程度低、健康状况不好、独居、保障程度差、农业户口,贫困发生率较高。① 在一系列变量中女性往往与较为不利的处境相联系,这种状况的产生,既与两性对保障的需求不同有关,也与保障的供给实际存在着性别差距有关。

从需求方面来说,女性对保障的需求水平更高。有学者曾将女性更高的保障需求概括为两种情况:一是女性因平均预期寿命比男性长,需要的受保期长于男性;二是人口生产和生活状况的性别差异,使女性对社会保障的需求高于男性。② 据 2010 年第六次人口普查统计,妇女的平均预期寿命已经达到 77.37 岁,男性则为 72.38 岁,女性比男性高 4.99 岁,表明女性受保期长于男性。③ 按现行退休年龄规定,除特殊行业工种外,女性在业时间为 16—54 岁,男性在业时间为 16—59 岁,女性比男性提前五年退休,也相应延长了女性的保障期。女性婚姻人口的丧偶比例高于男性,2005 年全国女性占丧偶总数的 69.4%,男性占 30.6%,女性丧偶意味着家庭收入降低,增加遗属保障的需求。

从供给方面来说,社会保障与劳动就业情况关系密切。女性的非农就业比例低于男性,2005 年在第一产业中,女性仅比男性少 0.6 个百分点。在第二、第三产业中,性别差异较大,分别相差 27.2 和 16.4 个百分点。我国第一产业的社会保障程度最低,女性的非农就业率低,被排斥在社会保障之外的群体以女性为多。在城市的正规就业者中,女性的比例低于男性,2006 年城镇单位就业人员中,男性占总数的 62%,女性占总数的 38%,相差 24 个百分点,参保率与就业率基本一致。另据 2010 年第三期中国妇女社会地位调查主要数据报告,城镇 18—64 岁的男性在业率为 80.5%,女性则为 60.8%。同时,以正规就业为基础的社会保障制度,将非正规就业排斥在制度保障之外,或者设置了较高的入门资格。与男性相比较,女性不仅在总体上收入水平低于男性,而且在各个层次中收入水平也低于男性,以工资水平为基础的社会保障能够提供给女性的保障水平也因此而低于男性。

---

① 王德文:《中国城乡养老保障:挑战与选择》,中国社会科学院网站(http://www.cass.net.cn/file/2006050958957.htm)2006 年 3 月 1 日。
② 董之鹰:《社会保障制度的性别视角》,社会学吧网站(http://www.sociologybar.com/index.asp?xAction=xReadNews&NewsID=3157)2005 年 11 月 8 日。
③ 国家统计局:《我国人口平均预期寿命达到 74.83 岁》,http://www.stats.gov.cn/tjgb/rkpcgb/qgrkpcgb/t20120921_402838652.htm。

二 社会保障的制度平等与性别约束

(一) 由法律体现的制度平等

我国社会保障的基本理念是平等保障,其中包括了男女平等享有社会保障的含义。这一理念经由一系列法律和政策,从制度上得到了体现。作为国家根本大法的《宪法》规定了妇女在政治的、经济的、文化的、社会的和家庭的生活方面享有同男子平等的权利。这一平等权利具体到社会保障领域就是:"中华人民共和国公民在年老、疾病或者丧失劳动的情况下,有从国家和社会获得物质帮助的权利。国家发展为公民享受这些权利所需要的社会保险、社会救济和医疗卫生事业。"国家根本大法确立的基本原则和权利在一系列具体法律中得到了进一步的重申和细化。在《妇女权益保障法》《劳动法》等法律中,都对女性的平等权利作出规定,新修订的《社会保险法》中开宗明义:"国家建立基本养老保险、基本医疗保险、工伤保险、失业保险、生育保险等社会保险制度,保障公民在年老、疾病、工伤、失业、生育等情况下依法从国家和社会获得物质帮助的权利。"

根据法律规定可以看出这样几层含义:一是妇女享有与男子平等的社会保障权利,且保障水平应该相对平等;二是生育活动是女性特有的生命过程,对女性生育活动给予保障,不是对女性的特殊照顾,而是属于基本权利平等保障的范围;三是妇女平等享有社会保障是国家的责任,国家有义务通过具体的制度措施,保障妇女的平等权利。应当说,由制度条文所呈现出来的,是对两性权利享有的平等保障,无论是理念上还是在原则要求上,制度形式都追求两性平等,并对处于权利弱势的女性给予更多承诺。

(二) 制度实施的性别约束

社会保障制度上的平等能否成为实际平等?在实际存在着性别差距的社会环境中,文本表达的平等原则能否保证女性与男性的实际权利平等?当视线从文本转向实际时,两性在社会保障权利上的差距清晰可见。

1. 养老保险

社会保险各项中,养老保险的覆盖面最广,但性别差距仍然存在。

2005年享有养老保险的男性为59.4%，女性为40.6%，相差18.8个百分点。随着养老保险覆盖面的扩大，两性参保的差距在缩小。据2010年第三期中国妇女社会地位调查主要数据报告，享受养老保障的城镇女性为73.3%，男性为75.9%；农村女性为31.1%，男性为32.7%，已经接近一致，差距主要表现在城乡之间。但是，这并不能证明养老保障的权利已经平等了，只不过使差距更不易察觉。养老保险需要个人根据工资水平按比例缴费，缴费额占个人法定工资的8%。养老金的发放以基础养老金加个人账户积累为基础计算，其中基础养老金是当地上年度社会平均工资的20%，个人账户养老金标准为个人账户储蓄额除以系数。这就意味着，个人账户积累越多，养老金标准就越高。影响个人账户积累主要有两个因素，一是缴费数额，二是缴费年限。缴费数额与工资水平有直接关系，而女性的收入普遍低于男性，缴费年限又因不同龄退休而少于男性，这就使两性收入差距演变为两性养老金差距。

根据第二期中国妇女社会地位调查，城镇在业女性的年均收入是男性的70.1%，以年均6000元为界，6000元以下者女性多于男性，6000元以上者男性多于女性。在3600元以下最低收入组中，女性占66.3%，10000元以上高收入者中女性只有33.5%，而这一收入组的收入占整个收入的48.18%。[①] 在不同行业中两性的收入差距同样存在，在收入水平较高的房地产业，女性的平均工资是男性的84.5%，而女性比较集中的批发零售和餐饮业、社会服务业，女性平均工资分别是男性的80.1%和74.5%。收入较低导致缴费额较低，加上女性提前五年退休，缴费年限又少了五年，女性的个人账户积累普遍低于男性，她们的养老金水平也就因此而低于男性。但根据缴费与待遇挂钩的原则，这样的差距却被认为是合理的。

2. 医疗保险

2005年医疗保险中性别比例分别为，男性58.1%，女性41.9%，女性低于男性近16.2个百分点。但到2010年，两者几乎没有差距了。享受医疗保障的城镇女性为87.6%，男性为88%；农村女性为95%，男性为95.6%。医疗保险和新农合是参保率最高的，问题更多集中在政府对医疗

---

① 蒋永萍主编：《社会转型中的中国妇女社会地位》，中国妇女出版社2006年版，第171页。

资源的投入和分配不合理。2000年全国卫生总费用中，政府预算支出仅占15.5%，为历史最低点，社会支出占25.6%，居民个人支出占59%。直到2009年，政府预算的卫生支出才达到卫生总费用的27.2%，离1982年最高点的38.9%，仍然有较大差距。① 政府投入不仅严重不足，而且分配极不合理，根据中科院调查报告，"政府投入的医疗费用中，80%是为850万党政干部为主的群体服务的。另据监察部、人事部披露，全国党政部门有200万干部长期请病假，其中40万干部长期占据干部病房、干部招待所、度假村，一年开支约为500亿元"。② 在这850万党政干部中，女性比例要远低于男性，县处级以上女领导干部大大低于男性，2006年分别为：县处级17.5%，地厅级13.3%，省部级10.4%。女性在权力领域的普遍缺席，也使她们能够享有的医疗保障更少，政府提供的80%的医疗费用更多被男性享用了。

3. 失业保险

1999年国务院颁布的《社会保险征缴条例》中，增加了失业保险，理由是可以理解的，企业改革使大批职工下岗，在待岗期间必须保障他们的基本生活。但正是失业现象的出现，使过去比较隐秘的社会保险上的性别差距显现出来。据2000年第五次人口普查，20岁至54岁年龄段的失业人口中，男性为49.4%，女性为54.2%，女性比男性失业率高，但当年女性享有失业保险的仅22.4%，男性则为26.3%，女性比男性的失业保险率低。女性不仅失业率几乎总是高于男性，而且再就业困难，失业期因此延长，甚至成为永久性失业，但失业保险金领取是有时间限定的，"最长不得超过24个月"，她们不得不靠家庭其他成员供养，或成为低保人群。除了明确的失业以外，还有一种情况是，企业女职工往往在40多岁以后，以"内退"的方式隐性失业，她们只领取少量的"内退工资"，既得不到失业保险，也得不到养老保险，成为社会保险的空白点。女性因失业导致的社会保障权利损失要比男性大得多。

4. 工伤保险

从20世纪90年代至今，是中国安全生产的不稳定期，工伤事故频

---

① 《2010中国卫生统计年鉴》，卫生部统计信息中心。
② 《健康产业论坛：专家官员直面现实勾勒医改新方向》，《中国青年报》2006年9月19日。

发。但女性的工伤保险率在各项保险中，与男性相比差距最大，女性的工伤保险率为29.7%，男性为40.7%。① 工伤保险的性别差距与人们认为女性的工作风险小于男性有关，但较早引起人们对工伤事故和职业病关注的正是打工妹的不幸遭遇，她们的死伤残病以及她们的家属得不到应有的补偿。② 针对安全事故多发的情况，2003年国务院颁发了《工伤保险条例》，在建筑、矿山等恶性事故多发的行业，工伤保险越来越具有强制险的意义。由于行业特点，女性往往集中于纺织服装餐饮服务等行业，其职业伤害往往是隐性的，比如化学黏合剂和印染材料对身体的中毒性伤害、长期加班形成的累积性疲劳伤害，其职业伤害都是一个缓慢过程，最终表现为慢性病痛，但这些不属于工伤范围，无法享受工伤保险。

5. 生育保险

生育保险是我国最早建立的保险项目之一，也是所有法律规定的保险项目之一。但生育保险于1994年以劳动部《试行办法》的形式单项试行后，法规等级降低，强制性大大减弱，虽然生育期间法定待遇依然优厚，并且产假从56天增加到90天，但实际能够享受产假待遇的人数比例反而减少了，2000年只有26%的女职工能够享受此项待遇，到2006年也只有56%的女职工有生育保险。生育保险对女性关系重大，新修订的《社会保险法》中，保留了这一险种，但它在社会保障体系中越来越表现出弱化和边缘化的趋势。在实践过程中，由于女性非正规就业的增加，以及阶段就业的实际存在，许多女性很难享受生育保险。

（三）平等保障与制度限权

社会保障的功能在于缓和贫困、促进社会公平，平等保障构成了社会保障的基本原则。根据平等保障的原则，理论上应当是处于弱势的群体更容易和更多地得到保障，实际情况却并不如此，特别是当前我国不成熟不完善的社会保障，存在着较为明显的对弱势群体的限权和排斥。

问题是，社会保障的制度规则本身是统一的，至少对待同一个群体的规则是一致的，在理念上也是追求平等保障的，并不存在对弱势群体显而

---

① 蒋永萍主编：《社会转型中的中国妇女社会地位》，中国妇女出版社2006年版。
② 谭深：《外来女工的安全与健康》，《转型社会中的中国妇女》，中国社会科学出版社2004年版。

易见的歧视性规定，弱势群体在社会保障中的弱势，很重要的是他们原来在社会生活中的弱势地位，使他们在统一的规则面前也处于不利地位。因此，统一规则带来的限权和排斥，不仅很难被发现，即使发现了也会被认为基本合理而被接受。这一点在社会保障的性别差距上表现得最为明显，女性相对于男性较少的社会保障权利享有，不是因为社保制度存在歧视女性的明确规定，而是女性相对男性较为弱势的社会地位，使她们在面对社会保障的统一规则时较为不利，平等的规则更有可能导致对女性权利的限制和排斥，其存在的隐性歧视更不易被发现。

社会保障制度主要是以职业身份和地位为基础构建的，而两性的职业身份和地位并不均衡。首先，职业身份按规定必须是"劳动者"。我国"劳动者"的法定含义在《劳动法》中明确规定："在中华人民共和国境内的企业、个体经济组织（以下统称用人单位）和与之形成劳动关系的劳动者"，这一法律定义有两个要件：一是必须在境内用人单位工作，二是必须形成劳动关系。根据这两个要件，所有农业从业者都不在劳动者之列，与此有关的还有非正规就业者、灵活就业者、自雇用者，以及不在业人口，因为没有用人单位，也没有劳动关系，不被视为法定劳动者，也就很难进入社会保障体系。当从事农业劳动、家政服务、家务劳动的劳动者，都被排除在法定的"劳动者"之外时，即使她们对社会保障的需求甚至高于法定"劳动者"，却不能获得社会保障。

与上述群体不同，女性农民工遇到的情况是有用人单位，但可能没有劳动关系，也不算劳动者。劳动关系形成的证明是签订正式劳动合同，这一点对流动女性的制约作用特别明显，不少流动女性已经在企业工作数年，但仍然没有签劳动合同，而劳动合同是参加社保的资格条件。流动女性在签合同时，不仅会碰到户口的障碍，还会遇到生育障碍，她们一般在22岁左右回到农村老家结婚生孩子，等把孩子抚育到可以完全由祖辈照顾，再重新到城市就业，这就形成了在30岁以前，她们不能稳定就业，企业一般不愿与她们签合同，她们也就很难参加社保。

而在法定"劳动者"之外的群体中，女性自我保障的资源更少、能力更弱。比如实际从事农业劳动的更多是女性，这一现象被称为"农业的女性化趋势"。在农村社会养老保险试点中，已经接近但未满60岁的人，需要补足15年缴费，才能享受政府补贴的每月55元的养老金，一些地方规定的补交额达到每人1.2万元，形成较大负担。从1990年至2000

年十年间,城镇两性在业人口都在下降,其中男性下降了8.7%,女性则下降了12.8%。① 而下岗女性再就业时,往往碰到年龄、性别的障碍,几乎很少能重新正规就业,只能选择非正规就业,从而退出现行劳动体系。如果作为自由职业者或居民参加社保,以社会平均工资为基础计算的缴费基数,往往高于她们的实际收入,从而相对缴费率要高于正规就业的劳动者。在不在业人口中,女性主要从事家务劳动,其中25岁至44岁年龄段的女性,从事家务劳动的比例是男性的10—20倍,但她们被视为典型的非劳动人口。而流动女性往往在最佳劳动年龄期只工作不参保,在特别需要社会保障的生育期时,因为退出了劳动社保体系,不能享受保障待遇,二次就业后,又可能因为达不到最低缴费年限而只参保不享受。

在现行劳动体制内的女性,与男性的差距更多表现在职业地位上,职业层次低一直是中国妇女就业中的一大问题。职业层次主要通过两个方面来表现,一是纵向上的,表现为职业和岗位的层次结构,二是横向上的,表现为行业分布。从纵向上看,女性在高层次职业从业的数量极少,增速不大。2000年在各级各类单位负责人、专业技术人员、办事人员三个职业层次中,女性分别只占到0.6%、6.5%、2.1%,与1990年相比,十年间均增长了一个百分点,但已经使高层次职业女性比例呈明显上升态势。上述三个职业中的女性只占到在业女性总体的9.2%,因此总的来看,在业女性仍然集中在职业低层级上,并且比例也在上升,如农林牧渔业中的女性占全部在业女性的69%,并以0.6%的速度增加,商业服务性行业的女性占全部在业女性比例的10.1%,并以1.1%的速度增加。从横向上看,行业分布表现为以男性为主导的性别特征,在16个行业门类中,有9个是男性比例超过60%的男性行业,分别是建筑、采掘、交通邮电、地质勘探、国家机关、电力燃气、科研和技术服务、房地产和其他行业,只有三个是女性比例超过和接近50%的行业,即卫生体育、批发零售餐饮和教育文化,其中人数最多的批发零售餐饮业是典型的平均劳动报酬较低的边缘部门。② 职业层次低的直接后果是收入低,由此带来社会保障的支付标准也低,因此,即使在劳动和社保体制内,女性的社会保障待遇与男性也是有差距的。

---

① 蒋永萍主编:《社会转型中的中国妇女社会地位》,中国妇女出版社2006年版,第134页。
② 同上书,第153—154页。

三　社会保障的制度预设与性别分工

（一）社会保障制度与劳动就业的高关联性

现代意义上的社会保障制度，是伴随工业革命后生产社会化的发展和市场经济的形成而产生并不断发展起来的。大多数国家在建立社会保障制度初期都遵循着这样一些原则：一是强调劳动的重要性，以及对劳动者的权利保护；二是保障对象不是全体国民或需救济的贫困者，而是劳动者；三是强调权利与义务相对应，即缴纳保险费与所得待遇标准是相联系的，就是说劳动者能得到多少保险金，与他劳动时间的长短及所缴纳费用的多少有关，但并非完全对等；四是强调国家强制实施。①

社会保障制度建立初期确立的这些原则，与社会保障制度建立的背景有关。工业革命使社会生产形式发生了巨大变化，由于机械化程度的提高，化学工业的发展，劳动方式以及劳动组织的变化，工人的伤残、事故、职业病等事件时常发生。又由于技术进步和机器的普遍使用，资本有机构成的提高，对劳动力的需求相对减少，造成工人的失业，使劳动者暂时失去生活来源。工业社会的家庭，主要依靠工资收入为生，一旦减少或失去工资收入，家庭便无保障可言，将会面临极大的生存风险。面对社会风险加大而家庭保障功能减弱，迫切需要建立社会保障以帮助劳动者应对可能的生存危机。

资本主义生产的周期性使企业有可能破产倒闭，工人失业，但等到危机过后，进入下一轮经济周期时，对劳动力需求又会旺盛起来，因此需要保证失业的工人能够渡过危机，在经济再次繁荣时满足企业对劳动力的需要。而早期资本主义紧张激烈的劳资矛盾带来了社会的动荡，社会冲突不断，为了保证资本主义能够有一个稳定的生产环境和社会秩序，需要安抚工人，缓和劳资矛盾。社会保障就是在这样的经济和社会条件下，为了满足资本主义生产的需要而产生，并且主要服务于资本主义生产。与资本主义生产有关的是工业生产，与资本主义工业生产有关的劳动者是工业劳动者，因此社会保障的主要对象是工业劳动者，而不是全体社会成员，只有

---

① 许琳主编：《社会保障学》，清华大学出版社、北京交通大学出版社2005年版，第19页。

当社会成员以就业的形式成为工业生产的劳动者,他和他的家人才成为社会保障的对象。虽然后来在福利国家中,社会保障的对象已经大大拓宽,保障的范围也逐步实现"从摇篮到坟墓",但社会保障与劳动就业的高关联性,仍然是社会保障制度一个重要的前提预设。

(二)"劳动"的狭窄化

正因为建立社会保障最初的和最主要的目的是为了保证资本主义生产劳动的持续发展,因此"劳动"才必然地与"就业"紧密联系在一起,因为只有通过就业,才能保证劳动者是为了资本主义的生产而劳动。当劳动者只有通过就业的形式才能得到承认、获得劳动者的身份时,"劳动"的内涵极大地改变,外延也因此被大大地狭窄化了。

就"劳动"本来的含义,它是"人们改变劳动对象使之适合自己需要的有目的的活动,即劳动力的支出"。① 劳动是人类社会存在和发展的最基本条件,这一点在马克思主义那里得到了充分的论证。马克思主义强调:"人们为了能够'创造历史',必须能够生活。但是为了生活,首先就需要吃喝住穿以及其他一些东西,即生产物质生活本身,而且这是这样的历史活动,一切历史的一种基本条件,人们单是为了能够生活就必须每日每时去完成它,现在和几千年前都是这样。"② 根据这一论述,劳动的形式应该包括所有具有劳动力支出的人类有目的的活动,劳动的内容应该包括所有满足物质生活本身的活动,这些活动的形式和内容,在不同时代里会有所变化,但其"生产物质生活本身"的意义不变。比如为了满足人们"吃"的需要,人们要播种、管理、收获,也要把收获的粮食加工成大米、面粉、食用油,还要把生米做成熟饭,把面粉做成烙饼,直到被人"吃"了,这一过程中任何一个环节都必不可少。人们可以用锄头镰刀或者用播种机、收割机种植粮食,用石臼或者用机械加工粮食,在家里或者在酒店烹制食物,这些只是表现为满足"吃"的手段和生产形式不同,但在满足"吃"的需要本身,即"生产物质生活本身"这一点上,没有任何不同,"现在和几千年前都是这样",都是属于人类劳动。

但是,到了资本主义生产中,被这一生产体制认可的"劳动"却只

---

① 参见《辞海》第 1622 页。
② 《马克思恩格斯选集》(第 1 卷),人民出版社 1995 年版,第 123 页。

与"就业"相联系，且只有就业才算劳动，劳动变得仅仅从属于工业化生产形式，仅仅在工业生产组织形式中才被承认，劳动的内涵和意义变成由劳动的形式来决定。同样是满足人们"吃"的需要，在大农场里开播种机收割机是被承认的劳动，在自家一亩二分地里用锄头镰刀干活就不被承认，在工厂里用机器加工面粉是劳动，在家里用石臼舂米就不算劳动，在酒店里掂大勺是劳动，在厨房里煮饭炒菜就不是劳动。这一以劳动的组织形式来界定劳动的方法，被认为是社会化大生产的必然，并被赋予了"现代化"的光环。将劳动与就业紧密联系，实际上给劳动设置了非常狭窄的边界。劳动的形式由人类所有"生产物质生活本身"的活动形式，缩水为只有与工业化大生产有关的活动形式，不仅否定了社会生活中实际存在的其他劳动形式的重要性，也否定了从事这些活动的社会成员劳动者的身份。

在资本主义经济体制中，使劳动狭窄化还有另一个重要手段，即劳动价值的货币化。货币化的劳动价值支付形式，使劳动进一步分化为有报酬劳动和无报酬劳动两大类，一切以货币形式支付的有报酬劳动，被认为是有价值的劳动，得不到货币支付的无报酬的劳动，被认为没有价值。马克思主义的一个基本判断是，追求剩余价值是资本主义生产的目的和实质。尽管资本主义社会的一切似乎都货币化了，但实际上它只为能够带来剩余价值的劳动支付货币。因此，能得到货币承认的劳动，一定是能够满足资本追求剩余价值需要的劳动；相反，被货币排斥的劳动，一定无法满足资本对剩余价值的需求，或者，将这些劳动排斥在资本主义生产体系之外，更有利于资本获得剩余价值。这样一来，那些"生产物质生活本身"需要的必不可少的劳动形式，经过资本的选择，有货币报酬的劳动是得到资本认可的劳动，因而是被资本主义劳动体制承认的劳动，那些不被资本认可的劳动当然得不到报酬，也就不被承认为劳动。当货币成为劳动价值最主要的甚至是唯一的衡量标准时，对劳动的定义也就只能是资本的选择。

（三）劳动的"狭窄化"与性别分工

从性别的角度来看，劳动的狭窄化对两性的影响会有什么不同？

任何社会都有基于性别的劳动分工，但分工所具有的性质和意义，在各个社会之间并不同。大多数社会规定了男人在户外工作，而女人在户内工作，即男主外女主内。资本主义产生后，工作与家庭逐渐分离，出现了高度组织化的社会生产，逐渐替代了以家庭为单位的生产，形成不同于家庭的公领域，家庭与此对应成为私领域。这一区分对两性的意义非常不同，公领域的工作是家庭外部的工作，当然地由主外的男性承担，男性成为在公领域就业的雇佣劳动者，而公领域的劳动是有报酬的，男性因此获得比在私领域的无酬劳动更高的评价。当生活资料不再来源于直接的劳动成果，也不再由家庭提供，而是以货币收入为主要甚至唯一来源时，男性的货币化劳动就成为唯一有价值的劳动，他们被认为是养家的人。而主内的女性劳动主要是满足日常生活需要，包括准备食物、清洁住所、抚养孩子、照顾老人、看护病人等。当生产性劳动分离后，女性不能像男性那样就业，也就不能从资本主义生产体系中获得货币，劳动价值也就得不到承认。公私领域的区分使家庭不再具有生产的功能，其功能被纳入消费领域，成为单一的消费部门，因此从事私领域劳动的女性不再是劳动者，她们的活动只具有消费意义，成为纯粹的消费者，需要依靠有货币收入的男性来养活，成为被供养者。她们这种既"不劳动"又"被供养"的身份，是由于生产与家庭分离造成的。

资本主义需要维护女性无酬家务劳动的合法存在，因为它可以使资本无须为劳动力再生产的全部需要付费。在以工资形式支付的劳动力价格中，只包括了购买劳动力再生产所需的生活资料的市场价格，既不包括维持劳动力再生产所需最终消费的劳动投入，比如食物的制作、住所清扫等，也不包括劳动力繁殖全过程中的所有劳动投入，比如儿童的抚育照顾和社会化。资本利用了父权制的性别分工，通过女性的无酬劳动，最大限度地降低了劳动力再生产的成本。因此，不是家务劳动没有社会价值，根本原因还是因为资本从女性的无酬劳动中获得了显而易见的好处，它需要控制和维持女性家务劳动的无报酬制。

在资本主义条件下，即使女性参与公领域的社会劳动，她们也不能获得与男性平等的权利。父权制的性别分工是为了控制女性的劳动，阻止她们接近生产资料，这与资本主义生产关系有着内在联系，资本主义利用了父权制，使妇女在社会生产中仍然处于从属地位。[①] 表面上看劳动力市场上男人和女人都是平等的——在自由出卖劳动力的意义上他们是平等的，但购买劳动力的选择权在资本，利用父权制对两性的分工规定，资本更愿

---

① 魏国英主编：《女性学概论》，北京大学出版社2000年版，第81页。

意选择没有家务劳动拖累的男性，使他们成为更为纯粹的剩余价值生产者，而这一选择符合父权制对男性成为家庭供养人角色的要求，显得理所当然。女性在父权制分工中家庭照顾者的角色，使她们的主要义务是当母亲和妻子，她们被认为天生适合从事家内工作，不适合从事社会劳动，因此在劳动力市场上处于劣势。当资本需要女工时，尽管女工的劳动效率并不比男工低，资本却可以利用父权制对两性的不同分工和评价，给女工支付一半甚至更少的工资，或者将女工安置在工资更少的岗位，低工资使女性受到更重的剥削。就这样，家庭劳动的性别分工，被复制成社会劳动中的性别等级，它使妇女在家庭和社会中的从属地位恶性循环。正因为看到性别分工造成妇女地位的低下，马克思主义特别指出："只要妇女仍然被排除于社会生产劳动之外，而只限于从事家庭私人的劳动，那么妇女的解放，妇女同男子的平等，现在和将来都是不可能的。妇女的解放，只有在妇女可以大量地、社会规模地参加生产，而家务劳动只占她们极少的工夫的时候，才有可能。"①

女性在资本主义生产体制中的不利地位，是资本主义和父权制两种制度相互作用的结果，而资本主义着手建立社会保障时，其基本前提和出发点是肯定和维护现存的生产体制和劳动秩序，这一制度预设使女性在社会保障中同样处于不利地位。

四 社会保障制度的变革与挑战

（一）社会保障制度变革的国际趋势

战后福利国家的出现，形成了社会保障是国家和政府的重要职能的共识，围绕这一共识，福利国家的政策发生了一系列变化，首先政府主管的社会保障项目大大扩展，形成"从摇篮到坟墓"的生命发展全过程保障。其次保障向全民化普及化方向发展，由向少数确有需要的贫困者施以援助，发展到为每个社会成员提供预防意外的手段，不仅保证每个人在任何情况下都能体面生活，还保证能够获得发展的机会和能力。再次社会保障的水平不断提高且有法律保证，政府的社会保障支出大幅度提高，保障的

---

① 恩格斯：《家庭、私有制和国家的起源》，《马克思恩格斯选集》（第四卷），人民出版社1995年版，第91页。

对象、标准、项目和形式等都以法律和制度形式加以规定。福利国家实施的全民保障和全面保障，无疑使妇女问题受到重视，对孕妇、产妇、寡妇、离婚妇女规定了相应的津贴，使妇女大为受益，而对儿童的补贴被认为是一个根本性的突破，它打破了传统的家庭抚养职能，由国家代替家庭承担了部分抚养责任。

20世纪70年代，随着女性主义思潮的兴起，对妇女在经济和福利社会中的真实处境开创了一种全新的研究。丹麦经济学家鲍塞普罗在《经济发展中的妇女作用》一书中，以独具性别意识的眼光，将妇女从母亲和妻子的角色局限中解放出来，强调她们是重要的生产力，对经济发展做出了巨大的贡献，而不是像通常认为的那样，妇女的劳动只具有辅助性作用。这一开创性研究在后来的发展中，进一步引起了对妇女家务劳动的经济价值思考，肯定了妇女的有酬劳动和无酬劳动的经济价值，认为妇女是发展过程的积极参与者，通过生产和再生产对经济发展起着至关重要的作用，却往往不被重视。女性主义的研究形成了这样一个主导性观点：如果妇女传统工作没有被看成是国民经济的组成部分，那么就应当努力改变这种状况。[①]

具有性别意识的研究和观念倡导，在联合国系统得到了积极的回应。自1975年以来，联合国相继召开了四次世界妇女大会，是为解决妇女问题而举行的政府级国际会议。特别是1995年的第四次世界妇女大会，在中国首都北京召开，大会首次提出了"把性别观念纳入决策主流"，并将其作为联合国的全球发展战略，敦促各国政府对此作出承诺。为了从法律上保障两性权利，联合国及其国际组织先后制定了一系列国际法律，1979年联合国通过的《消除对妇女一切形式歧视公约》，充分考虑了现代劳动就业体制对女性的排斥，考虑了妇女在人口再生产中的作用，以及考虑了妇女无酬劳动的重要价值，对女性包括劳动和社会保障在内的权利给予了全面保障并使之法律化，因此被称为"国际妇女权利宪章"。

（二）全球化对女性的影响

对妇女权利保障的全球共识，不仅会遭遇来自社会习俗和文化传统的挑战，还遭遇来自经济全球化的挑战。全球化是日益加快的全球经济一体

---

① 刘霓：《西方女性学》，社会科学文献出版社2001年版，第158—162页。

化的现象,既给妇女带来了机遇,也给她们的生存和发展带来严重的挑战。在英国、美国、加拿大等国家,为了解决资本和产业转移造成的就业机会减少,采取经济自由化措施,开放低工资就业岗位,造成收入不平等快速恶化。英国还通过降低养老金标准、医疗部分自费、减少津贴等措施,削减社会福利。在德国、法国、意大利等国家,强调以男性全日制劳动者为中心建立社会保障制度,不鼓励妇女外出就业,同时将社会福利和服务的削减由妇女来替代承担。这些改变意味着全球化使发达国家妇女的就业机会减少,且更有可能是非正规、非全日制、弹性的就业,政府的福利削减计划使妇女享有的社会福利也在减少,而且政府明显希望通过妇女的家务劳动支出替代削减造成的社会福利减少,从而增加了妇女的劳动负担。①

但是,全球化在西方福利国家中对妇女的影响也有可能呈现出另一种景象,北欧福利国家面临全球化时,在家庭方面出现离婚率升高、单亲家庭增加、出生率下降现象,在劳动力市场方面出现了服务业扩大、妇女参与率增加。这些国家改革强调的是由国家提供就业机会,尤其是偏向妇女,并由国家补贴工资。同时强调教育与培训的社会投资策略,让妇女与其他员工均有向上流动的机会,与此相配套的还有日间托儿和托老照护。国家的主要任务是通过公共部门的投资,强化双薪家庭制度安排,减轻妇女进入劳动力市场时的家庭负担,也减轻夫妻一方失业造成的经济困难。这种偏向妇女的制度安排,可造就妇女的独立人格尊严,使两性人力达到最佳运用,并且造成外出就业对服务的需要增加,更有助于以服务业带动经济发展。②

全球化对发展中国家妇女的影响也是显而易见的。就中国的情况而言,一方面由于资本和产业的进入,增加了妇女的就业机会,大批农村女性得以转移,进入有酬劳动岗位,成为非农劳动者,加快了她们工业化的进程。另一方面,全球化也对中国妇女产生了负面影响,妇女在劳动密集型行业中就业有所增加,但在资源密集行业,如土地密集型农业、资本密集型、知识密集型行业中,妇女的机会却在减少,加重了资源配置的两性不平等,也使两性收入差距进一步扩大。在技能单一的劳动密集型行业工

---

① 林闽钢主编:《社会保障国际比较》,科学出版社 2007 年版。
② 同上。

作的妇女，面临职业转换时更加困难，中老年妇女中这一问题更加突出。妇女的非正规就业的数量和比例不断增加，增加速度也高于男性，从正规就业转入非正规就业的女性，家庭和社会地位会严重下降。在中国，就业机会增加与女性在就业市场上被排挤的现象几乎同时存在。

全球化引起的农业女性化、工业就业中女性边缘化和女性的非正规就业的增加，都将导致妇女在社会保障体系中的边缘化和外围化。在以低成本为主要策略的市场竞争中，为劳动者提供社会保障被看成是无效的成本投入，企业建立社会保障的主动性很差。从就业市场看，农业劳动力转移、下岗再就业、非正规就业的女性所进入的主要是中低档就业市场，这一市场严峻的就业竞争很可能迫使女性放弃社会保障的权利，作为获得就业机会的代价。现实中多数女性不仅没有和用工单位签订劳动合同，甚至也不清楚签订合同才能保障自己的合法权利，面对较差的工作条件和待遇，大多数女性不愿意也没有能力进行抵制。女性的生育功能使她们成为"有缺陷"的劳动者，即使具有高等教育经历的女大学生，也同样面临就业更困难、失业的可能性更大的问题，这使她们更容易被排斥在社会保障体系之外。而农村和城市边缘女性显然被置身于中国的社会保障制度的边缘，一旦这些女性丧失劳动力，就会面临持续的贫困和生存风险。全球化放大了原有社会保障制度的不合理性，不合理的社会保障制度又使女性在全球化的竞争中，处于更加脆弱和边缘的地位。

（三）应对挑战的政策选择

联合国将"社会性别主流化"作为促进性别平等的全球战略，特别强调："把妇女和男人的关注、经历作为在政治、经济和社会各领域中设计、执行、跟踪、评估政策和项目计划的不可分割的一部分来考虑。"[①] 社会性别主流化并不是一般意义上的重视妇女工作或解决妇女问题，它的主要内容是进行公共政策的社会性别分析。中国是最早承诺实行社会性别主流化的 49 个国家之一，那么开展公共政策的社会性别分析就是必须采取的行动。

对社会保障制度的社会性别分析，需要理论和实际相结合。首先要注

[①] 转引自《在国际劳工组织成员中提高社会性别主流化能力》，中国项目组《提高社会性别主流化能力手册》，中国社会出版社 2004 年版。

重对社会保障实际结果的性别考察,关注两性在享有社会保障方面的实际差距。这些差距往往被掩盖在表面一致的制度规则之下,并且常常被认为是合理的,要在这些"合理的"现象中识别不合理的实际存在,一些基础性工作显得尤为必要,其中通过收集获得分性别数据,可以清楚地看到两性在社会保障权利享有方面的实际差距。如果两性实际享有的社会保障权利并不平等,甚至还有继续扩大差距的趋势,那么就需要检查,统一规则的社会保障制度是否能够坚持平等保障的原则和理念,是否存在着实际上的限权和排斥,以及是否应当提高现有制度和机制在实现和促进两性平等享有社会保障权利方面的能力。

其次,运用社会性别方法,研究和分析统一的制度规则是如何在实际操作中造成两性的权利差距的。社会保障在两性之间明显的权利享有差距是一个事实,原因在于由统一规则所体现的承认差距和权利限定,使女性在享有平等保障的权利时处于不利地位。仅仅从社会保障制度本身的政策规定中是无法识别的,需要对政策在实际运行中可能产生的对两性的不同影响进行评估,特别是需要运用社会性别方法,分析实际生活中的性别分工和角色指派,才有可能发现两性的实际权利差距。

最后,在社会性别分析的基础上,使中性的政策转变为有性别意识的政策。从造成男女社会差异的社会性别的存在出发,不是帮助妇女适应社会现状,将男女纳入固定的社会秩序,而是试图改变根深蒂固的社会性别结构来改变社会秩序。任何宏观政策都可能对阶层、性别产生不同影响,充分认识其中可能产生的负面作用,率先采取防范措施,可以使中性的政策转变为有性别意识的政策,也才有可能通过调整政策机制,不仅在形式上而且在实质上,实现对两性的平等保障。

艾滋病政策法规的社会性别分析

李慧英[①]

编者语：艾滋病传播不仅是公共卫生问题，也是一个社会问题，其中所包含的性别问题常常被忽略。在我国的艾滋病政策规划中几乎很少见到性别分析和性别规划，即便在那些已经纳入性别统计的地方规划中，也缺乏性别分析。缺乏性别敏感的艾滋病防治，能否有效降低艾滋病的传播速度和减少死亡率？如何认识和对待少数人群、边缘人群，以及如何界定打击非法行为和保护人权？需要更深入和更细致的思考和分析。

一 进行艾滋病政策社会性别分析的意义

（一）艾滋病及其与性别的联系

艾滋病是一种严重危害人类生命健康和社会经济发展的传染性疾病，与性别呈现下列三方面的联系。

第一，艾滋病感染率存在着性别差异，而且女性的感染速度高于男性。从20世纪90年代后期以来，联合国艾滋病规划署对于艾滋病患者和携带者开始进行分性别和年龄的统计，统计显示，1996年世界上感染艾滋病病毒的女性占42%，2000年女性达到47%，2001年女性达到48%。这种情况在不同国家普遍存在，有些国家更为严重，据一项调查显示，津巴布韦537名HIV呈阳性的青少年的男女比例是1:3，艾滋病在妇女中的流行速度快于男性，不难看到艾滋病传播过程，妇女将会成为艾滋病流行的重灾区。

第二，艾滋病患者的死亡率与发病率也存在着性别差异。在2000年的全球分性别分年龄的艾滋病统计中，出现了令人深思的现象：从死亡率

[①] 李慧英，中央党校社会学教授，博士生导师。

来看，儿童为20%，男子为39%，妇女为41%①，妇女的死亡率最高。但2003年统计的感染人数比例男性却高于女性，男性为51%，妇女为47%。何以出现这种感染率低而死亡率高的现象？问题在于妇女感染艾滋病之后，缺少经济条件去医院进行检测和治疗，相比较而言，男性感染艾滋病病毒，就医的可能性更大。而感染者的统计是根据医院提供的，只有到医院去看病，才会被注册登记。由于妇女资源的匮乏，去医院的人数少于男性，感染情况难以在官方的统计中显示出来。从中国大陆20世纪90年代的各个省的哨点监测来看，呈现出来的特点——男性多（占70%以上）、已婚的多、本市户口的多——也说明了这一点。这一现象说明，在医疗统计的资料中妇女的感染人数更容易被隐性化，一部分妇女更容易成为治疗艾滋病过程中被遗忘的群体。

第三，两性不平等的性行为加剧了艾滋病的传播。性行为是艾滋病传播的主要渠道之一，这种特殊的传播方式与两性的性关系发生了密切的联系，如夫妻、异性性伴侣、性服务小姐和买性男人（通常称为嫖娼者），以及同性恋群体。在隐蔽的性关系中，拥有较高地位和资源的一方往往拥有更多的自主权和决定权，决定在什么地方、以什么方式、是否进行性行为，而具有较低社会地位的一方往往不掌握进行性活动的主动权，即便他/她们掌握艾滋病的预防知识，也无法在不平等的权力关系中进行自我预防，更容易成为艾滋病的感染者和受害者，使得艾滋病向弱势人群传播和泛滥。

在艾滋病政策分析中，我们将引用社会性别分析范畴，从艾滋病防治中的性别差异入手，分析导致这些差异的种种文化和社会的原因，揭示男女两性在资源、权力、责任、分配中的不平等关系，以及对于艾滋病传播带来的不同作用和影响，从而将性别视角引入艾滋病防治政策之中。

（二）进行艾滋病政策性别分析的意义

艾滋病政策性别分析的意义，在于有利于充分认识艾滋病的流行规律，扭转艾滋病的流行趋势。

研究发现，早先各国的艾滋病性别比例都呈现出非常明显的男高女低的特征，随着时间的推移，男女的性别比例在不断缩小，如图1所示。法

---

① 资料来源：联合国艾滋病规划署《2000年艾滋病流行进展》。

国 1985 年艾滋病感染者中只有 12% 是妇女，10 年之后妇女发展到 20%。西班牙 1985 年 7% 是妇女，1995 年为 19%。巴西 1984 年妇女是 1%，到了 1994 年妇女占到 1/4。2005 年，在世界范围内，男女艾滋病感染人数已经达到 1∶1。

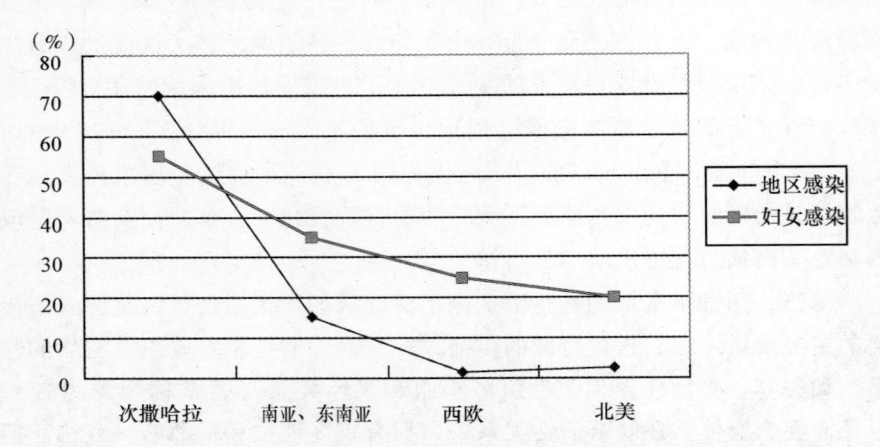

图 1　2001 年成人艾滋病感染者中的妇女比例及不同地区感染者的比例
资料来源：联合国艾滋病规划署，2001 艾滋病流行进展。

在中国，妇女艾滋病病例上升速度与全国艾滋病的传播速度也存在着正相关关系。

20 世纪 80 年代末期，我国的艾滋病感染者的男女比例为 8∶1[1]。

2000 年底，全国 31 个省市自治区（不包括台湾、香港和澳门）累计报告艾滋病感染者 22517 例，其中艾滋病患者 880 例，496 死亡病例（不分性别统计）。在艾滋病感染者中，已确定的女性感染者 3681 例，约占感染总数的 16.3%，男女比例为 6∶1。在艾滋病病例中，已确定的女性有 128 例，约占艾滋病病例总数的 14.5%，男女比约为 6.9∶1[2]。

到 2001 年 6 月底，男女比例则缩小为 5∶1，感染者主要分布在农村，男女比例为 5.2∶1[3]。仅 2000 年一年新感染的艾滋病人群中，男性为

---

[1] 引自《中国妇女艾滋病防治策略调研报告》，未公开发表。
[2] 数据引自 HTTP：WWW. AIDS. NET. CN/MAINL－3－1－8. HTM。
[3] 中英性病艾滋病合作项目：《对艾滋病感染者和病人关怀服务的起点——中国艾滋病治疗及关怀服务文献检索报告》，北京，2001 年 9 月，第 13 页。

4134例，女性为1008例，男女比例为4.1∶1。在报告的233例艾滋病病例中，男性为169例，女性为57例，男女预防和控制艾滋病中长期规划比例为3∶1。女性的感染率和患病率都在迅速增加，与此同时，我国的艾滋病发展阶段已经从1985年的传入期经过散播期、增长期进入快速增长期。卫生部疾控司官员孙新华说，2001年报告发现的感染病例数比2000年增加了至少40%。卫生部疾控司副司长陈贤义说，2002年我国艾滋病毒感染报告人数较上年增加58%，31个省份累计报告人数较上年增加36.5%。艾滋病的传播速度加快。

在艾滋病出现的前十多年，决策者更多地将艾滋病的流行视为公共卫生问题，未曾觉察到还是一个社会问题。直到20世纪90年代后期，国际社会关注到：艾滋病也是一个社会问题，同时是社会性别问题，弱势群体特别是妇女缺乏权力，与艾滋病泛滥之间存在着渊源关系。妇女患病比例的上升，影响的不仅仅是妇女自身，还有儿童，而且在很大程度上决定着艾滋病在世界各国的传播速度，关系到大量的死亡人数。那么有意识地监测艾滋病中的性别比例，采取有效的政策措施及时控制性别比例的接近和倒置，应当成为控制我国艾滋病流行趋势的重要举措之一。

二 关于艾滋病政策法规的社会性别分析

从1985年我国发现首例艾滋病患者，卫生部就向国务院递交了《加强监测、严防艾滋病传入的报告》，可以视为艾滋病防治政策的开端。此后，于1987年，国务院批准卫生部等7个部委联合发布了《艾滋病监测管理的若干规定》，1999年卫生部颁发了《对艾滋病病毒感染者和艾滋病病人管理意见》等一系列法规。并于1990年以来，分别制定了预防和控制艾滋病的中长期规划。全国13个重点省市自治区也颁布了地方性规划、艾滋病监测管理规定，形成了一套有关防治艾滋病的政策法规。此外，还有与艾滋病防治间接相关的政策法规，如打击黄赌毒的规定。我们将这些政策法规作为分析的蓝本。本项目查阅了17篇直接涉及有关艾滋病的法律规章，与艾滋病间接相关的（如打击黄赌毒）法律规章236篇。

（一）艾滋病政策分析之一：统计、性别统计及性别视角

我国自20世纪90年代以来建立了分布在全国不同地区的国家级艾滋

病监测哨点，2002年已增至158个。哨点监测每年开展两轮，每个哨点采集400人份血清。监测群体集中于性病患者、吸毒人群、暗娼及长途运输司机。然而，在80年代中期某些农村地区为了发展经济而卖血，引发大面积艾滋病感染，暴露出监测盲区。对此目前尚未有确切的宏观统计数字。我们在2002年11月在河南进行的小型抽样调查，也许可以提供一些参考。调查发现：艾滋病村的卖血人数高达60.64%。从1980年开始到现在，男性农民卖血（平均每人）300—500次的数量最多，中壮年的卖血次数最高，最多高达500—1000次左右，中壮年男子是卖血的主力。而女性农民卖血（平均每人）50次以内的最多。男子卖血的次数高于妇女，这与家庭的性别角色密切相关，中壮年男子是家庭经济的主要创收者，而卖血也成为男性挣钱的主要方式之一。

从90年代初期到2002年底，这个小小的自然村已有29人被艾滋病夺去了生命，占全村总人口的3.74%，其中有14个男子和15个女性，男性死于艾滋病的平均年龄为41.85岁，女性为35.66岁。女性感染率和低龄死亡率高于男性，女性成为艾滋病流行的重灾区。目前该自然村死亡率呈不断上升趋势，以下（图2）是1996年至2002年该村总死亡率曲线图：

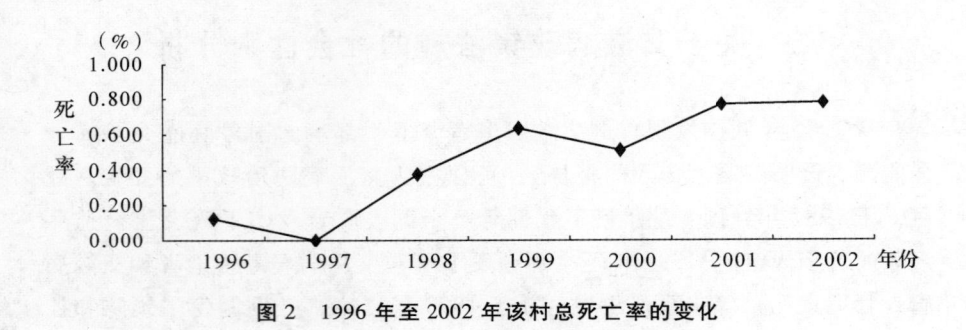

图2 1996年至2002年该村总死亡率的变化

非法采血导致艾滋病大面积感染的事件不只是发生在河南。卫生部资料显示，山西省从2001—2003年以来发现的134名艾滋病病毒感染者中，只有2例是通过不洁性行为感染，有132人是通过血液感染。这132例艾滋病病毒感染者全部都是有偿供血者。对于卖血人群的监测统计，也许会使有些人担心影响国家的形象，但是从长远来看，如果没有监测统计，会极大地损害政府的公众信誉和国际形象，对人民的生命财产和其他社会领域带来更大的危害。对于决策者来说，两害相权取其轻。

1. 地方统计与国家宏观统计中性别视角的分离

艾滋病防治规划可以分为国家级和地方级，在地方一级的艾滋病防治战略规划中，有的地区已经将性别作为一个重要的参数列入其中了。以 2002 年《四川省艾滋病防治战略规划》为例，列入了年龄、职业、民族、性别等多种要素，而且，性别比较意识还渗透到青少年性行为及性观念的分析之中，该规划比较自觉地切入性别视角来观察性行为及性观念。

云南的《艾滋病防治战略规划》性别视角体现得最为充分，记录了从 1999 年以来该省 HIV 感染者中男女比例的逐年变化：1990 年为 40∶1，1992 年为 19∶1，1993 年为 11∶1，1994 年为 11∶1，1995 年为 9∶1，1996 年为 6∶1，1997 年为 4∶1，1998 年为 3∶1，1999 年为 6∶1，2000 年为 6∶1。这种有性别的统计在地方规划中占到 40%。

但是，当进入到国家宏观政策规划层面之后，我们却极少发现艾滋病感染者与患者的分性别统计，只是笼统地提艾滋病感染者、艾滋病人、艾滋病病毒携带者，缺乏基本的分性别数据资料。

1995 年《关于加强预防和控制艾滋病工作的意见》中提到：1994 年底，全国共报告发现 HIV 抗体阳性 1774 例，531 例感染者，约占十年累计数的 30%。1998 年《中国预防和控制艾滋病中长期规划》提到：我国自 1985 年 6 月发现第一例艾滋病病人到 1998 年 6 月，31 个省市自治区已报告艾滋病病毒感染者 10676 例，其中艾滋病人 301 例，死亡 174 例。从这些数据中，很难发现我国究竟有多少男女艾滋病患者、感染者和死亡者，这些年来性别比例有何变化。

地方统计与国家统计中性别视角的分离至少表明两点：第一，建立分性别的监测指标，在现有的检测手段中是可以做到的，而且，在地方统计中它已经成为监测的要素之一。第二，从地方统计走向国家宏观统计的过程中，性别要素开始遗漏。何以至此？这与宏观决策者的认识角度和主体选择有关，当对多种要素的统计信息进行取舍的时候，宏观政策决策者更多地从医学的角度来看待艾滋病，较少从社会分层和性别分层的角度来看待艾滋病。在筛选地方提供的统计信息的时候，更突出了与医学直接相关的数据，比如患者、感染者、死亡率，而忽略了与医学间接相关的数据，比如阶层、年龄和性别。由此导致宏观性别统计的缺失。

在宏观统计中关注不同性别、不同阶层、不同年龄的艾滋病感染者、患者和死亡者数据,已经成为国际社会预测艾滋病发展趋势的依据之一。从 1998 年以来,联合国艾滋病规划署就将全球艾滋病感染者、艾滋病病人和艾滋病死亡者进行分性别、分年龄统计,如表 1 所示。

表 1　　　1998 年以来全球艾滋病感染者和死亡者的性别、年龄统计　　单位:万人

	成人(妇女)	儿童(<15 岁)	总数
1998 年新感染艾滋病病毒的人数	520(210)	59	580
现存艾滋病病毒感染者数量	3220(1380)	120	3340
1998 年因艾滋病死亡的人数	200(90)	51	250
艾滋病流行以来因艾滋病死亡总人数	1070(470)	320	1390

2. 性别统计与其他要素(如年龄、职业、阶层和地域)的统计要交叉进行。在现实生活中,各种统计要素往往是交叉的,注意到统计中的多种因素包括性别要素,可以获得更为丰富和具体的艾滋病数据,政策的制定才会有针对性。比如,当统计吸毒人群时,不仅统计性别,还要有年龄、职业、文化程度、民族等,而且还应注意统计性别与职业、年龄、文化等相关联的数据。以下面的调查为例。①

• 男性中吸毒者比例比女性中吸毒者比例高 3.2 个百分点,而青年女性吸毒的高危状态,具有低龄化趋势的特征,如表 2 所示。

表 2　　　　　　　　　吸毒男女的年龄分布　　　　　　　　单位:%

年龄段	14—25 岁	26—35 岁	36—48 岁
所有吸毒者中各年龄段的分布比例	21	51	28
男性吸毒者中的年龄段分布比例	13.3	45.1	39.2
女性吸毒者中的年龄段分布比例	28	56	16

从访谈的情况看,15 位女性戒毒者②染上吸毒,几乎都是在青春期。

• 吸毒者受教育程度普遍较低,但吸毒行为有向受高等教育人群蔓延

---

① 资料来源于 2003 年我们在广西某吸毒所进行的问卷调查,详见《吸毒人群的性别调查报告》。

② 参见《中国艾滋病防治中的性别差异以及相关法律政策的性别分析调查与研究报告》中的调查编号第 201—215。

的趋势，尤其是女性。在调阅戒毒所 700 多份戒毒者的病历档案时，发现在 180 多名女性戒毒者中，有大专以上学历者 3 人，均为女性。

• 无业者和私营、个体从业者或私营业主沾染毒品的比重相对较大，其次是工人和农民，也占一定的比例。专业技术人员和一般职员染上毒品的人正逐渐增多。其中，无职业的男女吸毒人员比例最大；职业是一般职员的女性比男性高 4 个百分点；街道居民的女性也比男性高 2 个百分点。吸毒女性的收入比男性低。

• 女性吸毒者选择同居比男性高 22 个百分点，据对 15 名女性吸毒者的访谈调查了解，女性吸毒者更多的是选择与男性吸毒者和个体工商业者或私营企业主同居。女性吸毒者大都由男友提供资助或"陪男人"，形成"卖性养吸"的格局。吸毒导致双方负债累累，家庭内部矛盾重重，甚至导致家庭解体。调查显示，男性离异主要是男性吸毒者屡教不改，配偶无望而离异，女性吸毒者离异一般是双方都是吸毒者，原来创下的家业吸光了，只好离异，女性靠做性服务维持。

在吸毒人群调查中凸现的问题是：女性吸毒与卖淫的交融，在无保护的情况下，女性感染艾滋病的风险比男性更大。

（二）艾滋病政策分析之二：在政策中增加性别分析与性别措施

在我国的艾滋病政策规划中几乎很少见到性别分析和性别规划，即便在那些已经纳入性别统计的地方规划中，也缺乏性别分析和性别规划。例如，《中国 1998—2010 预防和控制艾滋病中长期规划》指出：各级教育行政部门要把学校预防艾滋病健康教育列入工作计划，明确工作目标……对大中学生进行预防艾滋病健康教育及性知识、性道德和法制观念的教育。无疑，这是非常必要的，可以帮助青少年了解性生活的含义，懂得如何在性生活中预防艾滋病感染。但是要进行性教育需要考虑以下两方面的问题。

第一，清除保守的性观念。

在我们的性禁忌文化中，性只能做不能说，学校和家庭对此采取回避态度。对性服务女性的调查数据显示，父母性观念保守、对女孩子不管不问的占 99%。而性服务小姐看过黄色音像、画及文字读物的占 98%。性服务小姐在性问题上显得既保守且无知，无美感且无道德感，和她们不正常的性教育不无关系。从防治艾滋病角度看，正确的青少年性教育是一个不容回避的问题,应提到议事日程上来。

第二,根据男女青少年的不同需求,采取有针对性的性教育。

一般说来,传统的性别文化对于男女在性活动中扮演的角色有不同的要求,通常认为男性要主动富于进攻性,而且视为拥有男子气;女性在性行为中应当扮演被动角色,温顺服从。因此,在性活动中,男性与女性的权力关系往往是不平等的。那么,在现代的性教育中应当包括:男女之间相互尊重、平等相处的教育,阐述强迫女性的性行为不是男子气概的表现,而是对女性性权利的侵犯。

此外,性行为对男女青少年会产生不同的结果。几乎没有男性青少年会因性行为有关的健康问题需要住院。而女性则不然,她们承受着一系列危险:担心妊娠、怀孕、决定是否做流产并实施流产。这就要求在性教育中,还要提升男生的责任心,教育青少年对自己的性行为负责。

从 90 年代后期,国际社会开始在艾滋病的公共政策中纳入性别视角,这可以给我国的艾滋病政策如何引入性别意识一些启示。

艾滋病被确认于 1981 年,在长达 17 年的时间里,决策者极少关注性别问题与艾滋病之间的联系,直到 1997 年情况开始有所转变,1997 年世界银行政策研究报告《正视艾滋病:战胜这场全球流行病的公共政策重点》在艾滋病与发展一节中,赞成这种理论——艾滋病传播的原因之一是贫困和男女不平等导致的:因为一个绝对贫困的或比男子贫困的妇女要让她的性伙伴不与她发生性关系,或者要让他使用避孕套或采取其他措施,使她不感染上艾滋病,那将是比较困难的事。贫困还可能是男子没有财力结婚,使他离家去找工作,这样他就更容易与多个性伙伴发生轻率的性关系。紧接着,联合国艾滋病规划署几乎每年的艾滋病流行报告,都会将性别作为一个必不可缺的指标。这可以视为社会性别分析在艾滋病政策制定中的体现。

2001 年联合国妇女发展基金会撰写了里程碑式的手册《扭转艾滋病流行态势》,力促政府和国家艾滋病委员会从社会性别及人权角度理解和采取措施应对全球盛行的艾滋病。在全球妇女组织的共同推进中,2001 年 6 月联合国大会第 26 届特别会议形成了正式文件《承诺宣言》,各国元首向全世界作出了庄严承诺,其中多处论及性别权利问题。这可以视为将社会性别意识纳入预防和控制艾滋病政策中的开端。将人权、社会性别作为人类战胜艾滋病、维护人类生命安全的工具和武器,这一意味深长的思路，使决策者对艾滋病的理解不拘泥于单纯的医学视角，而走向更为广阔的社会学领域，通过对于人类艾滋病与人类权利关系的深刻理解，不断找到最终战胜艾滋病的武器。

（三）艾滋病政策分析之三：对同性恋的排斥与我国预防控制艾滋病目标相抵触

据专家估计[①]，我国有男同性恋者（含男双性爱者）约 1800 万人，其中 800 万人居住在城市或由农村迁徙流动进入城市。在专家三次调查中发现：男同性爱者中分别有 2.5%、4.2% 和 5.4% 已感染艾滋病病毒。2001 年另一项对某直辖市男同性爱者的检测发现，在该市居住超过 5 年者中约 10% 已感染，平均感染率为 4%—5%。而 2001 年对东北某省会一酒吧中男同性爱者的检查发现，1.3% 的人已感染。以上数据提示艾滋病毒正在男同性爱人群中高速传播。鉴于男同性爱者是感染艾滋病病毒的高危行为人群，我国艾滋病规划法规中，从 1990 年已经注意到这一群体。

卫生部根据目前所掌握的国内情况和其他国家的经验，认为开展重点工作的人群是：

——性病门诊病人；
——暗娼及其性伴；
——静脉吸毒者；
——同性恋者；
——HIV 感染者和艾滋病病人[②]

当时，在这一规划中，同性恋被看作非法行为，"同性恋在中国是不合法的，但在中国确实存在"。1997 年 10 月 1 日出台的新刑法，取消了"流氓罪"，同性恋不再违法。然而，不违法并不意味着社会对同性恋的包容和接纳。在我国绝大多数人对于同性恋采取的是排斥和憎恨的态度，这种态度和看法也自然而然地带到预防和控制艾滋病的规划之中，对于一切在法定婚姻以外的性行为（比如同性恋、婚外性行为、婚前性行为）

---

① 张北川：《关于同性爱群体/艾滋病的立法建议》，《朋友通信》2003 年 4 月。
② 卫生部：《中华人民共和国艾滋病预防和控制中期规划（1990—1992）》。

归为"性乱史",视为不健康不积极的性行为,提出"在广泛宣传 AIDS、性病基本预防知识的同时,进行积极健康的恋爱、婚姻、家庭观念和性道德、性健康教育"。①

但对同性恋的道德谴责和排斥,产生的结果却与预防控制艾滋病目标相抵触。

第一,艾滋病知识的宣传面临困难。在我国的预防和控制艾滋病政策和规划中,十分注重宣传教育,增加人们的自我保护能力。然而,要宣传就要有宣传对象,而同性恋又迫于社会的压力不敢公布自己的身份,使得宣传者找不到宣传对象,宣传对象也不敢直接面对宣传者。主流社会与同性恋群体是相互隔离的,没有通道。对艾滋病知识的无知,就会大大增加 HIV 病毒感染的危险性。

第二,迫使同性恋过着双重生活,导致艾滋病双向传播。试图通过异性恋教育使性取向改变,是我们一厢情愿的想法。② 当传统文化异常强大的时候,同性恋只能掩藏自己真实的性取向,遵从传统文化的要求,与异性结婚成家,同时与同性保持私下的性关系。这样就会将艾滋病病毒通过合法的婚姻传染给妻子,也会通过同性恋性行为传染给同伴,导致艾滋病双向传播的危险。

第三,为避免歧视和伤害,许多希望从事或已经从事社区艾滋病干预工作的同性爱的志愿者和卫生界人士,无法开展或者不能顺利开展工作。

应当看到:主流人群与高危行为人群处于对立状态,受害的不仅仅是少数人,而是整个社会。歧视和排斥同性爱不利于控制艾滋病。目前,国际上一些国家渐渐将同性爱行为作为个人的隐私权来看待,一些国家不仅取消了给同性恋定罪的法律,而且立法禁止性取向歧视、保护同性恋者权益。1998 年,荷兰的同性伴侣可以登记为注册伴侣,成为第一个向同性伴侣敞开婚姻大门的国家。③ 我国对同性恋的态度也在逐步变化,《中国精神障碍分类及诊断标准》(第三版,新版)已将同性爱排斥在病态之外。政府控制艾滋病规划等文件也要取消对同性爱的歧视用语,更多采取宽容态度。

---

① 卫生部:《中国预防与控制艾滋病中长期规划(1998—2010)》。
② 张北川:《关于同性爱群体/艾滋病的立法建议》,《朋友通信》2003 年 4 月。
③ 联合国规划署:《艾滋病、法律和人权立法者手册》,第 49 页。

（四）艾滋病政策分析之四：政策规划要运用妇女权利武器筑起控制艾滋病的堤坝

1990—1992年的《中国艾滋病预防和控制中期规划》首次提到了保护妇女的问题：中国已有保护妇女和儿童的政策。尽管目前HIV/艾滋病的流行还不很紧急，但也要制定国家级相应的政策，主要是对妇女中高危人群及可能经母婴传播等方面的政策。这些政策还包括保护妇女儿童及保密的问题。

但是细读政策规划，会发现妇女权利保护，大多是放在母婴传播中来谈的，重心放在如何防治感染HIV的母亲传给婴儿。规划同时提出一定的措施：对妇女进行健康培训。应当说，无论是基于妇女还是基于儿童，这种针对妇女儿童的措施都显得十分必要。特别是对妇女的健康培训，都会在一定程度上使更多女性了解艾滋病的预防知识，控制艾滋病由母亲生育传染给婴儿。但是，在这里有一个问题值得讨论，建立母婴传播的政策保护的是婴儿还是妇女？谈保护妇女似乎词不达意，控制母婴传播是防治携带HIV的母亲传给婴儿，确切地说重心考虑的是儿童保护，而非妇女保护，当然，这里绝无指责保护儿童之意，仅仅要指出的是保护的权利主体到底是谁出现了错位，妇女权利已经在不知不觉中丢失了。

妇女权利和儿童权利的权利主体是完全不同的，前者是妇女作为权利主体，后者是儿童作为权利主体。儿童权利与妇女权利有一定的联系，比如怀孕的母亲感染HIV就极可能传染给婴儿，但是儿童权利不能取代妇女权利，儿童权利的维护也不等于妇女权利的保护。之所以出现妇女权利与儿童权利的错位和调包，究其原因与我国文化对女性功能的定位有关。我们的文化在看待女性功能的时候，更多是从生育繁衍的角度来认识女性的作用，女性自身的权利在夸大母亲的属性中让渡给了保护后代，而使自身的权利悄然流失。在这里我们需要重新找回妇女的权利，包括政治权利、经济权利、财产权利、人身权利、健康权利以及性权利等。

那么，妇女的权利对于艾滋病的控制会有什么作用？笔者认为：保护妇女权利，就是抵御艾滋病泛滥的堤坝之一。因为从艾滋病的流行趋势来看，犹如水一样是从高往低流，要阻止艾滋病蔓延，不仅要传播相关的知识，还要在低洼地段筑起堤坝，将洪水挡在大堤以内。但家庭中性暴力的存在显然增加了女性感染艾滋病的危险性。这是几位受害妇女的采访自述①：

> 他（指丈夫）主要是在性生活上折磨人，他经常喝酒，在性方面特别强烈，喝了酒的人和别人不一样，一个小时、二个小时不完事，你必须按照他的要求做，必须服从他，平时也这样要求你，不服从，打，收拾你，一夜一夜不让你睡觉。（一位女护士）
>
> 几乎刚一结婚，暴力就开始了……你说，家庭暴力包括身体的、心理的、性方面的、经济的、语言上的，这些他都有。（一位图书馆的女研究员）
>
> 他的身体比我好，要求比我多，在我流产后的第三天，他就要求同我发生关系，还有在我第二次流产的十天以后，他又要求同我发生关系，这件事对我非常痛苦和伤害，我就把门关起来，他敲门，我不开，他就撬门。（一位中学女教师）
>
> 小产刚满月，我丈夫就要跟我睡觉，我说，我身体还不行。人家不管。自从孩子死在肚子里，这血就归不了位了，一个劲地出血……我生了8个孩子，清宫就不知多少回了，那罪受的就没法说了。就这样，我丈夫就要和我睡：赶快有，给我生儿子。（一位农村老年妇女）

在这里受害的妇女，几乎都是丈夫的性工具，丈夫们理所应当地控制着夫妻之间的性活动，在什么时间、在什么地方、甚至以什么方式，至于妻子的感受和意愿、健康状况如何几乎不在考虑之内，一旦遭到反抗，就会采取强制手段。在这样的不平等的性权利关系中，女性即便了解艾滋病及其他的保健知识，也不能进行自我保护，还会继续受到损害。因此，仅仅传播艾滋病知识，显然是不够的。还要认识男女两性之间的权利关系，并矫正家庭生活不平等的夫妻性权利。

又如，刑法中与性有关系的犯罪有五种，猥亵儿童罪、强奸罪、奸淫幼女罪、强制猥亵罪、侮辱妇女罪，都与女性相关。女性更容易受到性侵害和性暴力，已经是不争的事实。在这里，强制性行为已经远远越出了家

---

① 宋美娅、薛宁兰主编：《中国受暴妇女口述实录》，中国社会科学出版社2003年版。

庭，妇女权利被侵犯大大增加了女性感染艾滋病病毒的社会危险性。但是，法律中"妇女"的概念是否包括从事"地下性服务"的"妇女"？吸毒的"妇女"？她们是否也应享有平等权利？这是维护妇女权利中一个极为尖锐的问题，从法理角度看，法律的普适性使法定的"妇女"概念必然涵盖所有妇女。但人们的观念及实际执法操作中很容易将这些从事违法活动的妇女的合法权利排除出去。

在调查中我们常常听到一些悲惨故事，比如，小姐拒绝老板逼迫其为客人提供特殊服务、遭到老板殴打；小姐在性服务中被杀害、遭轮奸、偷窃、侮辱；小姐不能拒绝客人不使用安全套。她们在卖淫中遭受强奸和轮奸，以致折磨得死去活来，却不敢要求法律保护。对于她们的遭遇及人身权利的被侵害，负责维权的机构也视为罪有应得：自己做了违法的事，还要求法律保护？活该！在这里，她们的违法性服务行为与作为人的基本权利被混淆了，法律是否应该将这些人群视为社会"垃圾"？

这又涉及到一个基本权利问题。

"平等的人身权利"当然不是指承认性交易的合法性，更不是指其违法行为与守法行为具有平等权利，"平等的人身权利"是指基于法律底线的、人人应该享有的身体不被侵犯和强制的权利。它是人的基本权利的一部分。

从法理上讲，无论什么人（甚至包括死刑犯人），总有一些不可被剥夺的权利。从法律来看，无论什么人的基本权利受到侵害，都应予以保护。处于边缘阶层的性服务女性，法律应该惩罚于她的，是她非法的性服务行为；换句话说，法律不应因其有违法行为就剥夺其所有权利，在她能够证明自己是受害者及受害事实时，应当享有普通公民人人享有的基本权利，得到法律援助。维护妇女的权利，应当包括所有妇女的基本权利，而不应将一部分妇女权利摒弃掉。

如果，我们的艾滋病政策能够有效地维护妇女权利，能够有效地保障女性在性行为中的自主权利，就会切断传染源，使艾滋病蔓延的链条中断，这就意味着筑起抵御的堤坝。

（五）艾滋病政策分析之五：卖淫嫖娼的权力关系分析

由于艾滋病的传播途径，艾滋病政策规划还与另外一个特殊的群体发生了密切的联系，在我们的政策中通常称为卖淫嫖娼群体。如果说，对于同性恋，人们更多表现出的是不可思议、不可理解和坚决排斥，而对于卖淫嫖娼就是一如既往地"严打"和铲除了。在艾滋病政策中涉及打击卖淫嫖娼内容的文件颇多，171件直接涉及有关艾滋病的法律规章中就有47篇，谈到卖淫嫖娼的占总数的27.4%。间接涉及艾滋病防治的236件法律法规涉及卖淫嫖娼的有121件，占总数的51.2%。在这些规划和政策中，贯穿着一个核心观点：卖淫嫖娼是犯罪行为，必须坚决打击，坚决打击就能控制艾滋病。

在这些政策规定中，有几个问题值得讨论：第一个问题，关于卖淫嫖娼的称谓。第二个问题，卖淫嫖娼之间的权力关系。第三个问题，"严打"的效果。

第一个问题，关于卖淫嫖娼的称谓。

几乎在168篇法规文件中，对于从事商业性服务的女性采用的称谓都是卖淫、暗娼，对于买性的男性的称谓是嫖客或嫖娼者。这些称谓包含着极强的道德评价和谴责。女性的（卖性）行为称为"卖淫"，而"淫"在古老的中国文化中是对于性禁忌的冒犯，是十恶不赦的罪过，万恶淫为首，一旦女性从事卖淫活动，就是最大的罪恶。"嫖"带有明显的玩弄的含义，传统性别道德中男人有"狎"的特权。而能"狎"和有能力"嫖"的男人，通常都是有钱、有闲的人。在中国封建社会一妻多妾的性文化中，对男女的性行为有着双重标准，男性的性行为是不受限制的，通常是受到鼓励的，可以有三妻四妾，被认为是一种能力和"本事"的体现；女性则不然，一定要忠实于丈夫，从一而终，强调女性的贞操。而与多个男性有性关系，甚至将性作为商业交易，就是淫乱。"淫"专指女性的婚外性行为，不包括男性，一切不忠实家庭丈夫的行为是最大的罪恶。对于"淫"的道德谴责，暗含着男权中心的文化印记。当中国已经走向男女平等阶段的时候，依然保留着对从事性交易服务的女性的传统称谓，已经不合时宜。在这里，是否可以考虑采用中性的称谓，不再延用暗含道德谴责的叫法。比如，在性交易中提供服务者为卖性者，购买性服务者为买性者。

第二个问题，买性男性与卖性女性之间的权力关系。

在这些政策规定中，"卖淫"和"嫖娼"是并用的，视为同一打击对象，对二者的甄别和惩罚上没有差别。然而，事实上，性服务小姐和嫖客是两个贫富悬殊的利益群体。这里使用"嫖客"而没有使用买性男人，这是因为二者是有区别的。虽然同是用钱买性,但本项目调查的两组数字也许可以说明一些问题。

买性男人中,年收入在1万—5万元的占38%;5万—10万元的占16%;10万—20万元的占14%,小于1万元的仅占0.9%。职业分布显示,商人、退休干部、村干部、公务员、医生、外资企业员工、乡镇企业干部、推销员、司机九个人群相加,占80.6%,流动农民工和企业杂工的和为25%。

服务小姐中,来自农村的女性76%;家境贫困的女性74.5%;女性下岗工人占19%;来自偏远地区的中小城市占24%;离婚后生活艰难而卖淫占17%。多数来自偏远贫困农村,以文化程度低、下岗女性、离婚女性、农村女性为主要特征。

买性男人嫖娼是为了"生意好做""解除疲劳、减轻压力、调节心情""寻找刺激和快感",真正买性的流动农民工,则是为了解决性饥渴问题,只有性服务小姐,绝大多数是为了解决生存问题。

以上简单对比发现,在性交易市场上,性别关系是一种严重不对等的权力关系,买性的男人大多拥有比较优越的社会地位和经济收入,性服务小姐在经济上是贫困的和工作上不稳定的,始终处于无权的地位,任何客人都是她们的"上帝"。在极度缺乏社会资源的境地中,要求她们自主地支配自己的身体和生活,近乎奢侈和天方夜谭。而处在社会最边缘阶层的女性,身体上和精神上存在随时被剥削的可能。而买性的男性,占据主导地位,其一,在性交易市场上,买方的存在和需要是性交易市场的主导因素。有了市场需求,才会产生市场的供给;其二,在性行为中居于主导位置,可以利用金钱控制性服务者的身体和意愿。

所以,即便是禁止和打击,买性男人更应成为打击的重点,而不应当是性服务者。从本质上讲,法律是对弱小者的援助,是从公正出发,伸张社会正义的国家机器,从这个意义上讲,社会主义法律应当维护弱者的基本权利,面对暂时不能禁绝性交易活动的现实状况,通过政策改善性交易市场中严重不对等的性别权力关系,保证她们的人身权利。

第三个问题,"严打"的效果。

作为法律明文禁娼的国家,自1991年全国人大颁布《关于严禁卖淫嫖娼的决定》至今已历时12年之久,几乎每年公安部门都要进行严打和综合整治,要铲除这种社会丑恶现象。然而,年年"打黄扫非"的实施效果如何呢？这就涉及到政策的评估。当我们评估一项政策时，不仅要看政策的价值取向，也要看政策的实施效果，考察政策的目标与效果之间的联系：是接近目标，还是背离目标，如果是后者，究竟是哪些环节出了问题？是操作有误还是价值取向及目标设置不适宜？

从效果来看，严打政策并未铲除卖淫嫖娼现象，该现象大有"野火烧不尽，春风吹又生"之势。有关资料显示：1992年从事性服务的妇女总数超过了400万人，到了严打政策颁布的第五个年头，这一数字已经达到约600万人。随着性服务妇女的不断增加，性交易市场由卖方市场转向买方市场，一些小姐说：生意越来越不好做。

严打有无作用呢？不能说没有作用，一个直接的作用是使性交易从明转暗，从地上转到地下，越来越隐蔽了，且变换出各种形式和策略：你进我退，你劳我逸，你疲我勇，你明我暗，你聚我散，你集中闹市重拳出击，我退居三不管地带你鞭长莫及，等等。据调查，每年七、八、九三个月严打期间以及重要会议、重大活动前夕，是性服务小姐的休息日，这几乎成了惯例，性服务市场闻风而动，一夜间关门闭户作鸟兽散。时间一过立即恢复如初。本项目调查选择在十六大前夕进行，看到当地公安部门严打力度明显增大，干警责任心也明显增强，多数洗头屋、发廊关闭，娱乐场所也表现出守法和配合态度，但常见的是上午严打，下午工作，晚上严打，白天工作；这边刚走，那边的小姐就出现在街头。

本项目调查发现：

严打后的洗头屋，呈现多种"变种"形态，从城市近郊向远郊城乡结合部或行政区划交接地转移，并变换各种经营形式，如汽车修理行、饭店、餐厅、茶楼、酒肆、路边手工作坊（如服装店、毛线编制店等）都能找到性服务小姐的身影。他们的新老板通常以各种合法行业为名，兼及经营卖淫业。比如汽车修理行等候修车的顾客；餐厅等候就餐的客人，都会有小姐或直接或暧昧地询问顾客需不需要小姐。经营者介绍说，这样前店后厂式的服务作坊，副业往往胜于主业。小姐挣来的钱往往超出主业挣来的许多倍。这也是众多业主创造的以合法形式经营非法行业的经营策略，并乐此不疲的主要原因。

更有甚者，有的路边店铺干脆什么生意也不做，看起来生意清淡、景象败落，整条街关门闭户，可仔细观察，楼顶却有人四处瞭望观察（据说这是老板在观察公安及买性人的行踪）。后门却是完全不同的另一种景象，锈迹斑斑的铁皮大门一般也是关闭的，如有陌生男人经过，且被认为是来寻花问柳的（他们的判断一般不会错），后门便会敞开，会突然涌出一群妇女，对来人频频招手。①

为什么非法的性交易市场屡禁不止？伴随着农村剩余劳动力大迁徙，社会流动急剧，流动人口中男性比例超过女性高达60%—70%，恰恰处于性活跃期，而配偶大多不在一起。性饥渴性苦闷的现实处境，形成了性交易的买方市场。此外，随着贫富距离的拉大及传统性别观念的复活，一部分有钱的男人将包二奶、搞小蜜等婚外性生活视为能力本事的体现，作为富裕男性的生活方式，形成了性交易的另外一类买方市场。与此同时，极少社会资源的女性为了改变生存境遇，在性市场的需求中找到了卖点。于是，性交易市场也就应运而生。

只要我们坚持市场经济改革方向，只要"钱"对社会利益分配仍发挥着主导作用，只要社会存在贫富差距，只要男性还有"计划外"的性需求，只要性别利益的分化在不断扩大，女性社会发展的机会就会受到更多的限制，只要坚持隐私权和自主权的现代文明的社会发展方向，性交易市场就会有生存的土壤和空间，非法的性交易市场就难以依靠严打而奏效，靠严打来控制艾滋病的策略就不能奏效。

---

① 参见《中国艾滋病防治中的性别差异以及相关法律政策的性别分析调查与研究报告》，尚未公开出版。

社会性别与妇女儿童的人身权利

童吉渝[①]

编者语：为什么妇女儿童总是成为拐卖和性交易的对象，固然有交织在政治、经济、社会、文化中的复杂社会问题，但社会性别的不平等也是一个重要因素。仅立足于"打击"的相关政策法规，缺少防拐、反拐与社会安置解救、康复与回归社会等的配套政策，没有形成一个相对完整的处理拐卖/强迫卖淫社会问题的政策子系统，不仅政策成本大、社会成本也很大。应当将男女平等的权利保障与实现作为政策法规子系统设计时的重点，提高性别敏感性。

一 社会性别与拐卖、卖淫嫖娼

（一）拐卖妇女儿童既是一个社会问题，也是一个社会性别问题

随着世界经济的全球化，拐卖人口已成为世界上进展最快、最有利可图的犯罪行业，其年利润约 170 亿美元，是继毒品、军火之后，大量有组织犯罪涉足的领域。这种犯罪在发展中国家、在发达国家都不同程度地存在。中国出现拐卖妇女儿童犯罪活动始于 20 世纪 70 年代，流向国内、国外的都有。从 20 世纪 80 年代以来，妇女儿童被拐卖现象呈上升趋势。据统计，2001—2005 年，全国公安机关共破获拐卖妇女儿童案件就达 2.8 万起，抓获犯罪分子 2.5 万余名，解救被拐卖妇女儿童 5.5 万余人[②]。

全国拐卖妇女儿童犯罪的主要特点：

1. 被拐妇女儿童年龄向低龄化发展，拐卖儿童案件上升，尤其是贩卖计划生育外婴幼儿犯罪迅速蔓延。被拐卖妇女年龄大多是十几岁至二十

[①] 童吉渝，云南省社科院研究员。
[②] 《严厉打击拐卖妇女儿童犯罪》，《人民日报》2006 年 5 月 23 日 14 版。

多岁，甚至只有十一二岁，或卖为人妻、或直接卖进性行业，而被拐卖的儿童有学龄前的，更多的则是十多天的婴幼儿，尤其是男婴，买卖价格一般都比女婴高。据中国反对拐卖人口资料中心对媒体报道的不完全统计，2004年6月1日至2006年9月5日，在我国各类媒体的拐卖问题的报道中，若按拐卖目的分类，卖为人妻的居第一位，第二位就是非法收养①。被拐卖的儿童多数是贫困家庭5岁以下的男童，婴幼儿则多数是超生、遗弃的女婴。男女被买卖的目的、方式与价格不一样，除了贫困、经济利益的驱动外，也是传统性别文化对男女的不同期望、角色分工与评价等在拐卖中的反映。

2. 拐卖犯罪和强迫卖淫呈组织化、复杂化，手段多样且暴力化。拐卖犯罪从拐骗、中转、藏匿、贩卖形成有组织的犯罪，并向职业化、集团化、专业化发展。2006年公安部门破获的一起贵州籍拐卖妇女犯罪团伙，在2003年6月至2005年5月，以"招工"为名先后将贵州省贵阳市42名妇女儿童骗至宣城市后，又将她们拐骗至安徽省广德县，强奸了其中4名妇女后，将她们以6000—15800元不等的价格卖给广德县或邻县的农民为妻，从中非法获利，并对不愿嫁人的妇女儿童实施威胁和殴打，直至被迫同意嫁人为止②。拐卖妇女和强迫卖淫，不仅使妇女儿童处于不平等的权力关系中，而且遭受双重剥削（劳动剥削和性剥削），其性别利益受到严重的损害。

3. 在拐卖犯罪中，妇女儿童的人身权（人格权与身份权）、人身自由权和生命安全权受到极大的威胁和伤害。犯罪团伙通过严重伤害或限制行动自由来胁迫被拐卖儿童从事劳动、街头卖艺、行乞以及偷盗和抢夺等，对不愿嫁人和服从的妇女儿童实施威胁和殴打，有的还采用强奸、殴打和拘禁关押等暴力方法来控制被拐妇女儿童以迫使其就范。有的采用假意介绍工作、结婚对象等欺诈手段诱骗没有防范意识与能力的妇女儿童。妇女/女童被拐卖后更多地被卖为人妻或贩卖到色情行业，强迫卖淫，遭受性暴力与性剥削。2004年10月，广东东莞市发生多起外来女工失踪案件，经查获，就是一个10多人组成的犯罪团伙采取诱骗、欺诈手段，让一些外来女工喝麻醉饮料后分别进行抢劫强奸，再转卖给一些色情场所，

---

① 参见中国反对拐卖人口资料中心网站。
② 人民网安徽视窗，2006年9月13日。

强迫她们卖淫。

二 相关政策法规的社会性别分析

我国打击拐卖/卖淫嫖娼的政策法规主要包括两大类：一是普适性和专门性的保护妇女儿童权利的法律法规与公共政策。二是管制和打击拐卖和卖淫嫖娼的政策法规。

（一）有关人身权保护的政策法规

1. 基本都关注到保护女性的人身权利，但缺失对性自主权的明确规定

人身权包括人格权和身份权，是人最基本的权利之一。根据我国民法通则的规定，公民的人身权包括生命健康权、姓名权、肖像权、名誉权、荣誉权和婚姻自主权。在《宪法》《妇女法》《刑法》中，都肯定了妇女儿童的人身权利。但对女性而言，在拐卖与强迫卖淫中，一个最重要、也是最容易被侵害的权利——性自主权没有被政策法规明确界定。

性自主权是自然人自主支配其性利益并排除他人强迫和干涉的人格权。性利益不仅包括性交的内容，也包括保持自身性器官完整性、安全性的身体上的利益和自主性行为带来的愉悦与满足等精神上的利益[①]。而在拐卖和强迫卖淫中，妇女儿童或被卖为人妻、或被强奸、或被强迫卖淫等，往往成为男性性需求、性利益的满足对象，妇女儿童的性自主权直接受到剥夺。无论是被卖为人妻还是强迫卖淫，在家庭和性交易市场，女性的身体受到控制，女性身体自由、性的自由权利被任意剥夺，自主支配性利益的人格权也受到侵害。对拐卖与强迫卖淫中女性被侵害的性权利性质，现行相关政策法规对此也没有明确的界定，实践中即便受害人打破沉默依法维护权益，也可能会面临"立案难"或得不到有效保护。

2. 保护妇女人身权的权利成本容易女性化

权利成本女性化是指由国家社会及违法者承担的成本不合理地转移为

---

① 薛宁兰：《性骚扰侵害课题的民法分析》，《妇女研究论丛》2006年增刊。

女性承担的过程。① 在现行的保护妇女儿童政策法规设计中，拐卖与强迫卖淫仍更多地被视为是妇女问题。既然是妇女问题，就该由妇女、妇联来承担。分析起来，妇女儿童人身权利保护的义务主体至少包括三个方面：国家、社会机构/家庭、潜在的侵权者。但在具体的政策法规中，往往出现义务主体的泛化或窄化两种倾向。在《妇女法》中，规定对妇女权益保护的义务主体和责任主体是全社会，包括"国家机关、社会团体、企业事业单位、城乡基层群众性自治组织"，家庭又在发挥作用却没有家庭这个制度化的设置。而在拐卖犯罪中，有的女性是被父母、丈夫出卖的。义务主体窄化又会纵容违法行动。在拐卖/强迫卖淫犯罪上更多的是窄化为单一的、被禁止的人贩子和组织卖淫嫖娼者，而对做中介的、拉皮条的义务主体往往很难追究其责任。其后果之一，就是人口买方市场、性交易市场得不到有效管制和打击，权利受侵害女性将要承担主要或全部的权利成本。

另外，现行的政策法规，并没有注重预防的相关责任义务或强调采取积极措施（既考虑两性平等权，也考虑女性特殊权）。因此，在权利受到侵害时，受害者要么忍气吞声，自认倒霉、命不好，要么通过妇联来进行维权活动，不仅难以得到补偿，还可能受到二次伤害，权利的成本加大；如果不去投诉，就没有权利，权利成本女性化。目前，除了国家投入专项经费与人力的"打拐"行动，其余基本都是靠受害妇女自己或家庭去投诉，这样一种常态化的权利成本，使更多的弱势妇女儿童及其家庭处于权利受损的不利地位。有学者指出，如果立法的法律成本在性别分配上全部或部分缺失，结果可能是该项权利成本女性化②。

（二）打击拐卖和卖淫嫖娼的政策法规子系统分析

从政策分类学来分析，相关政策法规的子系统不健全，而且缺乏性别敏感性。

1. 相关政策法规子系统不健全并缺乏性别敏感性

其一，现行的政策法规设计仅仅立足于拐卖/卖淫嫖娼发生后"打

---

① 郭慧敏、于慧君：《禁止性骚扰法律成本的性别分析》，《妇女研究论丛》2006 年第 5 期。
② 同上。

击"这个环节,而对拐卖/卖淫嫖娼发生的各个要素(市场、途径、买方,社区及家庭、制度、性别文化、资源与权力等)、对在拐卖/卖淫中妇女儿童身体商品化循环路径的各个环节、涉及的各个制度层面都缺乏管制和问责,对拐卖/卖淫嫖娼导致的后果等也没有任何系统的政策回应。虽然,公安部2000年"关于打击拐卖妇女儿童犯罪适用法律和政策有关问题的意见"中提出,凡是拐卖妇女儿童的,不论是哪个环节,只要以出卖为目的,均以拐卖妇女儿童罪立案侦察。本来"拐卖"是一个系列性的、环环相扣的问题,但应对仅仅是"立案侦察"而已。被拐卖妇女儿童往往处于贫困、性别不平等的脆弱状况,被迫卖淫者没有相应的社会支持很难从这个行业脱身,这点是很重要的。而反对拐卖和卖淫的相关政策法规对妇女儿童在拐卖/强迫卖淫中的风险性、脆弱性及弱势处境等并没有关注、防范和政策支持。不平等的平等对待,就是不平等。因此,该政策子系统不仅内容是没有社会性别敏感的,政策子系统也是不健全的。另外,仅立足于"打击"的相关政策法规,缺少防拐、反拐与社会安置解救、康复与回归社会等的配套政策,没有形成一个相对完整的处理拐卖/强迫卖淫社会问题的政策子系统,不仅政策成本大、社会成本也很大,每年/每次"打拐"专项行动,国家不仅动员了大量的人力、物力打击人贩子,解救被拐卖妇女儿童,但年年打,社会年年在泛滥,在家庭、社区和市场以侵害妇女儿童人身权、自由权的拐卖/卖淫仍在发生。被解救的始终是少数,即使被解救,拐卖给被拐卖妇女儿童的身心健康、生活与发展带来的负面结果与影响也很难得到解决。

其二,现行政策法规的内容缺乏社会行动主体参与的导向与规范。局限于"打击"环节的现行政策法规子系统,在实际执行中,一方面容易遭遇社会公众和社会组织/机构对打击拐卖/卖淫的相关政策法规缺乏认识,被害人与施害者认知上错位。尤其是在贫困的地区,一些贫困家庭的父母将子女卖给人贩子,还认为是为子女好;有的资源匮乏的家庭,甚至认为"养猪卖不如养娃娃卖",一些人贩子贩卖超生婴儿,还认为是帮超生者找出路。这说明,社会个体的价值观与立法者的法律观存在着冲突,导致个体需求与法律目标的错位。如果政策法规不去处理这种冲突,违法犯罪行为就必然继续存在。另一方面,政策行动仅局限于公安等相关部门,教育部门、社区组织/机构、媒体等并没有将保护妇女儿童权利、预防拐卖和强迫卖淫、帮助被解救妇女儿童回归社区等作为自己的责任履行,认为打击拐卖/卖淫就是公安部门的事。由于社会公众普遍缺乏认识而且不作为,一些曾被拐卖的妇女可能再次被拐卖;急于娶妻的单身汉、无儿女的家庭及所在社区认为花钱买或收养被拐卖的妇女儿童并不是犯罪,可能发生聚众阻挠解救被拐妇女儿童的现象。从一定意义上说,打击拐卖/卖淫的政策法规子系统的设计,不积极引导社会公众参与并规范相关利益群体的行为,就很难取得社会公众、媒体对打击拐卖的广泛支持和积极参与,也很难取得保护妇女儿童权利的政策效应。

2. 对拐卖和卖淫中的性别问题缺乏性别敏感的积极应对

综观相关的政策法规子系统,其内容基本都是性别中性的政策法规,政策法规对拐卖/卖淫嫖娼的性别问题没有性别敏感的积极应对措施,主要表现在:

一是在强调打击卖淫嫖娼行为的同时,往往忽视了性服务人群的人身权利与弱势地位。公共政策与法律的价值取向是社会公平、公正,还是道德化、男权文化中心?对处于边缘阶层的性服务女性,对其道德的评价不应该融入或替代政策法规的执行。法律应该惩罚的仅是其非法的性服务行为,对其作为普通公民应享有的基本权利(人格权、健康权与安全权等)仍应给以必要的保护和尊重。

二是现有政策法规的内容,对卖淫嫖娼的命名,不仅蕴涵着对卖性妇女道德的批判,而且对商业性交易中卖性妇女的污名化明显强于买性男性。嫖了还是"客"!卖性的则称为暗娼。对"淫"的道德谴责,暗含着男权文化中心的印记。而且,"卖淫"前置于"嫖娼",是先有卖淫才有嫖娼?谁是首恶?性交易市场是一个卖方市场还是买方市场?对这些基本问题的认识,直接关系到政策方案及工具的选择,也关系到政策执行的结果。

三是在"男消费女服务"的商业性交易的性别格局中,政策法规的打击重点应针对卖性的弱势妇女还是买性的强势男人?从相关规定上看,强迫、引诱、组织、容留、介绍卖淫应该是打击的重点对象,但实际执行中,"女人是祸水"、"卖淫是首恶"的观念影响以及对男性嫖娼的社会包容性,往往是对性服务女性的打击力度更强、惩处更严厉。仅就"扫黄"行动中,对抓到的卖淫嫖娼男女的处置而言,也往往是"关女罚男",被认定为多次从事性服务的妇女大多被处以治安拘留、收容教育和劳动教养,其中的性病患者,有可能会因"传播性病罪"而受到刑法惩处;而对性消费的男性,即使是确认多次进行过性消费的,也多数是降格处理,以罚代刑，罚款了事。消极地解读政策法规，使自由裁量权的使用更有利于男性嫖客已成为很多地方执法中常态的裁量作法。

四是对人口/性交易买方市场的管制/规范与社会治理/变革相对脱离。伴随着人口流动和市场经济的发展，市场失灵与政府失灵都可能同时存在，公共政策若继续对社会发展中存在的性别问题和性别利益忽视、盲视并且不予治理和变革，包括贫困的女性化，城乡二元对立中女性流动人口的性安全、性权利、性别利益与平等发展问题，出生性别比失调等问题，那么，人口/性交易买方市场的存在与强劲拉动，被拐卖/卖淫妇女不平等地位与生计发展困境的推动，人口贩运/性交易市场中女性身体商品化的恶性循环路径依赖仍然存在，严禁与严打拐卖/卖淫嫖娼政策的执行与实施，带来的改变就是：有的转入地下，有的改头换面，有的更隐蔽，拐卖/卖淫嫖娼仍然存在。

（三）政策议程设置与政策工具选择的局限性

从政策循环的过程分析，相关政策法规的议程设置与工具的选择是有局限性的，从而影响了政策效应。

1. 政策议程的设置基本没有公共议程

从政策法规的制定过程来看，打击拐卖和卖淫嫖娼政策法规的议程设置基本没有公共议程。拐卖妇女儿童与卖淫嫖娼在我国相关的政策法规中都是犯罪或违法的，其政策议程基本都是一种制度性的（国家法律法规和部门行政法），议程的设置属于内部或动员模式。内部模式有的学者又称为关门模式[①]，即由与该问题密切相关的政府部门和团体提出并纳入正式议程，议程的提出者也是决策者。动员模式的议程也是由相关的政府部门和团体的决策者提出，通过动员社会大众对该议程的兴趣，争取他们对该议程的支持，我国通常以红头文件的形式下发，层层传达、认真学习领会、抓点带面、贯彻落实。如每年动员公安、司法、妇联等力量开展的"打拐"和"打黄"的专项行动。这两种议程设置模式都没有公共议程、传媒议程的位置。而系统性的/公共议程则是引起社会大众广泛关注并认为应该纳入政府关注的问题，传媒议程是大众传媒频频报道、讨论引起关注的问题。

---

① 王绍光：《中国公共政策议程设置的模式》，《中国社会科学》2006年第5期。

拐卖妇女儿童与卖淫嫖娼问题的复杂性，不仅涉及一系列的决策构成，也涉及各个方面的社会行动主体。而打击拐卖与卖淫嫖娼的政策议题并没有采用公共议程的设置，政策子系统决策构成单一、政策设置没有公众、媒体的积极关注和参与，仅靠政府部门的力量，难免出现政府失灵的状况，政策目标的实现也面临很大的挑战。这也是多年来打击拐卖和卖淫嫖娼的政策效果收效甚微的原因之一。

2. 政策工具的选择相对单一

政策工具是决策者部署和贯彻政策法规时拥有的实际方法与手段。无论是内部设置议程的模式还是社会动员设置议程的模式，一旦赋予一个政策以形式和内容时，都涉及政策工具的选择，这是政策循环的一个重要阶段。政策工具通常包括三类：自愿性政策工具（家庭和社区、自愿性组织、市场）、强制性政策工具（规制、公共企业、直接提供）和混合型政策工具（信息与劝诫、财政补贴、产权拍卖、税收和使用费）[①]。政策工具的选择不仅要考虑政策工具自身的特征，所要面对问题的性质，政府过去在处理相同或类似问题时的经验，还要考虑受政策影响的目标群体拥有的资源及对该选择可能产生的反应。目前，我国保护妇女儿童人身权利政策法规的政策工具选择，基本是以强制性政策工具为主，主要靠法律法规的规制和政府部门直接履行职能，基本没有或很少采用家庭与社区、自愿性组织等政策工具，在信息提供/发布和宣传教育方面也非常匮乏。

首先，从拐卖与强迫卖淫问题的特性看，一是由于拐卖与强迫卖淫问题所具有的复杂性，政策法规的执行涉及一系列的决策而非单一的决策和手段；二是仅设计一个消除"贩卖"行为或保护被拐卖后妇女儿童权利的政策法规，采用经济的、法律的规制工具，往往不容易解决多方面根源。一些被解救的妇女儿童回到家乡后，由于生计问题仍得不到解决，或被歧视，往往会再次流出或被拐卖。三是拐卖与强迫卖淫涉及的目标群体庞大、多样，在各个地区（拐出地、中途、拐入地）、各个环节（卖方、中介、买方、女性身体商品化的循环路径），各个层面的人的角色、利益都不一样，尤其是涉及性别文化中的歧视与不平等（如缺媳妇的单身男人就认为媳妇是可以用钱买并为自己所有的），单一的政策工具，而且是

[①] 迈克尔·豪利特、M. 拉米尔：《公共政策研究——政策循环与政策子系统》，生活·读书·新知三联书店 2006 年版，第 144 页。

强制性工具要改变目标群体的意识,规范并改变其行为是很困难的。

其次,从社会经济环境和政策对象来看,出生性别比失调、性交易市场的存在、雇主对女性的偏好等都会影响政策法规的执行,选择政策工具的同时必须对这些社会经济环境因素有所判断并引入更大的弹性。一方面,由于选择仅基于政府职能部门的强制性政策工具(严禁/管制与打击),执行起来往往很乏力。一位在县公安"打拐办"工作10多年的干警说:我们就像救火队一样,年年打,年年解救,但年年有拐卖与卖淫发生,感觉很疲劳。另一方面,贫困社区的妇女儿童及其家庭没有信息资源和可持续发展资源,对人口流动中面临的风险缺乏防范意识与能力等,都会增加政策执行的难度。

最后,从政策执行的机构与组织来看,一方面执行机构普遍缺乏性别敏感性和性别平等意识,往往将被拐卖/强迫卖淫妇女视为问题妇女或素质低的人,或者将执行政策法规仅局限在打击违法和犯罪行为方面,只打击而不预防,解救而不安置,对卖淫妇女遭受的性暴力、性剥削甚至生命安全不闻不问。另一方面,在现行的条块分割管理体制下,流出地与流入地,各个执行机构都有各自的利益,政府职能部门与群团组织执法与维权的角色、分工不同,政策执行机构间的合作与协调困难。再一方面,与政策利益相关的行动主体并没有纳入政策工具的选择范围,尤其是家庭、社区和各种志愿者组织,包括村民委员会等,没有更多的政策资源分配给这些组织和机构,支持其开展有针对性的、利于保护妇女儿童权利的服务与活动。政策法规的执行及效应仍局限在政府职能部门,对妇女的维权也就成了妇联组织的专利,但妇联作为一个群团组织,又缺少参与妇女权利保护立法与决策的体制性权力与机会资源。

三　国内外一些可借鉴的思路与实践经验

(一)通过区域合作计划与国家行动,加强区域国家间、机构间反对拐卖的合作行动

在全球化的背景下,人口流动的范围也在扩大,为此,国际社会自20世纪80年代以来,开展了一系列的区域反拐合作计划和国家行动。自2001年开展至今的联合国机构间湄公河次区域反拐合作项目,就是一项由13个联合国机构、6个国家的政府、8个国际非政府组织共同参与的联

合执行项目，参与的6个国家是柬埔寨、老挝、缅甸、泰国、越南和中国，目的是创建一个反对拐卖人口跨境合作持续、有效的各国政府领导的体系，每年召开一次高官会，每隔两年召开一次部长级磋商会。

湄公河次区域反拐合作项目的工作重点：整合资源，建立反拐知识信息基础，以减少重复和重叠的工作，更好地促进交流和协调；通过策略分析和确定优先领域，以更有效地利用资源、开展合作；支持目标干预和研究活动，以填补反拐应对方面的空白；开展倡导和宣传活动，为合作机构组织论坛，向政府高层进行倡议提供技术支持。

针对人口贩卖的各个环节，项目的策略主要有四个方面：在国家政府层面促进政策与反拐法律的出台、国家行动计划的制定与国际反拐合作；在拐卖发生之前针对潜在易被拐卖者的积极预防；拐卖发生后针对人贩子的打击、起诉、制裁和对受害者的保护与法律援助；对被拐卖者的救助、康复与回归社会。

作为一个政策纲领性文件，《湄公河次区域反对拐卖人口区域合作谅解备忘录》主要包括以下五个方面：

1. 政策与合作。强调了政策主体的多元性、政府的主导性以及合作关系的机制化：鼓励各国采用《预防、禁止和惩治贩运人口特别是妇女和儿童行为的补充议定书》（下述简称《公约补充议定书》）中的拐卖定义；制定反对以各种形式拐卖人口的国家行动计划；努力建立和加强国家级多部门合作反拐委员会，以协调国家行动计划以及其他反拐干预措施的实施；建立加强区域间合作和信息交流的机制，设立国家级打拐联络点；加强区域反拐合作，特别是通过双边和多边协议促进合作；加强政府、国际组织和非政府组织间的打击拐卖人口的合作。

2. 法律框架、执法和司法。强调了采用和执行打击拐卖人口的法律法规，对有关人员进行培训并改进司法程序，提供法律援助并公正对待受害人，加强次区域间的跨国执法合作等。

3. 对被拐卖受害人的保护、康复和重新融入社会。特别强调要增强在处理拐卖受害人的各项工作中的性别意识和儿童意识；提供给拐卖受害人庇护所、适当的生理、社会心理、法律、教育以及医疗等方面的援助；运用政策和机制，保护和支持被拐卖的受害人；共同努力促进拐卖受害人的成功康复和融入社会，并防止再度发生被拐卖。同时采取预防性措施，包括培训、宣传、社区保护、监测网络等。

4. 实施、检测和评估谅解备忘录的机制。制定次区域反拐行动计划并充分实施；制定收集和分析与拐卖案例相关的数据和信息的程序；制定反拐策略；建立实施行动计划的检测制度；审评行动计划的实施；建立国家级专责小组等机制。

目前世界上已有 50 多个国家制定了反拐工作战略规划和计划，中国至今还没有出台一个综合性的反对拐卖的国家行动计划，必然会影响反拐工作的深入发展。

（二）建立和完善保护女性人身权的政策法规体系

1. 基于人权和性别平等的法理定义"拐卖"

在联合国《打击跨国有组织犯罪公约关于预防、禁止和惩治贩运人口特别是妇女和儿童行为的补充议定书》（下述简称《公约补充议定书》）中，术语的使用上与中国的"拐卖"有一定的差异。《公约补充议定书》中，"（a）'人口贩运'系指为剥削目的而通过暴力威胁或使用暴力手段，或通过其他形式的胁迫，通过诱拐、欺诈、欺骗、滥用权力或滥用脆弱境况，或通过授受酬金或利益取得对另一人有控制权的某人的同意等手段招募、运送、转移、窝藏或接收人员。剥削应至少包括利用他人卖淫进行剥削或其他形式的性剥削、强迫劳动或服务、奴役或类似奴役的做法、劳役或切除器官；（b）如果已使用本条（a）项所述任何手段，则人口贩运活动被害人对（a）项所述的预谋进行的剥削所表示的同意并不相干；（c）为剥削目的而招募、运送、转移、窝藏或接收儿童，即使并不涉及本条（a）项所述任何手段，也应视为'人口贩运'；（d）'儿童'系指任何 18 岁以下者。"[①] 中国《刑法》第二百四十条："拐卖妇女、儿童是指以出卖为目的，有拐骗、绑架、收买、贩卖、接送、中转妇女、儿童的行为之一的。"

中外立法关于"拐卖"定义的差异：一是目的不同，一个是"贩卖"目的，一个是"剥削"目的；二是构成拐卖的具体行为有所不同，《公约补充议定书》没有规范具体的贩卖行为，只要有为赚取利润而对劳动力进行剥削，采用了《公约补充议定书》所述任何手段就构成拐卖，剥削的形式包括利用他人卖淫进行剥削或其他形式的性剥削，强迫劳动或服

[①] 中华全国妇女联合会权益部：《预防和制止拐卖妇女儿童国际公约国内法律法规文件摘编》，2003 年。

务、奴役或类似奴役的做法、劳役或切除器官。三是《公约补充议定书》"人口贩运"的内涵和外延要比我国《刑法》中"拐卖"的含义和行为更广泛，包括性剥削和强迫劳动等各种形式的剥削。而我国关于强迫劳动的相关规范和条款并没有纳入拐卖定义，而是散见于不同的法律条文中，对性剥削也没有明确界定和纳入。四是法理基础不同，《公约补充议定书》主要基于对拐卖受害者人权保护的法理，而不仅仅是打击犯罪和社会控制，受害人的"自愿"不影响拐卖的定罪，对18岁以下儿童绝对保护，而我国是通过打击犯罪达到保护妇女儿童的目的，18岁以下没有被强调。

2. 明确将"卖淫"定义为对女性的暴力，采取有性别敏感的措施遏止拐卖与卖淫嫖娼

从法律上明确界定卖淫的性质和惩处重点。在瑞典，卖淫被政府和议会定义为男性对女性和儿童的暴力形式之一。在《禁止购买性服务法》（1998年第408号）中，卖淫被正式承认是对女性和儿童的一种剥削形式。从1999年1月1日开始，购买或者试图购买性服务的行为，已经构成犯罪。购买临时性关系的人（可依瑞典《刑法》惩处的违法行为除外），应当被判罚款或者最长六个月的监禁，试图购买性服务的行为也将依《刑法》第二十三章惩处。上述违法行为包括所有形式的性服务，不管购买地点是街头、妓院还是所谓的信息中心，有人陪同的服务或在其他相似的环境。而身为卖淫和拐卖的受害者妇女和儿童是弱势的一方，受到皮条客和嫖客的双重剥削，不会面临法律的制裁。在立法上促使卖淫者从这个行业脱身而又不用面临惩罚，不仅是基于人权的保护，也是基于性别敏感性采取的有针对性的措施，这点是很重要的。通过采取这些措施，瑞典向世界表明，买性被视为压迫妇女的严重形式，必须努力打击买方市场[①]。对拐卖的中介人/拉皮条者，瑞典《刑法》第六章第八款也有明确规定：任何推进、鼓励或因为商业目的不当剥削另一人出卖的临时性关系的，属于刑事犯罪，将以拉皮条的罪名被判刑，最长刑期为四年。如果情节严重，刑期最短两年，最高六年。试图、准备、共谋拉皮条或大规模充当淫媒，以及知情不报，都列入犯罪行为。"推进"卖淫有不同的形式：如经营妓院、为卖淫提供场所以及帮助嫖客寻找卖淫者。

---

① 中央党校"社会性别与公共政策网站"。

根据国际定义修改和完善与"拐卖"相关的政策法规子系统。2002年7月1日,针对以性为目的的拐卖人口的刑事责任立法在瑞典正式生效。此前,以性为目的的拐卖人口的案件都在拉皮条的条款下起诉,或者根据个案的情况,分别归入绑架、非法囚禁、胁迫、置人于痛苦境地或者性剥削等罪名。2004年7月1日,为了执行联合国《打击跨国有组织犯罪公约关于预防、禁止和惩治贩运人口,特别是妇女和儿童行为的补充议定书》和欧盟理事会关于《打击拐卖人口的决议框架》,瑞典对相关法规做了相应修改。在《刑法》中,采用《公约议定书》定义,所有形式的拐卖人口都被归入犯罪行为,包括国境线内的拐卖以及出于性剥削之外的强迫劳动,或器官移植的剥削的拐卖。考虑到打击拐卖人口的工作的重要性,在《外侨法》中对拐卖受害者停留时限的刑事条款做了修改。如果认为对受害者或目击证人发放有时限的居住许可对违法案件的初步调查和主要审理结论是有必要的,可以发放给受害人或目击证人有时限的居住许可。根据调查的复杂性或对判决的上诉情况,检察官可以申请延长有时限的居住许可。在《社会服务法》中,也明确了拐卖受害者在瑞典停留期间,有权接受卫生保健、医疗护理以及社会福利,由市政当局承担最终责任,确保停留者收到应有的支持和帮助。相应地,国家将责成市政当局和地区卫生保健当局报销实际的花费。

(三) 基于善治与赋权理念,开展多部门合作的社区参与式反拐行动

1. 以社区为基础的多部门合作防拐

如何将善治与赋权的理念转化为具体可行的操作,并在实施中"校正"和本土化?1999年年底,救助儿童会与公安部门、妇联和基层政府合作,在云南GN县启动了为期三年的多部门合作社区防拐项目,为相关各方探索社区治理与赋权妇女提供了契机和空间,将一个闻名全国的"拐卖专业户村"改造成为"云南省小康建设文明村"。[①]

在实践和操作层面,该项目的主要做法是:

一是自上而下构建社区防拐自组织网络。治理拐卖需要整合各种资源和力量,运用参与的理念,在信任、合作的基础上,用法治的权威和行政

---

① 童吉渝:《善治与赋权——社区反拐的实践与反思》,《边缘与突破——云南社会性别的实践与探索》,云南大学出版社2007年版。

权力去引导、规范公民的行为，最大限度地增进当地社区公共利益。该项目从启动到整个实施过程，始终重视自上而下的行政资源的开发利用，从省、州、县到乡镇，在充分协商、平等参与的过程中，增进相关各方（政府及其职能部门、妇联、非政府组织、社区组织等）的共识和对法治、防拐责任的认同感，逐层建立了多部门参与的社区防拐项目合作网，明确各合作方的职责，承担起依法维护妇女儿童权益、预防拐卖的社会责任。

二是以信任和合作为自组织网络的核心机制，整合相关利益群体的知识与社会资源开展防拐。社区防拐自组织网络的运作语境是"对话和参与"。政府职能部门、非政府组织和妇联、社区自治组织和村民个人都在"对话"和"参与"中贡献自己的知识和资源。救助儿童会为项目的实施提供技术支持和能力建设的大部分资金，探索与政府合作的经验；公安部门则在依法严厉打击拐卖犯罪，宣传、维护法律的尊严的同时，协助护村队建立社区防拐治安管理制度，并与周边县的公安部门建立联防联系制度，探索打防结合、以防为主的可行性；妇联协助妇女组建村妇女之家，开展妇女能力建设培训，增强妇女获取社会资源的机会和能力，探索妇女赋权、妇联社区工作的新思路。乡镇政府，在指导和协助村民健全自治组织，提高村民自治能力，完善基层民主的基础上，将社区建设的温饱示范村工程与防拐紧密结合，切实改变当地人的生存状况，探索基层民主建设与发展的结合路径。被村民称为"三套班子"的村民小组、护村队和妇女之家是村民充分对话、参与、民主选举产生的自治组织，不仅得到村民的认同和拥戴，也成为村民生活中与国家、社会交互作用的中介。

三是进行能力建设，使各个相关利益群体增强权利意识、性别敏感和公民责任感。该项目的能力建设包括反防拐的法律法规、妇女儿童权利、性别意识、参与性理念及方法等培训活动，也包括改善现有管理，解决矛盾冲突，促进不同部门协调与合作，加强信息交流和资源分享，共同学习的能力开发和提高。能力建设的层次，既包括合作机构、组织，也包括社区和公民个人。通过一系列参与性的能力建设活动的开展，提高了参与各方的意识和能力。其中妇女之家的组建，不仅成为妇女参政议政的载体，而且在社区公共事务的管理与决策中发挥了重要作用，改变了过去社区管理与决策中妇女缺位、男人说了算的情况。

全国妇联主席顾秀莲对该项目多部门合作预防拐卖的实施给予了高度评价,并批示:"这种做法很好",值得推广。①

2. 有针对性地开发干预措施,建立综合反拐机制。

国际劳工组织与全国妇联在云南合作实施的"湄公河次区域反对拐卖妇女儿童项目"总结的10条经验,就是一个有针对性地开发干预措施,建立综合性反拐机制的范例。该项目在第二期(2006年)的项目经验总结中,将针对性地开发干预措施,建立综合性反拐机制总结为以下十个方面②:

(1) 各级项目指导委员会合作促进反对拐卖主流化:组织建设,由省、市(州)、县和乡四级主要合作方组成了项目指导/工作委员会,开展双向信息交流和项目监督。制定政策,推动省、市(州)、县和乡级建立整体全面反拐计划,把预防作为打击拐卖的一个有效方法。通过召开省、市(州)、县级主要合作单位专题会、研讨会和培训,提高合作方能力,加快反拐主流化进程。

(2) 制定全省反拐工作规划,全面预防拐卖妇女儿童:召开各级项目指导委员会会议,推动各部门就反拐达成共识,要求强化性别意识与责任意识,把反拐与促进性别意识主流化、本部门工作职责结合起来,充分发挥指导作用。在劳务输出框架下解决拐卖问题,分解和细化目标任务,强化各部门的主人翁意识,为推动反拐建立工作基础。进行政策倡导,云南省社会治安综合治理维护稳定委员会已出台并下发了《关于进一步做好打击和预防拐卖妇女儿童犯罪工作的意见》政策性文件。规定了政府部门在打击和预防拐卖中的职责,将预防和打击拐卖纳入社会发展工作总体规划,并强调要加大地方财政投入,建立完善预防和打击拐卖长效机制:源头预防机制、打击犯罪机制、救助机制和流动人口服务管理机制。

(3) 建立预防拐卖、安全就业长效机制:劳动部门通过能力建设,提高目标人群的服务能力,减少盲目外出与拐卖,规范就业机制;发展劳动力市场,构建劳务输出信息发布网络;建立劳动力职业技能培训体系,提高农村女青年就业能力与法律意识和防范意识;开展目标人群外出意向

---

① 《这种做法很好》,载《中国妇女报》2003年8月4日第1版。
② 全国妇联、国际劳工组织:《国际劳工组织反对拐卖项目中国云南项目经验》,2006年3月。

调查，掌握外出就业动态；发布用工信息，组织目标人群通过劳务输出就业，实现安全就业；向特困户女青年提供外出就业循环金小额贷款；与用工单位和中介机构签定协议与合同，完善劳务输出的后续管理服务；建立劳务输出档案，长期进行跟踪服务；加强劳动保障执法检察机构建设，打击非法用工行为。

（4）促进增收是预防农村妇女儿童被拐卖的重要途径：农业部门开展能力建设，提高决策和管理层对预防拐卖的认识并改善对目标人群的服务；在与目标社区讨论和市场调查分析的基础上，确定介入的方式方法及适宜的经济作物和养殖业的种类；举办社区适宜技术培训，良种良法配套，改变粗放经营方式，提高生产水平，增加收入，改善家庭生活条件，使其有能力支持女童上学；采用多种形式开展农业技术和法律法规知识宣传活动；确定重点养殖示范户，以点带面，引导目标人群共同致富；发放循环金对贫困农户脱贫给予扶持。

（5）把孩子留在学校是最好的预防拐卖方法：教育部门积极动员并保障贫困女童入学，为她们提供直接援助，帮助她们支付上初中的交通、住宿和其他费用，完成义务教育；提高教育质量，增加有关预防拐卖、性别平等和生活技能等课程，采用"通过教育、艺术和媒体来支持儿童权利"的方法，满足女童需求；县委、政府高度重视，强化教育责任，严格管理使用教育专项资金和控制农村中小学收费标准，发动社会力量开展助学活动。

（6）广泛动员雇主参与反对拐卖：工商联在进城务工人员最集中的社区，通过个体私营主协会参与反拐，确立了相应的负责人，从组织上保证行动计划的开展；采取各种方式对雇主进行反对拐卖的宣传教育，加深其对拐卖的认识和社会责任意识；组织形式多样的参与式反拐活动，增强雇主遵纪守法和合法用工的自律意识，促进其参与反拐活动。

（7）建立进城务工女青年组织：在输入地开展进城务工女青年状况基线调查；确定项目实施点，成立项目机构并进行能力建设，把防拐纳入社区工作；在社区选择场地建立"进城务工妇女之家"并给予资金、人力、物力支持；制定进城务工妇女之家的活动计划与规章制度，开展培训、法律服务和丰富多彩的防拐活动，探索输入地预防拐卖的机制。

（8）建立农村社区信息交流的场所——妇女之家：在自然村建妇女之家，定期或不定期地开展各种形式的培训交流、文化娱乐等活动，不仅凝聚了村民，满足了村民培训和交流信息的需求，也调动了村民参与防拐的积极性，推动了社区反拐工作。

（9）学做小生意自谋职业增加收入：为缓解不充分就业矛盾，改善农村女青年的生存条件，从源头上预防拐卖，组织农村女青年培训并外出参观考察，采用边看、边听、边学、边讲解的体验式学习方式、开展参与式讨论发展小生意方法培训骨干，将自谋职业与小额贷款结合，增强其发展生计、预防拐卖的能力。

（10）参与式监督评估项目活动：合作方与目标人群共同制定和完善参与式监督评估工具；培训骨干；实地开展参与式监督评估；分析监督评估信息并讨论和报告评估结果。

我国是较早建立男女平等政策法规的国家，在打击拐卖与卖淫嫖娼、保护妇女儿童权利方面做了大量工作，但拐卖与卖淫嫖娼在现实生活中仍很严重。预防拐卖和卖淫需要在相关领域和部门的政策法规中进一步明确并规范，有意识地采取性别倾斜措施，针对导致女性脆弱性、性别不平等的各种因素进行综合干预，发挥政策法规的矫正功能，以促进性别平等和社会公正。

生殖健康服务中理念和方法的变革与延续

刘 澄[①]

编者语：生殖健康服务作为计划生育管理的新手段，强调以人为本、优质服务，这对保障妇女生殖健康具有非常积极的意义。但计生工作方法转变的困难不仅来自行政体制决定的管理模式，也来自管理者深层的社会性别意识和习惯。在基层管理者看来，"咱计划生育主要管妇女"。那么，为什么计划生育落在了妇女身上而不是"夫妻双方"的共同责任？以妇女为主要对象的生殖健康服务，在保障妇女生殖健康权利、平等分配权利与责任方面，还需要怎样的调整？

一 生殖健康服务在基层的做法

1. 生殖健康服务的目标和内容

"生殖健康服务"是由国家计生委提出并实施，旨在强调"以人为本、以服务对象为中心"的新的管理方法。随着对出生性别比偏高问题的重视，社会性别视角被引入生殖健康服务。出生性别比偏高的直接原因被归结为"具有男孩偏好的人群、性别选择技术、出生人口管理系统的缺失"这三个方面，根据这一认识，2003年开始，国家计生委先后在24个试点县启动"关爱女孩行动"，2006年决定在全国普遍开展"关爱女孩行动"，综合治理出生人口性别比偏高问题。

作为关爱女孩行动的主要措施之一，一方面生殖健康服务更加注重服务，在国家计生委关爱女孩行动的指导意见中，生殖健康服务包括了"及时落实避孕措施，定期进行查环查孕，全程提供孕期服务，倡导住院

[①] 刘澄，江苏扬州市委党校教授。

分娩，加强产后随访"等具体要求，强调对育龄夫妇注重生殖保健知识的传播和自我保健意识能力的提高，重视对育龄人群节育和避孕的服务，特别重视对育龄妇女的服务，突出了对孕产妇的全程跟踪服务。另一方面强调关爱。包括：推进避孕方法和知情选择、改进计划生育宣传的内容与形式、提供优质的技术服务、拓展服务领域和扩大服务对象、维护群众计划生育生殖健康的合法权益、建立服务提供者与对象之间良好的人际关系以及改革计划生育行政管理措施。对这些活动的绩效评价，形成了"全国计划生育优质服务先进县（市、区）评估指标体系"。[①] 2005年经过调整，这一评估体系增加了具有社会性别意识的指标，主要包括：增加了关爱女孩行动的有关指标；强调了对出生性别比的有效治理；落实对计生和女孩家庭的优惠政策；强调两性共同享有生育选择和参与生殖健康服务的权利；强调规范技术服务，提高妇女生殖健康水平等。

2. 对生殖健康服务来自基层的回应

生殖健康服务的核心理念是强调以人为本，突出对群众生育健康的需求和权利的满足，这在构建和谐社会的大背景中，是具有战略意义的转变。那么，基层如何回应国家计生委层面上的转变，表现出怎样的具体行为？根据调查情况的梳理，可以分别从基层管理者、技术服务人员和农村妇女三个方面，说明这种回应的实际情况：

从基层管理者方面来看，"转变是艰难的，但是必要的"[②]。基层管理者主要指县乡两级政府和计划生育管理部门的领导以及工作人员，他们兼有决策和执行的双重责任。计划生育从20世纪80年代开始成为基本国策并得到快速推进，有赖于政府和计划生育部门的高度重视和强力倡导，但这个过程由于采取了较多的强制，也在一定程度上引起了社会冲突。20世纪90年代中期以来，随着法律框架下权利和自由意识的觉醒，人们对以强制为特征的生育管理方法表示不满。调查中，基层政府部门的管理者经常表示，"原来那一套做法已经做不下去"，因为"牵牛扒房"的一套

---

① 解振明：《优质服务与关爱女孩行动》，《关爱女孩行动培训教材》，人口出版社2006年版。

② 文中引用文字除注明外，均来自中央党校妇女研究中心性别平等政策倡导项目组的专题调查记录。该项调查于2008年4月20日至27日和5月23日至28日，分别在河南和安徽两省进行。

做法造成了强烈的社会冲突。当职责要求改变了"管理向服务的转变,与群众的对立矛盾好多了,工作反而好做"。所以尽管转变是艰难的,但他们表示"我们尝试着转变"。同时,由于经济社会的变化,人们的生育意愿也有了明显改变,调查发现,多胎生育已经不普遍,二孩情况非常普遍,生育从数量需求向质量需求转变,优生优育的需求凸显。这也要求生育管理从数量控制向质量提高转变,而生殖健康服务被认为在这个过程中具有积极的作用,"现在对育龄妇女比过去关心得更细心,对(控制)生育率、出生性别比肯定有用处"。

从技术服务人员方面来看,"以前是限时通知,现在是服务上门"。县乡计生服务站(所)原来对育龄妇女的结扎和定期检查,是以限时通知的形式,命令她们到县或乡计生服务站所接受手术或检查,如不能按时到场,则要给予处罚。现在则有了明显变化,"现在(结扎的)提前三天跟她说,让她安排好,还有康检也提前约定"。定期健康检查是技术服务部门的常规性工作,一般做法是由乡服务所的技术人员和村干部一起,带着 B 超机,轮流到各村,每个村有固定时间入村检查,每两个月或每季度检查一次。检查内容为"三查一治":查环查孕查病、治疗妇科病。这对原来只是查环查孕有了很大拓展,体现了关心妇女的生殖健康。虽然查病治病还存在很大的局限,如只做 B 超机可见的检查,或只管查不管治,但在普遍缺乏医疗卫生服务的农村,借助计划生育的检查,仍然为农村妇女提供了一定的可及性健康服务。而检查的主要目的"一是检查有无怀孕,二是看计划怀孕的下次是不是没有了,如果没有了,可能是做了性别鉴定后流产了。这是以前没有的,从 2003 年开始的,为了性别比(正常)"。检查时,技术人员还会接受一些咨询,特别是技术人员中的女性,成为农村妇女信赖的对象,"她不好意思给别人说的,就说给我听,白带多、炎症、带环不舒服、出血多。有些妇科病当时就给治,她躺在床上,冲洗消毒,用消炎药,再给点药带回去"。

从农村妇女方面来看,"现在检查在家门口,你有不得劲的,就可以说说,他可以帮你检查"。在计生部门,定期检查的对象主要是育龄妇女,指 15—49 周岁的妇女,但实际上定期检查并不包括所有育龄妇女,"离婚的、男方判刑的、丧偶、不孕症(有医院鉴定)、结扎超过一年的,这些都不查"。这些妇女被排除在检查之外,不是她们不需要健康检查,而是她们不大可能怀孕,对于生育控制而言,她们不重要。特别是 40 多岁以上的妇女，由于生育机能减退，"过去到乡里检查就没有她们，她也不好意思去，怕人说，这么大年纪了，还来查怀孕"。但是，"现在检查在家门口，她也可以来查，问问"。农村缺医少药的现状，以及受制于经济实力和性别地位，农村妇女获得健康服务的机会更少，"男的是家里的顶梁柱，有了病女的就会劝他看病去，女的有小病不看，来了免费的就去看看"。正因为农村妇女的机会少，她们的健康需求也显得更为迫切，"在妇联组织的星火计划的培训中，也有健康培训，健康、保健、疾病、生育等基本知识，接受培训的人都很欢迎，都说你多来几回，星火计划是培训到村里的，很多妇女主动听课，教室都坐不下，就站在外面听，都是女的"。调查中来自最基层的村计生专干、组计生信息员以及普通农村妇女，根据自身的健康检查体验，对于查病治病以及健康知识咨询给予了较多肯定。

二 生殖健康服务的工作机制及其内在冲突

生殖健康服务不仅提出了为群众服务的要求，还被赋予了改造组织的任务："促进计划生育工作思路和工作方法的转变。"这种转变早在1995年就由国家计生委领导明确提出："由以往就计划生育抓计划生育向与经济社会发展紧密结合，采取综合措施解决人口问题转变，由以社会制约为主向逐步建立利益导向与社会制约相结合，宣传教育、综合服务、科学管理相统一的机制转变。"那么通过生殖健康服务促进"两个转变"的动力在哪里？或者说在一个既定的体制框架内，如何内生出变革的动力，建构出合理的机制，真正实现以人为本，满足群众需求。这将面对着一系列由根本关系调整带来的冲突。

1. 自下而上的需求导向与自上而下的目标管理的冲突

从20世纪80年代开始，严峻的人口形势迫使严格的人口政策出台，计划生育上升为基本国策，面对仍然习惯于自由主义的群众生育意愿，似乎不得不以超强制的手段，尽最大努力把出生人口降下来，生育控制成为各级领导的头等大事。计生部门强力介入群众的生育过程，所谓"五子登科"的执行方法，即"盯肚子、盯机子、戴套子、罚票子、戴铐子"，往往被认为行之有效而被较为普遍地采取。现在依稀可见的一些农村计生标语，还保留着狂飙突进式的政策执行特点。"五子登科"的执行方法造成了强烈的社会冲突，却得到了默许，这种执行方法的合法性从何而来？原因只能从管理体系内部寻找：减少出生人口数量作为整个组织最重要的目标，通过层层分解，自上而下地将压力传递到了基层，面对不愿配合的群众，基层管理者没有妥协和迂回的空间，也缺乏更有效的资源和手段，只有态度强硬的冲动，于是考核的压力变成了"五子登科"的动力，不合情理有违法治的行为，因为符合生育控制的管理目标而变得堂而皇之。把基层执行者的行为仅仅归结为他们的政策水平低并不公允，在压力传递的管理模式中，夹在压力底层和群众阻抗之间，基层管理者几乎没有选择，动作变形难以避免。

生殖健康服务提出了与目标管理不一致的管理路径，它是需求导向的，这是一条自下而上的路线。但是，群众的健康需求并不明朗，管理目标也难以确定，而且群众的健康需求不可能形成明确的社会压力，管理层的健康服务供给也会因此而动力不足。于是健康服务的目标建立和动力机制又转向了管理高层，通过高层建立评估指标，推动基层实现管制向服务的转变，这就又回到自上而下的管理模式中去了。更重要的是，生殖健康服务并不能替代原来的目标管理。虽然现在人口的数量控制问题得到缓解，但却不能松懈，群众中普遍的二孩生育意愿与一孩半的生育政策仍然有冲突，对基层的考核仍然以数量控制为主要目标，基层管理者对此是非常清楚的："计生工作对领导干部有压力，工作要做到位，否则会有后果"，最直接的后果仍然是对干部政绩的"一票否决"，对于从政者来说这一惩罚后果非常严重。在目标管理模式没有改变的情况下，尽管非法的执行行为被禁止，但压力传递的路径并没有消失，强度也没有减弱，因而它的威慑力还很强大。现在又面临着出生性别比升高的问题，这被基层管理者认为与出生数量控制有关，是"按下葫芦起来瓢"，而治理出生性别比意味着"葫芦"和"瓢"都要按，所谓"小肚子不能大（禁止计划外怀孕），大肚子不能小（禁止非法流产）"。由于硬手段不能用，软手段不顶用，基层管理者特别寄希望于在法律的框架内获得合法的强制手段，让非法B超"上刑法"的呼声比较高，似乎并不看好"服务"。

2. 以人为本的服务理念与严密监控的管理手段的冲突

生殖健康服务是强调"以人为本、以服务对象为中心"的新的管理方法，强调服务提供者与服务对象之间的互动。但是，脱胎于计划生育常规管理工作的生殖健康服务，深深地打上了计生管理的烙印，并且它仍然是服从于计生管理的经常性工作。就服务提供者来说，他们同时也是管理者，从管理者的立场转向服务者的角色，怎么解决"想服务、会服务、能服务"的问题？更现实的问题是，生殖健康服务的基本工作内核是开展孕情监控，这是计生管理最重要的工作之一，无论是数量控制还是性别控制，都需要通过严密而有效的孕情监控提供工作基础。因此，在生殖健康服务中，服务的质量和水平的衡量标准，更有可能不是群众是否满意，而是孕情监测是否完整，所有孕情是否都在掌握之中。从三个月一次进村康检的制度规定，以及服务人员只带B超机的做法，可以清楚地看出，康检的主要目的是检查孕情，并不真正关心群众的生殖健康。这也是群众对康检产生抵触情绪的根本原因，对于频繁的康检，她们往往采取"躲"的办法。

在群众的生育意愿与生育政策还不吻合的情况下，通过孕情监测进行计划生育管理，有其合理性，特别是在控制出生性别比升高的过程中，加强孕情监测对于防止非医学需要的人工流产显得十分必要。但即使从孕情监控工作本身来说，控制出生性别比升高比控制生育数量更困难，因为这项工作要求100%的孕情和100%的对象人群监测。一方面因为工作可能有疏漏，监测不完整不到位。在广西的调查中发现，一些工作基础较薄弱的县乡，还是等人上门检查，到乡计生服务所来的人就查，没来的人就不查，孕情检查存在很大漏洞。另一方面是人口流动性很大，流出地与流入地之间工作不衔接，孕情监测经常中断。这两方面的原因导致100%的全监控几乎无法实现。为了控制出生性别比升高，又不能不努力实现全监控，因此，"规范的技术服务和严格的随访服务"，就只能把孕情监控放在首位。在这种情况下，开展以服务对象为中心的生殖健康服务，实现服务者与服务对象的互动，需要非常困难的工作转型。

3. 现代政府的公共服务与官僚政治的行政文化的冲突

传统的官僚政治具有以我为中心、等级制和要求别人服从等特征，这些特征在计划体制中进一步强化。虽然近年来一直强调政府的服务功能，但公共服务的理念和原则还没有真正建立起来，比如公民参与、平等合作、权利保障等，还很难得到体现。基层计生机构身兼管理者和服务者的两种职能，他们该如何做？在计划生育工作中，计生管理人员处于中心位置，这是由他们的职责决定的，传统的官民关系文化，也让他们自然获得权威。当需要放下身段，改变权威的性质时，官民关系似乎变得陌生，"现在农民比干部厉害，干部说错了他还会质问，他自己可以随便说话，'我一不党二不团的，想怎么说就怎么说'"，一些干部则抱怨："以人为本，群众发狠；和谐社会，干部受罪。"这种陌生感使管理者倾向于扩张权威，对非法 B 超 "上刑法"的要求，部分也来自于权力扩张的冲动。计生管理对象主要是育龄妇女，"一讲计划生育都是和女的打交道"，而农村妇女是社会地位最低的群体，与政府计生部门的管理人员相比，两者的权力对比严重不对称，作为强势的计生管理者，在这种权力结构中，似乎无须采用"服务"的方式来达到管理目的，权威管理既是合法的也是有效的，管理者和被管理者都已经习惯了。因此当向管理人员问及生殖健康服务是不是增加了工作负担时，他们往往回答"跟过去差不多"，在基层管理者那里，生殖健康服务还不是实质性的工作内容。

但是来自管理高层的要求，对基层不会没有影响，改变在温和地进行。"三查一治"制度化地实践，把服从于单一目标的控制手段，拓展为控制与服务相结合的双向措施，正是这一拓展，受到了真正需要健康服务的农村妇女的欢迎。由于要进村检查，村里的体检环境也被关心，在河南郾城区"正在推行 113 服务模式，其中 11 包括摆一个咨询台、设置一个饮水机、放一叠茶杯、摆一盆清水、一条毛巾、一台屏风、一条被子等，类似的措施，也不限定只有 11 项。3 是三个环境：宣传环境，要有标语；服务环境，就是上面这些 11，还有卫生环境"。这些变化具有强烈的温情主义色彩，并且带有事务主义的特征。也许服务型政府更容易被基层理解为春风化雨的细腻温柔，而不是一种工作机制和责任，那么这样的服务能够走多远？而且这些服务措施似乎可视性较强，可及性较弱，更在意汇报与展示，与权利保障这一公共服务的根本精神有着不小距离。

4. 健康服务的资源调配与行政职能条块分割的冲突

生殖健康服务即使在计生系统内，也很难实现资源的合理配置。生殖健康的范围被界定为"涵盖了人的生命周期各个阶段与生殖有关的健康问题，既包括女性，也包括男性"。这意味着生殖健康服务需求伴随着所有人的一生，但是计生系统所能提供的生殖健康服务只是15—49周岁的育龄妇女。由于计生管理的目标所在，政策资源主要用于生育控制，对于上环、结扎等，提供了免费服务，同时还有各种配套服务和奖励政策，而在生育控制之外用于健康服务的资源非常少。以"三查一治"为例，主要功能还是查环查孕，每隔三个月的频繁检查，目的是监测孕情。查病并不是主要任务，因此在进村检查时，只带B超机，其他的检查手段几乎没有。而农村妇女"肚子疼很正常。平时头疼、胃疼、胳膊腿疼，头嗡嗡叫，这些都有，下面（生殖系统）的事不说"。只有在"不得劲"影响干活时，才会向技术人员咨询，或者到计生服务机构检查。计生服务机构的治疗手段又非常简单，只是"冲洗冲洗，开点消炎药或PP粉"。一位卫生系统的干部说："妇科病在农村妇女中比较普遍，但因为抗得住，也不当回事。"据一位镇计生服务所的工作人员估计，农村妇女妇科病患病率在70%—80%，但她们并没有得到很好的治疗。计生系统内部在资源分配上非常不均衡，明显倾向于生育控制而不是健康服务。

在计生系统之外，计生部门无法调动生殖健康服务资源。到计生服务机构查病的农村妇女除了可以得到免费检查和简单治疗外，有可能得到"到医院看看"的建议，但这只是建议，不是可及的医疗服务，因为到医院看病不属于计生服务的范围。目前农村实行的新型合作医疗，对农村妇女生殖健康没有特别优惠的政策。由于对B超机管理力度加大，现在出现了通过羊水检测鉴定性别的方法，这种方法对孕妇的健康危害极大，也给性别选择有了可乘之机，但对从事检测的人员和技术，特别是对私人诊所的管理，更主要的还要依靠卫生行政部门而不是计生部门。生育选择技术的易得，也是出生性别比偏高的一个原因，满大街"无痛人流"的广告，指明了提供终止妊娠技术的所在地，但广告不在计生管理之内，需要广告管理部门治理。由于经济原因，农村妇女比较在意卫生用品的价格，一些便宜的劣质卫生巾在乡村小店仍然有市场，这些卫生巾粗糙、易破、消毒不严，产地和用料都比较可疑，使用后会出现瘙痒、皮疹，还可能带来疾病，但是对销售卫生巾的质量把关属于质监部门的事，与计生部门无关。生殖健康不仅需要防病治病，还需要形成良好的生活习惯，这个习惯应该从青少年时就开始养成。目前农村很多学生寄宿，特别是高中生几乎全部寄宿，受住宿条件限制，他们的卫生习惯很难养成，"女孩好些，男孩都是混用，晚上不洗脚的都有，洗澡条件也不好"，但高中不属于义务教育，不补助，学校也不管这些琐事。诸如此类说明了生殖健康服务需要采取综合治理的方法，建立资源整合机制非常必要。

三　对生殖健康服务的社会性别分析

1. 当前生殖健康服务中社会性别视角的三种情况

用社会性别的视角观察生殖健康服务，可以看到以下三种不同的情况：

第一种情况是基本没有社会性别视角。一般认为，女人会生孩子，那么计划生育要控制生孩子，女人就需要承担主要责任，这属于"自然法则"，妇女成为计划生育工作对象显得理所当然。但是生理性别真的是计划生育责任分配的唯一原因吗？科学已经揭示了生育是两性合作的过程，单一性别即使是女性，也不可能自主地生孩子，这就意味着两性都有可能实现生育控制。计划生育责任向女性一边倒的倾斜，不是生理性别决定的，所依据的恰恰是传统的两性社会分工："生孩子是女人的事。"政策出现责任一边倒的现象，是因为管理者不自觉地把社会分工归结为生理差异，使妇女成为整治对象而不是服务对象。

第二种情况是社会性别的问题层次较低。中国有男女平等的法律和政策要求，但始终是作为一个工作领域，一项具体任务，并且经常排列在其他社会事务之后。因此，尽管管理者已经意识到出生性别比偏高与男女不平等有关，但社会性别仍然只是被关注的一个问题而不是问题的根源。在2006年国家计生委生殖健康与计划生育项目办公室给项目县群众的公开信中，社会性别问题被这样表述："关注社会性别问题，保护女婴生存权和发展权，促进性别平等"，社会性别问题不仅被放在"维护群众权益"最后一个关注的方面，而且局限于"保护女婴"的具体要求，促进性别平等落到只是生孩子的事务上，而不是对改造基础性社会关系的追求，社会性别问题被降到了不恰当的地位。在一些治理出生性别比的宣传中，往往会从男性婚配难的角度，关注男性的性与婚姻和由此引发的社会问题，把女童独立的生存权变成了男性结婚权的附属权利，使用的是男权的立场和视角。实际上如果男女不平等的社会关系仍然影响和制约着现实社会，女婴又能在多大程度上得到保护？

第三种情况是立足于关爱而不是赋权。社会性别视角把妇女赋权作为实现性别平等的中心。赋权是指男人和女人能支配自己的生活，他/她们制定自己的生活议程，获得技能，建立信心，解决问题，能够自立。① 因此，赋权不是指妇女作为对象的被动参与，而是作为主体的自觉参与。在安徽巢湖的居巢区我们看到，"社会性别"已经是当地管理者一个比较熟悉运用自如的概念，如何把社会性别与生殖健康相结合，他们进行了积极的尝试，在一系列"改善女孩生活环境"的活动中，管理者确实用了心思。但问题恰好是，更多的只是管理者在设计和组织，虽然动机善良、态度诚恳，努力实践"关爱"的意图，仍然摆脱不了对管理权威父爱主义的解读。因为基层群众特别是妇女只是"关爱"的对象，没有作为健康主体的权利觉悟，没有自决和自治。在这种情况下，一旦"关爱"的资源改变或消失，生殖健康服务将不可持续。

2. 技术服务对妇女健康的影响

在我国对生育健康的理解更多地还是与生物性有关，生殖健康服务最主要的还是指与生物性有关的技术服务，比如节育和避孕技术、生殖系统疾病诊断和治疗技术等，社会和心理方面的健康还没有得到重视。即使在较为纯粹的技术服务方面，由于社会性别的影响，妇女的生殖健康也会受到来自技术的伤害。虽然作为技术本身是没有所谓性别偏好的，但技术的开发、选择、利用、推广，始终受到一系列社会因素的制约。比如B超技术本来没有任何性别选择的意义，现在却被公认是性别选择的头号帮凶。对B超机的管理严格后，又出现新的性别鉴定技术："现在怀孕70天，就可以通过羊水检查胎儿性别，在私人诊所里就可以做。做这种检查特别伤身体，检查完了不能动，一动就流产，流产特别高，需要卧床休息三个月。有鉴定出是男胎的就不动了，大小便都在床上。是女胎就不休息多活动。如果肚子大了自己去流产，要吊销二胎证，现在她70天就流了，计生专干还没发现她怀孕，她就流了。大多数人会说是干重活自然流掉了，也没办法。"羊水检测在技术上是一种进步，但却重蹈B超的覆辙，不是因为技术本身有害，而是社会性别的现实造成了技术运用的扭曲，这也说明了让非法B超"上刑法"是不能解决根本问题的，在重男轻女生育偏好没有改变

---

① "在国际劳工组织成员中提高社会性别主流化能力"中国项目组：《提高社会性别主流化能力指导手册》，中国社会出版社 2004 年版，第 11 页。

的情况下，没有了 B 超，也会有其他替代技术来鉴定胎儿性别。

再比如，剖腹产作为一项生育辅助技术，是对自然分娩不适宜的人采取的特殊补救性措施，但今天，我国的剖腹产已经远远超过世界卫生组织推荐的 25% 的比例，每年新生婴儿 2000 万中，有 1000 万为剖腹产。20 世纪 80 年代我国的剖腹产率是 20%，在医疗体制改革后的 20 年来，却增长了 3 倍之多，其中一个不可否认的原因是医疗收费问题。① 调查中不少农村妇女也认为："医院为了挣钱，动员做剖腹产。如果顺产只有一二百元，剖腹产要多收几百元，（产妇）自己掏。"剖腹产的花费平均是自然分娩的 3—4 倍，它使妇女花更长的时间才能恢复，产后的风险也上升了。但是医院利用妇女生育赚钱，宣传剖腹产"无痛"的好处，却不管这种生产方式对妇女的身体健康伤害极大。技术滥用暴露的是妇女生育健康权利保障的缺失。

3. 避孕、绝育措施上的"重女轻男"

从技术上来说，避孕和绝育措施，男性女性都有适用技术。但实际操作中却是以女性为主，基层计生管理很重要的任务是动员妇女上环或结扎，"一孩上环，二孩结扎。在（妇女）上环不适合的情况下，发安全套，（妇女）病好后再上环或结扎。剖腹产半年上环，这期间发套。"这就意味着，节育措施主要是由女性承担，男性只是在特殊情况下才采取措施，虽然安全套被认为是简便高效的避孕措施，但在实际操作中只是妇女不能上环或结扎时的临时措施。按规定顺产 3 个月、剖腹产 6 个月就要上环或结扎，这段时间内用安全套，时间非常短。据统计男用避孕套现用率仅为 1.5%，使用率极低。

在节育措施中，结扎被认为是一劳永逸的解决办法，凡是生育计划完成的育龄妇女都会被动员结扎，但男性几乎没有结扎的。调查中，我们反复询问男性结扎情况，得到的回答都是"没有"或"很少"。基层管理者表示："咱计划生育主要管妇女，男的咱一般不管，男扎咱这儿没有""男扎没有这概念"。农村妇女则表示，"这女的扎好像天经地义的"。调查中我们总共了解到男扎的情况只有三四例，其中"有个女的打麻药过

---

① 朱明若主编，刘伯红、杜洁副主编：《中国妇女生育健康促进》，中国社会出版社 2005 年版，第 49—50 页。

敏，不能做，男的就做了"，"一个老婆闹离婚，跑了，只好男的扎"，"村里只有一个93或94年结扎的。当时生了三胎，头二胎是女的，第三胎是男的。大队逼着做，男的就去了，媳妇立了功，怕她受伤"。"才开始搞计生时，我好像听说过有一个男的结扎，现在可能有60多岁了，他（当时）在石家庄工作。别的没听说过"。尽管这种调查得到的数据不具有统计学意义，但仍然可以说明，农村男性与女性在结扎措施的落实上，完全不成比例，男性结扎是个别的、偶然的，不具有必然性，属于特例，而女性结扎则非常普遍，带有必然性，属于惯例。

在问及为什么男扎情况很少时，所有人都说会影响男性身体，"男的结扎对干重活有影响"，"怕身体伤了，他是主要劳动力"，"老年人说，男扎后就不能挑担子了"。对于男扎伤身体的说法，来自管理者的解释是"这和男的生理有关"，对此，技术服务人员则有不同的解释："我是学医的，从医学角度来说说不通，这是传统思想，是一种观念"，从技术角度看"男扎比女扎的手术更简单，术后恢复更快"。即使如此，这位技术人员还是表示："男扎在咱这推广不开来，都认为男扎对身体影响大，干活没劲。"男扎伤身体的说法因为"普遍这么说"，成了既定结论。

奇怪的是，没有人说女扎对女性身体有影响，这几乎不是一个问题。一位农村妇女表示："家大事还是男的为主，叫男的扎让人说呢。"另一位认为："老年人心疼儿子，不能受伤害，媳妇可以。"这倒是揭示了在结扎背后的两性权利关系：处于权利中心位置的男性更有价值，他们的身体更需要优先保护，女性没有男性重要，她们更应该服从男性的意志，满足男性的需求。因为男性比女性的价值权重大，文化一边倒地倾向于避免男性身体伤害，对男扎的负面评价成为共同舆论，"如果男扎了，别人会说，很难听，说像太监"，"会被人叫'老犍'（指劁过的公牛）"。这种文化意识，给了男性更多的优越感和权力："有个女的有病，洗澡晕倒几次，乡里说你不能结扎就叫你男的扎吧。男的在外打工，女的给男的打电话商量，男的说：'咋想起来的，你就不要有这想法！哪有男人结扎。'后来女的吃了段时间的药，还是女的结扎。"当文化支持男性拒绝结扎手术时，也就会倾向于压迫女性承担义务："女的在家，哪有叫男的结扎，谁家男的结扎，人会说妇女弄哪里去了。"至于结扎对女性身体有什么影响，没有人考虑这个问题，虽然一些基层女干部对此也颇有怨言，"计生措施最可气的，还是女的事，带环、结扎、做手术，都是女的"，但这些意见无人理睬。

结扎上表现出来的男尊女卑也得到了管理层的支持。在回答为什么不动员男扎时，一位基层干部说："现在以人为本了，不能再叫男的扎。"这是一个奇怪的逻辑，以人为本了就不能叫男的结扎，却可以叫女的结扎，那么以人为本只是以男人为本？在简单逻辑背后存在的正是站在男性立场上的深刻的两性等级意识。这一意识的操作化就是，基层对节育和避孕措施的落实，简化为对上环和结扎措施的落实，"干部下来都说，叫他女的结扎，没说过叫她老公结扎"。或者对育龄妇女说"你该上环了"，这种性别责任不均衡的管理要求，还进一步被制度化了，"乡里考核就是女的上环结扎，没有叫男的结扎"，"考核主要是上环和结扎率"，考核体现出来的权威，强制性地使节育责任倾斜。实际上对上环和结扎的考核并不只在乡村的层面上，它是整个计生系统考核的主要指标。在考核指标的限定下，节育和避孕措施只能是考核规定了的针对妇女的上环和结扎。对计生责任制度化的规定和考核，是两性生殖健康权利差距在政策层面上的反映，它强化了两性尊卑的文化限定，通过政策强制行为扩大了生育中两性的权利和责任不平等。

4. 计生责任一边倒形成事实上的"男性免责"

调查中对为什么都是女性结扎的问题，有几种不同的解释，第一种最迷惑人的说法是妇女自愿结扎："女的不干重活，她自愿结扎"，"女的上环怕意外怀孕，就自愿结扎"，"现在女的害怕动员男的结扎，害怕对男的身体有影响，对家庭发展有影响，要叫结扎，肯定是女的要来"。这种自愿，实际上是面对社会压力女性的被动选择，很难说就是她们主体能动性的表现。女性应当为了男性无私牺牲自己，一直是文化宣传中伟大女性的伟大品格，也成为衡量女性的尺度，不愿牺牲的女性会受到舆论指责。尽管男扎伤身体没有得到证实，但已经成为舆论的既定结论，而女扎却没有类似的说法。政策的强制作用，也没有提供更大的选择空间，"不管愿不愿都得扎"。虽然农村妇女也知道"女的结扎比男的复杂，但现在都是女的结扎"。把这种现象归结为妇女自愿，看不到背后存在的巨大压力，也看不到压力下农村妇女的权利损失，正好说明管理者缺乏社会性别平等意识，存在性别盲视的毛病。

第二种说法是女性结扎技术成熟，男性结扎技术不成熟。这种说法有一定道理，但这更可能是结果而不是原因。在政策推动下，女性结扎手术规模比男扎要大得多，多得多，成为技术服务人员的经常性手术，这为技术提高提供了条件，"现在一个手术只要5、6分钟，在区里服务站就能做"，"女的现在结扎刀口小，手术完了站起来就自己走了，手术时间最多十分钟，回来一两天就干活了，不碍事。现在条件好了，没有手术后遗症"。但男扎规模太小，技术实践的机会不多，"从做手术方面来说，男扎也有顾虑，因为男扎做得少，经验少，不敢做。女扎做得多，经验丰富，不会出什么事"。技术人员的顾虑也会反映给服务对象，使他们不敢选择男扎，对女扎较为放心，"我们这儿的医院女扎没有出现不好的现象，做男扎他们做得少，不放心，家里怕做不好，有手术后遗症"。这一原因与结果的循环，导致技术熟练程度出现更大差距。但是男扎的手术风险增大是与强制妇女结扎有关的，并不是这种技术的必然因素。

第三种说法是男性不适合节育。一位县计生委的干部告诉我们："20世纪80年代从四川引进过黏堵剂，男女都可用，当时为了对象户减少痛苦。这种方法二三年内有效，但容易引起并发症。现在还有后遗症，阵发性疼痛，男女后遗症都有，不好治。现在不做了，现在还要每年免费治疗（后遗症）。"根据他的说法，黏堵技术不成熟带来的后遗症男女都有，那么，这一现象并不导致男性不适合节育的结论，需要做的应该是改进技术，或开发新的男性适用技术。但为什么因此而认定男性不能节育，从而放弃了男性节育技术的开发和运用？把一种技术的不成熟引申为男性节育的不适应，实际上推脱了男性的节育责任。20世纪80年代同样造成了大量手术后遗症的女性结扎技术，今天却被认为是安全的绝育技术，两相比较，技术选择和改进的推动力量，还难说是来自技术本身，显然是受管理者性别立场的左右。

在政策的强制推动和文化的社会指派共同作用下，农村妇女在生育责任方面完全没有选择余地，几乎承担了全部责任，而男性也因此几乎没有或很少有责任。据国家计生委1992年的调查数据，全国输精管结扎现用率为9.6%，男用避孕套现用率仅为1.5%，说明我国90%的避孕责任由女性来承担。法律规定的计划生育的两性共同责任，因为实际存在的"男性免责"而落了空。

5. 生殖健康宣传上的性别差异

因为事实上的"男性免责"，生殖健康服务也很难考虑到男性的需求,虽然"省里提过关注男性健康,但也就是口号,没有具体措施"。但男性缺席的生殖健康是不完整的,不仅对男性自身是缺憾,也不能保证女性的生殖健康。在谈到妇科病发病率高的原因时,一些干部认为:"农村妇女健康意识不强,素质不高。"但技术服务人员却认为:"主要是个人不讲卫生,性生活不干净。未婚者都没有病,已婚者主要是性生活不干净,不洗,干活出汗了也不洗。"调查发现,年轻的文化较高的农村妇女能够做到每天清洗阴部,并且分盆分毛巾,40多岁以上的女性不能做到每天清洗,而农村男性基本不清洗或很少清洗。由于男性没有清洗的习惯,"生活方式不文明,不洗,女的洗了男的不洗也不行",农村已婚妇女妇科病发病率高,与男性的不卫生有直接关系。

因为怕麻烦而不清洗,被看成是习惯问题。但是如果宣传清洗阴部,会让人觉得不"雅"。这不是习惯问题,而是文化问题了。在中国凡是涉性的话题都非常敏感,计划生育宣传到今天,与生育关系很密切的事务大都脱敏,说起怀孕避孕上环结扎来,许多人很自然。但与性健康有关的一些事还没有脱敏,说起清洗阴部,语言含蓄很不自然。对于男性清洗,还会有一些属于无知的顾虑,"老年人说男孩子天天洗对他不好",至于有什么不好却说不上来。这正是生殖健康宣传中需要纠正的一个偏差。

目前宣传生殖健康知识的主要方法是把育龄妇女集中起来,请专家或老师上课,男性因为在外打工难以集中,很少有人参加,而且男性"多数人怕难为情,不愿跟女的坐在一起听",所以尽管"培训时也有男性健康方面的内容,但对女的讲",组织者认为,妇女听了"可以回家告诉男人"。这种让妇女转述的方式,实际上也把宣传责任转移了,通过妇女转述既不可能说全知识,也不可能说透道理,让男性改变生活方式更是一厢情愿。一位计生信息员说,"老公原来也不洗,我让他洗,他还生气,认为夫妻俩应该互相信任","他说:'你不信任我!我又没有病,为什么要天天洗'"。改变的原因是"后来听了广播'童遥夜话',每天晚上十点,讲生殖健康,听了后就觉得必须要洗,现在就洗了"。调查中基层管理者也认为"上大课的宣传方式效果最不好",男性或者不来,或者来了又走,达不到宣传效果,生殖健康的宣传需要创造更多灵活的形式。

在生殖健康宣传的内容上,还存在一个明显现象:有关女性的宣传内容主要与生育有关,基本没有涉及女性性权利和性快乐,而男性的则相反,集中于性生活和性快乐,很少涉及生育,似乎男性的生殖健康主要是为了让男人在性生活中享受性快乐。在一本 2007 年印刷的《男性育龄期生殖健康保健》的宣传小册子里，全部问题都围绕男性性生活展开，没有一个问题与生育有关，更谈不上男性的生育和节育责任。相比较而言，20 世纪 80 年代的宣传中，男性在生育中的作用以及男性的节育责任，倒是经常看到的内容，正因为那时的宣传，人们才普遍知道"生男生女老爷们是关键"，也才接受和认同"计划生育丈夫有责"。今天男性的性权利得到尊重是一种进步，但不能因此而弱化男性的节育责任，更不能把生育和节育的责任全部放到女性身上。而且，作为天生的权利，男人和女人的性权利是同等的，在尊重男性的性权利时，也应该同样尊重女性的性权利，教育和引导女性享受性快乐。平衡的宣传应该是：性和生育，男人女人都需要。

6. "男将女兵"的性别结构导致权力责任不对称

计生管理实际上有两个系统构成，一个是自上而下的行政管理系统以及相关技术系统，另一个是由村计生专干、村民小组计生信息员或育龄妇女小组长组成的草根网络，这个网络在收集信息、动员节育、提供服务等方面，发挥了巨大的作用，实际上，行政管理和技术服务都需要通过这个网络才能真正到位。一个有意思的对比是，行政系统以男性为主，领导干部中男性占了大多数；技术系统中领导者多为男性，技术服务人员多为女性；而草根网络则主要由农村妇女构成，男性比例极低，这种不对称显而易见，形成了计生管理服务系统典型的"男将女兵"的性别结构。

计生管理对象面广量大，又需要服务到人，以基层政府和技术机构的人员力量面对这样的任务根本无法完成，计生工作一开始就是一场广泛社会动员的"群众运动"。与所有群众运动一样，计生动员需要的基本力量，来自群众之中，又因为计生工作对象主要是妇女，动员妇女骨干参与计生工作理所当然。借助基层政权的强大力量，乡村妇联组织被巧妙地改造成计生工作基层网络。调查发现，村妇代会主任多兼职村计生专干，而且以计生工作为主业，更多以计生专干的身份活动，妇联的工作已经"没有啥了"。进一步的变化是，由基层政府招聘村计生专干，再由她们兼职村妇女工作，村计生网络在逐步完成对村级妇联组织的替代。

在集权行政系统中，资源向上集中，任务向下传递，权力向上集中，责任向下传递，越到基层，任务越多、越具体、越繁重，完成任务的资源越少，权力越小，而层级节制的管理模式只要求下级服从上级，不允许讨价还价。这样的结构特点也被复制到基层政府机构与计生网络的关系中，对村计生专干的管理主要通过任务考核推动工作开展。村计生专干的正常工作繁琐复杂，几乎涉及计划生育的全部工作内容："基础信息、工作台账、流动人口管理、生殖健康服务、正常生育、怀孕。不时经常在村里转转，有人结婚就去问问，符合不符合政策？有没有证？结婚证、准生证有没有？还有定期孕检，还有就是宣传政策。"但村计生专干没有开展工作的法定权力，对群众的影响力和号召力也十分有限，同时报酬也不高，一般只有村支书或村主任工资的60%—80%。除了村里有计生专干，一些地方还在村民小组里设了计生信息员，负责收集和报告信息。计生信息员每年只有200元的补贴，或者实物奖励，基本没有什么待遇。通过行政再决策，计生管理从草根汲取资源，以较低成本建立了稳定的工作网络，把基层行政机构根本无法完成的任务落实了。

"男将女兵"的性别结构使行政结构中的权力和责任、资源和任务上下级之间分配的不平衡，进一步转变为不同性别之间分配的不平衡。以男性为主的行政部门和领导，掌握和决定权力、资源的分配，在考核和奖罚的管理过程中，也把任务和责任无形中转移了。以农村妇女为主的计生专干，承受了计划生育任务和责任的巨大压力，"上面说话像扇耳光，厉害得不得了，可咱到下面啥也不是，夹在中间难受。"如果工作不得力，在奖罚机制中很难得到更多支持，只会不体面地被淘汰，调查中遇到一位刚被"撤职"的村计生专干，村主任介绍说"她干得不行，老是最后一名。"她自己则抱怨村里不支持她的工作。在"男将女兵"的性别结构中，男性更多是权力性参与，并且是权力法定，女性更多是义务性参与，并且授权不足，两性在权力与责任之间严重不对称。权力向男性倾斜，责任向女性转移，这是"男性免责"现象的另一种表现。只不过不是表现在家庭中，而是表现在行政管理中，并且被上下级关系掩盖了。

综上所述，现有的生殖健康服务中的许多措施，对于满足妇女的实用性别利益需求十分必要。但是，现有的生殖健康服务模式不自觉地延续了两性在现实社会中的等级关系，使两性在生殖健康中的权利和责任严重不对称，女性应尽的义务远远超过她们的权利。应当充分考虑如何改变两性在生育上的社会分工，推动两性共同承担生育责任。

流动女性参加社会保险的政策制约

刘 澄[①]

编者语：公共政策性别中立的特点使它看上去是"平等"的。但性别中立的政策在设计时，缺乏对两性不同的生命体验和利益需求的考虑；政策执行中，缺乏对两性原有的地位差距导致的政策功能扭曲和权利分配不平等的关注；政策结果出现后，缺乏对由此造成的两性现实差距的重视和调整。那么，现行的社会保险政策是否存在这样的问题？两性是否因性别身份不同造成在制度享有方面的差距？流动女性在二元管理体制下又会遭遇什么？

一 研究视角的变化

1. 从流动视角的关注

20世纪80年代中期以来，劳动力迁移成为理论研究的一个热门题目，大体经历了两个阶段：总体描述和专题深入。总体描述研究阶段主要探讨劳动力流动的原因和意义，描述流动的特征，估计流动规模。当劳动力流动成为常态后，开始出现分专题的深入研究。[②] 比较典型的是从性别的视角研究劳动力流动，流动的性别差异及其影响首先引起关注。"农业的女性化趋势"既可能意味着农村女性在市场化过程中被抛弃，也可能因为男性的出走而获得了较多的对社区和家庭资源的支配权，从而对改善女性地位有积极的意义。[③] 对外出者男多女少现象的解释有相当大的分

[①] 刘澄，江苏扬州市委党校教授。
[②] 蔡昉：《集成劳动力流动的研究》，蔡昉、白南生主编：《中国转轨时期的劳动力流动》，社会科学文献出版社2006年版。
[③] 高小贤：《当代中国农村劳动力转移及农业的女性化趋势》，《社会学研究》1994年第2期。

歧，从市场选择的角度认为符合比较优势的内在差异，但从性别的角度来看，则认为是父权制的作用，更多地让男性获得非农就业的稀缺资源。①由于二元劳动力市场和职业的性别隔离，流动女性往往集中于劳动密集型工作中，② 她们所遭遇的伤害"个人化"了，导致她们在社会和家庭关系中处于更不利的位置。③ 外出打工打乱了婚姻、生育等与女性有关的生命周期，使她们在婚育文化与职业期待之间进退失据。④ 对流动女性的研究往往借助社会性别视角，多从微观的、妇女自身的感受出发，生动地展示出她们在急剧的社会变动中的经历。当然，"现有的研究对于流动的状况、后果和影响关注较多，而对公共政策和社会环境改善的研究相对缺乏"。⑤ 而后者是不应该被忽略的。

2. 从政策视角的关注

社会生活中存在着性别结构以及这一结构会导致两性差异是一个事实，从性别结构的角度研究劳动力流动可以使这种差异清楚地展现出来。但如何从社会政策的角度分析和理解性别差异和它所具有的社会意义，以及需要进行什么样的政策调整，似乎还比较模糊。而这又被理解为与政策的特质有关，公共政策之所以被视为是"公共的"，就因为它对所有政策对象一视同仁，所以我们的政策更多坚持一种性别中立的政策立场。但是性别中立政策并不意味着两性可以平等享有，相反，由于政策环境存在着的性别差异，性别中立政策往往并不考虑这些差异，也不考虑由于差异的存在而使政策实际执行对两性造成的不同结果。因此，性别中立政策所坚持的一致性的规则，虽然不具有明显的性别歧视，但却不改变原有的歧视性差距，在实际操作过程中有可能因此而扩大差距。

---

① 金一虹：《父权的式微——江南农村现代化进程中的性别研究》，四川人民出版社 2000 年版。
② 谭深：《珠江三角洲外来女工与外资企业、当地政府和社会之间的关系》，清华大学社会学系"问题与方法：面向 21 世纪的中国社会学"国际学术研讨会，2000 年。
③ 谭深：《外来女工的安全与健康》，载孟宪范主编《转型社会中的中国妇女》，中国社会科学出版社 2004 年版。
④ 冯小双：《流动的效益与代价——北京市部分外来女性务工经商者调查报告》，中国社会科学院社会学研究所"农村外出务工女性"课题组《农民流动与性别》，中原出版社 2000 年版。
⑤ 郑真真：《劳动力迁移与妇女、婚姻、生殖健康》，载蔡昉、白南生主编《中国转轨时期的劳动力流动》，社会科学文献出版社 2006 年版。

我国公共政策的基本状况是，在国家层面上制定了一系列男女平等的法律和政策，为男女平等提供了制度性保障。但是，当性别平等从一般政策原则进入具体政策后，或具体机构在执行一般性政策时，却呈现弱化的倾向，与此同时，性别偏见和歧视呈现出强化的趋向。[1] 这表明，中国性别平等政策更多体现在一般政策的层面，较少体现在具有可操作性的具体政策中，性别平等政策模式在一般政策与具体政策之间缺乏衔接和逻辑联系。现行的社保政策被认为"在制度层面上并不排斥正规就业的农民工，这部分人员参加各险种的通道是敞开的"。[2] 但这一政策制度的实际运行对流动女性会产生什么结果，这是本文关注的重点。

3. 性别中立政策对流动女性的双重差别对待

流动女性遭遇的是性别中立政策在性别差异环境中运行的结果：政策规则没有考虑流动女性的性别需求，相反却利用了男女有别的文化传统，放任市场对两性的区别对待，强化公领域与私领域的分割和对立，使流动女性遭遇了城乡和性别的双重差别对待。

双重差别对待首先表现在市场权利分配上。劳动力市场存在的阶层分化和性别分化倾向，使农村妇女进城后，受户口身份和性别身份的限制，大多集中于劳动密集型行业，即所谓的"女性行业"[3]，这些行业普遍工作时间长、工资待遇低、保障水平低。城乡二元结构的管理体制，使流动女性难以彻底改变农村人的身份，成为各种制度的边缘群体。在流入地的利益格局中，她们"外来者"的身份使她们更多被视为劳动力而不是政策服务对象。在经济体系中，农民工工资低、参保率低，较难进入城市体制，也较少享有城市体制提供的保障。性别身份又使流动女性处于更为脆弱的地位，甚至比男性农民工所享有的权利还要少。她们处于利益链条的最底层，在缺乏合法抗争的手段和资源情况下，其低层处境更为脆弱且较难改变。

双重差别对待进一步表现在政策权利享有上。女性天生的生育功能让她们承担了人口再生产的责任，流动女性大多数处在育龄期，许多人往往在工作一段时间后进入生育阶段，受婚育文化和性别分工的制约，流动女

---

[1] 李慧英：《社会性别与公共政策》，当代中国出版社 2002 年版，第 289 页。
[2] 国务院调研组：《中国农民工调研报告》，中国言实出版社 2006 年版。
[3] 谭深：《珠江三角洲外来女工与外资企业、当地政府和社会之间的关系》，清华大学社会学系"问题与方法：面向 21 世纪的中国社会学"国际学术研讨会，2000 年。

性仍然必须承担"主内"的家庭责任,当流动女性面临结婚和生育的压力时,不得不返回农村家庭,形成特有的婚育性"回流",这使她们有可能出现失去工资收入、退出社保体系的职业中断期。她们不仅享受不到生育保险,连其他的保险也一同丧失了。值得注意的是,与承担了生育责任却因此而得不到生育保险的流动女性相比较,由于男性不存在"回流"问题,反倒更有可能享受政策规定的生育保险待遇,这一结果大大偏离了生育保险政策设计的初衷,也说明了性别中立政策实际可能导致的两性权利不平等。

4. 从性别视角关注政策

社会保障是全国统一的制度体系,由政府开办的社会保险构成了其中最主要也是最重要的内容。但从性别的视角来看,现行的社会保险政策对两性不同的身份待遇缺乏必要考虑,性别影响还没有引起重视,也没有成为政策制定和执行时必须充分考虑的因素,更没有对此做出相应的制度假设和安排。尽管劳动保障部门加大社保征缴力度,加强执法检查,但不能改变两性因性别身份不同造成的在制度享有方面的差距。政策性别盲视的结果,使流动女性遭遇了城乡和性别的双重差别对待。从政策视角的研究需要关注这样两个问题:

(1) 女性更多受婚育文化和性别分工的制约而较多地"回流",这使她们有可能出现失去工资收入、退出社保体系的职业中断期。在城乡二元结构的管理体制中,流动女性难以彻底改变农村人的身份,成为各种制度的边缘群体。

(2) 社会保险是一项较为具体的政策,操作性强,政策设计也努力体现男女平等,不存在明显的两性区别对待的规定,而且生育保险还体现了对女性特殊需求的满足。但由于实际生活中存在着性别差异,政策设计并没有将这种差异作为必要因素加以考虑,只是注重了表面上的同等对待,因此有可能使流动女性在享有社会保险政策时甚至比男性农民工还要少。

二 流动女性就业曲线与参加社会保险的情况

为了了解流动女性是否会因为性别身份而成为制度的边缘群体,在社会保障制度中流失权利,我们进行了专题调查。调查对象主要是在正规企业就业的流动女性，调查问卷共发放 850 份，回收有效问卷 774 份，总有效率 91%。其中流动女性 549 人，占调查总数的 70.9%。作为对照，有 156 名城镇户口的女性和 69 名男性也参加了调查，分别占总数的 20.2% 和 8.9%。

1. 流动女性的就业曲线

流动女性是指那些"拥有农村户口进城务工的女性"。调查中符合这一定义的共有 549 人，其中来自本市农村的女性 228 人，占流动女性总数的 41.5%，来自本省农村的女性 178 人，占流动女性总数的 32.4%，来自外省农村的女性 143 人，占流动女性总数的 26%。本省流动女性大多来自苏北地区，外省流动女性大多来自邻近的安徽省，也有部分来自贵州、云南、四川、湖南、湖北等省份。

流动女性的年龄从 16 岁到 56 岁均有分布，平均年龄 27.8 岁，这是一个年轻的劳动力群体。其中 18 岁至 22 岁年龄组占 34.9%，23 岁至 27 岁年龄组占 19.3%，28 岁至 32 岁年龄组占 16.2%。这三个年龄组的人占流动女性总数的 70.6%。也就是说在流动女性中三分之二以上的人年龄在 18 岁至 32 岁之间，年龄跨度只有 15 岁，而且 18 岁至 22 岁法定结婚年龄以下的人占到这一年龄段的 49.6%，远高于其他任何年龄组。

与婚姻状况有关，流动女性的就业曲线存在明显的峰期和谷期：在 22 岁法定结婚年龄以前，流动女性就业峰值最高，22 岁时，女性的流动就业显著下降，与 22 岁前形成明显反差。22 至 29 岁的女性处于生育阶段，流动就业处于低谷，30 岁左右又出现流动就业高峰。流动女性从 22 岁法定结婚年龄到 30 岁间，有一个比较明显的职业中断期（见图 1）。

农村女性进城打工是一种自主性行为，这一点已经被学者研究证实。曾经有过打工经历的女性在生育阶段后，更容易倾向进城打工，因此，已婚女性的流动就业率仍然很高。本次调查中未婚女性占 34.2%，已婚女性为 59.4%，生育阶段过后的女性会在 30 岁左右出现一个新的流动就业高峰。可以认为，虽然婚姻和生育对农村女性的影响仍然明显，但进城打工已经成为农村女性的常规性选择。

2. 流动女性参加社会保险的情况

调查中我们将养老保险作为一个指标性项目，设计了"您参加了养

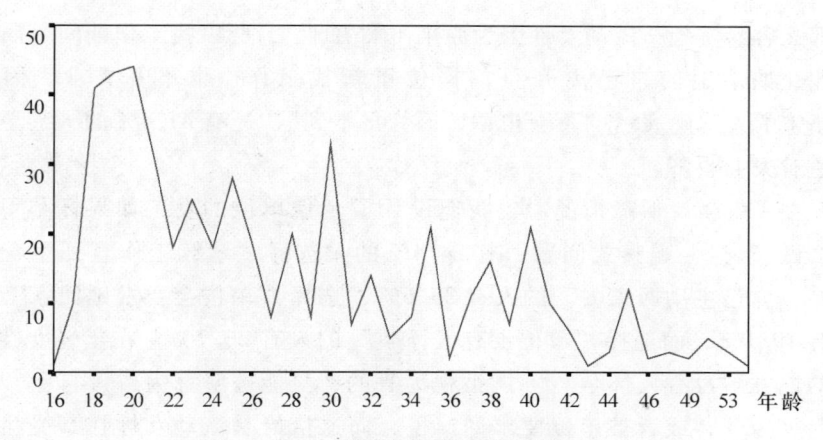

图 1 流动女性的就业曲线

老保险吗?"这一问题。数据统计显示:25.2%的人表示"参加了",58.6%的人表示"没有参加",另有16.1%的人表示"不知道"。访谈中我们发现不少人分不清政府开办的养老保险与其他保险的区别,有人将它与农村社会养老保险混淆,有人则把它当成是保险公司开办的商业保险,认为是"骗人的"。数据整理发现,有15人在选择了"参加了"的同时,选择了"我已经在家乡参加了养老保险"和"我已经买了商业保险",而后两个答案是供没有参加养老保险社会统筹的人选择的理由,这说明填答者将不同类型的养老保险弄混了。经过修正,流动女性参加养老保险的数据应为22.4%。

一般来说,五个保险项目中,养老保险的参保率最高,医疗保险的参保率略高,其他项目的参保率都非常低。为了了解流动女性医疗保障的具体情况,我们采取了情境式问答,对"您如果看病能报销吗?"对这一问题明确表示"不能报销,全是自己掏的"人有41.7%,不知道能不能报销的人有35.8%。填答者回答"能报三分之一"的人有12.7%,"能报一半"的人有4.8%,"能报三分之二"的人有3.5%,"能全报"的人有1.5%,四项相加,能享受医疗费用报销的人有22.5%,这一数据与只有13.8%的流动女性参加医疗保险的数据并不吻合,原因是有些企业会为流动女性报销小额的医疗费,却没有为她们办理医疗保险。

在回答"如果在城里找不到工作,您会申请失业金吗?"25.6%的人选择"会申请",这说明她们希望自己能够得到失业保障。但这一愿望并不那么容易实现，流动女性因为原来不"在业"，所以找工作期间不属于失业，如果她们自己离开目前岗位重新找工作，也不算失业，因此31.5%的人明确表示"不会申请，因为得不到"，还有41.4%的人甚至不知道有失业救济。

在了解生育保障情况时，我们设计了"您单位的女工如果怀孕了会怎么做？"这一观察式问题，有24.4%的人选择"继续工作直到生育"，选择"自己主动回家去"的人有35.6%，选择"单位会要求她回家"的人有19.1%，而选择"单位没有人怀孕"的人有20.7%。在年轻女性集中的地方"没有人怀孕"不能被视为真的，只能被解释为或者自己"主动"回家了，或者被单位要求回家了，而这恰恰是流动女性在享受生育保险时面对的突出问题。对于怀孕后仍然坚持工作的人来说，并不等于可以享受生育保险的各项待遇，能够享受生育保险待遇的人仍然很少，待遇也不全，与处于生育密集期的流动女性的需求相比较差距较大。

流动女性集中的行业一般被认为是工伤事故发生概率较低的行业，流动女性即使在工作中受伤，只要不太严重，往往作为医疗事件处理，大多不会作为工伤处理。但这不等于流动女性的职业伤害很低，相反，由于行业特点，流动女性的职业伤害往往是隐性的，比如化学黏合剂和印染材料对身体的中毒性伤害、长期加班形成的累积性疲劳伤害，其职业伤害都是一个缓慢过程，最终表现为慢性病痛，但这些不属于工伤范围，无法享受工伤保险。

3. 两种身份对参保率影响显著

在影响流动女性参加社会保险的各种因素中，文化程度、工作岗位、收入情况和从事目前工作的时间等均有不同程度的影响，这些影响更多表现为企业内部的个性化差异。与这些具有个人特质的因素相比较，对流动女性群体参保率影响非常明显的，是她们农村人和女性这两个身份，而这两个身份是由现行制度和社会性别结构造成的。

（1）户籍身份的影响

户籍是中国社会管理中一个非常重要的制度，核心是城乡区别对待。社会保险制度是建立在城乡分割的二元体制上的，虽然政策规定所有"国有企业、城镇集体企业、外商投资企业、城镇私营企业和其他城镇企业及其职工。"都在社会保险的覆盖范围，但拥有城镇户口与拥有农村户口的企业职工在参加社会保险方面,仍然存在明显差距。本次调查中,作为对照组的129位拥有城镇户口的女性中,46.1%的人参加了政府开办的养老保险,而拥有农村户口的流动女性中只有22.4%的人参加了政府开办的养老保险。从政策规定来说,户籍不是阻止农民工参加社会保险的原因,但户籍制度包含的对劳动力的控制机制,以及二元福利分配方式和由此带来的合法性心理,仍然是农民工不能完全参加社会保险的重要原因。

本次调查还发现,即使同样是农村户口,地缘关系不同在参加社会保险上也会有所区别,如本市农村女性的养老保险参保率为42.7%,与城镇户口女性参保率差距不算太大,但本省农村女性的参保率则降低为20.2%,外省农村女性的参保率只有12.3%,依本市、本省、外省的顺序,流动女性的参保率以较大比率下降(见图2)。

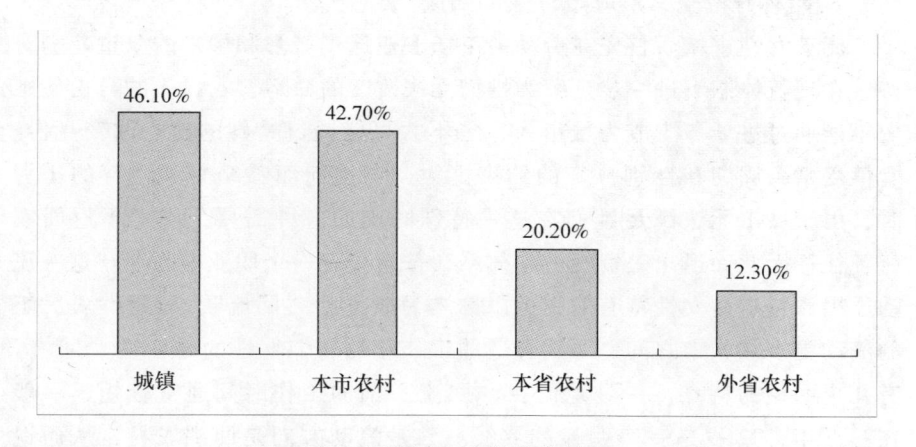

图2　不同户口女性的参保率

（2）性别身份的影响

在社保政策中,性别不构成参加社保的影响因素,但在实际存在着男女有别的性别结构的环境中,性别影响仍然存在。相关研究表明,职业市场不仅存在着本地人和外地人的区别,还存在着性别化的区别。纺织、服装、玩具、电子、餐饮服务等行业就被视为女性行业,这些行业不仅工资低,社会保障也低。而在"女性行业"以外其他行业的情况则有所不同。本次调查中从事其他行业工作的人,参保率就有37.5%,只是因为她们所属的行业不是"女性行业",而是建筑、交通、机械、冶金、化工等

"男性行业",她们的社会保障水平就高于在"女性行业"就业的人。即使在"女性行业"中,两性的保障水平也不一样,作为对照组的69位男性中,参保率达到43.5%,其中农村户口的男性参保率也有40%,远远高出流动女性22.4%的参保率。而69位男性所属行业和企业大多与这些女性相同。这些行业里男性很少,往往处于这些行业的职业高端,比如在餐饮业中,具有较高技术含量的大厨基本是男性,在服装行业中,作为技术工种的样板裁剪也多是男性。处于技术高端的男性是企业需要的人才,企业会用高工资和高保障来吸引和挽留他们。虽然"女性行业"中女性大量集中,但她们绝大多数从事技术低端的工种,如操作工或服务员,收入和保障水平都比较低。

4. 两种身份交叉形成婚育性"回流"

流动女性进城后首先在劳动力市场上遭遇了城乡和性别的双重差别对待,在现行体制下进一步延续为她们无法改变的命运。农村人的身份使她们不能通过进城务工成为城市人,也不太可能通过婚姻的途径改变身份。女性受婚育周期和性别分工的约束更大,当她们面临结婚和生育的压力时,由于城市无法满足她们在这一特殊时期的各种需要,不得不返回农村,往往因此而退出工资性劳动体系,普遍会有一个职业中断期。这一流动原因和特点是女性特有的,可以称之为婚育性"回流"。与男性农民工的流动更多在城市之间,寻找合适的工作相比较,女性的婚育性"回流"有几个明显的特点,一是她们在"回流"前的工作时间通常较短,一般在三五年,22岁是一个明显的界线。二是流动方向是回到农村,从而退出了城市劳动和社保体系,不是在这一体系之间转移。三是"回流"的时间较长,男外女内的性别分工使这一时期通常要持续到孩子进入儿童期,可以完全由祖辈照顾,也有人不再离开农村。四是二次进城的女性已经不是处于最佳工作年龄,就业竞争力明显不如未婚女性。婚育性"回流"既是城乡体制对流动女性的排斥,也是父权制生育机制和性别分工的结果,它使流动女性在享受社会保险时面临很大障碍。调查显示,婚育性"回流"对流动女性的参保率影响很大,已婚女性的参保率是39.5%,而未婚女性的参保率仅15%。未婚女性参保率低与她们处于职业中断的"回流"前期有着密切关系。

三 现行社保政策不利于流动女性享有社会保障

性别中立的社保政策因为表面上平等的权利安排,被认为已经赋予了流动女性社会保险的权利,又因为她们不得已的退出,被认为是她们自己选择了放弃。当流动女性回家生育时,企业主抱怨:"她们一怀孕就回家,留都留不住",政府管理方面则认为:"政府给了她们权利,是她们自己不要,又不能强迫她们。"这种意见将流动女性的社保困境简单归结为她们自己选择的结果。但应当思考的是,她们为什么不要待遇优厚的社保权利?选择放弃是她们的真实意愿还是迫不得已的无奈?这种选择背后又有怎样的政策因素的作用?

1. 流动女性缺乏参保的积极性

流动女性"喜欢流动"似乎是一个事实,调查显示,68%的人有过换工作的经历,其中换过一次的有16.3%,换过二次的有24.1%,换过三次的有18.5%,有9%的人换过四次以上工作。频繁换工作确实是流动女性的特点,但如果说她们"喜欢"如此,则显得有些武断。流动女性为什么会选择离开熟悉的生活环境,成群结队地来到陌生的城市,很重要的一个原因是希望挣钱。大多数流动女性已经成为家庭经济的支柱,她们打工的收入是家庭生活的重要来源,也支撑起孩子未来的希望。同时,她们还是家庭生产的重要投资者,为家庭的生产和经营投入资金。在农村的社会保障基本缺乏的情况下,她们也是家庭保障的提供者,她们的收入发挥着养老、医疗、住房等保障功能。对于钱都用在刀刃上的流动女性来说,用占工资11%的社保缴费来为自己遥远的未来和不确定的风险付费,似乎过于奢侈,年轻也让她们有资格对未来风险不多考虑,在回答不参保的原因时,有30%的人选择了"我还年轻没考虑"。

婚育性"回流"造成流动女性特有的职业中断期,现行的社保政策不能保证在这个时期内仍然保持她们的社保关系,或者在职业中断期后能够接续,也不能让她们的社保关系异地有效转移。一个典型的流动女性18岁开始进城打工,22岁回家结婚生孩子,30岁后再出来打工。从18岁到22岁期间即使参加了社会保险,也会以退保的方式结束在打工地的社保关系,而30岁以后立即参加养老保险,必须缴费至45岁才能享受养老保险。目前"女性行业"不成文规定,女职工45岁即退休,那么必须在二次打工一开始就要立即参加保险,否则就会因为缴费年限不足而不能享受。实际情况是,流动女性不可能在二次就业一开始就能参保,也不可能在长期超时工作的岗位上工作到45岁以后,40岁以后还在外打工的情况就已经非常少了。那么就必然形成了这样一些结果:年轻未婚女性因为存在着明确的婚育"回流"预期,由于社保关系不能异地接续,"回流"意味着原有社保关系无效,流动女性自己也不愿参保,因此未婚女性往往在最佳劳动年龄期只工作不参保。如果二次就业,一般要到30岁左右,这时即使立刻参保,也有可能达不到"最低连续缴费15年才能领取养老金"的规定,因此二次就业的已婚女性有可能只参保不享受,她们参保的积极性也不高。

2. 企业将参保代理权变成控制权

市场经济的发展,使企业主追求利益最大化成为一种正当行为。但在技术创新还不是国内企业普遍的赢利模式时,资本积累早期的一些手段就大行其道。在压低工资和延长工时的同时,企业还通过削减工人的福利来降低成本。其中最主要的就是不给工人办理社会保险。按社保缴费要求,企业要缴纳职工工资总额的32%作为职工社保基金,这些缴费往往被企业看成很大的负担,一些企业想办法逃避缴费,一些企业在怎么让工人"自愿不参加"上做文章。在一家企业的布告栏里,我们看到这么一条:"年终增发一个月工资作为养老保险补贴,如办理养老保险则取消年终增发的这一个月工资。"养老保险缴费变成了企业年终福利。该企业的管理人员这么跟工人解释:"如果交养老保险,要到退休以后才能拿,如果不交,现在就能拿。"不管工人是否真的同意,她们都"不愿意"参加社保了。在一些企业的招工广告中,我们看到这样的表示:"熟练工视其表现,为其办理社会统筹养老保险和医疗保险。"这是说,办理社会保险是企业给工作表现好的职工的一种奖励性待遇,而不是企业的义务。那么,工人是否属于熟练工,表现是否良好,以及什么时候办保险,都只能取决于企业主的鉴定和奖励意愿了。

流动女性的婚育性"回流"让企业认为她们反正要回家,没有为她们办理社保的积极性,甚至利用她们的"回流",规避给她们办社保的责任。调查中我们发现一些企业有意识地只招22岁以下女工,利用她们因婚育而导致的职业中断，不给她们办理社会保险。这种现象在未婚女性比较集中的餐饮服务业特别突出。由于没有保险，又无法承受超时超强度的工作，流动女性一旦怀孕就会回家，而且企业主常常动员怀孕女工回家，因此怀孕女性不能享受带薪的特殊劳动保护。回家生产的产妇因"回流"脱离了工资体系和社保体系，不能享受医疗费用报销、产假工资、生育津贴等各项生育保险待遇。根据目前社保的经办程序，由企业集中向经办机构申请、代缴费，以及报账和计发，在这一操作链中，参加社保的决定权既不在政府经办机构，也不在流动女性自己，而是在代办的企业，流动女性是否参加社会保险很大程度上由企业主决定，企业主把本应承担的为她们办理社会保险的责任，变成了控制她们参加社会保险的权利，当代理权变成了控制权，即使流动女性有参加社保的意愿，也很难自主地决定参加。

3. 地方政府选择性执行政策

在农民工参加社会保险的问题上，地方政府的态度其实比较暧昧。以养老保险和生育保险为例，地方政府的考虑就有区别。五大保险都是实行现收现支的支付模式，专款专用，分开结算。但政府的支付责任并不一样，其中养老保险是需要政府财政负责的，如果养老保险的缴费不足以支付养老保险的支出，必须由政府财政来填补养老保险的资金缺口。养老保险与政府财政之间的关系，使政府非常重视养老保险费的征缴。为了减轻财政负担，政府对提高养老金征缴额比较积极，农民工也因此在"扩大养老保险覆盖面"的说法下被纳入征缴范围。农民工参加养老保险对地方政府的意义还在于，外地年轻的农民工参加养老保险，从某种意义上说是让他们承担了城镇养老保险的转制成本和资金缺口，为本地退休人口提供养老金。如果把养老保险基金比喻为蓄水池，现在需要支付养老金的绝大多数是本地城镇退休人口，他们需要在养老保险的池子里抽水。而农民工是在职人口，他们普遍年轻，远未到需要为他们支付养老金的时候，他们目前参加养老保险的主要功能是往池子里注水。等到他们需要养老时，现行的户籍管理制度迫使他们很可能回到农村养老。从政府管理部门允许单独办理并且首先要求农民工办理养老保险的做法中，可以较清楚地看出这种城乡有别的地方主义的管理思路。受婚育文化和传统性别分工的支配，流动女性回到农村的比例更大，调查中在回答选择什么方式养老时，

72.7%的人选择了回到农村养老。只有27.3%的人选择在城市养老，即使在城市养老，她们中14.8%的人是靠积蓄养老，3.3%的人靠儿女养老，只有9.3%的人希望靠政府养老金养老。在户籍制度和性别制度的双重制约下，流动女性即使参加了养老保险也很难享受相应待遇。

与养老保险不同，生育保险实行完全社会统筹，个人不缴费，由单位按职工工资总额的1%缴费，建立生育保险基金，专款专用。对于管理生育保险基金来说，在政府财政支持不足的情况下，要保证生育保险基金的安全，很重要的一点就是减少支出。然而流动女性正处于生育密集期，她们参保对生育保险基金的贡献并不大，却可能形成生育保险金的密集支付，当期支付压力很大，这是与养老保险很不一样的地方，地方政府因此也不希望流动女性普遍参加生育保险，对她们享受生育保险作出一些严格的规定。社保政策因为表面上平等的权利安排，被认为已经赋予了流动女性社会保险的权利，又因为她们不得已的退出，被认为是她们自己选择了放弃，从而使实际上的制度限权和排斥变得不易察觉。

4. 流动女性是怎样失去社保权利的

当流动女性要求参加社保时，按规定首先要参加养老保险，然后才能参加其他保险。但即使参加了养老保险，也不等于就能够参加其他保险，因为其他保险项目可以选择参加。特别是生育保险，按规定由企业缴费个人不缴费，参加生育保险的选择权不在流动女性自己，而在企业。企业有可能选择不参加生育保险，从而将企业缴费责任转变成参保控制，大部分流动女性都会因此而没有生育保险。即使参加了生育保险，要享受生育保险待遇还会有苛刻的条件，比如有些地方规定了"必须连续缴费满十个月且分娩之月在缴费期内"，大多数流动女性的工作岗位都需要超时超强度工作，怀孕女工根本无法承受这样的工作至分娩期。当她们或者由于企业主动员，或者承受不了工作压力而回家生育后，由于社保关系城乡不接转，只能退出社保，中止在打工地的社保关系。这一来她们不仅不能享受生育保险，还因为退保而丧失了养老保险和其他所有保险。正因为存在着明确的婚育回流预期，未婚女性的参保意愿很低，她们往往连养老保险也不参加了。已婚已育女性虽然不需要回家生育了，但她们就业时的年龄往往在30岁以后，即使立刻参加社保，也很难达到最低15年连续缴费的规定，最后也只能退保而不能享受养老金，她们的参保积极性也不高。流动女性参保积极性不高，被认为是她们缺乏保险意识，其实更可能的是，不考虑流动女性生育需求和农民身份的社保政策，也不会考虑对流动女性婚育性"回流"的政策解决方案，而一系列的政策规定，表面上赋予了流动女性相应的权利，却因为她们无法达到规定的享有条件，也就无法享受规定的权利，并因为政策之间的连带性，迫使她们不得不放弃所有社保权利。

四 从性别视角看农民工社保政策调整

随着以人为本构建和谐社会的发展目标的建立，包括流动女性在内的农民工的社会保障问题已经成为政府、学界、社会关注的重点问题，对这一群体的社会支持系统正在逐步建立，以公共政策调整为前提的制度改革也在展开，农民工群体的地位和境况也有了越来越多的改善的可能。那么，公共政策是否具有性别敏感应该是政策调整中的一个重要维度，应当通过性别敏感政策的制定和执行，保障流动女性不仅在形式上，而且在实质上充分享有社会保障的权利。

1. 农民工社保政策调整

目前政府已经高度重视农民工的权益保障问题，国务院于2006年发出了《关于解决农民工问题的若干意见》，把解决农民工问题提到战略高度来认识。在农民工的社会保障问题上具体要求："农民工的社会保障，要适应流动性大的特点，保险关系和待遇能够转移接续，使农民工在流动就业中的社会保障权益不受损害；要兼顾农民工工资收入偏低的实际情况，实行低标准进入、渐进式过渡，调动用人单位和农民工参保的积极性。"这对于突破农民工遭遇的体制困境，切实保障他们的合法权益有着非常积极的作用。

2006年劳动和社会保障部调研组在一份《农民工社会保障问题研究报告》中认为："现行城镇职工基本社会保险制度在制度层面上并不排斥正规就业的农民工，这部分人员参加各险种的通道是敞开的。"同时也认为："目前，农民工参加养老和医疗保险还存在比较突出的问题。"[①] 具体

---

① 国务院调研组：《中国农民工调研报告》，中国言实出版社2006年版。

来说，农民工参保率低在政策层面上主要有三个原因：一是现行社会保险门槛高。由于承担国有企业历史债务负担等问题，社保缴费率普遍很高，一般来说企业费率在30%左右，个人为11%，企业和个人普遍感到负担太重。二是社保关系无法转移，导致农民工流动时反复参保反复退保，直接损害了农民工享受社会保障的对等权益。三是缺乏对农民工参保的强制性政策措施，农民工仍然受其"农民"身份的限制而不能充分享有社会保障。

在构建和谐社会的思想共识指导下，针对这些问题，各地已经开始调整政策，特别是农民工流入地的政府，政策已经有所变化，如浙江省实行"低门槛进入，低标准享受"的办法，将农民工养老保险的企业和个人缴费比例从22%和8%分别降为12%和4%，农民工缴费水平低于城镇职工，但享受待遇只略低于城镇职工。上海、成都为外来务工人员建立了综合保险制度，包括老年补贴、工伤和住院医疗三项保险。上海综合保险的费率仅为城镇职工的1/4，由用人单位缴费、劳动保障部门管理、委托商业保险公司经办。成都则采取单位和个人共同负担保险费的方法，基数是可以选择的。综合保险最大优点是门槛低、易操作，缺点是保障水平低。

劳动和社会保障部调研组在其报告中指出要"进一步改革和完善社会保险制度"，提出要：改进完善社会保险关系转移接续办法；降低费率；调整计发办法；提高统筹层次。"既要从一部分农民工流动就业的现实出发，建立过渡性的保障制度；又要考虑越来越多的农民工稳定就业的需要，完善现行城镇社会保障制度；还要从农民工接续社会保险关系的需要出发，建立农村社会保障体系。"具体的倾向意见是对农民工实行分层分类保障：对稳定就业的农民工纳入现行城镇职工社保体系，对不稳定就业的农民工引入过渡性办法，即：工伤、失业保险按现行规定执行；养老保险先建个人账户，不建社会统筹，实行过渡性个人账户制度，将本人的社会保障权益直接记入个人账户；医疗保险先建社会统筹，不建个人账户，实行低门槛、保大病、管当期。在基础养老金实行全国统筹之后，再将农民工逐步纳入城镇社保体系。

2010年10月全国人大常委会通过了新修订的《社会保险法》。对于农民工而言，新社保法对原有社保政策框架有两个比较大的突破，一是《社保法》将境内所有用人单位和个人纳入了社会保险制度的覆盖范围，特别规定进城务工的农村居民依照规定参加社会保险，从而保障了农民工不因户籍问题而失去参保权利。二是针对农民工流动性大的特点，规定了"个人跨统筹地区就业的，其基本养老保险关系随本人转移，缴费年限累计计算。个人达到法定退休年龄时，基本养老金分段计算、统一支付"。这一规定改变了过去农民工跨地区流动时，只能退保，不能转移的问题，保证农民工的养老保险关系可以接续。

2. 对社保政策调整的性别分析

上述这些政策调整思路和法律规定是根据农民工的特点考虑的，因而对同样具有农民工身份的流动女性也有着积极意义。诸如降低缴费标准、建立单位缴费为主的养老保险个人账户，以及个人账户可携带等办法，对于收入水平较低、就业不稳定性较高的流动女性是有利的。但这些政策考虑似乎都忽略了女性因性别身份不同造成的在制度享有方面的差距。从流动女性的角度看，仍然有几个问题值得重视：

首先，由于婚育周期的原因，流动女性往往因此而退出工资性劳动体系，普遍会有一个职业中断期，而性别分工使这一时期通常要持续到孩子进入儿童期，可以完全由祖辈照顾。因此在30岁以前流动女性一般很难稳定就业。过去社保政策在城乡之间不接转，"回流"就意味着原有社保关系的无效。现在虽然法律规定了养老关系可以跨地区转移，但前提必须是"跨地区就业"，而流动女性回到农村务农，意味着不再就业，她们的养老保险关系只能转回农村，这与退保区别不大。从企业方面来说，社保是企业凝聚员工的重要手段，企业不愿意为不稳定就业的流动女性办社保。从个人方面来说，因为存在着较为明确的"回流"预期，未婚的流动女性也缺乏参保的积极性。流动女性中未婚女性的参保率大大低于已婚女性，说明了因婚育导致的职业中断对流动女性参保的影响非常明显。婚育对男性的影响要小得多，男性不会因为婚育而必须"回流"，相反却可能因为对家庭的使命感和经济责任而更坚定地外出打工。这就形成了即使在农民工中两性的参保率也是有差距的。从政策设计来说，社保政策原是为城镇职工设计的，并没有考虑农村女性的"回流"问题，因此，尽管"现行城镇职工基本社会保险制度在制度层面上并不排斥正规就业的农民工"，但这一制度根本就没有对流动女性"回流"问题作出任何考虑和制度安排。而在目前的政策调整中，这一问题仍然没有得到重视。

其次，由于忽略了生育和性别分工对两性的制约，因而也就对统一的社保政策可能对两性产生的不同影响缺乏必要的评估。以养老保险为例，最低连续缴费年限为15年，才能享受养老保险金，达不到该年限的，一次性退还个人账户余额。一个典型的男性农民工，从18岁进城打工，可以持续地打工至55岁，远远超过最低缴费年限。而前述一个典型的流动女性18岁开始进城打工，22岁回家结婚生孩子，30岁后再出来打工，40岁以后还在外打工的情况就已经非常少了。那么就必然形成了这样一种结果：年轻未婚女性在最佳劳动年龄期只工作不参保，二次就业后，有可能因为达不到最低缴费年限而只参保不享受。流动女性无论是不参保还是只参保不享受，都是一种权益损失。

最后，生育是女性特有的生理性活动，生育保险可以看成是专为女性设计的保险项目，其设计理念就是承认女性对人类再生产的贡献，将女性的生育负担由全社会来分担，对女性生育活动给予保障。因此职工参加了生育保险后，不仅能享受到报销生育医疗费用的待遇，还有产假、产假工资、产假津贴等。这说明生育只是工作的暂时中断，并不是职业生涯的中断，并不影响生育女职工的职业延续。流动女性中很多人处于生育年龄，生育保险对于她们意义重大，但她们中参加生育保险的人并不多。在目前有关农民工社会保障的政策讨论中，相比较对工伤保险的更多关注，生育保险似乎被忽视了，而在各地进行的农民工社保政策调整中，生育保险基本没有被纳入考虑范围。流动女性不能享受生育保险，意味着她们对社会生产的另一种贡献得不到社会的承认，她们因为生育不得不离开工作，就成为她们自己选择了职业生涯中断，她们不仅承担了生育本身的代价，还承担了因生育而带来的职业中断的后续性代价。将流动女性婚育性"回流"视为不稳定就业，并因此将她们安排在社保政策的低层次或排除在外，实际上是权力机制有意无意地利用了父权制生育文化，它否定了生育的社会价值，将其重新界定为女性自身的宿命。

3. 解决流动女性社保难题的政策思考

在现有的社会政策机制下，流动女性的社会保障问题，还不能得到充分解决，其中很重要的一个原因是她们具有的"外来者"的身份，在流入地的利益格局中，她们更多被视为劳动力而不是政策服务对象。同时，政策设计和执行并没有将实际存在的性别差异作为必要因素加以考虑，规则制定不考虑流动女性性别需求。流动女性的社会保障问题与农民工的社会保障问题虽然属于同一个范畴,但由于女性与男性的性别身份不同,在社会性别结构中的地位不同,承担的社会责任不同,问题会呈现出不同的特点。当不分性别地把农民工作为整体对象,研究和制定农民工社保政策时,可能会忽略女性的某些特殊利益和意愿,并且会使女性处于相对不利的地位。流动女性"回流"或居家现象,并不仅仅是一种个人选择,而是城乡结构和性别结构双重作用的结果,这两种结构都具有不平等的性质。应当对此进行相应的制度假设和安排,尽可能克服双重差别对流动女性造成的不平等。

(1) 政策制度层面

针对流动女性婚育性"回流"造成的保险关系中断,需要特别考虑:一是在养老保险上,应尽早把流动女性纳入养老保险,而不是推迟她们养老保险参保期;当流动女性回家结婚生孩子时,暂时封存她们的保险关系,而不是为她们退保;随着社保统筹层次的提高,等她们二次进城就业时,与封存的社保关系接续,保证她们能有足够缴费年限。二是将流动女性的生育保障纳入社会统筹的范围,给予与城镇职工相同的待遇。对于回到农村生育的流动女性,至少在生育的医疗费用、产假工资和津贴等方面,给予必要的补偿。或者将生育保险关系转移到农村合作医疗,建立个人账户,以保证流动女性能够享受生育保险的相关待遇。三是应以法定形式保证政府财政向社会保险各项目基金的投入比例,政府的社会保障责任应当有财政责任的体现。四是用法律形式保障流动女性享受社会保险的权利。

(2) 政策操作层面

目前流动女性参加社会保险都需要通过企业代办,由企业集中向经办机构申请、代缴费,以及报账和计发,在政府、企业和流动女性之间形成了一个直线型的操作链。在这个链条中,参加社保的决定权既不在政府经办机构,也不在流动女性自己,而是在代办的企业,企业完全可以决定是否为流动女性办理社会保险,从而对流动女性参加社会保险进行控制。企业将保险代办权变成参保控制权,侵蚀了流动女性应有的自主权,也成为流动女性享受社会保险权利的障碍。企业还将这种权力变成了与政府讨价还价的筹码,在农民工参保问题上,实际形成了政府与企业之间的博弈,当政府在地方利益和民工维权两者间犹豫不定时,企业往往通过施加压力迫使政府作出让步。打破这一僵局的,只能是把参保权还给农民工,由她们自己向经办机构或委托的商业机构申报，可以直接申报，也可以委托其他机构代办，政府负责核实和督促企业跟进办理。就是说，要让代理权成为真正的代理，而不再是控制，才能打破操作直线链条中由企业这个中间环节造成的阻塞。同时，政府要加大社保政策宣传力度，让每一个农民工包括流动女性清楚地了解政策以及政策程序，而不是由企业根据自己的需要曲解政策，控制政策操作程序。

包括流动女性在内的农民工的社会保障问题已经引起社会高度关注，以公共政策调整为前提的制度改革也在展开。但是政策调整还缺乏应有的性别敏感，对性别身份造成的流动女性在享有社会保障权利方面的差异还缺乏相应的制度安排。本研究提出了相关政策建议，希望通过性别敏感政策的制定和执行，保障流动女性不仅在形式上，而且在实质上充分享有社会保障的权利。

性别结构与社区规则的实践逻辑
——村规民约及其运作空间的社会性别分析

南储鑫[①]

编者语：传统农村的宗法制度、婚姻制度、继承制度、姓氏制度等，都是维护男权中心的制度，这些制度构成了千百年来农村基本的社会结构和秩序。无论成文还是不成文，所谓村规民约往往自然指向传统文化，并据此经常作出不利于妇女的决定。村规民约中存在的性别歧视，很大程度上消解了国家男女平等的立法原则，而国家法律行动止步于"村民自治"，也使依据村规民约做出的对妇女权益的侵害很难得到纠正。

村规民约历来被视为观察和研究中国乡村社会的重要样本，也是村民自治的重要管理制度。村规民约可以填补国家立法的空缺，在国家法"有所不为"的地方"有所为"[②]，是重要的"准法"依据和民间法。然而，现行的许多村规民约却没有达到理想的自治效果，反而借助自治的名义侵犯个人的合法权益。其中一个重要表现便是对女性各种权益的侵犯。大多数村规民约文本上的东西都是符合政策和法律的，但是在实践中，却依然存在着歧视妇女的做法，也就是存在"潜规则"。这些"潜规则"以不成文的形式存在，却发挥着有力的作用。本文将从社会性别视角，分析讨论"潜规则"的村规民约在实践中的运作逻辑，分析村规民约在实践中存在歧视妇女的原因，有针对性地提出调整路径和方法，探索促进性别与社会协调发展的途径。

[①] 南储鑫，中央党校科社部博士研究生。
[②] 蒋颖、王向前：《村规民约制度的若干法律问题探析》，《华北电力大学学报》（社会科学版）2003年第1期。

一 村规民约中性别不平等的表现形式

1. 村规民约的主要内容

村规民约内容庞杂，各个村的村规民约内容也不同，几乎涵盖了农村生活的方方面面。从总体上看，村规民约的内容主要分为以下四个方面。

首先是规范性规定。主要是规范村民自治的各项活动，调解村民之间的权利义务。一般包括一是村民会议和村民代表会议、村民委员会、村民委员会下属各工作委员会、村民小组的设立、产生、职责、任务、议事规则等；二是经济管理，主要包括发展村办企业、劳动积累、土地管理、承包费的使用和收取、生产服务、财务管理、国家任务的完成、宅基地审核等；三是社会秩序，主要包括社会治安、婚姻家庭、计划生育、户籍管理、民事调节等；四是监督机制，主要包括村干部的廉政制度、村民或村民代表的监督渠道、村务公开、民主评议村委会干部等。这是村规民约的主要内容，不仅关系到村民自治各项活动的有序进行，更关系到土地、宅基地和征地补偿等重要集体资源的分配。

其次是奖惩性规定。包括对村民自治组织成员的奖励与惩罚。主要包括奖励的办法和种类，对违反村规民约规定的处罚方法，包括进行教育、给予批评、作出书面检查、罚款数额等。禁赌、禁毒，禁止打架斗殴、偷盗，惩治利用家族、宗族势力或其他势力闹事的、以任何借口拖欠、抗缴各项上交任务的、不按村组要求进行承包土地调整的、违章搭建、不执行计划生育的、溺婴、弃婴的、参与赌博等行为。这些规定通过奖励和惩罚来调节人们的行为规范和价值观念。

再次是倡导性规定。主要是精神文明建设和道德教化等。包括遵纪守法、尊老爱幼、村容整洁、讲究卫生、团结邻里，以及不要搞宗派、不要搞迷信等。提倡建立良俗美风、和谐家庭邻里关系。

最后是礼俗仪式。主要是就非成文村规民约而言的，包括婚丧嫁娶、生子、祭祀等仪式活动及其规则。这些规则在成文的村规民约中并没有，但是在村民的实践生活中确实存在，并且对村民的行为倾向产生重要的影响。例如，传统文化认为"嫁出去的姑娘是泼出去的水"，这一观念虽然在村规民约中找不到，但是很多地方都据此限制女性招婿上门。

2. 成文与非成文村规民约中存在的性别不平等

现实生活中，村规民约有成文和非成文两种形式，成文的村规民约有明确的文字记录、有一定的格式，一般也会张榜公布。这种成文的村规民约往往依据一定的范本，主要由民政部门提供，内容大同小异，村庄特点不明显，村民也不熟悉。非成文村规民约则经常缺乏明确的文字依据，也不会张榜公开，但不等于它的作用就小，相反，这些非成文的村规民约由于与传统习俗较为一致，往往是村民行为的重要依据。因此，非成文村规民约中的性别不平等具有一定的隐蔽性。在安徽的调研中，FX县妇联主席感慨道："乡镇有妇女反映，村里在土地补偿款分配时一律不考虑出嫁女。根据我们掌握的情况，村规民约我们都拿到了，完全是符合主旋律的，不违背法律法规的。真正侵害利益的主要是村民组里定了一些协议，当然这些都没有公布于众的，我们都是拿不到的，这些协议和条约都是隐性的，是'潜规则'。"像这种通过不成文的村规民约，以传统习俗的"潜规则"明确给妇女予歧视性待遇的例子常见诸报道。

现在出现的一个新的变化是，以正式文本中"村民资格"的身份来排斥或限制妇女的权益。笔者在安徽省调研的时候，省妇联权益部陈部长提到："（对农村妇女的土地及其承包权益的剥夺）过去是拿着村规民约。现在问题变成承认一个人是否有本村村民的资格，说过去的交款、集资你参加了没。都没有参加，没有尽村民义务，怎么是本村村民。"这种以村民资格认定方式作出的侵害，相比较明目张胆地以传统习俗"潜规则"的形式对妇女的剥夺，一定程度上更难纠正。

3. 村规民约中存在性别不平等的现象

农村集体资源分配主要依据不成文的村规民约即"土办法"进行，这一过程中的性别不平等集中表现在妇女的土地及其权益分配（包括土地承包、宅基地划分、征地或土地流转费用分配等）。"全国妇联最近对全国农村抽样调查时发现，有26.3%的妇女从来没有分到土地，有43.8%的妇女因为结婚而失去土地，有0.7%的妇女在离婚后失去了土地。"[①] 可见，妇女土地问题的普遍性和严重性。土地及其权益中存在的性别不平等的现象，往往与妇女的

---

① 崔世海：《中国农村妇女如何收复"失地"》，《民主与法制时报》2006年5月22日。

婚姻状况有关，这些不平等的分配主要表现为以下五种：

（1）未婚女性的土地权益受剥夺。不少村庄往往根据对未婚女性的婚嫁预期，规定未婚姑娘不能获得应得的承包份地，甚至预先取消了土地承包资格，也没有土地分红或土地征购款分配的资格。同时，也不可能获得宅基地。这样，未婚姑娘即便是同本村人或本组人结婚，其承包土地及其土地收益权也自动丧失，或者只能获得少于本村一般劳动力的土地承包份额及土地收益。

（2）妇女因结婚而被剥夺土地及其权益。已婚妇女的土地及其权益被剥夺，可以分为两种情况：第一种是农村妇女一旦同村外人（无论城市户口还是农村户口）结婚或宣布成亲（事实婚姻），无论其是否能够从夫家所在村庄获得承包土地，她在本村的承包份地被村集体收回。同时，失去其承包土地的一切经济收益。如某村村委会根据村规民约中"出嫁至本村外的出嫁女，不论其户口是否迁出，均不视为本村村民，不得在本村分配征地补偿款等款项"的规定，剥夺了方某的村民资格，拒不支付方某征地补偿款。①

第二种是农村妇女一旦同非农户口结婚，无论是否定居在本村，也无论是否获得城镇户口，其承包土地及其土地收益权也就自动丧失，或者只能获得少于本村一般劳动力的土地承包份额及土地收益。例如，广州市番禺某村规定："同城镇人或外村人结婚的本村妇女，村集体在第一年支付本人土地分红额的50%，第二年停止支付土地分红。"② 全国妇联的调查显示：有43.8%的妇女因为结婚而失去土地。

（3）离婚妇女的土地权益被剥夺。妇女离婚后，无论是否能够从娘家或再婚夫家所在村庄获得承包土地，她在夫家的承包土地都会被丈夫强行剥夺或被村集体收回。如溪南居委会根据溪南社区居民代表大会作出的"外村妇女嫁到溪南社区，若其离婚，则就不再享有溪南社区的村民待遇"的决定为由，拒绝发放给离婚妇女林某土地补偿费。③

（4）招郎上门的妇女的女婿均不能获得承包土地，或获得少量耕地，或只能分给旱地、荒地、荒坡、滩涂等次等土地。同时，没有资格享受村

---

① 辛祥：《村规民约能剥夺出嫁女的村民资格吗?》，《新农村》2007年第4期。
② 全国妇联妇女研究所：《1995—2005中国性别平等与妇女发展报告》，社会科学文献出版社2006年版，第152页。
③ 《法制日报》2004年2月25日。

集体分红。如河南省西峡县某村三组的村规民约规定："男到女方家落户的对象必须是独生女或纯女户。"而女方李小白有哥嫂，不符合男到女家落户的规定，所以，按村规民约不能分给上门女婿王山娃和婚生小孩责任田。① 对入赘女婿也存在着歧视，这种歧视与其说是对男性的歧视，倒不如说是对"非世居者"和对无儿户招婿行为的歧视。相比较而言，一些无儿户抱养了别人家的男孩，这个男孩并不受歧视。

双女户的大女儿招赘后，第二个女儿一般不得再招婿，有些地方需要召开村民小组会议来决定是否同意。有儿子有女儿户，儿子娶媳妇落户不受限制，女儿不得招郎上门，违者不予落户或者落"空户"。所谓的"空户"或"空挂户"即为保留户口，却不得享有土地承包权、宅基地使用权和集体经济收益分配权等待遇。如代河村村规民约规定，家中有儿子的家庭女儿结婚后招婚上门不予落户，确需落户和把户口保留在本村，需缴纳基础建设费和保留户口保证金才能落户或落"空户"。②

男性被招婚后，随时可以迁回父母所在的村，但是妇女出嫁后则很难迁回娘家村。在河南 DF 市的调研中，某村支部书记介绍说，关于土地分配问题，周山的闺女出嫁的不可以回来参加分配了，儿子入赘的要回来，可以参加分配。③

（5）村规民约剥夺结婚、离婚、再婚及丧偶妇女的土地等集体资源分配权益，同时她们的丈夫、子女的权利也难以实现，如不能参加村民小组会议、户代表会议以及村民会议。有些农村甚至连她们的选举与被选举权都被剥夺了。使这些农村妇女成了村庄里的边缘人。

那么，作为村民民主自治重要依据的村规民约，在侵害妇女权益方面，遵循着怎样的实践逻辑？下面从个人理性和社会结构两个层面进行分析。

二 村民个人理性层面的原因分析

理性行动理论是建立在个人行动具有目的性这一基础上，在村民自治中，村民个体也即行动者所要考虑的理性，应该包括个人的性别文化观

---

① 王玉信：《人赘女婿要到了责任田》，《乡镇论坛》2007 年第 10 期。
② 杨跃萍：《歧视妇女的村规民约何时了》，《人民代表报》2004 年 5 月 20 日。
③ 参见中央党校妇女研究中心 2008 年 4 月河南省调研资料整理。

念、经济效益,以及个体法制观念等三个方面。

1. 个人的性别文化观念

性别文化观念在个人理性中所起的决定作用很大,因为性别文化观念决定对女性身份的认定,不同的身份意味着不同的待遇。但待遇并不只是经济利益,即使经济利益很小,村民身份所连带的村民待遇仍然是村民看重的。桐城县人民法院民一庭庭长胡立平无奈地说。在安徽省桐城县,"5名出嫁女作为原告要求的补偿款人均4109元,如果分给每个村民才合20多元,可村民死活不答应把这笔钱给原告,同时声称还要收回原告剩下的土地,因为'她们嫁出去了,不是我们村的人了',尽管原告的户口还在村里。'这已经是桐城今年第12起类似的官司了。真的很难办!'"[①]所以性别观念超越经济利益,在个人的理性行动中具有更重的分量。

父权制家庭制度的一个重要特点就是从夫居,也即女性结婚要到丈夫家居住,并照顾丈夫、公婆及孩子,几乎不能赡养自己的父母。所以人们常说"嫁出去的姑娘泼出去的水",姑娘嫁出去了就铁定是别人家的人,是"外人",不可能再是娘家人中的一员,这是父权家庭制度对个体性别文化观念的一个重要影响。目前,从夫居仍然是农村地区普遍的一种婚居模式。从夫居造成的妇女流动,是从娘家村流向婆家村。但是土地是无法跨村、跨组流转的,所以妇女因婚姻而流动时只能放弃在娘家村承包的土地,而在丈夫家重新通过分配获得。然而在实践中,村民因受传统性别文化的影响,认为结婚的妇女就是"外人",不应该参与本村的集体资源的分配。在安徽的调研中,FX县的一位干部说:"照农村的观念是'嫁出去的姑娘泼出去的水',就不应该参与村里的分配的。"[②]

2. 个人的利益需求

村民作为基层群众自治组织中的一员,能够从村集体获得的资源主要是土地资源及其收益。而每个村的土地及其权益的存量是一定的,从个体的经济利益方面来说,一个很明显的逻辑就是:参与分配的人越多,每个

[①] 孙欣:《出嫁女状告娘家村委会》,《法律与生活》2005年第9期。
[②] 中央党校妇女研究中心2008年5月安徽省调研资料整理。个案NCX—3:吴某,女,主管人口计划生育的副县长。

人所得的份额就越少。如果能够让参与分配的个体尽量少的话，那么每个个体分配的份额就越多。如此，出嫁女、招婿户等，因为违反了从夫居的婚姻制度，容易被从身份上认定为外来者而非"世居者"，他们参与村集体资源分配使得每个个体分配的份额减少，对她/他们的排斥和限制就理解了。下面的访谈记录说明了这一点：

  万：黄岗村（音）82年起土地就冻结了，进来的媳妇，小孩都十四五了，都没有地。
  喜梅：他（指村民组长——笔者注）办事不公道！
  刘：那你在选举时怎么不把他选下来！
  喜梅（激动地）：家族势力！
  金：都是姓杨的，怎么分家族，有没有分大宗小宗？你说家族势力，在选举中怎么表现出来？
  喜梅：选村民小组长，都选自己的亲人。他一个爷们的人，兄弟、本家多。自己私心重，他没姐妹。分那个田，小孩没有份，一人可以分到1800；小孩参加分配，一人分到1600。扒了小孩的地，多200，他一家四口就多出800。①

这个例子就是家族势力考虑到经济利益上的得与失而将外来媳妇、出嫁女和小孩的土地补偿权益通过小组决定的形式剥夺了。经济利益是实实在在的，在个体性别观念将女性定格为"外人""非世居者"身份的基础上，经济利益大小也是决定个人理性的重要内容。"现在出现这些问题，主要是婆家的经济不如娘家好，所以户口就不迁走，儿子户口也留在这里。还有就是原来迁出去了，现在发现娘家土地升值，就想方设法迁回来了。这样的话她就回来'分一杯羹'，大家当然就不愿意了。"②

3. 个人的平等观念

新中国成立后男女平等一直是国家追求的目标之一。如今，男女平等

---

  ① 中央党校妇女研究中心2008年4月河南调研资料整理。个案JYH—4：喜梅，小寨杨村出嫁不出村的女性。
  ② 中央党校妇女研究中心2008年5月安徽省调研资料整理。个案NCX—3：吴某，女，主管人口计划生育的副县长。

的口号可谓妇孺皆知。但是很多人对男女平等的内涵并没有真正理解。即使一些人认为女孩比男孩好，也不是在平等意义上的理解。在河南拦河刘村的访谈中了解到：

> 问：如果能有选择的生，你怎么生？
> 答：一男一女，儿女双全。两个女儿的比两个男孩的好。
> 问：为什么？
> 答：怕生男孩子。
> 问：为什么怕生男孩呀？
> 答：养不起。生男孩，不算教育的钱，生男孩娶媳妇，要盖房子，盖房子十来万，结婚，聘礼最低的一万多，家里家电家具都在齐全。电视机、冰箱、洗衣机、空调、摩托车，3万都不够。婚礼吃饭的钱，女方办婚礼吃饭的钱，男方也要给，两方面的钱，加起来3万多。这样一算，10—20万左右。[①]

说女孩好是相对于男孩结婚花钱多而言的，是从男性的视角出发来考虑的，没有理解男女平等的真正含义。绝大多数村民内化的是传统的男权文化而非现代男女平等的法制观念。个体不仅受到传统思想的深远影响，也没有内化男女平等的法制权威。

因此，一方面，受传统男权制从夫居文化的影响，出嫁女等较小的群体被认为不再是本村的人，是"外人"。另一方面，坚持她们都不应该参与分配，或者应该减少分配的份额，也包含着个体的经济考虑。而村民对男女平等的法律制度了解的不够深入，并不认为自己的行为违反法律。所以，个体为最大限度地获得效益、文化上受传统性别观念的深刻影响以及缺乏对男女平等内涵的深入理解，这三个因素就构成了村民的个体理性，表现出重男轻女歧视女性的倾向。因此，在这类案子中，出嫁女等群体维权一般难以获得村民的理解和支持。

[①] 中央党校妇女研究中心2008年4月河南省调研资料整理。个案SSP—5：刘某，男，村民小组长。

三 社会结构层面的原因分析

当然,上述这种理性仅仅还是个人的意志,不能直接制约出嫁女等群体。还需要村民个体间互动,通过村民自治这一结构形式,形成村规民约这一社会系统,再反作用于个人。即通过村规民约"有依据"地剥夺女性的土地及其权益。同时,要维持这种情形的稳定性,还需要社会结构其他方面的作用。所以,社会结构也是村规民约中存在性别不平等的重要原因。

1. 村民自治与村落文化制度的制约

我国《村民委员会组织法》第二十条规定:"村民会议可以制定和修改村民自治章程、村规民约,并报乡、民族乡、镇的人民政府备案。"这就以法律的形式肯定了村民会议可以制定村规民约。村规民约中的一个重要内容就是经济管理,其中包括土地的管理、土地承包、宅基地划分等。因此,上述村民个体要最大限度地获取效益,只可能通过互动即制定村规民约的方式来实现。

但村民自治的结构并不利于性别平等的实现。首先,总体上看,出嫁女、离婚女等利益受损女性群体占少数。土地承包和租赁等都要通过民主决策,而且具体规定了民主决策的形式是村民会议或村民代表会议。"村级民主决策的基本组织形式是村民会议和村民代表会议。召开村民会议,应当有本村18周岁以上村民的过半数参加,或者有本村2/3以上的户的代表参加,所作决定应当经到会人员的过半数通过。"但出嫁女、离婚女等群体只占了一部分。少的如广东番禺占总人口的1%,多的如广西南宁兴宁区安吉镇皂角村,外嫁女加子女人数达到176人,占到全村总人口的20%[①],但即使如此在人数上仍然是少数。因此,从整体上看,村民会议或村民代表会议制定村规民约的时候,出嫁女和离婚女等群体由于本身数量少而在"民主决策"中处于不利地位。

其次,在村"两委"中女性数量也偏少。"村两委"在制定村规民约

---

① 全国妇联妇女研究所:《1995—2005中国性别平等与妇女发展报告》,社会科学文献出版社2006年版,第152页。

的实践中发挥了重要的作用,有些村委会和村支部直接作为村规民约的制定主体,或应县乡政府的要求制定村规民约。"村规民约早就定好了,也不是自己定的,是文件订的。它上面没有(不分给出嫁女土地)的,村代表可以决定。如有些家里已有一儿,女儿不愿出嫁,要把男朋友带回来,要宅基地,按法律要男女平等,但按村规民约就不得给。现在村民代表决定就算数,村干部做工作,给他解释。农村可不好解释,工作可不好做。这些东西不写在墙上,但它算村规民约,几千年遗留下来的。男孩可以成家立业,妇女就是人家的人。宅基地分给谁是组里管。如果不给她,女儿告到上面去,乡里一般要村里管,村里没办法,村里家家都有儿有女,要是女儿都要咋办?土地三十年不变也得变,国家工程占了地,比如马上要建京广高铁,占了地,得重分,分得不好,有打架的,农村工作可不好做。我在农村干了9年,30多岁开始的,老娘不叫我干,咱那个村比较难管。"①

女性在"村两委"中的比例较低以及"村两委"社会性别意识欠缺都会对村规民约中存在性别不平等产生影响。从全国来看,女性在"村两委"当中的比例偏低。2006年,全国村委会委员总人数2429577人,其中女性人数562777人②,女性人数占总人数的23.16%。在进入村委会的妇女中,正副主任更少,"女村委会主任仅占1%左右"③。根据联合国的有关研究,"任何一个群体的代表在决策层达到30%以上的比例,才可能对公共政策产生实际影响力"④。很显然,无论是全国,还是在地方,我们都没有达到这一比例。由于受传统性别文化的影响,农村村民很难从性别平等的高度来维护妇女的合法权益。因此,在进入"村两委"有限的女性中,能够以妇女代言人身份出发,积极维护妇女群体权益的更是少之又少了。

再次,村落文化的相互竞争与趋同。"村落文化是相对于都市文化而言的,它指的是以信息共有为其主要特征的一小群人所拥有的文化(包

---

① 中央党校妇女研究中心2008年4月河南调研资料整理。LC—7:文×(应被访人要求,姓氏为化名),男,村委会主任。
② 中华人民共和国民政部编:《中国民政统计年鉴—2007》,中国统计出版社2007年版,第202页。
③ 高小贤:《合阳县20名女村官是如何选出来的?》,《全国促进农村妇女参政项目经验交流会》,2008年7月,第12页。
④ 李慧英:《社会性别与公共政策》,当代中国出版社2002年版,第269页。

括伦理观念和行为规范)。"① 村落文化有相互竞争的倾向。如果这个小群体有若干成功与失败的指标,那么,人们就总是要竭力在这些方面超过群体内的其他成员。例如,一个村庄里的人会看谁能生儿子、谁家儿子多、房子气派。但村落中的成员又有在生活的各个方面趋同的压力。"这个群体中人人都要生儿子,没有生儿子的人也会感动趋同的压力。那些做了与众不同的选择的人,不会被看作是仅仅做了一种选择而已,而会被村落中的其他成员视为一个犯规者,甚至是一个失败者。"②

"村落文化中这种相互竞争又相互趋同的现象被心理学称为'从众行为',所谓'从众行为'实质团队对个体心理和行为的影响,指个人在团体中,因受到团体的影响和压力,使其在知觉、判断及行为上倾向于与团体中多数人一致的现象。"③ 在村民自治的实践中,我国传统文化中强烈的男孩偏好与村落文化的"从众行为"交织在一起。一方面,村落文化的趋同性决定了其男孩偏好。另一方面,村落文化的竞争性又决定了在男孩偏好的大背景下,相互间竞争谁能生儿子、谁生的儿子多,继而是孙子……体现在村规民约的制定与运行实践中,男主女从、女性权益被剥夺的性别关系就非常明显了。

2. 国家权威力量的"无奈"

首先,我国性别平等法律体系完整,但未能得到完全落实。以村规民约所能调整的最重要的资源——土地为例。对农村妇女的土地承包及其权益就有专门的法律规定。《农村土地承包法》第五条规定:"农村集体经济组织成员有权依法承包由本集体经济组织发包的农村土地。任何组织和个人不得剥夺和非法限制农村集体经济组织成员承包土地的权利"。第六条:"农村土地承包,妇女与男子享有平等的权利。承包中应当保护妇女的合法权益,任何组织和个人不得剥夺、侵害妇女应当享有的土地承包经营权"。第三十条对妇女的承包地问题做出了规定:"承包期内,妇女结婚,在新居住地未取得承包地的,发包方不得收回其原承包地;妇女离婚或者丧偶,仍在原居住地生活或者不在原居住地生活但在新居住地未取得

---

① 李银河:《生育与村落文化》,文化与艺术出版社2003年版,第63页。
② 同上书,第65页。
③ 同上书,第67页。

承包地的，发包方不得收回其原承包地。"第三十五条规定："承包期内，发包方不得单方面解除承包合同，不得假借少数服从多数强迫承包方放弃或者变更土地承包经营权，不得以划分'口粮田'和'责任田'等为由收回承包地搞招标承包，不得将承包地收回抵顶欠款。"这就是防止以所谓的少数服从多数的"民主决策"剥夺妇女的土地权益。

针对各地农村在延长土地承包期工作中发生的农村妇女土地承包权益受损问题，2001年5月8日，中共中央办公厅、国务院办公厅以中办厅字〔2001〕9号文件的形式发布了《关于切实维护农村妇女土地承包权益的通知》，第一次比较完整、系统地颁布了农村妇女土地权益保护的具体政策措施。目的是更好地贯彻落实党的农村政策，切实维护广大农村妇女的合法权益。

很明显，一些地方利用村规民约"有依据"剥夺出嫁女、离婚女等群体的土地等集体资源分配权益的做法是违背我国法律的，理应受到法律的制裁，不会成为一个社会问题。但为什么会有很多妇女的土地权益受到侵害？一个重要原因是这些法律和政策的可操作性差、执行力差，只有原则规定，而无具体细则的落实，使这些法律规定不具有可诉性。当非法剥夺女性土地分配权等问题实际发生后，受损妇女很难通过司法途径得到救济。

其次，政府"止步"于村民自治。就政府方面而言，很多人认为乡政府和村委会之间是指导和被指导的关系，政府不能干预村民自治。根据是中华人民共和国村民委员会组织法第4条规定：乡、民族乡、镇的人民政府对村民委员会的工作给予指导、支持和帮助，但是不得干预依法属于村民自治范围内的事项。在河南的调研时了解到：

> 问：说说你（因为土地）上访告状的经过吧。
> 喜梅：乡里是支持的。乡长说：看书记啥意见？金轩（村支书）说：各处情况各处办。我最气的就是这句话。

乡政府对于妇女土地权益受到侵害的回答是：看村书记的意见。而村支书说：各处情况各处办。也就是说各小组有各小组自己的处理办法。乡政府并没有对村民委员会提出指导性意见，而村委会又放任村民小组"自治"，农村妇女土地权益问题的最终决定权，变成了由村民小组想怎么办就怎么办。

再次,法院面对的"困境"。就法院而言,部分审判人员在审理村规民约侵犯妇女的合法权益时也陷入了困境。妇女的土地权益受到侵犯,到底是对村委会提民事诉讼还是行政诉讼。对于已经分配结束的土地资源及其权益,如果法律支持了妇女的请求,这一判决结果可执行吗?她们真正能够获得补偿吗?在安徽 FX 县调研时了解到:

"乡村民约从管理的角度是个好事,但是随着法律的不断普及,不符合法律规定的案件也出现了。典型的是外嫁女,一种是外嫁了,户口不迁出。还有就是娘家土地升值了,有补偿费,想转回来。但是按照村规民约,她们就没有钱。其次是土地二次承包、三次承包问题,只要嫁出去了,土地就收回。这是最近两年出现的新问题。按照法律应该是按户籍分钱,但是钱已经分过了,起诉也无法获得赔偿。目前遇到了十几起这种案例,都依法立案,但全部都停留在由政府调解的阶段。这些案例都发生在土地升值的发达地区,农村没有这种情况。虽然这些案情涉及的钱很少,但是原告主要是维权。"①

2005 年 9 月 1 日实施的《最高人民法院关于审理涉及农村土地承包纠纷案件适用法律问题的解释》第一条就规定:"集体经济组织成员因未实际取得土地承包经营权提起民事诉讼的,人民法院应当告知其向有关行政主管部门申请解决。集体经济组织成员就用于分配的土地补偿费数额提起民事诉讼的,人民法院不予受理。"更何况,即便受理了,法律支持妇女维权,但土地或土地补偿款等集体资源已经分配,执行起来也非常困难。

此外,关于村民委员会身份的争议,也导致了部分法院认为"无法立案"。理由是:妇女和村民委员会不是平等的民事主体,不受理妇女维护合法权益而提起的民事诉讼。部分女性尝试通过行政诉讼的途径解决,但按有关规定必须出具政府的行政决定,村委会无法出具行政决定,致使诉讼因缺乏合法的被告而无法进行。而一些出嫁女争取土地权益的案例以败诉告终,对村委会或小组制定所谓的村规民约"有依据"地剥夺女性的权益有一定程度的强化。

---

① 中央党校妇女研究中心 2008 年 5 月安徽省调研资料整理。个案 NCX—9:郭某,男,县法院副院长。

这会给奔波于政府和法院之间，希望维护自己合法权益的妇女平添了时间成本与经济成本。在河南的小寨杨村，一位出嫁不出村的妇女向访谈者道出了自己因为村规民约剥夺了土地承包权益而上访、告状6年的辛酸经历。村支书、乡长（乡书记）到区和市信访办、妇联，甚至市长也有签字，居然都不能得到有效的解决。寻求了司法途径，但是法院推来推去，一会儿推民事，一会儿推行政，到目前为止也没有得到解决。这种案例并不复杂，事实清楚，法律关系明确。正是法院的"不作为"为村规民约在实践中剥夺了女性的合法权益创造了条件。很多女性都经受不起如此长时间的折腾就放弃了，这种放弃不仅是利益受损的女性个人的悲哀，也是公权力的悲哀，政府和法律的权威居然难以解决发生在一个小组内部的土地权益纠纷。多年来，各地发生的妇女土地权益受损现象很多，但几乎没有通过司法途径解决的成功案例。司法与法律和政策规定脱节表现出来的不作为，在妇女土地权益问题上表现得非常突出。

3. 家庭制度的影响

家庭作为社会的细胞，在农村政治生活中的地位举足轻重。马克斯·韦伯也称中国为"家族结构式国家"[①]。"中国的社会单元是家庭，每个家庭既是经济单位，又是社会单元。村子通常有一群家庭或家族单位组成。"[②] 家庭制度对村规民约侵犯妇女集体资源分配权的主要体现是：父权制家庭文化的影响、户主制度和家族势力等三个方面。

（1）父权制家庭制度

父权制家庭制度，指的是以男性为中心的婚姻家庭结构，有三个特点：首先，以父系为中心的家庭体系明显突出了代间尊卑主从关系，传统中国家庭的主从尊卑关系秩序依次是：辈份优先（长辈优先），年龄优先（长兄优先），性别优先（男性优先）。其次是从夫居，女性结婚要到丈夫家居住，并照顾丈夫、公婆及孩子，几乎不能赡养自己的父母，甚至改随夫姓。再次，父系传承，以父传子、子传孙延续家世。所以，父权制家庭制度的三个特点决定了一种观念：男尊女卑，儿子才是传后人，女儿是"外人"，是要嫁出去的。虽然自工业革命以来，女性获得了一定程度的

[①] 参见费正清《美国与中国》，张理京译，世界知识出版社1999年版，第22—28页。
[②] 朱宇：《中国乡域治理结构：回顾与前瞻》，黑龙江人民出版社2006年版，第25页。

解放。"但是，女性以家庭为主、男性以挣钱为主的男外女内格局并未根本改变。"①

父权制家庭制度对村规民约的影响主要表现在重男轻女上。在安徽省FX县小井庄，一位受访者指出：

"各组都有预留地、机动地。有一小组有个双女户，大女儿招婿上门，小女儿还在读书。如果小女儿还想招婿上门的话，由村民小组长召开小组会议决定。参会人员包括小组的组长、会计、小组各个家族的代表等共同决定，或者是全体的组民开会决定。对于一些重大问题，小组需要跟村委会讲，也需要他们参加。"②

双女户的二女儿想招婿上门的话，需要召开小组会议，由村民来决定是否同意。而男孩从来不存在这个问题，无论几个男孩，娶妻到自己家居住是天经地义的，不需要小组开会决定。究其原因，因为儿子是当然的家庭继承人，而女儿"理应"嫁出去，是外人。所以，男权制家庭制度造就了男女不同的家庭身份，村规民约又维护着这样的家庭制度。

（2）家族势力

所谓的家族势力大就是人丁兴旺，男为丁，女为口，这是男权主宰的民间制度形式，这种民间法则至今仍然存在并产生实际影响。家族势力大本身就包含着男孩偏好倾向。如果家族势力大，可以掌控村规民约的制定，多分资源。前述河南小寨杨村的访谈案例中就比较明显："选村民小组长，都选自己的亲人。他一个爷们的人，兄弟、本家多。自己私心重，他没姐妹。分那个田，小孩没有份，一人可以分到1800；小孩参加分配，一人分到1600。扒了小孩的地，多200块，她一家四口就多出800。"③

这是一个非常典型的家族势力操纵小组资源分配的案例。即便都姓杨，还有亲疏远近之分。村民因为自己家族的人数多、实力强而把自己的亲人选为小组长，而自家的孩子少，如果孩子参加土地补偿款的分配，那么组里每个人就少分200多。由于小组长家没有较小的孩子，所以在小组长的操纵下，将孩子的地扒了，这样她家四口人就多分800多。在这种利益的驱使下，该小组的家族势力才通过少数服从多数的"民主决策"将

---

① 李慧英：《社会性别与公共政策》，当代中国出版社2002年版，第14页。
② 2008年5月中央党校妇女研究中心安徽调研资料整理，集体座谈NCX—11。
③ 中央党校妇女研究中心河南调研资料整理，集体访谈JYH—12：喜梅等出嫁不出村的女性。

小孩和外来媳妇的合法权益剥夺。

（3）户主制度

户主制和土地承包制度相互交错，使得女性的利益容易被忽略。"从家庭内部关系来看，以家庭为单位进行土地承包经营，家庭便成了一个经济单位。合同是由户主签订的，家庭承包土地的份额是依据现行人口来计算的。"① 但是，户主制度在夫妻离婚的情况下对女性不利。家庭一旦破裂，家作为整体就不复存在了，家里的土地承包及其权益通常就变成了户主所有，而农村家庭的户主几乎都是男性。由于绝大多数妇女都是从夫居，主要社会关系都是依靠丈夫在婆家村建立的，离婚后一般都不会继续留在丈夫村。这样离婚妇女的土地等权益就不复存在了，她们需要加入另外一个家，才有可能通过丈夫的家，等待集体资源分配的机会。因此，户主制度在"夫妻财产共同所有"的掩盖下忽略了成员间的差别，从而对女性不利。

总之，个人的理性通过社区村民自治形成村规民约中社会性别不平等系统，而国家力量的不作为、家庭制度等因素都不同程度上为这一系统的生存创造了条件。共同铸造了村规民约中的性别不平等。

四 调整路径探索

1. 对村规民约的法律规范

对村规民约进行调整，将性别平等纳入其中，是有法律依据的。《村民委员会组织法》第二十条规定：村民自治章程、村规民约以及村民会议或者村民代表讨论决定的事项不得与宪法、法律、法规和国家的政策相抵触，不得有侵犯村民的人身权利、民主权利和合法财产权利的内容。最高人民法院关于执行《行政诉讼法》若干问题的解释第1条规定中，把行政诉讼的范围扩大到了具有国家机关行政职权的组织及其工作人员的内容，第20条第3款也规定了法律、法规或规章授权行使行政职权的其他组织可以成为被告。笔者认为，这里的组织包括基层群众性自治组织。况且，村委会所从事的工作本来就是一种公共管理工作。

此外，宪法序言最后一段的最后一句话是："全国各族人民、一切国

---

① 李慧英：《社会性别与公共政策》，当代中国出版社2002年版，第122页。

家机关和武装力量、各政党和各社会团体、各企业事业组织,都必须以宪法为根本的活动准则,并且负有维护宪法尊严、保证宪法实施的职责。"宪法第 5 条第 5 款规定:"任何组织或者个人都不得有超越宪法和法律的特权。"这里都规定了组织是不得违宪和违法的主体,当然包括村委会这样的基层群众性组织也不得违宪违法。因此,乡镇的人民代表大会应当介入对村规民约的合法性审查。

2. 政府积极干预

政府作为国家权威的代表,是可以而且有能力干预村规民约中存在的性别不平等问题的。如青岛李东村原来的村规民约中,明确写着"出嫁妇女需将户口迁出"的规定,村民们并没有认为这有什么不合理。区委、区政府在贯彻妇女、儿童"两纲"规划时,有针对性地落实保障农村妇女儿童群体的合法权益,才使村民们认识到一些村规民约的条文侵犯了妇女的合法权益。因此,该村前后三次修改"村规民约",去掉了歧视外嫁女的有关规定,并将"外嫁女"的宅基地、农转非、社会养老保险等重大问题补充到"村规民约"中去。据了解,该区已有 3260 名未离开本土本村的外嫁女在政治、经济、生活待遇等方面得到保障,99% 的村都给外嫁女缴纳了养老保险金。①

政府要明确自身在指导村民依法自治、维护妇女合法权益方面的责任。妇女因村规民约侵犯自己的权益而向政府寻求解决时,政府需要出示书面的处理意见,对依法不属于自己管理的也需要通过书面意见告知。如果对处理意见不服的,可以向上级政府提出复议,或直接向人民法院提起诉讼。这样可以防止政府、法院之间相互推诿。

3. 创新社区规则

村规民约规定男女资源分配不平等,剥夺离婚女、出嫁女等群体的分配权益,也存在一个技术上的难题。即土地等集体资源的无法跨村(甚至小组)扭转以及小组内调整周期较长,而女性要因婚姻而流动(一般都是跨小组流动)。1993—1994 年,广东省南海平洲区在农村土地经营权

---

① 参见席淑君《青岛李沧区农村三改村规民约——外嫁女享受村民待遇》,《中国妇女报》2002 年 10 月 29 日。

的股份化改革上摸索出了一套在工业化和城市化较高的农村解决妇女土地权益的经验。

平洲区的经验概括起来就是"固化股权、出资购股、合理流动"。固化股权,就是将土地承包权变成"资源股",自然配给所有拥有土地承包经营权的村民,资源股不能继承、转让、买卖、抵押和退股取值,是土地收益分红的凭证。资源股一旦量化到人,就实行增人不增股,减人不减股的股份总量控制的措施。所谓"出资购股",是指增量资源的股份化,增量资源包括村集体厂房、场地出租以及物业经营收入,这种股份就是"物业股"或"现金股"。由于物业股是增量股份,不实行自然配股,以现金购入或套现退股。物业股同资源股(土地股)具有同等的分红权利,优先供村民特别是村里的新增人口购买。当物业股有剩余的时候,还可以向村外人开放股权。"合理流动",主要是通过土地经营权的股份改造,促进土地资源、资金在村内及村外的合理配置和股权流转。

就平洲的经验来看,经过土地经营权的股份化改造,农民获得了两种股份:占总股本份额较低的"资源股"或"土地股"(一般占20%左右)和占份额较高的"物业股"或"现金股"。由于土地股份占个人总股份比重不高,即使新增人口不能获得这种股份,对其收益所造成的影响也不会很大。而"物业股"是增量股份,具有扩张性(如扩股、配股)和股权流转性质,因此,迁入者和迁出者可以选择购买股份或兑现股份。从而使嫁入及嫁出的妇女都能获得农村土地使用收益、土地征购补偿及集体分红。[①]

4. 开展社会性别宣传和培训

在调整违法村规民约的过程中,对直接或间接参与村民自治和村规民约制定的有关人员,进行社会性别意识和性别平等法制观念的宣传和培训非常重要,以确保村民自治依法进行,村规民约能保护妇女的合法权益。领导干部的培训包括县乡两级主要领导干部的培训和"村两委"的培训。领导干部是公共政策的制定者和执行者,他们对村规民约的制定起着指导和引导的重要作用。只有让领导干部了解性别平等的内容,他们才能将性

---

① 全国妇联妇女研究所:《1995—2005 中国性别平等与妇女发展报告》,社会科学文献出版社 2006 年版,第 157 页。

别平等内容和现有的政策结合在一起，制定出具有性别平等意识的政策。"村两委"不仅是村民会议和村民代表会议制定村规民约的组织者，而且本身直接制定了很多村规民约。"村两委"是政府和个人之间的纽带，对村民而言，实际上代表了国家权威。他们能够对依法制定村规民约起着导向和把关的重要作用。

5. 倡导移风易俗

通过移风易俗，鼓励婚居模式多元化，减少直至消除婚丧嫁娶风俗仪式中男孩偏好的倾向。单一的从夫居模式强化了必须生男孩，男孩才能养老，男孩才能传宗接代，女儿是"外人"等观念。所以可以提倡从妻居、"两边蹲"等多元化的婚居模式。如江西梅湾村招赘婚居模式占总户数的38%，中央党校妇女研究中心在周山村倡导的女娶男嫁等，都是对传统男娶女嫁从夫居单一婚居模式的超越，有助于将性别平等纳入村规民约，特别是其中婚丧嫁娶等非成文村规民约当中。

将性别平等纳入村规民约是一项庞大的系统工程，是对传统文化中根深蒂固的性别结构的超越，而且事关每一个村民的切身利益。当前需要对村规民约运行的实践进行分析，找出其性别盲点，提出具有操作性的对策；探讨如何推动性别平等纳入村规民约，如何推动基层领导干部和草根人群性别平等理念的提高，并推动他们积极地调整村规民约；对于村规民约侵犯妇女合法权益的现象，如何进行有效的救济等，以利于不断地推动村规民约指向性别平等。

一个性别平等的村规民约是如何产生的

——河南省登封市周山村村规民约修订纪实

杜芳琴 梁 军①

编者语:"父权制"并仅仅是存在于家庭内部的结构,也是社区生活的基本原则之一,尽管村庄已经具有了现代社会的自治形式,但基于父权制的潜规则,在涉及农民切身利益的身份认定、集体资源和福利分配等问题上,仍然起着决定性作用,并且以多数决的形式,使父权制披上了现代民主自治的外衣。如何改变仍然支配着村民意识的村庄集体父权,是一件十分棘手但又必须做的事。通过自下而上的参与修订村规民约,尝试用性别平等的显规则代替"父权制"的潜规则,中央党校性别平等倡导团队在河南周山村进行了一次有意义的试点。

在治理出生性别比失衡的行动中,将社会性别纳入人口议题具有独特意义。中央党校妇女研究中心牵头的性别平等团队的做法是将自下而上的基层草根大众参与增权改变导致男孩偏好的做法与自上而下的性别平等政策倡导结合起来,以期标本兼治治本为主之效。该文重点追踪记录并理论化性别平等团队从草根切入、通过在基层民众的参与式调查研究找到男孩偏好症结——来自父权制两大遗产——"传宗接代"的价值取向与"养儿防老"的实际困难;然后在实践中探索通过行动研究方法,用参与式的增权活动提高草根人群的性别意识,进一步追根溯源,以期摆脱父权制的"外在压迫"与"内化压迫";从而激起变革的热

---

① 杜芳琴,天津师范大学性别与社会发展研究中心主任,教授;梁军,河南社区教育研究中心主任。二人同为中央党校妇女研究中心性别平等政策倡导课题组性别专家成员。

情，制定行动计划，从个人、家庭与村庄的层面改变成见、惯习、陈规，建树融入性别平等的新思想新制度新风尚。周山村的变革仅仅是迈出草根行动的第一步，然而是深刻的治本之路；周山村案例也显示了草根行动推动社会变革的必要性与可行性。

一 介入：性别平等团队受命参与治理出生性别比失衡

我国的出生性别比自1982年以来逐年攀升，官方公布的数据到2008年达120.86，2009年略有下降但仍在119以上，成为世界上出生性别比失衡最为严重、失衡持续时间最长的国家。为治理出生性别比失衡，从2003年起在全国范围开展"关爱女孩行动"。2008年初，国家计生委支持中央党校妇女研究中心组建"性别平等政策倡导课题组"（以下简称"性别平等团队"），开展"在关爱女孩行动中推进性别平等"行动研究项目。性别平等团队成员来自党校、高校、社科院、妇联和妇女NGO，她们是性别平等的研究者和实践者。团队确定了研究路径：一是通过研究进行高层政策倡导、培训各级领导干部改进计生工作，一是从基层民众参与式社会性别培训改变生育观念与行为方式，汇合为自下而上基层"草根变革"与自上而下政策倡导和管理改善互为支持的合力，为纠正男孩偏好创造有利的政策、制度与文化环境。本文立足村庄基层草根行动，记录并理论化周山村通过修改村规民约如何为纠正男孩偏好迈出治本之路第一步。

这一行动研究计划是建立在性别平等团队一年多的调查研究基础上的决策。性别平等团队成员在河南、河北、安徽、湖北、广东等省农村深入的草根调研中，发现父系传宗接代、养儿防老的观念和需求是导致强烈"男孩偏好"的最重要因素，父权制制度、规则在这些出生性别比失衡严重的地区依然有生命力，这些制度规则不但以文化习俗的形式无孔不入，还顽强地存活于家庭、社区制度结构甚至表现在政策制定与管理机制中。这些充斥着性别歧视的制度、规则与民间风俗、日常生活、行为习惯，与农民目前的实际困难（如贫困与养老等）交织在一起。在缺乏社会性别视角透视的情况下，人们往往不能马上洞察它们之间的联系，反而因为司空见惯而视为自然而然、天经地义，因而不能改变。而周山村的案例则揭示了性别平等团队与基层民众/村干部的密切合作，通过参与式的社会性别敏感的调研、研讨、培训,激发参与者自己发现问题、自我教育、自我增权付诸行动改变现状的必要性与可行性。

二 诊断:基层把脉发现症结,制度/文化探寻根源

(一) 方法论:从民众需求出发,看男孩偏好背后的制度建构与解构

性别平等团队秉承女性主义行动研究路线,强调研究与社区干预以促使变革的密切结合。这就要求不但需要把性别平等议题与人口议题密切整合,从性别视角发现以往不曾烛照到的性别不平等而导致性别偏好的问题,而且,也是更重要的,行动研究的目标在于从实践干预入手取得变革性的突破,探索具有推广价值和可持续的路径。

治理出生性别比纠正男孩偏好的女性主义行动研究的操作路径与方法不同于一般的应用研究,在于它是从基层农民的心声需求出发,探索标本兼治的新途径。因此,我们首先开展田野调查,调查的重点主要围绕着农民为什么一定要生男孩的意愿,接着,在原因分析中进一步探索解决问题的途径。我们发现,农民强烈的生男偏好是受制于个人、家庭、社区,以至社会文化习俗和制度环境交互作用的结果,是社会历史文化的建构,不是与生俱来,天然如此的;这种建构同样发生在我们每个人思想行为中,不单是农村民众,只不过他们是期望变革的能动群体。我们的责任是与他们一起探索变革的路径与工具,那就需要从农民的生活思维逻辑中听到真实的声音、寻找真正的根源,然后找出有效的解决策略、路径与方法。

事实上,听声音、析原因、找对策的调查研究过程就是对以往建构的性别体系结构进行解构的过程。解构的策略是将研究解构的对象置于特定的环境中,即河南省这一中华民族发祥地和具有悠久儒家文化传统的农村。性别平等团队在两市(漯河市、郑州市)四县/区(漯河的郾城区、源汇区与舞阳县,郑州的登封市)进行比较宽泛的调查研究的基础上,又选择登封市大冶镇周山村进行更为深入的调研与社区实践,探索实现抓民生、促计生、推动性别平等的社区政治、经济、文化重构,建立和谐社区的目标。

在这一过程中,参与式(PRA)是贯彻始终的理念与方法。参与,不仅仅是一种得到尊重的权利,而且可以是基层人群提升权能,更是他们

增权（empowerment）激发实际变革的有效工具。"参与式"的理念时刻提醒研究者：我们是谁？我们面对的合作伙伴是哪些人群？（who）要解决的问题是什么？（what）这些问题为什么存在？（why）如何实现变革？（how）女性主义行动研究者也深信，只有"参与"不一定能解决社会性别问题，必须时刻保持敏锐的社会性别警觉，要不断自省：参与中妇女在场还是缺席？如何看待与处置"局内人"和"局外人"的关系？尤其作为性别团队专家，与本地人的权力关系如何处理？面对这些问题需要从社会性别视角和性别分析给予一一解释和解决。

（二）听声音，找症结：为什么一定要生男孩？

作为当地行动研究和社区干预经验丰富的河南社区教育研究中心，从2005年就开始对农民的生育意向进行参与式调查和研讨。行动研究不同于一般的应用研究就在于不但听对方的，还要一起分析原因与改变的办法。中央党校妇女研究中心性别平等政策倡导团队从2008年初组建后，在河南省的三个县市的五个村庄进行深入个别访谈和按照分性别、年龄、职务的小组焦点访谈和座谈。尽管是在不同社区、不同时间的访谈，但在男孩偏好上几乎没有区别。且听农民如何说：

1. 要男孩，愿望强烈——"罚款也会要"，"头胎是女孩的，百分之百做 B 超"。

  问：如果第一胎是女孩，还要不要二胎？
  答：要！没有指标，罚款也会要。
  问：为了保证第二胎是男孩会不会去做 B 超？
  答：头胎是个男孩的，很少去做 B 超，不管二胎是男孩还是女孩，都可以接受；头胎是女孩的，百分之百去做 B 超，除非精神不正常。
  问：有人打掉女胎吗？
  答：多啦！为了第二胎要个男孩，做 B 超（连续）打掉 4、5 个的都有。[①]

[①] 该文所引访谈记录皆出自中央党校性别平等政策倡导课题组"草根调研报告"（2008年8月，内部资料）。

2. 为什么一定要生男孩？四大理由，两条优先——传宗接代、养儿防老。

在近5年各种场合的调查中，当问到为什么一定要生男孩，部分男女和干部群众，都会说出四大理由——传宗接代、养儿防老、体力劳动、家庭收益，也有提及家族势力的，但河南的家族力量比起南方一些省份要弱得多，在此可以略其不计。

在接下来的参与式研讨中，村民们逐渐排除了体力劳动是一定生男孩的理由，因为事实上农村妇女已成为主要劳动力；她们承担了几乎所有的重体力劳动，有些劳动像扛麻袋、笨重的农机具要略加改进就男女皆宜。至于家庭收益，经过讨论，认为儿女都有回报；目前事实上对儿子投入更多。于是，男孩偏好的动因便聚焦于两个方面——传宗接代与养儿防老。接着又一轮讨论开始了：

养儿防老牵动着男女老少、村干村民，尤其是身为父母的老人和准老人（50岁上下到65岁的人），他们的养老期待与现实存在发生严重的悖论——一边是父母含辛茹苦，生儿育子，盖屋娶妻，指望儿子回报养老；一边是老人的养老困境普遍存在，他们活到老干到老，负担沉重，生活无保证，精神孤独，缺乏亲情。用老人的话来说：

啥叫养儿防老？不打你骂你，就是孝顺孩子。

一个老人能养一群孩子，一群孩子养不住一个老人。孩子越多越不行！

生个男孩是面子好，生个女孩是命好。儿子多了是罪孽。儿子越多越不养老。

养儿防老，防个屁！防个零！

养儿不一定防老，有儿不一定养老，孝顺儿子在减少，弃老虐老屡有发生。老人们在谈论现状和所处晚景时，多是无奈加忍耐。特别是当老老人（一般80岁以上）和病老人不能自理时，或由儿子"轮养"或儿子"分养"，完全"寄儿篱下"，但在照顾与精神生活上危机不断。如分养的极端例子：老夫妻由两个儿子赡养，儿子和媳妇不许老夫妻见面，怕比较优劣议论是非；老娘对女儿说"你哥叫我们离婚呢"。轮养一般是按10天、半个月、一个月等时间计算，老人轮换到儿子家吃住，一位80岁老太太在奄奄一息时因轮养换家的时间到了，强行被抬走，竟死在途中。

村民又怎么看"传宗接代"？当首先问"什么是传宗接代"时，他们说：

> 就是有个后继，后继有人是"正事儿"；没人传后，村上就没这一户人了。

这就是村民理解的"传宗"，也就是对得起祖先。当再问到底传什么时，大家讨论的结果说是传姓氏、继承房子、家产……这就是"接代"。村民认为，完成了传宗接代义务的也就完成了一生的事业成就，这正如费孝通先生在《乡土中国》所说的农民所经营的事业的成功标志。

当再进一步问传宗接代在现实中有什么意义时，村民说：

> 清明节没人上坟，没人烧纸，这一家就算是绝了，家里没"人"了，还有啥？活着不带劲！
>
> 弟兄多了好，红白事场面大，热闹、排场；单门独户，说句话都不气势；男孩多，给人是一种压力，往那儿一站，别人都不敢吭声（发出声音）；竞选干部、分配宅基地，谁家人多谁沾光。

由此看来，传宗接代与养儿防老是密不可分的。在对村民进行生男理由的优先排序中，传宗接代每每稳居首位（100%）；而养儿防老排在第二（96%）；多次的参与式调查都一样的结论。[①] 可见男孩偏好的症结所在也是改变的切入点就是这两个主要因素；只不过前者侧重思想观念，后者重在实际困难。这一调查结果直接影响到下一步的变革计划与策略方法。

（三）男孩偏好的历史与制度性根源

传宗接代与养儿防老有什么关联？二者与男孩偏好的关系是什么？这需要在中国历史文化脉络里去探寻。笔者在对以周礼为标志的父权制的研究中，发现一套若干原则和具体制度交织的运转模式，而性别关系密绵交织其中，

[①] 从2005年到2009年底，河南社区教育研究中心在多次关于男孩偏好和农村养老的参与式社会性别培训中，无论用贴纸条还是站队的方法，都得出这样的数据。

在注入该制度生命延续与横向扩展机制的恰恰是性别制度；换句话说，正是性别制度支撑起周贵族家国一体的父权制制度体系。如表1所示：

表1　　　　　　周代父权制运行与性别关系（制度）①

制度		原则	运作
婚姻制度		男女有别：男尊女卑，男内女外，利内则福，利外取祸	男婚女嫁从夫居；一夫一妻多妾别嫡妾
家（宗）族（庭）制度	生育制度	尊尊；父系传统，男女有别	父姓父居，重生男
	继承（分封）制度	尊尊，亲亲	以尊尊经亲亲：权力交接——立嫡子 利益分配——别嫡庶
	丧服制度	亲亲，尊尊，男女有别	别嫡庶然后别亲疏、别男女
	庙祭制度	亲亲，尊尊	以亲亲经尊尊，立庙（宗庙）祭祀追怀男系祖先
分工（域）制度		男女有别	男外女内；男主公外事女主中馈，男事农桑女事蚕织

按照周礼的法则，只有生儿子才叫传宗接代，才能防老。父系、父姓、父居的父权家庭要想有儿子，必须通过男娶女嫁的婚姻程序娶妻生子；制度要求的父权制交换规则必须把女儿嫁出去，因而女儿不能对生养父母养老尽养老责任，自然也不应继承家产。可见传宗接代与养儿防老是父权制家庭运转与意义的两个密切相关的关键环节和核心价值所在。

"传宗接代"作为制度在历代汉族社会根深蒂固，由此建构的传宗接代的观念已经内化到人们心灵深处，成为人生的终极目的和一种"集体无意识"。传宗接代的实现需要婚姻制度作为中介，父子相承的家庭制度才得以建立；那么接下来"养儿防老"不仅成为父权制的意识形态，更是农村老人现实困难，他们在期待养儿防老和现实中有儿不养老的怪圈中难以解套。

这两条来自民间呼声的男孩偏好症结所在，也正是性别平等团队需要致力探索的重点。

三　变革：从参与和增权开始

性别平等团队需要实践中探索引发变革的可操作的经验，于是团队成

---

① 此表根据杜芳琴《等级中的合和：西周礼制与性别制度》（《妇女学与妇女史的本土探索——社会性别视角和跨学科视野》，天津人民出版社2002年版，第99—128页）整理而成。

员除了解决理论的社会性别在出生性别比男孩偏好上的原因实质外,也首先需要解决操作层面上理念与方法问题:即谁来推动变革?用什么方法促使与催化变革?如何针对基层民众的生男偏好的心结与迷局有的放矢地解结松套?这一系列的问题催生了性别平等团队如下变革计划。

(一) 组织策略与方法

变革动力(agency),就是寻找在基层发生变革的力量。性别平等团队在调研中认识到三种力量是促进基层变革的重要力量:一是村庄干部群众,而以往被低估了的动力,特别是妇女参与变革的重要性更经常被忽略;二是当地党、政和非政府组织(如妇联)的介入,这些机构组织的支持、撑腰是至关重要的;三是外来者(如上级计生委与性别平等团队),所谓社会研究的"局外人",在这里不完全是冷眼旁观(所谓客观观察)者,而是冷静观察、诚恳学习、深入思索、激励伙伴行动的多重角色,其主要作用就是带来性别平等理念与参与式方法,作为外界的推力,与当地基层人员的动力、党政机构及妇联的撑力互促互动进入改变的行动,具体来说,促成第一步目标的实现——试点村村规民约的顺利修订。[①]

方法:参与式(PRA),全称是参与式农村评估(Participatory Rural Appraisal),是发展学重要的理念与方法,社会性别与参与式的结合也是女性主义行动研究的基本方法路径,特点就是行动研究者与合作伙伴的平等讨论商讨,解决共同确定的议题。将社会性别理念的参与式引入纠正"男孩偏好",如上所论,需要解开两个"死结"——"传宗接代"与"养儿防老",这实际上是对参与其中的每个人都是一种解放性的行动过程,该过程是参与者与协作者平等参与、提出问题、共同研讨以求解决的互动过程,也是提高社会性别意识、激发变革的动力的思想解放的过程。行动研究者充当参与式中"协作者",而基层民众就是参与的主体,双方是合作伙伴关系,没有等级高下之分。协作者不但善于调动基层干群的主体性与创造性,善于营造使参与者既有自我表达、解释、反省的氛围,又有能与合作伙伴进行分享、交流和协商的机会;而且当遇到关键性的困惑与尖锐的利益冲突时,协作者常常会用融入性别平等理念的、与当地情境事例结合的、用生动感人地方语言的小

[①] 杜芳琴、梁军:《周山村村规民约修订纪实》,中央党校妇女研究中心性别平等政策倡导组《悄然而深刻的变革》,河南人民出版社 2009 年版,第 23 页。

讲座以启发思考，使参与者感同身受地揭示父权制对个人的压迫和内化了的自我压迫，以及改变的必要，从而收到有效的增权效果。

（二）具体做法：参与式社会性别增权——认识处境、思考成因与自愿变革

什么是增权（empowerment）？女性主义的解释是指人们获得能力认识自己的真实处境并思考形成这种境况的因素，从而采取行动改善自己的处境，具有制定行动议程、开展活动以改变的能力；同时还必须具有理解压迫与"内化的压迫"的能力。这是一种连续不断的过程——从认识自己处境开始，分析身处困局的原因，找出解套的策略，并开始改善的行动。具体到纠正男孩偏好，需要将社会性别分析批判视角方法贯穿所有环节和过程。

首先，需要获取关于性别议题的新知并联系对上述困扰村民的传宗接代、养儿防老的观念与实际困境进行性别分析与批判反省，在此基础上进行制度文化归因分析；然后找出变革的切点与途径，制定行动计划进行变革实践。这就是在周山村进行的纠正男孩偏好参与式社会性别增权的主要步骤与内容，详述如下。

1. 提高认识：解析、批判、反思与探因
（1）解析传宗接代

尽管男孩偏好第一动因是"传宗接代"，但多数人并不知"祖宗"这个男性传统的文化符号指的是什么，续家谱、修宗祠目前在中原农村也很少见；婚嫁前祭祖先、清明等节令上坟只是一种风俗遗留，然而断子绝孙的恐惧却深深地烙印在村民内心。当解析"祖"就是男性祖先，其符号就是祭祀男性生殖器；"宗"是祭祀祖先的场所，会意字的符号是祭祀男祖的房子，大家明白这是男性主导的社会的产物，不是自古如此的。接着，再与村民讨论"传宗接代"到底传接什么、怎样传、带来什么时，大家很快达成共识："传宗"不过是传父系血脉，而母系血统被淹没不计，传男方祖上的姓氏这个"外壳"有失公道、传上辈象征经济实力的财富也提前让渡给儿子，女儿无份，不太公平；"接代"不过是通过娶妻生子生孙，以至无穷。这一运行规则，即便是其刚性的原则——父系、夫居、养儿、儿养，也不是天经地义，不可变更的；至于其灵活、权变的一面——过继、收养、招婿、接脚、改姓、童媳……这些为父系传承得以实现的做法有违情悖法，后来有的被废弃淘汰（如童养媳），有的顺应时代被提倡而发扬光大了（如招婿),大家认识到没有不变的"祖宗之例",祖宗老例也要看是否合理,是否符合现代的需要。更主要的,增权活动深入到参与者自身的认识方法和价值观,于是开始反省"传宗接代"如何内化到自己的心灵深处,成为人生终极目标,不问缘由、不计得失的非理性冲动形成一种"内化的压迫"进行解析。每个人都有不同的压迫感,男性要生子延续香火,养家糊口;妇女作为生育载体,迫于压力生男意愿更为顽强,婆媳不和,妯娌竞争,邻居讥讽,都使他们烦恼痛苦不已。① 这些父权制的内化压迫,在参与增权活动中通过分享经验、意识提高得到摆脱。

(2) 剖析/反思"养儿防老"("养老送终")的困局

如果说认识传宗接代是认识、观念或曰"面子"的事,那么"养儿防老"对农民来说,其两种含义——一是"养老",二是"送终",已经成为他们现实生活中难以解套的困局,牵动千家万户,干部群众,议论纷纷、焦灼不安,急需通过有力的剖析利器梳理纷乱的现象,找到症结,明了就里,以脱出困局。

困局一:有子不养

首先,协作者与村民一起分析造成有子不养的制度根源,是父系基础规则继承制遇到挑战,当今的父母已经不是家产的所有者,土地国有,口粮田和宅基地赋予社区的分配权,而父母只是临时的管理者,只要儿子到了结婚年龄,必须为其盖房建屋,娶妻生子,父母靠儿子养老;而外嫁的女儿不能继承,也不能养老。

接着一起分析由于世事变迁,代际分居已是大势所趋,父母提前让渡财产,过早丧失经济权,晚年失去尊严;一旦儿子孝道不举,老一代陷于养老困境在所难免。

困局二:婆媳关系紧张

正是因为男婚女嫁的婚姻家居模式,造成了婆媳矛盾的"千古难题"。

从制度探因,一是男婚女嫁的夫居制造成已婚妇女在娘家和婆家身份的撕扯——孝顺的闺女是娘家的"外人",父母有病或年老被剥夺了回家照顾的权利;同为一人身为婆家人的媳妇被婆婆指责为"不孝顺"。于是

---

① 杜芳琴:《男孩偏好的深层文化根源:民俗风习中的性别歧视的调查研究》(2008年,内部资料)。

"养儿防老"演化为一场女人间的战争。二是传统性别分工制度,使媳妇和女儿成了被掩盖的照顾者。参与式调查表明,在衰老多病需要照顾的老人家中,儿子只是负责挣钱和买药,女儿回家探望、洗脏衣服、说心里话和买营养品等,而媳妇承担日复一日的照顾生病、洗衣做饭。

从舆论评价来看婆媳矛盾中存在着严重的性别偏见与不公,婆媳关系话题已经成为村庄公共舆论焦点,媳妇成了替罪羊。村干部一谈起来就认为婆媳矛盾80%怨媳妇素质太差;公婆也说儿子想孝顺,怕老婆,不敢行孝;丈夫们说:"老爷儿们必须拿得住(控制)媳妇,拿不住不行!""拿",就是控制压迫的一种表现。

从困局分析中,参与者一个个恍然大悟,原来制度与习惯对自己的控制压迫如此严重,以往浑然不觉,又难以解结松套;今天该怎样砸碎无形的锁链?于是,大家一起诊断症结,以便对症下药。

2. 症结诊断图

由传宗接代和养儿防老形成的男孩偏好,由此引发出生性别比失衡,已经构成人口安全的忧患和个人幸福的共同障碍,要想改变必须从动摇父权制根基做起,改变我们生活在其中的以习惯风俗表现出来的父权制结构体制。于是协作者与参与者一起制作了一个出生性别比失衡的症结诊断图,得到村民的普遍认同(图1):

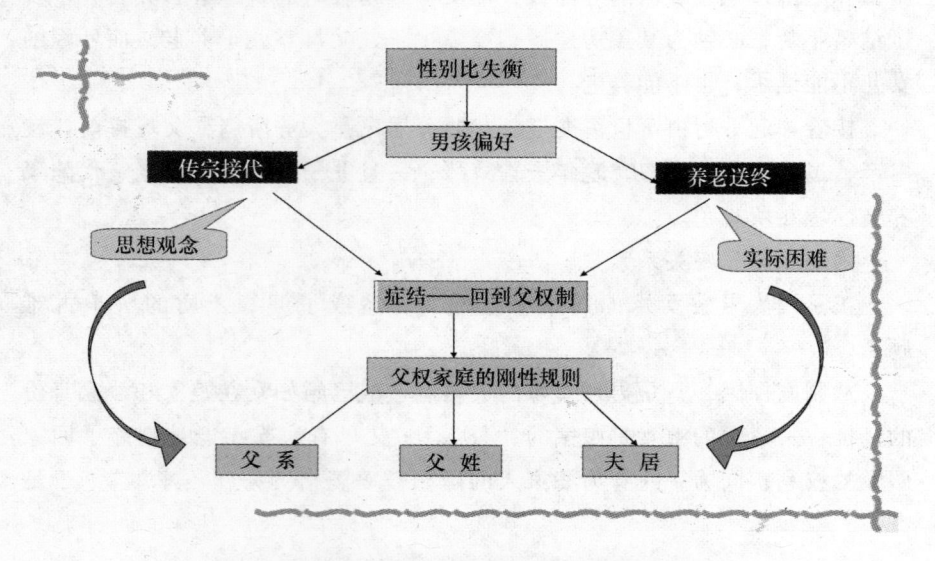

图1 出生性别比失衡的家庭父权制症结诊断图示

这是从家庭父权制着眼看男孩偏好症结之所在，由传宗接代的思想观念与养老送终的实际困难导致的男孩偏好根子还是在父权家庭的父系、父姓和夫居的刚性规则上，要破解必须回到治本之道，在改变父权制规则上用力。

3. 制定行动计划：改变"男孩偏好"的治本之路

究竟怎样撬动家庭父权制的刚性规则？协作者又与村民一起讨论这样的问题：既然大家认识到生男偏好的根子出在家庭层面，靠个人和家庭能改变吗？答案是否定的。于是又进入家庭之外社区（集体）的父权制系统的讨论。

首先讨论家庭父权制规则靠什么巩固？其中扎根于民间的民俗像婚俗、生育、丧葬等仪式风俗一直在内化着人们的观念，泛化为一种集体无意识行为；更重要的这些视而不见而又认为理所当然的风俗文化还固化在村庄管理规则约定等非正式制度上。协作者将调研中发现村民所在村庄村规民约进行分析，发现由于一种集体无意识，干部群众一致认同父系、父姓、夫居制度，导致在利益分配上损害妇女权益，不但不利于纠正男孩偏好，反而助长了重男轻女导致出生性别比失衡的加剧。

有无变革的可能与先例？为了拓展视野，协作者还介绍湖北宜都市、江西梅湾村支持男到女家蔚然成风使出生性别比趋于正常的经验，一些村庄在村规民约中写进鼓励男到女家、重奖独女户的做法……这些生动的事例使村民干部大受启发。大家说："老师们把农村的情况都摸透了！我们都能懂！以前也想，就是没搞透！""我们想通了，想变了，就一定能改变！"大家认识到，破旧俗、树新风、建新制，应该从村庄的集体行动开始。于是，在周山村一场从村庄发生变革的计划开始酝酿：以男到女家的婚居模式改变为开篇，以性别平等进村规民约作为攻坚，探索多元养老模式为后续，拉开了周山村历史上悄然而深刻变革的序幕。

四 行动：从村规民约改变入手，赋村庄政治以社会性别[①]

（一）为什么必须修订村规民约？

1. 紧迫性

尽管农村社区治理在形式上有成文的村规民约，但这些成文的村规民

---

① 参见《悄然而深刻的变革——周山村村规民约修订纪实》，河南出版社2010年版。

约存在着形式主义泛滥和性别盲点，其中甚至包含着性别歧视的内容。村民们说：贴在墙上的村规民约，"是上面订的，给领导检查看的"，村里没人看，更没有用。实际实行的是干部（村委与村民组长）说了算的条条，也就是潜规则。这种情况在周山村也不例外。无论贴在墙上还是落实在实际中，都存在着程度不同的性别不公正，集中表现在按照父权制原则处理婚姻流动中的妇女的权益，特别是对嫁出、婚入特别是离婚回来的妇女权益，存在着不同程度的侵犯，违背了婚姻法、妇女权益保障法甚至违宪。这样的村规民约强化了农民的男孩偏好，让农民直觉到看到：生男生女不一样！因此修订村规民约势在必行，并且具有相当的紧迫性。

2. 可行性

（1）法律保证：1982年修订的宪法第111条有"村民委员会是基层群众自治性组织"条款；其次，1998年《村民委员会组织法》颁布实施，使"村民自治"正式步入法制轨道，依法修订村规民约是村民自治的应有之义。

（2）上面的推力：以计生委牵头的政府大力支持修订村规民约中，对带有明显歧视女性的条款进行修改，从文化改变和性别平等来改变农民的生育性别选择观念和行为，推进"悄悄的变革"。

（3）基层的动力：新农村建设的推进，使新当选的两委在任期内有了很大的施展空间，他们很想选择工作的突破点；村民民主参与意识的提升，迫切要求参与公共事务；干部们面对越来越扩大的村庄利益分配和国家普惠政策的安排，村庄事务愈来愈繁杂，矛盾纠纷层出不穷，也需要由村民制定的新规约做到有章可循，减少管理的矛盾。

3. 艰巨性

村规民约修订不但牵动着村民家家户户的利益，而且更是触动千年陈规旧俗，破除旧观念的深层思想文化革命。触动这个刚性规则要做许多调研、说服、组织、实验工作，创造针对性、可操作、易推广的经验，从能够入干群村民心中脑中，落实在村庄新农村建设中。这一切，需要那批想最初"吃螃蟹"的人，敢作为，敢尝试，敢为天下先！

（二）"吃螃蟹"的周山村

1. 周山：一个普通的山村

周山村是河南省登封市东部的一个普通山村，341户，1400人（成年人950人）。这个村山多地少，过去是交不起公粮的贫困村。2006年，土地流转给登封嵩基集团，经营煤矿、水泥和林业（建立生态园），土地山场全部交给企业经营，由企业发粮款，人均800元/年。这个村现在没有农业人口，不种地，靠买粮食。男的多在煤矿干活，妇女一部分在手工艺协会搞编织刺绣，一部分种树养殖，如养大雁等。

周山村境况好转了，围绕着婚出婚入的利益分配变得复杂多变起来。从2007年开始，分配粮款的敏感事件尖锐地摆在两委和村民小组长眼前，焦点就在谁有资格享受村民待遇；首先需要界定谁是"村民"，婚入婚出的妇女还是不是"村民"？当年6月30日，两委与村民组长讨论出台了一个"兑现粮款原则"的"十三条"，按照民间"习惯法"行事，与妇女有关的有这样一些规定：

（4）婚后姑娘户口未迁出者不论时间长短一律不给粮款。

（5）义务兵、在校大学生照样享受待遇。

（11）兑现粮款全村均按人口数分配。

（12）户口在本村人不在本村的，实际也不是本村人，不享受此待遇。

"十三条"存在的问题显而易见，关键是根据父权制性别制度和规则作出的规定，对妇女非常不利，如外嫁已婚妇女就被视为外村人，第4条规定婚后户口未迁出者不论时间长短一律不给粮款，她们无法与参军、在校的学生相比，虽然都是离村，但婚出妇女彻底与自己的出生地分离了，无论户口迁不迁走，不再享受村民待遇了，至于她们如何生活，没有考虑。而婚出男性却实行另外的对待，一些到外村做了上门女婿的男性，看到周山村经济条件好起来了，带家眷迁回周山村，村民待遇全家人一应俱全。村里人告诉我们说："这很正常嘛，男的可以回来，女的回来就不行，分钱更不行！"这种男女有别的"十三条"并没有减少矛盾，规定后不久，没完没了的生死嫁娶、婚出婚入的村民待遇的认定问题，使村干部不胜其烦，村民们也怨声不断。大家都深切感到：老办法不好使，新"规矩"不立不行了！

2. 有备而为：精心、信心、同心

修订村规民约确实不是一件轻而易举的事情，因为一是将触及村民的实际利益，二是深刻触动人们脑子里、行为中的陈规老例，是一场触动灵魂革新洗面的过程。性别团队坚持"主体在村、决定在干群"由此决定了以研讨带修订、全程参与式方法。梁军和董琳两位主持培训的老师还真有办法，通过做选择答案、答题比赛、小组讨论、头脑风暴、案例分析、专题讲座等多种方式，使村民在自然而然的讨论中理解了什么是性别不平等以及怎样改变。

梁老师从农村老人养儿防老的现实困境入手，着重分析了农村养老中两个解不开的症结，深深地打动了在场的每一个人：

"农村养老有两个症结：一是老年人的养老困境，农村中许多老人将一生积累的财富全部分给儿子，由儿子继承房产，老人变为被供养者。没有经济自主权，老人就丧失了晚年尊严。二是婆媳矛盾极大地影响着老人，尤其是老年妇女晚年的生活质量，也影响到农村社区。媳妇处境之难实际上是婚居制导致的婆家娘家的撕扯，媳妇只能照顾婆婆，却不能对娘家尽义务。那么，该怎么改变？老人如果要经济自主的话，就得改变家产分配原则。如果儿女共同养老，就要变化婚居制，女儿不一定要出嫁，还要让女儿分家产，否则就阻拦了老人的一条出路。但村规民约不变，这些就不容易改变。村规民约实际上剥夺了老人晚年愿意和女儿一起住的权利。"她的讲述使父权制刚性规则就像一层窗户纸，在对养老困境的分析中终于被捅破了！

既然靠儿子养老不是唯一保障，那就要探索多样化的养老模式：就家庭来说，可以儿子养老、女儿养老、儿女共同养老、老人自养等；从国家和社会来说，可以社会养老和社区养老，建立养老院和养老保险制度等。这些多样的养老方式都直接或间接涉及村规民约修订。如"老人自养"，直接与老人的经济自主有关，如果父母把家产押宝式分给儿子，干不动了"净身"来到儿子家待养，要承担很大的风险；而"女儿养老"必须保证女儿都享有财产继承权，保证男到女家的婚居自由。

转了一个大弯，最后落实到改变修订村规民约是为男孩偏好解套的必由之路！大家顿然大悟："说得太好了，太了解农村的实情啦！""讲得入情入理，听得入神了，太感人了！""听得进，懂得了，开窍，管用！"大冶镇分管计生的李副镇长说："把复杂的问题讲得那么明白透彻，这么有逻辑，也好操作，真的很难得！"大家开始渐渐跳出了一己利益和眼前利益，而从长远利益和全局利益来认识性别平等纳入村规民约的意义，认识法律法规的作用。

3. 攻坚：修订补充性别平等的条款

道理明白了，道儿也有了，该开始讨论修订村规民约了。梁老师将大家分成三个小组——妇女组、组长组、两委组讨论同样的问题：

在我村村规民约或非正式的规定中，A、有哪些男女一样的内容？有哪些男女不同的内容？B、是否需要重新修订？如何修订？C、还需要增加哪些有利于推动男女平等的内容？

分组讨论一直进行了一个半小时，各组讨论认真热烈，先记在各自的小本上；达成一致再抄在白报纸上，分头推举代表汇报。

妇女组也许是有更多性别体验和感受，她们更善于从妇女的需求考虑问题，问题讨论得细密，如提出女孩应该像男孩一样有权分宅基地、承包田和其他权利；不管有几个闺女只要愿意都可以招女婿，有男孩的女孩也可以招女婿；纯女户应特殊优惠——独女应多分一份，双女与独生子同等待遇；周山婚出的离婚男女（包括子女）两年以上未再婚应给口粮款等。

两委组站在全局和管理的角度，提出的问题最多，解决的措施可操作性强。如从移风易俗上支持男到女家，不论子女多少婚嫁自由享受周山村民待遇；独女户可多分一份口粮款；从户口管理方面提出新婚夫妇有结婚证者方可享受本村待遇，婚出男女维持婚姻状态但户口迁回本村者不得享受；离婚户口迁回本村者，可享受村民待遇（带回子女者依判决书为准）等。

以男性为主的组长组在讨论中虽提及男女在出嫁与招婿由本人自己作主，但在享受村民待遇问题上，提出男娶妻女方户口迁入可享受村民待遇；妇女外嫁后可享受半年村民待遇；而独生子女户应享受两份村民待遇。

由上面的讨论过程可以发现不同性别和工作位置的不同，提出的意见多少会有差异。不过，在三个组分享和再研讨的过程中，逐步达成了在性别平等上的更多共识，以对三个同样问题的回答可以证明：

问题一：村规民约中有哪些男女不同的内容？

回答：男孩有兄弟数人都可以分责任田、宅基地和其他优惠条件和权利；但女孩没有。

问题二：村规民约中需要修改的内容？

回答：不管家里有几个闺女，只要愿意，都可以招女婿；家里有男孩，女孩也可以招女婿；不管子女几个都应该享受婚嫁自由，出嫁、招婿由本人自己作主，男女平等。

问题三：需要增加的内容。

回答：终身只要一个女孩的家庭，村里应提高待遇，特殊优惠，独生女应多分一份，双女户应该与独生子平等待遇；对嫁出去的离婚男女包括子女（以离婚判决书生效为准），应给口粮田及其他待遇；老人可以选择儿子或女儿养老，签订协议。

就这样，挑战父权制的多项条款，顺利进入周山村村规民约的议程。性别团队成员惊喜地发现：中国农民一点也不固守老规矩，他们一旦认识了性别平等的意义和转变的门路，就立即转化为行动。

4. 扩大成果：形成村规民约文本

参与式社会性别增权为新修订的村规民约注入了新理念，通过多方研讨商议，新的村规民约废除了以往侵犯妇女权利并加入性别平等条款，这在中国农村还是第一次。突破性的条款有：

一是性别平等权利：

①经济权利

纯女户、有儿有女户的子女婚嫁自由，男到女家、女到男家均可，并享受村民待遇。对男到女家落户者，村民不应有任何歧视行为。（第七条）

婚出男女因离婚或丧偶，户口迁回本村者，可享受村民待遇（所带子女以有效法律文书为准）。（第九条）

②家庭权利

尊老、敬老、养老。

子女须承担赡养老人义务，不准以任何形式虐待老人。

夫妇二人应平等对待双方老人。

提倡子女赡养老人的义务与继承家产的权利对等。（第二十六条及2、3、4款）

提倡男女平等参与社会活动，共同分担家务劳动。（第二十七条）

③社区参与权利

努力培养入党积极分子，每年推荐够条件的积极分子中，女性比例争取达到50%。

支持和鼓励妇女参政议政。在换届选举中，女性当选村民代表的比例不低于50%，当选村民小组长和村两委委员的比例不低于三分

之一。(第四条)

二是文化变革：婚居、婚俗与姓氏的移风易俗：

推进婚俗改革，提倡文明节俭的婚礼，提倡集体婚礼。

提倡姓氏改革，子女姓父姓、母姓、父母双姓均可。

凡男到女家的婚礼，纯女户老人的葬礼，村两委均提供适当的支持……（第二十五条2、3、5款）

已领取独生子女证的独女户，优先享受各项相关待遇，并增加一份本村村民待遇。（第二十一条）①

按照《村民委员会组织法》的程序，周山村"村规民约"修订草案必须提交给村民代表大会讨论表决。村支书和村主任联合主持村民代表大会，共计70余人参加，其中20多位妇女作为特邀代表参加会议并有表决权。周山村的村民说，这样讨论村规民约，在周山村的历史上还是第一次。村民代表逐条讨论，逐条表决。讨论非常热烈，特别是与集体资源分配和户籍管理相关的条款，都会不断提出疑问和看法，有时热闹至极，几个村民代表同时发表意见，大嗓门的村主任叫大家举手一个个说。这不仅是一个民主决策的过程，同样也是民主参与的过程。

村民大会通过不到一周，就有村民着急地问干部："什么时候开始实行啊？"已有两个女孩又生儿子的一对夫妻读了村规民约条文后对村干部说："早知道有这个村规民约，招一个女婿上门，就不生这个小三了！"可见，这部村民自己修订的贯穿了性别平等精神的村规民约真正得到村民的欢迎与认可。

每每要触动男婚女嫁、传宗接代、养老防老等父权制的规则，许多人都会摇头：几千年的老规矩改起来太难了。然而，一个普通的小山村——周山村做到了，他们敢为天下先，他们改写并创造着周山村的历史。

五 周山村的启示

（一）认识形势，瞄准目标，整合动力

必须认识到，这是一个思变的时代，充满活力与希望，同时也潜在着

---

① 《悄然而深刻的变革》，第85—103页。

不进则退的危机。就农村而言，村民思富思变中权利意识提升与之相伴；村干部，在基层民主村民自治需要有章可循的解决矛盾，完成上级交付的任务和民众期盼的责任；中下层党政部门需要政绩与工作创新。在这样的情势下，计生、民生、新农村建设都需要借助新的工作思路与方法，性别平等团队应时而生，顺势而行，所以能够初战告捷。

（二）社会性别参与式增权活动，妇女首当其冲成为变革的急先锋

周山村妇女手工艺协会——从生计创收到集体劳动再到社区参与，她们成了社区骨干——带头婚俗变革，如郝玉枝支持女儿招婿，手工艺协会成员为这场意义深远、空前隆重的婚礼进行操办。在村规民约中妇女成为整个活动的积极分子和性别平等倡导的急先锋。在村规民约的修订研讨、表决、公示、宣传、落实、监督等环节，妇女始终充当主力军。这将作为专题另行讨论。

妇女的社会性别增权，不是一朝一夕的事情，但妇女的力量以前确实被低估了。周山村自从2002年河南省社区教育研究中心在这里开展妇女手工艺项目以来，8年多，通过不断地培训或与外界的接触，妇女们变得日益自主、独立、大胆、开朗，用她们自己的话说："我们的思想开窍了，眼界打开了，胆子大了，见到外人敢说话了，心情好了，站得高、看得远了，在家里、村里的地位都提高了！"表现在村规民约的修订过程中，她们在研讨会上敢于发言，表决时果断，公示时热烈响应，实施时积极宣传。可以说，周山村能够修订村规民约，她们做出了不可低估的贡献。

（三）多种力量的结合

推动社会性别主流化运动是国际、国家和社会各界的合力推动的伟大事业，决不是靠妇女组织、妇女群体甚至女性主义学者与行动家单方和几方的努力可以完成的。周山村的经验就是如上所提到的，是三种力量——村庄干部群众的动力，当地党、政和非政府组织（如妇联）的推力和外来者（如上级计生委与性别平等团队）的助力；三者缺一不可，互为支持，相得益彰，数惠多赢。

（四）重新认识民众与妇女

坚信针对来自本地问题的参与式社会性别增权能够引爆基层民众的自

觉变革。任何低估民众和基层干部的觉悟、变革意愿和创造精神都需要重新认识。

周山村人民已经迈出了变革的第一步，他们会继续创造新的经验，创造新的业绩。

第三单元

政治建设

　　政治建设是社会良性运行的重要支柱。当代政治的特点是从少数人控制公共权力，逐渐转向多数人决定权力的运行方向，从而使得公共权力具有公共性、民主性，能够表达和代表多数人的利益诉求。当代社会，女性参与政治表达利益诉求的呼声日益高涨，只有男女两性共同制定游戏规则和公共政策，才可能缩小两性的社会差距，使得经济、社会与性别平等同步发展。从社会性别视角审视政治建设，本单元将从两方面展开分析。一方面正视男性主导权力的现实，积极推动女性参政议政，本单元选择妇女参政议政的本土案例加以介绍，从而发掘女性参政的巨大潜力，以及在公共政策制定中的主动作用。另一方面，引入世界各国正在推行的社会性别主流化战略，强调政府在推进男女平等中的主体作用，将性别意识纳入公共政策当中，掌握公共政策的社会性别分析方法，学习使用性别统计、性别预算和性别审计的工具。

国内外妇女参政配额制的思考

编者语：近年来，国际社会妇女参政比例进展迅速。究其原因，与配额制（也称保护性政策，或性别比例政策）的广泛采用密切相关。我国曾经是较早采取妇女参政配额制的国家，近20年来配额制不断受到质疑。如何看待配额制，如何看待妇女参政比例低？为什么一百多个国家会采用配额制，该专题选择了国内国外两篇文章进行阐述。

我国妇女参政要不要确定 1/3 比例制？

李慧英[①]

问题的提出

1931年，瑞金苏维埃共和国建立，中共中央政府组织局不仅要求妇委书记联席会议和女农工妇代表大会动员妇女参加选举，同时规定了一定的妇女代表比例。"经过女工农妇代表会来切实动员，必须达到妇女代表占25%的任务。"新中国成立后，1975年妇女进入人大比例达到历届的最高值，即22.6%。2007年3月，全国人大十届五次会议正式通过了《关于十一届全国人大代表名额和选举问题的决定》，明确要求"女代表的比例不低于22%"。这一指标比起77年前下降了3个百分点。

目前，我国的女人大代表排名在国际上不断下降，据国际议会联盟排名显示，我国人大女代表1994年列在12位，2013年列到62位，19年来下降了50位。我国妇女参政中女人大代表的比例最高达到21%，各级女

[①] 李慧英，中央党校社会学教授，博士生导师。

性领导的比例均不超过 10%。国际社会用"停滞不前"甚至是"倒退"来注释中国妇女参政的状况。为了促进妇女参政,深圳妇联在《深圳特区性别平等促进条例》草案中提出设置 1/3 的妇女参政指标,最终被当地人大立法委否决。立法者决策者乃至民众普遍认为:没有必要设置妇女参政指标,妇女参政要靠实力,不要靠照顾,有能力上没能力下,设置妇女参政指标,对男性不公平。由此引发的思考是:为什么要规定妇女参政的比例?是对能力差者的照顾,还是对于性别不平等的矫正?如何看待妇女参政的权利以及能力?

一 妇女参政议政是权利,还是能力?

这是两个性质不同的问题。妇女参政权利说,将妇女参政视为基本权利,在这里是没有前提条件的,从权利说来看,所有的人群都有代表自身利益发声的权利,无论哪一阶级、性别,都不可以剥夺。认可了参政权,可以培养能力,新中国成立初期,我国建立了多所妇女干部学校,就是为了提升女性参政议政能力。而能力说恰恰相反,它设置了前提条件,将能力视为获得权利的前提条件,倘若不具备参政能力,就失去参政资格,参政权就会被剥夺。

能力说常常似是而非,难道说妇女参政议政不需要能力吗?这里需要区分两个概念,一个是女性群体,一个是女性个体。作为女性群体是不需要将能力作为先决条件的,这是女性的基本权利,否则,作为基本人权就无法保障。作为女性个体,又是需要参政议政能力的,作为人大代表要代表一定的利益群体的诉求,自然也应当包括女性自身的利益诉求。这就要求人大代表能够进行利益表达,能够进行利益综合,能够履行政治社会化功能,即代表讲的内容能够被代表的群体理解和接受,进行成功的倡导鼓动。这就需要吸纳精英,要有参政议政能力,不能默不作声,不能只是搞"服装秀"。

应当看到人大代表中确实存在女性不善于提出有分量的议案等问题,需要深入分析深层的原因。农家女文化发展中心针对这一现象,2010 年在湖北广水县乡镇女人大代表中进行了调查,发现,女人大代表被告知成为代表后,一般并不了解人大代表的职能,也不知道如何履行代表职能,普遍不想说、不敢说、不会说。2011—2012 年,广水妇联和北京农家女文化发展中心联合对女人大代表进行履职培训,第一,强化参政知识综合培训,系统地讲解了乡镇人大代表的权利、义务、职责、应具备的基本素质等方面的内容。项目结合实际编辑整理了《乡镇人大代表履职基本知识手册》，包括乡镇人大代表的产生、地位、作用、权利、义务、履职活动、履职保障、罢免、辞职、必备的素质等。第二，强化提写议案（建议）能力的培养。培训采用参与式方法，指导各位女代表开展民意调查，筛选热点难点议题，引导她们在思想上加深对职责的感性认识，为实现提高代表提写议案（建议）质量和建言献策本领的培训目标打好基础。学习的过程中，既教给女代表们提写议案（建议）的基础知识，又对她们提写的议案（建议）进行现场修改、讲解、点评，让女代表们边学边用，增强实效性。第三，强化语言表达能力训练。培训专门设置一天，让所有成员都有锻炼的机会[①]。培训效果十分明显，在新一届人大会议上，几乎每个女代表都提交了议案，不少议案被乡镇政府采纳，效果很好。以至新上任的乡镇领导专门召开女代表座谈会征求意见。由此可见，对女人大代表进行能力建设，是提高女性参政议政能力的有效手段之一。

此外，也要看到人大代表及女代表中，确实存在着"错位"的现象，即有参政议政能力的女性精英不一定当选，当选人大代表的女性不一定是女性精英。根据少量女人大代表的表现来判断整个女性的参政议政能力，结论常常显得简单而粗暴。进入21世纪，中国女性参政议政正在发生悄悄的变化，在21世纪的第一个十年，妇女参政几乎主要是知识女性在发声，无论是提交家庭暴力的立法建议稿，提交维护妇女土地权益的政策建议，还是要求修改语文课本的性别刻板定型，等等，都是知识女性代言，而相关的女性利益群体极少发声。

在21世纪的第二个十年，权利受损害的女性利益群体开始发声，主动积极地维护自身的合法权益。2012年，女大学生对于就业歧视开始说"不！"她们在智联招聘平台上收集267家企业8城市涉招聘性别歧视广告，举报给工商管理和人保部门，一些政府对性别歧视广告进行限制和罚款。一个月后，智联招聘的招聘平台上，每一个发布招聘广告的企业都会看到这样一个"提醒"：强烈建议您不要使用性别歧视的词语，如限招女性、限招男性等30多条词语。类似的女大学生抗议性别歧视，仅2012年就有十几起。

如果说，女大学生还属于知识女性的话，那么失去土地的农村妇女就

[①] 陈琼：《乡镇女人大代表能力提升的干预实验》，2013年，尚未公开发表。

属于地地道道的农民了,这几年各地分散的出嫁女在网络上形成了联合起来的态势,纷纷建立 QQ 群,如湘潭农嫁女维权 QQ 群、全国农嫁女维权 QQ 群等。她们相互交流信息、学习法律知识、给有关部门反映利益诉求。在她们看来,出嫁女能否享有同等的村民待遇,关乎法律的尊严、政府的公信力,以及出嫁女作为人的尊严。

妇女参政意识的觉醒,还体现在参政比例的呼吁上。从 2009 年至今,全国不少地方都开始修订村规民约,目的是将性别平等的条款明确写入村规民约,其中包括女性村民代表的比例不得低于 30% 的条款,保障村级事务要有妇女参与。在新的村规民约草案征求意见时,这一条得到了农村妇女的欢迎,她们认为:农村妇女已经成为农村的主力军,应当重视妇女的参与,不能仅仅将妇女作为劳动力资源。在修订性别平等的村规民约中,特邀的 30% 以上的妇女代表表现出极高的参与热情。安徽长丰县创新社区在讨论妇女代表 40% 的比例时,引起争议,妇女代表发言道:既然是男女平等,为什么不可以将妇女代表增加到 50%?这一提议得到妇女代表的举手赞同。由此,可以看到女性参政议政的权利意识今非昔比。

然而,妇女有了参政议政的意识,并不等于就可以参政议政。在参政路途上,女性与男性相比,还会面临更多的结构性障碍和困难。

二 女性参政议政的结构性障碍

女性参政议政,不仅仅是当选代表,还可以进入领导岗位,管理公共事务。女性从政比起参政议政更是问题多多,组织部门是选拔和聘用领导干部的机构,经常抱怨一些女性干部后备力量不愿意到异地进行基层锻炼:安排女性到基层锻炼,有的女干部不愿意去,还得征求老公的意见,事太多。男干部就没有这个问题,打起背包就出发。何以产生这种现象?有三大结构性障碍。

性别分工,即男主外女主内

男性以挣钱养家为主,女性以照顾家人生儿育女为主。这种性别分工常常被人们视为天经地义的事情,甚至连许多领导干部都认为理所当然,赞美妇女地位高,就是将工资全部交给妻子,自己在家庭事务上甘当二把手、三把手。提到反腐倡廉,就想到领导夫人要当好"贤内助""廉内助",总之,女性都是主内的角色,要辅助丈夫做好家务。尽管,中国妇女绝大多数都参与社会劳动,甚至一些妇女经济上完全独立,社会依然将妇女的生活重心放在家庭上。正因为如此,妇女参政议政的阻力还很大。

2005年,在河北迁西村主任培训班上,几乎都是清一色的男村官,性别专家随机向50名男性村官发问:你们当村官,妻子支持吗?男村官自豪地说:那还用说,全力以赴支持,家里的活老婆全包。笔者又问:如果有个机会,你的妻子可以到乡镇工作当镇长,比你的官还大,你支持吗?几乎所有的男村官都表示反对:那不行,谁给我做饭呢!

性别分工不同,对于男女的影响截然不同。男性的重心在社会,一旦工作与家庭出现矛盾,男子可以放弃家庭全力以赴做好工作,这在社会舆论上和两性分工上都是获得支持的,"好男儿志在四方,不要儿女情长!"女性则不同,一旦出现家庭与工作的冲突,就会面对更多的矛盾与纠结,甚至会影响到夫妻关系与家庭和谐。正是这种性别分工往往成为妇女参政议政的隐形障碍。常常不是因为女性的能力,而是家庭对于女性的不支持,使得她们面临两难选择。

一位河北满城的女村官,曾经泪流满面讲述了个人经历:我是村子里的致富能手,参加妇女参政培训后,有了参选村官的愿望。仅仅一次竞选,就成功当上了村子里的第一个女村官。没想到,干村里工作成了家庭矛盾的导火索。只要在村里忙工作超过三天,回到家,丈夫就要破口大骂,"你还是我的老婆吗,一天到晚不着家"。我真是感到害怕,家里总是硝烟四起,不得安宁。

对于有参政意愿的女性来说,第一关是能否得到丈夫的支持,当丈夫的大男子主义严重时,女性往往面临着两难选择:是要事业还是要家庭,要家庭就放弃事业,要事业就放弃家庭。对于男性来说,几乎不存在这一问题,事业越是辉煌,家庭生活越美满。这是妇女参政的第一个障碍。对于组织部门不仅要做好女性干部的选拔,还应该寻找女性干部家庭的支持,调整和改变单一的男主外女主内的传统文化观念和性别角色。

此外也要看到,男主外女主内的分工在城市乃至农村正在发生变化。

2010年全国妇联进行了第三次妇女地位调查，结果显示：50%以上的民众赞成女性独立，反对传统的性别分工。北京2006年竞聘局级领导干部的职务时，在不设置任何指标的情况下，20%的女性领导报名，30%的女性入选。农村村委会选举，在吉林的梨树县和河北的迁西县，妇女报名参选的比例经过培训达到了20%，而且出现了女村官的零突破。问题在于：组织部门如何通过公开竞争的方式方法，让这些优秀的女性领导脱颖而出？各级人大如何通过相应的程序，让代表女性利益的女代表崭露头角？

选举与选拔的潜规则

目前，我国基层干部的选拔，大多采取公开的竞聘方式，简称公选。包括笔试、面试、民主测评，主考官评议决定。竞聘者要过五关斩六将，取得方方面面的认可和好评。主考官们根据各种因素进行权衡，比如笔试成绩、面试成绩、测评结果，其中之一，还有一个人人皆知的潜规则：即尽量压低女性的指数。理由很简单：女性事多，家庭负担重。社会上越是提倡"贤妻良母"，女性参政越是遭到排斥，女性的能力越是受到怀疑。所以，公选常常变成了选公。

以某市2005年公选为例，选拔考试招考了40人，报名人数380人，女性180人占47%，男性200人占53%。笔试入围总数160人，女性77人占48%，男性83人占52%，女性比男性增加一个百分点。最后的结果：女性4人占10%，男性36人占90%。

农村基层是民主选举，与公选不同的是不是主考官决定，而是村民决定。村民的选票投给谁？一般说来是村里有影响力的人，比如经济能手，可以带着村民致富，为村民谋利益的村干部等。当缺乏影响力和知名度的男女候选人出现时，村民往往对于女性候选人表现出更多的怀疑，容易将选票投给男性候选人，背后的一个逻辑是：女性必须证明自己"行"，否则就是"不行"，男性只有证明自己"不行"，否则就是"行"。

在河南，全国闻名的女企业家刘志华当年在该村任妇女主任是第五小队的成员，新乡七里营小北镇第五小队有72户353人，所有各户的成年男子都当过小队长，谁也没有干好，这时才推举刘志华让她干,她才成为第五小队的第一任女小队长。当她用实力展示了自己的管理水平,才赢得了村民的长期拥戴。

所以,女性参与公共事务管理,更难以得到公众和领导的信任,面临的潜规则是男性优先。当女性终于挤进去管理的大门,面临的第三道障碍是:

职务的性别化

职务的性别化指的是在权力结构中,一些位置被认为是属于男性的,一些职务被认为是属于女性的,职务已经打上了性别标志。职务的分配不是按照能力和政绩来考量,而是按照性别来安排,已经成了决策者的集体无意识。在一次干部培训班上,协作者组织大家做了两个活动:①用贴点的方式,为两位名为"陈蕾"和"张杰"的科长安排新的领导职务,这些职务是:工青妇,计划生育,人事组织,结果80%的人将陈蕾分到了计划生育和妇联,80%的人将张杰分到了人事组织。②用贴点的方法安排陈蕾和张杰的主管工作,政协主席和县委一把手。结果80%赞成张杰担任一把手,80%赞成陈蕾担任政协主席。理由是女性适合当副手,男性适合做决策,女性适合搞计划生育,抓妇女工作,男性适合负责全面工作和有挑战性的工作。适合论成为职务性别化的思想基础。

> 湖南省某市在2003年进行了科级干部后备力量选拔考试,当时,该市女干部比例严重不足,为了完成规定比例,女性选拔了30人,男性选拔了20人。在副科级的职务安排上,男性几乎都安排在政府、市委、人事、组织等部门,女性绝大多数安排在工青妇、文教卫、政协等部门。
>
> 一位省计生主任(女)讲述:一直从事经济工作,无论在乡镇、还是县处一级,没有想到提拔到正局,进了计生部门。与过去的经历和专业毫无关系。

这种职务的性别化没有写在法律文本和政策措施中,却实实在在深深刻印在决策者的脑子里,成为用人的潜规则,不需要考虑个人的兴趣和专长。于是,出现妇女参政向上发展的玻璃天花板现象:似乎所有的岗位和职务对于所有的男女都是开放的，实际上很多岗位看得见却够不着。

在农村基层职务的性别化同样存在，甚至更为严重。村委会一般有3—7个职务，村长、副村长、文秘会计、治安协调、计划生育、经济工作、妇女工作。我们做过一份问卷调查：男的适合做哪些？妇女适合做哪些？结果，80%以上的村民认为妇女适合的职务是计划生育和妇女工作，一把手、二把手、经济、治保、会计都适合男的干。甚至一些党支部书记和村委会主任认为：妇女担任计生工作也不合适，计生工作要有劲，该横的时候能横起来，妇女动不动就哭，管管妇女工作就是了，事不多。可见，妇女岗位的选择是在性别文化规定的范围内进行的，是职务性别化的折射和反映。

职务性别化得到普遍认同，就给妇女参政带来两个问题，第一个问题，妇女竞争的职务和岗位大大缩小，以村委会选举为例，从理论上讲，无论男女每个职务都是可以竞争的，可实际上妇女在村委会中的职务就由原则上的7个变成了实际上的1至2个，几乎是5∶1，就是说男性可以竞争5个岗位，妇女只能竞争1个岗位，妇女参政的路径大大窄化了，妇女参政的数量很难得到扩展，再优秀的妇女由于职位有限，也只能英雄无用武之地。第二个问题，导致了妇女在权力结构中的边缘化，难以进入权力的核心。对于妇女参政的向上发展尤为不利，通常的潜规则是单位的主要领导是人大代表的人选，女性极少进入决策层，往往就失去了担任人大代表的起码"资格"。

从以上的分析可以看出：妇女参政严重不足，不是妇女素质低，而是社会规则对妇女不断排斥的结果，首先是性别分工导致的排斥，其次是性别文化与制度安排的结盟，使得女性的政治才干不断遭受打压。可以有两种路径，一种是源头治理，倡导男女共同分担家务，改变男主外女主内的分工模式，鼓励妇女参与社会发出声音；一种是政策拉动，设置妇女参政的指标，扩展妇女的参与决策机会，倒逼官场潜规则进行调整。基于两性长期以来形成的差别而采取特别措施，非但不是对男性的排斥，而是对于性别歧视的纠正。

三 性别利益如何不受忽视？

男女有没有不同的性别利益？回答是：有。通常，我们会将男女利益需求看作统一的，没有差别的。这种差别被阶级的、民族的利益掩盖起来，即便在共同的阶级阶层当中，男女也有不同的利益诉求。

2006年，在一个处级干部培训班上，我们曾经做过一个活动：将男女处长分开讨论：你最大的需求是什么？男处长的讨论结果是：最大的需求是房子、票子、车子，让自己和家人生活得幸福。女处长讨论的结果是：工作压力太大，还要照顾孩子和家庭，期望夫妻共同分担家务，期望单位用人能够男女同等对待。

社会是由男女两性组成的，男女两性有着共同的需求，比如：食品安全、环境保护、社会保障等，也有着不同的需求，比如：男性更关注挣钱养家的经济需求，关注交通的快捷与便利，关注全球的经济走向，女性更关注日常生活消费，关注儿童入托等社会福利，关注家庭暴力和性骚扰等等。这与男女的经历与性别角色相关，男女的性别角色越不同，性别利益与需求差别就会越大。

要想将男女的利益诉求在公共政策中都考虑进来，就需要两性共同参与决策。如果在权力结构中，仅仅是单一性别决策，另外一个性别的群体利益就容易被忽视、被遗忘。

案例1：1980年以来，中国逐渐步入经济中心的阶段，开始强调效率和经济发展，原有的单位福利被视为财政的包袱，进入机构改革的视野。很多机关事业单位进行机构改革，首先改掉的就是具有福利性质的单位幼儿园。为什么？除了追求效率的思路，也与决策者几乎都是男性有关，照顾孩子和家庭是妇女的事情，与男性没有关系，更何况决策者的孩子已经长大成人，幼儿园与自己的生活不发生联系。改掉幼儿园遭到了年轻的女职工的反对，她们强烈要求保留幼儿园，减少路途接送幼儿的时间。反对无效，女性的外围呼吁根本影响影响不到决策层。从1997年到2005年，福利性质的幼儿园从106738个下降到22680个，市场性质的幼儿园从24643个增加到75426个（见图1）。市场化的幼儿园收费高，对于低收入的家庭成为沉重的负担，路途远增加了女职工的时间成本，女性工作与家庭角色的紧张更为明显。

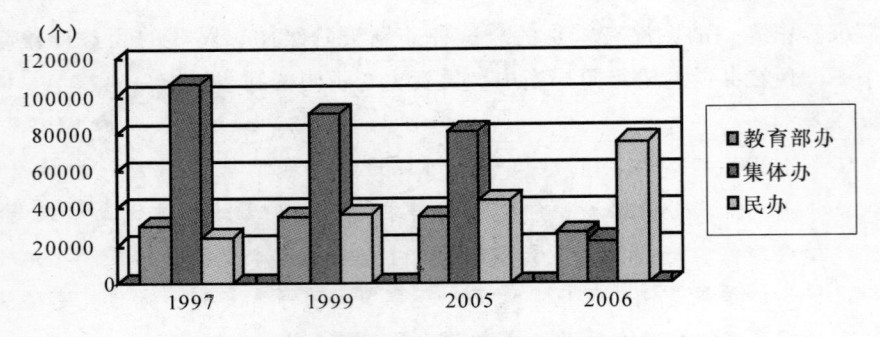

```
(个)
120000
100000
 80000                                    □ 教育部办
 60000                                    ■ 集体办
 40000                                    ■ 民办
 20000
     0
        1997    1999    2005    2006
```

图1　各类幼儿园的数量变化统计（1997—2006年）

案例2：2010年，高院颁布了婚姻法的司法解释三，处理离婚的财产纠纷的规则发生了变化，过去，夫妻的财产视为共同财产予以平均分割，一人一半。而今演化为市场规则房产谁投入归谁。在这里司法解释更多关注到有形资产比如房子，忽视了无形资产如家务劳动；关注了男性的权利保护，因为绝大多数家庭都是男方提供住房，而忽视了女性的权利保护，在农村80%的村规民约分配资源都是分男不分女，很多女性结婚留在娘家村，自动丧失了土地分配资格，得不到宅基地和耕地。对于妇女的土地侵权问题，司法机构曾经作出不予受理的司法解释。那么，这些剥夺土地权的农村妇女财产权如何保证？

要使得两性的利益需求在决策中得到反映和代表，就需要男女两性参与决策，需要男女都有一定的比例代表。这就是国际社会重视妇女参与决策的依据。

参政比例多少合适？才能将某一性别的利益在公共政策中表达出来。联合国进行了一项研究提出，任何一个性别的参政比例不能低于33%，如果参政比例只有10%或20%以内，难以对政策产生实际的影响。过低的妇女参政比例，在政府部门只有一个女性代言人，其他决策者都是男性。妇女议题很难由性别问题转化成政策问题。在北欧和非洲的一些国家，经过多年的妇女参政实践，提出了一个比例，即任何一个性别都不能多于60%，也不能低于40%，以保障任何一个性别的利益和权利都不受到忽视。下表（表1）是2012年排在前九名的国家女议员的性别比例情况：

表1　　　　　　　2012年前九名国家女议员性别比例排名

排名	国家	下院或一院制议会			
		选举时间	席位	妇女	妇女比例（%）
1	卢旺达	2008	80	45	56.3
2	安道尔	2011	28	14	50
3	古巴	2008	586	265	45.2
4	瑞典	2010	349	156	44.7
5	塞舌尔	2011	32	14	43.8
6	芬兰	2011	200	85	42.5
7	南非	2009	400	169	42.3
8	荷兰	2010	150	61	40.7
9	尼加拉瓜	2011	92	37	40.2

从表1可以看到，无论是经济发达的国家，还是经济落后的国家，都可以采取性别比例制度。随着妇女参政比例的提升，妇女利益代言人的增多，很多不被关注的问题引起公共政策注意，很多促进性别平等的立法不断出现。比如，目前已有36个国家建立了父母育儿假，女议员进入议会之后，一方面积极倡导育儿的社会化、公共化，防止过度市场化，一方面积极拉动男女共同分担家务共同参与社会。又如，建立《家庭暴力防治法》《性骚扰防治法》《性侵犯防治法》，关注到家庭内部和性领域的人身权和健康权。这些都与女性的切身经历密切相关，是性别议题通过公共政策转化为政策议题的结果。

妇女参与决策可以促进妇女与社会的协调发展，受益主体不仅是妇女，还可以惠及社会，促进社会稳定。2012年初，黑龙江民政局和省妇联联合推动修订以妇女维权为重点的村规民约，强调两个确保，即确保2/3的村民代表参会、确保女性代表到会人数达到35%以上。哈尔滨卫星村支部书记发现妇女代表的数量多少对参政影响很大，过去村民代表只有1—2个女性，她们连说话的份都没有，现在十几个妇女，参与讨论特别积极，大家同心协力，将25户姑爷户长期得不到土地补偿款的难题解决了。哈尔滨南岗区，在修订村规民约中注重征求村民代表特别是妇女代表的意见，村民积极参与提出意见建议415条，涉及村庄管理与男女不平等的问题，包括禁止家庭暴力和保护妇女人身权利，要求婚姻自主反对包办婚姻等。妇女要求删除39条男女不平等条款，新增270条，专门维护妇女权益条款 103 条。哈尔滨南岗区认真履行性别平等的村规民约条款，化解了矛盾纠纷 13 起，其中群体性纠纷 3 起，有效地化解了影响稳定的社会矛盾，使妇女土地问题的老大难问题得到解决。

在社会发展中，妇女参与决策是重要的环节，参与者需要两个条件：其一，至少 1/3 的比例；其二，能够代表女性利益诉求。由此，可以在政治格局中促进两性的共同参与，使性别议题尽快转化为政策议题，并在公共政策的运行周期中尽快予以解决，从而促进社会协调与可持续地发展。

【历史资料】

早期中国共产党人一直将女性参政作为政党的奋斗目标之一。早在 1931 年，中国共产党领导的革命根据地颁布了《中华苏维埃共和国宪法大纲》，明确规定了男女平等的选举权和被选举权：凡 16 岁以上工农兵劳苦民众不分男女种族宗教皆享有选举权和被选举权。

女性享有选举权并不意味着女性一定积极参与选举，由于长期受到夫权和父权的禁锢，在苏维埃选举中，一开始农村妇女对于行使选举权并不踊跃。但是，共产党人并未因此低估妇女的作用，毛泽东在 1929 年就指出，"妇女占人口的半数，劳动妇女在经济上的地位和她们特别受压迫的状况，不但证明妇女对革命的迫切的需要，而且是决定革命胜败的一个力量"。[①] 不是依据参政意愿认识妇女参政的必要性，而是依据妇女地位以及与革命的关系，认识妇女作用，这是早期共产党人的深刻性所在。

如何促使妇女参政议政呢？在 20 世纪 30 年代初革命根据地创建初期，共产党就开始探索以规定比例的方式来保障妇女参政的路径。中共中央组织局不仅要求妇委书记联席会议和女农工妇代表大会动员妇女参加选举，同时规定了一定的妇女代表比例。"经过女工农妇代表会来切实动员，必须达到妇女代表占 25% 的任务。"[②] 经过广泛动员，在农村妇女普遍是文盲的情况下，多数乡苏维埃的妇女代表达到 25%。中央苏区的比例措施成效显著，比起 1940 年第一届国民参政会上 5% 的女代表整整高

---

① 中华全国妇女联合会编：《毛泽东周恩来刘少奇朱德论妇女解放》，人民出版社 1988 年版，第 30 页。
② 《红色中华》1933 年 9 月 21 日。

出了 20 个百分点。

早期共产党人还特别注重妇女参政代表对女性利益的表达。邓颖超在第一届国民参政会上提出：女参政员不仅要代表人民的意见，尤其要替最受压迫的各界妇女大众说话，成为妇女大众的喉舌；女参政员在提交议案时，应注意到妇女的议案。在一届二次至五次会议上，女参政员提出《请政府普遍设立托儿所以便利全国妇女参加抗战建国之需要案》《请中央切实改进女子教育以适应抗战建国之需要案》《请政府通令全国各机关不得禁用女职员案》等，在第二届国民参政会二次会议上，女参政员提交《请政府命令各机关不得借故禁用女职员，以符男女职业机会均等之原则案》《请政府明令警官学校及警政训练班招收女生，以符男女职业教育机会平等之原则案》，获得会议通过，并得到一定程度的实行。①

中国共产党人在历史上促进妇女参政议政，写下了辉煌的篇章，如何使我国在 21 世纪的社会性别主流化的潮流中迎头赶上，是执政党面临的一个极大挑战。

【成功案例】

近年来，我国农村妇女参选参政的政策是含糊不清的，往往采用"适当"比例的说法，不具体不明确不可操作。农村妇女参选能否规定比例？规定比例与村民直选有无冲突？如何通过比例拉动农村妇女积极参选？如何使农村妇女积极参与竞争？如何转变村民观念认可女性参选？是政策决策者面临的难题。在这里，陕西妇女研究会与陕西妇联成功地创造了"合阳模式"，通过三管齐下，促进女村官比例提升到 5% 左右，值得借鉴。

2004 年 8 月陕西妇女研究会与合阳县妇联合作开展"提高妇女当选村委会成员比例示范项目"，项目的总目标是：通过提升农村妇女积极分子的参政意识和能力，改善农村妇女参与村民委员会选举的政策与社会环境，使妇女进入村委会的比例在原先的基础上增加 10 个百分点，减少性别不公平现象。具体目标是：(1) 培养 20 名能够承担社会性别培训的本地培训者；(2) 培养 150 名具有社会性别意识、知晓村委会选举法并具有一定领导能力的妇女积极分子；(3) 制定有利于妇女当选村委会成员的政策，建立妇女当选村委会的支持性环境；(4) 增强妇女社会组织促

---

① 《中国妇女运动史》，春秋出版社 1989 年版，第 439 页。

进农村妇女参选参政的经验。在第六届村委会换届选举中提高妇女当选村委会主任与委员的比例。主要做法是：

1. 倡导配额制政策。配额制是国际上提高妇女参与决策通用的办法。研究会作为一个民间组织，清楚地知道自己在影响政策方面的先天不足，因此项目一开始就确定和省妇联联手，推动主管村民委员会换届选举的省民政厅出台有明确配额制的文件。这个过程并不容易，开始民政厅的领导不同意规定比例，认为这样做有失公平原则，对妇女当选权利的保护会造成对男性候选人权利的损害或剥夺。为此我们和民政厅领导多次沟通，向他们介绍配额制背后的理论，专门召开了小型研讨会论证指标的合理性。最后确定第六届村委会换届选举中妇女参选参政的具体指标，形成25号文件。

2. 为了提高合作伙伴对妇女参政重要性的认识，我们举办了由乡镇领导、民政及妇联干部参加的"社会性别与村民自治"培训班，以提高领导干部的社会性别意识及对政策的执行力度。

3. 培训有潜力的妇女骨干。民主选举的游戏规则是优胜劣汰。提高妇女当选村委会成员比例的前提是要有一批有热情参与竞选的妇女。我们和民政干部的分歧在于：他们认为农村妇女缺少能力、素质低是造成目前比例低的主要原因；我们的观点是农村潜藏着大量能够胜任村官的女能人，比例低的原因是社会性别分工和性别文化制度造成妇女不敢或不愿参加竞选。因此，找到有潜力的妇女，通过参与式培训提高她们的参政热情和自信心就成为干预的一个重要策略。

实践证明，选举前的培训是非常有效的，它催醒了这批农村妇女精英压抑多年的自我展现欲望，这批从没有想过要进村委会的妇女在培训后迸发出强烈的竞选愿望，为合阳县在第六次村委会换届选举中提高妇女当选比例做好了人才的储备。

4. 社会动员与公众教育。妇女对参选参政缺乏热情和自信心的一个重要原因是，"当干部"一直被看作是男人的事情，妇女出来竞选担心得不到家人和村民的支持，反而会被人嘲笑。因此建立一个支持妇女参选参政的社会文化环境，就成为项目干预的第三大策略。

中国共产党在社会动员方面有着丰富的经验，长期从事群众工作的妇联组织在这方面更是得天独厚，合阳县妇联成功地在全县掀起了一个支持妇女参政的社会氛围：利用当地人喜欢看地方戏的习惯，编排了一场90

分钟的"妇女参政"地方戏晚会,巡回16个乡镇演出,观看演出的群众达2万多人次;创作和发放支持妇女参政的宣传画3000张贴在合阳县每一个村庄的公共场所;利用广播、电视、报纸、板报等宣传工具开展了声势浩大的宣传活动;制作电视专题片将妇女参选的标语及口号制成宣传页在电台连播18天。全县每当选出一个女村主任,电视台就通过字幕向全县宣布。

直接效果:2006年1月第六次村委会换届选举结束,合阳县共选出女村委会主任20名,创历史最高纪录;选出女村委会委员324人,占委员总数的25.2%,比上届提高了10.5个百分点;几乎做到村村都有女委员(92%),比上届提高了36%,也达到了历史最高水平。推动妇女参加村委会的竞选也带动了党支部换届选举中妇女的参与热情,合阳县2006年村党支部换届中选出了16名女党支部书记,占到党支部书记总数的4.6%,其中有3人是村委会主任兼党支部书记。

世界范围内妇女参政配额制概述

张永英[①]

配额制是世界范围内普遍采用的一种提高妇女参政比例的积极措施,旨在提高民主选举中候选人的妇女比例以及妇女当选的比例。配额制始于20世纪30年代,但在1995年世界妇女大会之后在世界范围内得到普及。1930年到1980年间,仅有10个国家有关于配额制的规定,整个20世纪80年代又有12个国家建立了配额制。然而,在20世纪90年代期间有超过50个国家出现了配额制,2000年以后,又有近40个国家建立了配额制。现在世界上有超过100个国家采用了配额制,这些措施中超过四分之三是在最近十五年内通过的。

---

① 张永英,全国妇联妇女研究所研究人员。

一　配额制分类

配额制的类型主要有三种，即保留席位制、政党配额制和立法配额制。保留席位制是在议会中为妇女保留一定比例的席位；政党配额制是各政党自愿采取措施，保证政党在各种选举中候选人名单的女性比例。而立法配额制则是通过修改宪法和选举法，强制各政党保证候选人中的女性比例。

1. 保留席位制
（1）保留席位制概述

保留席位制主要出现于非洲、亚洲和中东地区，最早出现于20世纪30年代，20世纪70年代保留席位制成为配额制的一种主要形式。保留席位制是通过改革选举制度以保证妇女当选，即通过改革宪法，编制独立的妇女选民名单，为女候选人分配单独的选区，或者根据各政党得到的选票的比例来分配妇女的席位。保留席位制与政党配额制和立法配额制不同之处在于，其要求女议员的最低人数而不是仅仅要求候选人中的女性比例。这些措施通常是在女议员比例较低的国家采用，规定的比例通常为所有民选代表的1%—10%。不过，2000年以来，许多国家将保留席位的比例规定为30%。在一些国家，保留席位制应用于为妇女保留的单一席位选区，在这些选区中，只有妇女能够参选。另一些国家，在多议席选区中，保留席位分配给指定数量的赢得最多选票的妇女。还有一些国家，是在大选结束后几个星期由国会议员选出这些席位上的妇女。

（2）保留席位制的范例：印度和巴基斯坦

巴基斯坦的保留席位制最早出现于1935年，当时巴基斯坦还是印度的一部分，州政府共为妇女保留了6个席位，联邦政府为妇女预留了9个席位，但仅占整个议员总数的4%。20世纪50年代到70年代，保留席位的比例在3%—4%，20世纪80年代增加到9%，2002年增加到17%。但妇女组织提出的建议是三分之一。最新的改革是2002年完成的，在权力下放的过程中，所有三级地方政府都为妇女保留三分之一的席位。后来，妇女组织和女权运动家又提出将地方政府的保留席位比例提高到50%。

巴基斯坦立法机构中妇女代表比例如表2所示。

表2　　　　　　　　巴基斯坦立法机构中妇女代表比例

国会		参议院	
年份	女性（%）	年份	女性（%）
1973	4.1	1973	2.2
1977	4.6	1975	2.2
1985	8.9	1977	4.8
1988	10.1	1985	0.0
1990	0.9	1991	1.1
1993	1.8	1994	1.1
1997	2.3	1997	1.1
2002	21.3	2003	18.0
2008	22.5	2006	17.0

跟巴基斯坦一样，印度的保留席位制也始于1935年，1950年被取消，到20世纪80年代仅有一些邦存在保留席位。1988年在国家妇女远景规划中提出各级地方政府为妇女保留三分之一的席位。1992年印度宪法第73条和第74条修正案规定农村和城市的地方政府中为妇女保留三分之一的席位，三年一轮换，采取抽签的方式。但印度一直没有针对国家层面的保留席位，是因为各政党之间无法达成一致，而且妇女保留席位问题与种姓和阶层问题交织在一起。

印度立法机构中妇女比例如表3所示。

表3　　　　　　　　印度立法机构中妇女代表比例

人民议院		联邦议院	
年份	女性（%）	年份	女性（%）
1951	4.0	1951	6.9
1957	5.5	1955	7.8
1962	6.8	1957	8.6
1967	5.9	1958	9.4
1971	4.1	1960	10.2
1977	3.3	1962	7.6
1980	5.0	1964	8.8
1984	7.8	1966	9.6

续表

人民议院		联邦议院	
年份	女性（%）	年份	女性（%）
1989	5.0	1968	9.1
1991	7.2	1970	5.8
1996	6.4	1972	7.4
1999	8.8	1974	7.0
2004	9.1	1976	9.8
		1978	10.2
		1980	11.8
		1982	9.8
		1984	11.5
		1986	10.2
		1988	10.2
		1991	9.8
		1992	6.9
		1994	8.2
		1998	8.6
		2002	10.3
		2006	10.7

2. 政党配额制

（1）政党配额制概述

政党配额制是最常见的一种性别配额制形式。最先于20世纪70年代初为西欧的有限几个社会主义政党和社会民主党所采用。在20世纪80年代和90年代期间，政党配额制出现于整个西欧的绿党、社会民主党甚至一些保守党，并且辐射到世界上其他地区的政党。在一些国家，政党配额制与其他形式的性别配额制并存。从根本上来说，政党配额制是由各个政党自愿采取的措施，各政党对其政治机构候选人中的特定妇女比例做出承诺。在这个意义上，各政党通过设定新的候选人选拔的标准来改变政党的实践。这些政策一般是要求妇女占政党候选人名单的25%—50%。不过，这一要求的具体表述有所不同：一些政策明确规定妇女的参政比例，另一些政策则采取了更为性别中立的形式，即规定政党候选人中"每一性别"的最低比例，或者设定"任一性别均不得"高于一个特定比例。同时，除了规定配额的比例之外，为了使更多的妇女当选，一些政党在执行配额制的过程中，还尤其关注妇女在政党候选人名单中的位置，因为候选人名单中有些席位是稳赢的，而有些席位获胜的可能性比较小，如果仅要求女候选人的比例，而不把女候选人放在那些可能获胜的位置上，妇女当选的比例还是无法保证。瑞典和英国的政党就探索了适应其各自国家选举制度的不同方式。

（2）政党配额制的范例：瑞典和英国

瑞典："每两个中有一名妇女"的政策。

虽然瑞典的一些主要政党比如社会民主党、左翼党等早就有推进妇女参与党内职位的努力，有些政党还设立了妇女参政比例的目标，但直到20世纪80年代，大多数政党——及大多数妇女——拒绝将性别配额制作为一种提高妇女进入政治机构机会的措施。相反，许多人更愿意采取更为非正式的政策。后来，各政党作出了妇女占所有党内职位和民选职位候选人的50%，或者是任一性别不低于40%的政策。各政党除了承诺候选人中的女性比例之外，还关注候选人名单上的排序，社会民主党在20世纪90年代初就批准了所有的政党候选人名单中男女候选人都要交替出现，这被称为"每两个中有一名妇女"的政策。到20世纪90年代末，瑞典的大多数政党，尤其是左翼政党都采用了候选人名单上男女交替出现的政策。

瑞典妇女在立法机构的比例如表4所示。

表4　　　　　　　　　瑞典妇女在立法机构的比例

议会	
年份	妇女（%）
1970	14.0
1973	21.4
1976	22.9
1979	27.8
1982	27.5
1985	31.5
1988	38.4
1991	33.5
1994	40.4

续表

议会	
年份	妇女（%）
1998	42.7
2002	45.3
2006	47.3

资料来源：国际议会联盟（1995，236）；国际议会联盟（2002）；国际议会联盟（2004）；国际议会联盟（2008a）。

英国：全妇女名单和选区配对与"拉链"方式。

英国倡导采用和执行性别配额制的运动已开展20多年了，其首次提出选举名单上必须有妇女的要求是在20世纪80年代初。20世纪90年代初，英国工党提出全妇女名单的政策，就是按地区将选区分组，然后要求每个组内所有工党可能获胜的空缺席位（包括工党议员将要退休的席位）中的一半，要使用全妇女名单来选拔候选人。全妇女名单提出后引起了争议，一些人认为，全妇女名单违反了英国的《性别歧视法案》，是对男性的歧视。经过不断的争论和游说，2001年，英国议会两院批准了《性别歧视（候选人选拔）议案》，规定政党采取的消除任何层级的政治机构中当选的男女人数不平等的行动，不受性别歧视法案条款的管辖。

英国在权力下放过程中，苏格兰和威尔士议会选举中，工党还采取了选区配对和拉链方式等政策。所谓选区配对，就是根据地区和获胜的可能性将选区两两"配对"，然后选出一个妇女作为其中一个选区的候选人而选出一个男性作为另一个选区的候选人，以实现男女当选的同等可能性。拉链方式与瑞典的政策相类似，也即男女候选人像拉拉链交替出现。

英国议会、苏格兰议会、威尔士议会妇女代表比例如表5、表6、表7所示。

表5　　　　　　　　英国立法机构妇女代表比例

下议院	
年份	妇女（%）
1970	4.1
1974	3.6

续表

下议院	
年份	妇女（%）
1974	4.3
1979	3.0
1983	3.5
1987	6.3
1992	9.2
1997	18.2
2001	17.9
2005	19.5

来源：Childs, Lovenduski, and Campbell（2005, 19）；Inter-Parliamentary Union（1995, 254）.

表6　　　　　　　　苏格兰议会中妇女代表比例

年份	总体（%）	工党（%）	保守党（%）	自由民主党（%）	苏格兰民族党（%）
1999	37.0	50.0	17.0	12.0	43.0
2003	39.0	50.0	22.2	11.8	25.7
2007	34.1	50.0	29.4	12.5	27.7

来源：Russell（2003, 76）；Scottish Parliament（2007a）；Scottish Parliament（2007b）；Squires（2004, 11）.

表7　　　　　　　　威尔士国民议会中妇女代表比例

年份	总体（%）	工党（%）	保守党（%）	自由民主党（%）	威尔士党（%）
1999	40.0	57.1	0	50.0	35.3
2003	50.0	63.3	18.2	50.0	50.0
2007	46.7	61.5	8.3	50.0	46.7

来源：National Assembly for Wales（2007）；Squires（2004, 11, 12）.

3. 立法配额制

（1）立法配额制概述

立法配额制一般出现在发展中国家，尤其是拉丁美洲，以及后冲突社会，主要在非洲、中东和东南欧。立法配额制是最新出现的一种配额政策，20世纪90年代才初次出现。立法配额制通过改革选举法和宪法实施，同政党配额制一样，涉及政党候选人选拔的过程，所不同的是，立法配额制经国会批准，要求所有政党都要提名一定比例的女候选人。立法配额制是适用于所有政治团体的强制性规定，而不仅是那些选择采用配额制的政党。在设定这些要求的过程中，这些政策在使积极措施合法化方面迈出了重要步伐，并通过修正候选人选拔过程中的平等和代表性的基本含义，认可"社会性别"是一种政治身份。与政党配额制相似，立法配额制也倡导妇女占所有候选人的 25%—50%。不过，立法配额制的改革过程更为广泛，关注于改变宪法和选举法中的语言，而不是仅仅改变各个政党的党章的内容。这些配额措施中的语言通常都是性别中立的，同时提及女性和男性，或者用"代表性不足的性别"来指代。由于立法配额制作为法律的地位，立法配额制通常包含违反这些规定的处罚措施，而且会受到外部机构的一定程度的监管。

（2）立法配额制的范例：阿根廷和法国

1991 年，阿根廷通过了配额制法，使阿根廷成为世界上第一个用立法手段确保妇女政治席位的国家。配额制法案修改了选举法的第 60 条，规定议会候选人名单中必须至少包括 30% 的女性候选人，并且与当选的可能性成比例。任何不符合这些要求的名单都不会得到批准。而且这一规定适用于整个政党候选人名单，而且是女候选人的最低比例。一些人坚持认为配额制法违反了法律面前人人平等的宪法原则。因此，在各种努力推动下，阿根廷修改了宪法，新宪法中纳入了《联合国消除对妇女一切形式歧视公约》（CEDAW），并且吸收了一些建立配额制法的合法性的积极行动的条款。第 37 条规定，男女获得政治职位机会的实质性平等，将通过政党和选举体制采用的积极的行动措施来保证，第二个暂行条款（Second Transitory Clause）澄清，涉及第 37 条的措施实施的时候永远不低于宪法通过的比例（也就是 30%）。国家妇女委员会以这些进展为基础，在 1997 年大选之前的几个月里，提醒相关的司法当局者们他们有义务保证配额制的实施。当发现有 11 个政党的名单违反了配额制法律时，高等法院以违宪和违反实际权利的理由命令这些政党修订其候选人名单。由于缺乏明确规定女性候选人的位置的命令，妇女们发起了一场长达十多年的战争，确保将女性候选人占 30% 的要求转变为女性代表至少占 30% 的选举。2000 年 12 月，为了解决候选人的排位问题，阿根廷发布一项行政命令：对女性候选人和候补的名单位置做了明确规定：名单上的第一个人可能是男性或女性，名单上的第二个人必须是与第一个人性别相反的另一性别；

当两个席位都补选时，被提名的人中必须有一名是女性；当有一个或两个候选人补选时，把女性排在第三位是不符合配额制法的规定的；总而言之，为了达到女性的最低比例，名单中每隔两个男性必须包括至少一名女性；如果没有达到女性占30%的要求，那么就不能出现连续三个候选人是同一性别；如果名单中的女性候选人因某种原因退出选举，那么应该由其他女性来代替，同一位置的男性退出选举后，则可以由男性代替也可以由女性代替。

阿根廷立法机构中妇女代表比例如表8所示。

表8　　　　　　　　阿根廷立法机构中妇女代表比例

下议院		上议院	
年份	女性（%）	年份	女性（%）
1946	0.0	1946	0.0
1948	0.0	1951	20.0
1951	15.5	1958	0.0
1955	21.7	1963	0.0
1958	2.2	1973	4.3
1960	1.1	1983	6.5
1963	0.5	1986	6.5
1965	2.1	1989	8.7
1973	7.8	1992	4.2
1983	3.9	1995	6.1
1985	3.9	1999	3.0
1987	4.7	2001	35.2
1989	6.3	2003	43.7
1991	5.8	2005	42.3
1993	14.4	2007	38.9
1995	21.8		
1997	27.6		
1999	27.2		
2001	30.0		
2003	33.9		
2005	35.8		
2007	40.0		

资料来源：Carrio（2002，3）；各国议会联盟（1995，58）；各国议会联盟（2008a），Marx，Borner 和 Caminotti（2007，81-83）。

1999年7月法国议会两院批准了宪法修正案，即99—569号宪法性法律，规定了男女平等参政的原则。为了贯彻这一平等原则，政府于1999年12月提出法案，对不同的选举制度下如何应用性别平等原则，以及政党提名不符合法律规定的惩罚措施提出了要求。法案规定：针对比例代表制的选举，在一轮选举中（欧洲、地区和三个及以上参议院席位的参议院选举），候选人名单中男女要交替出现；而在两轮选举中（地区和人口在3500人以上的市政选举），每6个候选人为一组，三男三女，任意排序；这些选举中，如果政党名单不符合要求，就会被拒绝参加选举，除非其符合法律规定。针对两轮绝对多数投票制的选举，该法案要求政党在所有选区提出的名单中50%是男性，50%是女性，但对于女性候选人放在哪些选区则没有要求；在这些选举中，没有遵守法律的处罚是罚款，该政党将失去一定比例的国家拨款，相当于男性候选人和女性候选人比例差的一半。根据这一安排，即使政党候选人中100%是男性，政党也可以得到50%的国家拨款。

针对2001年3月的地方选举，政党被要求男女候选人数量相同，每六个候选人中按三个女性、三个男性任意顺序排列。2003年4月，两院通过了一项新的法律来严格要求各地选举的名单上实行男女依次轮流交替出现，替代了以前的每六个候选人一组，三个男性、三个女性任意排序的制度。但对国家层面的选举而言，平等法要求政党在所有选区提名相同数量的女性和男性候选人，但是没有强制规定名单排序，使得政党继续在不可能当选的选区提名女性。法律对那些不按照50%的要求执行的政党实行经济处罚，但对大政党来说，他们承受得起这种因女性候选人少而应受的惩罚。

法国立法机构中妇女比例如表9所示。

表9　　　　　　　　　法国立法机构中妇女代表比例

国会		上议院	
年份	女性（%）	年份	女性（%）
1945	5.6	1946	6.7
1946	5.1	1948	3.8
1946	7.0	1951	2.8
1951	3.7	1955	2.8

续表

国会		上议院	
年份	女性（%）	年份	女性（%）
1958	1.5	1959	1.6
1962	1.9	1962	1.8
1967	2.3	1964	1.8
1968	2.1	1968	1.8
1973	2.7	1971	1.4
1978	4.3	1974	2.5
1981	7.1	1977	1.7
1986	6.6	1980	2.3
1988	6.9	1983	2.8
1993	6.4	1986	2.8
1997	10.9	1989	3.1
2002	12.2	1992	5.0
2007	18.2	1995	5.6
		1998	5.9
		2001	10.9
		2004	18.2

二 对配额制的思考

配额制自提出伊始，就伴随着不停的争论，尤其是在很长一段时间里，政党，甚至妇女组织和妇女自身对于是否使用配额制一词也犹疑不决。反对者的理由是：配额制违反了平等竞争的原则，是对男性的歧视，承认了女性的弱者地位，可能由不符合资格的女性当选等，有些人对配额制的合法性提出质疑。经过持续的讨论和争论，配额制逐渐为世界范围的国家所普遍采用。

从世界上配额制的实行情况来看，可以得出如下启示：

第一，配额制与宪法及相关法律中的平等原则并不冲突。在西方民主国家，如阿根廷、法国、英国等，通过修改宪法、选举法、性别歧视法案等，赋予积极措施以合法性。说明配额制与平等、与民主等基本原则并无冲突。

第二，配额制是实现妇女在政治参与上的实质性平等的唯一有效途径。配额制是世界上许多国家在长期促进妇女参政的过程中探索出来的，促进妇女平等参政的有效措施。一些国家政党和妇女组织等起初对是否使用配额制也犹疑不决，但在不断的实践探索中发现，配额制是实现妇女平等参与的唯一有效途径。从配额制在世界范围内的普遍采用，以及采用配额制的国家的妇女参政比例显著提高，都可以证明这一点。

第三，不仅对候选人中的女性比例有要求，还要考虑保证女候选人当选的配套措施。从配额制的范例来看，尤其是针对候选人的配额制，如果不关注候选名单的排序，或者女候选人席位的分配，对于妇女当选比例提高的积极作用就会受到限制，比如阿根廷和法国配额制的不同效果，就说明候选人名单排序的重要作用。

第四，不同的政治制度、不同的选举制度可以创造出不同的、与之相适应的配额制形式。配额制是促进妇女参政的一种有效措施，其具体的形式因政治制度和选举制度的不同而有所不同，如保留席位制、政党配额制和立法配额制。政党配额制中也有不同的方式，如"每两个中有一个妇女""全妇女名单""选区配对""拉链"等，都是根据各自不同的选举制度而创造出来的方式。

性别平等政策的转变:从倡导走向反歧视
——中国台湾性别平等"立法"推进考察

李慧英[①]

编者语:目前,很多国家和地区都完成了性别平等从倡导性宣言性立法向禁止歧视性立法的转变,建立了一系列可操作的、有罚则的、保障两大性别权利的公共政策,内容十分丰富。在这里,以我国台湾地区为例,阐述反性别歧视"立法"的特点以及孕育产生的过程。

1987年中国台湾解严以前,台湾"立法"大量保留着传统性别规范,特别在婚姻家庭法规中保留着十分落后的男权规定,远远落后于20世纪50年代的《婚姻法》。解严之后,特别是1990年至今,台湾的性别平等"立法"迅速推进,颁布了一批与性别平等相关的法规,与国际性别平等的潮流接轨,深刻地影响着台湾的社会走向。本文探讨的是以下三个方面内容:台湾的性别平等"立法"成果与特点,"立法"推进的社会背景和原因,以及"立法"推进的路径和策略。

一 台湾性别平等"立法"的成果及其特点

近十几年,台湾的性别平等"立法"成效显著,其中"修法"1部、"立法"7部。新颁布的法规不仅涉及两性的政治权利、经济权利、工作权利、教育权利等,而且涉及两性的人身安全权利、防止性骚扰等人格权利、女性的生育权利等。

"修法"1部,即《民法亲属篇》,即属于婚姻家庭法规。《民法亲属

[①] 李慧英,中央党校社会学教授,博士生导师。

篇》自1931年实施以来一直沿用到1985年，1985年第一次修订，依然保留着大量从夫居、从夫姓等父权规定。1996、1998、1999和2000年多次修订，男女平权意识开始强烈。这四次修订涉及姓氏、居住方式、夫妻财产制度、子女监护权等与妇女自身权益密切相关的内容。修订后的《民法亲属篇》规定，妇女不必一定从夫居，由夫妻约定，第1002条规定：夫妻之住所，由双方共同协议之；未为协议或协议不成时，得申请法院定之；①《民法亲属篇》第1000条规定：夫妻各保有其本姓，但得书面约定以其本姓冠以配偶之姓，并向户籍机关登记，冠姓之一方得随时恢复其本姓，但于同一婚姻关系存续中以一次为限；② 夫妻财产不再由丈夫管理、使用、收益、处分，而是各自所有；婚姻存续期间的共同财产属于夫妻共有。第1016条规定：结婚时属于夫妻之财产，及婚姻关系存续中夫妻所取得之财产，为其联合财产；③ 第1031条：夫妻之财产及所得，除特有财产外，合并为共同财产，属于夫妻共同共有；④ 第1040条：共同财产关系消减时，除法律另有规定或契约另有订定外，夫妻各得共有财产之半数。⑤

此外，台湾还制定了7部和性别权益相关的法规。这些法规不仅涉及工作、教育、幼儿照顾等公共领域，而且涉及家庭暴力、性侵犯、性骚扰等鲜少关注的领域。这些法规分别是：《儿童及少年性交易防治条例》(1995年)、《性侵害犯罪防治法》(1997年)、《家庭暴力防治法》(1998年)、《两性工作平等法》(2002年)、《性别平等教育法》(2004年)、《性骚扰防治法》(2005年) 和《幼儿教育及照顾法》(2012年)。这些法规以基本人权作为"立法"的基石，与国际社会的社会性别主流化相互呼应。

台湾性别平等"立法"的突出特点，充分体现了1979年联合国《消除对妇女一切形式歧视公约》的精神，不仅具有性别平等的理念，而且注重建立相应的机构消除歧视，采取适当措施推进两性平等。从而，使得男女的法律平等转化为实际平等。

---

① 妇女权益促进发展基金会：《女人六法》，1990年11月（3版1刷）。
② 同上。
③ 同上。
④ 同上。
⑤ 同上。

第一，这些性别平等的法规不仅有实施细则，而且有明确的责任主体——实施机构，以便切实保证执法功能的履行。比如《两性工作平等法》设立了性别平等委员会，《性别平等教育法》设置了性别教育委员会等，同时明确了实施机构的具体职责。此外，机构的设置还考虑到政府与妇女组织的合作，规定委员会成员一般包括政府官员与民间组织及专家，而且对成员的性别构成也有比例上的规定，一般女性不能少于三分之一或二分之一，以保证女性有一定的代表参与决策。《两性工作平等法》第五条规定在两性工作平等委员会中女性委员人数应占全体委员人数二分之一以上。① 《性别平等教育法》第四条规定："中央"主管机关应设性别平等教育委员会，并对其任务有明确的规定。第十七条规定："国民"中小学除应将性别平等教育融入课程外，每学期应实施性别平等教育相关课程或活动至少四小时。②

第二，这些法规都特别注重罚则。这应当说是现代法律强制性的体现，它在改变传统性别文化行为建立现代行为方式上有着重要作用，是公共政策改变习惯行为的特有功能。无论是《性骚扰防治法》《两性工作平等法》，还是《性别教育平等法》中都有明确的罚则规定，而且详细、明确，具有可操作性。罚则分为两类，一是经济处罚，一是监禁。如在《性骚扰防治法》第五章罚则第二十条中明确规定：对他人为性骚扰者，由"直辖市"、县（市）主管机关处新台币一万元以上十万元以下罚款。③ 在处罚规定中，还考虑到人们之间不平等的权利关系，对于依靠权力胁迫他人的加重处罚，体现了法律的公正性。《性骚扰防治法》第二十一条规定：对于因教育、训练、医疗、公务、业务、求职或其他相类关系受自己监督、照护之人，利用权势或机会为性骚扰者，得加重科处罚款至二分之一；④ 此外，罚则与预防相结合。这些法规不只是在事件发生后对当事人进行处罚，而且注重预防措施，强调受害人所在机构应当承担的责任。如在《性骚扰防治法》第二章性骚扰之防治责任第七条规定：机关、部队、学校、机构或雇用人，应防治性骚扰行为之发生。于知悉有性骚扰

---

① 《两性工作平等法》，2002年1月16日，华总一义字第09100003660号令制定公布全文40条，并自2002年3月8日起施行。
② 《性别平等教育法》，2004年6月23日，华总一义字第09300117611号令公布。
③ 《性骚扰防治法》，2005年2月5日，华总一义字第09400016851号令公布。
④ 同上。

之情形时，应采取立即有效的纠正及补救措施。前项组织成员、受雇人或受服务人员人数达十人以上者，应设立申诉管道协调处理。其人数达三十人以上者，应制定性骚扰防治措施，并公开揭示。为预防与处理性骚扰事件，"中央"主管机关应订定性骚扰防治之准则，其内容应包括性骚扰防治原则、申诉管道、惩处办法、教育训练方案及其他相关措施。①

第三，注重采取积极措施。这些"立法"不仅注重制止性别歧视，而且采取积极措施保证两性平等的权利，也同时保证女性特殊权利。例如，在《两性工作平等法》中对生理假、产假、陪产假、育婴留职停薪、家庭照顾假和育婴哺乳时间的明确规定就充分考虑到作为女性的特殊权益的保护。《两性工作平等法》第十四条规定：女性受雇者因生理日致工作有困难者，每月得请生理假一日，其请假日数并入病假计算。第十五条规定：雇主于女性受雇者分娩前后，应使其停止工作，给予产假八星期；妊娠三个月以上流产者，应使其停止工作，给予产假四星期；妊娠二个月以上未满三个月流产者，应使其停止工作，给予产假一星期；妊娠未满二个月流产者，应使其停止工作，给予产假五日。②

《两性工作平等法》在关注到妇女特殊权利时，也注意到男女在抚育孩子上共同承担的责任，而有效地避免了照顾孩子女性化的认识误区。所以，在规定中没有强调女性的家庭责任，而是采用了包含男性在内的"受雇者"。雇者于其配偶分娩时，雇主应给予陪产假二日。陪产假期间工资照给。第十六条规定：受雇于雇用三十人以上雇主之受雇者，任职满一年后，于每一子女满三岁前，得申请育婴留职停薪，期间至该子女满三岁止，但不得逾二年。同时抚育子女二人以上者，其育婴留职停薪期间应合并计算，最长以最幼子女受抚育二年为限。受雇者于育婴留职停薪期间，得继续参加原有之社会保险，原由雇主负担之保险费，免予缴纳；原由受雇者负担之保险费，得递延三年缴纳。育婴留职停薪：子女三岁前可享有两年，享有社会保险。第二十条：受雇于雇用三十人以上雇主之受雇者，于其家庭成员预防接种、发生严重之疾病或其他重大事故须亲自照顾时，得请家庭照顾假，其请假日数并入事假计算，全年以七日为限。第十

---

① 《性骚扰防治法》，2005年2月5日，华总一义字第09400016851号令公布。
② 《两性工作平等法》，2002年1月16日，华总一义字第09100003660号令制定公布全文40条，并自2002年3月8日起施行。

八条：子女未满一岁须受雇者亲自哺乳者，除规定之休息时间外，雇主应每日另给哺乳时间二次，每次以三十分钟为度。①

《幼儿教育及照顾法》与妇女的权益发生密切联系。台湾的家庭主妇占到50%，在台南和台中家庭主妇的比例更高。妇女更多的在家庭照顾孩子将影响妇女就业，而推动托儿照顾的公共化和社会化，可以帮助女性进入工作领域，有利于促进妇女就业。在台湾，托幼市场化的费用高，台湾一些妇女团体如彭宛茹基金会就提出儿童照顾的公共化，政府应该在照顾幼儿的活动当中承担一定的责任。在《幼儿教育及照顾法》草案中提到的内容包括：在由保姆照顾婴儿的费用中，政府应承担四分之一。如果保姆照顾婴儿的费用为12000台币的话，政府将支付3000台币。政府承担一部分婴儿照顾的责任有助于降低家庭在婴儿照顾方面的负担，这是台湾儿童福利方面的一个积极措施。从家庭发展周期理论看，育有年幼儿童阶段的新生家庭，是经济最薄弱的阶段。台湾诸多民意调查亦显示，年轻妇女及家庭，要求政府对幼儿教育及照顾有所作为；一方面降低家庭负担，一方面提升幼教品质。如草案第五十条：公立幼儿园及非营利性质之幼儿园，其收费应以一般使用者可负担为原则。公立幼儿园之收退费标准，由所在地主管教育行政机关核定。私立幼儿园得自行订定合理的收退费标准，其收费项目、用途、数额及退费方式，应向所在地主管教育行政机关报备。对弱势或处于不利条件之幼儿，公立幼儿园应予减收或免缴费用；私立幼儿园得自订减免费办法，或由政府酌予补助其差额。

二 民主政治与性别意识是"立法"推动的深层原因

短短10年内台湾就推动了七八部与性别平等密切相关的法律出台，这些法规不仅涉及政治权、经济权、教育权等公共领域的权利，还涉及人格权和人身安全权等曾经被忽视的权利，与国际社会的潮流紧密接轨。一个值得注意的现象是：台湾于1971年就退出了联合国，并不受联合国国际公约的任何约束，然而，在性别平等"立法"方面却与国际社会同步，这其中的原因，值得关注和深究。

---

① 《两性工作平等法》，2002年1月16日，华总一义字第09100003660号令制定公布全文40条；并自2002年3月8日起施行。

通过考察我们了解到，民主政治的发展、性别意识的深入是台湾取得如此显著"立法"成果的主要原因。台湾民主政治的发展和性别意识的推进并不是两个割裂的环节，而是彼此促进同步提升的。1987年解严后，结社自由和言论自由的空间增大，尤其1996年台湾开始"总统"直选，"总统"包括"立委委员"的命运与选民直接相关，而且选民每人一票，妇女的声音在其中变得越来越明显。整个民主化的进程与女性的发声紧密联系。女性民主政治权利的权重加大的同时，性别意识的不断深入为她们采取具体措施促进"立法"提供了理论上的准备。台湾妇女组织的主要推动力量是知识女性或精英女性，高校的知识女性是妇女组织中的组织者和政策的积极倡导者。这些知识女性大都曾经留学英美，运用英语的能力很强，这不仅有利于她们与英美国家直接进行交流，还可以帮助她们便捷地使用这些国家的第一手资料。国外的求学经历是她们获得性别平等意识的一个主要途径，而参与妇女组织各项活动的过程使得她们将所学的理论知识与实践经验结合起来，加之她们有强烈的使命感，将积极推动两性平等"立法"和台湾性别主流化作为人生使命。

精英女性的觉醒和参与是必要的，但还是远远不够的，还需要各种妇女组织和妇女群体的呼应和支持，否则孤掌难鸣。解严之后，结社自由为妇女组织的产生提供了空间，于是大量妇女组织应运而生。如妇女新知基金会，这一类组织属于倡导性妇女团体，侧重政策"立法"的倡导与推进，对于"国家政策立法"影响相当直接，甚至起草"立法"草案。又如现代妇女基金会等，属于维权性妇女团体，主要针对家庭暴力以及慰安妇、雏妓等人身安全问题，将维护两性的人格权和人身安全权作为工作重点；再如晚晴协会等，属于服务性咨询性的妇女组织，为各种妇女的实际需要提供服务。各种妇女组织与不同的专业和领域发生联系，不同组织有自己的侧重点。正是这些各种各样的妇女组织成为推动性别平等立法的主要力量。

台湾性别平等"立法"的推进，不仅受到国际社会性别思潮的催化，同时还受到台湾本土事件的刺激。性别歧视事件往往成为推进性别平等"立法"的导火索。1987年，中山纪念馆曾因辞退30多名怀孕女工而招致妇女团体抗议，一些妇女组织和当事人希望通过法律来解决这个问题，但是她们发现竟然没有一部法规可以用来作为起诉的法律依据，尽管"《宪法》"规定了男女平等，却只能约束政府行为，却无法约束企业行为。要使得女性的劳动权益得到切实的保障，就要制定一部可以约束企业和雇主的性别平等工作法律。于是，由此引发《两性工作平等法》"立法"倡导行动。《性别平等教育法》的出炉也有相似的经历。1988年，妇女新知基金会检视中小学语文与人文社会学科教科书，认为其中充满性别刻版印象，并且出版《两性平等教育手册》，此即性别平等教育之先声。而后由于中学生叶永志事件，两性平等教育委员会于2002年将《两性平等教育手册》改为《性别平等教育法》。2003年6月4日，《性别平等教育法》三读通过，6月23日由"总统"公布。

本土性事件与"立法"的空白、滞后，是妇女组织推进性别平等的内在动力，此外，这些事件对社会造成的深刻影响以及导致的社会关注，也恰恰成为妇女争取自身权益的一个重要契机。妇女团体基于性别正义，推进性别立法成为性别平等"立法"的内在推动力。

三 推进"立法"的路径与方法

按惯例来讲，"立法"是少数"立法者"的事情，由相关政府部门起草"立法议案"，"立法委"审议"立法"议案，各种利益团体包括妇女组织可以发表意见，但通常不起草议案。在台湾的性别平等"立法"推进中，妇女组织却改写着惯例，她们直接起草"立法议案"，游说"立法委员"，"立法"通过后监督政府执行。推进"立法"的路径分为三个阶段。

第一，起草"立法草案"和提交"立法议案"。最早，采用的方法是是妇女组织自己起草"立法草案"，如妇女新知基金会的学者、律师和法律工作者，独立起草了《两性工作平等法》，然后，在"立法委员"中寻找支持者。后来，妇女组织开始与"立法委员"一起合作起草，如现代妇女基金会在起草《家庭暴力防治法》时，请到一位"立法委员"一起商讨草案，"立法委员"参与了整个起草过程。对于该法案的内容了如指掌，讲得有理有据，有利于该方案的通过。还有一种做法是妇女组织和政府机构一起起草。如《性别平等教育法》出台之前，"教育部"于1997年3月成立两性平等教育委员会，是性别平等教育委员会的前身。2000年妇女组织与两性平等教育委员会共同研拟《两性平等教育法》草案，并于2001年完成，提交到"立法院"转年就三读通过。三种方法，各有利弊，相比较起来，后两种办法更有利于民间组织积极影响"立法"，与"立法委员"和政府机构合作使得整个"起草立法"过程形成一种"立法、行政"与民间组织联合推进的态势。

　　提交"立法议案"也同样涉及方法的选择。"立委"每四年一届，每个"立法"都要经过三读通过，如果一届"立委"没有通过就要重新提交。所以提交给什么部门也是"立法"是否能够及时通过的影响因素。一般的方法是直接提交"立法院"，如果各种利益团体的工作没有做好，阻力过大，就会使得"立法草案"迟迟难以通过，如《两性工作平等法》，当时受到企业界的强烈反对，称为"十大恶法之一"，上书"总统"坚决反对，结果该法用了12年的时间多次修改才通过。第二种方法是提交给"行政院"的相关部门，通过"行政院"再提交"立法院"，如《性别平等教育法》由于得到了"教育部"的全力支持，充分做好了"立法委"的工作，仅仅用了一年时间就顺利通过。第三种方法是交给妇女权益促进会，妇女权益促进会是设在"行政院"之下的一个政策促进与统合机构，1997年建立，其中妇女组织成员与专家占到三分之二，在这里性别平等的法案容易得到更多妇女组织的支持，然后再经妇女权益促进会提交"立法院"。灵活选择提交方式可以有助于"立法"的通过。如当时彭宛如基金会提交《幼儿教育及照顾法》草案时，就避开了"行政院"儿童局，因为这里的反对声很大，而是首先提交妇女权益促进会，在妇女权益促进会《幼儿教育及照顾法》草案得到了专家和妇女组织的大力支持，通过妇女权益促进会，然后再提交"立法院"，终于使得草案转为"法律"。

　　第二，游说、说服力与博弈。应当说，妇女组织推动台湾性别平等"立法"的过程是不同力量博弈的过程。这一推进过程的障碍和阻力不可小视，阻力来自两个方面，一是来自传统的根深蒂固的性别观念，如"政府官员"的"超前论"，认为现阶段这样的立法不适合台湾本土，社会流行的"适合论"认为妇女天职是照顾孩子等，都会成为性别平等立法顺利推进的观念障碍。二是来自不同利益集团之间的利益冲突，当一个利益群体争取自身利益的时候，往往会使得另外一个群体利益受损，此时，利益冲突导致的阻力就会非常大。例如，《两性工作平等法》中所涉及的女性生理假、夫妻带薪产假以及男性护理假等，在维护家庭利益的同时，会直接影响到企业利益。所以当时企业界坚决反对通过。此外，妇女组织也不一定都是一个声音，往往由于代表的妇女阶层、群体不同，也会有不同的意见和看法。如家庭主妇联盟认为在《幼儿教育及照顾法》中保姆照顾孩子政府要给补贴，那么家庭主妇照顾孩子也应该得到政府的补贴。而彭宛如基金会则反对后一建议，认为不应鼓励女性都在家照顾孩子，而应推动更多女性外出就业。所以"立法"的推动需要不断地做工作、游说，游说的对象不但有"立法委员"和当局，还有监督"立法委员"，以及相关妇女组织的成员。

台湾性别平等的"立法"在台湾历史上是极富颠覆性的，在推进"立法"的过程中妇女组织面临的压力与阻力很大。性别平等"立法"之所以最终能取得成功，与妇女组织不但注意起草与提交"立法"的策略相关，也与起草内容具有说服力有关。在起草过程中，她们注意两点：一是通过与妇女组织合作，充分掌握本土性别问题资料。问题的本土性使得"立法"的推进更具有说服力。二是了解国际社会的"立法"成果，尤其瑞典、丹麦等国。如在《幼儿教育及照顾法》草案的拟定过程中，对于一个保姆照顾几个幼儿、效果如何就借鉴了丹麦的经验。把国际的经验与国内的问题联系起来，不断讨论和完善"立法草案"，最终推动"立法"的通过。另外在"立法"过程中她们还采取了一些建设性的试验，如五甲社区自治幼儿园的试验长达八年之久，对于《幼儿教育及照顾法》草案提供了说服力极强的论证。

另外，在策略上也注意说服力。如《幼儿教育及照顾法》草案中提到政府补贴由保姆照顾孩子的家庭3000台币，这将意味着政府要出资，无疑给政府公共财政增大了压力，政府不愿接受。彭宛如基金会向政府官员描绘了导向性政策的积极效果：如果政府出台了《幼儿教育及照顾法》，这一法案将有力地推动就业，尤其是女性就业。就业率提高的同时也增加了税收，然后政府再用增加的税收投入到社会服务中，并不需要额外从财政中支出。

对于巨大的传统势力和利益冲突，说服力是远远不够的，还需要提高博弈能力。性别平等"立法"的推进需要社会力量的支持，台湾妇女组织利用媒体吸引公众的关注也是推动"立法"成功的因素之一。这是"立法"成功推进的另一经验。妇女组织善于依靠媒体扩大影响、造势，并对"立法院"施加压力。一旦有涉及女性权益的事件发生，妇女组织会很快作出反应，通过召开记者招待会等方式造势，对当局施加压力。同时也通过媒体扩大宣传，使更多的人来关注这个问题。她们还组织了婆婆妈妈"立法"

观察团，对表现好的"立委"给予支持和宣传，以此形成更大合力，最终达到推动"立法"的效果。

争取立法的过程中也需要妥协。而且不同议案版本不一定会被全部采纳，这是一个不断争取与妥协的过程。如《两性工作平等法》一共有9个版本，不仅有民间的版本，也有官方版本，而且官方版本不止一个。不同的版本之间最终选择用什么有一个需要协商的过程。有的采取一步到位的方法，绝不妥协。也有的采取步步推进的方法，先把"立法"推出来，然后再不断完善，《家庭暴力防治法》和《民法亲属篇》就属于这种情况。当遇到不同利益群体有不同声音时，妇女组织常常采取先达成共识，再去共同推进。

第三，购买公共服务，监督最高当局实行。对于台湾妇女组织来说，通过"立法"只是开始，还应注重"立法"的实施。而且妇女组织在"立法"实施当中，同样起了很大的作用。台湾是小政府、大社会的社会构架，如果让政府承担大量的社会服务工作，就会增加政府开支、扩大政府规模，与政府的宗旨相冲突。如何既可以履行政府职责，同时又不扩大政府编制？一个可行的办法，是妇女组织通过购买公共服务，充当政府的执行机构，同时政府通过转让公共服务给民间组织，减低成本和人力。

与此同时，妇女组织也扮演着监督机构的角色。如台湾防暴联盟积极关心防暴相关法规及政策之拟定及落实（如《性骚扰防治法》《连续性暴力修法条文》及《家庭暴力防治法修正条文》）、"中央"及地方防暴专责单位之组织编制等问题。同时她们也会监督政府在妇女人身安全方面的执行绩效，或成立妇女预算联合监督小组监督政府妇女预算。

台湾妇女组织推动"立法"的过程可以看作是女性参政的成功案例，大量妇女组织通过由外而内、从民间到政府的途径成功地推进了台湾性别平等"立法"。

台湾性别平等"立法"推进过程实际上是妇女为主体的"立法"实践，整个过程中知识女性精英和妇女组织发挥了主要作用。这也向世人证明：历史不再单单由男性创造，女性同样可以创造历史。女性参政是一个极富创造性的过程，无论是草案的起草方式还是"立法"的提交方法，她们积极尝试，灵活运用各种方式，最终达到了推动立法的目的。妇女参与的过程也是女性不断成长与自身不断完善的过程。但是现阶段女性参与立法更多还是民主参与，虽然台湾女性参政比例已经达到20%以上，而且还出现了一个"副总统",但是总体来看,尤其与北欧国家比起来,比例并不算高。女性参政还需要不断由民主参与走向权力参与,两种参与应该更主动地配合,最终充分实现女性参政,从而造福于整个社会。

性别平等政策倡导的路径与方法
——以探索治理出生性别比失衡治本之策为例

李慧英①

编者语：2000年左右，我国出现了一批妇女学术团体，仅在中国妇女研究会注册的就有117个成员单位。目前，一个总的发展趋势，妇女学术团体从关注女性议题从事学术研究走向公众倡导和公共政策倡导。妇女组织进行性别平等政策倡导，已经成为中国妇女参政的一个新动态。在这里，通过中央党校妇女研究中心将性别平等纳入人口政策的倡导案例，来展示妇女组织参与意识的觉醒，以及探索政策倡导的路径。

一 性别平等政策倡导的界定与意义

何为倡导？即推动现实的改变，确切地讲是基于权利基础上的改变。倡导不同于适应，后者是对社会环境的一味迁就、妥协，不断地以剥夺某些弱势人群的权利为代价，使得社会成为超稳定结构；前者是对于社会的改造，以尊重每个人的基本权利为宗旨，进行行动的改变，推动社会进步。倡导并不排斥策略，策略构成倡导的方法，但策略不能取代目标，策略只能是达成目标的手段。

倡导，可以应用于各个方面，如公众倡导、政策倡导等。政策倡导的形式至少可以分为两类：

第一类是压力式的倡导，倡导者扮演的是压力者的角色，对于相关的政策予以批判及否定。这种倡导，往往有两个特点，其一，大多倡导取消某一政策，比如取消劳动教养制度，取消异地高考的户籍限制，不具有建

---
① 李慧英，中共中央党校社会学教授，博士生导师。

设性。其二，政策制定者与公众的需求发生对立与冲突，倡导者只能以压力的办法迫使其改变。

第二类是合作式的政策倡导。倡导者和政府决策者形成合作伙伴，通过政府内部的变革力量与政府外部的倡导力量合作，来促成具有权利导向的公共政策产生。这类合作式的政策倡导是有前提条件的，首先，需要政府内部具有变革力量，愿意推动政策改变，其次，政策方案比较复杂，有较强的建设性，不仅要论证不能做什么，还要论证可以做什么，以及怎样做，需要充分论证乃至大量实验才能产生。其三，政策倡导的内容，可以是一个调查研究式的政策建议，也可以是一个行动研究式的政策倡导。

2008年中央党校妇女研究中心在原国家人口计生委（2013年与卫生部合并，改成卫计委，后一律简称为计生委）立项：在11个出生性别比失衡的重点省进行性别平等培训，就属于合作式的政策倡导。这一政策倡导首先要回答三个问题：政策倡导的目标，政策倡导的对象，政策倡导的主体。

1. 政策倡导的目标

政策倡导都是有目标的，我们的目标很明确，就是要进行性别平等政策倡导。理由基于两点：第一，现有的政策绝大多数忽视性别议题。如果，我们将社会各个领域进行排序，大体顺序是：经济发展、城镇化、社会稳定、人口计生、基层民主、社会保障、教育卫生、环境保护。性别议题几乎提不到议事日程，即便性别议题已经在社会生活中有所呈现，公共政策往往并不觉察。如何使决策者意识到性别议题，自觉地将性别平等纳入到公共政策之中，是政策倡导的目标之一。

第二，即便政府关注到性别议题，也不一定抓住性别不平等的"根本"，也不等于能够制定出体现性别平等的公共政策。2003年，计生委开始治理出生性别比失衡的性别结构问题，而且，发现了生男偏好的生育观念与性别结构之间的内在联系。不过，在解释生男偏好的原因时，往往又进入B超技术决定论或经济决定论的怪圈，归结为农村缺乏劳动力，缺乏社会保障只能依靠儿子养老。不能把握传宗接代、养儿防老的根子，来制定体现性别平等的政策。

政策倡导的第二个目标，就是要寻找治理出生性别比失衡的根本，制定促进性别平等的政策，并切实予以执行。

2. 政策倡导对象

从 2005 年开始，我们就将计生委作为政策倡导对象，2007 年之后更坚定了这一想法。最初的想法是性别平等议题与计生委的工作发生关联，2003 年计生委成为治理出生性别比失衡的责任主体，既然计生委要综合治理出生性别比失衡，就一定会触及生育观念，也一定会涉及男女不平等的问题，倡导性别平等就成为计生委工作的应有之义。所以，倡导对象就对准了计生委。

在倡导过程中，我们发现问题并非那么简单，即便是政府工作与性别平等是发生联系的，政府官员也未必能够意识到，即便意识到了也未必愿意改变。要寻找合作伙伴，还需要决策者愿意接纳性别平等观念，有一定的战略眼光和改变现状的魄力。否则，在倡导者和倡导对象之间就无法形成对接。

国家人口计生委恰恰对性别平等采取了开放和接纳的态度，为性别平等的政策倡导奠定了合作的基础。

3. 政策倡导的主体

2008 年年初，计生委将"在领导干部中进行性别平等培训"的课题委托给中央党校妇女研究中心，那么政策倡导的主体非妇女中心莫属了。然而，需要看到的是，仅仅依靠中心的力量远远不足，作为党校的性别专家，我们的长项是干部培训特别是性别培训，从 2004 年以来，中心组织了全国的师资培训，也进行了一定的干部性别培训，在政策倡导上有一些优势和条件。然而，中心的研究力量和行动推动力都十分有限。于是，我们开始组建全国的性别平等政策倡导课题组，汇聚全国的志同道合者共同进行政策倡导。此时，中国的妇女/性别研究和推动有了 20 年历史，已经形成了一批有学术建树的性别专家，出现了一些具有草根性和行动力的组织，为组建课题组提供了良好的基础。

2008 年年初课题组基本形成，由三类人员构成，第一类是研究者，擅长于父权制研究。这一研究对于破解生男偏好的深层原因，贯通历史与现实，非常重要。第二类是行动者，擅长于行动和改变。如河南社区教育研究中心创造了大量鲜活生动的参与式手法，在农村基层培育出一支具有群体意识和主体意识的妇女组织，这是非常具有本土性和创造性的行动者。第三类是倡导者，主要是党校系统的师资，她们给各级领导者进行培训，是一种特殊的参政议政。课题组成员都十分珍惜来之不易的与政府合作机会，也期望由此将性别平等推向决策主流。

二 性别平等政策倡导的路径选择与实践探索

政策倡导的路径经过了一个摸索过程，2007年7月5日，中央党校妇女研究中心曾经向国家人口计生委在中央党校学习的领导干部进行了第一次政策倡导，将我们两年多进行的调查研究以及倡导父母双系制、修订村规民约推进性别平等的对策建议，提交给了计生委。政策倡导会很成功，在我们看来，政策倡导已经完成了，至于政策建议如何实施如何操作，就是政府的事情了。结果，计生委的领导依然不解地问我们："对策有了，怎样操作？"我们这才发现政策倡导仅仅提出政策建议是不够的，还需要做出来一个试点经验，即行动研究说清楚如何操作。

与政府合作之后，我们开始意识到：调研式政策建议与行动研究式政策倡导有着不小的距离。前者更像一种假说，一种想象，一种新的探索，属于未知的事务，看不见摸不着，往往使得决策者有一种丈二和尚摸不着头脑的感觉，难以促成决策者下决心制定政策。后者则将假设转化成微型景观，生动地直观地呈现出来。作为政策倡导者，我们必须从研究者和批评者，转化成建设者和行动者，进行行动研究和行动探索，将研究与行动结合起来。于是，我们打算，抓住与计生委合作的机会，将干部的性别培训搞成行动研究式的政策倡导。

由于目的不尽相同，中央党校性别平等政策倡导课题组与国家人口计生委合作的初期，路径选择上出现了明显的分歧：计生委分管领导坚持的是行政路线，由政府发文，通过行政运作大规模地开展计生干部的性别平等培训，不需要研究，也不需要行动探索，把培训搞好了，就是对领导干部的政策倡导。用图表示：

政策倡导 ＝ 干部培训

课题组主张的是行动路线，即通过培训不仅要影响领导干部的性别观念，还能够影响领导干部对于性别平等政策的制定，使得付诸行动，真正将性别平等纳入到政策当中去。中央党校妇女研究中心此前已经组织过多次性别平等的干部培训，深知让领导干部接受性别平等的理念并非易事，不要说排斥性别平等，就是对此表示沉默，也足以使性别平等的愿望化为泡影。所以，性别培训之前一定要进行调查研究，培训要有针对性和说服力。培训之后，还要寻找合作者进行行动探索。

通过与计生委领导的直接沟通，终于确定了政策倡导的路径：

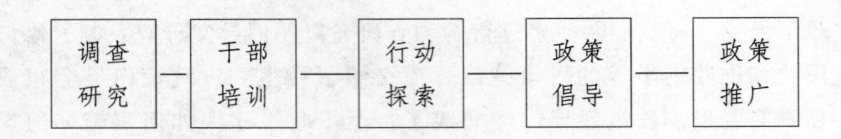

调查研究 — 干部培训 — 行动探索 — 政策倡导 — 政策推广

1. 调查研究

在政策倡导的整个过程中，调查研究是第一个重要的环节，它的功能至少体现在三个方面：第一，分析问题找准问题的"本"。第二，探寻办法，总结成功经验，包括研究对策的难点、风险、对策。第三，形成有分析和说服力的建议以及操作指南。

调查点的选择主要是三个省份，河南省、安徽省和湖北省，这三个省份都属于出生性别比严重失衡的省份，也是关爱女孩政策最早提出的地区，深入其中进行调查便于我们了解相关政策产生的来龙去脉，做出准确的政策效果评估。调查地点的选择还要考虑专家团队可以推动的地区，这样既便于深入调查了解真实情况，还可以为后期的行动探索进行必要的准备。

专家调查获得两大发现，第一个重大发现是澄清了生男偏好并不是由经济理性决定的，而是由司空见惯的民俗文化建构而成，是一种文化行为。男孩偏好的民俗文化主要表现在社群生活与礼仪的民俗之中，对于女性的排斥与对于男性地位的强调，从而使得女性价值和地位远远低于男性。这种民俗文化并不仅是一种历史传统，还是一种"活的传统"，根子就扎根在日常生活当中。要改变生男偏好，就要进行文化风俗的反思与变革。

第二个发现，这种生男偏好还受到村庄传统村规民约的强化，受到男权中心分配规则的制约。性别不平等的村规民约为"男孩偏好"提供了制度性支持。因此，在治理出生性别比失衡的多项举措中，推动村规民约的修订，清除原有条款（或潜规则）中性别不平等的内容，是一个不可回避、不能绕行的关键环节。

经过为期 8 个月深入的社区调研，课题组形成了行动研究的基本思路：以促进民众生育观念的转变（观念变革）、推动村规民约修订（制度创新）、出台推进性别平等的社会政策（政策拉动）的综合手法，将推进性别公平作为探索治理出生性别比失衡的治本之策。2008 年 8 月，我们将调查报告交给了国家人口计生委，同时按照计生委领导的要求，纂写出一份 8000 字的压缩版报告，供计生部门决策者传阅。

与此同时，课题组开始紧锣密鼓地进行当年 10 月的领导干部性别培训的准备工作。

2. 干部培训

干部培训，是政策倡导的第二个必要环节，它的功能之一，是转变领导者的性别观念，增强性别敏感，功能之二，可以在培训中发现理念认同的领导干部，发现愿意推动性别平等的合作者与行动者，为试点探索奠定基础。作为课题组成员，并不掌握决策权和管理权，难以在农村社区直接采取行动，必须与当地的政策制定者和执行者合作，使之意识到创新之必要，愿意采取变革行动，方有可能。在这个意义上，培训成为从研究到采取行动的桥梁。

政策倡导当中的培训，不同于传统的获取知识、增进能力的培训，具有变革的意义，目的是启发参训者的热情，唤起行动者的变革愿望，以便与课题组采取联合行动。在行动探索中，领导干部发自内心的意愿非常重要，只有发自内心才有行动的动力，才能积极主动想办法克服困难。这种发自内心的愿望需要通过培训才能被激发出来。如果培训失败，研究与行动之间的链条就会断裂，政策倡导过程中的行动探索就无法开展，所以说，培训只能成功不能失败。

为了保证干部培训的成功，我们从三个方面入手：

第一，培训班要吸引足够多的县乡村一把手。无论是民俗变革还是制度创新，都需要一把手决策，仅仅依靠计生系统或者妇女干部，力度远远不够。我们将培训地点选择在中央党校，可以吸引更多的基层"一把手"参加。还邀请了计生委宣教司的司长授课，在充分阐述全国出生性别比状况严峻性的同时，还可以表明计生系统的行政支持力度。

第二，选择最擅长培训的专家。吸引领导参加培训可以依靠单位的牌子和名望，要使领导坐得下来、听得进去、产生认同感，就需要授课教师的实力和水平了。选择培训者对于搞好培训至关重要，好的培训者实际上要完成从学术话语到公共话语的转化，将艰涩的学术语言转化成鲜活的大众语言。伴随调查研究为主向性别培训为主的过渡，课题组也顺利地完成了从研究者向培训者的重心转移，出现了研究者与培训者密切合作的"黄金搭档"，研究者毫无保留地贡献研究成果，培训者重新概括提炼进行性别解读的再创造。

第三，集体备课，相互磋商。为了培训的效果，课题组进行了四次集体备课。说集体备课一点也不夸张，而且是全国性的集体备课，将党校老师们请来，将试点地区的县乡村干部请来，培训者讲课，参训者打分、发表意见、提出课程安排建议。无论授课者的资历多么深，讲的课程多么有经验，都要接受参训者的品头论足和说长道短。为了培训的效果，课题组的专家们一次次备课、讨论、建议、评论，彼此真诚地欣赏他人的长处，也毫不留情地指出对方不足，富于建设性地提出改进意见；相互认真倾听不同的声音，重新审视自己的讲稿，全神贯注地修改完善。正是通过一次次不留情面的切磋，专题课程逐渐成熟和完善。

第四，培训班注重激发参训者的行动意愿。培训的难点，不仅在于发掘性别问题，还在于领导干部对改变性别问题缺乏信心：千百年的老规矩太难改变了，几乎成为领导干部的口头禅。如何增加领导者的决心，并产生行动的愿望？我们在课程的后期安排了经验介绍，如江西宜黄县梅湾村和湖北宜都市，这些都是汉民族地区，但那里的性别观念完全不同于汉民族儒家文化，是中国农民自己创造的平等的性别文化：它不固守传统的父权制，而是由单一的从夫居走向婚居模式多样化，从单一的从父姓走向父母双姓，从儿子养老走向儿女共同养老，村规民约从限制女儿走向男女都一样享有村民待遇。整个专题结束后，我们还安排了专家串讲：强调文化改革的可能性、必要性和紧迫性，启发领导干部将文化习俗、村规民约的调整纳入新农村建设之中，作为民主管理和乡风文明的重要举措。

培训得到了参训者的充分认可。评估问卷调查结果显示：97%认为培训有说服力。三个试点地区制定了8份行动计划，几乎所有的行动计划都提到四项内容：

A. 修订党校课程内容，给领导干部开设性别平等专题课；
B. 移风易俗，鼓励男到女家落户，村委会给二女户办婚礼；
C. 促进妇女参政，提出村民代表扩大妇女参与率；
D. 修订村规民约，消除对于女性的性别歧视。

河南登封周山村党支部书记主动找到课题组，提出愿意与课题组一起进行民俗变革，修订村规民约。这个被视为老大难的问题，终于有了变革的可能性。

培训终于实现了从研究到行动探索的转变。政策倡导向前迈进了坚实的一大步。

3. 行动探索

行动探索是政策倡导"改变"的核心要素，改变要通过行动来达成。在行动探索之前，所有的方案和对策都仅仅是假设，都要通过行动过程和行动结果加以验证。行动能否成功，取决于两个方面，其一，要看行动的过程，谁来参与，采取什么策略，如何规避风险和障碍。其二，要看行动的效果，是否达成预设的目标。

行动研究对于社会政策的制定具有不容忽视的作用。应当看到，很多国家的社会政策越来越具有操作性，其中很重要一点，就是对于许多难点和障碍都提出了有效的解决方法。之所以如此，是因为在形成政策之前，已经进行了行动探索，几乎可能发生的问题都在行动研究中找到了答案，然后再形成社会政策。

2008年11月，课题组的主战场从中央党校一下子扎入河南农村基层社区，开始了行动探索的历程，行动探索在整个项目中用时最长，几乎用了一年半的时间，行动探索的风险、阻力是不言而喻的，改变千百年的社群文化习俗，在资源分配的焦点问题上修订村规民约，充满了对抗性和重重障碍，我国性别平等已经有百年的奋斗历程，涉及性别分工从家庭到社会的跨越，却从来没有触碰过婚嫁模式和传宗接代这块千百年形成的坚冰。课题组充分估计到行动的风险与阻力，始终把握了三个基本策略：

第一，怀揣理想，脚踏实地。

整个课题组始终将性别平等作为治本之策，对此百折不挠坚定不移，同时，在行动探索中又采取积极稳妥的态度，不激化矛盾，不急于求成。未雨绸缪，遇事商量，办法考虑在前，避免了矛盾冲突的发生，使得行动探索一点一点接近目标。

第二，不用对抗和激化矛盾的方式处理问题。

毫不夸张地说，性别平等与传统的性别观念，老规矩与倡导性别平等的村规民约，充满了对抗性和矛盾性，老规矩是单一性强制性，新观念是多元化和包容性。传统的性别观念已经成为多数民众的"集体无意识"，直接否定老规矩和旧观念，就会引起多数人的排斥与抵抗，乃至可能导致性别大战。这种性别大战一旦引入村民代表会议，还很可能将性别歧视的潜规则变成显规则。如何化解这一对抗与冲突？

我们的做法是：不是简单地否定传统的民俗文化，而是在民俗文化中增加性别平等的元素，"做加法"从正面拉动和倡导。比如：姓氏传承，通常是传男不传女，我们在倡导中就提出，可以随父姓也可以随母姓；农村重视家庭养老，通常是男娶女嫁，儿子养老，我们就提出女儿是否也可以做到这一点？让老年和年轻人多些选择；婚居模式也是如此，可以女到男家，也可以男到女家，还可以男女两头居住。河南农村结婚时要祭拜祖先，通常祭拜的都是父系祖先，我们不是一味否认祭拜父系祖先，而是加进去同样尊重母系祖先的内容。在民俗文化中增加性别平等的元素，有效化解了倡导中的矛盾和阻力。

第三，寻找结合点，争取共赢多赢。

修订村规民约推进性别平等是一复杂的系统工程，需要多元主体合作，进行公共治理。

如何合作？重要的是寻找结合点，能够满足合作方的不同需求，达到共赢，才会愿意合作。相反的情况是，你赢我输，我就不愿意合作，你赢我不赢，我就没有合作动力。在修订村规民约中，民众的参与是必须的，是村民委员会组织法的要求，民众的参与又是必要的。在这里，村民不是管制对象，而是制定村规民约的主体，正是通过村民的参与，村民的支持，才能保障新村规的产生。在这里，不能忽视农村妇女参与的重要性，她们参与修订草案和表决的人数一旦达到30%以上，就会发出声音，对于性别平等条款制定发挥影响力；村规民约的修订，需要政府的领导、组织和监督。政府与民众之间的角色不同，政府不能代替村民修订村规民约，却完全可以组织村民修订村规民约，起到积极引导和拉动的作用。

经过持续性的合力推动，河南登封的上百个村庄成功修订了性别平等的村规民约。该村规民约将"鼓励妇女参与社区事务管理、男女同等享有集体资源分配权利、关爱女孩、男女共担社会责任、共同分担家务劳动、反对家庭暴力、提倡姓氏改革和婚俗葬俗改革"等13条性别平等的内容都列为正式条款。新村规民约得到村民认可。①

通过一系列的行动探索，我们终于探索出治理出生性别比失衡的治本之策的路径。接下来，我们要做的就是将基层经验推到高层，进行政策倡导，使之形成推进性别平等修订村规民约的公共政策。

4. 政策倡导

当政策建议成熟之后，政策建议至少可以采用两种方式，一种是书面倡导，一种是会议倡导。书面倡导，相对比较容易，不需要邀请领导，不需要主办会议，只需要将书面材料递交相关的部门和领导就可以了，但是，不能保证领导有空阅读，也不能保证是否关注，即便领导干部关注了反馈了，也无法保证下属会满怀激情地贯彻，总之，效果及影响力会大打折扣。

另一种是会议倡导，在同一时间同一地点共同关注同一话题，容易形成一种场效应，这种场效应还取决于两个要素，其一是倡导的内容，内容越有份量，发言越精彩，越有说服力，越容易引起会议反响；其二是倡导对象，能够邀请到与之相关的高层决策者和同一部门较多数量的领导，可以将政策倡导内容在最短的时间内迅速传播，影响力就会大大加强。

我们采用了会议为主的倡导方式，与计生委沟通的结果，时间敲定在2010年12月11日。会议名称：加强村民自治，推进性别平等高层论坛。为了成功举办高层论坛，课题组进行了三方面的筹备：

第一，将修订村规民约推进性别平等的行动过程进行归纳整理，形成书面文字资料：《悄然而深刻的变革——周山村修订村规民约纪实》《领导干部修订村规民约操作指南》《纠正生男偏好培训手册》《修订村规民约使用手册》。这些资料力图生动鲜活通俗易懂，而又能够展示行动变革的过程、风险、难点以及对策，操作性极强，便于在推广中参考使用。

第二，确保高层论坛领导参会。这是会议倡导是否成功的一个关键因素，道理很简单，没有主要领导参加，政策倡导就无的放矢。我们首先向最关注该项工作的领导发出了邀请，并提供了修订村规民约的报告。首先

---

① 可参考本书杜芳琴、梁军《一个具有性别平等内容的村规民约是怎样产生的》。

得到了第九届全国人大副委员长彭佩云的积极反馈，她认为修订村规民约问题找得准，抓住了关键，她愿意协助课题组邀请部级领导。于是，形成了高级领导邀请高级领导的会前倡导局面，经过会前倡导，终于达成一定的政策倡导规模：7位部级领导，50多位局级领导参会。

第三，精心准备会议倡导内容，整个倡导内容要引人入胜，紧紧扣住关键点、难点展开，要将修订村规民约的村干部和政府部门作为报告的联合主体，推向高层论坛的前台，用事实改变对于农民素质低的刻板定型看法，展示民众在修订村规民约中的主动性和能动性。课题组专家进行穿插点评，进行理论的升华，对经验进行了一个非常好的概括。

2010年12月11日，国家人口计生委和中央党校联合举办的"'加强村民自治，推进性别平等'高层论坛"，在北京友谊宾馆如期举行。本次高层论坛分为两个部分，第一部分是中央党校性别平等政策倡导课题组与试点地区联合报告"修订村规民约推进性别平等"的动因、进展和成效，河南省登封市周山村支部书记景占营接着介绍了周山村怎样迈开修订村规民约的第一步。漯河市妇联主席马和平向与会者介绍了漯河市是如何通过修订村规民约维护妇女权益的。登封市市委书记王福松对"修订村规民约，推进性别平等的登封实践"做了详细介绍。

课题组专家进行了点评，阐述了修订村规民约推进性别平等的综合效应：修订村规民约可以化解国家法与习惯法的冲突，将性别平等的立法原则转化为现实；促进乡风文明，加强文化建设。修订村规民约的意义之一，就是将一些看似与文明无关的话题纳入文明视野，赋予"乡风文明"文化与性别的解读；将农村妇女权益问题解决在基层和萌芽状态，防止社会矛盾的演化升级，真正维护社会稳定；促进农村的民主管理与妇女参政；找到了治理出生性别比失衡纠正男孩偏好的治本之策。

课题报告产生了轰动效应，出席论坛的领导对项目工作予以高度认可，中国社会科学院纪委组长李秋芳指出，这是一个非常精彩的论坛，给人耳目一新的感觉。原计生委赵白鸽副主任表示，这个项目的经验将在全国综合改革示范市推进。陈至立副委员长在致辞中指出：国家人口计生委和中央党校联合开展的"加强村民自治，推进性别平等"项目试点具有非常重要的实践价值和示范意义。将加强村民自治和推进性别平等紧密结合起来，积极推动妇女参与公共事务的决策和管理，推动在村规民约中特别是在涉及集体资源分配问题上充分体现性别平等的原则，这是从源头上消除性别歧视和实现男女平等的关键举措。

彭珮云同志在讲话中说,这项试点工作做得很好,意义重大,值得为之鼓舞与欢呼。她还提出了两点建议。一是要高度重视、积极稳妥地推动修订村规民约,推进性别平等的工作。建议以 2010 年修订《村民委员会组织法》为契机,把修订村规民约工作提到工作日程上来。希望民政部、国家人口和计划生育委员会和全国妇联携手,在各级党委、政府的领导下,协调农业、司法等部门,吸收党校、干校和教育、研究机构热心的专家学者,共同推进这项工作。

高层论坛取得了成功,在一定程度上也为性别平等纳入公共政策铺平道路。

三 性别平等政策倡导的成效与面临的挑战

1. 计生委将修订村规民约作为一项政策全力推进

政策倡导的最大成效是,人口计生委将修订村规民约纳入 2011 年的国家"十二五"人口发展规划:落实男女平等基本国策,提高社会性别意识,清理涉及社会性别歧视的法规政策,指导村(居)民自治组织修订完善自治章程或村规民约。

计生委不仅颁布了政策,而且采取了多种举措,2011 年在中央党校举办人口专题班,给全国婚育新风进万家的示范市分管领导进行培训,由课题组和试点地区再次联合报告登封经验。计生系统的各种干部培训都会纳入修订村规民约的专题课程。此外,计生委连续两年支持课题组在总结试点经验的基础上,编写系列培训教材。充分利用各级党校阵地,联合开展大规模的专题培训工作。

2012 年 6 月,计生委在河南登封市召开了现场会,组织全国 16 个重点省的 48 个县的分管领导和计生主任进行培训和实地考察,课题组承担了为期两天半的培训考察的设计、筹备以及培训。与会者最后交流分享的时候,用"感动"和"行动"表达培训考察的心情,由此,大规模的推广工作渐渐展开。

2. 联合国人口基金选择试点推广登封经验

联合国人口基金与国家人口计生委合作已经进行到第七周期,每个周期为五年，以往的合作仅仅限于人口计生工作，如生殖健康服务、治理出生性别比、计生村民自治等，性别平等的议题从未作为项目主题。在第六周期，课题组的项目受到人口基金的高度肯定，作为最佳实践案例提交给国际社会，此外，在2011年开始的第七周期，确定了性别平等项目专题，着力在人口计生治理出生性别比中纳入性别平等，并提出要在重点省份陕西、安徽和江西选择三个试点县，推广登封经验，将修订村规民约推进性别平等作为重头戏予以推广。

目前，三个试点县的项目已经进入第三个年头了，修订性别平等的村规民约，拉动民间风俗的改变已经成为项目的应有之义。在项目进展过程中，专家扮演的是引导和培训角色，所有的工作推进都是依靠当地干部。几乎每个试点县都进行了当地性别习俗的调查，首先选择试点村摸索试点经验，将变革陈规陋习、拉动婚居姓氏多样化、男女享有同等待遇作为村规民约的重要条款。村民代表大会在讨论这些条款时极为热烈，女村民代表尤其活跃，不断提出各种意见，甚至要求男女代表的比例各占50%。逐条进行讨论和修订，大大提高了村民参与村庄事务的热情和主动性，也使得村民自治真正得到落实。

推动修订村规民约，受益的不仅是妇女和村民，也在改变着县乡干部和计生干部的工作理念和作风。一位分管项目的县计生领导说：过去的村规民约是霸王条款、单方决议，不尊重群众，不考虑群众的需要。过去，一项工作布置的时候，就要告诉乡镇怎么做。现在，首先讲明白为什么要干，至于怎么干你自己想办法，要搞民意调查，看看老百姓最需要什么。从试点县修订村规民约的进展，证实了推广登封经验的可能性和可行性。

3. 全国妇联将修订村规民约作为维护妇女土地权益的源头治理举措

河南周山村修订村规民约的成功经验，也引起全国妇联的关注。2012年8月在黑龙江大庆，全国妇联、农业部、民政部举办了"维护农村妇女土地权益"工作会议，邀请黑龙江省政府介绍组织修订村规民约的做法和成效。如果说，河南登封是第一家修订性别平等村规民约的试点县，那么黑龙江就是第一家在全省范围推广修订性别平等村规民约的先行者。2009年12月，黑龙江妇联参加了中央党校妇女研究中心举办的培训班，培训班介绍了河南成功推动修订村规民约的经验。黑龙江妇联敏锐地发现，修订村规民约可以从源头解决农村妇女土地权益问题。于是，2010

年 3 月，首先选择试点县修订村规民约，2011 年 11 月，在省政府的支持下，省妇联与民政局联合发文修订村规民约维护妇女土地权益。修订村规民约时间就放在换届选举之后的 1-3 月，利用农闲之机在全省 13 个地市全面推开。

本次会议邀请了中央党校课题组的专家，阐述修订村规民约对于妇女土地维权的意义，并建议各级妇联与民政、农业部门联手组织修订村规民约。此次会议启发了更多的省份考虑修订村规民约。

应当看到，推进性别平等修订村规民约，还面临着巨大的挑战。

其一，经验推广的过程是艰难缓慢的，即便是正在修订村规民约的地区也存在着走形式走过场的现象。形式主义对付官僚主义，已经成为行政工作的一种工作方式，这种工作方式往往采取"对付"的办法对待上级政府的要求。而形式主义的后果，往往是干打雷不下雨，不会产生实效。如何防止走形式做样子，是政策推广过程中需要考虑并认真解决的问题。

其二，能够积极推动性别平等的部委依然十分有限，更多的部委和高层决策者对于性别平等依然缺乏意识，在国家的宏观战略中往往忽视性别议题，其结果，一方面往往会使男女平等基本国策的内核被掏空，使之束之高阁，有名无实。另一方面，使得农村妇女土地权益加速受到剥夺，性别分层加快。该问题倘若不能引起高层重视，将成为城镇化和社会稳定中绕不过去的一道难题。从这个意义来看，政策倡导依然是一个并未终结的课题。

推进社会性别平等的国家机制

唐双捷①

编者语： 推进男女平等，消除性别歧视，不仅需要性别平等的立法和政策，还需要建立性别平等的国家机制，由政府部门作为责任主体履行职责，而不是将该项工作推给妇联。妇联仅仅是妇女权利的倡导者，作为群众组织不能制定公共政策。政府如何建立性别平等的国家和地区机制，我国港台地区和国际社会有着大量成功经验，该文将予以介绍。

1975年联合国第一次世界妇女大会提出所有国家政府应成立提高妇女地位机构的建议，并将这一机构定义为"促进平等机会和使妇女充分地融入国家生活的有效的转变手段"。1985年联合国召开第三次世界妇女大会，制定了《内罗毕前瞻性战略》，将建立国家级政策机制列上了世界妇女发展的议程。1995年在第四次世妇会上各国政府制定的北京《行动纲领》中进一步明确强调，作为战略目标政府应采取的行动包括："a. 确保由尽可能最高的政府级别负责提高妇女地位，许多情况下，可以由内阁部长一级负责；b. 在强有力的承诺下，如不存在这种机构，在政府尽可能高的级别上成立提高妇女地位的国家机构，并酌情加强现有国家机构，机构应有明确规定的任务权限……"② 许多国家和地区的提高妇女地位机构都是在联合国第一个妇女十年（1975—1985）期间建立的。到1985年，世界上90%的国家和地区建立了不同形式的提高妇女地位的机构。

目前，社会性别平等国家和地区机构的设置主要有三种模式：

一是与相关的立法配套，在相关的政府部门设置主管机构，如中国台

---

① 唐双捷，中央党校2014级科学社会主义专业博士研究生。
② 《1995年联合国第四次世界妇女大会行动纲领》第四章"战略目标和行动"，H. 提高妇女地位的机制，第203条。

湾的性别机构设在业务主管部门,例如,《性别平等教育法》的主管机关——性别平等教育委员会设在"教育部";《性别平等工作法》的主管机关——性别平等工作委员会设在"中央行政院"劳工部。

二是设立独立的执法机构。如中国香港的平等机会委员会、美国平等就业机会委员会,或称国家人权机构。这些机构有三个特点:独立性、准司法性及咨询性。

三是在国家级的政府部门单独设立具有决策权的政府机构,如韩国的性别平等部、日本的性别平等委员会与性别平等管理局、意大利的全国性别平等委员会、北欧国家的性别平等部。

截至 2011 年,全世界已有 116 个国家和地区建立了 119 个国家人权机构(包括香港平等机会委员会),分别处于世界各个区域的 115 个国家,包括 29 个非洲国家、25 个美洲国家、19 个亚太国家和 42 个欧洲国家。①

本文将介绍韩国、日本、越南、瑞典、英国的社会性别平等国家机制的运行现状,并适当辅以相关案例。通过介绍国外相关经验与案例,以期对我国社会性别平等国家机制的完善提供借鉴。

一 韩国推进性别平等的国家机制

(一)国家机制的建立

1. 妇女发展机构(KWDI)与韩国性别平等部(MOGE)② 的建立

为落实第一次世界妇女大会宣言和"联合国妇女发展十年"(1976—1985)规划,经韩国国民大会批准,韩国于 1983 年成立了韩国妇女发展机构(The Korean Women's Development Institute,KWDI),作为管理妇女问题的唯一国家机构附设在政府健康和福利部之下,负责对妇女(包括公务员)进行研究、教育和培训,促进妇女参与社会发展,依法享有社会福利。

进入 21 世纪,时任韩国总统的金大中进一步提出:21 世纪,世界要迈向性别平等的社会,国家政策要适应女性不断发展和变化的现实。为

---

① 中国人权研究会:《国家人权机构总览》,团结出版社 2011 年版。
② 2012 年 7 月 5 日,韩国性别平等部(MOGE)进行机构重组,成立了新的"大韩民国女性家族部(MOGEF)"(the Ministry of Gender Equality and Family)。

此，韩国于 2001 年 1 月 29 日将原先的韩国总统府妇女事务特别委员会正式升格为韩国性别平等部（The Ministry of Gender Equality，MOGE），成为韩国历史上第一个负责性别平等事务的政府专门机构。

2. 性别平等部的主要职能与性别政策原则

性别平等部主要职能是：（1）制定和协调政府级的性别政策；（2）进行性别分析和评估；（3）消除性别歧视，根除对妇女的暴力；（4）调查和纠正在就业、教育、资源分配、设施和服务中的性别歧视；（5）发展与非政府组织和国际组织的合作关系。

性别平等部的性别政策原则是：（1）努力推动政府部门的社会性别主流化；（2）扩展妇女在社会各个领域的代表性，实现平等参与发展和承担社会责任；（3）提高妇女的竞争能力，充分利用人力资源；（4）发展和加强同非政府妇女组织的合作与联系，充分发挥妇女解决社会问题的领导才能。

3. 机构设置（见图 1）

性别平等部的机构设置说明：设正副部长各一名，首任部长是女性，副部长是男性；下设 1 个办公室（计划与政策协调办公室）和 3 个局（性别平等促进局、妇女权利促进局与合作联络局），有 102 名专职工作人员，男女比例分别为 35% 和 65%。其中，计划与政策协调办公室负责监测妇女政策计划的实施；对促进性别平等的法律提供支持；引导研究，特别是与妇女相关的政策研究；协调中央和地方的妇女政策。性别平等促进局负责调查性别歧视的案件，纠正歧视行为；实施提高性别平等公众意识的项目；监督落实公共部门的反歧视措施；管理性别平等促进委员会。妇女权利促进局的职能是：提高全社会关于妇女权利的公众意识；建立引导和保护卖淫妇女的行动计划；采取措施处理家庭暴力和性犯罪；为"二战"慰安妇受害者提供支持项目。合作联络局负责与国内外妇女组织广泛合作；促进妇女志愿者的行动；扩大妇女的政治参与；负责协调国际合作。①

---

① The Ministry of Gender Equality, Republic of Korea, *Towards a Gender-equal Society*, 2001.

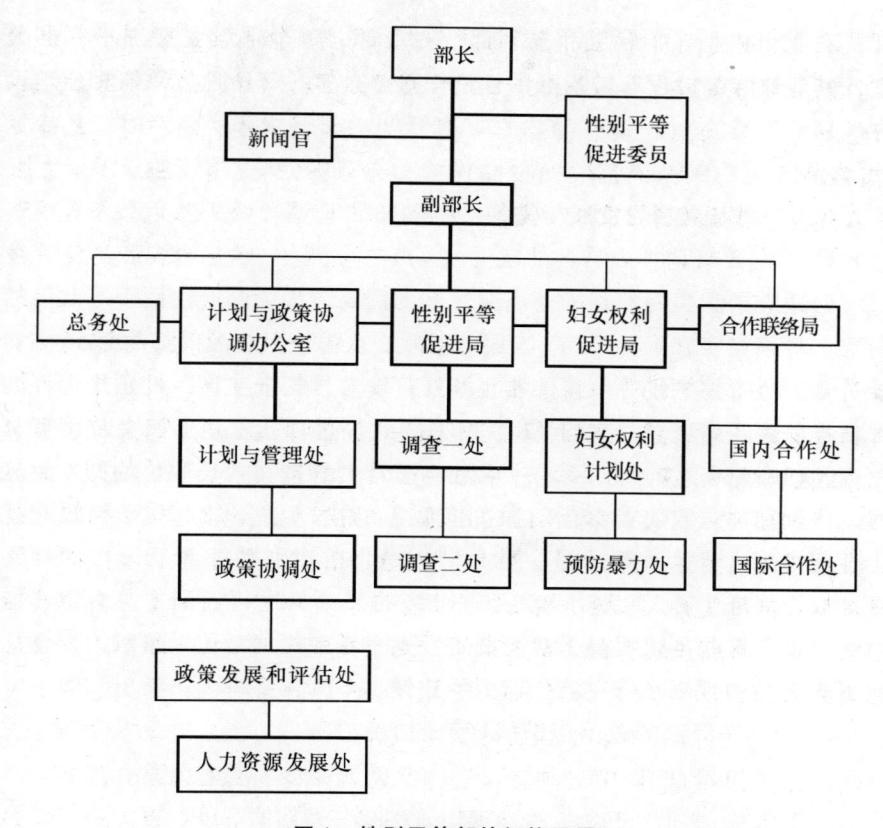

图 1 性别平等部的机构设置

4. 性别平等促进委员会的建立

性别平等促进委员会是根据《性别歧视预防与救助法》建立的,是一个具有执法权利的调查和审理性别歧视案件的行政机构。其成员由 10 人组成,主席由性别平等部部长担任,高级官员由性别平等部性别平等促进局局长担任,另有 8 位成员由性别专家和法律专家担任。其职能是:调查性别歧视问题,包括性骚扰;审理、商议、调解、强制执行性别歧视的案件;对有关反歧视的法律和政策提出修改建议。

5. 性别平等政策的国家机制的构成

性别平等政策的国家机制分为三个层次:总统、中央政府部门、地方政府部门。其中中央政府部门包括三个部分:性别平等部、与性别问题有关的六个部门、其他部门。

六个政府部门为:司法部、行政和家庭事务部、教育和人类资源发展部、农业和林业部、健康和福利部、劳动部,每个部设立性别平等办公室,其他政府部门设有被指派的性别平等办公室。每个地方政府相应地设有性别平等局。

(二) 国家机制的发展与完善

1. 妇女政策调查委员会的建立

为适应国际国内性别平等事业发展的需要,加强政府性别平等政策的制定、协调与实施,2003年,韩国又成立了直属于总理的妇女政策协调委员会,负责性别平等政策的制定和修订。总理担任主席,性别平等部的部长担任副主席,成员来自12个相关部门。同时,建立了妇女政策官员制度,任命每个政府部门都有一名相当于计划管理司司长职位的妇女政策官,协调和加强政府各部门有关妇女政策的执行与合作。2003年政府社会性别主流化政策改革的另一重大措施是,在性别平等部下设立"性别平等教育促进中心",为中央和地方一级的公务员进行性别平等意识和能力的培训。这些不仅提高了政府制定性别平等政策的地位和影响力,还加强了政府机构性别平等主流化能力的建设。

2. 性别平等部的改革与扩展(见图2)

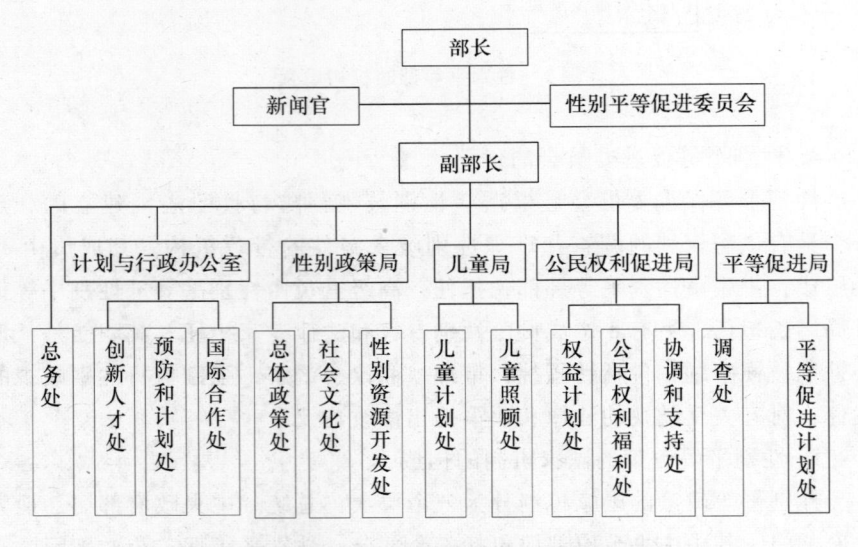

图2 2004年改革后的性别平等部机构设置

2004年6月，性别平等部进行了较大规模的扩展和改革。改革之后的设置：扩大为1个办公室、4个局和14个处，工作人员增至200名。专门成立了性别政策局；增加了儿童局，将儿童局从社会福利部转到性别平等局；将妇女权利促进局改为公民权利促进局，强调和突出了基本人权框架；取消了合作联络局，将国际合作处归入计划与行政办公室。

二　日本推进社会性别的国家机制与性别平等基本计划

（一）性别平等委员会与性别平等管理局

2001年1月日本中央省厅再编改革时，作为加强内阁作用的措施之一，内阁进行了重组。作为一个管理机构，新内阁府有更高的权限在政府各机构中执行政策和进行综合协调工作。内阁府同时负责"推进建设性别平等社会"这一政府最重要的议题之一。在中央省厅再编改革过程中，改革的主要目标是精简政府规模，而性别平等委员会与性别平等管理局新设置在内阁府内，优化了组织结构，以便推进性别平等社会政策的实现。

1. 性别平等委员会

作为2001年改革的产物，性别平等委员会在保持原有机构名称的前提下，职能得以保留和扩大。内阁官房长官担任委员会主任，成员包括12位由首相任命的内阁大臣，12位由首相任命的具有经验和阅历的专家。委员会职能如下：

除研究和分析基本政策和与构建性别平等社会有关措施以外，委员会还负责监督相关措施的执行情况与实施效果。

2. 性别平等管理局

内阁府下属的性别平等管理局任务如下：

——作为性别平等推进委员会指挥中心和性别平等委员会的秘书处行使职能

——在"性别平等基本法"和"性别平等基本计划"的基础上制定计划，在政府内进行协调

——推进"性别平等基本计划"的实施

——提高社会公众的性别平等意识，包括与各地政府与团体进行合作

3. 分管性别平等的内阁大臣

性别平等大臣由内阁府下属的特命担当大臣中的一人出任,特命担当大臣的设立同样也是增强中央改革的一部分。为了将来能有效快速地贯彻相关政策,内阁官方长官同样也被任命为性别平等部长。

4. 促进性别平等指挥中心

为了有效顺利推进措施的实施,1994年,内阁中建立了促进性别平等指挥中心(主席:内阁总理,副主席:内阁官房长官,成员:所有内阁大臣)。迄今,已经有过好几届成员,做出的决议如下:

——推进女性进入国务参谋议会及委员会的任命工作
——扩大女性公职人员招收和晋升的比例

5. 促进性别平等联席会议

1996年9月,该会议受官方认可以促进与社会不同领域人群进行信息与观点的交流,使与民非组织的沟通简易化。联席会议由16位智囊成员组成,每一位成员代表各自所处的社会领域,都获得了内阁官房长官的任命。该会议商讨重要政策与国际会议相关的信息与意见,同时也承担制作,向公众发放宣传手册之类的活动。

(二)性别平等基本计划的形成与开展

1. 性别平等社会基本法的颁布与实施

日本宪法规定尊重个体与性别平等,参照国际社会的发展,现在通过法律手段已经在实现性别平等的道路上迈出了坚实的一步。然而,需要指出的是现在仍需要一个综合推进性别平等的工作框架。因此,基于基本法,国内行动计划中加入了一项决定来推进性别平等社会的建设,该方针确定时间为1996年12月,称为"性别平等2000计划"。根据该计划,1998年12月,前届性别平等委员会应提交名为"关于推进性别平等社会而设立基本法的提议"报告,其中明确阐述了出台该部法律的必要性、基本原则与内容。参考这篇报告,政府起草了《性别平等社会基本法》相关内容,这促成了1999年6月该法的颁布与实施。

《性别平等社会基本法》关于构建性别平等社会有以下基本原则:

——尊重女性与男性的人权
——考虑社会体系与实际
——参与计划与确定政策过程
——家庭中承担管理活动与其他活动
——国际合作

基于以上基本原则,该法规定了在构建性别平等社会过程中国家、政府和国民各自的职责。同时,如基本政策促进性别平等社会构建一样,该法表述了政府应该制定"性别平等基本计划",这是综合、系统推进工作中的核心框架,考虑到国家的基本计划,并规定地方官必须在任期内给出各自的计划。《性别平等社会基本法》对于日本构建性别平等社会是具有历史意义的里程碑。

2. 性别平等基本计划的形成

2000年12月,内阁决议将"性别平等基本计划"列为《性别平等社会基本法》的第一计划。这个计划基于指挥中心1996年制定的"性别平等2000计划",同样参考了前届委员会的报告"性别平等基本计划形成背后的基本哲学"(2000年11月)和"有关女性受暴力侵害的基本措施"(2000年6月)。"妇女2000"全体专题会议的讨论结果也纳入考虑之中。同时,在确定过程中,也收集了来自社会不同领域的意见和要求,在计划中尽可能地体现他们的诉求。

在基本计划中,确定了11个重要目标与长期政策方向,还有到2005财政年度为止针对这些目标实施的具体措施。通过与当地政府和社会各部门的群体增加了合作,政府将会通过稳步实施计划中的措施来推进建设性别平等社会。

其中包括11项重要目标:

——扩大女性参与政治决策过程的程度
——回顾社会体系与实际,提升性别平等意识
——确保就业机会与待遇平等
——在农业、林业与渔业乡村建立合作关系
——支持妇女与男性规划工作、家庭与社区生活

——改善条件让老年居民心灵上得到平静
　　——消除一切形式的女性歧视
　　——支持女性终生健康关怀
　　——在媒体上尊重女性人权
　　——促进性别平等，通过教育与学习使多样化选择更容易
　　——为国际社会"平等，发展与和平"做贡献

3. 地方政府采取的配套措施

《性别平等社会基本法》中规定每一位地方官员都必须根据"性别平等基本计划"在任期内提交一份有关性别平等的任期报告。同时，各地区政府也应该制定各地的计划。2001年4月前，每一位地方官员都已经提交了这个计划。地方政府提交比例为19.4%。

制定综合性计划是综合、系统地推进性别平等社会建设的重要有效措施之一。内阁府为此向地方政府提供了必要的信息。尤其是，内阁府还通过制作和提供相关说明来积极支持各地政府，帮助他们制定各地的计划。

此外，在地方政府，与基本计划相关的法令已经形成来推动性别平等社会的建设。截至2002年4月，35个专区和55个地方政府已经颁布了法令，在制定法令的过程中，民非组织也参与其中。2001年4月，35个专区和190个地方政府已经为女性和社会平等设立了综合性机构，作为信息与组织活动的中心。

三　越南推进社会性别的国家机制，积极开展移风易俗

越南妇女联合会的前身是于1930年10月20日成立的越南妇女反帝会。长期以来劳动、荣军和社会部与越南妇联一起承担了推进性别平等的任务，有趣的是"夫妻"一词在越南语中变成了"妻夫"，而越南男同胞并没有要求改变"妻夫"的词序，这可能也是对女性为国家、社会所做贡献的一种赞赏，这也从侧面反映了越南性别平等推进大有可为。

目前，越南在《2011年人类发展报告》中得分0.6867，排名世界第66位，比起排位69的中国还略胜一筹，其国家特色机制主要和越南国情紧密结合，这体现在一些特别的专门政策上。

1. 确保女性参与国际事务与外交服务

越南法律和国家政策确保了男女参与国际事务的同等权利。尤其是在扩大外交关系与积极参与国际经济一体化的政策下，越南女性参与此类活动的境况得到了更多的改善。

外交部作为政府主管对外事务的部门，在确保男女同权参与国际活动上不遗余力，其中包括招募和培训各级女性工作人员。由外交部副部长负责的妇女进步委员会设立。外交部采用了妇女进步委员会2000—2005年的行动规划，目标如下：所有外交服务人员中女性比例为30%，重要岗位上的女性人数占11%—20%，女性支持的各项任务占20%，并有一位女性部长助理。

截至2005年，外交工作人员中女性员工占了28%，这些女性中的28%正在国外工作。其中拥有研究生学历中，227人中有80位获得硕士学位，41人中有5人拥有博士学位。2000年至2003年，女性担任主管和副主管的人数由10人上升到15人。现在有11位女性部门领导。总体上来说，女性领导职位如下：1名部门主管，5位副主管，2位处室主任和9位处室的副主任。

训练和提升外交事务女性职员的能力这一问题已经得到了重视。2002年，38%女性职员被送往国外，32%女性职员则在国内接受研究生学习。

2. 禁止任何形式的拐卖妇女和强迫妇女卖淫

拐卖妇女和强迫妇女卖淫依然是目前全社会关注的紧迫课题。越南政府一再重申坚决抵制此类现象的决心。这项任务已经被提到各个机构与各级政府的工作日程。所有的措施都旨在保护妇女的尊严与健康，帮助建立一个进步的社会。尤其值得关注的是相关法律条文的修改与执行，以及应对拐卖妇女和卖淫现象的行动。

实施机制：政策制定层面，劳动、荣军与社会事务部与公安部、文化与信息部、内务部以及卫生部联合出台了指导性文件。社会参与层面，包括"父辈大地的前沿"，妇联、青联、劳动与老兵联合会等组织，一起参与到应对拐卖妇女和卖淫的运动中。政府部门行动层面，司法部针对越南女性与外国人间的跨国婚姻进行了调研，公安部也联合相关机构对拐卖妇女儿童行为进行了严厉打击。

实施情况：过去3年中，反拐卖妇女与强迫妇女卖淫的运动开展得卓有成效。2003年9月，政府组织国会开展此项运动。国会则采取了一系列措施加以制止并向受害者提供援助。

根据针对《防范和禁止卖淫行动计划（2001—2005）》[①]进行的近三年开展情况回顾报告中的总结：

> 教育与沟通被认为是最有效的手段之一，帮助提升了国民的意识，增强了国民抵制这些社会恶行的责任感。过去三年中，媒体、地方和中央的各级组织都不遗余力地向国民普及这项反强迫妇女卖淫的政策（通过文章、广播和电视、培训课程、研讨会等），构建了制约此类犯罪的公众舆论，与此同时宣扬表彰好的典型和范例。各级妇联深知在相关事件中，女性总是受害者和最为弱势的一方，而此类恶行将会阻碍社会性别平等的建设和社会经济发展的目标。当地妇联向妇女提供了必要的工具和技能来识别贩卖妇女强迫卖淫的现实表现和企图，并鼓励同社区的女性联手抵制此类企图。举国上下进行了建立无卖淫无毒品村落和社区的建立，以此防治此类罪恶行径进一步蔓延。[②]

3. 加强女性在婚姻和家庭关系中的平等权

《婚姻和家庭法》：在2003—2005年，女性在婚姻和家庭关系中的自由平等权得到了实施，受到法律的保护。2000年的《婚姻和家庭法》于2001年1月1日起实施，为确保男女两性在个人权利、财产所有权署名等问题上的平等奠定了坚实的基础。相关领域还包括：离婚后财产的分割；赡养费；子女抚养费等。

《婚姻和家庭法》为构建和睦、平等、进步、幸福和持久的家庭提供了法律准则；而婚姻和家庭机制的基本原则就是"自愿，进步，一夫一妻，夫妻平等"；宗教信徒和非信徒，涉外婚姻受到法律的尊重和保护；夫妻有义务履行人口和家庭计划政策；父母有义务抚养子女成为对社会有用的公民。

《婚姻与家庭法》适用于20周岁以上男性和18周岁以上女性。在法定年龄之前的婚姻被视作无效，由法院进行处理。刑法规定为不满法定年龄

---

① 2001—2005 Action Plan for the Prevention and Suppression of Prostitutia.
② 原文中并未给出该回顾报告的正式名称。

的男女举行婚礼的人判处 2 年徒刑。事实上,女性初婚平均年龄为 22.8 岁,男性为 26 岁。在 2003—2005 年,大多数群众严格遵守相关规定,但在山区和农村,由于交通不便,很多人无法在法律形式上登记结婚。

另一方面,在一些地区,一些落后的风俗习惯依然没能完全去除。包括早婚,以及一些少数民族的过继风俗[兄弟中如果哥哥过世,弟弟是独身或丧偶可以与哥哥的妻子结婚(Brau 族),而如果弟弟过世,那么哥哥也可以与弟媳结婚(Ro Mam 族)]。在不久的将来,随着第 32 号法令的生效,落后的风俗习惯则全部被扫除。

《婚姻与家庭法》确保男女双方离婚的权利。但是,在少数民族地区,处理离婚案例的依据是当地的风俗习惯而非法律。该法律同样也保证男女双方共同财产在离婚后的分配,尤其是土地使用和房产,前提是所有的有价资产都必须登记在夫妻双方名下。这些年的案例中,对于法庭裁决财产分配问题,男女平等是重要的法律依据。2002 年有 60265 起有关婚姻和家庭的案例,其中的 44% 为女性提起诉讼,18% 由夫妻双方共同提起诉讼。

四 瑞典推进社会性别的国家机制与社会性别主流化的成果

瑞典是世界上性别平等实践做得较好的国家之一,其性别发展指数、妇女参政比率均居世界前列。

根据联合国开发计划署发布的《2011 年人类发展报告》中,纳入性别平等指数的统计国家从 2010 年的 138 个,增加到 145 个。具体的计算指标包括:孕产妇死亡比率、未成年人生育率、国家议会中的女性席位比率、接受过中等教育的性别比率、劳动力市场参与度性别比、避孕率、产前检查等生殖健康参数以及总生育率等。

按照上述综合指标计算,得分越多,排名越高,瑞典在《2011 年人类发展报告》中得分为 0.8159,仅次于冰岛的 0.8640、芬兰的 0.8451、挪威的 0.8403,排位世界第四[①]。2007 年,瑞典的女性议员占总议员的

---

① Ricardo Hausmann, Harvard University, Laura D. Tyson, University of California, Berkeley, Saadia Zahidi, World Economic Forum, Editors. *The Global Gender Gap Report* 2009, World Economic Forum, Geneva, Switzerland.

47.3%，居世界第二位。因此，将瑞典的国际机制与社会性别主流化的推进经验进行介绍，有理论和现实指导意义。①

（一）瑞典推进社会性别平等的国家机制

不同于一些国家只通过某些具体政策和项目来推动性别平等，瑞典最令人称道之处就在于它通过建立一整套从中央到地方的制度和机构，将社会平等纳入政府制定和执行政策的所有活动之中。

其推进社会性别主流化的模式可概括为：将性别平等视角嵌入公共政策过程的形成、制定、执行到反馈、修改的所有过程中，旨在促成男女两性平等地获得机会和收益，同时承担相同的责任。②

瑞典政府设立了一整套促进性别平等的机构设置。具体如下：

1. 政府内阁

由首相办公室、九位部长大臣和行政事务办公室组成的内阁，作为政府最核心的权力机关，掌握着大政方针和国家战略的制定和总指挥权。1994年，他们被要求把社会性别视角嵌入所有相关的材料之中。2004年4月，政府推行了一项新的社会性别主流化计划，内阁被要求在6年内给出一个在各个部委推行社会性别的普遍性框架。

2. 性别平等部

这是专门负责性别平等政策执行的部门。它同其他中央部委享有同等的地位，其性别平等大臣也同其他内阁大臣拥有同等参与政府决策的权力，旨在保障性别平等部与其他部委的交叉关系，以便对各个部委施加影响。

3. 中央政府各部

各部部长对其各自主管领域内的各项政策对社会性别平等的影响负责。每个部都有自己推动性别平等的部门和为推行性别平等主流化的内部计划。此外，每部还有1—2名性别平等协调员，专职协调和促进性别主流化，以及协助部内与性别平等的相关事务。

4. 政府调查委员会

瑞典共有200多个政府调查委员会，他们通过调查研究，提出政策建

---

① Inter-parliamentary Union-Women in National Parliaments ［DBPOL］. Http://www.ipu.org/wmn-e/classif.htm.

② 李慧英：《瑞典的性别平等机制》，《中国妇女报》2005年6月21日。《瑞典：公共政策与女性就业》［DBPOL］，http://www.womenwatch-china.org。

议，所做的结论为政府提交到议会的法案提供了依据。正因为委员会的工作对政府决策产生的重大影响，1994年开始，所有调查委员会被要求分析他们的提案时需将社会性别视角纳入其中。但现实中，很多委员会没有达到这项要求，这方面的工作仍然有待改进。

5. 地方政府和郡议会

瑞典是一个地方自治相当成熟的国家，地方政府和议会在地方政策的制定和执行上享有相当大的权力。中央政府和议会主要制定总体行动目标，地方政府和郡议会可以在很大程度上自由决定目标下的内容，而且往往能对民众的生活产生最为重要的影响。他们是性别平等工作的重要参与者，因为他们的每一项政策都能够影响到两性关系。1994年以来，中央政府积极推动地方和区域层面的工作，而许多地方当局也同郡议会相配合，发起了许多以在行动中推动性别主流化的发展项目。地方层面的工作对性别平等这个国内政策目标的实现，起到了至关重要的作用。

6. 地方性别平等专家

性别平等部在每个郡（地方）都特设性别平等专家，来协助高级官员推进性别平等主流化的工作。此外，他们还安排地方政府长官参加性别平等方面的基本培训课程，以培养其社会性别意识。

7. 机会平等监督机构

这是一个确保工作中雇员和受高等教育的学生不受性别歧视的政府机构，主要监督《男女平等法案》和《大学男女学生平等待遇法》的实行。这两项法令要求雇主和高等教育机构积极地提供平等的机会以及反对性别歧视。

8. 性别平等委员会

这是一个为社会各界提供交换意见和讨论相关事务的平台，性质与功能类似于论坛。委员会由40名不固定的成员组成，代表着国家的政治党派及其妇女分支机构、独立的妇女组织、劳动力市场的合作者和当前的受到欢迎的运动等。性别平等委员会一年有四次会，归性别平等部长大臣领导。

（二）瑞典推进社会性别平等的特色成就

1. 关心被忽略的男性群体利益

值得学习与强调的是瑞典在社会性别平等推进过程中注重尊重两性的基本权利，调整两性关系，为两性的发展创造平等机会，而不是仅仅为了女性自身的利益。社会性别平等不单单是妇女问题，也不是某一部分群体的问题，而是男女两性的共同问题，需要全社会的关注和行动。

比如家庭暴力问题，家庭暴力的施暴者绝大多数是男性，社会关注家庭暴力背后的原因，对这些男性进行心理疏导和治疗。瑞典首都斯德哥尔摩的一所"男性危机中心"有5位来自社会学、心理学专业的男性工作人员。每年来此咨询和寻求帮助的男性超过万余人，他们或正处于离婚的拉锯战之中，或有暴力意向甚至在家庭中施暴。咨询反馈结果表明，近90%的咨询求助者在态度和行为上有了不同程度的改变，学会更多地尊重对方、控制自己的情绪，学会与妻子孩子沟通与交流。[1]

2. 男性护理假

瑞典还赋予父亲以产假和亲子假期，旨在赋予所有儿童拥有父亲的权利，2002年进一步规定"两个月固定的爸爸亲子假"。[2] 这不仅让父亲在孩子的成长中可以扮演更为积极的角色，加强了父亲与孩子的情感联系，而且对男性缓解紧张和压力、学会表达情感有积极作用。

3. 父母津贴制度

瑞典政府通过建立"父母津贴制度"（鼓励女性在生育之前先工作，同时在休完亲子假期后再返回工作岗位）和"儿童日托体系"（所有的孩子都有权利进入由政府资助的全天候托儿所，国家财政负责大部分开支），不仅使得妇女在就业方面享有同男性同等的机会和权利，保证了女性高达79%的就业率，而且也使家庭没有生育孩子的后顾之忧，使瑞典成为欧洲最高生育率的国家之一（瑞典总和生育率为1.7）。

五 英国推进社会性别的国家机制与反就业性别歧视

英国在2012年的《全球性别差距报告》中得分0.7365，列世界第18位。

就业性别歧视在1958年国际劳工组织通过的《关于就业和职业歧视公约》的规定中首先提出：基于性别的任何区别、排斥或特惠，"其后果

---

[1] 《在瑞典看性别平等》[DBPOL].http://www.china.com.cn/xxsb/txt/2007-03/06/content-7913520.htm。

[2] 《瑞典：公共政策与女性就业》[DBPOL].http://www.womenwatch-china.org/。

是取消或损害就业方面的机会平等或待遇平等"。英国歧视法规定了四种基本的歧视形态：直接歧视、间接歧视、受害、骚扰。

直接歧视，指的是表面或形式上最明显的一种就业歧视，即雇主以法律明文禁止的就业歧视行为作为其雇用措施的一部分。《性别歧视法》第1条规定："当某人基于性别，相较于男性，在对待女性时，给予较不利的待遇，则属于直接的歧视。"例如，雇主如果在招聘广告中明白拒绝雇用女性或是雇主拒绝女性升迁的机会，就构成直接歧视。

间接歧视（Indirect Discrimination）是指歧视事实的发生非源于行为人明显的歧视行为，而是因其所要求的条件或资格于表面上共同适用于全体劳工，但其适用结果却使某一特定群体明显处于不利的状态。根据英国《性别歧视法》第1条规定，如果对妇女使用的某一个规定（provision）、标准（criterion）或惯常做法（practice）尽管也同样地适用于男性，但是它却使相当大比例的妇女受到了相比男性而言的损害，而且这种损害不能以与性别无关的理由证明为正当，并最终导致了对某个具体的妇女（原告）损害的话，就构成间接歧视。

比如，假设从事部分时间劳动者绝大多数为女性。若雇主规定给予全时工的待遇优于部分时间劳动者，则已形成间接歧视。

骚扰是指基于性别等法律禁止的事由而有下列行为构成骚扰：某人实施不受欢迎的行为，故意地或从结果来看侵犯他人的尊严（令人自卑）；或者制造恐吓性、充满敌意、自卑或不快的工作环境。比如对他人外表进行攻击，说不雅的荤段子等。

使人受害的歧视是指如果某人打算或者已经提起诉讼，提供证据或信息，或帮助他人主张《性别歧视法》《种族关系法》等方面的权利，因此受到了不合理的对待。

英国的歧视专门立法可以分为以下几个阶段：[1]

第一阶段（20世纪70年代中期之前），1919年《妇女的无资格（撤除）法案》（Women's Disqualification Removal Act）保障妇女在公权力机构平等担任某一职务，如法官和律师等。1965年《种族关系法》通过，该法规定不得在公共场所有歧视行为，如旅馆、餐馆、客栈、戏院和公共交通

---

[1] Ann Lyon, *Constitutional History of the UK*, London, Cavendish Publishing Limited, 2003, Pages 1 – 474.

工具等，不过该法没有包括雇佣领域。1968 年《种族关系法》被延伸到就业关系中并且建立了种族平等委员会（CRCS）。1970 年由于各种政治团体的努力和妇女运动的兴起，《同酬法》通过，保障妇女享有同等待遇。

第二阶段（20 世纪 70 年代中期），《性别歧视法》和《种族关系法》分别在 1975 年和 1976 年颁布，这两部法律，成为英国反歧视立法的基础。在这两部法律中提出了直接歧视和间接歧视等歧视法的核心概念。根据这部法律，英国还专门成立了平等机会委员会和种族平等委员会，专司反歧视法的实施。

第三阶段（20 世纪 80—90 年代），在这个阶段英国国内立法机关并没有制定新的法律，但法院对于就业歧视法的解释相当活跃。

第四阶段（20 世纪 90 年代中期），《残疾歧视法》在 1995 年颁布，将骚扰定为歧视的一种形态，同时一并吸纳了欧盟有关反歧视的最新成果。

第五阶段（21 世纪初至今），在欧盟就业与职业平等待遇指令的要求下，英国制定了禁止性取向歧视、宗教信仰歧视、年龄歧视的单行法规，同时对残疾歧视法进行了修订。

（一）英国推进社会性别的国家机制[①]

1. 全国妇女委员会（WNC）

全国妇女委员会（Woman's National Commission）是一个官方的、能独立提供妇女意见给政府的咨询机构，成立于 1969 年。这是一个非公共机构咨询部门，由政府提供充足的资金，能够自由评论政府的政策。自 2003 年以来，全国妇女委员会促成了妇女组织、部长和高级官员之间的例会，议题包括国际贸易、卫生、体育、财政政策、对妇女的暴力、移民和庇护政策、强迫婚姻、贩卖、女性在公共生活、性别工资差距和性别的影响分析。这有助于制定政府政策，并将社会性别观点纳入决策主流。全国妇女委员会已经就一些问题进行磋商并发表报告结果。例如：在英国的穆斯林女性面临的问题；政府为女性面对的重要问题立法的提案，如平等与人权新委员会；反对针对女性的暴力。全国妇女委员会也为年轻女性设

[①] 详载于英国第六期国别报告（2008 年审核）关于"促进性别平等机构"、"消除就业中的性别歧视"部分。

计了一系列的实习计划,包括由英国理事会资助的一个关于伊拉克女性领导能力的计划。

全国妇女委员会有超过 500 个妇女组织的会员,遍及整个英国,代表着一个独特的传递媒介,向政府提出女性的意见、需求、关切和优先考虑的问题。全国妇女委员会赞同妇女部长的年度工作方案,并协助妇女部长实现其目标和目的。

全国妇女委员会设有一个专职的主席和董事会,此任命是国家公共委任制度的一部分,以确保公正透明。全国妇女委员会设在当地政府所在社区,毗邻妇女和平等机构,能够与之联络,并供机构和其他政府部门征询意见。

2. 英国平等及人权委员会

为了保障反歧视法的贯彻和实施,英国之前制定了三个专门的机构促进监督反歧视法的实施。

——平等机会委员会(Equal Opportunities Commission,EOC)根据 1975 年的《性别歧视法》设立。

——种族平等委员会(Commission for Racial Equality CRE)根据 1976 年《种族关系法》设立。

——残疾人权利委员会(Disability Rights Commission DRC)根据 1995 年《残疾歧视法》设立。

它们的职权基本相同,只不过针对的对象有差别。

由于专门机构在处理反歧视上,存在不协调和不统一。从 2003 年开始,英国开始筹划设立一个统一的反歧视机构——平等及人权委员会(Equality and Human Right Commission)。

3. 妇女及平等小组(WEU)

英国为了强化政府能力,便于整合跨部门有关妇女的议题,另由中央内阁办公室设立了妇女及平等小组(Woman and Equality Unit,WEU),设立目标在于弹性地协调跨部门工作以增进妇女利益,并有效地直接与妇女沟通。其工作范畴致力于妇女相关的议题,包括托儿、有利于家庭的雇佣(family friendly employment)、对妇女可能的暴力、整合妇女意见到政府中、妇女的地位(women's representation)的提升、法定的及国际的妇女关怀事务等。该妇女机构由一位女性担任行政长官,下设资深管理委员会(Senior Management Board)及一个公平机会单位(Equal Opportunity Unit),该单位负责政策发展及创制,到了1995年该妇女单位即有五个建议单位(两性、种族、身心障碍、同性恋及高龄)、一个公平机会官员网络、一个设计来响应性别及种族有关骚扰的抱怨及申诉程序及一个经过训练的性骚扰专业处理团队。主要的政策实施则授权给基层经理人负责推动,尤其是关于招募、训练、升迁、表现评价、员工抱怨及申诉过程、小孩临时托育安排及发展友善家庭的创举等,由其自由创设适合自己机关的方案。此外其他部门大多也设有两性平等组织,例如司法、平等及法律改革部(Department of Justice, Equality and Law Reform),下则设两性平等小组(Gender Equality Unit)。

(二) 英国促进妇女就业机会公平的措施

英国行政部门为使妇女有较公平的工作机会,制定了妇女行动计划(Programme of Action for Women),颁布了文官服务管理法规(Civil Service Management Code),推动促进妇女公平机会的家庭友善计划等。

1. 妇女行动计划(Program of Action for Women)

为给予女性公务员有平等的工作机会,妇女行动计划于1984年提出。其主要的目标如下:确保在公共部门中两性能公平地进入所有不同类型的雇佣机会;让所有的员工都能发展潜能,拥有追求生涯发展的机会;确保工作类型足够弹性,让男性及女性受雇者都能有效地兼顾工作及家庭责任;建立一个和谐没有骚扰的工作环境,在其中所有的人员皆同等被视为同僚,不会因性别不同而有差别对待。此方案授权各机关自行推动实施,各机关有很大的选择权。譬如机关可仅选择增加员工使用激励措施(incentives)的机会,例如部分时间工作制度(part-timework)、工作分担(job sharing)、弹性工作时间安排等。

2. 文官服务管理法规(Civil Service Management Code)

英国对女性公务员的公平机会政策同时宣示于英国《文官服务管理法》中,适用到所有政府部门及单位。该法强调"理论上,所有的公务员无论性别、种族或身心障碍与否,皆得以有相同机会发展潜能以便有利于组织及他们自己。这是政府的政策,奉行于文官服务管理法规及地方议会通过的各种文官服务法规中"。《文官服务管理法》由英国内阁办公室草创，规范每一部门及机构皆有责任以国家文官服务政策为基础，发展自己的策略、草拟实施这些策略的行动计划。并且他们必须设立处理有关歧视及骚扰的投诉程序；建立监督机制，借由资料的搜集及分析来监督他们实施政策及行动计划的成效。

3. 积极措施与平衡工作和家庭的创新措施

积极措施指在公平机会法规规范下，那些为确保实现公平对待而被采用的措施，通常指仅适用于某一性别的特殊对待。主要使用于某种特殊情境下，为了弥补过去造成的不公平现象，使特定一群人能达到某一基准点，让他们得以真正受惠于公平对待（equal treatment）。这些积极措施规范常见于有关升迁选员、招募及训练中，以有利于某一性别。

平衡工作与家庭的创新措施（initiatives to promote work/family life balance），为使员工得以兼顾家庭及工作责任，许多为促进公平机会的创新措施于政府组织中开创推行，例如：做出弹性工作时间安排、兼职工作安排，制定工作分摊制度以重新改造工作形态；提供长时间的训练假、带薪或停薪的产假及育婴假等。除此之外，政府身为雇主可有许多结构性的安排，例如：去集中化（decentralizing），分散办公地点方便女性员工上班；在机关设立托儿设施或就近利用公立学校提供全日托儿服务。

我国提高妇女地位的政府
机构及其作用

刘　澄[①]

编者语：了解了国外性别平等国家机制之后，我们再来分析本国提高妇女地位的国家机制——妇女儿童工作委员会，作为协调机构，它一头联结着妇联，一头联结着政府部门，在强化政府推进性别平等责任方面，发挥着重要作用。本文侧重研究该机构的特点和职责范围、发挥的作用、在推进性别平等方面需要具备哪些能力，以及在机构建设中需要履行哪些职责。

构建平等和谐的两性关系，既是实现社会公平公正的需要，也是政府需要着力调整的基本社会关系之一。作为中国政府推进性别平等的专门机构，妇女儿童工作委员会（以下简称"妇儿工委"）经过20多年的运作，以特有的工作方式，承担了相应的职能，发挥了应有的作用，成为提高妇女地位国家机制中不可或缺的重要机构。妇儿工委同时也提供了丰富的经验和实践，使我们对这一机构的设置及其作用有可能作进一步探讨。

一　我国提高妇女地位政府机构的
　　设置与职责范围

我国政府中提高妇女地位的最高级别机构是国务院妇女儿童工作委员会，该机构成立于1990年2月，委员会委员由国务院16个部委负责人和4个非政府组织（即全国妇联、全国总工会、全国青联、中国科协）的代表组成，委员会主任为国务委员彭珮云。国务院妇女儿童工作委员会成员

[①] 刘澄，江苏省扬州市委党校教研室主任、教授。

单位共有政府部门和非政府组织 34 个，国务委员吴仪和刘延东女士先后担任主任。除中央政府外，中国政府自上而下地在各级地方政府中设立了妇女儿童工作委员会，一般由分管文教卫生的地方政府领导担任主任，政府有关部门和人民团体为成员单位。根据国务院的规定，妇儿工委的主要职能是：

> 协调和推动政府有关部门执行妇女权益保障法和未成年人保护法；协调和推动政府有关部门做好维护妇女儿童权益工作；协调和推动政府有关部门制定和实施妇女和儿童发展纲要；协调和推动政府有关部门发展妇女儿童事业提供必要资金。

作为政府专门负责妇女儿童工作的协调议事机构，妇儿工委协调和推动政府多个部门一起工作，通过政府的作用，从宏观上解决妇女儿童生存、保护、发展过程中的矛盾和问题。

妇儿工委在提高妇女地位方面的作用，突出地表现在政府规划的制定和实施中。为了适应妇女发展与经济和社会协调发展的需要，也为了实现我国政府对国际社会的承诺，国务院在 1995 年制定了《中国妇女发展纲要》，提出了一系列具体的目标和任务，成为指导、规范我国妇女工作的纲领性文件。各级地方政府围绕国家纲要，根据本地的实际情况，也制定了相应的妇女发展规划。各级妇儿工委定期组织对纲要和规划实施情况的监测评估，找出薄弱环节，加强协调，落实对策，推动纲要和规划目标的如期实现。

继 1995—2000 年妇女发展纲要基本完成后，2001 年国务院制定并发布了 2001—2010 年中国妇女发展纲要，与《北京行动纲领》十二个关注领域相衔接，涵盖了经济、决策和管理、教育、健康、法律、环境等妇女发展的不同方面，形成了 6 大领域、34 项具体目标和 100 条策略措施，成为衡量妇女发展状况具有代表性的综合性目标体系。同时从国家宏观政策、法律和部门政策、社会保障和服务三个层次，明确了不同责任主体在实施纲要中的职责和任务，构成实现主要目标所需要的来自政府、法律、社会三个方面的策略措施的具体支撑。

2011 年，国务院又制定了 2011—2020 年的第三个妇女发展纲要。地方各级政府也结合实际制定了本地区新一轮妇女发展规划。对国务院的纲要和地方政府规划的实施和监测,主要由各级妇儿工委负责,包括将纲要和规划的实施纳入政府的议事日程,纳入政府主要负责人和主管负责人的政绩考核;建立相应的工作制度和报告制度;合理安排实施纲要和规划所需经费等。在妇儿工委的组织和推动下,纲要和规划的监测评估严格按年度监测评估、每3—5年的阶段性监测评估和每10年的终期监测评估的周期进行,有效地促进了纲要和规划指标的落实。

20多年来,妇儿工委组织培训,加强政府执行纲要和规划的能力建设,推动政府相关部门强化职能,制定措施,实施妇女发展纲要。定期进行纲要和规划执行的监测,分析妇女发展现状、预测趋势,评估实施的效果,为科学决策提供了依据。在解决妇女发展的突出问题上,认真执行各项法律法规和政策措施,依法保护妇女合法权益,有效发挥了协调议事作用。就推进中国妇女事业的整体进步与发展而言,各级政府妇儿工委发挥了不可替代的作用,成为提高妇女地位国家机制中不可或缺的重要组成部分。

二 对妇女儿童工作委员会法律地位的探讨

1992年颁布实施的《妇女权益保障法》(以下简称《妇女法》),对妇女享有的政治、文化教育、劳动和社会保障、财产、人身、婚姻家庭等方面的权益作了全面规定,是新中国成立以来第一部也是最重要的一部专门用于保障妇女平等权益的法律。但这部法律对负责妇女权益保障工作的政府机构的表述显得比较模糊,在第一章第四条中这样规定:"国务院和省、自治区、直辖市人民政府,采取组织措施,协调有关部门做好妇女权益的保障工作。具体机构由国务院和省、自治区、直辖市人民政府规定。"在这里,负责妇女权益保障工作的法定机构既不是政府,也不是政府的妇女儿童工作委员会,而是一个不确定的"具体机构"。负责机构不明确,影响了法律的严格执行,这部对促进妇女平等权益实现具有重大意义的法律,在一定程度上成为"软法"。在全国妇联针对妇女法落实情况的调查所收到的修改妇女法的建议中,排在第一位的是"增强妇女权益保障法的可操作性规定",占所提建议总数的24.5%,其次是"妇女权益保障法应该明确执法主体",占建议总数的21.4%,排在第三位的是"进一步完善妇女权益保障法对妇女权益的相关规定,加大惩处侵犯妇女权益的力度,明确违法责任",占建议总数的 20.1%。① 这些建议集中反映了妇女法实践在严格执行方面的普遍要求。

2005 年 8 月全国人大常委会审议通过了经过修订的《妇女权益保障法》,其中关于妇女权益保障工作的负责机构变更为第一章第六条,内容修改为:"各级人民政府应当重视和加强妇女权益的保障工作。县级以上人民政府负责妇女儿童工作的机构,负责组织、协调、指导、督促有关部门做好妇女权益的保障工作。县级以上人民政府有关部门在各自的职责范围内做好妇女权益保障工作。"全国人大常委会法制工作委员会编写的《妇女权益保障法释义》(以下简称《释义》)中对此解释为:"这里所说的妇女儿童工作的机构是指妇女儿童工作委员会。各级人民政府妇女儿童工作委员会是各级政府负责妇女儿童工作的协调、议事机构。"② 结合《妇女法》和《释义》,可以明确的有这样几点:一是政府妇女儿童工作的负责机构是妇儿工委;二是该机构是政府的议事协调机构,负责组织、协调、指导、督促有关部门做好妇女权益保障工作;三是被法律要求"负责"的是县以上政府的妇儿工委。这是对各级妇儿工委多年来事实上承担着维护妇女权益的政府工作给予了高度肯定,但同时也说明妇儿工委只是政府的一个议事协调机构,不是《妇女法》的执法机构。对此不少人仍然表示有进一步修改的必要,认为《妇女法》是一部非常重要的法律,执法主体虚设,不利于这部法律的贯彻落实。《妇女法》的贯彻主要靠基层,在乡镇一级已经有了妇儿工委的情况下,不仅不应该把维护妇女权益的工作部门仅限于县级以上,还应该强化基层政府在维护妇女权益方面的责任。③

对妇儿工委的职责,《释义》也作了进一步说明,"妇儿工委的主要职责包括:1. 宣传有关保障妇女权益的法律、法规;2. 监督检查有关保障妇女权益的法律、法规的贯彻实施;3. 调查研究有关保障妇女权益的重大事项,向人民政府或有关部门提出意见和建议;4. 接受群众对侵害妇女行为的投诉、举报,交有关部门查处,为受害妇女提供法律帮助;5. 督促有关部门查处严重侵害妇女权益的行为,必要时组织调查,提出查处意见;6. 总结推广保障妇女权益工作的先进经验,表彰、奖励在保障妇女权益工作

---

① 刘佳:《妇女法修改进入倒计时》,《中国妇女报》2005 年 3 月 6 日。
② 全国人大常委会法制工作委员会行政法室:《妇女权益保障法释义》,国家行政学院出版社 2005 年版,第 14 页。
③ 陈丽平:《谁来保障妇女法的实施》,《法制日报》2005 年 7 月 6 日。

中作出显著成绩的单位和个人；7. 办理其他有关妇女权益保障方面的事项。"[①] 对妇儿工委职责的说明表明了这样一些变化：从形式上看，妇儿工委的职责由四项变成了七项。从内容上看，与原来的四项职能相比较，一增加了倡导性职责，包括宣传法律法规和总结表彰先进等。二拓展了议事性职能，从原来含糊不清的"协调和推动政府有关部门做好维护妇女儿童权益工作"明确为"调查研究有关保障妇女权益的重大事项，向人民政府或有关部门提出意见和建议"，这就使妇儿工委不仅是政府内部的一个协调机构，也是重要的政策倡导机构，拥有提出政策建议的权利和责任。三强化了监督检查的职责，虽然《妇女法》没有明确妇儿工委执法主体的地位，但因为被赋予了"监督检查有关保障妇女权益的法律、法规的贯彻实施"的职责，从而需要实质性地履行执法检查。而"督促有关部门查处严重侵害妇女权益的行为"，则进一步强化了执法的功能。四规定了援助性职责，接受投诉、交部门查处、提供法律援助，使妇儿工委有可能介入个案处理，在微观层面上为社会提供有法律可凭的具体帮助。

应当说在对妇儿工委职责的解释中，其职能范围的扩大和职责的加强是显而易见的。在强调建立法治政府和责任政府的今天，作为政府"负责妇女儿童工作的机构"，妇儿工委保障妇女权益的法律地位得到了应有的加强。这种加强至少表明"负责组织、协调、指导、督促有关部门做好妇女权益保障工作"，是妇儿工委的法定职责，它是政府组织框架内专门负责保障妇女儿童权益的政府机构，有义务组织、协调、指导、督促政府各部门执行有关保障妇女权益的法律法规，制订和实施与经济社会发展相协调的妇女发展规划，提出相应的政策建议和措施，推动有关部门切实开展保障妇女权益工作。同时也意味着，作为政府机构，妇儿工委必须按政府组织的原则和方法开展工作，履行法定义务、承担法定责任，并且接受对其履行职责情况的公开监督。

三 妇女儿童工作委员会的作用

《北京行动纲领》中，关于提高妇女地位国家机制的任务明确表述

---

① 全国人大常委会法制工作委员会行政法室：《妇女权益保障法释义》，国家行政学院出版社2005年版，第15页。

为:"提高妇女地位的国家机制是政府内部的中央政策协调单位,其主要任务为支持政府各部门将性别平等的观点纳入所有政策领域的主流。"就是说政府为推进性别平等而专门建立的工作机构,是一个"政策协调单位",通过机构的作用,把性别问题纳入政府工作和社会发展的宏观决策主流,实现社会性别主流化。所谓"社会性别主流化"即国家和政府在任何领域、各个层面上的任何发展计划,包括立法、政策或发展项目,都要充分体现对社会性别议题的关注,通过改变社会政策、制度、法律、文化和社会环境,使妇女和男人平等参与社会发展和平等受益。对此中国政府给予了高度认同,以提出"男女平等基本国策"的姿态作出积极响应,并且在修订后的《妇女法》中,把"实行男女平等是国家的基本国策"作为重要条款写进法律。

与法律的执行需要执法主体一样,基本国策也需要相应的执行机构,一如计生委是计划生育基本国策的执行机构、环保部门是环境国策的执行机构,妇儿工委也应当是负责执行"男女平等基本国策"的政府机构,如此才能保证男女平等作为一项国家基本政策的实际可行。但与计生国策和环保国策不同的是,男女平等不是一项独立的部门政策,不只是涉及社会生活的某个方面,而是与其他部门的政策交织在一起,贯穿于每一个政策活动过程的始终。性别平等的公共政策,不仅指制定若干条专门解决妇女问题的具体政策、具体规划和具体措施,而是所有公共政策都要有明确的社会性别意识,"把妇女和男人的关注、经历作为在政治、经济和社会各领域中设计、执行、跟踪、评估和项目计划的不可分割的一部分来考虑,以使妇女和男人能平等受益,不平等不再延续下去"。[①] 这就需要实行专门化战略与主流化战略相结合的"双头战略"。如果只是实行单一的专门化战略,在不改变社会政策、制度、环境的前提下,仅仅把社会性别问题局限于妇女群体,孤立地解决所谓"妇女问题",就会使"妇女问题"边缘化。同样,如果妇儿工委不努力把性别问题纳入政府工作和社会发展宏观决策的主流,妇女工作不参与其他的政策活动过程,只是政府中一个专门"做妇女工作"的独立机构,也会因为"妇女问题"的边缘化而不可避免地使妇儿工委在政府机构和工作中边缘化。

[①] "在国际劳工组织中提高社会性别主流化能力"中国项目组:《提高社会性别主流化能力指导手册》,中国社会出版社2004年版,第9页。

为了克服"边缘化"问题,《北京行动纲领》要求这类政府机构应有明确规定的任务权限,"包括拥有影响政策和制定及审查立法的适当资源以及能力和职权"。此外,"机构应进行政策分析并从事宣传、传播、协调和监测执行的情况"。由此可见,作为政府机构,妇儿工委更重要的任务是,参与法律和政策的制定和审查,提倡一种积极醒目的、将性别观点纳入所有政策和方案主流中的政策,并有机会影响所有的政府政策的制定、执行、评估、监测。这些任务包括:一是倡导或顾问,收集和研究资料、确定议题、协调联络、培训公务人员以提高政府的社会性别敏感;二是政策监测,监测政策、项目、规划和立法,并对影响进行评估;三是执行项目,包括形成和设计政策、规划和项目。① 这就需要妇儿工委进一步明确政策机构的权能,拥有足够的权威评审所有部门的政策和项目,有能力进行政策和法律制度的变革。也只有当所有政策活动过程都能体现性别平等观点时,才有可能形成有效的提高妇女地位的国家机制。

当然,妇女发展不是在国家发展的大道上给妇女增加一辆车那么简单,它需要通过性别意识主流化,对制度及其运行追根寻源,包括充分认识现行社会结构、运行系统、政策项目造成的歧视性,通过加强法律权利、积极行动政策和长期性的制度变迁,改变对妇女的偏见和歧视,实现男女平等。作为政府提高妇女地位的专门机构,妇儿工委如何承担法律和政策责任,很大程度上需要强大的专业能力的支撑。这种专业能力至少表现为两个层面上的意义:

一是行动层面上的。《北京行动纲领》在提出"将社会性别观点纳入立法、公共政策、方案和项目"的战略目标中,要求国家机构采取的行动包括:1. 为制定和执行男女平等的政府政策提供便利;2. 促进政府和非政府以及社区组织的合作;3. 参与法律和政策方案的编制;4. 向政府提供咨询和培训服务。这些行动不是政府机构内部的自我循环,而是跨部门合作才能进行,这就不仅需要权威,更需要技术和能力。要让跨部门合作持续有效地开展,必须让其他部门感到议题的可行,以及所提建议和进行干预是一种资源,是一种帮助,而不是侵犯部门权利。两性平等问题涉及社会各个发展领域,政策行动需要有效的资源调动、广泛的社会动员、普遍的舆论支持、对偏离行为的控制,以及不同利益群体对政策回应的多

---

① 李慧英:《社会性别与公共政策》,当代中国出版社2002年版,第327页。

渠道反馈。在目前条件下，获得这些资源不仅依靠制度保证，更多地是依靠协调联络的能力来调动和配置。尽管通常妇儿工委的工作人员数量少、级别低，但在有关政策活动中较高水准的社会性别分析能力，较专业的知识和技术，较强的协调联络能力，是其工作得以开展的重要保证。

二是认识层面上的。现实地看，我们的政策更多是一种性别中立政策，政策项目还经常处在无性别意识中。性别中立政策并不意味着不歧视妇女，给两性平等的对待，相反，由于政策环境存在着的性别差异，性别中立政策往往看不到同样的政策对两性可能造成的不同结果。性别中立政策在制定时，不从环境出发作社会性别评估，当歧视妇女的结果产生后，又不正确分析原因，只是简单地归结为传统观念或者直接说成是妇女素质低。因此，性别中立政策虽然不具有明显的歧视，但却不改变原有的歧视性差距，在实际操作过程中有可能因此而扩大差距。具有社会性别意识的政策活动，从造成男女社会差异的社会性别的存在出发，不是帮助妇女适应社会现状，将男女纳入固定的社会秩序，而是试图改变根深蒂固的社会性别结构来改变社会秩序。任何宏观政策都可能对阶层、性别产生不同影响，充分认识其中可能产生的负面作用，率先采取防范措施，可以使中性的政策转变为有性别意识的政策。

所谓"提高政府的性别敏感"就是要运用社会性别分析方法，研究和分析两性实际存在的社会差距，评估性别中立政策对两性可能产生的不同结果，建立对消除社会性别不平等具有积极意义的性别敏感政策。这就需要较强的性别歧视识别能力，在司空见惯的甚至被认为是平等的社会现象中，发现性别不平等的存在及其表现形式。这种识别能力的运用建立在这样一些工作基础上：通过收集获得分性别数据，运用社会性别方法进行分析研究，识别基于劳动分工、获取和控制资源和利益造成的在工作和生活中的性别差异；了解男孩和女孩、男人和女人关于知识和技能、工作条件、社会保护、家庭责任、经济政治决策的需求、限制和机会；识别在法律和社会文化环境下两性不同的机会与限制；监督现有的制度和机制实现和促进性别平等的能力。性别歧视识别能力的形成和提高，关键在于破除传统性别角色定型，承认所有人，不论男女，都在不受各种成见、传统角色分工和歧视的限制下，平等发展的能力和做出选择的自由，男人和女人享有平等的权利、义务、责任、机会、资源、待遇和评价。

四 妇女儿童工作委员会与妇女组织的合作

妇儿工委作用的发挥，不仅需要自身的权威和能力，很大程度上还需要与妇女组织合作。通过妇女组织充分倾听妇女的声音、了解妇女的需求，通过各种具体合作形式，与妇女组织结成合作伙伴，扩大政府性别平等政策的影响，为政府机构的政策执行提供有力支持。实际工作中，政府与妇联的合作关系早已存在，妇联已经在实际上参与政府工作。需要注意的是，从政府方面来说，与妇联的合作不是责任的转移，妇联可以接受政府委托开展工作，但仍然属于自治意义上的行为，妇联不能取代政府履行职责，更不能承担政府应承担的法律和政策责任。"国家保护妇女的权利和利益"是宪法规定，"男女平等基本国策"是政府决策，"社会性别主流化"是对国际社会的政府承诺，那么政府有义务向国民报告它是如何履行宪法责任、落实基本国策、实践国际承诺的，国民也有权据此向政府问责。然而很难想象可以向妇联问责。政府与妇联的合作只能是在职责明确基础上的事务性合作，责任边界不能模糊，更不应该责任倒置。但在这一点上目前有不少含糊的地方。

首先，妇儿工委与妇联之间在组织建制上有很大交叉。一方面妇联是妇儿工委的成员单位，同样承担政府规划中具体指标的分解落实，并参与协调政府部门的工作。另一方面，妇儿工委中唯一具有实质性机构意义的办公室又设在妇联，办公室的专职主任和专职工作人员也多由妇联干部担任。这种交叉建制可能出于两方面的考虑：一是避免增加机构，充分利用现有机构承担实际已经承担的职能；二是赋予妇联更多实质性工作，充分发挥妇联组织的作用。这种考虑有一定的合理性，但在实际工作中却难以避免更大的矛盾。妇儿工委办公室设在妇联，很容易被想当然地视为是妇联的内部机构，无形中使作为政府机构的妇儿工委办公室成为妇联的下属机构，这种建制上的不顺当会使妇儿工委工作权威下降。妇儿工委布置工作以及召开会议，经常被认为是妇联的事，很多时候不得不依靠分管领导个人的重视程度来工作，领导意志成为妇儿工委工作的主要动力。妇儿工委目前的建制形式和工作方法，使其很难独立履行法律所要求的政府职能。

其次，妇儿工委的工作很大程度上转移给了妇联。妇儿工委目前的建制形式不能保证其独立履行政府职能,很大程度上必须依靠妇联开展工作。而且越到下级政府,妇联和妇儿工委的区别越不明显,在基层政府两者根本上是合而为一的。以至出现了这样的事情:在地方人大会议上,妇联提出议案,人大交给妇儿工委办理,实际上又转到了妇联,然后妇联还要对办理结果是否满意签字。这一怪圈循环过程中,政府在把工作转移了的同时,也把责任转移了。妇儿工委负责的政府纲要和规划的实施和监测,实际上主要靠妇联在推动,其他部门往往认为是在协助妇联工作。这一点在政府财政上也表现得比较明显,特别在市县以下政府妇儿工委经费拨付方面十分典型,常常是由妇联同志多方奔走,才能争取到少量的经费,财政部门有时还会记到妇联名下,通过其他渠道核减。这实际上意味着,政府财政对妇儿工委的工作是政府责任这一点并不认同,由于缺乏性别平等预算,对妇儿工委的财政支持也就缺乏制度保证。妇儿工委是政府开展妇女儿童工作的专业机构,但人员配备的不足和专业人才的欠缺,使妇儿工委在关注政府纲要和规划实施的同时,已经没有能力更多地关注男女平等的实际状况,向政策制定者和执行者提供专业性意见,防止由于性别意识缺乏而产生歧视性政策,以及歧视性的政策执行。越到基层,传统性别文化的影响越大,性别潜规则的约束越强烈,而妇儿工委的专职干部越少,专业能力越低,专业影响越小。妇儿工委在市县以下政府,存在着被虚化的危险。

第三,妇儿工委与妇联之间存在职能错位。妇儿工委目前只是政府的一个协调议事机构,不是政府权能机构,以成员单位的形式组成。这种组织形式原本是为了让政府各部门都要负起责任来,但实际上这种高度分散的组织形式和目标设定,很难统一合作。一个以协调为主要职能的机构,自身就因为各自为政而缺乏协调,其职能实际上已经降格为由妇儿工委办公室来承担。妇儿工委办公室由于设在妇联,级别也比较低,在协调政府各部门关系时既缺乏权威,又有错位之感。这其实意味着,妇儿工委与妇联由于组织上的交叉产生了职能上的错位,导致其在协调议事方面的能力也十分有限。妇联有着广泛的群众基础,与政府一直保持良好关系,但据此未必就能"将群众基础和政府工作职能结合起来"。政府应当和公民社会组织合作,共同管理社会事务,政府机构的工作着眼点不仅要放在协调政府内部关系上,更要依照法律调整政府与社会公众的关系。因此,作为政府机构的妇儿工委需要和妇联以及其他妇女组织建立一种新型的合作伙伴关系，在政府负责的基础上，明确各自分工的事务，以及实现任务的途径和方法。

值得一提的是，全国人大法律委员会在审议《妇女法》修正案（草案）时，删除了"县级以上妇女联合会依法接受政府委托，承担有关保障妇女权益的工作"的条款，[1] 从而避免了政府有可能的过度委托，以及因此造成的责任转移和自我免责的情况发生。政府与妇女组织的合作被《妇女法》界定为："制定法律、法规、规章和公共政策，对涉及妇女权益的重大问题，应当听取妇女联合会等妇女组织的意见。妇女和妇女组织有权向各级国家机关提出妇女权益保障方面的意见和建议。"可以理解的前景是：妇儿工委作为法定的负责机构，更多地承担政府保障妇女权益的工作和责任；妇联代表和维护各族各界妇女的利益，与政府的妇儿工委以及政府其他部门密切合作，参与与性别平等有关的政策建议和社会事务管理；其他妇女组织按照自治原则发展，成为代表不同利益、实现群众参与的自治性团体，不断提高参与意识和参与能力。在政社合作的基础上，共同推进男女平等事业。

---

[1] 全国人大常委会法制工作委员会行政法室：《妇女权益保障法释义》，国家行政学院出版社 2005 年版，第 212 页。

公共政策性别影响分析

李慧英　杜　洁①

编者语： 公共政策的性别分析是社会性别主流化的又一重要手段，也是一项重要的制度安排。目前已经在70多个国家实施，因此公共管理者应有所了解和掌握。该文介绍公共政策性别分析的缘起、方法和程序，以及在我国应用的必要性。

一　公共政策性别影响分析提出的背景

1995年在北京举行的联合国第四次世界妇女大会上，社会性别主流化（Gender Mainstreaming，即将性别平等纳入决策主流）被联合国确定为促进性别平等的全球战略，并被明确载入该会通过的《北京行动纲领》中（第202、204、205款）。为加速这一战略的实现，1997年联合国经社理事会通过了对社会性别主流化的一致定义，即："把性别问题纳入主流是一个过程，它对任何领域各个层面上的任何一个计划行动，包括立法、政策或项目计划对妇女和男人产生的影响进行分析。它是一个战略，把妇女和男人的关注、经历作为在政治、经济和社会各领域中设计、执行、跟踪、评估政策和项目计划的不可分割的一部分来考虑，以使妇女和男人能平等受益，不平等不再延续下去。它的最终目的是达到社会性别平等。"为保证这一战略的充分实现，联合国率先垂范，首先在本系统中探索并建立了推进社会性别主流化的机制。对此，全国妇联妇女研究所的马冬玲等将其概括为七个方面。

第一，最高领导人的政治承诺。

联合国当时的最高领导人安南秘书长，带头倡导和执行社会性别主流

---

① 李慧英，中央党校社会学教授，博士生导师；杜洁，全国妇联妇女研究所研究员。

化战略。首先，带头倡导社会性别平等是充分尊重和保护人权、实现社会公正、真正实现经济效益、实现以人为本的可持续发展基本前提的理念和价值观，并要求联合国系统所有机构、所有成员，特别是高级领导人承担起这一政治责任，不能将社会性别主流化仅仅作为口号或象征，停留在一般承诺阶段，而要将其视为一种历史使命、一种指导与评估联合国工作的基本原则与标准，在立法、决策、规划、资源分配等宏观至微观的工作实践中体现出来，并贯彻始终。其次，亲自总结和评估联合国及各成员国执行社会性别主流化和《北京行动纲领》的情况，并对"北京+5"和"北京+10"之后的性别平等议题做出明确要求，再次确认和重申社会性别主流化战略。第三，自1995年起在秘书长办公室专门设立了性别问题高级顾问（助理秘书长级），首位秘书长性别问题高级顾问就是联合国提高妇女地位司前司长安杰拉·肯（Angela Ken），协助秘书长对社会性别主流化政策进行联合国范围内的协调。

第二，机构保障。

一个机构或政府是不是真正推动社会性别平等，可由其设立的性别平等机构的级别高低、影响度大小和资源多寡来判断。首先，联合国成立了四个执行委员会，让高级管理人员担负起采纳社会性别观点方面的责任。其次，几乎所有的联合国机构，包括联合国秘书处的各个部门、地区性业务机构以及各国别办事处，都设立了社会性别专门机构，例如，联合国驻华机构就设立了跨部门的"社会性别主题组（Gender Theme Group）"，在政策和方案制定与实施过程中推动社会性别主流化，并对主流化提供技术支持并进行监督。第三，作为联合国内促进社会性别主流化的专门机构，如提高妇女地位司、提高妇女地位国际研究训练所、联合国妇女发展基金、联合国消除对妇女歧视委员会等都发挥着监督和协调的作用。这些机构和机制的工作重点各有不同，通过协调和沟通，通过跨部门合作，共同保证性别问题纳入所有层面所有机构的所有工作之中。

第三，性别比例。

联合国机构本身也努力通过内部的人员性别比例政策，来表明其对实现社会性别主流化的承诺。这一方面表现为给提高妇女地位的机制配备有合适性别比例的工作人员，另一方面表现为在所有机构的工作人员中注意平衡性别比例。具体措施包括全面执行1994年联合国大会批准的《提高联合国秘书处妇女地位的联合国战略行动计划（1995—2000）》，以及与妇女的征聘、安置和晋升有关的特别措施。到2000年，联合国系统内初级专业干事等级（P2）的职位已基本实现性别均衡（47.5%），尤其是新闻司，各级别的职位已经达到性别平衡；助理秘书长级从0增至17.6%，司长级（D2）从8.2%增至23.2%，副司长级（D1）从13.5%增至31.6%。联合国在2000年制定了目标：到2016年，联合国系统内各类职位，特别是司长以上职位，将达到男女各占50%。

第四，能力建设。

工作人员的社会性别主流化能力决定了政策执行的力度和效果。联合国注意提高各个部门和机构组织/人员在社会性别主流化方面的能力，特别是树立性别观念，具有社会性别分析能力、社会性别倡导能力、社会性别政策制定能力、社会性别方案执行能力、社会性别监测评估能力等，一直致力于探索进行社会性别培训的方法。联合国系统许多机构都曾向本机构和派驻到世界各国/地区的专家、官员和工作人员提供社会性别培训，联合国计划开发署、国际劳工组织、世界卫生组织、教科文组织、粮农组织、联合国人口基金、联合国儿童基金等联合国机构都根据本部门的职能和工作实际，制定了社会性别培训手册，以提高机构和人员的社会性别主流化能力，并改变机构内部的组织文化。

第五，预算支持。

资金支持是对社会性别主流化重视程度的直接体现。没有预算支持，实现社会性别主流化就只能流于形式，无法转化为实际行动。预算支持既可体现为将性别平等观点纳入整个预算的所有开支领域（不仅是某些部门），在各机构或部门的经费预算中平等对待两性；也可表现为指定特定资源，支持一些具体项目或用于提高妇女在一些部门的地位。联合国系统致力于将社会性别观点纳入所有规划和预算之中，一些机构在将社会性别观点纳入其方案预算方面已经取得了进展。例如，国际劳工组织已经把促进社会性别平等确定为在1998—1999年的预算上进行技术合作的三个优先领域之一。此外，在联合国系统中，不论是在政策领域还是在业务领域，都有专门资金用于提高妇女地位的活动。

第六，信息建设。

联合国注意建立社会性别主流化信息库。在联合国统计司的领导下，联合国各组织密切合作，制定了一系列社会指标，包括与社会性别有关的指标，联合国统计司分别于1990年、1995年、2000年和2005

年,出版了四本《世界妇女的进步:趋势和统计数字》,排列各国的分性别统计数字,为评估各国政府提高妇女地位的实际行动提供依据,并对分析各成员国社会政策对男女的不同影响提供数据支持。联合国秘书处、提高妇女地位司、提高妇女地位国际研训所和联合国妇女发展基金已经建立了一个网站——妇女观察(Women Watch),作为获取联合国系统内有关全球妇女问题信息的专门途径,该网站还把各种不同的按社会性别分类的数据库链接起来了。这些举措有利于联合国机构的信息共享和能力提高。

第七,总结经验与教训。

及时总结实现社会性别主流化的经验教训,才能更有效地实现社会性别平等。自第四次世界妇女大会以来,联合国已通过"北京+5""北京+10"活动,回顾北京世妇会以来的工作,进一步总结经验、教训。联合国内部的许多机构已经进行了内部的社会性别评估,并开发出社会性别审计,即对本机构社会性别主流化的情况进行全面的分析和审查,总结在把妇女问题纳入其活动之中以及在社会性别主流化方面所获得的教训并加以修正。除了进行内部的评估和审计,联合国还注意督促各成员国推进社会性别主流化,并推广各成员国的成功经验。

二 国际社会政策性别分析的兴起与意义

1. 公共政策性别影响分析的兴起

公共政策性别影响分析的兴起始于1995年,是推动社会性别纳入决策主流的一种重要手段。1995年北京世妇会时,通过了《北京宣言》和《行动纲领》,明确提出:"应推行一种积极和鲜明的政策,将性别观点纳入所有的方案和政策之中,从而在做出决定之前,就分别对男女产生的影响进行分析。"[①] 将社会性别主流化作为提高两性平等的一项全球性策略。并强调,必须确保两性平等是一切经济社会发展领域的首要目标。中国是最早承诺社会性别主流化的49个国家之一。

为了使男女双方的关注和经验成为设计、实施、监督和评判政治、经济和社会领域所有政策方案的有机组成部分,从而使男女双方受益均等,

---

① 联合国《北京行动纲领》第79条。

不再有不平等发生,这就要求对于公共政策进行社会性别分析。

公共政策性别分析,已成为联合国有关机构及一些国家机构决策的一项制度。如我国香港实行该制度积累了丰富的经验,并制作了《社会性别主流化检视清单》,检视议会、政府制定的一系列法律、法规和政策,成效显著、反响强烈。截至 2007 年底,全球已有 75 个国家实行公共政策性别分析和评估制度。

2. 公共政策的性别分析意义和价值

公共政策一旦制定颁布,具有权威性和强制力,对于人们的行为产生约束力。表面上看,人们的行为是自我选择的结果,实际上与政策的导向相关。人们常常是在政策作用的范围内进行选择。如果比较西欧和北欧,会发现两地的性别分工差异很大,西欧的妇女结婚后大多在家照顾小孩,北欧的妇女大多外出工作。何以至此,与公共政策指向有关。西欧的幼儿服务机构是市场行为,政府没有公共投入,将小孩送入托儿机构,家庭开支会大大增加,为了减轻家庭开支,母亲通常会留在家里照顾幼儿。北欧则不同,以瑞典为例,政府为每个入托的儿童提供 90% 的资助,大大减轻了家庭的负担。所以,瑞典的妇女更多选择外出就业。

政策在很大程度上约束着两性的行为选择,中国 50 年代制定的退休政策,机关事业单位男性 60 岁退休,女性 55 岁退休,一直延续至今。尽管大多女公务员和女知识分子要求与男性同龄退休,依然未能如愿。可见,认识男女两性的行为模式不能仅仅视为个体的行为,而应放到社会结构中来审视,放到政策的制定与执行过程中来审视。要缩小男女两性的社会差别,就不能仅仅责怪女性素质低,而是制定消除性别歧视,促进性别平等的政策。

如何减少或消除公共政策中的性别歧视呢?这就需要对于即将出台的公共政策进行性别影响分析,看看要出台的公共政策对于男女会产生什么影响?如果是消极的负面的影响,就要进行调整。这样就可以将性别权利平等的关口前移,实现事后维权向事先维权的一个重大转变。新中国建立以来,我国制订了许多涉及妇女儿童权益的政策,其中也有性别歧视的政策,如"先调男、后调女"的招调政策,"以男方为主"的分房政策,男女公务员不同龄退休政策等,这些不平等的政策侵害了妇女的合法权益。这些政策不仅制造了男女之间的差距,也使政府付出了管理成本的重大代价，造成了不良的社会影响。如果政府及其职能部门在制订政策时进行本条规定的政策影响性别分析，将会避免或减少这些问题。

在政策的性别分析中，还要关注性别中立的政策，这类政策并没有明显的性别歧视，似乎对于男女一视同仁，却忽视了男女实际上存在的社会差异，没有积极采取措施校正这一差异。无论是经济政策、劳动政策、教育政策、城镇化发展政策，常常制定的是性别中立的政策，动机上没有歧视的初衷，但政策结果却导致了男女的社会差别的扩大。通过政策的性别分析，将性别中性政策转化为性别敏感政策，即促进性别平等的政策。

三　公共政策性别分析的程序和主要内容

1. 公共政策性别分析的程序

首先，性别平等主管部门及政府决策部门，要求政府各个部门在制定相关规划时，要提交性别影响分析说明书，说明书应当列明以下内容：

（1）女性和男性的状况与不同需求；

（2）对不同年龄、不同社会和经济背景的男性和女性造成不同的影响；

（3）男性和女性平等受益，并兼顾某一性别的特殊需求；

（4）不存在对某一性别造成不利的差别对待、限制和排斥；

（5）采取措施直接或间接地推动了消除性别歧视；

（6）其他必要事项。

如果不能提交性别影响分析说明书，性别平等决策部门不予审批。接到说明书之后，性别平等机构等相关机构进行审查并提出审查意见，并要求政策与规划考虑两性的利益和需求，制定出社会与性别协调发展的规划，而不是顾此失彼，以弱势群体利益受损为代价。

具有性别敏感的公共政策实施后，性别平等主管机构应当会同性别专家，每3—5年就该法规、规章对促进性别平等的影响进行一次评估，审查公共政策在促进性别平等方面的效果，评估发现问题的，主管机关应当及时修订相关法规、规章和规范性文件，或者及时提出修订意见。

以上的程序，可以说包括了政策性别分析的全部内容，也可以称为政策影响的性别分析制度和评估制度。

2. 公共政策性别分析的领域及过程

第一,从不同的政策层面来看,社会性别分析既可以帮助分析宏观政策,如分析国家社会经济发展规划中是否含有对妇女隐形的偏见和排斥,又可以帮助分析微观政策,如在具体项目中帮助发现不同性别人群的需求,制订有效措施和行动以满足男女的不同利益。宏观政策较微观政策更容易忽视性别因素。比如,我国以经济建设为中心的国家政策的制定过程中往往更多关注效益,土地等有关资源分配的政策被视为一项产业政策,追求生产效率时常忽略资源分配中的公平议题,因而没有具体配套措施保障妇女土地权益。教育政策也同样如此,被作为以质量和效率为导向的政策,忽视了贫困地区对教育资源的享有。政策分析可以将性别因素突显出来。在微观层面,主要是在某项具体工作或项目中,社会性别分析可以帮助我们及时发现目标人群的不同需求,并在此基础上制定有针对性的政策措施。这些发现无疑对我国完善公共政策具有参考价值。

第二,从政策制定过程看,社会性别分析在公共政策的各个阶段都提供了有力的促进性别平等和公正的工具。在政策制定前,社会性别分析在确定相关议题、相关目标人群及其利益和需求时,会关注到两性的经验和需求,可以避免以男性的经验和视角为主导,使妇女的声音在政策和法律中体现出来。如有社会性别敏感的立法计划会将以前认为是私领域的家庭暴力、婚内强奸等作为公共议题纳入立法规划;在政策制定过程中,社会性别分析可以帮助选择公正的价值标准,采用"惠顾最少受惠者"的原则,制订对妇女的倾斜政策以惠顾处于劣势的妇女,有效地调整社会利益,缩小不同利益群体特别是男女之间的社会差距;在政策执行过程中,社会性别分析可以作为评估方法,反观相关的法律政策是否挑战了传统的社会性别分工、是否挑战了不平等的社会性别权力关系,是否促进了社会性别平等。

3. 公共政策性别分析的条件

公共政策性别分析至少需要两个条件:

条件之一,要有一批掌握性别分析方法与公共政策的专业人员。在我国存在两类分离的现象,我国不乏公共政策的咨询专家,而且有相关的学科背景，但常常对于性别分析方法一无所知，掌握性别分析方法的专家并不懂得公共政策学。同时具有两方面的能力，是条件之一。

条件之二，这些专家要成为政府的智囊人物，还要有一定的行政权力，参与政府部门的决策过程。在加拿大，法律部门是专门制定相关法律的，为了进行立法的性别分析，特别增设了社会性别法律顾问，专门从性别视角审视立法草案。在我国台湾等地区，政府的性别平等决策机构都有二分之一的女性专家参加，以便进行公共政策的性别分析。

进行社会性别分析已经成为国际共识，但是具体运作方法和定义并没有统一规定。联合国计划发展署针对官员的培训手册中，从政策分析视角来看社会性别分析，认为："社会性别分析是社会经济分析的一个分支（a sub-set of socio-economic analysis）"[①]，可以帮助决策者获取信息进行科学决策，因而是政策分析的固有内容。社会性别分析帮助解开公共政策的"客观"和"中性"之谜，揭示相关政策措施如何对女人和男人产生不同影响，以及如何强化固有的社会不平等。该教材强调，除非进行社会性别分析，否则很难发现深深埋藏在看似社会性别中立的干预政策中潜在的偏见。因此，社会性别分析就是要使这些不平等浮出水面，引起人们的注意，并致力于改变。此外，专门的分析工具可以辅助社会性别分析，使分析更有针对性和穿透力。

一些国家和机构的定义更注重操作程序，如"加拿大妇女地位"发展的指导官员进行社会性别分析的教材中，认为："基于社会性别的分析（Gender-based analysis）评估即将出台的或已经存在的政策、规划和立法对男女的不同影响，比较女人和男人如何受政策议题的影响，以及为何受此影响。社会性别分析挑战那种认为每个人同等受政策、规划和立法影响的假设，这种假设常被称作'社会性别中立政策'"。

【案例分析】

2012年6月28日深圳市第五届人民代表大会常务委员会通过了《深圳经济特区性别平等促进条例》，在我国性别平等立法上具有里程碑意义和开创性价值。至少体现在三个方面。

第一，是我国禁止性别歧视立法的开端。新中国建立之后，我国制定

---

① 联合国计划开发署性别发展计划，2001年，第11页。

了一系列男女平等的立法，倡导性别平等的理念和原则，推进了男女平等的进程。但值得关注的是，始终没有反歧视的规定，一旦出现性别歧视的行为，受害者无处伸张自己的合法权利，歧视行为不能得到及时惩处和纠正。对此，联合国消歧公约委员会不断向我国提交的推进性别平等的国别报告提问：中国立法为什么没有对性别歧视的界定？可以说这是国际社会在督促中国建立反歧视的立法。在《条例》第5条第一次出现了性别歧视的界定，"性别歧视是指基于性别而作出的任何区别、排斥或者限制，其目的或者后果直接、间接地影响、侵害男女两性平等权益的行为"。

同时，确定了受理和办理投诉的机构，消除性别歧视的行为。并对性别歧视制定了相应的法则，如第16条规定："用人单位在招聘、录用人员时，除国家法律另有规定外，不得设置性别要求，不得以性别、婚姻、生育等为由拒绝招录某一性别或者提高某一性别的招录标准。但是根据性别比例平衡指导意见以及有关法律、法规的规定对某一性别采取优先、优惠措施的除外。违法前款规定，由人力资源和社会保障部门责令限期改正；逾期拒不改正的，处三千元以上三万元以下罚款。"由此，开启了我国反性别歧视立法的先河。它的重要作用在于，提高了违法的成本和法律的权威性，保证性别平等立法的效力。经验证明：已经实施反歧视立法的国家，赤裸裸的公开的歧视行为普遍得到遏制。

第二，《条例》提出了实现社会性别主流化的路径。我国是国际上最早承诺社会性别主流化的49个国家之一。然而，我们一直没有找到切实有效的路径，现实状况是一方面在妇女发展纲要中提出一系列性别平等目标，另一方面在不同领域的公共政策往往是性别中性的政策，甚至还包含了性别歧视的政策。如何有效杜绝性别歧视政策，切实促进性别平等？《条例》提出了可操作的路径和方法，首先要建立性别平等促进机构，机构人员要具有性别敏感意识和强烈的责任感。这一机构不仅仅是协调议事机构，要有较高的行政地位，要有一定的决策权和对政府部门规划的监督评估权。

性别平等促进机构的作用体现在两个方面，一是整个深圳市，既可以督促"市政府在编制国民经济和社会发展规划时，应当明确促进性别平等的目标和策略"，还"可以组织编写市性别平等发展专项规划，经市政府批准后发布并组织实施（第8条）"。二是政府相关部门，在政府各个相关部门制定实施政策规划时，从始至终要与性别平等促进机构密切协作。相关政府部门的"规划草案涉及性别平等内容的,起草单位应当征求市性别平等促进工作机构的意见。市性别平等促进工作机构应当就该法规、规章草案对促进性别平等的影响进行研究分析,并出具性别影响分析报告。起草单位应当就性别影响分析报告的采纳情况,书面回复市性别平等促进工作机构(第9条)"。"本市法规、规章以及规范性文件实施后,市性别平等促进工作机构可以就其对促进性别平等的影响组织评估,评估发现问题的,市性别平等促进工作机构应当向有关部门提出修改建议(第10条)。"深圳市2013年开始实施性别平等促进条例,当务之急,就是建立性别平等促进工作机构,形成性别机构与政府部门的良性互动,最终从源头上杜绝公共政策的性别歧视,创造本土社会性别主流化的成功经验。

第三,《条例》强化了政府部门推进性别平等的责任。以往的《妇女权益保障法》等法规法律,注重妇女的权益条款,忽视政府的法定责任。其结果,政府的责任转交给了妇联,而妇联既无决策权又无执法权,事实上,无法承担维权职责。由于政府责任主体的缺位,导致权利虚置——权利,法律文本上有,而实际上得不到。为了矫正权利虚置的现象,《条例》凸现了政府部门的责任,借鉴各国的成功经验,大大拓宽了政府部门的责任范围。以往,财政、审计、统计与性别平等毫不相关,而今在《条例》中都被赋予了性别平等的职能。如"第17条:建立与推行社会性别预算制度。市性别平等促进工作机构应当会同市财政部门制定并发布社会性别预算指导意见,指导各预算单位开展性别预算工作"。将性别平等体现在公共资源(包括财政支持)的公平配置方面。"第19条市区审计部门应当对各预算单位年度促进性别平等的预算执行情况进行审计,出具审计意见;对审计中发现的问题,应当提出处理意见和改进建议,并督促有关部门纠正。"

特别需要指出的是,作为责任主体一旦出现责任事故,需要承担相应的责任,"第21条:广告不得包含性别歧视的内容。广告审查机关对含有性别歧视内容的广告作出审查批准决定的,对直接负责的主管人员和其他直接责任人,依法给予处分"。强调政府责任成为条例的一大亮点。随着《条例》2013年进入实施阶段,将意味着政府责任的履行,只有切实履行政府责任,深圳促进性别平等才能进入一个新阶段,才能为我国的性别平等立法竖起一块实实在在的历史丰碑。

从性别视角看公共资源的公平配置
——社会性别预算、统计与审计

唐双捷[①]

编者语：男女平等是我国的一项基本国策，基本国策的实现不仅要体现在政策层面，更应该体现在公共资源（包括财政支持）的公平配置方面。社会性别预算与审计，就是采用社会性别视角进行公共资源在两性之间公平配置的一种工具。社会性别统计，强调在统计工作中进行性别分类和量化统计，从而成为公共政策制定的依据。该文重点介绍国内外进行社会性别预算、审计和统计的状况、经验和方法。

一 社会性别预算

社会性别预算最初是在 1984 年，由澳大利亚开展"妇女预算行动"始有雏形，另外较早的国家有南非、加拿大、菲律宾，截止到 2007 年，世界范围内已有 73 个国家不同程度地开展了社会性别预算。其中有 26 个国家是英联邦国家，19 个国家是 OECD 成员（经济合作与发展组织）国，主要集中在非洲和欧洲，目前，向亚洲战略展开的速度也较快。

性别预算，即社会性别预算，有人称之为"女性预算"、"性别敏感预算"或"实用性别预算分析"，是指从性别角度出发，评估政府的财政收入和支出对女性和男性、女童和男童产生的不同影响的手段和方法。[②]

社会性别预算也被发展成若干种类，如"妇女预算"（Women's Budg-

[①] 唐双捷，中央党校 2014 级社会学博士生。
[②] Debbie Budlender, Guy Hewitt, *Engendering Budgets: A Practitioners' Guide to Understanding and Implementing Gender-Responsive Budgets*, London: The Commonwealth Secretariat, 2003, p. 8.

ets）、"社会性别敏感预算"（Gender-sensitive Budgets）、"社会性别回应预算"（Gender-responsive Budgets）和"应用社会性别预算分析"（Applied Gender Budget Analysis）。性别预算不是将政府的资金在男性和女性、男童和女童之间平均分配，实现数字上的平均，而是从社会性别角度评估政府总体预算如何满足女性和男性、女童和男童的不同需求。

社会性别预算也不是建立单独的预算，解决妇女问题或社会性别问题。单独预算有时会对解决具体的妇女和社会性别问题有帮助，但如果总体预算不具有性别敏感，那么单独预算的作用是非常有限的。社会性别预算的目的是确保政府预算的公平分配，满足个人和群体的迫切需求，并在资源匮乏的时候，确保有限的资源帮助那些最没有能力为自己提供保障的人。

1. 社会性别预算覆盖范围

社会性别预算可在国家、省市的层面上开展，还可以涵盖全部或部分选定领域的预算。一般情况下，会选择社会性别不平等的领域，对妇女优先考虑的事项以及特定国家在社会性别不平等上的政府政策等方面进行预算分析。社会性别预算计划可以在政府内通过财政部和主管妇女事务的部门或其他获财务开支授权的政府部门联合完成，也可以在政府外通过非政府机构或独立研究院完成。

2. 实施社会性别预算的目标

编制并分析社会性别预算有三个核心目标：
（1）提高人们对社会性别预算、政策影响力的认识和理解水平；
（2）使政府为其预算政策和承诺负责；
（3）改变和改善政府预算政策以促进社会性别平等。

其中前两个目标在实施社会性别预算的国家已取得了巨大的进步，至于第三个目标，即改变和改善政府预算政策以促进社会性别平等，则具有挑战性，还需要做些努力，促使这一目标的实现。

3. 社会性别预算分析的两个指导原则

（1）以个人和家庭为基础同时进行评估。在分析时，从贫困家庭的入手进行评估，并与富裕家庭进行比较。同时，还应该从家庭中男性个体和妇女个体进行分析和评估。尽管家庭成员分享部分资源，但这种分享往往是不完整和不平等的。只有充分了解了预算可能对个人以及对家庭产生的影响,妇女才能享受她们应有的权利,而不仅是作为男性的附庸和第二性。

(2)对无报酬家庭照料工作贡献的认定。一个国家实现自己社会和经济目标的程度,不仅依赖于该国人民所做出的有薪酬的工作,同时还取决于人们在照料家庭成员和邻居上所做的无报酬工作。在大部分国家,无报酬的照料工作在妇女和男性间的分配仍然不平等,这不仅阻碍有薪酬工作男女薪酬平等,而且是影响男女平等发展各自才能的最大障碍。评估预算对社会性别平等影响的一项关键性指标就是,预算必须对无报酬工作予以考虑。

4. 国外性别预算的现状与案例

1984年,澳大利亚的《妇女预算报告书》标志着国际上社会性别预算的开始。这份由澳大利亚政府提交的报告在政府机构中强化了关于预算对妇女影响的认识,搜集了大量的政府部门如何进行性别支出的资料。由此,政府内部的妇女小组可以充分利用这些资料来提出自己的主张和进行政策干预。

1995年,南非的一个妇女非政府组织与议会联合委员会启动了第一个社会性别预算分析计划,菲律宾、乌干达、坦桑尼亚、瑞士和英国随后都很快开展了此项计划。目前,全世界有六十多个国家纷纷开展了社会性别预算行动(见表1)。2001年10月在布鲁塞尔召开的《推进性别预算——加强经济和财政管理》国际会议曾呼吁,到2015年全球所有国家实行性别预算。

表1　　　　　　　部分实施社会性别预算的国家和地区

非洲	美洲	亚洲	欧洲	中东	太平洋地区
博茨瓦纳	巴布达	阿富汗	奥地利	以色列	澳大利亚
肯尼亚	玻利维亚	印度	法国		马绍尔
马拉维	巴西	印尼	德国		萨摩亚
毛里求斯	加拿大	马来西亚	爱尔兰		
摩洛哥	智利	尼泊尔	意大利		
莫桑比克	厄瓜多尔	巴基斯坦	前南斯拉夫		

数据来源:Budlender & Hewitt, *A Practitioners Guide to Understanding & Implementing Gender-Responsive Budget Initiatives*, 2003年7月。

目前世界各国开展性别预算的途径各有不同，有的是通过政府，有的是通过社会组织。以下选取四个案例加以介绍。

（1）菲律宾

1994年，菲律宾政府采纳了"社会性别和发展"预算政策，要求政府的每个部门在性别和发展方面的投入不低于总预算的5%。菲律宾妇女地位委员会（National Commission on the Role of Filipino Women，NCRFW）在该计划中充当了先行者，同时还与活跃的妇女运动组织紧密合作，获得支持。1999年，菲律宾政府引入了一项以绩效为基础的预算政策，该政策减少了对那些未遵守至少5%拨款规定的机构的预算。从1995年到1998年，实施这项政策的机构的数量从19个增加到69个，该类机构至今已经达到349个，对妇女的拨款翻了三番。

（2）英国

英国的妇女预算团体（WBG）对每项预算都进行新闻发布，并致力于对政策议程中的社会性别和预算提出质疑。他们的工作重点就是改变那些不利于妇女的税收和社会保障系统。对英国新政项目所做的社会性别预算分析显示，在这些项目资金中，只有8%的资金用于"单亲"，而95%的单亲都是妇女。但是其中有57%的资金用于年轻人身上，而妇女只占其中的27%。2005年9月在巴巴多斯召开的英联邦国家财政部长会议上，社会性别预算被列入会议日程，该会议讨论了诸多事项，并回顾了在社会性别预算上所取得的进步。该项预算是基于他们在2002年会议上所做的承诺。一旦认为英联邦成员国在社会性别预算上所取得的进步不理想，各财政部长就敦促各成员国在国内建立监测社会性别预算的实施机制，报告该国取得的进步，直至两年后进行下一次回顾。

（3）瑞典

瑞典的每个政府部门都需要在提出的预算提案中设立有关社会性别平等的目标。每年财政部会对政府预算提案中对妇女和男性的经济资源分配作出专项报告。例如，瑞典政府承诺以可以承受的价格向特定的儿童提供保育服务，这一承诺可以从其预算中看出：瑞典每年拨出了相当于国内生产总值2%的预算，用在公立儿童保育上，这使瑞典拥有欧洲最高的妇女就业率。

（4）印度

多年来，通过妇幼部、妇女组织、媒体和其他团体的不懈宣传，印度财政部已经承诺开始向社会性别预算方向发展。2004年，印度宣布在21个部委设立社会性别预算组织，用于确定具体的数据、能力和系统要求，以便能够实现社会性别预算。在制定2005—2006年预算过程中，18个部门提交的预算提案中，都有使妇女受益的具体目标和拨款方式。

联合国妇女发展基金（UNIFEM）为在世界范围内推进社会性别平等做出了巨大贡献。自1996年起，联合国妇女发展基金开始在南非帮助进行社会性别预算工作。目前，工作范围已经扩展到了东非、东南亚、南亚、中美洲和安第斯山地区。在墨西哥，联合国妇女发展基金同该国卫生部一起分析了预算分配方案对妇女的影响。在印度，联合国妇女发展基金开展了一项名为"与社会性别有关的经济政策问题"的研究，以发现目前存在的数据、技术方面的问题。在联合国工作范围内，联合国妇女发展基金关注的重点主要有：

①为更准确地获取收入和支出的有关数据而开发新的工具。

②为政府人员和其他专业人士提供有关对政府预算进行社会性别分析的培训。

③在选定的地区和国际论坛上，为发展社会性别预算分析的政策进行宣传。

④开发相应的机制，让人们能分享世界范围内成功的社会性别预算计划信息。

5. 中国社会性别预算工作的现状

2008年和2009年，应该说是社会性别预算理论研究和试点探索在中国发展得最为迅速的两年。在理论研究层面上，表现为研究文献数量与质量的提升，国内关于社会性别预算问题的研究文献，仅有20篇左右，其中大约60%发表于最近两年的时间段内。

2009年10月，国内出版了第一部关于社会性别预算的研究著作——《社会性别预算：理论与实践》。从这个意义上讲，已然大致完成了系统介绍社会性别预算这一"舶来品"的早期过程，开始探索如何寻求其本土化以及生根发芽的生长点。

2005年12月，全国首个以公共预算为内容的国际援助项目——公共预算基础知识参与式培训项目在河北省石家庄市举行。来自国家财政部科研所、北京大学教育学院等处的专家，分别从国家财政改革与发展方向、法治化进程中的公共预算管理变革、社会性别与性别预算及如何制定性别预算行动计划等方面进行了培训。河南焦作市是我国第一个真正实行社会性别预算的城市。焦作市人民政府于2009年2月9日通过了《焦作市本级财政社会性别反应预算管理试行办法》,并编制了《2009年社会性别反应预算》。

总体来说,我国已经开始尝试引入社会性别预算,也开展了一些社会性别预算的培训和研讨,并在个别地方开展了社会性别预算的尝试。这些试点多是在国际援助机构的支持和国际专家的指导下进行的。必须认识到的是,中国的性别预算还处于初始阶段,有关社会性别预算的活动多为宣传、培训、倡导和对国家及地方的预算体系与程序进行背景研究,与政府实施社会性别预算尚有一段距离。因此,在中国推动社会性别预算还有很长的路要走。

二 社会性别审计

财政预算离不开审计,性别审计是实行性别预算的保障和监督措施。性别审计的内容包括公共政策是否作过性别分析、是否实行性别预算以及性别预算执行情况。审计机关经过审计,要做出审计评价,提出处理意见和改进建议,督促财政、税务部门和其他有关部门纠正性别预算执行中存在的问题。

社会性别审计是指在性别预算的基础上,凭借其工作上的独立性与监督中的强制性,通过合规审计、效益审计、经济责任审计等方法手段,更客观、公正、有力地监督着财政财务收支的运行。刘伯红曾在《社会性别主流化及其发展趋势》一文中提到,"社会性别审计是第四次世界妇女大会以来,国际社会发展起来的对政府部门、国际组织和非政府组织等执行社会性别主流化战略和能力的全面评估"。

社会性别审计理论与实践上的滞后发展,已然成为我国实现社会性别主流化的瓶颈。因此,为了推进男女平等基本国策的贯彻、落实,社会性别审计工作的发展已经刻不容缓,必须在实践、发展的基础上不断向前推进。

1. 效益审计

经济学理论中的边际效用最大化原理认为,消费者最迫切的需求得到满足时，效用最大。依据这一原理，为了充分发挥政府干预这一有限资源的最大效用，我们必须采用一些特殊的方法来确保财政资金的及时、有效分配。鉴于此，为了推进社会性别主流化的快步实现，政府部门不仅需要根据社会性别统计与分析的结果制定出具有针对性的社会性别政策，还需要采取特定的审计方法来保证这些政策能够得到有效执行。

效益审计方法的出现，恰恰在这一方面发挥了积极的作用。它深入分析国家财政资金管理不善、决策失误等原因造成的损失浪费和国有资产流失的问题，从机制上与体制上提出建设性建议，从而不断提高财政资金的管理水平，促进男女平等的实现。

2. 专项审计调查

专项审计调查，是指审计机关主要通过审计方法，对与国家财政收支有关或者本级人民政府交办的特定事项，向有关地方、部门、单位进行的专门调查活动。这是一种特殊的审计，它注重审计的宏观性，关注国家宏观政策的落实与宏观管理情况的加强，更能督促社会性别政策的贯彻，推进社会性别主流化的实现。

专项审计调查并不同于一般意义上的审计，其调查内容不仅针对某一个地区或者某一个单位，还可能涉及多个地区甚至在时间上也跨越几个年度。对于一些影响重大、公民关心的突出问题，相关部门可以有针对性地开展社会性别的专项审计调查，从长远上稳步推进社会性别主流化的实现。通过社会性别的专项审计调查，审计人员可以从宏观上了解社会性别政策执行的具体情况，揭示出各个领域存在的共性问题，全面评估政策落实的效益性，最终提出管理和制度上的改进建议。

3. 持续审计

持续审计是一种国际上正处于探讨阶段的审计理念与方法。加拿大特许会计师协会（CICA）与美国注册会计师协会（AICPA）在1999年的研究报告指出：持续审计是指能使独立审计师通过使用在委托项目出现相关事件的同时或短时间内生成的一系列审计报告，来对委托项目提供书面鉴证的一种审计方法。理想中的持续审计可以高度自动化地截取和操作数据，为现场审计补充必要的审计证据。持续审计仍处于探索和初步应用的阶段。

我国的政府审计，依然没有对持续审计开始探索研究，它能否应用于政府审计的某些领域以及如何应用仍然是一个未知数。然而作为审计的一种思路，我们可以大胆尝试将持续审计的理念应用于社会性别主流化的循环机制之中，通过效益审计和持续审计的结合，有力支持社会性别主流化的实现。在这种审计模式下，社会性别审计不仅要注重经济性、效率性与效果性，同时也要注重审计的时效性，审计人员必须尽早发现社会性别预算执行中出现的问题并加以解决，进而实现零审减额的终极审计目标。

三　社会性别统计

实行性别统计制度是实行政策性别影响分析和评估制度、性别预算和性别审计的基础性制度。性别统计是分析、研究社会经济发展变化的一种统计方法，它是从性别角度，描述、分析、研究、判断社会经济发展中的一些现象和问题，通过对比男女两性在社会经济发展中地位、权利、作用和发展状况等方面上的差异，进而找出解决男女不平等发展的方法，推动两性和谐发展，共同进步。建立和完善中国的性别统计工作制度是当前推动我国妇女事业发展的一项重要任务，也是促进男女两性平等发展的一种有效工具。[①]

性别统计以指标来体现，性别统计指标不是孤立的，它们常常来源于常规统计的指标，只不过性别统计者要从性别分析的视角来选择这些指标，并根据反映性别差异的需要对这些指标进行细化。当然，要想全面反映女性与男性在社会各个领域的状况，必须采用一些具体的统计指标。与一个问题相关的统计指标，可能来自不同的统计领域，这使得统计指标更能够全面地反映问题。因此，按统计领域汇总数据往往就成为性别统计恰当的方法。[②]

国内现有的妇女统计要求仅按妇女进行统计指标的计算、分析和发布，存储于妇女信息数据库。与妇女统计相比较，社会性别统计把关注点从"仅仅是妇女"转移到"妇女和男子"、从妇女统计转移到将性别问题

---

① 余长秀、李薇等：《深圳性别平等促进条例立法说明》。
② 同上。

纳入到所有统计资料的生产和使用中。因此，它有利于认清性别差异和影响性别差异的社会与文化中的陈规陋习，以推动实现性别平等、消除偏见与歧视的政策的出台和实施，同时，也为政府制定有效措施和实施行动提供了依据。

1. 国际社会性别统计的发展

建立和完善性别统计，是联合国对各国政府提出的明确要求。从20世纪90年代开始，联合国在人类发展报告中就纳入了性别发展指数和性别赋权指数，通过分析性别统计和数据的收集、分析，可以使各国政府和社会认识男女两性的生存状况和社会地位差距，为决策提供依据。

联合国开发计划署（UNDP）已经设计出生活标准和参与经济和政治生活的指标。其中三个主要指标。包括：

（1）人类发展指数：预期寿命、成人识字率、按照实际购买力测度的实际人均GDP。

（2）性别发展指数（GDI）：性别发展指数（GDI）是对人类发展指数（HDI）的性别敏感调整。它使用与HDI相同的变量。其不同之处是GDI使用女性与男性之间所取得成就的不平衡来调整每个国家在预期寿命、教育水平和收入方面的平均成就。像HDI一样，GDI的取值范围是从0到1，1代表经过性别调整后可获得的最高生活水平。

（3）性别权力测度（GEM）：女性和男性在行政和管理职位中所占的百分比；女性和男性在专业和技术职位中所占的百分比；女性和男性在议会席位中所占的百分比。

自20世纪八九十年代，很多国家开始意识到将性别问题纳入主流统计的重要性，使传统的妇女统计方法开始向现在的性别统计方法转变，性别统计成为国家官方统计体系的一个重要组成部分，为各国的官方统计机构所接受和应用。目前收集到的联合国性别统计指标共有92项，83项为男女两性指标，9项为单性别指标，如孕产妇死亡率、总和生育率。

2. 中国性别统计的开启与发展

1995年和2001年我国政府制定的《中国妇女发展纲要（1995—2000）》和《中国妇女发展纲要（2001—2010）》中，也明确提出要加强妇女发展综合统计工作，增设分性别统计指标，把《纲要》中分性别的统计指标纳入国家统计制度和各有关部门的常规统计和统计调查，建立和完善分性别数据库，为国家制定规划、科学决策提供依据。

我国性别统计的历程始于1992年，国家统计局开始引进性别统计的概念和方法，第一次采用男女两性比较的方法揭示了目前中国社会生活中存在的男女发展现状以及发展不平衡问题。1995年，中国第一本性别统计资料《中国社会中的女人和男人——事实与数据》出版。1998年，中国第一本性别统计教材《性别统计——一种寻求改变的工具》出版。同年，国家统计局和全国妇联妇女研究所合作，编辑出版了《1990—1995年中国性别统计资料》，为广大妇女工作和研究者提供了更为丰富的性别统计资料。1999年，在联合国妇女基金和瑞典统计专家海德曼女士的帮助下，第二本《中国社会中的女人和男人事实与数据1999》出版。

2004年7月国务院印发了中国妇女发展纲要和中国儿童发展纲要性别统计重点指标目录通知，首开中国性别统计工作以政府文件形式明确的制度建设先河。遵照国务院原副总理、国务院妇女儿童工作委员会原主任吴仪《听取国务院妇女儿童工作委员会办公室工作汇报的会议纪要》。2006年国办以国办函1号通知印发到全国，64个指标中有60个性别指标。2006年开始，《妇女儿童状况综合统计报表制度》表号从33个增加到44个，除妇女儿童情况外还将性别指标分布于卫生教育、社会保障、婚姻家庭、农业和社会治安管理等各个领域。在2008年"妇女儿童情况"报表中有80项统计指标，其中57项性别指标，其他40个表号中有73项性别指标。在2008年《妇女儿童状况综合统计报表制度》中共计130项性别指标。

3. 我国社会性别统计的现状与问题

通过对2001—2010年中国妇女发展纲要的评估可见，妇女与健康、妇女与教育领域有30%左右的指标没有分性别；妇女与经济、妇女与社会保障、妇女与环境领域有70%左右的指标没有分性别，而且一些重要指标的分性别数据还不能定期收集。主要的问题如下：

（1）性别统计数据比较缺乏

涉及人口方面的统计指标中，60%—70%的指标没有分性别数据。另外，有很多重要领域的指标，如时间利用分配、同工同酬、家庭暴力、性骚扰、分性别劳动报酬和无报酬劳动、非正规领域男女就业状况、非农领域男女就业状况等重要指标。

（2）统计方法的研究相对滞后

我国性别统计工作开展较晚，加之各单位对性别统计工作不太了解，在性别统计方法的研究上还比较落后。目前中国出版、发表的统计方法理论研究资料几乎看不到有关性别统计方法研究的文章，在大专院校的统计教学方面，有关性别统计的课程几乎没有。理论方法上的滞后必然带来实际统计工作的落后。

（3）性别统计分析能力薄弱

目前，中国性别统计资料的应用仅限于妇女工作部门或妇女问题研究机构。因此，从性别角度研究社会发展问题还没有成为一种重要的、政府普遍应用的分析方法。除专门从事妇女问题研究的研究人员撰写一些有关妇女发展的性别问题的分析文章外，各级统计部门的统计人员很少从性别角度研究和分析妇女发展问题，这在一定程度上导致了性别观念、性别分析对政策影响力的弱化，统计工作未能真正发挥出统计分析应有的咨询和社会监督作用。

4. 性别统计先进经验介绍

相比之下，我国台湾省开展的社会性别统计工作则要完整、详细得多。2004年3月，台湾财团法人妇女权益促进发展基金会配合行政院妇女权益促进委员会开始着手进行性别统计数据图标的绘制与分析，并于2004年3月出版《台湾女性图像》一书。该书数据翔实，分类细致多样，从人口、健康、就业、经济、政治、人身安全、教育、社会福利八大领域，制作出约300个图表。依性别交叉分类的统计方式，具体描述台湾地区女性及男性在社会各个层面上的处境，如表2—表4所示。

表2　　　　　　　　2002年15岁以上人群之吸烟情形性别差异

	吸烟状况（%）			
	一生中曾经吸烟	目前吸烟	目前每天或几乎每天吸烟	在家中会吸到二手烟
女性	9	5.8	4.3	51.8
男性	62.6	48.0	43.4	43.6

表 3　　　　　　　　　2004 年暴力犯罪被害类型性别比较

案件类别	被害人数			性别比例（%）	
	女性	男性	小计	女性	男性
总计	10015	3480	13495	74.21	25.79
故意杀人	237	921	1158	20.47	79.53
绑架勒索	23	752	775	2.97	97.03
强盗	1139	1748	2887	39.45	60.55
抢夺	6502	601	7103	91.54	8.46
重伤害	17	65	82	20.73	79.27
恐吓取财	5	20	25	20.0	80.0
强暴	2092	50	2142	97.67	2.33

表 4　　　　　　家暴事件通报被害人数性别比较（2002—2004）

年份	被害人数（人）			性别比例（%）	
	合计	女性	男性	女性	男性
2002	36579	31879	4700	87.15	12.85
2003	36772	31876	4896	86.69	13.31
2004	45513	38881	6632	85.43	14.57

表 2—表 4 数据来源：《台湾性别图像——从数字阅读性别》，财团法人妇女权益促进发展基金会，2007。

除了反映客观现实，性别统计还可用来开拓尚未被国家统计涵盖的新范畴，更深刻地认识两性在不同社会机构、地域及人群中的贡献和所存在的需求差异。此举的意义在于，性别统计所反映的现状不仅可为政府决策提供数据和实例，而性别统计的使用者包括广大的公众，这其中主要的、最有潜力的使用者包括妇女及其他弱势人群，可运用分性别的数据和实例来反映其需求，并监督政策的出台和实施。也就是说，这些使用者可以用统计数据展示其往往被忽略的需求和利益，以达到最终被政策认可的目的，同时还可以监督政策和政府的执行。

性别统计数据的呈现，除了能够带动社会各界对男女两性对社会、经济实际及潜在贡献的认识，更能帮助政府相关部门持续掌握与分析性别统计内容，于政策规划或资源分配时，加入性别的视角，以促进两性在各方面的全面发展，享有平等的机会与选择的自由。

因此，性别统计作为一种研究工具，应该被政府机构、更广大的社会科学研究者、媒体报道工作者所接纳使用。只有这样，才能在政策制定与实行中通过协调以平衡利益，最终实现科学的社会治理和共同发展的目标。

结　　论

推动公共资源性别公平配置需要建立一个动态的三角互动机制（见图 1）。

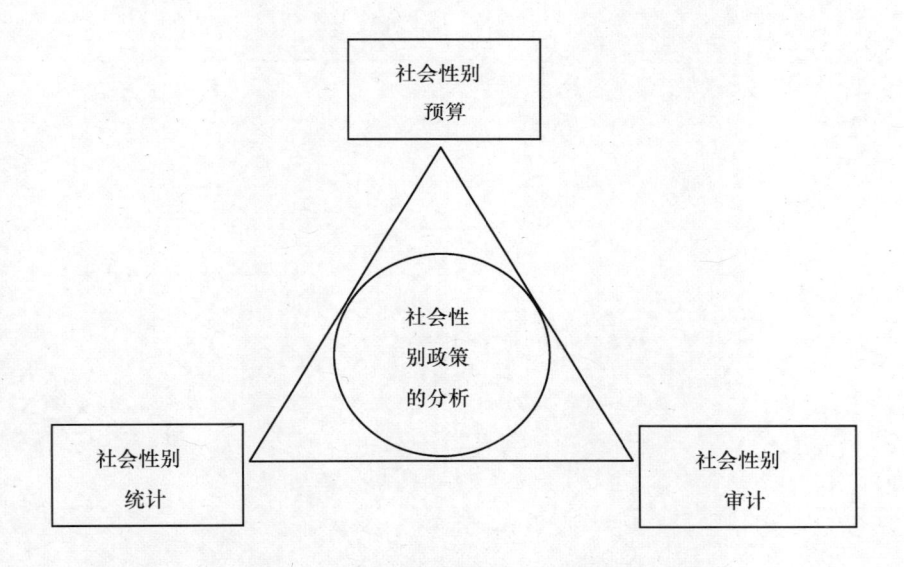

图 1　公共资源性别公平三角互动机制

社会性别预算、统计与审计都可以作为三角循环的起点与终点，互相影响，相互作用。其中，性别预算倾向于事先的规划与资源的分配，性别统计则是一系列趋向于反映现实的工具性指标，性别审计的作用则更趋向于监督与规范。这是一个循环往复的动态过程，社会性别审计的结果指出了新的问题，统计工作就再度开始发挥功效，利用更详尽、更有针对性的数据来呈现症结所在，并深入分析其形成的原因，在下一次性别预算的制定过程中作出修改。

第四单元

文化建设

　　文化建设是社会发展的目标之一。文化的现代化包含若干方面，其中之一是指思维模式和行为模式由单一转向多元、由强制转向自主选择。传统文化中渗透着大量强制性的性别规范和性别观念，比如：男主外女主内的性别分工、男娶女嫁的婚姻居住模式、男主女从的权力关系。这些在汉民族的社会演进中已经固化的性别角色，以及根深蒂固的性别刻板定型，人们往往并不觉察，而是下意识地认同，甚至作为优秀的文化遗产加以弘扬。正因为如此，才使得性别革命成为最漫长的革命，使得性别平等公共政策的建立阻力重重。本单元的目的是对司空见惯的性别文化传统进行反思和梳理，从基本人权的视角重新审视性别分工，审视中国特有的父系传承、婚居模式，引入多元的平等的性别文化。

祭祖热与父系传承

陈菊红①

编者语： 当代中国大兴文化热，表现之一就是祭祖，民间在祭祖，地方政府也在祭祖，人数众多，规模宏大，盛况空前。需要警惕的是，伴随着祭祖，父系传承的性别不平等文化也在悄悄复活。在强调社会主义的核心价值观，弘扬中华民族优秀文化时，如何识别哪些是传统文化的精华，哪些是糟粕，是文化建设绕不过去的课题。

一 祭祖与"祭祖热"

1. 祭祖的历史变迁

祭祖是敬拜、祭祀祖先之意，祖先一般除了指我们每个家庭或家族的先祖外，还包括华夏民族共同的祖先，以及各少数民族所信奉的始祖神，如黄帝、炎帝、舜帝、伏羲、女娲、布洛陀等。我国历史上有慎终追远的传统，国人在过年、过节时总不会忘记祭拜祖先，将他们和天、地、神、佛一起顶礼膜拜，表达感恩和缅怀之情。各地因礼俗的不同，祭祖形式也各异，有的在家或宗祠拜祖，有的到墓地瞻拜。祭祖根据祭拜仪式的规模大小，可分为官方祭祖大典（公祭）和民间祭祖（家祭、族祭等）两种类型。

我国祭祖文化历史悠久。商朝时，人们就有了崇拜祖先的观念，经过夏商周三代与周边少数民族的融合，逐渐形成炎黄始祖的共同信仰。到了西周，祭祖活动带上了较多的等级宗法色彩，形成一整套宗法法制网络。秦始皇以后，祖先崇拜以法典的形式固定下来，皇帝将宗庙祭祖列入国法。发展到宋明时期，祭祖日益庶民化，在很长一段历史时期成为国人向

---

① 陈菊红，中央党校 2011 级博士生。

祖先求福消灾的传统礼俗仪式。20世纪初，民主与科学的呼声渐起，祭祖被贴上"迷信"的标签遭到强烈的反对和抨击。尤其在"文化大革命"期间，"破四旧"给祭祖以毁灭性的打击，一些具有重要意义的节日、庆典和流传千年的文化和生活方式遭受了空前的批判和破坏，我国维持了几千年的家谱体系几近完全摧毁，曲阜孔庙、山西舜帝陵、运城关帝庙等著名建筑物被毁灭殆尽，各种祭祖活动被强行中断。

2．"祭祖热"的兴起

自20世纪80年代以来，在改革开放和传统文化复兴的影响下，祭祖因其蕴含的政治文化意义重新得到广泛的关注，爱国爱家、忠孝仁义等观念日益得到人们的重视，祭祖开始被赋予"非物质文化遗产"的使命。各地政府逐渐对祭祖给予肯定，并举办各种祭拜大典，有的还鼎力宣传使之成为全国瞩目的事件，利用其为本地的政治和经济服务。与此同时，民间扫墓祭祖也日益兴盛，许多宗族开始续家谱、修祠堂，很多地方还出现以家族为单位的大型祭祖活动，全国各地各种祭拜活动此起彼伏，相继掀起了一波"祭祖热"。

查阅有关祭祖活动的新闻报道，就足见其盛行度不一般，具体体现如下：

第一，规模大。尤其是公祭活动参加人数很多，少则几百，多则几万人不等。如图1、图2所示：2012年3月29日的壮族人文始祖布洛陀祭祀大典，就有1万多人参加祭祀仪式；[①] 9月28日在湖南省九嶷山举行的公祭舜帝大典更有3万人参加。

第二，规格高。公祭活动一般由当地政府举办，社会各界名流踊跃参加，即使是民间祭祖活动，很多也会邀请政府官员或社会名人作为嘉宾参加。如上述湖南的公祭舜帝大典由湖南省人民政府主办；2012年6月17日的荆州关公祭祀大典，由全国政协常委、原中共中央统战部副部长胡德平启动，荆州市政协副主席张端芳主持；2012年4月4日陕西公祭轩辕黄帝典礼，由中共陕西省委常委、常务副省长娄勤俭主持，中央和地方很多领导、企业界、海内外同胞、侨胞共1万余人参加。

第三，投入多。一次大型祭祀活动往往需要投入大量的人力和财力。

---

① 注：未标明年份的都是指发生在2012年的祭祖活动。

图 1　湖南公祭舜帝大典

图 2　壮族人文始祖布洛陀祭祀大典

据报道，陕西轩辕黄帝公祭大典中的一个节目《告祭乐舞》就有550人参加演出；2007年，陕西宝鸡市政府公祭炎帝，办一场晚会花了700万元；① 陕西的黄帝陵总共进行两次整修，共投资了2.8亿元；2004年后，浙江省绍兴市累计投资2亿多元，新建各种祭禹建筑；2007年，湖北省十堰市的国家级贫困县竹山县号称投入1500万元，塑造了18米高的

---

① 数据来源：搜狐新闻《如此"公祭"如此"政绩"》2007年6月29日，http://news.sohu.com/20070629/n250830361.shtml。

女娲雕像。①

第四，影响广。各媒体纷纷参与、报道各种祭祖大典，一些以其为核心打造的系列文化活动持续一个多月，在海内外都产生了深远的影响，有的甚至已成为一个地区对外宣传、发展经济的黄金名片。像陕西韩城市2012年4月以民祭司马迁大典为核心推出的"风追司马"韩城文化周系列活动持续了一个半月；同年4月20日白水县隆重举行的祭祀仓颉大典，为该县招商近1.88亿元。②

祭祖的沉寂、复活及当下的兴盛说明其有着深厚的群众基础，具有旺盛的生命力。在漫长的历史长河中，祭祖发挥着凝聚民众、团结家族和民族力量的重要作用，具有强大的教化功能，是维护宗亲伦理、建构社会秩序的基本力量之一。发展至今，它俨然已构成人们生活的重要组成部分，彰显着中华民族优秀传统文化的魅力，同时也成为爱国主义教育的重要载体。然而，对于祭祖，人们集体无意识地忽视了它对传统性别文化的复制和强化，忽视了它对当代性别不平等文化的建构作用。遍地开花的祭祖活动长期形成和发展于父权制的土壤中，作为一种文化习俗已被打上时代的烙印，男性中心的父系文化已深深渗入祭祖的文化内涵，而祭祖反过来又正在以一种特殊的方式维系着这种性别等级秩序，在我们的日常生活中悄然传承着落后的性别文化。因此，面对不断升温的"祭祖热"，我们需要从社会性别的视角对其进行审视和分析，来作一些"冷"思考。

二　祭祖与父系传承

父系文化是在父权制社会中形成的一套"男强女弱"、"男尊女卑"、"男贵女贱"文化价值认同和规范。在社会分工中主张男外女内、男主女辅；在婚姻关系上要求男婚女嫁、从夫而居；在生育继承观念上认同父子相承、由儿子来传宗接代。③ 传统以男性为中心的父系文化，体现的是女性对男性的依附，以及男性的霸权和支配地位，是一种不平等的性别文

---

① 数据来源：人民网《"比面子、赛政绩"公祭之风越刮越热》2008年4月1日，http://culture.people.com.cn/GB/70806/7067724.html。
② 数据根据新闻报道统计所得，见人民网《白水举行祭祀仓颉大典》2012年4月24日，http://sn.people.com.cn/n/2012/0424/c190246-16971970.html。
③ 杜芳琴：《华夏族性别制度的形成及其特点》，《浙江学刊》1998年第3期。

化。对祭祖活动进行深入剖析，可发现其中普遍隐藏着父系文化的规则。祭祖作为民俗文化的一部分，它的兴盛承载的是不平等的性别角色规范，是对传统性别文化糟粕的继承，而不是扬弃。

1. 祭拜对象的性别差异是对"男强女弱"父系文化的重要反映

在公祭活动所祭拜的诸多民族祖先和神化祖先中，稍加观察不难发现：人们祭拜的大部分都是男性形象的祖先，他们往往能力非凡且贡献遍及多个领域；而祭拜的女性祖先数量很少，且多局限于对其生殖能力的崇拜。追溯历史可知：在自然条件恶劣、生产力极其低下的原始社会，个人力量相对渺小，在需要依靠增加人口来增强集体生存的力量时，女性繁衍后代的功能使其成为大量神话的原型，人类祖先也被赋予女性的形象。随着父系社会男性作用和地位的确立，倍受尊崇的女祖形象逐渐被男祖所替代，职能也被削弱到仅掌管婚姻和生育。因而如今为我们所熟悉的女祖少之又少，人们的祭拜更多是表达对其生殖能力的崇拜。就像家喻户晓的女娲娘娘，尽管她曾经有过炼石补天、治洪水、立四极的壮举，但在拜祭时为人所熟知的更多还是其伏羲之妻的身份和抟土造人的贡献。不仅如此，人们拜祭她所求之子也多是特指求儿子，来保证家族香火的延续。与之相反，对社会生产和文化生活各领域做出贡献的始祖基本都是男性形象，如发明农耕和医术的炎帝、发明文字的仓颉、儒家的创始人孔子等，少数民族的情况也是如此，像壮族创造火的布洛陀、布依族的始祖布灵、彝族的始祖阿普等都是男性的形象。可见，从祭祖的对象来看，男神形象的祖先居多，且往往主宰着社会生活的各个方面，女性祖先更多地是承担生育繁衍的重任，这从一个侧面折射出现实生活中男性的主导、女性的从属地位，女性更多地是男性生育后代的工具，人们通过祭祀女祖求子，这实际上是对男性中心父系文化的体现和强化。

2. 祭祖的性别分工是维系"男尊女卑"性别秩序的重要手段

著名民俗学家乌丙安教授曾指出"在以男性为中心的习俗环境中，人们通过对不同性别的规定性分工来确保男性的特权地位，同时通过设置很多的限制权利的禁忌习俗来使女性接受并安于卑微的地位"。[①] 祭祖仪

---

① 乌丙安：《民俗学原理》，辽宁教育出版社2001年版，第131页。

式中男女因性别的不同而承担明显不同的职责，体现并维护了男尊女卑的社会性别秩序。

（1）祭祖仪式一般由男性来主导。一方面，祭祖对主持者的身份有明确的规定，大型公祭活动一般由社会地位或社会声望较高的人主持，家庭或家族的祭祖则要求由男性长者主持，女性没有主持的权利。除此之外，一些民间的祭祖仪式还通过许多禁忌将女性排除在外，这些禁忌约束着女性的行为，使其在祭祖活动中被迫且自觉地处于旁观者的地位。有些地区的祭祀礼仪禁止不洁的人参加，认为月经期的妇女、孕妇、产妇和寡妇都是不洁的，如果让之参加祭祀活动祖宗将会怪罪，并降下许多灾祸。① 如青海省热贡地区在举行盛大的祭祖活动时，要求举行诵经祈祷仪式的"拉哇"在活动开始前几日必须保持身体洁净，不能接触女性，并要到寺院里接受活佛们的洗礼。另一方面，民间的祭祖礼仪有着比较严格的先后顺序，大都遵循先男后女的原则。以行跪拜礼为例，拜祭顺序先是儿子、女婿等男性亲属，再是女儿媳妇等女性亲属，最后是孙辈亲属，女性在这个过程中明显处于次要地位，甚至在一定程度上对性别秩序的重视超越了血缘关系的亲疏远近。总之，男性对祭祖活动的主导使男性独享和祖先沟通的权利，实质上是其对家庭、家族和社会事务进行管理和支配的一种特权，有力地维护了男尊女卑的性别秩序。

（2）祭祖过程中"男主女辅"的性别分工。在祭祖活动中，男性多承担事务性职责，如负责组织联络工作、操办仪式、筹办酒席、放鞭炮、烧纸钱等；女性更多地是微不足道的辅助参与，多承担情感性职责，营造氛围缅怀和追忆先人，或以泪水和哭声来表达对逝者的哀思，像民间普遍存在的哭丧习俗就是典型代表。值得注意的是，祭祖的性别分工往往是非常明确且不可逾越的，逾越将被视为对已逝祖先的冒犯，因为涉及祖先的喜怒，人们往往会选择去主动地遵从习俗的约束。如安徽合肥地区在祭祖时不允许女性烧纸钱或放鞭炮，传说女性碰过的或烧过去的纸钱到了阴间先祖难以收到，容易被孤魂野鬼抢走。② 可以想象，在这种情形下，很少会有女性愿意去突破此种分工的界限，在鬼魂学说的顾忌面前，祭祖中分

---

① 刘晓春：《民俗与社会性别认同——以传统汉人社会为对象》，《思想战线》2005年第2期。

② 张克兰：《浅谈祭祖习俗中的社会性别秩序——以合肥长丰地区清明祭祖习俗为例》，《安徽警官职业学院学报》2010年第4期。

工和禁忌习俗的规制力比一般的习俗将会更有效、更持久，会在更大程度上固化"男主女辅"的性别分工。

3. 祭祖习俗是延续"男贵女贱"父系文化的重要载体

近年寻根问祖热潮的兴起，带动民间刮起了一股"续家谱"、"修宗祠"之风，许多海外华人也纷纷回归故里探亲访友，慷慨解囊捐助修续工作，"文化大革命"期间受阻滞的家谱和宗祠迅速在我国中部和南部地区蔓延生息。续家谱、修宗祠等祭祖习俗在团结民众、加强民族凝聚力和向心力方面发挥作用的同时，也成为传统父系文化世代沿袭的重要媒介。

下面以家谱对父系姓氏的传承为例来作分析。通常而言，姓氏只是社会成员相互区分的识别符号，但在家谱文化中却有着非同寻常的意义，它是一个家族得以延续血脉、传宗接代的重要标志。家谱是记录各个姓氏世系传承的图籍，具有区分家族成员之间亲疏远近的作用。在父系文化中，父亲姓氏只能由儿子、不能由女儿来传承，女儿出嫁之前随父姓，出嫁以后虽不用改姓，但已经被归入丈夫的家族，其生育的孩子也普遍随父姓（夫妻离异后孩子因由母亲抚养而随母姓等特殊情况除外）。在录入工作中，家谱都是按照父系家族世系来编续，从始祖起，父子代代相传名姓俱全，男性全部录入；媳妇以配偶的身份冠之"某某氏"被附录于丈夫姓名的旁侧；① 女儿在早期则根本不能进家谱，尽管近些年有所变化，有的地方已允许将女儿录入，但依然改变不了由儿子来传承父系姓氏的实质。在祭祖时，人们称呼已故的某人妻子，往往在其父姓的前面加上丈夫的姓，本名通常被省略，如一位周姓妇女如果丈夫姓王，则称为"王周氏"，可见女性相对于男性的从属地位。总之，家谱记录和保存的是男性家族姓氏嬗变的历史，作为人类的另一半——女性的家族传承在这部历史文献中却被隐去，男性的姓氏通过婚姻得以延续，而女性的姓氏则在婚姻中走向消亡。女性因不具备传承姓氏的功能，而不具有传后的意义，但是男性却可以传后，并且也只有男性才可以传后。一个家庭若没有男孩，就意味着这个家庭的"绝后"，"不孝有三，无后为大"，这将激发很多家庭对男孩的渴望和追求。因此，父系姓氏的传承在社会上确立的是一种

---

① 谢玉娥：《从古代称谓习俗看我国妇女传统的性别文化身份》，《河南大学学报》（社会科学版）1999年第5期。

"男贵女贱"的性别价值标准,它强化了重男轻女的传统生育观念,是我们今天倡导平等性别观的主要障碍。

4. 祭祖蕴含的文化内涵是"父子相承"和"男婚女嫁"父系机制的重要体现

祭祖活动源远流长,及至周朝与宗法制度相结合,成为一套牢不可破的礼仪流传至今,祭祖中血亲人伦、礼教德治等观念成为弘扬孝道、绵延家族和民族的重要纽带,也成为父系机制传承的重要力量。祭祖以父权或夫权作为划分家族宗亲的标准,所有出自同一父系祖宗的男性亲属和配偶,包括未出嫁的女儿都是该宗亲中的成员,已出嫁的女儿则成为丈夫宗亲中的成员,被看作是一门亲戚。宗亲观念特别强调家庭或家族的势力和兴盛,在一个家庭中,男孩作为传人既负有"光宗耀祖"、赡养老人的责任和义务,也享有继承家庭财产的权利,女孩则因终究要外嫁而被排斥在这些权利、义务之外。因此,一方面人们强调男孩的继承权,只有男孩才能继承家族的财产,如果财产给了女儿就相当于分给了外人,这使男孩的价值大大提升,生男孩成为解决继承问题的不二选择。这点对于富人来说意义尤其重大,偌大的家产必须传给"自己家"的人,生育男孩因而成为这些富人家庭最根本的目标。另一方面,强调儿子的养老责任。男性本位的祖先和家族认同,使儿子成为对父母尽孝的主体,伴随着财产由父辈向子辈的转移,由儿子来赡养父母更在情理之中。为了保障儿子对父母的照顾,儿子结婚后就需要和父母住在一起,女儿不能侵占家中的资源则需要嫁出去,男娶女嫁的婚姻制度和夫居制的婚居规则成为实现儿子养老的必须,[①] 在这种逻辑下,当"嫁出去女儿,泼出去水"的女儿价值无用论成立时,偏爱男孩也就成为许多家庭的现实选择。

三 祭祖的父系传承与方向转型

祭祖在各种仪式和禁忌中规定了男女性别之间的一整套思想和角色差异,对男女两性有着不同的认同和行为期待,既体现了传统父系文化对女

---

① 李慧英:《男孩偏好与父权制的制度安排——中国出生性别比失衡的性别分析》,《妇女研究论丛》2012年第2期。

性的歧视，又和其他社会文化一起形成强大的力量，共同建构着现代男女的两性观念和行为。祭祖对父系文化的传承既不符合目前我国法律体系的规范，也背离了现代文明对性别文化发展方向的要求，我们必须牢牢把握社会发展的黄金机遇期，抓住建设社会主义先进文化的契机，引导"祭祖热"健康发展。

1. 祭祖的父系传承不符合我国法律法规的要求

新中国成立以来，我国相关法律法规的制定和修订一直都比较重视对妇女权益的保护，不仅《宪法》明确规定男女享有平等的政治、经济和文化权利，而且其他促进性别平等的法律体系也日益完善。50年代的《婚姻法》和《继承法》都肯定了男女平等的继承权。80年代的《婚姻法》更是详细列明了两条与否定父系传承相关的规定，如第八条：登记结婚后，根据男女双方约定，女方可以成为男方家庭的成员，男方也可以成为女方家庭的成员；第十六条：子女可以随父姓，也可以随母姓。1992年《妇女权益保障法》颁布后，以其基本精神为指导，又制定和修订了一系列涉及妇女权益保障的法律法规。1995年江泽民同志在第四次世界妇女大会上提出把男女平等作为我国的基本国策，十年后修订的《妇女权益保障法修正案》还特别重视社会文化中陈规陋习的不良影响，明令禁止对妇女一切形式的歧视。由此可见，我国相关法律的建立与完善坚持的是男女平等的原则，强调的是对女性利益的保障，而反观当前的"祭祖热"，不难发现其中隐含的大量父姓、父系、夫居规则均与上述规定相抵触。祭祖不仅是人们日常生活中的象征性活动，更是具有悠久历史渊源的、不平等性别角色的习俗化过程，是对传统父系文化的复制和对现代不平等性别文化的建构过程，明显违背了我国法治的理念和要求。

2. 祭祖的父系传承也不符合性别文化的发展趋势

现代社会弘扬的是两性平等相处、共同发展的性别文化，而以男性为中心的父系文化在传统农业社会时期形成，祭祖对它的传承不能适应现代文明发展的要求。首先，随着经济的发展，现代社会越发充满生机和活力，不断地激发人们个性品质的释放和个人价值的追求，为每个人潜能的发挥提供了较多的机会，在这种背景下，女性的主体意识和价值也日益得以凸显。但祭祖中不论是赋予祭拜对象贡献的性别差异，还是祭拜过程中的性别分工、姓氏和财产传承的性别偏好都普遍存在着贬低女性价值、提升男性价值的特点，这显然与性别发展的主流方向背道而驰。其次，现今和谐社会的构建特别注重对社会公正的维护，保障包括妇女、儿童在内的全体社会成员的正当权益不受侵犯，努力实现社会生活中机会、过程和结果的公平。然而祭祖中强调辈份、等级和性别等要素，其男主女辅甚至于完全排斥女性的职能分工，以及男孩才是家庭传后人的角色期待，极大地忽视了女性的价值和尊严，剥夺了女性的正当权益，严重影响了人类两性之间的公正与和谐。最后，工业社会的发展面向未来，激烈的社会竞争鼓励品德和能力的角逐，主张人们通过自己的努力奋斗去追求成功，重视自致因素的作用。与之相反，祭祖则面向过去，更强调家庭、家族的血脉相承，祈求祖先的保护和荫庇，重视先赋因素的作用，不利于包括女性在内的两性发展。

3. 积极引导祭祖向先进性别文化发展的方向转型

眼下，一些祭祖大典和祭祖习俗逐渐被收入国家非物质文化遗产名录，以祭祖为代表的传统文化遗产将会得到越来越多的关注，在资金、政策等方面也将会得到比较多的支持。但值得重视的是，在保护的大旗下我们必须怀抱一种反省的态度，注意厘清祭祖文化中的精华与糟粕，避免对其落后方面的宣传和鼓励；尤其要重视祖先崇拜对人们性别意识和观念的影响，充分认识到祭祖对父系文化的传承和强化作用。祭祖作为子孙与先祖沟通的重要场合，许多儿童从年幼参加此类活动时就被要求遵从其中的规定和秩序，从而在周期化的神圣场景中，一遍遍地突出和强化父权意识，接受性别等级秩序。祭祖中的父权规则作为传统习俗的一部分，已深深地植根于人们的头脑中，不易被察觉，更不易引起反对和质疑。因此，我们要积极倡导新的祭祖风尚，用男女平等的祭祖礼仪和祭祖方式取代传统的祭祖习俗，消除重男轻女思想在祭祖方面得以传承的载体，推动祭祖承载的性别文化从父系传承转向父母双系传承，并向符合现代文明发展的方向转型，使之真正成为内化于人们心灵的性别平等文化。

婚居模式与从夫居的文化现象

李慧英[①]

编者语：在婚姻登记中，注重了年龄、身份等因素，却没有婚姻居住地。可见，公共管理部门并不关注婚居方式，从夫居、从妻居，还是独居，似乎只是家庭内部的事情，与公共管理无关。其实，婚居模式的选择权是性别平等的要素之一，应当引起公共管理者的关注。

一 从夫居：司空见惯的婚居模式

婚居模式至少有三种方式，从夫居、从妻居或独居。在只知其母不知其父的氏族社会，婚姻居住方式主要是从妻居，那是一个重女而不轻男的社会。到了农耕社会，男人们一生一世住在一个村落，继承和拥有土地、房产等资源，担任传宗接代的任务；转变成男主女从的妇女结婚从夫居，女方则一定要出嫁，离开生育养育自己的亲生父母，来到一个完全属于丈夫的世界，承担为夫家生儿育女、养老抚幼的义务。依靠这种婚居制，父系家庭得以一代一代传承。到了工业社会，很多国家的婚居方式，逐渐走向了多元化，青年男女可以选择婚居模式，独居或者从夫居或者从妻居。

目前，我国从经济发展水平来看，已经进入工业化中期，中国已经成为世界上第二大经济共同体。但是婚姻居住方式还停留在农耕社会或者准农耕社会。"男大当婚、女大当嫁"是人们常常挂在嘴边的一句话。这句话实际上是对我国千百年来占据主流地位的婚居制——"从夫居"的概括性描述。

1. 妇女从夫居是农村婚居的主要方式

2005年，为了了解农村妇女结婚从夫居的情况，中央党校妇女研究

---

① 李慧英，中央党校社会学教授，博士生导师。

中心选择了河南 A 县、江西 B 县和广东 C 县（都是出生性别比失衡严重的县）进行问卷调查。在河南 A 县的调查问卷中，专门设了一栏：本村是否有上门女婿？由河南 A 县 131 个村（共计 194 个村子）的计生专干填写，结果是共计有 143 个上门女婿，平均一个村只有 1 个多一点。统计结果：99% 的家庭都是男婚女嫁从夫居。根据一项在中原 5 个县/市的调查，"招婿婚"仅占 1.7%，而 97% 以上都是从夫居。

2006 年在江西 B 县和广东 C 县的问卷调查，也证实了从夫居的普遍存在。江西 B 县的婚居方式是，单立户占 33.3%，住男方家 61.2%，住女方家 5.4%。广东 C 县的单立户 11.1%，住男方家 82.4%，住女方家 2.6%。在后两个县，单立户的比例迅速增多，特别是 B 县高达 33.3%。单立户的家庭大多并非是夫妻独立经济所致，而是男方家庭支持的结果，农村城市化并未自发地推进男女共同购房，反而强化了男方买房的责任，甚至可以说，是否有房是男方娶妻的前提条件。此外，从夫居与从妻居的比例反差极大，住男方家依然是主要的婚居模式，女性结婚一定要住到男方所在村，但不一定和公婆住在一起，这种婚居模式形成了一个男性血缘为主轴的父系家庭网络。

刚性的男婚女嫁的婚姻模式也使男到女家所谓"招赘婚"减少，只有那些家境不好的、儿子多的家庭才做上门女婿，人们常将"招婿婚"称作"入赘"、"倒插门"，本身就含有贬义；更有一些风凉话"画上的山水养不了人，招来的女婿顶不了门"。不但赘婿受歧视，连女儿也贬值，婚礼从简，不宴请宾客，不大操大办，男方的哥嫂叔叔辈把男方送到女家，中午招待一顿就算结婚了；女方也不穿婚纱。在将近 500 户的拦河刘村（漯河市郾城区孟庙镇）只有一个上门女婿，男女条件都差，女方的父亲死了，二女儿招婿，村计生干说："只有家穷的，才做上门女婿。"郾城区新店镇尧河庙村也只有一户招赘，家里穷，兄弟 6 个，其中一个是盲人。在广西南宁的郊区，有一种风俗，如果女儿结婚没有离开娘家村也不能在娘家附近盖房子，要到村边上居住，倘若出嫁女留在娘家，会带来晦气。总之，男娶女嫁是天经地义的事情，已经成为惯习和第二天性。因此，村民们说："但凡有一点办法，谁都不愿走这一步。"①

---

① 杜芳琴：《男孩偏好民俗文化的表现与分析：民俗风习中性别歧视的调查研究》，丁东红编，《社会变革中的性别平等问题》，中央党校出版社 2011 年版。

2. 城市存在妇女从夫居的隐性婚居方式

城市中的青年男女，结婚之后大多独立居住，不与父母一起生活。一旦经济能力增强，就会购买住房。不过，在结婚的早期，青年男子尚未具有经济实力，大多是男方家庭提供住房，即便在北京、天津等大城市也比比皆是，高达70%—80%以上。青年男女的住房往往与男方父母家比较近，是"一碗汤"的距离，便于相互往来与照顾。购房成为有男孩家庭的一个巨大压力，随着房价一路飙升，许多男方家庭要倾其所有甚至还要负债购房。在城市经常听到这种说法，儿子是"建设银行"，女儿是"招商银行"。即便是独生子女的家庭，双方父母在对待儿女结婚的态度上也不一样，女方父母总期望男方家庭在房产上多投入，生怕女儿吃亏，男方家庭如果在安置结婚住房上捉襟见肘，也常有羞愧之感。前几年，婚姻法司法解释三提出男女双方离婚的房产分割原则是谁贷款买房房产属于谁，立即掀起了女方要求在房产证上加名字的热潮。可见，"从夫居"依然以一种隐蔽的方式表现出来。

从夫居的另一种形式，就是青年夫妻过春节要先男后女，即大年三十和年初一儿媳和儿子要在公婆家过，年初二，再回到女方家看望岳父母。在天津大年初二，无论大雪纷飞还是风和日丽，姑爷看望岳父母已经成为多年不变的风俗。这种风俗并未随着城市独生子女的出现而成为传统，而是依然顽强地存在和延续。以至于有女儿的老年父母，到了年三十倍感孤独和凄凉，与有儿子的老年父母感受截然相反。

3. 婚姻仪式：女人的交易

从夫居作为一种根深蒂固的文化现象，还表现在婚姻仪式中。婚姻仪式是一种固化的程式，无论是独居还是从妻居、从夫居，婚礼大多遵循传统方式——男娶女嫁，男方一定要给女方定金，到女方家迎娶新娘，男方家要摆酒席。婚礼仪式有大量的细节，几乎所有的细节设计，都指向女儿离开娘家嫁到婆家，女方的父母都能体会到出嫁女儿的痛苦滋味，男方家迎娶新娘的快乐。这个千年不变的固定仪式非常重要，标志着女儿到媳妇身份的转变，娘家身份到婆家身份的转变，从此，女儿就成为嫁出去的姑娘泼出去的水。有些习俗强化这一点，比如安徽长丰县，男方迎娶新娘要带一块离娘肉，女儿离家时要哭嫁。这种礼仪几乎成为一种不容置疑的文化现象，杜芳琴教授非常详细地描述了河南农村流行的婚姻习俗：

择婚：18岁的男女有的自由恋爱，有的通过媒人，即使自己认识也要找个介绍人，定日期先到男方家认认门。这时开始双方礼物（财物）交换，这不是一场持续的对等的交换，男方家长和亲属要拿出几乎全部的费用操办婚事。

订婚：先是认门见面，女方由婶子、嫂子若干人陪伴到男方家认门，实际上是看家里经济实力主要是有无房子。公婆给对方礼金各100元，叫"见面礼"，姐姐、姑姑等近亲50—100元不等。要弄一桌酒席招待女方亲戚。除了见面礼，男方家还备有3000—6000元的"交合礼"，为女方买金银首饰和衣服。接着男到女家见面，女方家长一般不给男方见面礼，给也不超过200元；但男方要花钱买烟酒肉菜。这就是"订婚"的全过程。从订婚一直到结婚前，春节、端午和中秋三大节男方每次得送女家价值三五百元到上千元的礼品，包括双件的酒和烟，给女方买的衣服等。

择日：准备结婚了，男到女家去商量"好日子"，叫"送好"，送衣服、礼品。男方和女方的亲戚各为自己方的新人"添箱"（过去是送衣服，现在是钱，非直系的30—50元，直系的最低200元）。

迎娶：备婚首先男方需早备婚房，需十多万；迎娶前备家具和家用电器，需要万元左右。租迎娶车辆（轿车5—6辆，公交车接女方亲戚）和准备婚宴，加起来不低于三万元。结婚头天"过礼"，男方给女方家送烟酒、方便面，半爿猪（"离娘肉"），两只鸡——一公一母，母鸡给女方，叫"拿鸡子换妮子"，公鸡带回来；还有两条鱼留给女方。

嫁娶那天，男子不去迎婚，由叔叔哥哥充"娶客"迎亲（过去有"亲迎"习俗）。女的到城里美容店化妆，穿白婚纱，打扮停当，上车。上车前，还是要钱，标准分三档——666元、888元、1001元，分别取"六六顺"、"发发发"和"千里挑一"之意。车队到了男家，小姑子或嫂子迎接，新娘下车前接着要钱，仍重复"六六顺"、"发发发"、"千里挑一"的意义，这叫"下车礼"。不给不下车，给了还要打开看看，少了也不下。下车后，将白色婚纱换成红色旗袍（中西习俗达成的妥协，白婚纱赶时尚，红旗袍图吉利），由新郎抱新娘到举行婚礼的桌前，穿娘家的鞋的新娘不能着婆家地，必须把娘家鞋脱去换上婆家的鞋才能踩地（这表示新娘身份立场的彻底转换，从娘家女儿转变为婆家的媳妇了）。

婚礼由"照客"主持，先进行"改口礼"，新娘叫公婆爹娘后各给新娘100元，标志着公婆接受这个外来的媳妇；接着放鞭炮，举行仪式。拜过父母，入新房，男方把新娘抱到新房。摄像师摄像。给男方的父母抹锅底黑，以示喜事开心逗乐。这些仪式12点以前必须办完（下午是办白事的时间）。

12点婚宴开始，互送礼资：男方给女方送亲的各20元，特别给女方送嫁妆的幼弟30—50元（因为他象征性地带来表示管家的家具上钥匙，尽管家具是男方出资购买并已放在男家，婚仪中把钥匙交给女方仅是种象征意义）；而新娘给厨子10元。接着认男方的亲戚，亲戚给女方"开口礼"30—50元不等。晚上，继续待客喝酒，闹房。参加婚宴的人都要拿30—50元不等。宴罢，男方的嫂子、妹妹给新娘装枕头，里面放棉籽、枣和花，是"早生子"、"花着生"（生男又育女）的意思，口中念着"一把花生一把枣，小的跟着大的跑"。

回门：第三天，新媳妇要"回门"，再带礼品，一块肉，烟酒。有的随客，有的两人去。男的到女家不改口，也没有要求。新媳妇要早回来，下午2—3点回到婆家，这对婆婆好，眼明。娘家只去一个女送客，一般是嫂子。

杜芳琴教授指出，处于中原的郾城较完整地保存了传统婚仪中的"六礼"（纳采、问名、纳吉、请期、纳征、亲迎）的内核而衍变成今日的世俗化仪式，其中"三纳"就是当下不断向女家送钱物，实现女人在两个家族中的交换。不同的是，古代婚仪主要环节的"纳征"赘物是雁，取女子贞顺之意，现在蜕变成"以鸡子换妮子"了。从拦河刘村案例所描述的婚姻过程，可读出更多的性别意义：

（1）通过婚姻仪式，男方将女方交换到自己的家，女儿成为娘家的"外人"，嫁出去的姑娘泼出去的水（泼水难收）；到男家后，所有的仪式在于割断出嫁女与娘家的联系，包括换鞋子（象征立场和立足点的转变）、"改口礼"与"开口礼"（标志着身份和名分的夫家再构），一句话，夫家为主（主体、主要）、娘家为客（客体、次要）的不对等交换。

这种不对等还在继续加强——入洞房后给新娘装枕头中的象征物意在早日生子育女；三天后的"回门"风俗要求她必须及早回到婆家，不然对婆家不利，以此限制出嫁女的时空自由。婚姻交换的不对等还在于"回门礼"中女婿与岳父母称谓的灵活性，不必"改口"，即不以爹娘称呼，人称"半子"的姑爷，制度习俗要求他对待双方的父母不一视同仁。正是有女人家赔了女儿又得不到女婿的尊重。这便是无儿有女户备受歧视的深层原因，也是招赘婚姻阻力重重的原因所在。

（2）女方家在这场把女儿交换给男家的永久性失利中，也得到有限的暂时的物质补偿，得到些许精神安慰与心理平衡。从订婚到迎亲不断地要钱要物，男方也情愿一次次掏腰包出血，说明双方都认识到各自的利害得失。男方出钱物尽量减少女家的损失的做法是一种"赎买"，而赤裸裸的交换在迎娶中公鸡母鸡的意义已经昭显——"鸡"是古代"贽雁"当代变种，给女方母鸡是毫不掩饰"拿鸡子换妮子"的动机。事实上，在嫁娶过程收授礼的过程中，男方仍是大赢家，小部分实物女方家里得到，大部分钱物还是出嫁女本身获益，包括给女方买衣服和首饰，实际上还是男家得益，包括在社会上的装点门面和广告意即便是现在已经接受高等教育的博士生也认为不能改变，否则，男方家就非常没面子，没本事，被人瞧不起。[①]

中西方性别关系的一个显著差异是，西方的父权制已经大大弱化了，个体的权利本位和遗产税，割断了父母与成年子女之间的物质依赖关系，西方社会面对更多的是横向的性别关系，如夫妻的性别分工、职业的性别隔离、家庭配偶暴力等。而东亚国家特别是中国，不仅有横向的性别关系，还有纵向的性别关系，这种典型的父权制就是从夫居为主的家庭父权制。这是中国农耕社会流传下来的一种文化现象。这种文化现象不仅体现为一种家庭规则，还是一种极少被人觉察的性别歧视文化。

二 单一的从夫居是性别歧视的文化

通常，男娶女嫁被人们视为婚姻习俗，与性别平等没有任何关系。

[①] 杜芳琴：《男孩偏好民俗文化的表现与分析：民俗风习中性别歧视的调查研究》，丁东红编，《社会变革中的性别平等问题》，中央党校出版社 2011 年版。

2006年，我们在北京县处级领导干部班上，发了一份问卷，问道：男娶女嫁对于男女平等会产生什么影响吗？82%的领导干部斩钉截铁地回答：没有。正因为对此没有认识，所以，不断出现这样的文件：某市委研[1996]05号文件明文规定：妇女结婚后已长期在女方生产、生活的，要尽量说服动员到男方落户划地；经动员仍不去男方落户的，经大多数群众同意允许在户口所在社划地。为什么农村妇女必须到男方所在地落户划地，自然是男娶女嫁的规则在起作用，为什么多数人可以剥夺妇女享有的村民待遇，因为她们没有遵循男娶女嫁的规则。可见，男娶女嫁多么的天经地义。强制性的男娶女嫁是天经地义还是性别歧视，我们做些分析。

1. "从夫居"与家庭身份认定

男娶女嫁从夫居绝不仅仅是已婚妇女空间位置的转移，而且是妇女家庭身份的转移和重新确认。婚姻仪式的意义就是身份转移的确认，结婚之前，女儿属于娘家人，结婚之后就成为婆家人了。在河南农村女儿一结婚就改了称呼，父母见面就说，亲戚来了，女儿变成了外人成了亲戚。女方住到男方所在的村庄，离开了从小熟悉的环境，进入了男方家族文化社会关系网。周围的邻里几乎都是按照男性的姓名称呼妻子，从此，女方曾经熟悉的姓名丢失了。久而久之，成为某某家里的，某某老婆，某某她妈。曾经有一次在村里召开妇女座谈会，一位妇女自我介绍时忽然卡壳讲不出自己的名字，会场立即哄堂大笑。细细想来，是女性从夫居的从属性导致的结果。一位县妇联主席讲述了个人的一段经历，自己是在新中国长大，一直有自己的姓名，即便结婚，在单位里同事之间依然是直呼其名。丈夫家族是有家谱的，作为媳妇自然会进男方家谱。有一天看家谱的时候，才发现自己的姓名不见了，写的是某某的妻子。我们在河南农村艾滋病调查中发现，已婚的女儿往往是最容易被遗忘的，问到家里有几个孩，孩专指男孩。家里摆放的家人的遗照只有儿子和父亲的，女儿的遗照不会摆出来，理由是出嫁了。

2005年冬天，在一次农村妇女主任和计生专干的培训班上，一百多名参与者从自己的切身体会出发，列举了"从夫居"给妇女带来的感受：妇女一出嫁，两头不靠岸：在婆家，你是娶过来的"外人"，各方面都受到歧视；在娘家，你又是嫁出去的"外人"，说话没有分量。在参政议政上，没有媳妇说话的份。村里选举时，男人说选谁，女人就得选谁；妇女生孩子是给男人传宗接代。在生育上，妇女没有自主权。要不要生？啥时候生？都是男的说了算，因为你是他家的人；妇女在婚姻中受伤害时无处可去，假如要离婚，更没有办法。离了婚住在哪儿？靠啥吃饭？

"从夫居"是以男性为主导的婚居制，妇女本身就处于从属地位——婚后住在男方家里；照料男方家人的饮食起居；为男方家庭生养后代；以男方家庭成员的名分获得村庄集体资源……一旦妇女丧偶、离异，作为一个独立的人出现的时候，就立即陷入家庭身份的尴尬处境，男方家庭不再视为自己家庭成员，女方家庭也认为是泼出去的水。以至于离异妇女常常无家可归。这样，妇女的家产继承权、居住地选择权、婚后身份归属权、生育权、孩子姓氏选择权，以及土地权、参政权等都会受到侵害甚至被剥夺，对妇女的家庭地位和社会地位影响巨大。

2. 婚居制度与儿子养老

目前农村，养老是一个较为突出的问题，对此无论是村干部还是广大村民都表示认同。而造成养老问题的原因，多数人都归结为"孝道失落"，而没有和"男娶女嫁"的婚居制度联系起来。

由于我国经济和社会发展水平的限制，农村的社会养老基本是空白，家庭养老依然是农村养老的主要方式。但是，因为"男娶女嫁"的婚居模式，女儿必须出嫁，家庭养老就只能是"儿子养老"。

保证晚年生活的平安幸福，要有三个基本条件：经济保障、生活照顾和精神安慰。但农村老人为了完成"传宗接代"的任务，给儿子盖房子娶媳妇花光了一生的劳动所得，失去了晚年生活的经济保障，完全依赖儿子的供养。没有经济自主权，也就失去了晚年的安全感。在对老人的生活照顾和精神安慰方面，按照农村的性别分工，更多的是由妇女来承担。可是，被父母称为"贴心小棉袄"的女儿，却不能留在身边，她必须遵循"男娶女嫁"的老规矩嫁出去，成为"婆家人"。即使嫁得不远，她也必须把婆家的事务摆在首位，不能随心所愿地承担照顾娘家父母的责任。①

这种男娶女嫁的婚居制往往导致女儿与媳妇身份的撕扯，也使得无论是父母还是儿女都不能根据个人意愿进行自主选择。河南登封一位二女户母亲告诉我们，生了两个女儿之后，不想再生了。响应了国家计划生育的

---

① 梁军主编：《登封探索之路》，河南人民出版社2012年版。

号召，没有了超生的烦恼，随着自己慢慢变老，最发愁的是没有儿子，谁来养老。找个上门女婿在村里特别受歧视，谁愿意当上门女婿，"谁来养老"成为心里一块大石头，沉甸甸的压在心头十几年，以至于身体变得越来越差。在经济落后、男娶女嫁文化根深蒂固的农村，女儿养老几乎还是一个梦想。这是一个方面。

另一方面，在城市乃至城郊家庭养老悄悄发生着变化，女儿养老渐渐多了起来。传统的养儿防老模式开始打破，不少老年人生病需要生活照料，女儿便守护身边照顾父母的饮食起居，为父母提供精神慰藉。可以说，男娶女嫁从夫居正在发生改变，女儿与父母生活的联结已经溢出了传统父权制锁定的边界，女儿的养老作用渐渐凸现。然而，需要关注的是，女儿照顾父母的责任在增大，但是相应的权利没有同步增加。女儿做出了家庭贡献，却往往不能继承家庭财产，"肥水不流外人田"。在转轨的家庭，女儿的义务与权利之间是脱节的，姐妹与兄弟共同承担照顾的义务，却不能同等享有继承家产的权利，家庭权利与义务的不对等成为当代家庭女儿养老的一个新特点。

    一个挨近城市的农民家庭有三个姐妹一个男孩，大姐十分能干，为父母盖起房子。姐妹们先后结婚住到丈夫村，属于自己的耕地都留在了娘家。2008年，娘家村的耕地被占用，每亩地补偿几十万。村里根据土地将补偿款分到各家各户。老父亲将这笔钱都给了唯一的儿子。几个姐妹都觉得父亲处理的不公，让姐姐告到法院。姐姐担心会气坏老父亲，只好将苦水往肚里咽。

英国里士满大学的丹尼·坎地尤（Deniz Kandiyoti）将"从夫居"为主的父权制称为经典父权制。在中国经典父权制的表现形式与历史相比，出现了很大变化，比如传统大家庭几乎不存在，父子分家非常普遍，父权的地位随着儿子经济实力上升而衰落，不过核心内容至今没有太大改变，中国的大部分地区仍然是按照父子血脉关系传承姓氏和财产，要求妇女结婚"从夫居"，以保证父亲的财产传给儿子，而不是女儿。经典父权制侧重强调父子代际之间的纵向传承关系，与夫妻之间、男女之间的性别分工不同，后者的关键是"谁（男/女）""做什么"，前者的关键是"谁（父/子）""获得什么"。尽管性别分工的"做"什么，也有"得"的问题，但是，这里的"得"是有前提的，是以"做什么"为依据。而经典父权制的"得"是不需要前提条件的，只要是儿子就可以"得"，无论是否承担了家庭责任，而女儿则被排除在外。

3. 男娶女嫁成为制定集体分配规则的依据

目前我国绝大多数农村，都是依照"从夫居"来确认集体成员资格。2011年3月，中央党校"性别平等政策倡导课题组"专家参加了河南郸城某村的一次村集体资源的分配会议，这个村子的土地已经被征用，房子也要拆迁，届时每个村民可以免费得到40平方米的住房，至于谁有资格分到住房就由村两委、村民小组长和部分村民代表一起来讨论决定。会上不少人坚持：出嫁的女儿留在村里是不可以享有村民待遇的，一个家庭只能男娶女嫁，有儿子的家庭女儿留在村里，绝不能享有村民待遇。纯女户只能有一个女儿招婿，以免打架。有儿有女户女儿就不要再招婿了，男孩女孩都留下来宅基地不够。也有的提出离婚留在村里的媳妇也不能给，离婚了就失去了村民资格。总之，经过村民代表讨论，所有的儿子儿媳及其子女都理所当然享有村民待遇，而离异、丧偶和招婿上门的妇女连村民资格都没有。对于从夫居的文化认同转为村庄资源分配规则。

男娶女嫁"从夫居"这种固定不变的、强制性的婚居制，既是男女不平等的表现，也是导致男女不平等的一个根源。在集体资源分配规则中，到处可见强化男娶女嫁的制度。如，对男性村民及其家属提供种种便利，"本村男方未婚、离婚、丧偶，如结婚对方户口迁入，女方可带一名18周岁以下小孩一名，无孩的年龄不限（持有法院判决书或相关证明享受村民待遇）"。对于本村女儿提供种种限制，如本村闺女离婚的，本人及子女户口迁入的不享受村民待遇。有儿户不允许招上门女婿，自行招入的，男方不准迁入户口，女方自登记日起，半年后不享受村民待遇，所生子女不报户口。无儿户允许招一个女婿，户口可迁入享受村民待遇，自行招入第二个女婿的男方不准迁入户口，女方自登记之日起半年后不享受村民待遇。有痴呆儿户允许招一个女婿，享受村民待遇，痴呆儿又结婚，其妻子及子女不享受村民待遇。

于是，在认可男娶女嫁村落文化的环境中，无论是通过一事一议，还是通过村民会议或村民代表会议，都可以形成一套与妇女从夫居呼应的集体分配规则：在资格认定上，男子是永久的村民，女儿是临时的村民；在婚嫁规则上，有儿子的女儿不能招婿，女儿户只能一人招婿；在财产分配上，以男性为中心的分配规则。男性为中心的分配规则一旦制定，使得妇女从夫居不仅是家庭的规则，也成为村落的强制性规则，在这里文化与利益紧紧咬合在一起，妇女从夫居成为村庄分配制度排斥妇女的依据。

综上所述，从夫居的婚居模式是一个具有普遍性的事实，也是我国乃至亚洲国家特有的文化现象。它在两个方面被忽视，一是西方的性别研究，由于历史文化的差异以及性别关系的变化，西方的性别研究更多指向性别分工。当我们过多看重西方的性别理论的时候，会忽视中国本土特有的性别文化。二是中国的主流政治话语，在主流话语中，父权制是作为封建残渣余孽看待的，它是一种风俗，不被视为文化现象，更不是看做影响到制度建设的文化现象。

认识家庭从夫居的文化意义十分必要，可以警惕家庭内部隐藏的文化陷阱。从表面来看，家庭一直蒙着一层温情脉脉的面纱，充满着血缘上的牵挂和血浓于水的亲情，在这里似乎不存在利益关系。深入到家庭内部来看，温情背后存在着性别等级关系，男性通常优先处于主导地位，而女性处于从属地位，家庭利益分配的规则是按照性别划分的。对此，我们常常习以为常，缺乏对于这种文化的反思，以至于使得这种文化从家庭延伸到集体分配层面。在社会主义文化大发展大繁荣中，从社会性别视角进行分析清理与改变十分必要。

三 推动婚居模式多样化

对于男娶女嫁从夫居的婚居模式，我国20世纪70年代以前的婚姻法始终没有触及到。进入20世纪80年代，《婚姻法》第三次修订，第一次明确规定姓氏和婚居模式可以自主选择。《婚姻法》第八条：登记结婚后，根据男女双方约定，女方可以成为男方家庭的成员，男方也可以成为女方家庭的成员。第十六条：子女可以随父姓，也可以随母姓。应当说，这是对于2800年前建立的父权婚姻制度的一种极具挑战性的颠覆，是从父系制转向父母双系制的立法开端。这部法律将男娶女嫁的强制性安排转变成男女双方的自主选择，男女双方的自主选择权利开始得到体现。

可以说，新《婚姻法》是我国男女平等公共政策的一个了不起的进步，通过立法推动婚居模式从农耕社会的单一强制走向工业社会的多元选择。这就涉及到婚嫁风俗的变革，在中国汉民族地区男娶女嫁从夫居根深蒂固，能够改变吗？为此，我们从2005年开始，深入到江西宜黄县、湖北宜昌、江苏苏北、陕西略阳、河北定州等进行了深入调研，惊喜地发现，汉民族的性别文化并不是铁板一块，在从夫居的主流文化之外，还存在着亚文化的支流，即多元化的婚居方式。

1. 令人耳目一新的多元化的婚居方式

（1）江西省宜黄县梅湾村

梅湾是一个小山村，面积6.7平方公里，耕地1156亩，10个自然村，5个村民组，138户，597人，全部是汉族，2007年人均收入2410元。就在这样一个并不富裕的山村里，有52户招了上门女婿，占到总户数的38%，招赘妇女占已婚育龄妇女总数的46.4%，梅湾村大多数家庭招郎上门都会签订招郎契约。契约通常包括三方面内容：

在家庭养老方面，有明确规定，一是上门女婿要赡养岳父母；二是在劳动、生产、生活上，要给予岳父母应有的照顾；三是在自己原来的家庭，对自己的生身父母也要承担一定的养老义务。

在子女姓氏方面，招郎契约上一般均写明生第一个男孩要随女方姓，次子随男方姓。还有的招郎契约写得详细一些，规定婚后所生子女，如果一胎，"两姓相共"，如果生两男，则"宗枝长子"随母姓，幼子随父姓；如果生一男一女，则一律两姓相共，但男孩的名字是母亲的姓氏在前，女孩的名字是父亲的姓氏在前，并且规定所定子女不反悔变姓。这样一来，继承了双方祖宗的姓氏。

在财产继承问题上，上门姑爷一般称岳父母为叔叔、婶婶，小孩则称他们为爷爷、奶奶，而不叫外公、外婆。对于岳父母的财产，一般实行隔代继承的原则，上门女婿没有继承权，但可以照管、使用，这样可以避免一旦发生婚变，把岳父母家的财产带走返回原乡的问题。

岳父母的财产一般由女儿、女婿管理，但最终归随母姓的子女继承，而夫妻共同创造的财产，则是几个子女平均分配。也有的家庭规定，"家里的财产，女婿一半，儿子一半"，财产继承接近法律规定。

（2）湖北宜都市的婚居模式

宜都市位于湖北省西南部，与宜昌市、枝江市隔长江相望，面积

1357km² 。2008 年宜都财政总收入 8.91 亿元,农民人均纯收入 5846 元,城镇居民可支配收入 11490 元。全市总人口从 1990 年起达到 38 万元并基本稳定,目前为 39 万人,其中农村人口占 70%。2008 年的出生性别比为 103.85 (3021 人)。

在宜都市农村,至少有三种婚居模式,女到男家、男到女家和两来两往。女到男家的婚居模式一般不需要签订协议,更多遵循的是民间习俗,由父母提供住房,并为父母养老,这种家庭更趋于传统,问到姓氏是否可以随母姓,一般不会认同。对于从夫居的女儿,女方家庭不会为其提供住房,往往不会提出养老送终的要求,遗产的分配也不会考虑。出嫁女儿被视为娘家的客人,客人回娘家夫妻是不能同房的,她们的子女被视为外孙子女。在经济落后的山区,出嫁女儿往往更多,流向富裕地区,当地的光棍汉比较多,在潘家湾栗树垴村到了适婚年龄的男子,未结婚的高达 70—80 人。不过,这里的出嫁女往往极少要彩礼,男方家给一万就要还一万五,显得更有尊严。

第二种是男到女家的婚居模式,因为反传统习俗,娘家父母与女儿女婿明确约定,比如照顾父母的老年生活和日常起居。用周安正书记的话说,"责任比较明确。我们作为女方父母曾经在女儿结婚前与男方父母一起作出三点约定:第一,在居住时间上要以女方父母家庭为主,我们要为他们建新房,视为自己家庭成员;第二,女儿女婿在城里工作,每周都要过来看望,特别是过年,三十初一一定要在我们家过;第三,我们为他们照顾小孩,她们要为我们养老,主要是照顾我们的生活起居"。在这里,女儿女婿不一定在身边居住,也不仅仅是要解决养老的问题,还有逢年过节的陪伴和感情上的依靠。还有的女方父母担心变卦采取文本约定的方式,明确责任。这是农村妇女曹光兰的女儿女婿与母亲签订的契约,上面写着:"从明年起,先还账,有钱先寄钱回来,请爸妈帮忙还。把账还清以后,帮弟弟起房子,有钱拿钱,有物拿物,地居在公路边一人一半。养老方面,弟弟在家里的话一人一个,不在家都我养。"

第三种是两来两去的婚居模式,随着独生子女的增多,即男不娶女不嫁。双方父母都为子女提供住房,子女可以在两边轮流居住,与两边的父母一起生活,为两边的父母养老。甚至逢年过节,聚会到一起过年,或者在两边轮流过年。我们采访时问到村里一位年轻的媳妇,她特意告诉我们:我属于两来两去,不是出嫁女。她还希望能够再要一个小孩,随她的姓氏。在两来两往的婚居模式中，平等的要求更为强烈。

(3) 陕西略阳县

据我们的调查，略阳县上门女婿的比例在20%以上。偏远的两河口镇坐落在大山深处，这里的上门女婿比例最高，在1124户中有265户上门女婿，占总户数的24%。这里统计的仅仅是在本村落户的上门女婿，并不包括到外村落户的上门女婿。我们在两河口镇所在的唐家沟村，走访了50多人，随处都可以接触到上门女婿户，而且很多家庭的婚居方式令人吃惊，不仅仅是纯女户招郎上门，而且在有儿有女户中出现儿子出嫁女儿招郎的情况，汉民族固有的男婚女嫁模式在这里受到激烈的挑战。徐家坪镇位于略阳县以西的嘉陵江畔，该镇的统计资料非常翔实，2000—2005年的统计数据，在徐家坪镇的秦家坝村，我们从破旧不堪的村委会，查到了所有上门女婿的姓名、年龄、文化和出生地，该村上门女婿占到18%，其中一半以上是来自四川、甘肃、河南等外省人。我们在收集现有数据的同时，也对三个镇的干部进行了家庭调查，结果是在已婚干部中婚嫁模式的占38.7%，入赘模式的占22.6%，单独立户的占35.5%。根据以上数据，推算上门女婿占20%以上是比较合乎实际的（不包括外出的上门女婿）。

上门女婿户可以分为四种情况，第一种情况，独女户家庭招婿上门。这种情况在独女户家庭成为必须的选择。不过，在略阳独女户比例是相当低的，政策允许两个孩子，所以，有生育能力的父母一般生了一个女儿还会再生育。两种原因会成为独女户，夭折、贫困、疾病，最后只剩下一个女儿，成为独女户。此外，由于父母没有生育能力，通过抱养女儿而成为独女户。在家庭养老作为唯一的养老方式，独女为父母养老就责无旁贷。长大结婚的时候，女方通常会向男方提出男到女家的要求，要为自己的父母养老，男方的家庭多子户的，并不需要一定要为父母养老，有条件选择男到女家的婚居模式，这与略阳历史上招郎入赘的传统一脉相承。

第二种情况，多女户家庭的两个女儿结婚都居住在父母家。这类家庭的父母往往有着招婿的经历，女孩一定要外嫁的意识淡薄，在他们看来，招婿上门决不是独女户的特权，两个女儿也同样可以，根据其婚居意愿作出决定，而且，这类家庭经济条件比较好，可以为儿女结婚提供居住条件。在接官厅镇入户访谈时我们接触到几个类似案例。在接官厅镇接官厅村徐宝琴姐妹，年龄在30岁以下，都招了上门女婿。一个住在东厢房，一个住在西厢房。我们来到徐宝琴家时，她正照看3岁女儿，问起姐妹俩为何都招郎上门，她一点也不觉得奇怪。她说，自己的母亲也是招婿，生活得很好。在这里，招郎上门是司空见惯的事情，两姐妹这样做无非是传统的继续。

第三种情况，儿女只婚不嫁，与父母一起生活。这通常是有儿有女的家庭，女儿结婚不外嫁婆家，留在娘家居住。在这里，男大当婚，女大当嫁，受到了挑战。作出这类选择大致有两种可能。一种可能是儿子或女儿一方残疾，而导致女儿结婚留家。另一种是根据父母或儿女意愿自愿作出决定。

第四种情况，男嫁女婚，即家里的男孩到女方家当上门女婿，女孩招郎上门，父母选择了女儿而不是儿子养老送终，或者儿子愿意为岳父母养老送终。在允许婚居模式多样化的多子女的家庭，儿女的婚居选择空间要大得多。儿子既可以留下来，也可以选择走出去，女儿可以走出去，也可以留下来。在我们访谈的许多家庭里，儿女的婚居形式丰富多彩，有的长子外嫁，小儿子留家；也有的儿子外嫁，女儿留家；还有独子在同村当了上门女婿，还时常回家看望父亲，固化的性别规则完全被打破了。

2. 如何推动婚居模式多元化

不少人类学家认为，风俗的变革是一件困难的事情。对此，我们采访过不少领导干部：婚居方式能否改变？得到的回答是否定的，几千年的老规矩改变起来太难了。所以，遇到与风俗变革相关的议题，总是容易绕开风俗变革，从经济发展上寻找解决办法，结果是打错了针吃错了药。2009年开始，中央党校性别平等政策倡导课题组在河南登封与村民一起进行风俗变革，与此同时，总结全国各地风俗变革的经验，发现，婚居方式是可以改变的，农民对于风俗变革发挥了极大的创造性。

（1）倡导男女平等，举办男到女家婚礼

当然，改变几千年的婚居制并不是一件轻而易举的事情。"从夫居"作为传统文化的一部分，长期以来已经成为一种"集体无意识"，被大家"不问缘由"地付诸生活实践。

可是，"困难"并不意味着"不能"。

第一，不是要求将传统婚居制全部"推翻重建"，"多样化"只是增加一些其他选择的可能。一般来说，在一个村子里，"从夫居"之外的婚居模式如果能够占到20%，就足以改变人们的观念和村庄风气。

第二,村两委发挥主动性的空间很大。上有国家法律做"尚方宝剑",下有村民的实际需求。村两委完全可以根据村庄实际,通过物质、精神的各种举措,纠正单一的"从夫居"模式,鼓励住夫家、住妻家、小夫妻独住、"两头亲"等多样化婚居模式并存。

2008年11月,我们和大冶镇政府、周山村两委共同举办了一场别开生面的婚礼——"女娶男",为村民周涛红"娶"来了女婿张永涛。过去,即使是"招婿上门",婚礼形式同样也是"男娶女嫁":即在婚礼前一天,女婿住在岳父母家,女儿则送到婆家(或者在美容店),然后由女婿出发把女儿"娶"回来,强调的仍然是男性中心地位。

而这场"女娶男"婚礼,颠覆了传统的婚俗,由新娘乘坐"花车"从娘家出发,到男方家里迎接女婿,并在村里举办了盛大却不奢华的结婚庆典,在周山村引起了轰动。村民们说:几百年、几千年都没见过这样的婚礼,生女孩照样可以给父母争光!

以"婚礼"作为推动民俗变革的平台,在农村并不困难。借助于当事人的财力人力,在婚礼的例行活动中加入一些新的元素,就能大见成效。

以这场婚礼为例,迎亲前由新娘祭祖,祭拜了父母双方的祖先。以行动彰显了"女儿也是传后人"。在庆典礼台的两边,悬挂着红色条幅,写的是"男尊女、女尊男、男女平等;男娶女、女娶男、两样都行"。典礼上,主持人带领参加婚礼的200多名村民,高声朗读条幅上的内容,也是一种"普及教育"。

乡镇政府和村两委协助举办男到女家的婚礼,是拉动婚俗变革和转变村民观念的好方法,值得提倡和推广。

几点建议:在村庄内部举办婚礼,较之集中在电视台或市/县、乡/镇举办更有优越性,能够更直接地影响村民的观念。可先从独女户、双女户家庭举办男到女家婚礼开始,逐渐推广到有儿有女户,使村民有一个逐步接受的过程。将这一新风俗纳入村庄整体工作,长期坚持,使根深蒂固的"男娶女嫁"观念习俗逐步改变。

无独有偶,正是长期坚持鼓励男到女家,在河北定州已经彻底改变了单一的从夫居,招来了10万上门女婿。

(2)消除歧视,鼓励男到女家落户

江西宜黄县梅湾村村两委为了鼓励男到女家落户,提出了多项优惠措施：

一是鼓励上门女婿参与村务管理。村两委认为，上门女婿不是外人，而是村庄事务的合法参与者，应充分发挥上门女婿的作用，让他们有机会为梅湾村的发展做贡献。在梅湾，除了两任村支书都是上门女婿外，全村20名党员中，9名是上门女婿；5个村民组长中，3名上门女婿。二是在生产生活上积极帮扶。村两委重点帮扶男到女家的村民发展生产，积极为他/她们提供资金、信息、技术服务。

湖北宜都市计生局就把招女婿作为婚育新风加以宣传，改变人们对招女婿的偏见，倡导男到女家落户。在招工提干中，对上门女婿一视同仁。在开展文明新风的评选中，除了评选"好婆婆"、"好媳妇"，还要评选"好女婿"，对上门女婿给予专门表彰。有些村则评选"好儿子"，其中上门女婿和儿子占同样比例，强化对上门女婿的社区认同。通过各种方式进一步改变只有家贫人懒的人才做上门女婿的成见，为上门女婿创造发挥才干的舆论环境。一个有趣的巧合是，自20世纪70年代以来，宜都一共有五位县计生主任，其中三位都是招赘婚。现在全市各级干部中，有不少人或者是上门女婿，或者是招女婿，干部们对招女婿倡导积极，这也增加了群众的认同度。

3. 推动分配方式转变，倡导村民依法自治

宜都市政府引导村民按国家政策办事，依法自治，不能随意限制或剥夺招女婿家庭的权利。比如在宅基地分配上，政府可以通过审批程序，根据户籍地分配原则，保证招女婿家庭与从夫居家庭的申请获得同样批准，并给予同样面积标准。宜都人均6分地，人地矛盾紧张，越是城郊村和富裕村，土地越少，招婿的人越多。但在宜都，解决人地紧张不是限制招女婿，而是组织劳动力转移。不管是一女户、二女户，还是一儿一女户，只要愿意都可以招婿，与村民享受同样待遇。村干部们现在的观念是："人家有迁徙自由""要尊重人家婚居自主选择权"。如果说宜都在改变男孩偏好方面建立了利益导向机制，这个机制不是政府出钱建立的，而是通过对招女婿家庭的公平分配实现的，这是最大也是最重要的利益导向机制。

4. 婚居模式多样化

婚居模式越是多样化，男女在其中的自主选择性就越大。我国有不少

性别统计指标，至今婚居模式尚未作为性别统计的一项指标。是否可以考虑在婚姻登记中注重了年龄、身份等因素，也加入婚居模式的指标，通过政策倡导，唤起公共政策对经典父权制的关注，在婚姻登记中将婚居方式作为婚姻登记中的一个要素，并通过婚姻登记的统计，来跟踪家庭父权制和集体父权制的演变。与此同时，在社会主义核心价值观的宣传中，将性别平等与婚居多样化作为重要内容纳入其中，并融入家庭建设和社区建设之中。

性别刻板定型与"文化陷阱"

李慧英[①]

编者语：性别刻板定型是文化观念的一种表现形式，支配着人们对于男女两性的固化看法，成为不合法的政策措施的合理思想基础。在中国已经签署的《消除对妇女一切形式歧视公约》中社会性别定型已经列为隐性的性别歧视，认识它，反省它，进行文化上的重构，有助于建构性别平等的公共政策。

一 性别差异、个体差异与性别刻板定型

近年来，社会上对于男孩女性化的状况深表担忧，一向忽视性别教育的学校，开始搞起了"性别教育"，性别教育的特点是，要求男生有阳刚之气，具有男性气质。2006年成都某中学启动针对男生的"阳刚男孩"系列活动。那天操场上出现了特别的一幕：全校600男生对着天空振臂高呼，"我是阳刚男孩！""我是男子汉！"发誓要做一名阳刚男孩，并且郑重地在条幅上签下了自己的名字。这也标志着该校"性别教育"系列活动正式启动。

无独有偶。在广东，一所职业技术学校也办起了现代淑女学堂，倡导新三从四德，要求女孩既要自立自强还要相夫教子，要注重仪态举止，讲究生活品位，擅言辞交际，重贤良淑德。总而言之，女孩要有女人味、要有女性气质。显然，在这里有一种不言自明的假设，男性和女性具有不同的性别特点，属于两类不同的气质，教育的目的就是塑造两性不同的气质。

在探讨男女气质时，会遇到一系列问题：男女两性之间有没有个性、

[①] 李慧英，中央党校社会学教授，博士生导师。

心理、行为上的性别差异？性别差异与个性差异是什么关系？性别差异能否取代个体差异？在正视性别差异的同时要不要考虑个体的选择权？

在社会上始终存在对男女特征的一般看法，即人们对于男女在行为、特征等方面予以的要求、期望和一般看法。这种看法承认性别差异的存在，甚至认为是彼此对立的，是截然相反的，这种看法几乎跨越了不同的种族国家、不同的政治制度、经济制度，惊人地相似。

以下是社会上对男女特征的一般看法（见表1）。

表1　　　　　　　　　　　　社会期待的性别特征

男性特征	女性特征
独立性 理性、情绪稳定 支配性强 逻辑性强，数学、推理能力强 果断地作出决定	依赖性 善解人意 温顺雅淑 擅长文学艺术 爱打扮 整洁干净

到了20世纪70年代，性别差异的研究，开始成为社会心理学与社会性别学科的一项重要议题。采取的方法是收集定量的样本，进行实验、测试和观察，通过量化统计的方法阐述性别差异。美国心理学家观察男女婴儿的行为，发现几个月的婴儿在行为上的差异只有两项，女婴分离痛苦和触敏性比男婴强。明显的性别差异出现于青春期，男孩注重成就（46%），女孩注重相貌（60%）[1]。大量心理测试和研究表明，男性在自信心、支配感、攻击性上高于女性（34%），女性在焦虑、情感感受性、容易遵从和善于交际上高于男性（32%）。性别差异的研究走向了科学，注重以真实的差异为依据，进行量化分析，排除了主观随意性。性别差异研究有利于从总体上把握性别差异的特点、分布以及发展趋势。

需要提醒的是，研究中的男女性别差异只是平均差异，是统计学意义上的差距，不是绝对差异。以注重成就的性别差异来看，男孩注重成就为46%，即便在男生当中也不足一半，女孩注重成就为29%，在女生中已

---

[1]　[美]珍妮特·西伯雷·海登、B. G. 罗森伯格：《妇女心理学》，范志强、周晓红等译，云南人民出版社1986年版，第110页。

经超过25%。男女之间存在差异为17%，应当说并不是天壤之别，更不是截然对立。在同一性别中不同成员之间也存在极大的变动性，个体差异甚至远远高于性别差异，因为29%的女性追求成功。再看性别特征的差异就更小了。早在20世纪70年代，美国心理学家桑德拉·贝姆在美国得克萨斯州立大学75名学生的抽样试验（见表2）中发现，只有34%的男生具有男性气质，66%的男生不具有人们期待的男性气质，32%的女生具有女性气质，68%的女生不具备人们期待的女性气质。而且，在同一性别中存在极大变动性，在66%的男性中，有8%的女性气质、25%的非男非女气质、32%的双性化气质；在68%的女生中，有14%的男性气质、28%的非男非女气质、27%的双性化气质（见表2）。

表2　　　　　　　　男女性别气质的调查结果　　　　　　　　单位:%

性别\类型	双性化	男性气质	女性气质	非男非女
女	27	14	32	28
男	32	34	8	25

所以，具有统计意义的性别差异，在某一特性方面存在着平均性别差异的同时，更重要的是几乎总是存在着更大的个体差异——女性相互之间的差异或男性相互之间的差异。通常情况下个体差异比平均差异更为重要。因为，无论是职业的选择、专业的确定、比赛人选的挑选，通常我们面对的是一个个个体，每个个体的兴趣爱好、能力和水平、责任心和竞争力才是至关重要的。

当将性别平均差异等同于绝对差异，个体差异忽视为零，就会导致性别刻板定型。性别刻板定型的突出特点是：将有关性别的"一般性的看法"等同于对每一个人的看法。以偏概全，完全抹杀了个体差异。即将一部分男性擅长数学推理等同于所有男性，将一部分女性具有女性气质等同于所有女性。表现出的特点是：用同一尺度要求衡量同一性别，对于不符合同一标准的行为视为"不正常""另类"。性别刻板定型也叫性别印象、思维定式。这是性别刻板定型的第一个特点。

性别刻板定型的第二个特点，是用一成不变的性别观点看待已经变化的性别现象。性别观念的改变往往比起社会生活要滞后得多，以性别分工为例。在周代,汉民族的性别关系发生了根本性的改变,女性全面退出政治、经济和社会,进入家庭私领域,从此女性成为男性的附属品。男性特别是贵族男性掌管着政治、经济和社会公领域的权力,由此形成了公私领域的性别分离和男主外女主内的性别分工。到了20世纪,男女两性关系经历着历史性的变革,女性从家庭私领域进入专属于男性的社会公领域,接受公共教育,参加经济活动,参与社会与公共管理。然而,提到女性的定位首先联想到的是母亲角色。比如,女性为什么要接受教育?不是首先想到女性的教育权,或者经济独立之必需,而是女性的母职,要抚养教育下一代。正如苏联教育家克鲁普斯卡娅所说:如果你在家教育儿子,就是在教育公民,如果你在家教育女儿,就是在培养整个民族。正如春蕾计划的标语所说:今日的女童,明天的母亲。正如某洗衣机广告所说,洗衣机献给母亲的爱。

　　这种固化的思维还表现在职业身份与性别印象的叠加。在农村进行性别培训的教师,曾经在不同点的地区、不同的人群中进行性别印象的测试,测试的内容是:我们到一个村庄去调查,刚进村子,迎面走来一个地地道道的农民。请问,此时你的脑海里所浮现的这位农民,是男的还是女的?结果惊人的一致:男的!无一例外。而且是饱经沧桑的中老年男子。无论是乡镇干部,还是乡村农民,乃至城市市民概莫能外。然而,事实上,农村人口构成已经发生了巨大的变化,城镇化和工业化的过程中,男性外出打工转移到城市和企业,妇女接替了原来以男性为主的农业劳动,成为农业生产的主力军,出现了"女耕男工"或曰"农业劳动女性化"的现象。早在2004年农业部就进行了统计,全国3.6亿从事农业生产的劳动力中,妇女人数为2.36亿,占劳动力总数的65.6%,有个别地区甚至高达80%。"娘子军"已经成为当下对中国农业经济贡献最大的劳动大军,传统的"男耕女织"已被"一家两业""女耕男工"所取代。为什么性别印象与事实有如此大的出入?这个结果是出于人们对"农民"的"性别刻板定型"。

　　从纵向来看,性别刻板定型的特点之一是指向传统和过去,排斥现在与未来。倾向于将男女看作对立的两极,一方是强另一方是弱,一方是主另一方是从。往往将历史上形成的性别分工视为天经地义,用恒定的眼光看待两性之间的关系,而不是用变化的眼光看待男女关系。当这种性别印象被绝大多数人接受的时候,就使得传统的性别观念具有极高的稳定性,当这种性别印象被政策制定者接受的时候，就会强化了农耕社会的性别分工和性别角色。

二 性别刻板定型与性别歧视

性别刻板定型会产生什么结果呢？

从正功能来看，性别刻板定型具有一定的积极意义，人们可以不加思考，对于性别标识作出区别与判断。比如：在公共厕所外用裙子的图示标明"女厕"，用裤子的图示标明"男厕"，就是利用了性别刻板定型，使人们一眼分辨厕所针对的性别人群。

从负功能来看，性别刻板定型会强化男强女弱，将男女推向对立的两极。北京师范大学教育系的女教师专门研究了中小学语文课本，发现法定的教材里存在大量的性别形象定型，几乎所有的战士、科学家、领袖、政治家都是男性形象，纺织工人、幼儿园阿姨、医院护士、照顾孩子的都是女性形象，只有两位政治家是女性，一位是宋庆龄，一位是邓颖超。邓颖超堪称职业革命家，早在长征之前就做过节育手术，没有做过母亲，戎马生涯，出生入死，一生献身革命事业。教材编写者竟然忽视了革命家邓颖超，却偏偏选了邓颖超协助丈夫的两个故事，一个是帮助周总理补睡衣，一个是帮助周总理给警卫员送雨伞。性别文化的链条就是通过性别定型环环勾连到一起的，将本来丰富多彩的性别形象转变成单一刻板的形象。当定型的性别形象在教材、媒体、生活、广告中反复大量出现，不断刺激感官，就会潜移默化地影响到年轻人性别观念的塑造。

于是，近些年出现了认同"干得好不如嫁得好"的新一代女性。上海女性高等教育调查显示，赞成女性工作第一的只有10%。中国女性高等教育调查显示，赞成女性相夫教子的女生占70%，赞成女比男强好景不长的女生占68%，广东有6成女性愿意嫁给富二代。2007年，首届亚洲女性论坛在新浪网上进行了30个省市《当代中国性别期待调查》896份问卷调查，分析报告结果显示，七成半女性不反对干得好不如嫁得好，40.5%女性认同"干得好不如嫁得好"。这种性别观恰恰折射出性别刻板定型的文化建构。

性别刻板定型还会导致男女发展机会的不平等。性别刻板定型从思维方式来看是一种固化的或类型化的思维，强调两大性别的共性，忽视个性。性别刻板定型与一定专业与职业结合起来，就打上了性别标签，比如空姐、警察叔叔、幼儿园阿姨。就业岗位在对某一性别敞开大门时，同时也会排斥另一性别，在这里男性女性都不能幸免。在上海有一位男大学生特别喜欢幼儿教育，愿意当幼儿园的阿叔，为塑造人类的未来而工作。可是，没有任何一家幼儿园愿意接收他，甚至用质疑的眼光来看他：照顾孩子是女人的事，男人愿意照顾孩子是不是有毛病？在这里，职业的性别标签为男性的就业选择权亮起了红灯。与此同时，女性要进入过去属于男性的职业也是困难重重。历史上外交官几乎都是男性，这些年随着外语系女生比例大幅度的提升，女生高达90%左右，传统的性别格局正在受到前所未有的挑战。为了维持原有的性别比例，用人单位提出了苛刻的比例1:1，导致很多优秀的女生无法进入外交官行列。这种现象近年来，正在从就业限制前移到专业选择上的限制，表现在外语小语种的招生上，按照男女生相当的比例，导致女生的入学分数线大幅度提升，有的学校女生比男生的分数甚至高出100分。可以说，这剥夺了女生进入高等教育的平等机会。

国际上将限制男女享有平等机会和权利的行为都视为歧视。联合国《消除对妇女一切形式歧视公约》（以下简称《消歧公约》）中，对性别歧视，特别是妇女的歧视做了专门规定，指出：基于性别而作的任何区别、排斥或限制，其影响或目的均足以妨碍或否认妇女在男女平等的基础上，享有或行使在政治、经济、社会、文化、公民或其他方面的人权和基本自由，就是性别歧视。《消歧公约》对歧视的界定提升到了基本人权的高度。由此，凡是侵害男女两性基本权益的行为，就属于性别歧视行为。性别歧视包括多种形式，有的属于公开性歧视，还有隐蔽性歧视。《消歧公约》第5条第1款指出"基于性别而分尊卑观念或基于男女角色定型所产生的偏见、习俗和一切其他做法"，都属于性别歧视。中国1980年就在《消歧公约》上签字，成为性别平等的缔约国，政府有责任消除歧视，而不能不作为。

这种性别歧视通过两种方式表现出来，一种是通过文化认同将职业和专业固化于某一性别，习惯的说法是"适合论"，女孩子适合学文艺和语言，男孩子适合竞技和理工；女性适合家政、会计、美容美发，男孩子适合计算机、军事航海和主管。当适合论被普遍认同时，性别歧视被合理化了，成为文化上的陷阱。另一种是将文化认同与制度强制相结合，某些专业和职业在"适合论"的基础上进行严格规范，允许某一性别而排斥另一性别。比如，《劳动法》和《女职工劳动保护特别条例》规定了劳动禁忌：女职工不能从事矿山井下工作。与此相呼应，国家教委将煤矿开采专业也作为女性教育的禁区。其结果，一些不受性别刻板定型禁锢的人，就会强烈地感受到性别排斥。

三 如何打破性别刻板定型

第一，性别文化的重新建构。在北欧国家，性别刻板定型的观念发生了根本性的改变，成为国际社会性别平等的旗帜，其性别人文指标和权能指标遥遥领先。这种静悄悄的而又深刻的变革，是从性别文化的重新建构开始的。这种建构需要面向未来，需要打破固有的思维模式，需要以人为本和极大的创新精神，需要从具体而微的事情做起。以瑞典为例，性别观念从幼儿园开始，注重性别形象多样化。无论是图片、教材，还是大众传媒的文艺形象，男女形象富于弹性。女性可以是富于爱心的母亲，也可以是优秀的职业女性，还可以是出色的女政治家；男性可以是企业雇员，也可以是优秀的组织者，还可以是富有家庭责任感的好父亲。在这些丰富多彩的形象背后传递出一种观念：每一个人，无论男人女人都有同等的价值和应当获得同样的尊重。人没有高低贵贱，没有优劣之分。做人需要有丰富的生活和多方面的体验，男人女人都有多方面的才能，应当促使男女的能力都能充分发挥出来。

在这种文化重构中，很多性别话题都在进行反思，瑞典家庭暴力问题在 2000 年之后特别引起关注。不少教育者注意到战争暴力几乎都是男性，刑事犯罪 90%—96% 是男性，对妇女实施暴力的 100% 是男性。这种暴力倾向与儿童教育是相关的，在未成年教育中，人们非常赞美男性气质，常常告诉男孩子是依靠武力解决问题，真正的男人不能放弃武器，放弃武器就不是真正男人。所以，男性气质与暴力是纠结在一起的。教育工作者收集了许多男孩子玩枪弄炮的图片，有俄罗斯的、瑞典的，也有中国中学生军训的内容。他们提出要改变男人的暴力，就要改变男孩子的标准和教育，让孩子们学会以非暴力的方式追求和平。与此同时，社会上专门设立了咨询机构，对于有暴力倾向的男人提供咨询，指出有暴力倾向的男人往往没有完成从儿童角色到成人角色的转变，儿童角色更容易依靠情绪来处理问题，气愤反抗，而成人角色则自主自信，对自己的行为负责任，能够控制自己的情绪和冲动。通过咨询引导暴力男性学会两性平等相处，培养父亲的责任感。在性别文化建构中出现了大量富有家庭责任感的父亲，他们善于从孩子的角度考虑问题，而不是一味地训斥孩子，与孩子建立起信任和友爱的关系。正如一位父亲所说："安全感对我们所有人都是很重要的，尤其是孩子们。要让孩子们时时刻刻都能对成人抱有信任感。在安全感中成长的孩子们今后才能坚强和取得成就。"在这种文化重构中，出现了大量独立性强的女性，在瑞典议会有将近50%的女性议员，在行政领导岗位有一半的女部长，她们善于在家庭与工作中寻找平衡，政治上充满智慧，生活上富于情感。在她们看来，家庭责任与社会责任不是对立的冲突的，而是一致的，"男女分担家务是一种责任，一个缺乏家庭责任感的人，缺少人情味的人，也很难有社会责任感，不可能关爱他人，也不可能胜任社会工作"。

第二，公共政策的积极推动。性别刻板定型的转变，需要文化变革，同时也需要公共政策的拉动。否则，会形成先进文化与传统制度的冲突，甚至还会因为制度的强制性，而使得文化观念的变革受阻乃至出现倒退。公共政策怎样推进刻板定型观念的改变呢？

首先，公共政策的思想基础要进行更换，要清除大量的性别偏见和性别印象，转换成尊重个体的基本权利。就是说，公共政策要建立在维护每个人的基本权利的基础上，倡导权利与责任对等，禁止性别歧视。

欧盟的平等待遇指令及所有国家的反歧视法都同时禁止直接的和间接的歧视，并作了明确的定义，例如北欧各国、荷兰、德国、法国、加拿大、美国。在文化传统相近的东亚各国中，韩国1986年签署联合国《消除对妇女一切形式歧视公约》，1988年制定了《男女雇用平等法》，该法禁止直接的歧视，1999年修订该法时增加了禁止间接歧视和性骚扰的条款。2001年韩国制定了《国家人权委员会法》更加明确禁止直接和间接的歧视。日本在1985年制定了《男女雇用平等法》，只禁止对女性的直接歧视，2006年修改后的《男女雇用平等法》，核心内容是确立了间接歧视的概念，并从禁止对女性的歧视扩大到禁止对男女两性的歧视。

其次，取消不利于性别平等的政策条款。早在20世纪50年代，国际劳工组织强调对于女职工的劳动保护，设置了不少劳动禁忌，比如不允许女职工从事矿山井下作业，不能上夜班和加班。将女性特殊时期的劳动禁忌扩展为女性所有阶段。在日本凡是企业允许女工加班就视为非法，会受到严厉处罚。这种不考虑个性差异的做法，提高了女性就业的门槛，导致很多企业不愿招收女职工。一些女工为了能够就业，加班加点劳动，然而不能列入补助的名册，得不到任何补贴。针对这种过度保护带来的权利受损的问题，国际劳工组织缩小了劳动禁忌的范围，将选择权交给了择业者，由男女根据自己的意愿进行自主选择，尊重个人意愿就是对于权利的尊重，就是对于平等机会的给予。

最后，要设立目标。着力拉动男女两性关系从不对等的权力关系向平等的权力关系转化。这种拉动依靠什么？靠利益导向，靠规则调整。当利益有足够的吸引力，当规则有利于维护权利，就可以撬动男女两性关系的板块。规则制定后要一丝不苟地执行。以瑞典父母假为例，1974年，瑞典父母保险制度创立，过去只有母亲津贴，即母亲生育可以享有津贴和假期，与父亲无关，现在转变为父母津贴，即父母任何一方都可以享有休假和津贴。这一政策源于孩子的权利，父母双方都和孩子紧密相连，孩子应当从最初来到世界就享有来自父母双方照顾的权利。父母亲的保险财政来源于一个所有雇主都需要支付的社会保险，包括两项内容，一是父母亲育儿补助，通常在小孩0岁—16个月，父母亲任何一方可以休假照顾婴儿。一是父母亲的临时假，在小孩12岁之前每年父母有7天照顾生病的孩子，假期补助是工资的80%。从而，保障父母双方都拥有照顾孩子的家庭责任和享有休假的法定权利。原则上，父母假是被父母双方平分的，其中的一方可能会放弃这些特别的日子给另外一方。然而，事实上很少有父亲休假，家庭责任仍然更多的被女性承担。20世纪90年代，妇女组织对200家大公司调查了关于男性员工休父母假的情况，结果并不令人满意。尽管瑞典在世界上有很完善的父母假保险体制，也只有6家公司明确地支持男性员工主动对他们家庭承担责任的。这些公司认为，如果员工有机会将工作和家庭统一起来是很重要的。他们鼓励的态度表现在：希望男性能够比法定的一个月休更多的假期，并且他们感到公司有义务确保男性有更多的机会将家庭和工作统一起来。许多男人宣称自己有更重要的事情要做，从而试图逃避自己对孩子的责任。家庭责任的天平依然向女性严重倾斜。为了实现男女共同分担家庭责任，保障女性就业权利，瑞典的家庭政策在

1994年作出了进一步的调整，增加一个月的父亲假，要求所有的父亲在育儿假中必须休假一个月，否则将取消一个月的补助。公共政策开始用少量强制性的配额制取代了选择权。2002年父亲假又增加了一个月。政策的强制性渐渐发挥了实效，越来越多的男性承担家庭责任，他们早上送孩子进入托儿所，而下午又接孩子们回来。以前女性照看孩子是生命中最重要的事情，而对于瑞典的现代男士来讲，现在夫妻双方共同照看孩子已经是很自然的事情。性别刻板印象受到了猛烈的冲击。

女人祸水论与性骚扰防治

李慧英[①]

编者语：人类性别文化有一个特点，常常将年轻漂亮的女性称为尤物，一旦国家出现灾难和动乱，一旦男人社会地位下降，就会将过错和责任推到最没有社会地位的女人身上，即"女人祸水""红颜误国"。这种价值判断不仅至今仍然活在现实社会，还活在大众传媒中，严重扭曲了两性关系，使权利受到损害的一方，不能也不敢维护自身的合法权利，也使得禁止性侵犯和性骚扰的立法迟迟难以提到议事日程。

在现实生活中，经常可以发现人们对于男女两性的角色和价值评价是不同的。对于男性更多地肯定和赞赏，对于女性更多地否定和贬低，责任与过错更多归结于女性。从日常生活使用的语言上，就可以觉察到：提到"大老爷们""大丈夫"，都有夸奖之意，表现有男子气，敢于承担责任，不怕困难风险。说到"娘们儿""婆婆妈妈"就意味着小心眼、啰唆，没见过世面。一旦在生活中出现了某种灾难，就会与女人联系起来。这种文化现象可以用一句话概括：女人祸水论。这种文化现象是什么时候产生的？有哪些表现形式？为什么可以经久不衰？产生什么后果？对于公共政策产生什么影响？是本文需要研究的问题。

一 历史上：女人祸水论

女人祸水论，也可以表述为女性是万恶之源，即各种不幸灾难都是女性制造的。这种文化并非中国独有，而是跨民族、跨国度的普遍现象。

在犹太教和基督教的教义中，第一个女人夏娃被描写为男人亚当的一

[①] 李慧英，中央党校社会学教授，专业方向：社会性别与公共政策。

根肋骨。她违背了上帝的禁令，经不住诱惑，偷吃了智慧树上的禁果，导致夏娃和亚当被驱逐出伊甸园。在这里，女人夏娃成为罪恶之源，应对人类的堕落负责。在更早的古希腊神话中，众神之王宙斯，创造了美貌动人的少女潘多拉，并给她一个装着世界上所有灾难的盒子，告诫她不要打开。但潘多拉却打开了禁盒，释放出各种灾难遗害人类。于是，潘多拉的盒子成为恶魔与灾难的代名词。

  历史上始于中世纪并持续到北美清教时代的驱巫运动，是女性邪恶观的极其可怕的一次表现。1484年，在教皇确认的教会指使下，宗教裁判所折磨或处死了许多女巫，绝大多数受到控告和审判的人都是妇女。[①] 女人祸水论在中国历史更为悠久，时代更为久远，已经成为一种文化积淀和集体无意识。中央党校社会学专业根据《说文解字》，将其中男女偏旁的文字进行了分类和字义分析，发现汉语言充满了女人祸水论的观念。研究表明：《说文解字》中，男部汉字只有3个，即"男""舅""甥"，"男"属会意字，在农耕社会在田里干活的就是"男"，还有"舅""甥"，属于形声字，没有贬义，只是用于人的称谓。《女部》共收字238个，相当多的女子旁汉字是含有贬义的。

  例如，关于女性缺点、毛病、蠢笨等贬义的汉字，这类汉字有"嫉""恼""妨""妒""媮（偷）""嬉""婪""妄""嫌""怒""奸""妮""姗"等等。"嫉"字，忌妒、憎恨的意思，取"疾"字之声和义，"疾"是会意字，甲骨文从"疒"，从"矢"，指人的腋下受箭伤之意。《说文》有："疾，病也。"本意是轻病，引申为疾病、缺点、毛病、痛苦、痛恨、憎恶；迅速、猛烈；声音大、洪亮等。凡从疾取义的字皆与尖刻、毛病等意义有关。女和疾成字就是女子的毛病：尖刻、缺点等。"恼"字，繁体为"惱"，形声兼会意字。"恼"的意思是爱生气是女人的毛病、缺点。"婪"字，《说文·女部》："婪，贪也。从女，林声。"本意为贪爱财物。"众皆竞进以贪婪兮。"林中之女贪多。"嫌"字，《说文·女部》："嫌，不平于心也。一曰疑也。"本意为不满意；引申为疑惑、怨恨，如"口角生嫌""尽弃前嫌"。意思就是女人生性多疑惑。"妒"字，原字为"妬"，妇女的心变得像石头那么硬。"妒"取其声。忌妒通常也被认为是女人常犯的通病。"妄"字，会意兼形声字，金文从女，从亡（盲义），

[①] 周晓红等译：《妇女心理学》，云南人民出版社1985年版，第22页。

指没有看见而无根据地胡乱猜测之意,"予尝为汝妄言之,女亦以妄听之"。"嬧"字,古人认为女人丑陋得像毛毛软虫。

本来,尖刻、忌妒、贪婪、怨恨,都是人性的弱点,是人类共有的毛病与缺陷,怎么都成为女性特有的弱点和毛病?这就要走进中国的历史深处探索究竟。

2800年前的周代是中国阶级与性别等级制度建立时期,此时,人被严格地分为三六九等,身份地位越高特权越多,身份地位越低责任越多。与之相关的有三项制度的确定,第一是性别分工制度,分工的特点先是分为"公—国""私—家"。国家公领域都由男性贵族主宰,女性贵族和男女平民都被纳入家族的"私"领域;"家"分为内外,男性主管"外",读书、做官、种地、经商、对外交往、家庭决策权都属于男性,女性只能专事生育、照顾家庭和孩子,相夫教子。由此,女性全部被赶出政治、经济、教育、社会领域,只能依附于男性。第二是婚姻制度,男女双方联姻一定要有利于男方家庭,男人可以一妻多妾,女性要从夫居、从夫姓,被视为男方家庭成员,为男方家庭生儿育女,传宗接代。第三是继承制度,无论是姓氏、财产、权力和技能都要传给男孩,女孩不能继承。恩格斯在《家庭、国家和私有制的起源》一书中针对这一现象指出:丧失继承权是妇女的最大失败。从周代开始,妇女完全被剥夺了政治、教育、经济和社会资源,社会地位急剧下降,由此,对于女性的评价越来越低,女性承担的责任越来越大。

这种评价体现很多方面,可以概括为高雅艺术与民间习俗。在中国古典文化艺术作品中,女性与性是文艺作品的不朽主题,这类主题常常反映出男性文人的两种矛盾心态,一是为女性美貌吸引,绝代佳人几乎长盛不衰,二是谴责贬低,将美女视为妖怪妖精,将破国亡家的罪名归结于女性。女人尽管被排斥于政治领域之外,又没决策权,却要对于政治腐败、社会动乱承担责任。唐朝的安史之乱,本因号称唐朝中兴之主的唐玄宗李弘基,结识杨玉环之后骄奢淫欲,不理朝政,导致安史之乱使唐朝由胜转衰。结果,最后归结为贵妃毁唐、红颜祸水。女人祸水论通过高雅的文化艺术代代传递。

民间习俗也往往将妇女生育和经血视为不洁不吉。女月事见红,古人认为见红是血光,大不吉。把大自然赋予女性的自然生理现象,当成歧视的根据。在落后偏远的农村,妇女生育不能在家里,要在牛棚猪圈。祭祀祖先时，女人月经期间，不能参加祭祀，以免污染祭品。在民间文化中，成功地创造了很多强化夫权文化的禁忌：公鸡打鸣母鸡下蛋，窗户再大不是门，女性再能不是人。女人结婚不去夫家，娘家就会遭殃。不能生男孩是母亲的责任，丈夫可以遣回娘家，女性要为男性家庭承担本来不属于自身的责任。

性别文化与性别制度的交互作用，还导致女性被控制的程度不断加深。如果说，周代以来是对女性获取各种社会资源的控制，到了宋朝就变本加厉，开始了对女性身体和性行为的严厉控制。明清提倡贞节烈妇，从一而终的女人可以立贞节牌坊。男女订婚或结婚之后，男性身亡，女性为了丈夫自杀，视为烈妇。后来，考虑到需要照顾老人和孩子，不再主张烈女而提倡节妇，女人一生不再另嫁，为亡夫守寡。倘若寡妇改嫁就会被视为不节，连准备祭祖物品的资格都没有。性的淫乱是针对女性的，与男性无关。男性可以三妻四妾，女性只能从一而终。不仅如此，女人还要缠足，将一双大脚裹成三寸金莲，缠足时疼痛难忍，缠足后行走不便，不能奔跑，全身重量都要压在一双小脚上。

应当说，在等级制盛行的农耕时代，女性经历了一个女奴时代。在这个漫长的时代，女性不仅被剥夺了所有的政治、经济、教育和社会资源，身体与性完全被控制起来，而且还要成为所有灾难的罪魁祸首。

二　现代版的女人祸水论

近百年来，伴随着工业社会的发展，人的权利意识的觉醒，女性开始走向"人"的时代。需要指出的是，没有任何一项权利是轻而易举获得的，都是先辈们顽强不屈争取的结果。几乎大多数国家在法律上确定公民权的时候，都是男女不同步的，首先是男性公民享有，然后是女性公民争取得到。到了20世纪50年代，男女平等运动的持续推动，使得女性最终获得了与男性同等的选举权、就业权、教育权多项权利。这将意味着性别不平等的制度正在发生深刻的变化，这种变化是缓慢的、艰难的、不容乐观的，常常是表层的规则发生了变化，而深层的文化积淀依然如故。已经进入了工业社会，人们依然习惯用农耕社会的性别观念来看待男女两性的行为方式，女人祸水论作为一种思维方式，仍然下意识地左右着人们的观念和立场。

20世纪下半叶，获得公民权的女性开始接受教育参与社会，有了属于自己的教育资格和职业身份，一旦结婚，人们依然习惯于从男性的身份去看待女性，比如，至今依然使用的"老板""老板娘"的称谓，老板通常指的是男性的职业身份，老板娘指的是男性老板的妻子，至于女性的职业身份被忽略了。然而，现在已经出现了相反的情况，女性当老板，丈夫作为女老板的丈夫就没有一个明确的称谓。又如，在"文化大革命"期间的街道与现在的乡村，女方一结婚就要住到男方的家中，从此，女方的姓氏被男方的姓氏取代，嫁鸡随鸡、嫁狗随狗，已经属于男方家庭的成员，不能从自己的单位分配资源和利益。即便现在的农村绝大多数村庄都是按照女性从属男性确定资格，而不是根据夫妻双方的约定。妻子工作调动是依据丈夫的工作即从夫工。

这种依照丈夫的身份认定女方的身份，往往导致女性身份的冲突。在战争年代，分为鲜明对立的两大敌对阵营，如白匪与红军。在中国共产党早期，有一批女红军，女红军是按照女性的职业确认的身份，一旦在战争中被俘，会被白匪强迫做老婆，如果依照男性的身份来看，女红军就成了白匪的老婆，阶级属性都要发生根本性变化。然而，男性通常不会发生身份上的困扰，作为一个红军，他即便娶了地主女儿也不会改变自己的阶级属性。女性的职业独立性与身份依附性的撕扯，在一些名人夫妻关系中更难以抉择。随着社会的开放，女性在社会上崭露头角的机会增多，不少成功女性在结婚前已经有了较高的社会声誉和地位，当她们与同样成功的男性组成家庭之后，往往面临更多的内心挣扎，是坚持自己的事业，还是依据丈夫的要求重新安排自己的位置，成为隐藏在男性背后的贤妻良母，实现社会主流认可的"夫贵妻荣"？

当女性与男性形成稳定的情人关系或夫妻关系，经常还要承担意想不到的责难和非议。近年来，我国的权力腐败问题不断飙升，其人数之多、数额之大、问题之严重，不能不引起对于权力有效监督制衡的思考。随着贪官不断曝光，情妇现象的网上披露：95%的贪官有情妇，女人祸水论再度泛滥。不少媒体记者不分青红皂白，就将腐败的罪责一股脑推到女人身上。在刊登腐败案件的文章中，接连出现类似的标题：《他被"妹妹"拖进深渊》《被情妇拖进深渊》，女人成为男性腐败贪婪的根源。特别是去年女博士后在网上披露与高官的性交易，导致掌权者身败名裂。情人与性交易现象引发社会热议，其中的核心议题是：女性是诱惑者，男性是被诱惑者，21世纪的男女关系再次成为古老的诱惑者和被诱惑者的主题。这种看法甚至还出现在反腐倡廉的文件中：领导干部要警惕金钱、美女的诱惑和腐蚀。在这里，美女和金钱的功能是一样的，都是诱惑者，领导干部都是受诱惑者。各地，妇联为了配合反腐倡廉，还搞起了"家庭助廉"，组织领导夫人参观监狱进行警示教育，以便通过家庭和女性筑起一道坚固的反腐大坝。于是，反腐败从一个政治问题转变成家庭夫妻问题，又由家庭问题转变为女性问题。女人不断成为被谴责的对象，成为制造腐败的罪魁祸首。

伴随女人祸水论的持续升温，导致绝大多数遭受性侵犯和性骚扰的女性不敢报案，不能通过司法系统维护自己的正当权利。21世纪以来，职场、学校和公共场所的性骚扰案件频频在媒体曝光，年轻的女性往往成为性骚扰的主要对象，逐渐成为公共议题引起关注。一些学校和宣传机构开始从防范入手进行教育，出版了防止性骚扰的手册，这些手册在分析引起性骚扰的原因时，都一再强调女性不要穿着轻佻，过于暴露，要庄重大方举止端庄。在这里，女性由性骚扰的受害者再度变成了受谴责的对象。北京有一项调查，200名调查者中，女性120人受到过性骚扰，占71%。绝大部分人根本不敢报案，担心受到二度伤害。

女人祸水论会严重扭曲两性关系。女人祸水论一旦被人们普遍接受，常常用价值判断代替事实判断，导致两性关系的严重扭曲。为了说明价值判断如何取代事实判断，在一个在职研究生（处级干部）班上，我们做了一个实验。操作方法如下：

首先，在网络上收集了一个真实的匿名性骚扰案例。然后，省略掉细节，编成一个流行的段子，读给参训者：

北京某高校的一个女硕士，自从开题报告之后，晚上经常不在宿舍，而在一个男导师的家里过夜，她的同宿舍同学知道她夜不归宿，都心照不宣。如何看待这位女研究生？

答案几乎惊人地一致：这个女同学应该通过自己的努力来获得学位，而不是通过不正当的手段获得毕业文凭。潜台词：女生有勾引导师之嫌。对于这一答案，50多个学员没人提出异议。在没有任何证据的情况下，我们的政府官员已经将责任推到女性一方。这个时候，我们拿出了女研究生的网上匿名陈述：原来，这个女学生成绩十分优秀，在同一专业的成绩排在前五名，被保送上研究生。她的导师借指导学生论文之便，提出性要求，倘若不从，论文通不过不予毕业。为了顺利毕业和就业，她只好委曲求全答应导师要求。读着女研究生的内心陈述，教室里非常安静。

事实与判断的反差促使学员们反思：为什么全然不了解真实情况，就会想当然地指责女研究生引诱导师？背后就是根据女人是诱惑者的假想逻辑，这种价值判断不需要了解事实真相，不需要关注事情的来龙去脉，就可以想当然地进行判断，用价值判断代替事实判断。这就是女人祸水论导致的"文化陷阱"。

当走出文化陷阱，撇开假想逻辑，正视事实真相，再来分析这个案例，就会发现两性关系发生了一个奇妙变化，由诱惑与被诱惑的色情关系转换成强势与弱势的权力关系。强势的一方是导师，他与学生之间构成一对一的指导与被指导的关系，学生的论文能否通过进而能否毕业，导师起着决定性作用，导师的社会声誉和占有的社会资源，可以为学生就业提供一定的人脉支持。在导师中，男性的比例高达80%，女性比例达20%。弱势的一方是学生，他们年轻缺乏社会资源，经济上依赖家庭，尚处于能力与知识的积累阶段，学历与文凭成为向社会上层流动的重要砝码，能否得到垂直流动的毕业证对于他们至关重要。这些年来，女硕士和女博士的比例不断提升，在文科专业达到了40%左右。在权力不受监督和制约的情况下，导师更有条件自主实现个人意志，学生更需要屈从老师的意志，形成支配与被支配的不对等权力关系。美国学者米莉特在《性的政治》导论中指出："现在以及整个历史的进程中，两性的关系就如马克斯·韦伯所定义的，是支配和从属的关系……就其倾向而言，它比任何形式的种族隔离更坚固，比阶级的壁垒更严酷、更普遍、更持久。不管人类在这方面保持何等一致的沉默，两性之间的这种支配与被支配，已成为我们文化中最普及的意识形态，并毫不含糊地体现出了它根本的权力概念。"

也许有人会问：既然两性之间是一种不对等的权力关系，在价值判断中怎会形成一种诱惑与被诱惑的关系假象？其实，这种诱惑与被诱惑的关系恰恰反证了两性之间关系必然是支配与受支配的关系。从人性来看，人们普遍有一种开脱责任的倾向，往往将责任推给他人，最后，责任究竟由谁来承担？在缺乏公平正义的社会里，往往取决于权力大小，权力越大话语权越大，承担的责任越小，话语权越小权力越小，承担的责任越大，正所谓"成者王侯败者贼"。在相当长的人类历史上，女性完全从政治、经济和文化教育领域剥离开来，没有决策权、经济权和话语权，自然，就要承担所有的责难，女人祸水论就是女性长期被污名化的结果，导致在文化观念上严重扭曲了两性关系。

三 性骚扰如何预防与制止

首先要从女人祸水论的文化陷阱中走出来，不再使用诱惑者与受诱惑者的假想逻辑，增强人的权利意识。澄清哪些是人的正当权利，谁是权利受害者，谁是权利加害者。对于侵权者要通过立法予以制止和纠正，从而使得受害者的权利得到保障。

目前，许多国家出台了《性骚扰防治法》，它的意义不仅是立法对两性关系的重新规范，也堪称文化上的一场静悄悄变革。它标志着：对于长久以来女人祸水论的彻底颠覆，不再将女人视为万恶之源，不再指责受害者，而是看到其中蕴含的复杂的权力关系。力图通过法律维护每个公民的人格尊严和人身权，在两性之间建立平等的相互尊重的关系。

这是香港机会平等委员会专门发放的小册子——《认识你的权利——性骚扰》，帮助人们认识自己的权利：

(一) 认识你的权利——防范性骚扰

你有没有在工作场所受到性骚扰？你会不会因工作场所贴出与性有关的海报，或有人高谈阔论与性有关的话题，而令你浑身不自在？《性别歧视条例》可以保障你免于受到性骚扰和在具有敌意的工作环境下工作。

以下的事情有没有在你的工作场所内发生？

有人对你的外表加以评论，谈话内容与性有关。

有人不顾你的反对，仍然去触摸你。

有人对你或在你周围说与性有关的笑话或其他事情，你感到讨厌。

有人在工作场所向你展示或挂上淫亵的图片，你感到不舒服。

你并不是唯一一个遇上这些情况的人。每年有不少女性受到性骚扰。性骚扰不单只是令人尴尬、难受，而且是违法的。

(二)《性别歧视条例》保障

《性别歧视条例》保障你以免受到性骚扰。按照法例规定,性骚扰是属于民事违法行为。法例订明,性骚扰是指一个人受到令人厌恶的性注意,包括触碰你、向你说出与性有关的事情和向你提出性要求。如果你工作的环境在性方面具有敌意,使你感受到威吓,这也算是性骚扰。

就算:

没有人看见性骚扰事件的发生

你没有失掉工作

骚扰者并不是你的上司,而是你的同事或服务提供者

你有时候会非自愿的接触或参与有些涉及性的行为

性骚扰事件只发生过一次

《性别歧视条例》也保障你。

(三)如果你受到性骚扰,可以怎样做?

1. 说"不要"

叫骚扰者停止。拒绝骚扰者对你的性要求。如果再一次发生同样的事情,发信给骚扰者叫他停止,并且自己保留一份信件副本。

2. 记录下所有发生过的事情

记录下事件发生的日期、时间和地点,包括某人曾经对你说过哪些话,他有没有触碰过你,你被触及的部位,以及其他在场的人。把这些资料保存一份在家,因为当你想作出投诉或采取法律行动时,这些资料会很有用的。

3. 取得朋友、家人或同事协助

有些人会因为受到骚扰而觉得难过或患上溃疡,有时感到头痛或有恶心的现象。你应该要好好照顾自己。如果你怕失去工作,可以先看看公司内其他女同事有没有相同的问题,再试试与她们一起解决问题。

4. 如果有工会代表,可以与工会代表商量

5. 向非政府组织的妇女团体寻求协助

6. 把事件告知你的雇主

你的雇主应该有一份"防止性骚扰政策"以及一套提出投诉的程序。请翻阅你的雇员手册或与人事部联络。

7. 保留你的工作记录

保留你的工作表现评估报告，或其他能显示出你工作表现良好的信件或备忘录。骚扰者为自己的行为辩护时，可能会批评你的工作表现。

8. 向平等机会委员会投诉
9. 认识更多你的法律权利
10. 你可以找律师商量或向区域法院提出法律诉讼程序

（四）你可以制止骚扰

很多妇女挺身对抗歧视，生活也因此而有了改善。首先你要认识自己的法律权利。你可以：

向区域法院提出诉讼。

向平等机会委员会投诉，并通过和解解决问题。双方达成的和解协议可以包括：终止歧视行为；书面道歉；要求公司制定有关性骚扰的政策；或金钱赔偿等。

如果和解失败，你可以申请法律协助。

邀请平等机会委员会人员到你的机构作讲座，或致电委员会报名参加定期讲座。

（五）可以往哪里求助

平等机会委员会可以协助你。委员会已经出版了许多种有关反歧视条例的教材资料，例如《残疾歧视条例与我》《性别歧视条例与我》以及《家庭岗位歧视条例与我》。还有《认识你的权利》系列，内容包括"性骚扰""怀孕歧视"及其他题材。

2005年中国台湾地区也制定了《性骚扰防治法》，目前已经在执行过程中。在这部法律中，首先明确界定什么是性骚扰，即指性侵害犯罪以外，对他人实施违反其意愿而与性或性别有关之行为，且有下列情形之一者：第一，以他人顺服或拒绝该行为，作为其获得、丧失或减损与工作、教育、训练、服务、计划、活动有关权益之条件。第二，以展示或播送文字、图画、声音、影像或其他物品之方式，或以歧视、侮辱之言行，或以他法，而有损害他人人格尊严，或造成使人心生畏怖、感受敌意或冒犯之情境，或不当影响其工作、教育、训练、服务、计划、活动或正常生活之进行。

明确防治性骚扰的执行机构：两级机构，"中央"主管机关，以及直辖市、县（市）政府设立性骚扰防治委员会。规定了机构中的组成人员：委员会主任委员一人，由直辖市市长、县（市）长或副首长兼任；有关机关高级职员、社会公正人士、民间团体代表、学者、专家为委员；其中社会公正人士、民间团体代表、学者、专家人数不得少于二分之一；其中女性代表不得少于二分之一。

明确防治性骚扰的机构职责：关于性骚扰防治政策、法规之研拟及审议事项；关于协调、督导及考核各级政府性骚扰防治之执行事项；关于地方主管机关设立性骚扰事件处理程序、咨询、医疗及服务网络之督导事项；关于推展性骚扰防治教育及倡导事项；关于性骚扰防治绩效优良之机关、学校、机构、雇用人、团体或个人之奖励事项；关于性骚扰事件各项资料之汇总及统计事项；关于性骚扰防治趋势及有关问题研究之事项；关于性骚扰防治之其他事项。

明确性骚扰防治的团体责任：机关、部队、学校、机构或雇用人，应防治性骚扰行为之发生。于知悉有性骚扰之情形时，应采取立即有效之纠正及补救措施。前项组织成员、受雇人或受服务人员人数达十人以上者，应设立申诉管道协调处理。其人数达三十人以上者，应订定性骚扰防治措施，并公开揭示之。为预防与处理性骚扰事件，"中央"主管机关应订定性骚扰防治之准则，其内容应包括性骚扰防治原则、申诉管道、惩处办法、教育训练方案及其他相关措施。

明确性骚扰受害人的申诉及调查程序：性骚扰事件被害人除可依相关法律请求协助外，并得于事件发生后一年内，向加害人所属机关、部队、学校、机构、雇用人或直辖市、县（市）主管机关提出申诉。前项直辖市、县（市）主管机关受理申诉后，应即将该案件移送加害人所属机关、部队、学校、机构或雇用人调查，并予录案列管；加害人不明或不知有无所属机关、部队、学校、机构或雇用人时，应移请事件发生地警察机关调查。机关、部队、学校、机构或雇用人，应于申诉或移送到达之日起七日内开始调查，并应于两个月内完成调查；必要时，得延长一个月，并应通知当事人。前项调查结果应以书面通知当事人及直辖市、县（市）主管机关。

明确对性骚扰者的罚则：对他人进行性骚扰者，由直辖市、县（市）主管机关处新台币一万元以上十万元以下罚款。对于因教育、训练、医疗、公务、业务、求职或其他相类关系受自己监督、照护之人，利用权势或机会为性骚扰者，得加重科处罚款至二分之一。

意图性骚扰，乘人不及抗拒而为亲吻、拥抱或触摸其臀部、胸部或其他身体隐私处之行为者，处二年以下有期徒刑、拘役或科或并科新台币十万元以下罚金。

伴随着《性骚扰防治法》的施行，一种新的性别文化正在逐渐生长起来。

"怀孕歧视":为什么有禁不止[1]

郭慧敏[2]

编者语:我国法律规定了有关禁止对怀孕歧视的内容,并规定了怀孕妇女的职业权利,但现实中用人单位对怀孕妇女的歧视现象却层出不穷,形成立法与现实相左的悖论,究其原因是妇女的法定权利遭遇法律文化、市场经济甚至是行政规范的多重消解,致使怀孕女性母职与职业的冲突愈演愈烈,法律规定的劳动权与生育权遭遇侵害,这些问题的复杂纠缠,最终使国家威严的立法空洞化,本文认为怀孕歧视需要本土法律概念的重构。

怀孕歧视是就业性别歧视的一种,法律规定基本完备,却有令不止,是我国目前反就业歧视中的一种吊诡现象,耐人寻味。

法定的权利只是妇女取得权利的一种机会,如果没有权利实现的文化与社会环境,权利将会遭遇多重挤压或消解,而带来与立法宗旨相反的后果。在我国,一方面,多部立法都有禁止怀孕歧视的规定,另一方面歧视却大行其道。不仅是普通女性,即便是处于就业高端的女大学生、研究生就业也难,职业门槛难进,因为她们被作为"潜在的怀孕者"遭受就业市场的歧视。好不容易进入职业也面临生育时的再次挤压。据一项对2543名产妇所进行的调查结果显示,四成多的被调查者表示休完产假后难以回到原工作岗位,约有七成多企业女中层管理人员受制于生育。[3] 台湾学者郭玲惠、焦兴铠等人曾对美国怀孕歧视的立法与司法案例作过系统的梳理,并结合台湾的情况进行了立法建构。本文试图从怀孕歧视的社会

---

[1] 本文为国家社科基金项目《就业性别歧视法律问题研究》(06BFX043)研究成果之一。
[2] 郭慧敏,西北工业大学人文与法学院法学系教授。
[3] 陈道霖:《四成多女性生了孩子丢了位子 生育对女性职场发展有多大影响?》,《中国妇女报》2007年7月24日。

现象出发，探讨一种具有普世意义的妇女法律议题在中国成为法定权利后遭遇的多重消解现象，并提出一种重构的权利策略。

一 问题的提出：立法与现实的反差

怀孕歧视问题在目前中国还没有成为法律的一个论域，是因为我们几乎不费吹灰之力，已将之写进了法律，但是立法与现实却存在较大的反差，在国际社会，法定权利与现实权利的落差往往是人权度量的一个指标，在有关妇女权利的立法与现实的差距似乎更能表明这一点。这也成为我国妇女界的一个困惑，我们把西方人很难写进法律的内容早已写进了法律，却仍受到国际社会的诸多批评。

1. 立法：似乎面面俱到

我国现有立法直接或间接涉及怀孕歧视的内容可分为两个部分：

一是平等倡导：从《宪法》到《劳动法》《劳动合同法》，再到《妇女权益保障法》均有所规定，如《妇女权益保障法》第22条规定："国家保障妇女享有与男子平等的劳动权利和社会保障权利。"《就业促进法》第27条重申"平等的劳动权利"。这是中国关于男女平等的典型表述。

二是怀孕歧视禁止：虽然法律并没有命名更没有定义"怀孕歧视"，但相关的内容已经包括在里面了。这一内容又可分为录用性别歧视禁止、合同婚育条款限制的禁止、怀孕解雇和降低工资的禁止。

录用性别歧视禁止：如《妇女权益保障法》第23条："单位在录用职工时，除不适合妇女的工种或者岗位外，不得以性别为由拒绝录用妇女或者提高对妇女的录用标准。"2007年《就业促进法》第27条再次强调这一点，从立法技术上讲，"不得"字样是禁止性规范，具有较高的强制性。因为每个女性都可能怀孕，以怀孕为名的就业限制，实际上也就是对女性的拒绝。

合同婚育限制条款禁止：如《妇女权益保障法》第24条："各单位在录用女职工时，应当依法与其签订劳动（聘用）合同或者服务协议，劳动（聘用）合同或者服务协议中不得规定限制女职工结婚、生育的内容。"《就业促进法》再次作了这一规定。

怀孕解雇和降低工资禁止：如《劳动合同法》第42条，第四款规定女职工在孕期、产期、哺乳期的，用人单位不能依照本法第 40 条、第 41 条的规定解除劳动合同。《妇女权益保障法》第 27 条同样规定：任何单位不得因结婚、怀孕、产假、哺乳等情形，降低女职工的工资，辞退女职工，单方解除劳动（聘用）合同或者服务协议。但是，女职工要求终止劳动（聘用）合同或者服务协议的除外。

初看起来，立法虽粗陋了一些，但似乎也面面俱到，并无太大的疏漏。

2. 现实：怀孕歧视林林总总

（1）歧视公开且表现极端

怀孕歧视在国内不仅普遍而且具有公开性，方式极端。如有些用人单位明确规定，没有怀孕的女性才有资格进入职业，于是对应聘女性体检时公开增设有辱尊严的身体检验项目，这就是包括未婚女性在内的招聘体检中的"孕检"。如昆明某大学毕业的女学生高某，被昆明嘉百利商贸有限公司应聘，顺利通过了笔试和面试。正式上班前，被公司人事部要求做"HCG"怀孕检查，如怀孕要在人工流产之后才可来上班，不作孕检就不许上班。事发之后记者的调查进一步发现，当地有此规定的单位竟有四成。① 这样，非怀孕的单一女性身体成为了一种职业资格的前提条件，社会职业在很大程度上公开地排斥母职。

（2）劳动格式合同中的禁孕条款几成惯例

有些用人单位，"怀孕就走人"是惯例，当事人怀孕甚至根本没必要去理论。尤其是对外来工打工妹，越是临时的吃青春饭的行业，越是如此。② 另外一种就是将禁止怀孕写入劳动合同，这种合同多是格式合同，根本不是当事人本意，为了当时找到工作，当事人不得不违心签订合同。③ 研究生毕业的王某在与单位签订聘用合同时发现，合同中竟然有这样的条款："5 年之内职员不能怀孕，否则便以自动离职处理。"当时，她心里有点担忧，也有不服，可到底是求职心切，合同就签了。28 岁时发

---

① 金鑫：《公司规定新员工怀孕须流产 不做孕检不准上班》，《生活新报》2006 年 9 月 5 日。
② 何伟等：《怀孕自动离职竟成惯例》，http://www.dianliang.com/hr/fawu/jiegu/200607/hr。
③ 张雨馨：《女性求职遭歧视现象：三年不许生育 何其霸道!》，《工人日报》2005 年 9 月 14 日。

现自己怀孕,想要孩子却又害怕因为怀孕,失去这个来之不易的工作。①武汉某商场与女工签订的协议包括这样的条款:育龄女员工必须年满24周岁,在公司服务满二年以上方可在公司申请怀孕指标,不在公司计划安排之内,即使已在外申请了计划生育指标而怀孕生育也不能享受生育期间公司提供的工资及福利。这样就把企业的意愿通过一个无效的合同,强制变成了雇员的"意愿",无效合同只在法律上对簿公堂时才可能被认定无效,现实中尤其是"现管"中的效力却是显而易见的。如另一合同制女工肖某,与企业订立了为期10年的劳动合同。劳动合同中约定"从签订劳动合同之日起,5年内不准领、养小孩,否则一律开除"。当时肖某等人急于上班,没有对此提出异议。后肖怀孕,并萌发了生孩子的愿望。她将情况向厂里反映,主管厂长也没有表示异议。但当肖某提出休产假及相关待遇时,厂里不仅不予批准,并且指出其违反厂规,又有合同约定在先,将其开除。②

(3) 用"生育保证书"方式把用人单位意志强加给应聘者

生育保证书,不是劳动合同,看起来像是员工的一种自愿行为,但实际上是用人单位强加给她们的。如在辽宁省人才市场举行的"重点企业、重点项目"招聘,沈阳市的周女士通过几轮筛选,最终获得某企业"综合办文秘"的面试机会。但就在她以为竞聘即将胜出之际,用人单位工作人员却说:"按照公司规定,未婚女性和结婚后没生孩子的女性,我们是不能录用的,除非与我们签订协议保证三年内没有要孩子的计划。生育保证书是由雇员个人向用人单位提出的保证,保证在工作的某些时段内不生育孩子,这比合同的禁孕条款来得更彻底,干脆是你个人的保证,违反了保证也是你个人的事,用人单位可以以此规避法律"。如深圳某通信发展公司传呼部自1997年起,就对传呼部的女工制定了一条"不成文"的规定,即要求凡是到适合结婚、生育年龄的女职工在填写"续约征询表"的同时,如果想继续留任的,均要立下一份名为"生育保证书"的字据,内容如下:本人某某保证在某年某月至某年某月的合同期内不怀孕,如有违反将做自动离职处理。③ 由于妇联的介入,引起社会关注导致诉讼。

---

① 《女职工5至10年内不准怀孕》,《华西都市报》2003年8月20日。
② 姜春康:《谁有权决定女性就业者何时怀孕?》,《法制日报》2004年10月28日。
③ 解丽:《女工被迫签下"生育保证书"生育权能否被担保?》,《创业者》2004年第3期。

(4) 以"孕期"保护为名降低工资或职务

职业妇女的"四期"尤其是孕期保护性立法，具有中国特色，用人单位也往往打着保护孕妇的旗号，从重要岗位上排挤怀孕妇女或降低职务。这是一种最普遍的现象，因其往往以照顾母婴健康为名，难以进行权利救济。笔者在长期的妇女法律援助工作中，遇到求助最多的也是这种情况。而当事人常常为照顾孩子，不想与单位因打"官司"，打坏了"关系"只能忍气吞声。如某基业大厦物业管理公司任总经理助理的曾女士公开自己怀孕的消息后，即被调任保洁员。不仅职位降低，工资也从几千元降到几百元。曾女士认为，公司此举是在挤兑她，是变相辞退。她将此事反映到劳动仲裁部门，要求恢复原职原薪。后来也找公司沟通，但被告知"其实你怀孕应主动提出辞职"。①

(5) 以道德过错或工作失误为名进行怀孕解雇

怀孕解雇是女雇员因怀孕而遭遇的解雇的现象，但为了规避法律妇女怀孕期不得解雇的规定，用人单位往往寻找借口，辞退员工，轰动一时的国家商务部与唐女士诉讼案是这种情况的典型。2005年4月1日，唐女士作为原告就自己因结婚怀孕被国家商务部在公务员试用期取消资格一案向东城区人民法院提起民事诉讼。唐女士于2004年7月大学毕业后，趁工作前的时间空当，领取了结婚证。于8月1日就被商务部录用为人事教育劳动司公务员，并签订了公务员录用协议，按规定试用期为1年。在11月份的一次单位例行体检中，她被检查出已经怀孕，她和丈夫商量后决定要把孩子生下来。并把自己的情况向领导做了汇报，以争取计划生育指标。单位认为她在填写的单位录用登记表上，在婚姻的选择栏里选填的是未婚，于是以原告对组织"不诚实"弄虚作假，不符合公务员条件为名，并认为唐女士与单位签订的试用协议约定中"体检身体失真"条款，取消其公务员试用资格。但原告认为商务部辞退她的理由实际是因为她的结婚和怀孕，所谓的"不诚实"成为单位辞退她的借口。她的救济过程更有意思，首先，唐女士以单位辞退违法向国家人事部的申诉控告处提出申诉，国家人事部以唐女士还不是正式公务员，申诉资格不合格而没有受理；其次，唐女士向中央国家行政机关所属事业单位人事争议仲裁委员会

---

① 《高管怀孕被任保洁员 工资数千降为几百元》，http://www.yuerzhinan.com/zbhy/yqzs/200801/256.html。

提出人事仲裁,仲裁委表示该案应由人事公正厅负责。然而,国家人事部人事公正厅已被撤销;唐女士于是向法院提起诉讼,2005年4月1日上午北京市东城区法院开庭审理,但因原告未到而宣布休庭。2005年4月21日上午,东城区法院对本案做出一审判决,认为她属于商务部录用公务人员,该案不属法院受理范围,原告应向被告同级人民政府人事部门申诉,因此裁定驳回唐女士的起诉。① 这样一起典型的怀孕歧视案在"不诚实"的说辞和管辖的推诿中消解。

以上的案例时有发生,但并不总能进入法律救济渠道,虽有个别案子艰难胜诉,但仍然困境多多。回顾一下怀孕歧视问题在他域的法律化或对我们有某种启示。

二 他山之石:"怀孕歧视"的法律禁止之路

就业中妇女因"怀孕"遭遇不公平待遇,最早在20世纪70年代美国引起重视,虽然《民权法》第七章关于性别歧视的规定是一个反性别歧视的核心法律。该章规定:雇主不得因受雇者的种族、肤色、宗教信仰、性别与原始国籍等因素,而拒绝雇用或解雇,或在薪资、工作条件、工作待遇或优遇等雇用条件上,有任何歧视之情形。② 但是美国国会并未明确规定可以适用在禁止怀孕歧视方面。平等就业机会委员会(EEOC)为性别歧视所颁布之指导原则,这一原则认为:雇主对怀孕受雇者给予差别待遇,属于表面歧视(facially discriminatory),构成性别歧视(gender discrimination),而违反《民权法》第七章之规定,③ 但也只是个指导原则而已。联邦地方法院及上诉法院是否接受指导要看法官的认识。

这样,在司法实践中美国最高法院的判决,因法官看法不同,几个具有怀孕歧视里程碑式的案子判决结果却大相径庭。在 Geduldig v. Aiello④

---

① 《怀孕女公务员状告商务部一案被裁定驳回》,http://www.66law.cn/archive/news/2006-08-24/1204312266.aspx.
② Title Ⅶ of the Civil Rights Act of 1964 §703 (a), 42 U.S.C. §2000e-2 (a) (1976).
③ 这些法院判决主要有 Berg v. Richmond Unified School Dist., 528 F. 2d 1208, 1213 (9th Cir. 1975); Holthaus v. Compton & Sons., Inc., 514 F. 2d 651, 654 (8th Cir. 1975); Wetzel v. Liberty Mut. Ins. Co. 511 F. 2d 199, 206 (3d Cir. 1975); Hutchinson v. Lake Oswego School Dist., 374 F. Supp. 1056, 1060 (D. Ore. 1974) 等。
④ Geduldig v. Aiello, 417 U.S. 484 (1974).

一案中,理由是被告在为公司员工因伤病导致"失能"提供福利计划,也就是为不能上班的员工提供带薪病假,但是不包括女员工怀孕(怀孕不属伤病)。原告认为这是性别歧视,要求以宪法平等保护条款(Equal Protection Clause)作为怀孕女工保障的依据。但法院不这么看,而认为被告将员工区分成"怀孕"与"非怀孕"两类,并不等同于区分成"男性"与"女性"。不是基于性别(sex)而是基于身体状况(physical condition)的区分,所以不构成性别歧视。① 但在 Nashville Gas Co. v. Satty② 一案中,最高法院却认为公司要求怀孕女雇员在生产期间必须请无薪病假,以及在生产后返回工作岗位时将会丧失年资等措施,对女性造成差别影响,违反《民权法》第七章之规定,属于性别歧视。

同样的事发生在加拿大,在"布里斯(Bliss)对加拿大首席检察官"③ 一案中,原告诉《失业保障法案》规定失业怀孕妇女只有在已经受雇佣10个星期后才有资格享受母亲津贴,对怀孕妇女的区别对待是不平等行为,要求最高法院考虑法定救济金供应的有效性。但最高法院拒绝打破已有的歧视性救济金供应制度,因为它认为找不到违背平等规则的地方。相反,最高法院得出一个怪诞的结论:对孕妇的区别对待并不是对性别基础的歧视。判决的准确叙述如下:假定被告已受到歧视,那也不是因为她的性别。(《失业保障法案》)第46部分适用于怀孕妇女,当然并不适用于男性。如果第46部分把失业孕妇与其他失业男性和女性区别对待我想这是因为她们怀孕了,而不是因为她们是妇女。布里斯(Bliss)案的判决表明:男性的规范标准的适用性太窄,不能将妇女生活的特殊性和不同性考虑进去。由于没有把怀孕作为性别的组成部分,所以歧视的含义将妇女的平等限制在与男人具有同一性范围内。④

问题的讨论在平等的实质和形式逻辑层面进行,怀孕的区别对待是不是性别歧视,是不是就业上性别歧视中的一个组成部分,能不能适用这一法律,争论甚为激烈。"禁止就业上怀孕歧视之形式法律依据,系由援引

---

① Id. at 496 – 497.
② Nashville Gas Co. v. Satty, 434 U. S. 136 (1977).
③ Bliss v. Attorney Genenral of Canada (1979), 1 S. C. R. P. 18.
④ 凯瑟琳·马奥尼:《作为人权的妇女权利:各种理论观点的分析及其实施战略》,白桂梅主编《国际人权与发展,中国和加拿大的视角》,法律出版社1998年版,第314页。

较抽象或概括之法律或条文，逐步发展至具体之法律及条文。"① 由于法院这些判决常将"怀孕"与性别分离，认为雇主对怀孕的职业限制并不基于性别，而无视只有女性会才怀孕这一事实，甚至不进行简单的逻辑推论，因此遭遇妇女团体的强烈反对。几经周折，经过实质论证和逻辑推理得出结论：以男性为标准的平等没有办法包含女性所有经验，没有一个男性会遭遇此种困境与问题。而且现有科学背景下，只有女性才能怀孕，事实上因怀孕而在职场中受到差别待遇者只有女性，因此，怀孕歧视应被视为雇主基于"性别"而采取的差别待遇。在妇女运动的压力下，美国国会在 1978 年专门制定了《禁止怀孕歧视法》(Pregnancy Discrimination Act of 1978)②。该法对 1964 年《民权法》第七章有关性别歧视之定义加以修正，特别规定该法案中"因性别因素（because of sex）"和"基于性别因素（on the base of sex）"均应包括（但不限于）因为或基于怀孕、分娩或其他与怀孕相关之医疗情况在内，包括享受附加福利方面都要与受雇时情形一样，与没有受到影响的雇员（有工作能力和无工作能力的人）所享受到的待遇一样，不得解释为"因性别"或"基于性别"而给予妇女以其他非平等待遇。

1978 年《禁止怀孕歧视法》公布之后，联邦最高法院之后的判决结果大多数有利于怀孕女雇员。例如在 California Federal Savings and Loan Association v. Mark Guerra③ 一案中，认定加州法律要求给予怀孕员工复职的规定是合法的，并无违反禁止怀孕歧视法之规定。

怀孕歧视是性别歧视，今天中国人看来并不复杂，但美国却走了很长的路，表现出法律人的一丝不苟。

台湾的经验是另一种方式，从反对单身禁孕条款到性别平等立法，通过典型事件用妇女运动的压力来推动性别平等法律的发展。改变制度对怀孕女性造成的结构性不平等，并以政府责任来保证权利实现。1987 年 8 月，"国父"纪念馆 57 位女性员工及高雄市立文化中心 44 位女性员工，因于招考时与馆方约定，凡是女性员工年满三十岁，或是结婚、怀孕就自

---

① 翁仪龄：《职场怀孕歧视禁止之理论与实务》，"国立"台北大学法律专业研究所1995级硕士 095NTPU0195005 研究生，指导教授：郭玲惠博士，http：//www.gender.edu.tw/academy/index_ dr. asp? cate =&p...

② Pregnancy Discrimination Act of 1978, 42 U.S.C.

③ California Federal Savings and Loan Association v. Mark Guerra, 479 U.S. 272（1987）.

动离职,而被迫离职之事件,类似这样的"单身条款"在当年其实非常普遍,只是这次女性员工愿意集体出面申诉,因此在妇女新知等妇女团体之声援下,要求"国父"纪念馆及高雄市立文化中心废止这一不合理规定,并要求教育部下令所有文化机构废除此种"单身条款"之不合理规定,且召开记者会,呼吁社会正视妇女在工作职场上所受到之不平等待遇。妇女团体在声援的过程中,却发现境内并没有相关法律可以规范这种不合理的性别歧视。① 经过十多年的妇运工作者和学者的努力,由妇女自己参与起草法案,历经十二年,台湾终于推动了立法。走过政治沧桑的《两性工作平等法》(后于 2008 年改为《性别工作平等法》),终于在 2001 年 12 月 21 日立法院三读通过,并于 2002 年 3 月 8 日正式施行。该法一方面保障女性在就业市场的平等权利,另一方面亦宣示育儿是社会和政府的大事,应由男女两性及政府社会共同承担责任。把怀孕歧视作为性别歧视的一种。1992 年《就业服务法》第五条规定:"对求职人或所雇用员工,不得以种族、阶级、语言、思想、宗教、党派、籍贯、性别、容貌、五官、残障或以往工会会员身份为由,予以歧视。"第 62 条规定:"违反第五条……规定者,处新台币三千元以上三万元以下罚款。"

三 阳光下的坚冰,遭遇多重消解的怀孕妇女工作权

我国现有法律和制度虽然表面上看都有关于怀孕(已怀孕或将怀孕)妇女的职业保障,但是在制度和文化之间甚至在制度与制度之间存在潜在冲突,这种冲突从多个方面消解这项法定的女性权益,使有关权利的说辞空洞化,最终只能沦为一种立法的倡导姿态。

1. 法律移植带来的文化冲突

法律文本可移植,但权利及意识却难栽培。权力背后是一系列的与权利相关的文化。作为重要性别法律议题的禁止怀孕歧视与性别理论进入中国后的际遇有关,社会性别遭遇了二元对立思维的挑战,特别容易将之教条化和简约化,而忽视其权力关系的核心。理论上说,"性别定义由两大

---

① 尤美女:《从立法到执法谈两性工作平等法之落实》,《全国律师》2002 年第 6 期。

部分和若干小部分组成：（1）性别是组成以性别差异为基础的社会关系的成分，涉及四个互相关联的方面：具有多种再表现形式的文化象征；规范性概念；组织、机制；主体认同；（2）性别理论可以概括为：性别是区分权力关系中的基本方式，是权力形成的主要源头和主要途径。"[1] 反映了一个性别对另一个性别的权力控制关系。而"性别歧视"指某一性别基于其性别的一系列与个人的潜能或能力无关的因素在现实社会中遭遇的不公平对待。这里包括女性与国家，女性就业者与用人单位，甚至是女性与工会的权力关系，这些关系均需要清理，才能建立有关性别歧视的理念。而性别歧视则是禁止怀孕歧视的基础理论、文化背景和立法的依据。

一个性别主导或实际主导，对另一个性别歧视，在形式上均基于区分、排斥或限制。其基础则是性别的特征，不同的特征构成了歧视的前提。而怀孕正是一种女性特征，雇主将女性怀孕的身体置于职业的选择之外，暗含着以男性身体为标准对女性身体的改造和排斥，因为不怀孕的女体才更接近于男性劳动力。如何看待怀孕，是传统生育文化、社会经济及国家意识的反映。区分本没有问题，但是区分后的负面评价却是问题的所在。歧视性的区分是建立在不合理的和主观的标准之上的区分。妇女怀孕而带来的性别歧视源于古老的性别分工，传统父权制认为，生育是女人的事，女人是主内的，生育是家庭私领域的事，不能在公领域解决，妇女要生孩子就得退回家庭，一个怀孕的妇女的身体，不管多么暂时，都不具备劳动力的资格，理应受到劳动力市场的排斥。而这一点在我国既没有过理论的论证，也没有通过运动对文化的改造，即便是在中国计划生育中普遍"一胎化"的今天，怀孕也理所当然地被职业排斥。一种没有文化根基的立法在现实中往往不堪一击。

2. 福利向权利转型中雇主对权利成本的算计

我国现行法律有关职业妇女怀孕的规定，主要有两个来源，一是革命根据地和社会主义建设时期为了动员妇女走向革命和建设，国家福利保障主义对生育保护的法律和政策；二是国际妇女运动的影响，尤其是《消除对妇女一切形式歧视公约》以性别平等和反歧视为目标的国际妇女权

---

[1] 琼·斯科特：《社会性别：一个有用的历史分析范畴》，原载《美国史学评论》1986年，见李银河编《妇女，最漫长的革命》，生活·读书·新知三联书店1997年版，第167页。

利策略的影响，前者到后者既有一个从福利到权利的转型，也有一个权利意识的内化。妇女走向社会，参加工作，在中国革命和建设历史上经历了一个被动员的过程，这个过程中国家千方百计以福利方式解决妇女的生育负担，也是对妇女作为生育工具的某种奖励。在妇女与儿童的利益方面，国家更看重的是革命接班人的利益，保护母亲的目的在于保护儿童。在90年代企业改制之前，企业利益与国家利益甚至妇女利益具有某种一体性，生育保障的成本由国家统一承担。但改制后，虽有生育保险将生育负担部分转向社会，但企业仍要负担大部分，这也造成中国目前生育保障因所处单位性质不同而福利程度不同的原因，更是企业为规避生育负担而歧视怀孕妇女的一个原因。

3. 一个行政执法批复的消解作用

有关劳动的权利救济在中国很有特色，在相当程度上行政权大于司法权，劳动争议有诉前程序，先调解，再仲裁，最后才能走司法程序，而在现实中行政权力过大，对法律有相当的变通性。这种变通性在怀孕辞退上表现出来：针对上海市劳动局的请示：国家劳动部办公厅对《关于外商投资企业女职工在孕期、产期、哺乳期间解除、终止劳动合同问题的请示》的复函（1990年7月18日劳办计字［1990］21号）明确函复：①对外商投资企业实行计划生育的女职工在孕期、产期、哺乳期间解除劳动合同的问题，现应按国务院《女职工劳动保护规定》（以下简称《规定》）的有关条款执行。②孕期、产期、哺乳期间的女职工在合同规定的试用期内发现不符合录用条件的，可以辞退。但不得以女职工怀孕、休产假、哺乳为由辞退。③《规定》第四条"不得在女职工怀孕期、产期、哺乳期解除劳动合同"的规定，是指企业不得以女职工怀孕、生育和哺乳为由解除劳动合同，至于女职工在"三期"内违纪，按照有关规定和劳动合同应予辞退的，可以辞退。由于这一批复与立法的精神相左，造成了很多实践中的问题，多数女性因怀孕被解雇，有了尚方宝剑。而且一些单位照猫画虎，明明是因怀孕，而用其他借口辞退女性成为合法，由于妇女组织的不断反对，直到2000年1月20日，劳动和社会保障部办公厅才发出关于废止劳办计字［1990］21号文件的通知（劳社厅函［2000］8号），文件只例行公事地说：经研究，决定废止《劳动部办公厅对〈关于外商投资企业女职工在孕期、产期、哺乳期间解除、终止劳动合同问题的请示〉的复函》（劳办计字［1990］21号）。废止文件中没有任何理由，该法规虽已被废止，但是其有效时间长达十年，而其影响至今都没有消除，而且从立法的位阶上，行政执法机构只能解释而无权变通上位法的规定。

审视立法，规定的过于原则，力度不够，更没有多少操作性，尤其是在中国没有专门平等救济机制的今天，执行程序法严重缺位，而且行政法规也起了负面的作用，消解和扭曲了立法的原意。

4. 用人单位劳动规章和劳动合同权力的滥用

另外用人单位之所以胆大妄为，敢于公开进行怀孕歧视，与劳动法规定的漏洞有相当的关系。《劳动法》第4条：用人单位应当依法建立和完善规章制度，保障劳动者享有劳动权利和履行劳动义务。《全民所有制工业企业法》第50条规定：职工应当以国家主人翁的态度从事劳动，遵守劳动纪律和规章制度，完成生产任务。也就是说国家授权企业制定劳动规章，以至于其产生间接的法律效力，很多劳动仲裁依据的就是劳动规章，但是没有规定权利的下限，也没有对劳动规章的上级单位的审查机制，以至于市场经济后，企业劳动规章成为损害员工权利的制度性原因。"一些用人单位滥用劳动规章制定权，侵害劳动者权益的现象屡有发生，由此引发的劳动纠纷因法律规定的空缺而难以公断。"①

造成这一切的原因，一是立法的先天不足。表现为立法时没有进行严格的论证，甚至法律没有概念化，怀孕歧视不是一个明确的法律概念，只是法律规定中有这样的含义。怀孕歧视也不过是性别歧视的一部分，但是性别歧视本身也不是一个法律概念，其违法行为构成、如何认定、相应的法律责任、救济程序等，均是问题。二是对妇女权益的保障成本在市场经济转型中由原来的国家福利模式（国家作为动员妇女参加社会主义建设而提供的照顾性福利）转化为市场经济的权利模式，但保障成本只通过生育保险并不足以弥补，何况法律又赋予了过大权力，雇主滥用权力千方百计地规避成本也就顺理成章了。至于用行政手段变通法律也是中国法治现代化中的通病，需要各方面的制约。

---

① 王俊英、宋新潮：《论用人单位的劳动规章的法律效力》，《河北法学》2003年第5期。

四 禁止"怀孕歧视"本土的建构

为什么在我国有关怀孕歧视的立法会遭遇现实的冲击与消解,其中重要的原因之一是这一国际妇女议题根本没有经过一个本土化的再建构,加之有关妇女立法的边缘化和非可诉性,禁止怀孕歧视作为一项法定劳动就业保障权也就只能是妇女取得权利的一种机会。法律概念的本土化不仅仅是法律文字的简单拷贝,背后的社会法律文化及国家对妇女的立法意识也需要改变。本文试提出以下几条本土化策略。

1. 对生育行为的社会文化改造和人权倡导

中国是一个人口大国,也是一个有几千年生殖崇拜文化传统的国家,想想"女娲造人"的古老传说,再看看遍布华夏的古塔(塔是男性生殖器崇拜的象征),历代统治者重民数,才成为一个人口的泱泱大国,并有深厚而悠远的生育文化。然而女性一直是被看作一个生育工具对待的,即使到近代,也没有得到完全的改变,大革命以至于社会主义计划经济时代,对女性的保护也多是从保障儿童的利益出发。① 作为妇女问题,一直没有解决的是妇女为谁生孩子的问题。妇女承担着人类再生产的重任,却无法得到合理的补偿,不仅如此,在一个"人定胜天"年代,妇女的身体作为生育工具受到保护,而在一个计划生育的年代,妇女的身体又成为生育控制的工具。以至于将能生育的妇女身体——怀孕作为一个职业障碍和短处来处理,这也内化为现代知识妇女的生育恐惧意识,"生了孩子丢了位子",使很多女性不得不在生育和工作之间作出不得已的"二选一"选择。正因为这一歧视的存在并具有较广泛的社会影响,不仅导致普通女性,甚至高学历女性:女大学生、女研究生甚至女博士找工作难,导致在职女性因职业压力过度晚婚、晚育,甚至有人决定当"丁克",终身不生育。或者干脆在研究学习期间突然结婚生孩子。然而,对职业女性而言,怀孕是只是职业生涯中某一个时刻的某种短期失能,从十月怀胎到分娩后三个月生产休假(按独生子女计),一般只有一年多时间,而职业女性的

---

① 玛格丽特·吴:《中国女工保护与平等》,引自李小江、朱虹、董秀玉主编《性别与中国》,生活·读书·新知三联书店1994年版,第93—94页。

职业生涯一般会有二三十年以上,何以成为职业一道难以跨越的门槛?

与生产后的育儿假期不同,产假福利和因此产生的家务劳动本来是应该分开认识和计算的,但人们将之一体化,背后的文化、社会机制比较复杂。生育不仅是妇女的事,更是国家社会和全人类的事,生育需要受到全社会的尊重,政府需要承担责任和成本,也有能力承担责任。否则如果有一个妇女抵制生育的运动或倡导,政府能不管吗?工作权和生育权均为妇女人权的一部分,国际妇女运动的经验证明:"人权要想有效,就必须成为特定社会的文化和传统中的一部分……除非国际人权在特定文化和传统中具有充分的合法性,否则它们的实施将受到阻挠,尤其是在国内法上,缺少这种合法性,几乎就不可能通过法律或其它社会变革力量来改善妇女的地位。"在妇女法定地位和权利问题上应激发"国内话语"和跨文化对话,以加强国内活动者的能力,了解和论及他们自己生活环境下妇女屈从的性质。深化、拓宽妇女免受一切形式歧视的国际权利概念和规范内容的普遍性文化含义。① 但是中国却不同,我们先接过了有关的权利话语,很快又制定了法律,以对应国际人权的挑战,但实质上,问题依然存在。

2. 国家立法意识的转变

关于歧视理论有两大学说:差异论和不平等论,也是立法采取的立场。"差异派主张男女两性无论在社会上还是在生物结构上都存在差异,但反对有预设立场和不正确的分类。对处理男女的不对称性和相似性很敏锐。特别有助于矫正性别偏见的谬误。认为男人女人都受性别偏见的毒害。不平等论则认为不仅是受到后天社会的分化,并且还受到不平等的待遇。因此所有使女人附属男子的行为都应该禁止。认为女性的处境是结构性的问题。在社会环境下,女性的性条件和物质生存条件会因此结合起来,共同构成对妇女的不利处境。"② 但是在女性怀孕中的与职业相关的区别对待是不是一种性别歧视,在理论上的澄清却不是简单的事,差异派认为,区别对待是合理的,平等派认为这是一种性别歧视。市场经济转型后对妇女就业的歧视在一定程度上是过去在革命和社会主义计划经济时期

---

① [加]丽贝卡·J. 库克编:《妇女的人权——国家和国际的视角》,黄列译,中国社会科学出版社 2001 年版,第 9 页。
② 凯瑟琳·麦金侬:《性骚扰与性别歧视——职业女性困境剖析》,赖慈芸、雷文玫、李金梅合译,《性骚扰与性别歧视》,台北时报出版社 1993 年版,第 13 页。

国家为了儿童对妇女过度的福利性保护造成的，使得福利保护的成本过大，如包括孕期在内的"四期"保护，正如有学者指出"中国近期对于城市女工制定了区分男女生理差异的保护性立法。虽然这些法律致力于满足在劳动场所妇女再生产的需求，但也说明了当前'妇女问题'是作为生理问题而非社会问题处理的。这显然区别于'文革'期间强调男女无差别的政策。""重要的是，这些法律和法规包含了中国政府与妇女的相互矛盾和复杂关系的多重目标的内在联系。简言之，就其基调和重点而言，这些中国法律源于儒家传统和不断变革中的社会主义目标。"妇女的生育问题，在中国的法律中一直注重生理保护目标而不是着眼于公平的社会负担，在原计划经济中由于国家承担保护成本，市场经济后成本不合理地转嫁给用人单位，用人单位认为怀孕妇女的工作效率会降低，成本会增加，正因此，"保护"的负效应正好成了企业拒绝接受女职工的潜在理由。之所以如此，"是因为法律理论的大部分历史上占主流的只有男人一种声音，妇女声音得不到重视。……结果，男人制定法律、执行法律、解释法律并且这种解释来自男人想象力的创造。""由于缺乏女性的觉察力，使法律的目的、本质和概念受到深刻影响，主要反映在法律存有偏见和不完全性。"①

3. 怀孕歧视的重构

怀孕歧视立法，不仅需要完善，更需要重构，重构至少包括以下几个方面。

（1）性别歧视需要法律概念化

美国的经验是如果没有《民权法》关于歧视的规定，根本不可能处理怀孕歧视问题，怀孕歧视只是性别歧视的子概念。性别歧视国内法律概念化的依据是中国作为缔约国的《消除对妇女一切形式歧视公约》，公约关于性别歧视的定义是：基于性别而作的任何区别、排斥或限制，其影响或目的均足以妨碍或否认妇女不论已婚未婚在男女平等的基础上认识、享有或行使在政治、经济、社会、文化、公民或任何其他方面的人权和基本自由。这是细化怀孕歧视法律概念的前提。

---

① 凯瑟琳·马奥尼：《作为人权的妇女权利：各种理论观点的分析及其实施战略》，白桂梅主编《国际人权与发展，中国和加拿大的视角》，法律出版社1998年版，第310页。

(2) 界定怀孕歧视的违法行为构成

台湾参照美国的经验将怀孕歧视分为三种：直接歧视、差别影响歧视和混合动机歧视①。结合国际经验和我国的情况，立法拟将怀孕歧视行为界定为：基于妇女怀孕在员工录用、劳动合同、工作调整、辞退而进行的区别、限制和排斥，其结果影响了妇女法定的平等劳动权和健康权。作为歧视例外就业歧视的豁免是：妇女自己要求的工作岗位调整；依法对妇女的特殊保护；"真实职业资格"和"业务必要"，但需要雇主举证。在我国则需要对怀孕歧视的主体、行为特征、损害后果等认真界定。

4. 将怀孕歧视纳入劳动监督，并建立专门的劳动歧视的投诉机制

没有一个独立的类似于平等机会委员会机构及动作机制，很难处理好有关歧视案件的投诉，在很多国家平等机会委员会的设置；有的属于政府，有的是一种独立的法定机构。如美国平等机会委员会根据《民权法》第七条专设，专门负责处理不同类型的就业歧视案件，该委员会由五位总统提名，经参议院同意后组成委员会，任期为五年，主席与副主席由总统任命，总部设在华盛顿特区，在全国分设五十个地区性机构，有权颁布平等机会的指导性原则，设有专门律师，协助政府处理平等机会投诉。与工会协作，处理各种平等机会纠纷。美国还设有联邦契约遵循署，隶属劳工部，设立若干监察使，负责监督与协调有关承包联邦政府契约与建筑工程者对就业平等就业法的执行。这些经验值得我们借鉴，在中国可以在劳动保障部门建立一专门部门处理就业平等投诉，也可以成立专门平等机会委员会，暂时由劳动督察部门代行。但需要加强其权力，另外各级妇女儿童工作委员会也可以实体化，加强这一工作。

---

① 参阅潘秀菊《职场怀孕歧视禁止之理论与实务》，http：//www. labor. tpc. gov. tw/web66/_ file/1075/upload/... /20173_ 980811_ 3. pdf。

两性平等参与生育事务的立法可能

刘 澄[①]

编者语：2009年年底，我们向全国人大法制委员会正在审读的《社会保险法》提交一份建议：在生育保险中增加男职工的护理假。该建议在网上引起强烈关注，得到95%的公众支持。但建议未被采纳。此后，一些妇女组织又在《女职工劳动特别保护条例》中提出，在深圳《性别平等促进条例》中提出，同样未被采纳。在很多决策者看来，生孩子照顾孩子是女人的事，与男人没有关系。我们认为两性平等参与生育事务是社会文明进步的表现。

生育过程，既是一个自然过程，也是一个社会过程。从自然过程来看，由两性结合开始的生命孕育，经过一个较长的时期，新生命逐渐成熟，成为生物意义上独立的个体，实现人类自身的繁殖，这一过程至今仍然主要由生物规律支配。生育活动同时也是一个社会活动过程，其中呈现的社会意义使生育活动远远超出了生物活动范围，作为一个激动人心的过程，成为人类社会活动中普遍发生的现象，并构成个体生活的重大事件。由此形成的生育文化，既以规范性的形式指导和制约着人们的生育活动，又以思想性的可能丰富和发展着人类生育的意义系统。生育活动的社会性特征，必然要求生育文化随着社会变迁以及两性关系的调整而有所改变，并且以新的规范形式满足人们的社会需求，为文化改造和发展提供新的思想资源。

一 生育过程中两性分工的社会关系分析

（一）生育是两性合作的人类再生产过程

生育过程的两性合作首先是生物学意义上的合作。两性的生育合作首

[①] 刘澄，江苏扬州市委党校教授。

先是在生理基础上展开的，包括性欲的满足和生命的形成。由于两性不同的生理特性，生育过程中女性的作用表现得十分明显和直接，生育与女性的生命形式发生了如此紧密的联系，以至有一种说法，认为女人只有在生过孩子后，才能成为真正的女人。生育过程中男性的作用相对不显著，特别是怀孕、分娩和哺乳等生理现象，基本与男性的生理无关，男性也就被有意无意地排除在这一过程之外。但是，生命的孕育离不开男性的参与，从新生命开始形成起，虽然孕育主要由女性承担，但同时男性也与新生命建立起了生理上的父子关系。在漫长的孕育阶段，女性要经历一个极大的生理和心理的变化过程，自理能力和生命意志都会出现程度不同的脆弱，作为伙伴的丈夫这时最主要的任务是支持和帮助她渡过怀孕困难时期，以应对新生命孕育带来的变化，直到新生命诞生。

更为重要的是，人类的婴儿不能自立这一特性，也使两性合作成为必要。人类再生产首先要保证生物个体能够以生命个体的形式独立，这是生育作为自然过程要完成的基本任务。生育活动包括生和育两个方面，在生之后，还需要一个漫长的抚育过程。由于人类婴儿没有与生俱来的自我生存的本能，即使身体发育成熟，也不会自动具备足以谋生的技能，要生存就必须受到照顾，各个社会都普遍地建立了家庭，以便执行照顾婴儿和儿童社会化的任务。[1] 家庭不仅是孕育孩子的主要机构，而且是并且至今仍然是照顾孩子的主要机构。虽然别的机构也能照顾孩子，但家庭是照顾孩子最有效的机构，因为在这一机构中，能够实现两性之间最有效的生育合作。"在男女分工的体系中，一个完整的抚育团体必须包括两性的合作。"[2] 家庭中两性生育合作是由生育的自然特性所要求的，因而合作的需要首先仍然是客观的。

（二）生育分工社会指派的意义

尽管生育中的两性全过程合作是人类再生产的客观需要，但人类再生产的历史并不总能满足这一需要。人类在物质生产中建立起了文明社会，可是"文明社会"却充满了人与自然以及人与人的冲突和争斗。两性的自然关系特征不能不受特定的社会关系的影响，也产生了分裂和对抗。在马克思发现了"最初的分工是男女之间为了生育子女而发生的分工"以

---

[1] 古德：《家庭》，社会科学文献出版社1986年版，第35页。
[2] 同上书，第37页。

后，恩格斯进一步补充："在历史上出现的最初的阶级对立，是同个体婚制下的夫妻间的对抗的发展同时发生的，而最初的阶级压迫是同男性对女性的奴役同时发生的。"① 这种让男性拥有控制和支配女性的权力，以及由此形成的社会秩序，又在国家制度中得以合法化，这一过程被恩格斯称为"女性的具有世界历史意义的失败"。②

在男性和女性的二元对立结构中，性别分工发生了重大的意义变化。过去妇女料理家务和男子获得食物一样，都是一种公共的、为社会必需的劳动，但在家长制家庭中，家务的料理失去了自己的公共性质，它不再涉及社会了，它变成了一种私人事务。同时私有制的继承制度使作为财产拥有者的男性，非常关心如何将财产传给自己的继承人，为了确保妻子所生的孩子属于自己，控制女性的生育就成为必要，其手段是建立管制性关系的法律，并通过婚姻和家庭制度进行规范和实施，以保证这种管制的实现。正是这些变化建立了配偶间非常不平等的关系，妇女因此在劳动分工和性关系的双重意义上沦落为家庭奴隶。对此，恩格斯认为："现代个体家庭建立在公开的或隐蔽的妇女的家庭奴隶制之上，而现代社会则是纯粹以个体家庭为分子而构成的一个总体。"③ 尽管性别不平等是社会不平等的产物，是特定历史条件下人类社会活动的结果，但大多数文化都将这种不平等解释为是自然的或神赋的，因而具有先天性和不可更改的性质，这就使"性别等级结构经受变革的韧性特别强，历经政治与经济改革及革命、学术及技术的转变都不受影响"。④

性别等级结构使两性角色从自然分工变成了社会指派，两性间的合作关系也演变成地位差异，文化则努力建构差异的必然性和合理性。在男权文化看来，作为男人的意义和作为女人的意义之间存在巨大差异，甚至女性的身体相对于男性也是有缺陷的。男性总是与较有力较积极的因素相联系，与男性相关的事物总是重要的。而女性总是与较羸弱较消极的因素相联系，与女性相关的事物相对而言较为次要。在男权文化对性别差异的建构中，性别分工具有了不同的价值属性。通常男性的活动领域在家庭外

---

① 《马克思恩格斯全集》（第 21 卷），人民出版社 1965 年版，第 78 页。
② 同上书，第 69 页。
③ 同上书，第 87 页。
④ 梅里·E. 威斯纳－汉克斯：《历史中的性别》，何开松译，东方出版社 2003 年版，第 16 页。

部，他们从事有收益的经济活动，以此作为养家活口的主要手段，扮演了供养人的角色；他们从事政治活动、军事活动，成为世界的征服者。女性则生儿育女、料理家务，在男性掌控的世界里，她们的劳动变成只属于某个男性的家庭。劳动结果的私人性质使这种劳动虽然可以供人享受，却没有经济收益，因为它只有使用价值，没有交换价值，她们自己反倒因此成了需要男性养活的人，不仅家务劳动不再具有社会意义，而且被认为是一种能力低下的表现。

但是，有缺陷的不完美的因而也是低等级的女性，却是生育这一重大事件的主角，而男性在生育中的作用则不明显。为了保证男性不会因为生育作用不明显而动摇权力，男权社会建立了安置两性在生育中地位和作用的文化逻辑。

首先，生育从女性的能力转向男性的责任。如果说曾经有过对女性生育能力的崇拜，那是因为生育是增加群体生存机会的重要手段，生育是对群体的贡献。但是当男性继承作为制度确立后，生育目的就转向了得到继承人。继承制度至少包括财产继承和姓氏继承两个方面，在中国姓氏继承甚至比财产继承更被看重，[①] 即使在没有多少财产可以继承的情况下，"传宗接代"的需要足以产生对得到继承人的强烈愿望。男性继承制度在保证了只有男性才拥有继承和被继承的权力时，也要求男性必须拥有继承人，否则继承谱系将因继承人的缺失而无法继续。这一来，生育对于男性的意义变得非常重要起来，生育合法继承人就成为男性的责任。女性的生育能力是在为男性生育继承人的意义上得到肯定，因此女性只有在为男性生育了合格的继承人时，她的地位才被承认。这一点甚至被用律法形式加以规定，中国古代所谓"七出"，其中的"无后"这一条，指的是妻子不能为丈夫生儿子，就可以剥夺她做妻子的权利。

其次，赋予生育现象以不同的文化意义。尽管生育是男性的责任这一文化观念强化了男性在生育中的主导地位，但却改变不了生育主要由女性承担的事实。就男权而言，女性的生育作用既不可缺少，又不能过分突出，这就产生了一个奇怪现象：对生育充分肯定，而对女性与生育有关的生理现象给予排斥和否定。比如与女性生育能力有关的月经现象，就被认为是不洁的污秽之物，推而广之，女性的内衣、卫生用品等也都需要以隐

---

① 李银河：《生育与村落文化》，文化艺术出版社 2003 年版。

秘阴暗的方式同男性物品区分开来，因为可能会对男性产生不利影响。最为典型的是，女性分娩的过程被视为是一个对男性特别有害的过程，生育的危险从女性生命的危险变成了对男性有妨害的危险，需要回避男性。许多生育禁忌今天看来并没有道理，它们的产生只是基于这样的理由：生育的结果即孩子是受欢迎的，但生育者并不同样受欢迎。将生育者和生育结果区别对待，只能是出于强化女性的生育是在为男性尽义务的目的，她只是男性获得继承人的工具，即使女性在生育中的作用明显，也改变不了她们因此而确立的工具性的文化地位。因此，不是生物学的依赖造成了妇女社会地位的从属，而是因为男权社会把她们的生殖能力贬低到这样的地位。

第三，将两性在生育事务中隔离。当"女人为男人生孩子"的社会关系建立起来后，自然分工就演变为具有支配和服从意义的社会分工。这种权力地位的改变，使男权社会可以指派女性承担全部生育事务，男性则不用染指生育事务，因为其意义仍然是"为男人生孩子"。生育是"女人的事"在男权文化的社会指派下变成两性分工的必然，生育中两性的自然分工合作，由此演变为两性间非合作的性别隔离。这种隔离不是对男性在生育中主导地位的削弱，而是强化了这一地位，因为无论在价值意义还是在等级秩序中，女性被指派承担生育事务都具有从属性质，如果男性参与生育事务，则意味着降低了男性的等级地位，削弱了男性的支配权力，为了维护男性的等级地位和支配权力，需要对生育事务进行性别隔离。这种隔离的本质是具有等级意义的社会分工。

这种性别分工方式如此长久，其中蕴含的社会指派的强制性和等级含义被有意无意地忽略了，先赋性因素成为最直接最有说服力的解释，男性不擅长照料性工作，而女性却天生擅长照料，这成为不言而喻的，至今"生孩子是女人的事"仍然是排斥男性参与和要求女性负全部责任的主要理由。对此，古德评价说："若要断言是生理因素决定了妇女的任务是照看孩子和家庭（或者说婴儿必须由母亲抚育），这在逻辑上来说是不恰当的。'妇女'与'照看孩子和家庭'这两者之间并没有生物因素上的联系，但肯定有着强有力的社会联系。如果说妇女所肩负的社会责任是由生物因素所决定的，社会就没有必要大肆宣扬什么'妇女的责任'了。"[①]

---

① 古德：《家庭》，社会科学文献出版社1986年版，第37页。

在男权社会里，多数社会的法律和社会经济结构都让男性拥有更多权力，恩格斯把"父权"视为"男子独裁制"家庭的主要标志之一，[①] 那么在对父权有着重大意义的生育问题上，父权仍然会从维护男子独裁制出发，安排两性的地位和作用。生育事务中的性别隔离，不是因为生育事务与男性无关，也不是男性天生不会照料工作，而是一种赋予男性支配权力、建立两性等级地位的文化和制度安排，构成自文明社会以来生育中两性关系的基本秩序。

在所有社会中，性别分工的总规则是非常明显的，但大多数分工都不是由两性的生物特性所要求的，而是由文化决定的，并且也不是像人们的一般看法那样，是人类在两性各取所长的基础上设计出来的合理的性别分工，如果真是这样，分工应该是建立在更能实现效率的个人能力基础上，而不是性别差异。实际上，"分工的用处并不只视为经济上的利益，而时常用以表示社会的尊卑，甚至还带一些宗教的意味"。[②] 男性的工作一般被认为是高贵的工作，而对男性有所限制的工作往往是那些被认为低贱的工作，限制男性更多是为了保证男权。护理产妇、照料婴儿并不复杂，能够适应很多复杂精细工作的男性不是学不会，但是生育事务分配给了女性，因而它是一种低等级的工作。正是这种对生育事务的价值判断阻碍了男性学习和参与生育事务。

男权社会需要女性承担全部生育事务，因此也赋予了女性唯一的权利——母权，也只有在生育事务的分工秩序中，女性才有可能获得这一权利。这种权利不是女性作为独立个体的社会权利，而是女性通过生育特别是生育男孩得到的，这种权力也不意味着女性拥有与夫权抗衡的能力，相反意味着要以男权文化的价值观念和道德规范管理家庭和教育子女，其目的仍然在于维护夫权、维持男权统治。男权文化之所以肯定和认同母权，正是因为它实质上是巩固父权制的一种手段，它的存在本身就是对妇女不能进入公共领域的一种规定。

二　生育中两性关系的变化和重塑

资本主义作为人类社会最后一个对抗形式出现后，两性关系发生了很

[①] 《马克思恩格斯全集》（21卷），人民出版社1965年版，第69页。
[②] 费孝通：《乡土中国　生育制度》，北京大学出版社1998年版，第122页。

大变化。资本主义社会把人类对抗变得更加直截了当，而这个社会中"男性对女性的奴役"不仅表现为隐秘的家庭内部的形式，也表现为公开的阶级压迫的形式。尽管男权文化始终贬低女性在公共领域的工作能力，但贪婪的资本却发现了女性的劳动力价值，雇佣廉价的女性劳动力成为榨取更多剩余价值的重要手段，女性开始大规模地进入社会劳动领域。这一变化客观上形成了摧毁家庭父权制的力量。在自由主义和社会主义思想启蒙下，妇女开始了或者独立或者与男性合作的争取性别解放的革命。革命取得的成果有目共睹，妇女今天已经不可能完全回到家庭中，扮演父权制的工具性角色，那些代表国家权力意志，对社会文化和习俗具有重大影响的法律，或多或少地逐渐承认了女性与男性是相同的人，拥有与生俱来的平等权利。在中国，"男女都一样"曾经是一个标志性话语，既说明了国家从法律和政策两方面保护妇女的平等权利，也表现了妇女以为国家献身而自豪。

如果说大工业为人类社会从冲突走向和解创造了物质条件，同样也为两性关系从对抗走向合作奠定了基础。恩格斯曾经指出："妇女解放的第一个先决条件是一切女性重新回到公共的劳动中去"，[①] 恩格斯的观点至今仍然是我们讨论妇女解放的起点。问题首先在于，我们如何理解"重新回到公共劳动中去"？妇女曾经被局限在家庭内部，无法在"公共劳动"中占有位置，那么妇女参加社会劳动意味着妇女"进入"了她们不曾进入过的公共劳动领域，这种进入完全必要，它保证了女性在属于男性的社会空间中有了立足的可能。但这种进入并不是"重新回到"的意思，按照恩格斯的解释，在原始社会，妇女从事的家务料理与男子的工作一样，"都是一种公共的、为社会所必需的劳动"。只是在私有制建立后，家务的料理才"失去了自己的公共的性质"，"变成了一种私人的事务，妻子成为主要的家庭女仆，被排斥在社会生产之外"。[②] 原始公有制条件下的劳动分工是自然状态的表现，没有公共与私人的性质区别，只是在私有制条件下，才把社会分为公领域和私领域，妇女家务劳动的私人性质是根据这种划分获得的，她们低下的社会地位也是因此而来。因此，妇女"重新回到公共劳动中去"，最重要的不仅是妇女"进入"公共劳动领域，

[①] 《马克思恩格斯全集》（21卷），人民出版社1965年版，第87页。
[②] 同上。

而是要打破公领域和私领域的界限，使一切劳动都重新具有公共劳动的性质，妇女的家庭劳动不再被视为从属的低等的劳动，而是不可缺少的社会劳动。

但是不可能在不改变劳动分工的前提下，只是宣布私领域劳动的社会价值，就能改变两性的社会地位差距。前文已反复说明，性别分工是塑造和维护男权社会的重要机制，如果具有等级意义的性别分工形式仍然被广泛认同，强制性的社会分工指派仍然左右着两性的不同选择，公私领域的界限就不可能被真正打破，妇女也就不可能真正改变她们的社会地位。20世纪50年代，中国妇女高调走进公共劳动领域，以"男同志能办的事，女同志也能办得到"的姿态，努力做到与男性"都一样"。但是家务劳动仍然是女性的义务，妇女实际上承担着与男性不一样的双重劳动负担。在公私对立的政治话语中，私领域的劳动因为与公共劳动更为明显的对立，遭到排斥和否定，而承担家务劳动的女性也因此而经常地被指责为"素质低"。劳动分工等级制借助现代政治流行语将女性仍然安置在不平等的地位，这也就不难理解为什么从20世纪80年代开始，随着中国体制改革的进行，似乎突然之间爆发了一系列妇女问题。这些问题从两个方面提示中国社会性别问题的实际存在：一是妇女的平等权利不是那么确定无疑，无论是法律上规定的妇女权利，还是实际上已经拥有的权利，包括妇女在公共领域的劳动权利，都成了可以讨论的话题，甚至认为需要重新界定妇女"超前"的权利。二是公共舆论开始重新塑造符合传统规范和性别特征的女性形象，宣传传统伦理道德观念，动员女性放弃社会角色，重新回到家庭中去。无论舆论如何赞美女性在家庭中的美德，刻意塑造母亲神话来宣传女性的伟大，都不能掩盖这样一个认知前提：妇女不适合公共领域，只适合私人领域。这一认知前提尽管没有生物学的依据，却有着足够持久的文化惯习的支持，这种文化惯习恰恰是男权社会建构出来的性别分工的逻辑。

以大工业为基础的现代社会物质生产秩序和文化意识，已经不可能维持传统的两性关系，面对已经变化的现实，其实更应该从另一个方向提出问题：是否需要"适时"地动员男性参与家务劳动？这应该是一个更加符合历史和文化变迁方向，因而也更有意义的话题。对这个问题的思考首先需要超越公领域与私领域的界限。现代社会往往通过大规模的组织进行集体生产，也可以与之相应组织大规模的教育，但很难组织大规模的生育和婴幼儿照料，直到目前为止，一夫一妻的家庭仍然是生育和照料孩子最有效的执行机构。不同的是，现代社会人类再生产与物质生产相互制约的关系日益明显，两种生产的联系越来越密不可分，人类再生产已经被完全纳入社会生产体系，与物质生产共同构成完整的社会生产过程。在这个意义上，家庭中的生育和婴儿照料，已经成为社会生产的组成部分，不再只是私人事务而成为公共的事业。中国的计划生育政策已经非常清楚地表明了这一点，最私人化的生育现在已经成为公众熟知的公共事务。家庭是生育控制和儿童照料的基本单位，无论从社会生产还是从社会化的角度看，承担的都是公共的社会责任，那么，动员男性参与生育事务，共同分担以家庭为执行机构的公共事务，不仅是适时的，也是必要的。

需要超越的第二个界限就是对生育事务性别分工的价值判断，这一超越往往因为文化的惯性而更为困难。无论是否愿意，两性共同的经历使两性之间的关系及各自的界限发生了深刻的变化，那种把两性分隔在不同领域并以此做出不同价值判断的观点和做法，不断受到质疑和挑战。今天许多妇女参加了工作，她们在进行创造和生产中与男性同样出色。对于生育而言，不再是生理上的需要或道德上的义务，更不是妇女听天由命的宿命，而是可以选择的自主行为。同时人们也在思考和重新界定"父亲"的含义，那些被习惯认为是"女人的事"，如喂养和照料婴儿，已经有更多的男性来分担，年轻父亲在分担照顾婴儿的过程中，很快就学会据说是妇女"天生的"态度、感情和体贴之心，从而表现出一向被认为是女性所具有的美德：温柔、献身精神和关心孩子。这种变化展示了两性关系向平等方向发展的一种趋势。问题在于，面对变化一些男性并不能坦然，在男女有别的社会化过程中建立起来的性别观念和行为模式，阻止他们完全接受两性关系的新变化，但又不可能回到过去的模式，因而感到进退两难甚至愤慨。其实男性遭遇的尴尬不在于他们学习照顾性工作的困难，而在于他们面对这些工作时缺乏信念，传统文化的强制性使他们以"宗教意味"看待性别分工，在需要跨越性别分工的界限时显得手足无措、没有信心。

传统性别文化的改造是一个缓慢的过程，需要不断地进行观念引导，同时也需要一定的社会强制。根据国际社会的经验，运用法律和政策方法，通过公共部门的作用，强制改变传统规则和惯习，对于促进新的性别文化的形成，建立平等的性别规则，既是必要的，也是可行的。西方国家妇女争取平等权利的努力，首先是从争取平等的法律权利开始的，即要求法律赋予妇女与男子一样独立的劳动就业权、选举权等，争取妇女与男性平等的社会权利。妇女平等的社会权利在法律层面不断被明确的同时，性别平等的观念也不断地深入人心，人们正在普遍接受和建立这样一个信念：两性关系的原则不是支配和顺从的等级关系，而是平等合作的伙伴关系。基于这一信念，法律以更广阔的视野拓展空间。规定男性参与生育事务，享有照料孩子的权利并承担相应责任，在西方国家的法律中越来越普遍。也就是说，法律不仅保障两性平等的社会权利、机会和责任，也要保障两性平等的家庭权利、机会和责任，这种保障不仅是给予女性的，同时也是给予男性的，它有可能使男女两性都能够摆脱传统性别分工的文化强制，不是遵循社会指派而是依据内心信念自由地进行选择。

从更广阔的角度审视法律的这一变化，应当看到，这是规模更大的变革运动的一部分：在所谓公私两个领域中建立更民主和平等关系的全球运动。有证据表明，凡是提高妇女地位运动取得较大成就的地方，一般来说也是比较民主的地方，如果争取男女平等的运动继续发展，可以预见所有人的生活质量都会普遍提高。[①] 顺应世界变革潮流，中国政府承诺消除对妇女一切形式歧视，采取社会性别主流化战略，实行男女平等基本国策，这就需要通过法律的政策的手段，不仅支持女性进入公领域并保障她们平等的社会权利，也要鼓励男性进入私领域，分担一直由女性承担的生育事务和家务劳动的责任，改变传统的性别分工，改造具有等级意义的性别机制和性别文化。这一法律变革的目标，正是指向了以人为本、和谐社会的新秩序。

三　男性参与生育事务意愿调查

两性平等很大程度上有赖于国家对调整两性关系推进性别平等的强力介入，在社会性别主流化的国际潮流中，国家在法律和政策层面上规定共同参加两性事务已经成为趋势。以权利、责任、机会平等的理念考量，法律和政策不仅需要保障女性在社会劳动和公共领域的参与，也应当要求和支持男性在传统女性分工领域的参与。在生育这一最具有性别特征的事务

---

① 里亚纳·艾斯勒：《建立伙伴关系的时代》，联合国教科文组织《信使》精华丛书《家庭今昔》，中国对外翻译出版公司2003年版。

上,国外已经有了类似父亲假的相关法律规定,鼓励和督促男性与女性共同分担生育事务。那么,国内公众特别是男性对待生育事务的态度是什么,政府和法律如何主张以及以什么方式主张性别平等以回应公众需求,对此我们进行了专题调查。①

(一) 分析与调查

生育事务历来被认为天生应该由女性承担。传统观念认为,女性的生理构造决定了她能够怀孕、分娩、哺乳,由此决定了她们具有细心、体贴和母性特点,因而天生适合承担护理和照料的工作。相反,男性不具备女性的生理构造,这一自然条件决定了男性天生不适合从事护理和照料工作。以上认识中存在这样一个逻辑:女性的生理构造决定了女性必然要承担生育事务,而男性的生理构造决定了男性不必承担生育事务。这种分工被认为符合"自然之道",因而也是一种合理的分工形式。上述观点可以概括为本质主义或称之为生理决定论。与生理决定论相反,社会建构论认为,就人类而言并不存在本质上的男性气质和女性气质,"性别是以生理性别为基础的社会建构"。② 社会性别被赋予后,社会秩序将建构个体的社会性别规范和期待,并迫使个体遵循之。社会建构论站在反对父权制的立场上,质疑生理决定论,认为生理决定论把人们划分为男性和女性两大群体,赋予他们先天不同的社会性别特征,这为父权制建立男性的支配性和主导地位、女性的被动性和服从地位提供了依据,实际上无论从社会学还是从生物学方面来看,人的本性都是可以改变的。而在实践领域,性别分工的刻板和僵硬已经被突破。一方面女性已经不需要用全部的生命来承担抚养较少子女的责任,她们可以在更大的空间发挥自己的才能。另一方面"父亲"的含义开始重新界定,男性在参与生育事务的过程中也分享了生育的快乐。生育是两性共同责任的的观点已经被大多数人接受,无论是从承担家庭责任方面,还是因为对妻子和孩子的爱护,男性已经越来越多地愿意参与生育事务,女性独自承担生育事务的状况有所改变。这一改变也让男性更多地分享了女性在生育中的生命体验,产生了对生育乃至生

---

① 该项调查于 2006 年 5 月,分别在北京、江苏、西安、郑州四地进行。
② 李银河:《性别问题上的生理决定论和社会建构论》,苏国勋主编《社会理论》第 2 辑,社会科学文献出版社 2006 年版。

命新的理解，更愿意在今后的生活中采取合作的态度和行动。

为了了解公众特别是男性参与生育事务的态度以及立法可行性，调查工作主要从三个方面展开：1. 问卷调查，根据调查目的和内容，设计男性护理假公众需求调查问卷一份，分别在北京、江苏、西安、郑州等地组织问卷发放和回收。问卷调查对象中，男性占 59.1%，女性占 40.9%，年龄主要集中于 23—40 岁，占总数的 81.5%；2. 访谈，选择 50 年代至现在不同时代生育的人约 50 人，了解不同时代的人特别是男性对承担生育事务的态度，以及对工作和家庭关系的观念变化，对个人需求和政策环境产生的矛盾作情境性描述；3. 座谈会，从政策执行的层面上，了解男性护理假在操作上的可行性。

（二）男性参与生育护理事务的情况

调查对象中 66.9% 的人处于 23—35 岁生育密集年龄段，这一年龄段的人绝大多数执行了独生子女生育政策，生育数量基本控制在一个。生育是激动人心的，因为这是生命的创造和延续，一位年轻的父亲讲述儿子的出生给自己带来的强烈冲击，强调的正是这种创造生命的快乐：

> 我儿子出生了，他的血管里流着我和我爱人的血啊！我看天是蓝的，草碧绿碧绿的，哎，阳光明媚！干什么都有劲，有动力。（访谈 26）

自 20 世纪 80 年代以来，人们已经比较自觉地认同"只生一个好"，生育给家庭带来的完美和快乐感因为生育的稀少而大大强化，人们普遍对生育独生子女表现出更加强烈的关心和重视。与此相应，生育过程的安全性得到前所未有的强调。在生产过程中，男性尤其是城市男性，已经自觉地接近生产现场，与女性共同体验生产过程。调查问卷显示，有 21.7% 的人是进入产房守候在产妇身边，这种变化表示越来越多的男性参与了对生育的亲身体验并且认同生育责任。对于有过这种体验的男性来说，是一个无法忘怀的经历：

> 生孩子的时候很痛苦。她要我抓住她的头发，真是很痛苦！她痛苦，我也痛苦，只好泪水涟涟地给她揪头发。（访谈 25）

即使不亲眼目睹生产过程，也会因为生产固有的艰辛和危险而充满紧张和不安的情绪。一位女性回忆生产时丈夫的感觉：

> 我是三月份生产的。那个时候天气应该说比较暖和了。但是我先生在产房门口就觉得冷。进手术室的时候，我把我穿的外套给他穿上了，但他还是冷，太紧张了。（访谈24）

应该说男性参与生育现场已经成为一种普遍需要。在问及"您希望孩子出生时，孩子的父亲应该在哪里"时，68%的人选择了"在产妇身边"，远远高于实际在产妇身边的人数（21.7%）。这可以说明，生育现场的男性参与，不仅是女性的心理需要，实际上也是男性的一种内心需要，只不过在人为隔离下，这一需要往往不能得到满足。

调查显示，目前产妇和新生儿的护理，主要还是由长辈承担，占64.1%，即使这样，相比较而言，由丈夫请假承担护理工作的比例还是高于产妇自我护理的比例，达到18.5%，由产妇自己护理的占10.5%。实际上很少有男性认为护理事务与自己无关，只不过由于个体情况不同，男性参与的形式和参与程度有差异罢了。从调查和访谈中了解到，男性参与护理事务主要有三类：

一是陪伴产妇。产妇住院期间，绝大多数男性都会到医院陪伴，而且认为陪伴是双方的情感和心理需要。丈夫陪伴对产妇的心理护理作用，以及由此产生的对身心健康恢复的积极作用得到充分肯定。当教师的王女士用身边的一个事例说明了这一点：

> 以前我们班有个学员，性格蛮开朗的，身体也非常健康。结果后来她就得了产后抑郁症，厉害呢！没有人在家，她就从三楼跳下来，两条腿骨折。如果她的男的一直在她身边，多跟她交流交流，绝对不会得这种毛病。（访谈23）

第二类事务是照顾产妇的饮食起居。目前一般医院还不能提供满意的产妇饮食服务，许多人也认为家庭提供的饮食更能满足产妇需要。在没有长辈照顾的情况下，产妇的饮食起居基本由男性一手操持，而边工作边护理给双方带来的困扰在所难免。某企业普通员工的夫妻两人回忆当时的

情况:

> 女:他天天一大早洗一大盆尿布,做家务,洗衣服。
> 男:早上还要买菜,早上来不及就晚上买。中午回来烧,来不及就吃得迟些。
> 女:有时太迟,我饿死了,就着一块榨菜吃碗泡饭。(访谈6)

第三类事务是护理新生儿。护理婴儿被认为是女性天生的能力,其实对于年轻夫妻来说,都是从头学起的过程,而男性这方面的能力一点也不比女性差:

> 我先生很细心,月姨做事的时候他就在旁边学,包括给宝宝洗澡,给宝宝换尿布,都是我先生先学的,然后由他来再慢慢地教给我。(访谈24)
> 给小孩子打奶糕、带孩子洗澡、接送上幼儿园,我都做。我还是有点责任心的,我妈妈也没有我做得多。(访谈8:男性)
> 李一从老婆生养开始,一直到小孩打包、护理,全套的都会!我们都说:李一那么粗,他怎么什么都会的?(访谈25)

大多数男性都在不同程度上参与了护理事务,而且男性参与的愿望也在不断增加。在问及"男性是否愿意在家伺候产妇和新生儿"时,54.7%的人表示愿意,41.5%的人表示不太愿意但还是会做,只有3.7%的人表示根本不愿意。有意思的是,男性表示愿意的人占男性总数的57.6%,而女性估计男性愿意的占女性总数的50.6%,男性高于女性7个百分点,女性对男性的自觉意识有点低估。这也许能够说明,多数男性是有护理愿望和内心需求的,至少是理解和承认男性的护理责任的,并不像人们想像的那样不情愿。

(三) 制约男性参与生育护理事务的因素

尽管大多数男性都有参与护理的内心愿望,但实现这一愿望既缺乏制度层面的有效支持,也没有得到社会文化的普遍肯定,而这两者又是相互影响的。

1. 男性参与护理的制度支持不足。作为某种制度规定，男性护理假还不是一项法定的公民权利。一般情况下男性只有通过请假的方式才能得到护理假。访谈中，不少男性表示请护理假并不是一件容易的事。但对男性护理假的需求并不因制度规定的缺乏而不存在，相反这种需求在现代文明的启示下变得明确而强烈。在问及"如果准备要孩子，您或您的配偶是否打算休男性护理假"，81.3%的人表示"打算"。而且有过生育经历的人对男性护理假的需求要高，也就是说，只要条件允许，男性是希望充分参与生育事务的。因此对于"男性护理假是否必要"的问题，78.4%的人认为很有必要，在27岁—30岁和31岁—35岁两个年龄组中，男性认为有必要的比例高于女性，这两个年龄组是男性生育比较集中的年龄段。尽管男性护理假是近年来才提出的一个概念，但男性护理假的需求却是客观存在，只是对这一需求的满足目前因为缺乏制度支持，还不能得到应有的保证。

2. 与制度支持不足有关的压力。男性护理假由于得不到来自正式制度的强有力支持，只能通过请事假的方式获得。但因为请事假是个人行为，多少会对个人和家庭带来影响。由请假造成的经济损失已经不仅是扣工资，而是包括工资、奖金和其他收入在内的一个收入结构。请假在造成收入减少的同时，也造成工作业绩的减少，这就进一步影响到工作岗位的竞争，对此产生的顾虑已经超过减少收入的考虑。在问及"男性主动放弃护理假的可能原因"时（此项可多选），排在第一位的是"工作太忙脱不开身"，占66.5%，"竞争激烈怕失去岗位"，占43%，"经济损失较大"排在了第三位，占36%。工作竞争的压力超过了经济损失的压力，男性对此的压力感受要大于女性，男性中有48.4%的人顾虑"竞争激烈怕失去岗位"，远高于女性的34.5%。由于正式制度不足以支持男性参与生育事务，男性护理仍然只是个人行为，不能不在压力下选择放弃。

3. 组织文化和管理取向的约束。长期以来形成的工作优先的组织文化，要求员工以工作为中心，个人的、家庭的事务应当服从工作。这种组织文化在一个特殊的年代，曾受到意识形态的大力推崇，在公私对立极度张扬的意识形态宣传中，这种位置排列甚至已经成为某种信仰。尽管现在人们已经不再持有那种绝对的态度，但工作优先仍然构成了对观念和行为的约束因素，当工作和护理两者在时间上发生冲突时，人们在观念上总是倾向于"不影响工作"，而不是选择休假。每个家庭具体面对生育事务时，都有比较一致的男性护理的要求，但在男性护理假是否影响工作的抽象讨论中，不少人的意见还是倾向于工作优先。当前在追求最大利益化的组织目标驱动下，不少企业表现出较明显的效益取向，员工福利有意无意地受到挤压，男性护理假与这种管理取向不一致，在实际执行中往往被回避。

4. 性别分工的文化影响和个体自觉。工作优先的组织文化之所以对男性参与生育护理形成某种程度的约束，还有更深层的性别文化的原因。"生孩子是女人的事"，这是对生育事务性别分工简单明了的表达，这种分工形式作为根深蒂固的性别规范，在维持和复制性别不平等的同时，也制约和束缚了男性的个性需求和愿望。访谈中那些请假遇到困难的男性，面对的主要理由就是"生孩子是女人的事"，尽管今天男性参与生育事务的愿望已经十分强烈，但生育的性别分工仍然以似乎天经地义的规范形式，制约男性的参与。男性个体也会因此对休产假表现出某种程度的不自信，"在烟台一家合资公司工作的小张平时工作很忙，前几天妻子临产，小张就向公司老板请假，结果被同事们调笑了一通，最后他也没好意思休满7天，两天后就上班了"。[1] 不管"同事调笑"是否真的存在，或者是否真的无法忍受，怕被人取笑仍然是一些男性的顾虑，由此可以看出，对男性参与护理事务并不存在较大的舆论压力，但单位组织的制度规定和男性个体的文化自觉，使一些男性跨越性别分工的界限时，还没有形成充足的内心信念。

（四）对男性护理假的认识和期待

当我们以问卷形式了解男性在生育中的权利和责任时，意见倾向比较一致。对"休产假也是男性权利"的说法，60.7%的人非常同意，31.4%的人基本同意，两项相加，92.1%的表示了肯定意见，对"照顾产妇和新生儿是男性责任"的说法，52%的人表示非常同意，36.8%的人表示基本同意，两项相加，88.8%的人表示了肯定意见，认同生育护理是男性的权利和责任的人占了绝对多数。在这样一个认知前提下，83.8%人赞成男性护理假。

大多数男性赞成男性护理假，表现出的是对参与生育事务的积极态

---

[1] 张坚栋：《"月子丈夫"面子尴尬？男性休产假待成时尚》，《齐鲁晚报》2002年10月16日。

度,在赞成男性护理假的理由中(此项可多选),81.6%的男性同意生育是夫妻双方共同的事情,72.2%的男性认为产妇和新生儿特别需要照顾,58.6%的男性希望表达丈夫对妻子的爱。对于调查问卷中包含性别分工意义的某些选项,只有极少的人认同传统分工,如生孩子是女人的事(3.9%)、男人洗尿布不成体统(3.6%),选择这些选项的都不超过4%。调查中有一点让我们印象深刻:男性对生育护理事务无论是积极还是不积极,都与他们的男性特征无关,即与所谓男性的天生能力无关,而与他们对性别分工的认识有关。积极参与生育事务的男性,比较肯定生育是两性共同责任,愿意通过学习获得照料性工作的能力,并因此产生成就感和幸福感。那些持消极态度的男性,并不是天生不适合从事护理事务,而是比较认同传统的性别分工模式,这种分工模式至今仍然具有一定的观念合法性,他们也就能够以此为理由回避生育事务的责任。

男性参与护理的需求是真实存在的,因此人们寄希望于政府对企业的干预。调查问卷中有关"政府应该强制企业给男性职工休护理假"的说法,58%的人表示非常赞成,28.2%人表示基本赞成,两项相加,有86.2%人表示了肯定的态度。对"有关法律应当明确规定男性护理假的内容",表示非常赞成的人为61.7%,其中男性36.8%,女性24.9%,表示基本赞成的人为27.7%,其中男性15.6%,女性12.1%。两项相加,持肯定态度的人为89.5%。(见表1)

表1　　　　　　　　有关法律应该明文规定男性带薪护理假

			非常赞成	基本赞成	无所谓	不太赞成	根本不赞成	总计
性别	男	数量 百分比	274 36.8%	116 15.6%	40 5.4%	5 0.7%	3 0.4%	438 59.0%
	女	数量 百分比	185 24.9%	90 12.1%	22 3.0%	6 0.8%	2 0.3%	305 41.0%
总计		数量 百分比	459 61.8%	206 27.7%	62 8.3%	11 1.5%	5 0.7%	743 100.0%

相对于政府干预而言,法律更具有规范性,也更能够被较成熟的市场主体接受,这一点外资企业管理者的态度给了我们一个启示。对于"政府应该强制企业给男性职工休护理假",外资企业管理者与员工持肯定态

度的人相差19个百分点，两者之间差距较大。但对于"有关法律应当明确规定男性护理假"，外资企业管理者中持肯定态度的人高达92%，与员工之间的差距从19个百分点缩小为4个百分点，两者的态度趋于接近。访谈中不少外资企业管理者也表示了这样的意见，国家有法律规定的就执行，没有法律规定的不理会。这说明市场主体越具有独立性，越趋向成熟，就越是希望强化法律规范，弱化政府干预。

四 男性护理假立法基础分析

（一）男性护理假立法的思想基础

1. 国际社会有关观点

"工作"世界和"家庭"世界长期以来一直被广泛视为两个不同的领域，其中男性和女性的职责和角色也互不相同。但是女性主义以挑战的姿态对这些区别提出质疑，视其为构建性别不平等的重要基础，主张改变传统的性别分工，在肯定女性生育的社会价值的同时，以立法的形式鼓励男性参与生育事务。这一主张得到了积极的响应，近年来，认为需要改变社会组织中男性成员所承担的传统角色以保证女性能够享有平等工作机遇的观点已经形成。在联合国系统"为了实现男女充分的平等需要，同时改变男子和妇女在社会上和家庭中的传统任务"已经成为共识，"养育子女是男女和整个社会的共同责任"也成为立法的基本原则（联合国《消除对妇女一切形式歧视公约》）。这在1981年"有家庭责任的职工公约（第156号）"及某些国家的新型立法中已经有所反映，一些国家在法律中明文规定了男性分担生育事务的权利和义务，男性护理假或父母假，就是其中具有代表性的一项规定，欧盟于1996年也通过了一项有关亲子假的法令。

用法律形式规定男性护理假，目前国际上更多视为性别平等的举措。国际性别平等的一个重大趋势是，在保障妇女参与社会工作的同时，用法律形式要求和鼓励男性参与家庭工作。如果过去争取平等的努力主要集中于妇女进入男性为主的公领域，以争取妇女平等的社会权利，现在则进一步主张男性应该进入传统上以女性为主的私领域，以实现平等的家庭责任。以此改变两性刻板的性别分工，改变公私领域的分离和对立，在权利、机会、责任、待遇、评价平等的基础上，赋予个体更多的自主选择。

国际社会有关生育保险从劳动力救济到权利保障，再到两性共享权利和责任的演变过程，对我们进行生育保险立法有着非常重要和积极的启示。

2. 我国生育保险的政策变化

我国的生育保险制度建立得比较早，1951年在《中华人民共和国劳动保险条例》中，就将生育作为一项重要内容进行规范，对女职工生育待遇作了较为详尽的规定。在当时的背景下，这既与中国政府主张男女平等有着密切关系，也与妇女被普遍动员参加国家建设有关，妇女第一次大规模地作为主要劳动力参加社会劳动，满足了当时国家建设对大量劳动力的迫切需求。正是由于劳动力紧张，需要保证妇女劳动力不因为生育而退出社会劳动，也就需要对承担生育功能的女职工进行必要的生育社会保障，以保证她们即时恢复劳动能力。

我国的生育保险制度是在计划经济的背景下建立起来的，这种生育保障制度的承载体基本上是企业，女职工生育期间的费用由所在企业支付，由于生育而导致的如中止工作等损失，也由企业承担。这种制度格局在计划经济时代带来的矛盾并不突出，由于企业没有严格的经济核算，不需要为生育带来的负担斤斤计较，也就无需对男女职工由生育造成的不同过多考虑。但是随着计划经济解体，企业利益与女职工生育负担之间一下子形成了很大的矛盾。获得用人自主权的企业把女职工的生育更多地视为负担，在裁减富余人员时主要裁减女工，招工时也不愿意招用女职工，女性面临着比男性更大的就业风险。针对这一问题，1988年7月国务院颁布了《女职工劳动保护规定》（国务院1998年第9号令），该文件明确规定"不得在女职工怀孕期、产期、哺乳期降低其基本工资，或者解除劳动合同"。同时将产假由以前的56天延长到90天。这个规定突出了对女职工的权利保护，但并不能解决保护行为与市场行为之间的矛盾，由于女职工产假期间的工资以及医疗费用仍然由职工所在单位负担，在逐渐严格的企业核算中，这种保护责任被视为一种无效成本，企业很难形成积极的保护意愿。

市场经济条件下，企业本位的生育保险制度失去了存在的基础。但妇女的生育活动不只是一种个人行为，而是必不可少的社会行为，既然妇女承担了生育的社会责任，那么生育负担由全社会来承担也就是一个合理的逻辑。1995年1月劳动部开始在全国实施《企业职工生育社会保险试行办法》。试行办法第一条阐述了生育保险社会化改革的目的："为了维护企业女职工的合法权益,保障她们在生育期间得到必要的经济补偿和医疗保健,均衡企业间生育保险费用的负担,根据有关法律、法规的规定、制定本办法。"根据这一目的,试行办法对原有生育保险制度最大的突破是把女职工生育保险从企业中剥离出来,以缴纳统一的生育保险费的方式,将生育保险转变为实行社会统筹,并由各地专门的社会保障机构负责管理。这一改革体现了每个企业均摊全体女职工的生育费用负担的设想。《试行办法》对生育保险的内容、标准、形式等作出了统一规范,初步建立了实行至今的生育保险制度。

回顾我国生育保险政策的变化过程,可能清楚地看到,以1994年为界,生育保险政策分为两个不同时期,而从企业本位向社会统筹的有关政策变化,实际上反映了某种认识的变化。1994年以前生育保险的思维前提是把生育视为一种个人行为,认为女职工因生育而导致工作障碍,产生了特殊困难,因此将其与工伤、疾病等劳动能力暂时丧失等情况相类同,给予特别对待。1994年的《试行办法》在理念上的重大变化表现为:女职工的生育活动不是女性劳动力的缺陷,也不仅仅是女性的个人行为,相反,生育是劳动力再生产行为,是社会再生产的组成部分,因而是对社会的贡献,生育作为必不可少的社会事务,应当由社会共同承担生育的责任。这一政策理念的变化无疑是对生育的社会价值认识的一大进步。

(二) 男性护理假立法的法律和政策基础

2005年经过修订的《妇女权益保障法》第二十九条具体规定"国家推行生育保险制度,建立健全与生育相关的其他保障制度"。对于这一条款,全国人大常委会法工委的解释是:"与生育有关的社会保障除了生育保险外,还包括:生育休假、生育补助、独生子女生育假奖励、独生子女的父亲护理假、独生子女费等。根据本条规定,我国不仅要建立与生育有关的社会保障制度,还要健全这些保障制度。"在这一解释中,"父亲护理假"属于需要健全的保障制度之列。

由于我国巨大的人口压力,计划生育成为基本国策,随着男性在生育中的作用被越来越充分地认识,计划生育责任也从主要以女性为主转向两性共同承担。经过计划生育政策的长期实践,2001年颁布了《人口与计划生育法》,第一次明确规定:"公民有生育的权利,也有依法实行计划生育的义务,夫妻双方在实行计划生育中负有共同的责任。"各地在出台贯彻该法的地方性政策时,大都对男性带薪护理假作出了明确规定,以体现公民有生育的权利和义务这一新理念。据不完全统计,已经有26个省市自治区都在地方性政策或法规中,规定了男性护理假。(见表2)

表2　　　　　　　　　各地有关男性护理假的规定①

省份	发布时间	名称	天数	条件	相关待遇
福建	2002.7.26	男方照顾假	7—10	晚育、领取独生子女证	工资照发,不影响晋升
安徽	2002.7.28	男方护理假	10天 异地20天	晚婚晚育并在产假期间申请领取独生子女证	享受其在职在岗的工资、奖金、福利待遇
江西	2002.7.29	男方护理假	10	晚婚晚育	假期工资和奖金照发,福利待遇不变
云南	2002.9.1	男方护理假	7	晚育	视同出勤
广西	2002.9.1	男方护理假	10	晚婚晚育	工资、奖金照发,不影响福利及评奖评优
广东	2002.9.1	男方看护假	10	晚婚晚育	照发工资,不影响福利待遇和全勤评奖
浙江	2002.9.3	男方护理假	7	晚婚晚育	工资、奖金和其他福利待遇照发
重庆	2002.9.25	男方护理假	7	晚育	视为工作时间
四川	2002.9.26	男方护理假	15	晚婚晚育	视为出勤,工资、奖金照发
吉林	2002.9.27	男方护理假	7	晚育,凭《生殖保健服务证》	按正常工作对待,工资、奖金照发,其他福利待遇不变
山西	2002.9.28	男方护理假	15	晚育	工资、奖金照发
山东	2002.9.28	男方护理假	7	晚婚晚育	视为出勤,工资福利待遇不变
贵州	2002.9.29	男方护理假	7	晚婚晚育	
陕西	2002.9.29	男方护理假	10	晚婚晚育	按出勤对待,享受相应的工资、福利待遇
黑龙江	2002.10.18	男职工护理假	5—10	晚育	工资照发
湖南	2002.11.29	男方护理假	15	晚婚晚育并在产假期间领取《独生子女证》	视为出勤

---

① 表中资料由孙凤娟收集。

续表

省份	发布时间	名称	天数	条件	相关待遇
江苏	2002.12.1	男方护理假	10	晚婚晚育	视为出勤，不影响工资、奖金及福利待遇
湖北	2002.12.1	配偶护理假	10	晚育	视同出勤，工资、奖金照发
内蒙古	2002.12.1	男方护理假	10	晚婚晚育	
河南	2003.1.1	男性护理假	一个月	晚婚晚育	视为出勤，享受一切工资和福利待遇
辽宁	2003.1.16	男方护理假	15	晚育并领取《独生子女证》	工资照发，福利待遇不变
新疆	2003.5.22	男方护理假	15	晚婚晚育	工资、奖金照发
河北	2003.7.18	男方护理假	10	晚婚晚育	享受正常婚、产假待遇
北京	2003.8.13	奖励假30天，可以由男方享受		晚育	休假期间不得降低其基本工资或者解除劳动合同
海南	2003.12.1	男方护理假	10	城镇居民领取《独生子女证》	工资照发，享受全勤待遇
上海	2003.12.31	配偶晚育护理假	3	晚婚晚育	晚育护理假期间享受产假同等待遇

从表2中可以看出，我国大部分省份都对男性护理假作出明确的地方性政策规定，主要涉及以下几个方面的内容：一是假期名称，大部分地区称为"男方护理假"，少数地区叫"配偶护理假"或其他名称。不管名称如何变化，突出的都是男性在妻子生育后承担护理事务的含义，这是对男性与女性共同承担生育责任的强调。二是规定了护理假的时间，这一规定各地的变化比较大，一般在5—15天，以7天和10天较多，最少的只有3天，是上海市，时间最长的是河南省，为期一个月。三是把计划生育作为享受男方护理假的前提条件。四是男方护理假的待遇，都有相对明确的经济和职业保障。尽管男性带薪护理假目前还只是计划生育政策的配套性措施，但却是第一次以法定形式明确了男性参与生育的权利和义务，这一规定引起了热烈反响，得到了普遍赞成和拥护。

各地政策执行机构对男性带薪护理假作出的积极态度，以及这一规定受到的欢迎程度，给了我们两点启示：一是男性带薪护理假的立法具有非常好的政策基础，将地方性政策转变为国家立法的条件已经成熟，现在需要通过一个立法程序加以明确。二是计划生育作为基本国策的主导性政策地位，需要在与生育有关的各项法律和政策中都要加以贯彻，两性共同承担生育责任已经成为计划生育的一个基础理念和重要原则，这一理念和原则也应当在与生育有关的其他法律和政策中得到体现。在生育保险立法时，增加男性护理假的内容，既保证了法律体系的统一，也具体地保障了两性在生育中的共同权利和责任。

五 男性护理假立法的社会实践条件也已成熟

1. 男性护理假已经是比较普遍的公众需求①

从公众需求方面来看，绝大多数职工对男性带薪护理假持欢迎态度。从上述调查中可以看到，与"生孩子是女人的事"的传统观念不同，83.2%的人认为生育是夫妻双方共同的事情。而且赞成男性护理假的男性要高于女性，认同生育是夫妻双方共同事情的男性也高于女性，这也许表示了男性更希望打破生育事务中的性别隔离，更多地实现情感表达和参与生育事务的愿望。与此有关，男性也不像想象的那样，对"回家洗尿布"那么不情愿，实际生活中男性参与生育事务的现象已经非常普遍，生育是两性共同责任已经成为一个被普遍接受的文化观念，成为新的生育行为规范。

调查显示，男性请事假护理产妇和新生儿的情况，随着年龄的降低而逐渐增加。这种趋势的出现有客观因素，核心家庭的普及、人口流动、两代人分居，以及父母辈仍然在职，使年轻的夫妻无法将护理事务转移给父母，不得不更多地依靠自己来解决问题。目前城市核心家庭中长辈照顾已越来越不可能，因此城市职工对男性护理假的需求更强烈。越是年轻的职工，越重视回家护理，甚至表示扣工钱也要请假。多元生活方式和主张个性化的现代文化的传播，使人们对家庭生活比过去更加重视，也更愿意参与，在家庭和工作之间，希望能够兼顾两个方面。

因此，承认两性在家庭生活中的共同权利和责任，满足人们兼顾工作和家庭的需求，被认为是应当给予明确的权利。调查中，对于"休产假

---

① 2009年6月，新浪网、凤凰网、人民网分别进行了网上调查，赞成男性护理假立法的分别是：新浪网95%、凤凰网94%、人民网80%。

也是男性的权利"的观点,60.4%的人表示非常同意,31.8%的人表示基本同意,两项相加,有92.2%的人对此表示了肯定态度。作为某种权利,人们更希望得到法律的明确保证,因此有89.5%的人表示赞成有关法律明确规定男性护理假的内容。对于法律规定的可能影响,多数人都从积极的意义上加以理解,这些影响包括有助于产妇身心健康的恢复、有益于建立亲子感情,这表示了现代人更倾向于在爱的表达基础上,建立亲切而富有情感的夫妻关系和亲子关系,这对于改变传统性别文化中两性的角色形象和身份定位无疑是有积极意义的。

2. 企业对待男性护理假的态度

男性护理假目前不具有法定性,其执行情况主要由企业自己决定。男性护理假在企业的执行情况有三种类型:第一种类型企业能够比较正常地按规定执行,一些企业在内部文件中明确规定,男职工休产假"视为出勤",不仅在工作上会做出安排,而且不会扣发工资奖金。这种情况只要在企业相关部门履行一定手续就可以休假,假期由企业规定固定时间。这类企业既有管理规范福利较好的大中型国有企业,也有运行良好管理有序的合资企业、外资企业和私营企业。第二种类型企业没有正式制度规定,但可以请假,一般也不扣工资,有些人可能会扣奖金等其他费用,休假时间根据情况而定。因为生孩子是人生大事,视为特殊情况给予照顾。第三种类型企业对男职工休产假控制较严,主要是一些外资和私营小企业,对于男性护理假,它们的态度是:企业在承担了纳税义务之外,除了法律规定的,不再承担更多的社会义务,法律有规定的就执行,没有规定不理会。但面对具体情况,比如对于企业需要的特别人才,仍然会做出例外安排。

虽然企业对男性护理假的规定各不相同,有一点是共同的,男性护理假在企业更多被当作一种服从企业目标的管理手段。因此,不同企业会根据自己企业管理的需要,做出不同安排。那些安排护理假的企业,大多是从满足职工需求的角度,认识到男性护理假的合理性,根据人性化的管理目标做出的选择。那些没有规定男性护理假的企业,虽然没有统一规定,也会根据职工的需要做出个别安排。目前男性护理假在国家政策上只是作为计划生育的奖励政策,如果这个政策与企业的管理取向一致,就有可能执行。如果企业认为这一奖励政策不在企业管理目标之内,就可能不执行。这也给了我们一个启示,在没有明确的法律规定的情况下,政府的好政策也有可能被有意忽略。那么,就需要把好政策用法律形式固定下来,让好政策真正发挥作用。

对男性护理假可能带来的顾虑,还有一个是否会增加企业负担的问题,男性护理假期间的工资津贴,以及因休假造成的停止工作的损失,由企业承担,这在理论上说是一项负担。但这仅仅是理论上的考虑,根据一些已经规定了男性护理假并且执行情况较好的企业反映,这项支出是在正常的人员费用支出范围内,不需要企业另外拿出资金,不会因此增加成本。相反,如果企业不给男性护理假,这一"负担"并不会因此减少,仍然要作为正常人员费用支出。男性护理假的企业负担问题,实际上并没有想象的那么严重。

3. 政策执行机构的意见

目前男性护理假是计划生育的配套措施,因此计生部门对此给予了充分肯定,宣传态度比较积极。在对计生部门的调查中,我们得知,男性护理假在操作上的难度并不大,根据相关规定,只要符合计划生育的条件,就可以由单位安排男性休护理假,休假时间和相关待遇也是有明确规定的。同时,男性护理假作为政策,其执行成本也不高,甚至被认为"没有成本",因为:第一,男性护理假只需要在计划生育政策宣传中增加这项内容,并不需要专门进行宣传,也不需要专门的宣传经费,而政策宣传本来就是部门工作,只需要纳入统一的政策宣传计划中就可以。第二,男性护理假不需要政府额外的资金投入,不需要为此设立专门的预算,没有进行政策成本核算的必要。第三,男性护理假的实际执行非常分散,不是一个集中休假,不会造成对企业生产和社会生活的冲击,但却能有效地改变社会观念,增加社会福利。

但这不等于说政策执行没有障碍,比较困难的有两点,一是如何让需要的人知道这个规定,二是如何让企业落实。

在 2001 年颁布的《人口与计划生育法》中,男性护理假并不是明确的法律条款,是各地为了贯彻该法作出的地方性政策规定,只是对计划生育政策的一个配套措施,在整个政策体系中并不醒目,不大容易引人注意,尽管当时媒体进行了比较集中的报道,但很多人仍然不知道这个规定。问卷调查中,39.9% 的人表示不知道有这个规定,47% 的人表示听说过,但不知道具体内容,只有13.1%的人明确表示知道。针对这个问题,计生部门的做法是加大宣传力度,采取多种方法进行宣传。一些基层部门印刷了大批有关的宣传手册,挨家挨户发放,尽可能让更多的人了解新法律和新政策。

困难的第二个方面来自企业对待法律和政策的态度,有些企业即使知道有男性护理假的规定也不会执行,不是因为增加成本的问题,而是觉得政府根本就不该提这个要求。在计生部门接待的上访和咨询的人中,也有人想了解男性护理假的规定,但却不愿意计生部门找企业协商,因为害怕这样做会被老板炒鱿鱼。企业对待男性护理假的态度与企业性质并不必然相关,并不是所有私营企业都消极地对待法律和政策,但也确实有一部分企业缺乏法律意识和社会责任,这些企业对国家法律和政策的态度令人忧虑,它们甚至连一些最基本的法律都不能认真对待,特别是对待与劳动者的权利有关的法律,更可能会有意规避,违法用工。在当前劳动者仍然处于弱势的情况下,政府有责任以较严格的法律规定和执法手段,维护劳动者的合法权益,也有义务引导、规范、监督企业认识企业的社会责任,建立合理的劳资关系,做合格的企业公民。

计生部门对男性护理假的设计从操作层面上来说是可行的,问题在于这一设计的指导思想是建立在奖励计划生育基础上,因而也就有可能随着计生政策的调整而改变。从性别平等的视角看,男性护理假应该是中国第一个要求和鼓励男性进入私领域,与女性分担生育责任和家庭事务的具体法律规定,是促进性别平等的重大举措,其中蕴含着的权利共享、机会共有、责任共担的平等理念,对于改变传统的性别分工、改造不平等的性别文化,有着非常积极而深远的意义。

我们认为男性带薪护理假的立法条件和实践基础已经成熟。男性护理假作为一项公民权利和义务,应当加以明确规定,给予法律保障。

性别平等是一种生活方式
——瑞典考察见闻

李慧英[①]

编者语：男女平等对于中国人来说，既熟悉又陌生。说熟悉，在宪法、政策和媒体中已经耳熟能详，男女老幼无人不晓。说陌生，对男女平等的内涵往往充满了曲解，或者将平等等同于平均，或者是由男人说了算变成女人说了算。本文跳出中国，走进瑞典，观察瑞典人是如何解读男女平等的。

2005年，中央党校性别平等代表团到瑞典考察。考察的结论是：在瑞典，性别平等不是一句口号，一种宣言，而是一种生活方式，一种思维方式，一种价值判断。

瑞典的妇女参政比例为什么如此之高？

无论在议会、在政府、在法院、在警察署，都会见到许多女性，她们不是秘书，常常是部门的"一把手"。

当许多国家的政治领域依然是男性的一统天下，瑞典的女性参政已经达到一半。瑞典女议员的比例高达45%，斯德哥尔摩市女议员为52%。在市议会曾经设有女议员休息室，可以容纳5名女议员，这是根据当时女议员的比例修建的，而今它只能作为文物保留下来。不仅国会，而且在20多位部长中居然也有一半女性。

女性参政比例如此之高的原因成为一个引起关注的话题。我们代表团

[①] 李慧英，中央党校社会学教授，博士生导师。

成员关心的是：女性从政是自然而然通过竞争产生的，还是通过比例制度保证的？经贸部性别平等处的男性处长告诉我们：没有明文规定，只是1994年卡尔森首相执政以后，要求部长的男女两性要均衡。从此之后，这一不成文的规定被延续下来。那么，在议会中有无比例规定呢？我们带着这个问题来到议会。议会的回答是没有，只是有的党派如社会民主党内部有规定，推选的议员候选人要求一半男一半女，然后再进行民主选举。答案似乎找到了，质疑立即被提了出来：这样会不会降低了决策者的水平，女性能否胜任领导岗位？

回答这个问题的是一位经贸部性别平等处的男性处长，他很壮实，个头不高，他一板一眼地说：胜任这一职位的女性太多了，就像胜任这一职位的男性一样，男女智商和能力没有什么差别，就是给不给女性提供机会，长期以来给女性的机会太少，导致女性能力发挥不出来。在20世纪初期，瑞典建造公寓时不给工人建浴池，当时认为他们不需要浴池，工人没有选举权，无法进入工会。第二次世界大战以后出生的人，可以接受高等教育，我的父母及祖父母属于低阶层，被认为能力不行。当工人获得了选举权有了平等的机会，我才可以在政府中任职。如果不给平等机会，我作为工人后代照样被认为不行。所以妇女不是不行，而是能不能给她们机会，当不给她们机会女性的能力就会损失掉。听了他的话，我内心充满了感动，这是一份对于男性超越自己的性别来理解女性价值的感动。

瑞典是一个以人为本的民族，而以人为本的核心就是尊重人的价值，在他们看来，无论男人女人都有同等的价值，应当获得同样的尊重。人没有高低贵贱，没有优劣之分。这不是口头上说说，而是一种思维方式，一种价值判断。而长久以来，男女在社会上形成的差别并不是由于女性不行，而是没有给予女性同等的机会和条件，限制了女性社会能力的发展。这位性别平等处的处长超越了男女的现实差别而洞察了男女的价值本质。这一价值判断是推行性别平等主张的基石。基于这一价值判断，他们否定男主外女主内的性别角色刻板定型，而倡导男女两性共同承担家庭和社会责任，在家庭政策中规定了父亲的十天产假和一个月的父亲照顾子女假；主张尊重儿童，在世界上最早规定了打孩子是违法的法律；采取了性别保障政策，以便切实保障男女拥有同等的机会。

在瑞典，妇女参政不是一种标志，而是一种实实在在的从政议政，它的意义在于，女性已成为一支政治力量，不仅仅是在外围呼吁，而是直接影响决策与立法，在妇女参与和权力参与之间搭建了一座桥梁。

瑞典妇女是怎样摆脱圆圈现象的？

在不少国家往往出现一种圆圈现象：每当劳动力市场紧缺的时候，政府就会呼吁妇女走出家门就业，每当劳动力市场供大于求的时候，社会舆论就会呼吁妇女回家。美国就是一个典型的例子，第二次世界大战开始后特别是日本偷袭美国珍珠港之后，美国成为参战国，大量男子充军打仗，妇女进入到原本属于男性的工作。战争结束后，男性重新回到原有的岗位，就业压力增大，于是社会舆论开始主张妇女回家，认为最幸福的女人就是贤妻良母。于是，年轻的女大学生纷纷放弃了学业，做起了幸福女性的梦。

瑞典妇女走向社会之后，再也没有退回去。如今，女性就业率高达74%。为什么？有人猜测瑞典恐怕一直是劳动力紧缺。错了，瑞典的失业率已达6%，就业压力一直成为高悬在瑞典政府头顶的剑。也有人猜测瑞典国家小，矛盾好协调。似乎也难以站得住脚，小的国家多了，陷入矛盾和泥潭的并不少。答案只能从瑞典民族的历史进程中寻找，前平等部的女部长埃尼格拉尊（Anita Gradin）为我们讲述了这段历史。

20世纪初期的瑞典落后贫困，生育率极低，每年只有8500人出生，到第二次世界大战之前，移民到国外的人数达到一百万。而且，失业率极高。为了解决就业问题，提出已婚不要参加工作，要承担家庭责任生儿育女，法律明文规定：已婚妇女就业被开除。同许多国家一样，妇女就业从第二次世界大战开始发生变化。在欧洲，瑞典是没有直接变成战场的国家之一，不过瑞典的青年男性到他国参战，使得就业的性别格局戏剧性地发生了改变，妇女包括已婚女性开始大量就业，介入曾经被视为男性的工作。而且，法律原有的规定到1938年被取消。

第二次世界大战之后，妇女就业在瑞典引发了热烈的社会讨论，即妇女是否可以拥有与男性同样的工作权利？孩子去托儿所是好还是坏？大量的妇女组织参与到讨论当中。这种讨论似乎已经成为瑞典进行重大决策之前不可缺少的步骤，也成为澄清思想达成共识的一种必要手段。讨论已经将女性权利提了出来，讨论的结果是：妇女不仅可以有权利进入社会，而且政府应当提供社会保障，建立托儿所、学校解决早餐、公共医疗。1950—1960 年，妇女问题讨论演变成性别讨论，人们发现妇女角色与男性角色是相辅相成的，要改变妇女角色也要相应改变男性角色，女性要参与社会工作，男性就必须承担相应的家庭责任，于是妇女要求男方在家庭中担负一半的责任，对男女的传统角色以及基于这一角色的政策提出挑战。此时，埃尼格拉尊当时作为社会民主党的议员，担任时间从 20 世纪 60 年代开始一直到 1980 年。一批觉醒的女议员在将妇女的声音转化为政策这一问题上发挥了重要的作用，一系列具有改革意识的新议案使女性就业在制度层面巩固下来。

20 世纪 70 年代瑞典政府改革托儿机构——这是瑞典福利政策体现性别平等的重要措施之一，所有的孩子都有权利进入托儿所，国家通过税收支持托儿所，入托幼儿的父母支付 10% 的费用。正是这一措施的确立和逐步实施，使北欧国家的福利模式得以确立，女性就业解除了后顾之忧，这是瑞典与西欧在性别平等上的一个显著差别。在西欧国家，经济发展水平和社会保障程度并不逊色，但是妇女就业率却低得多，究其原因与高额的托儿费有着密切的关系。作为家庭在选择托儿与女性就业之间，往往要权衡成本与回报，当女性就业的收入不及托儿费时，就会倾向于妇女照顾孩子。西欧国家的托儿机构是市场行为，收费高，如果将孩子送到托儿所是高成本低回报，于是，家庭会更多选择妇女回家照顾孩子。

1972 年促进妇女经济上独立的《中性税收规定》颁布。在瑞典，原有的税收规定对于单职工家庭给予特殊照顾，被赡养者可享有一系列减免税，双职工家庭要缴纳更多税收，征税以家庭为单位。这种税收政策变相鼓励妇女在经济上依赖丈夫，不鼓励男女都出来就业。修改后的规定，以个人为单位征收个人所得税，男女分开纳税，这样收入高的可多纳税，收入低的可少纳税，被赡养者可减免税，妇女的收入不再被加进丈夫的收入中计算。鼓励妇女经济独立，自己养活自己。

1974 年，瑞典父母保险制度创立。这里有双重意义：第一，父母照顾孩子由家庭义务转变成一种权利，而责任主体交给了政府。第二，由母亲照顾孩子的单方面责任转化为父母共同照顾子女的双向责任。从而，男性承担家庭责任在法律上得以确认。

正是通过一系列的制度，使得妇女工作权利得到保障，女性终于走出了圆圈，即便是失业率增高，也没有出现妇女回家的反弹现象。

对话：男人为什么分担家务

在瑞典的街头，在家庭中心，你常常会看到高大的瑞典男人推着婴儿车、抱着小孩行走，男人照顾孩子成为瑞典一道亮丽的风景。看到这种非常富有人性化的场面，我们不由得邀请爸爸孩子一起拍照。

男人照顾孩子做家务，对于两位中国男性教授来说，困惑不解。吃饭的时候，两位中国男性教授与三位瑞典职业女性开始了对话。

"在你们家，担任副首相的丈夫也擦地板吗？"一位男教授好奇地问瑞典学会区域总管 K. 帕尔森，帕尔森的先生曾经担任过瑞典副首相，她点点头，答案是肯定的，"在瑞典，男人做家务是一件很普遍的事情，首相也要做家务"。

前平等部的女部长埃尼格拉尊，今年已过古稀之年，有着一头漂亮的白发，精神好极了，十分健谈，她 1960 年开始担任社会民主党议员长达 20 年，1982 年担任性别平等部部长。她说：我们家有两套大房子，常常需要打扫，丈夫自然要分担了。

男教授接着问："干家务会不会耽误他们干大事，况且，他们的工作那么繁忙。"看来做家务在潜意识中不属于工作，属于小事范畴。

帕尔森似乎从问话中已经品出了男性教授的用意和对家务劳动的渺视，性别分工背后隐含着的高低贵贱。不过，平和的瑞典女性很少使用反讽的方式针锋相对，而是擅长讲道理。她说："男女分担家务是一种责任，一个缺乏家庭责任感的人，缺少人情味的人，也很难有社会责任感，不可能关爱他人，也不可能胜任社会工作。"

男性为什么会分担家务？对于习惯了从交换价值看待劳动价值的中国人来说，很难理解瑞典男女共同承担家务的真正用意，总想从经济价值的角度来解释男性承担家务的用意。于是，一位中国女性发问：是不是瑞典的人工费太贵？瑞典学会项目总管爱尔尼拉（Eleonora）回答道：瑞典的人工费的确很贵，比如维修工搞维修，是按照时间计费的，从一出门就开始计算。似乎答案已经找到，既然家里用不起昂贵的人工，就要男性来分担了。这个似是而非的看法很快就动摇了：在西欧人工费也十分贵，怎么就没有导致男性分担家务，而是加剧了男主女从。

应该说，男性分担家务标志着社会性别观念的深刻变化，标志着一种文化上的革命。人们不是从劳动交换价值来看待家务劳动，而是从使用价值来看家务劳动价值，从责任感和爱心来看家务劳动意义，标志着男女选择性的增加，强制性的减弱。就像在美国 MBI 公司工作的跨国部门经理杨洪霞，对于丈夫从事的家务劳动作出的肯定：家务劳动也是工作，甚至比外出工作劳动量更大。她尊重丈夫的选择和劳动，而且要尽量分担家务劳动。

看到三位瑞典女性已经进入老年，依然孜孜不倦地与中国进行性别平等的交流，依然执着地推进瑞典的性别平等事业，男教授接着追问：你们持之以恒地推动性别平等的动力是什么？

帕尔森不假思索地说，做人需要有丰富的生活和多方面的体验，男人女人都有多方面的才能，促进男女的能力都能充分发挥出来，就是我们推进性别平等的最大动力。

超越性别偏见的瑞典男人

瑞典的女权主义表现得十分彻底，瑞典的男人如何评价这股日益强大的思潮？是排斥？是嘲讽？还是冷眼旁观？当我们走进他们，听到他们的声音，看到他们的举动，生发出一种发自内心的感动。

3月15日，我们在瑞典议会大厦见到了瑞典议会男性议员网络成员、议会国际部秘书库斯塔森（Gustavsson），他向我们介绍男性议员网络的情况。库斯塔森是一个中年男子，有着北欧人高大的体型，却没有通常男性的威严与冷峻。他的谈话是从介绍自己的经历开始的，似乎没有什么隐私和秘密，整个生活都可以公之于众。由此，你会感到瑞典的社会资本和信任度高，以及瑞典男性特有的反省意识。

库斯塔森告诉我们，男性议员网络的宗旨是推进性别平等，而所谓的性别平等在他看来就是男女具有同等价值，包括权利、影响力、待遇和家务分工都是基于同等价值来倡导的。过去，男性对于男女平等是跟着做，而没有积极主动地做。现在，建立男性网络是力图主动推进。他们认为许多社会问题的出现，都是与男人有关的，比如说北欧关注的买卖女性，就与男性为主体的买方市场有关，没有买方就不会有市场，而用人做交易是对于人的价值的亵渎和粗鲁的对待。

基于男女的同等价值，男性议员网络组成跨越党派的小组，提出三方面的主张：第一，反对将妇女拐卖到北欧，不赞成为了经济利益将性交易合法化；第二，反对对妇女实施暴力，在瑞典针对妇女暴力比例极高，妇女遭受暴力往往是最为熟悉的人，家并不能给女性带来安全；第三，在私营企业董事会推进性别平等，倡导董事会一半男董事一半女董事，现在遇到的问题是，在董事会人数不增加的情况下，女董事的增加势必导致男董事的减少，如果强硬地拿走男性权力，或让他自愿放弃都不容易。折中的办法是增加董事会的人数，促使男女人数相当。

稍后，我们离开了议会大厦，来到了拯救儿童中心。

提起儿童，总是与母亲联系在一起，可在这里接待我们的却是一位男性名叫凯尔门（Kelemen），年龄在三四十岁。我们感到一脸的困惑和不解，这里与性别平等究竟有什么关系？话题还是没有离开妇女的暴力，显然，这已经成为瑞典特别关注的女性话题。然而关注的角度却不同，在这里，凯尔门关注两个问题：第一，为什么施暴者绝大多数是男性？战争暴力几乎都是男性，刑事犯罪 90%—96% 是男性，对妇女暴力 100% 是男性；第二，男性的暴力倾向与儿童教育之间有什么关系？他认为在教育中常常告诉男孩子是依靠武力解决问题，真正的男人不能放弃武器，放弃武器就不是真正男人。所以，男性角色与暴力是纠结在一起的。凯尔门展示了许多男孩子玩枪弄炮的图片，有俄罗斯的、瑞典的，也有中国中学生军训的内容。他认为，要改变男人的暴力，就要改变男孩子的标准和教育，以非暴力的方式追求和平。正因为如此，1979 年瑞典的法律就规定学校禁止体罚学生。但是赞同者不到 50%，现在赞同者越来越多，已达 90%。

我们的男教授对于瑞典立法不以为然，他们说：有时孩子就是不听话，不打不解决问题。暴力合理化的倾向溢于言表。凯尔门平静而又很有原则地说：这要看培养孩子的目标是什么？是培养听话的孩子，还是有思想的孩子。显然，认识同一个问题，凯尔门更尊重儿童价值。

3月17日下午，我们兴致勃勃来到男性危机中心。这是由一些进行心理治疗的男性办起的咨询机构，主要帮助情感危机和离异男性摆脱心理危机。自从家庭暴力引起社会关注以后，心理治疗增加了治疗有家暴倾向的男性内容。接待我们的心理咨询专家卡维特（Calvert）讲到，有暴力倾向的男人往往没有完成从儿童角色到成人角色的转变，儿童角色更容易依靠情绪来处理问题，气愤反抗，而成人角色则自主自信，对自己的行为负责任，能够控制自己的情绪和冲动。我们的咨询就是引导暴力男性学会两性平等相处，培养父亲的责任感。

在瑞典，可以说，男性已经跳出了狭隘的性别利益，上升到性别公正的立场来认识和处理问题，瑞典的男女两性正在形成共同推进性别平等的合力。

附录一

深圳经济特区性别平等促进条例

(2012年6月28日深圳市第五届人民代表大会
常务委员会第十六次会议通过)

第一条 为了实施男女平等基本国策，促进性别平等、和谐发展，根据法律、行政法规的基本原则，结合深圳经济特区（以下简称特区）实际，制定本条例。

第二条 特区性别平等促进工作适用本条例。本条例未作规定的，适用相关法律、法规的规定。

第三条 本条例所称性别平等，是指在尊重生理差异基础上男女两性尊严和价值的平等以及机会、权利和责任的平等。

第四条 国家机关、企业事业单位、社会团体以及其他组织应当采取必要措施消除性别歧视，给予男女两性同等重视，保障男女两性享有同等机会，获得同等资源，得到同等发展。

第五条 本条例所称性别歧视，是指基于性别而作的任何区别、排斥或者限制，其目的或者后果直接、间接地影响、侵害男女两性平等权益的行为。但下列情形不构成性别歧视：

（一）为了加速实现男女两性事实上的平等而采取的暂行特别措施；

（二）基于生理原因或者因为怀孕、分娩和哺育，为了保护女性而采取的特别措施；

（三）法律、法规规定的其他情形。

第六条 本条例由市性别平等促进工作机构负责组织实施。具体机构编制事项由市机构编制部门另行确定。

市教育、民政、人力资源和社会保障、文化、卫生和人口计划生育等部门，应当指定专门机构或者设立促进性别平等议事协调机构，研究并组织实施促进本部门、本系统性别平等的具体工作。

第七条　市性别平等促进工作机构履行下列职责：

（一）定期监测、评估全市性别平等工作情况，发布监测、评估报告；

（二）协调相关部门实施社会性别预算、社会性别审计和社会性别统计；

（三）对本市涉及性别平等的法规、规章和规范性文件进行社会性别分析或者指导相关单位进行分析；

（四）拟定消除性别歧视的政策；

（五）受理并按照规定办理有关投诉；

（六）法律、法规规定的其他职责。

第八条　市人民政府（以下简称市政府）在编制国民经济和社会发展规划时，应当明确促进性别平等的目标和策略。

市性别平等促进工作机构可以组织编制市性别平等发展专项规划，经市政府批准后发布并组织实施。

第九条　劳动就业、社会保障、卫生保健、文化教育、规划建设、民政福利、组织人事、婚姻家庭等方面的法规、规章草案涉及性别平等内容的，起草单位应当征求市性别平等促进工作机构的意见。市性别平等促进工作机构应当就该法规、规章草案对促进性别平等的影响进行研究分析，并出具性别影响分析报告。

起草单位应当就性别影响分析报告的采纳情况，书面回复市性别平等促进工作机构。

市政府法制工作机构审查市政府各部门的规范性文件时，可以转请市性别平等促进工作机构对该文件进行性别影响分析并出具性别影响分析报告。

第十条　深圳市地方性法规、规章以及规范性文件实施后，市性别平等促进工作机构可以就其对促进性别平等的影响组织评估。

评估发现问题的，市性别平等促进工作机构应当提出修改的建议。

第十一条　性别影响分析、评估应当包括以下主要内容：

（一）男女两性平等受益，并兼顾某一性别特殊需求；

（二）对某一性别可能造成不利的差别对待、限制或者排斥；

（三）能够采取的推动消除性别歧视的直接或者间接措施；

（四）市性别平等促进工作机构认为必要的其他内容。

第十二条　市、区人民代表大会换届选举时，应当做好女性代表候选人的推荐、宣传工作。

市、区人民代表大会代表中，应当有适当数量的女性代表，并逐步提高女性代表的比例。

第十三条　市、区政府及其有关部门在提供公共服务或者建设公共场所母婴室、公共厕所等公共服务设施时，应当兼顾女性的特殊需求。

市性别平等促进工作机构认为公共服务或者设施没有兼顾男女两性特殊需求的，可以向有关单位提出予以完善的建议。有关单位应当给予书面答复。

第十四条　市教育行政部门应当建立教育内容和教学过程的性别评估机制，在教学环境、教学方式、教学内容等方面体现性别平等，消除教育领域性别歧视。

第十五条　建立行业性别平衡制度。

市性别平等促进工作机构应当会同市人力资源和社会保障部门，定期发布行业性别比例平衡指导意见，促进男女两性实质平等。

第十六条　用人单位在招聘、录用人员时，除国家法律另有规定外，不得设置性别要求，不得以性别、婚姻、生育为理由拒绝招录某一性别或者提高某一性别的招录标准。但是根据性别比例平衡指导意见以及有关法律法规的规定对某一性别采取优先、优惠措施的除外。

违反前款规定的，由人力资源和社会保障部门责令限期改正；逾期拒不改正的，处以三千元以上三万元以下的罚款。

第十七条　建立和推行社会性别预算制度。

市性别平等促进工作机构应当会同市财政部门制定并发布社会性别预算指导意见，指导各预算单位开展性别预算工作。

第十八条　市、区各预算单位应当根据社会性别预算指导意见，充分考虑本部门年度促进性别平等的工作目标、方式，做好相应的预算安排。

第十九条　市、区审计部门应当对各预算单位年度促进性别平等的预算执行情况进行审计，出具审计意见；对审计中发现的问题，应当提出处理意见和改进建议，并督促有关部门纠正。

第二十条　建立和完善社会性别统计制度。

市统计部门应当会同市性别平等促进工作机构建立社会性别统计报表制度。

市统计部门应当会同市性别平等促进工作机构发布年度本市社会性别统计报告。

第二十一条　报纸、电台、电视台等媒体应当积极宣传性别平等的法律、法规和政策。

广告不得包含性别歧视的内容。

广告监督管理机构对发布含有性别歧视内容的广告主、广告经营者、广告发布者依照《中华人民共和国广告法》的有关规定予以处罚。

广告审查机关对含有性别歧视内容的广告作出审查批准决定的，对直接负责的主管人员和其他直接责任人员，依法给予处分。

第二十二条　市性别平等促进工作机构应当定期发布反性骚扰行为指南，指导国家机关、企业事业单位、社会团体以及其他组织预防性骚扰。

第二十三条　用人单位应当采取措施制定预防、制止性骚扰，并对员工进行反性骚扰的教育。

对违背他人意愿，利用职务、雇佣或者其他便利条件，明示或者暗示使用具有性内容或者与性有关的行为、语言、文字、图像，电子信息等形式，作为录用、晋升、报酬、奖励等利益交换条件的，用人单位应当及时制止、处理。员工也可以向有关单位投诉、举报，有关单位应当及时采取措施予以处理。

第二十四条　禁止对家庭成员实施暴力。

对正在实施的家庭暴力，公安机关接到报警后，应当及时出警制止，依法处理。

家庭暴力受害人可以根据有关规定，向人民法院申请人身安全保护裁定，由公安机关协助执行。

第二十五条　家庭暴力受害人可以向公安、民政、妇女联合会、市性别平等促进工作机构等单位申请临时庇护。

市性别平等促进工作机构应当根据需要，会同市公安、司法行政、卫生、民政、妇女联合会等有关单位建立工作协调机制，为接受庇护的受害人提供法律援助、医疗救治、心理咨询等服务。

第二十六条　国家机关、企业事业单位、社会团体以及其它组织未履行本条例规定职责的，性别平等促进工作机构可以提出整改意见；拒不改正的，性别平等促进工作机构可以就有关单位履职情况向社会公布。

第二十七条　申请获得或者已经获得市、区政府或者政府部门授予荣誉称号的单位，违反本条例规定情节严重的，性别平等促进工作机构可以提请主管部门驳回申请、撤销其荣誉称号。

第二十八条　对是否构成性别歧视发生争议的，当事人可以向市性别平等促进工作机构提出申请，市性别平等促进工作机构应当就是否构成性别歧视出具意见。

第二十九条　当事人认为遭受性骚扰或者性别歧视，其合法权益受到侵害的，可以向有关主管机关投诉，也可以依法向人民法院提起诉讼。性别平等促进机构可以协助遭受性骚扰或者性别歧视的当事人依法向人民法院提起诉讼。

实施性骚扰或者性别歧视情节严重，构成犯罪的，依法追究刑事责任。

第三十条　市性别平等促进工作机构可以会同有关部门根据本条例制定具体实施办法。本条例规定罚款处罚的，市行政处罚实施机关应当制定具体处罚办法，与本条例同时施行。

第三十一条　本条例自2013年1月1日起施行。

附录二

"台湾性别平等教育法"

制定、修正日期 2004 年 6 月 4 日
公布、施行日期 2004 年 6 月 23 日

第一条 （立法目的）

为促进性别地位之实质平等，消除性别歧视，维护人格尊严，厚植并建立性别平等之教育资源与环境，特制定本法。

本法未规定者，适用其他法律之规定。

第二条 （名词定义）

本法用词定义如下：

一、性别平等教育：指以教育方式消除性别歧视，促进性别地位之实质平等。

二、学校：指公私立各级学校。

三、性侵害：指性侵害犯罪防治法所称性侵害犯罪之行为。

四、性骚扰：指符合下列情形之一，且未达性侵害之程度者：

（一）以明示或暗示之方式，从事不受欢迎且具有性意味或性别歧视之言词或行为，致影响他人之人格尊严、学习或工作之机会或表现者；

（二）以性或性别有关之行为，作为自己或他人获得、丧失或减损其学习或工作有关权益之条件者。

五、校园性侵害或性骚扰事件：指性侵害或性骚扰事件之一方为学校校长、教师、职员、工友或学生，他方为学生者。

第三条 （主管机关）

本法所称主管机关：在"中央"为"教育部"；在"直辖市"为"直辖市"政府；在县（市）为县（市）政府。

第四条 （"中央"主管机关设性别平等教育委员会及其任务）

"中央"主管机关应设性别平等教育委员会，其任务如下：

一、研拟"全国性"之性别平等教育相关法规、政策及年度实施计划。

二、协调及整合相关资源，协助并补助地方主管机关及所主管学校、社教机构落实性别平等教育之实施与发展。

三、督导考核地方主管机关及所主管学校、社教机构性别平等教育相关工作之实施。

四、推动性别平等教育之课程、教学、评量与相关问题之研究与发展。

五、规划及办理性别平等教育人员之培训。

六、提供性别平等教育相关事项之咨询服务及调查、处理与本法有关之案件。

七、推动"全国性"有关性别平等之家庭教育及社会教育。

八、其它关于"全国性"之性别平等教育事务。

第五条 （地方主管机关设性别平等教育委员会及其任务）

"直辖市"、县（市）主管机关应设性别平等教育委员会，其任务如下：

一、研拟地方之性别平等教育相关法规、政策及年度实施计划。

二、协调及整合相关资源，并协助所主管学校、社教机构落实性别平等教育之实施与发展。

三、督导考核所主管学校、社教机构性别平等教育相关工作之实施。

四、推动性别平等教育之课程、教学、评量及相关问题之研究发展。

五、提供所主管学校、社教机构性别平等教育相关事项之咨询服务及调查、处理与本法有关之案件。

六、办理所主管学校教育人员及相关人员之在职进修。

七、推动地方有关性别平等之家庭教育及社会教育。

八、其它关于地方之性别平等教育事务。

第六条 （各级学校设性别平等教育委员会及其任务）

学校应设性别平等教育委员会，其任务如下：

一、统整学校各单位相关资源，拟订性别平等教育实施计划，落实并检视其实施成果。

二、规划或办理学生、教职员工及家长性别平等教育相关活动。

三、研发并推广性别平等教育之课程、教学及评量。

四、研拟性别平等教育实施与校园性侵害及性骚扰之防治规定，建立机制，并协调及整合相关资源。

五、调查及处理与本法有关之案件。

六、规划及建立性别平等之安全校园空间。

七、推动小区有关性别平等之家庭教育与社会教育。

八、其它关于学校或小区之性别平等教育事务。

第七条　（"中央"主管机关性别平等教育委员会之组织）

"中央"主管机关之性别平等教育委员会，置委员十七人至二十三人，采任期制，以"教育部"部长为主任委员，其中女性委员应占委员总数二分之一以上；性别平等教育相关领域之专家学者、民间团体代表及实务工作者之委员合计，应占委员总数三分之二以上。

前项性别平等教育委员会每三个月应至少开会一次，并应由专人处理有关业务；其组织、会议及其它相关事项，由"中央"主管机关定之。

第八条　（地方主管机关性别平等教育委员会之组织）

"直辖市"、县（市）主管机关之性别平等教育委员会，置委员九人至二十三人，采任期制，以"直辖市"、县（市）首长为主任委员，其中女性委员应占委员总数二分之一以上；性别平等教育相关领域之专家学者、民间团体代表及实务工作者之委员合计，应占委员总数三分之一以上。

前项性别平等教育委员会每三个月应至少开会一次，并应由专人处理有关业务；其组织、会议及其它相关事项，由"直辖市"、县（市）主管机关定之。

第九条　（各级学校性别平等教育委员会之组织）

学校之性别平等教育委员会，置委员五人至二十一人，采任期制，以校长为主任委员，其中女性委员应占委员总数二分之一以上，并得聘具性别平等意识之教师代表、职工代表、家长代表、学生代表及性别平等教育相关领域之专家学者为委员。

前项性别平等教育委员会每学期应至少开会一次，并应由专人处理有关业务；其组织、会议及其它相关事项，由学校定之。

第十条　（编列经费预算）

"中央"、"直辖市"、县（市）主管机关及学校每年应参考所设之性别平等教育委员会所拟各项实施方案编列经费预算。

第十一条 （主管机关给予必要之协助、奖励及纠正）

主管机关应督导考核所主管学校、社教机构或下级机关办理性别平等教育相关工作，并提供必要之协助；其绩效优良者，应给予奖励，绩效不良者，应予纠正并辅导改进。

第十二条 （安全平等环境）

学校应提供性别平等之学习环境，建立安全之校园空间。

学校应尊重学生与教职员工之性别特质及性倾向。

学校应订定性别平等教育实施规定，并公告周知。

第十三条 （平等学习）

学校之招生及就学许可不得有性别或性倾向之差别待遇。但基于历史传统、特定教育目标或其它非因性别因素之正当理由，经该管主管机关核准而设置之学校、班级、课程者，不在此限。

第十四条 （平等待遇）

学校不得因学生之性别或性倾向而给予教学、活动、评量、奖惩、福利及服务上之差别待遇。但性质仅适合特定性别者，不在此限。

学校对因性别或性倾向而处于不利处境之学生应积极提供协助，以改善其处境。

学校应积极维护怀孕学生之受教权，并提供必要之协助。

第十五条 （职前教育、在职进修及储训课程）

教职员工之职前教育、新进人员培训、在职进修及教育行政主管人员之储训课程，应纳入性别平等教育之内容；其中师资培育之大学之教育专业课程，应有性别平等教育相关课程。

第十六条 （各委员会之组成）

学校之考绩委员会、申诉评议委员会、教师评审委员会及"中央"与"直辖市"、县（市）主管机关之教师申诉评议委员会之组成，任一性别委员应占委员总数三分之一以上。但学校之考绩委员会及教师评审委员会因该校任一性别教师人数少于委员总数三分之一者，不在此限。

学校或主管机关相关组织未符合前项规定者，应自本法施行之日起一年内完成改组。

第十七条 （课程设置及活动设计）

学校之课程设置及活动设计，应鼓励学生发挥潜能，不得因性别而有差别待遇。

中小学除应将性别平等教育融入课程外，每学期应实施性别平等教育相关课程或活动至少四小时。

高级中等学校及专科学校五年制前三年应将性别平等教育融入课程。

大专校院应广开性别研究相关课程。

学校应发展符合性别平等之课程规划与评量方式。

第十八条　（教材内容）

学校教材之编写、审查及选用，应符合性别平等教育原则；教材内容应平衡反映不同性别之历史贡献及生活经验，并呈现多元之性别观点。

第十九条　（具备性别平等意识）

教师使用教材及从事教育活动时，应具备性别平等意识，破除性别刻板印象，避免性别偏见及性别歧视。

教师应鼓励学生修习非传统性别之学科领域。

第二十条　（校园性侵害或性骚扰防治准则之订定）

为预防与处理校园性侵害或性骚扰事件，"中央"主管机关应订定校园性侵害或性骚扰之防治准则；其内容应包括学校安全规划、校内外教学与人际互动注意事项、校园性侵害或性骚扰之处理机制、程序及救济方法。

学校应依前项准则订定防治规定，并公告周知。

第二十一条　（通报及调查处理）

学校或主管机关处理校园性侵害或性骚扰事件，除依相关法律或法规规定通报外，并应将该事件交由所设之性别平等教育委员会调查处理。

第二十二条　（避免重复询问及数据保密）

学校或主管机关调查处理校园性侵害或性骚扰事件时，应秉持客观、公正、专业之原则，给予双方当事人充分陈述意见及答辩之机会。但应避免重复询问。

当事人及检举人之姓名或其它足以辨识身份之资料，除有调查之必要或基于公共安全之考虑者外，应予保密。

第二十三条　（必要处置）

学校或主管机关于调查处理校园性侵害或性骚扰事件期间，得采取必要之处置，以保障当事人之受教权或工作权。

第二十四条　（权益及各种救济途径之告知）

学校或主管机关处理校园性侵害或性骚扰事件，应告知被害人或其法定代理人其得主张之权益及各种救济途径，或转介至相关机构处理，必要时，应提供心理辅导、保护措施或其它协助。

第二十五条　（惩处）

校园性侵害或性骚扰事件经学校或主管机关调查属实后，应依相关法律或法规规定自行或将加害人移送其它权责机关惩处。

学校、主管机关或其它权责机关为性骚扰事件之惩处时，并得命加害人为下列一款或数款之处置：

一、经被害人或其法定代理人之同意，向被害人道歉。

二、接受八小时之性别平等教育相关课程。

三、接受心理辅导。

四、其它符合教育目的之措施。

第一项惩处涉及加害人身份之改变时，应给予其书面陈述意见之机会。

第二十六条　（事件说明及公布）

学校或主管机关调查校园性侵害或性骚扰事件过程中，得视情况就相关事项、处理方式及原则予以说明，并得于事件处理完成后，经被害人或其法定代理人之同意，将事件之有无、样态及处理方式予以公布。但不得揭露当事人之姓名或其它足以识别其身份之数据。

第二十七条　（建立档案及追踪辅导）

学校或主管机关应建立校园性侵害或性骚扰事件及加害人之档案资料。

前项加害人转至其它学校就读或服务时，主管机关及原就读或服务之学校应于知悉后一个月内，通报加害人现就读或服务之学校。

接获前项通报之学校，应对加害人实施必要之追踪辅导，非有正当理由，并不得公布加害人之姓名或其它足以识别其身份之数据。

第二十八条　（申请调查及检举）

学校违反本法规定时，被害人或其法定代理人得向学校所属主管机关申请调查。

校园性侵害或性骚扰事件之被害人或其法定代理人得以书面向行为人所属学校申请调查。但学校之首长为加害人时，应向学校所属主管机关申请调查。

任何人知悉前二项之事件时，得依其规定程序向学校或主管机关检举之。

第二十九条 （调查或检举不予受理之情形）

学校或主管机关于接获调查申请或检举时，应于二十日内以书面通知申请人或检举人是否受理。

学校或主管机关于接获调查申请或检举时，有下列情形之一者，应不予受理：

一、非属本法所规定之事项者。

二、申请人或检举人未具真实姓名。

三、同一事件已处理完毕者。

前项不受理之书面通知，应叙明理由。

申请人或检举人于第一项之期限内未收到通知或接获不受理通知之次日起二十日内，得以书面具明理由，向学校或主管机关申复。

第三十条 （调查小组之成立及成员）

学校或主管机关接获前条第一项之申请或检举后，除有前条第二项所定事由外，应于三日内交由所设之性别平等教育委员会调查处理。

学校或主管机关之性别平等教育委员会处理前项事件时，得成立调查小组调查之。

前项小组成员应具性别平等意识，女性人数比例，应占成员总数二分之一以上，必要时，部分小组成员得外聘。处理校园性侵害或性骚扰事件所成立之调查小组，其成员中具性侵害或性骚扰事件调查专业素养之专家学者之人数比例于学校应占成员总数三分之一以上，于主管机关应占成员总数二分之一以上；双方当事人分属不同学校时，并应有申请人学校代表。

性别平等教育委员会或调查小组依本法规定进行调查时，行为人、申请人及受邀协助调查之人或单位，应予配合，并提供相关数据。

行政程序法有关管辖、移送、回避、送达、补正等相关规定，于本法适用或准用之。

性别平等教育委员会之调查处理，不受该事件司法程序进行之影响。

性别平等教育委员会调查处理时，应衡酌双方当事人之权力差距。

第三十一条 （调查延长及书面报告）

学校或主管机关性别平等教育委员会应于受理申请或检举后两个月内完成调查。必要时，得延长之，延长以二次为限，每次不得逾一个月，并应通知申请人、检举人及行为人。

性别平等教育委员会调查完成后，应将调查报告及处理建议，以书面向其所属学校或主管机关提出报告。

学校或主管机关应于接获前项调查报告后两个月内，自行或移送相关权责机关依本法或相关法律或法规规定议处，并将处理之结果，以书面载明事实及理由通知申请人、检举人及行为人。

学校或主管机关为前项议处前，得要求性别平等教育委员会之代表列席说明。

第三十二条　（申复）

申请人及行为人对于前条第三项处理之结果有不服者，得于收到书面通知次日起二十日内，以书面具明理由向学校或主管机关申复。

前项申复以一次为限。

学校或主管机关发现调查程序有重大瑕疵或有足以影响原调查认定之新事实、新证据时，得要求性别平等教育委员会重新调查。

第三十三条　（重新调查另组调查小组）

性别平等教育委员会于接获前条学校或主管机关重新调查之要求时，应另组调查小组；其调查处理程序，依本法之相关规定。

第三十四条　（提起救济之规定）

申请人或行为人对学校或主管机关之申复结果不服，得于接获书面通知书之次日起三十日内，依下列规定提起救济：

一、公私立学校校长、教师：依教师法之规定。

二、公立学校依公务人员任用法任用之职员及"中华民国"七十四年五月三日教育人员任用条例施行前未纳入铨叙之职员：依公务人员保障法之规定。

三、私立学校职员：依两性工作平等法之规定。

四、公私立学校工友：依两性工作平等法之规定。

五、公私立学校学生：依规定向所属学校提起申诉。

第三十五条　（事实认定之依据）

学校及主管机关对于与本法事件有关之事实认定，应依据其所设性别平等教育委员会之调查报告。

法院对于前项事实之认定，应审酌各级性别平等教育委员会之调查报告。

第三十六条　（罚则）

学校违反第十三条、第十四条、第二十条第二项、第二十二条第二项或第二十七条第三项规定者，应处新台币一万元以上十万元以下罚款。

行为人违反第三十条第四项规定而无正当理由者，由学校报请主管机关处新台币一万元以上五万元以下罚款，并得连续处罚至其配合或提供相关资料为止。

第三十七条　（施行细则）

本法施行细则，由"中央"主管机关定之。

第三十八条　（施行日）

本法自公布日施行。

附录三

我国百年性别政策演变轨迹

李慧英

中国推进妇女解放政策，起步于 1898 年的戊戌维新，在民国时期初步形成了一整套男女平等的立法，而后进入全面创立男女平等立法及政策实施的社会主义时期。这些立法政策的发展脉络是什么？背后暗含的理念是什么？是怎样运作出台的？在历史上有什么特点？如何评价和认识性别平等政策？是此文要探讨的主要内容。

一 妇女解放政策的起步（1898—1911 年）

鸦片战争以来，闭关锁国的中国不得不打开国门，东西两块相互隔绝的版图和文化开始正面接触和碰撞，中西文化的冲突和交融由此拉开了序幕。那是一个充满亡国之痛的时代，是一个面向世界走向开放的时代，也是一个探索社会变革的时代，更是新旧力量和思潮角力的时代。1840 年以来，西方列强与中国正面交锋和武力冲突。应当说武力交锋是各国经济实力的角力，而经济实力的背后则是政治制度的较量。坚持皇权和专制独裁的晚清政府，一方面不断侵吞国库资财，导致国家积贫积弱，无力与列强抗衡，一方面晚清政府对外表现得极其软弱无能，连连失败，不断签订丧权辱国条约，或者是进行战争赔款，或者是割让中国版图和领土。中华民族面临着被列强瓜分、宰割的局面。此时，一批批仁人志士包括清政府内部的革新者都在探索救国保种之路，救国图强的民族主义成为 19 世纪后半期中国社会的主旋律。

中国的妇女解放政策就是在这样的社会背景中起步的，在 1898 年的戊戌变法中，由清朝德宗皇帝颁布了第一个推进妇女解放的规定：禁缠足、兴女学。这是从中国周代剥夺妇女教育权利以来第一次在制度的层面上对女性教育的倡导和肯定。值得注意的是，这一政策背后的理念并不是基于权利，而是基于强国保种，拯救中华民族于危难之中。推进妇女政策出台的主要力量是维新变革的男士，尚未接受教育的女性群体还无法代表自身的利益争取权利。维新人士认为：欲救国，必先救种，欲救种，先去其害种者，缠足就是害种者。欲强国，必兴女学，母教之本，必自学校始。在这里强国与母职联系在一起，因为母亲要生育后代，后代的强健依靠母亲强健，因为母亲要教育后代，母亲只有先受教育，才能教育后代。真可谓：天下兴亡，母亲之责。妇女与母亲是划等号的，从母亲教育子女的职能来界定妇女的价值，是当时对于妇女作用的认知。至于，妇女是否可以拥有受教育的权利，假如她不结婚不做母亲是否还要受教育，几乎不在国家政策考虑的范围之内。所以，中国妇女解放政策的起步，与西方国家的一个明显不同，是基于救国保种的民主主义，而不是人的基本权利。

晚清妇女政策的建立，可以说是晚清政府对于维新变革所做出的一种积极回应。鸦片战争之后，已有传教士在中国设立了教会学校，具有维新思想的人士也纷纷要求兴办学校。新政施行后，由于经费不足的问题，清政府只好把兴办学校的权力下放，同意官员捐资办学以及民间集股办学。1897年梁启超在上海创办女学，1898年经元善在上海创办"经正女学"。私人办学包括办女学在中国出现了。维新派康有为1898年给光绪帝上了奏折，要求维新变法、禁止缠足、兴办女学。维新变法的很多内容都被晚清政府封杀了，只有禁缠足、兴女学保留下来。光绪帝于1898年8月13日发出上谕："命各省都督劝诱禁止妇女缠足"，倡导兴办女学。1907年3月8日，学部奏颁了《女子小学堂章程》和《女子师范学堂章程》，规定女子小学堂分初、高两等，休业年限各为四年，女子师范学堂亦为四年，自是女子教育开始取得了合法的地位和权利，在学制上为男女两性双轨制。1911年4月，又规定初等小学堂"准男女同学"，开了中国近代男女合校教育的先端。

应当说，中国妇女解放政策是从禁缠足、兴女学开始的，它的起点很低，是以救国图存的民族主义为指导思想，尚未涉及女性在家庭婚姻、教育、经济、政治上与男性的平等权利。男女权利平等的提出，需要两个条件：其一，要推翻皇权建立共和，人民享有普选权。当君权神授的时候，人民只能是臣民，而不能享有参政议政权利。其二，公民争取到的参政议政权利不能仅仅归属男性,还要女性平等地分享。

进入20世纪初期,中国女权主义伴随民权主义开始产生,女性知识分子成为女权主义的倡导者。1903年,中国最早的妇女组织"共爱会"在日本东京成立。1905年,中国同盟会在东京成立,据统计,参加同盟会的女知识分子有200多人。她们利用女报传播平权思想,秋瑾1907年创办《中国女报》,同年燕斌创办《中国新女界杂志》。她们组成中华民国女子参政同盟会,提出九项政纲:男女平权之实现;女子教育之普及;家庭妇女地位之向上;一夫一妇主义之实行;自由结婚之实行与无故离婚之禁止;妇女行业之励行;蓄妾及妇女买卖之禁止;妇女政治地位之确立;公娼制度之改良。① 在这里,妇女权利已经大大地扩展了,秋瑾概括为五个方面:第一,要求实现男女平等;第二要求婚姻自由;第三,反对女子缠足;第四,提倡女学和女子经济自主;第五,主张妇女走向社会,参与国事。

武昌起义爆发后,各界妇女积极支援革命党与清政府的斗争。一时间,要求参军者、组织救护团上前线者、捐款捐物以充军资者、深入民众宣传革命者层出不穷,其心之热诚、态度之踊跃,很多男子都远远不及。像浙江女子国民军、女子北伐光复军、上海女子军事团、广州女子北伐队、女子尚武会等,都直接参加了军事行动;而女医生张竹君组织的赤十字会在北伐战场上救助了伤员1300余人,得到了"中国的南丁格尔"的称号。其他阶层的妇女也不甘落后,她们组织了女子后援会、女子协赞会、女子劝捐会等团体,为北伐军征集钱物,贵妇人和下层劳动妇女都有参加。妓女群体也组织了中华女子侦探团养成所,为革命派的军队探听情报。不止如此,还有中华女子国民银行、中华爱国妇女会这些实业机构,意在实业救国。这些女权主义女性期望着通过民国革命胜利,促成男女平权的实现。

二 男女平权政策从缺失到确立(1911—1949年)

1911年,孙中山先生领导的革命党推翻了封建王朝,开始尝试建立民主共和国。这个时期的政策和立法经历着男性中心向男女平权的艰难

---

① 沈智:《辛亥革命时期的女知识分子》,《上海社会科学院学术季刊》1991年第4期。

转变。

(一) 民国革命胜利与女权梦想的破灭

1911年孙中山先生领导的辛亥革命终于取得胜利,推翻了帝制,尝试建立以宪政为核心的共和政体,赋予公民参政议政的权利,由公民投票选举产生国会议员,组成议会作为最高权力机构,政府内阁要接受议会的监督和制约。这是中国历史上相当深刻的政治革命,这场革命的意义之深远至今仍然发挥民主政治启蒙的作用。然而,参政议政的权利只赋予了男性,而将女性排除在外。换句话说,辛亥革命并没有带来男女平等,性别歧视的胎记深深地刻印在民国时期的立法规定中。

1912年,中华民国临时政府在南京成立,孙中山任临时大总统,颁布了民国第一部约法,目的是约束政府的权力,依照法律选举议员。在民国元年《约法》第五条规定:中华民国人民一律平等,无种族、阶级、宗教之别。性别未被列入其中。《约法》第十二条:人民有选举与被选举之权。但民国元年颁布的《省议员选举法》却规定:凡有中华民国国籍之男子,年满25岁以上者,得被选举为省议会议员;凡有中华民国国籍之男子,年满20岁以上者……有选举议会会员权。《众议院议员选举法》《参议院议员选举法》也是明文写出"男子",将女性排斥在外。

1912年4月以后,孙中山让位,袁世凯继任总统,选举权与被选举权依然为男子独享。袁世凯政府声称:女子参政不适合女子生理及本国国情,女子以生育为其唯一天职。[①] 在公职权中,女性权利受到限制,1916年司法部公布的《修正律师暂行条例》规定:律师应具备下列条件:中华民国之人民满20岁以上男子,而且在民国法律财产继承权上沿袭了《清律》以男嗣为限继承财产的规定。[②] 历史事实表明,民权的获得并不等同于女权的拥有,从民权走向男女分享权利还有一段艰难的路程。在1900—1930年,推动男女平等进入立法主要有三股力量,它们尽管有不同的政治主张,却在推进女性分享权利方面取得一定程度的共识,相互支持与合作。

[①] 马庚存:《民国初年新旧势力较量中的妇女运动》,《青岛大学学报》1991年第3期。
[②] 转引自刘宁元主编《中国女性史类编》,北京师范大学出版社1999年版,第175页。

（二）推动男女平权的三股力量

第一股力量：觉醒的知识女性群体

1900 年以来，中国女性知识分子开始出现，她们既是兴办女学的受益者，也是促进男女平等的中坚力量。这里包括女权勇士秋瑾、唐群英，革命者向警予、邓颖超等共产党人，国民党左派何香凝、宋庆龄等，她们的家庭背景不同，她们留学的国度不同，甚至她们有着不同的政治理想，然而她们在男女平等方面目标接近：争取男女平等的权利——参政议政权、婚姻自主权、平等继承权、社会公职权、平等教育权。她们的斗争策略是：利用现有的民主政治制度提供的条件和空间，结成各种妇女社团，形成社会压力集团，提出修改法律的议案，要求立法院修改法律。于是，与民权运动相伴随，女权运动风起云涌。以妇女参政权为例，从 1912 年开始，历经三次在历史上产生强烈影响的妇女参政运动，直到 1930 年才取得胜利。

第一次是在民国元年的法律刚刚公布，唐群英便联合中国女界组成女子参政同盟会，提出"男女平等、实行参政"的宗旨，提出在《临时约法》上规定男女平等和女子选举权。女子参政组织"女子参政同志会"派代表林宗素拜会孙中山，在得到孙中山"将来必予女子以完全参政权"的支持后，将谈话内容通过报界公布于众。然而孙中山此举立刻招来同盟会其他成员的一片指责，章炳麟、宋教仁、胡汉民等对女子参政都表示不赞同，女权参政抗争受挫。

第二次是 1921—1923 年，此时，以高校女生为主体，组成女子参政协进会和女权运动同盟会，上书参众两院，要求在宪法上规定男女享有参政等平等的权利，在民法上重新修订"继承权""财产权""行为权"等条款，1923 年 4、5 月间两次在国会正式提出讨论，终因男权力量强大而未获通过。

第三次是 1924 年，这是政治党派与各界妇女的联合。是年，孙中山提出组织国民会议的利益代表，敦促政府召开国民会议，在共产党的倡导下，向警予、邓颖超、何香凝等联合女界组成女界国民会议促成会，要求参加国民会议，提出男女在政治、经济、教育、职业上的权利平等和人格平等等 7 项要求，将争取女权与民权结合起来。

在 20 世纪上半叶争取男女平权的过程中，知识女性发挥了极其重要的作用，她们始终坚持女权，不遗余力地追求男女平等，是中国社会争取两性平权的中坚力量。

第二股力量：主张男女平等的中国共产党

中国共产党1921年创立，这是一支以马克思主义为指导思想，以苏俄社会主义制度为理想模式，以反帝反封建反资本主义、消灭私有制实行无产阶级专政为使命的政党，它鲜明地主张男女平等，同时将工人阶级、农民阶级以及劳动妇女作为依靠的主要力量。在20世纪20年代，中国共产党建党的第一个十年，倡导并推行一系列的妇女解放主张，成为社会变革的积极政治力量。

第一，主张妇女解放，倡导男女平等。

从中国共产党的二大、三大、四大关于妇女运动的决议以及有关领导讲话中，可以清晰地看到，党对于男女平权的鲜明立场。1922年7月，中共二大形成了共产党的第一个《关于妇女运动的决议》，二大决议提出帮助妇女获得普选权及一切政治上的权利与自由，保护女工及童工的利益，打破旧社会一切礼教习俗的束缚。1923年6月中共三大召开，1925年1月中共四大召开，在《对于妇女运动之议决案》中提出男女教育平等、职业平等、工资平等、平等的财产权、继承权、结婚离婚自由、社交自由、母性保护等。在这里，男女平权成为中共妇女运动的基调。1924年，中国共产党提出召开国民会议，并向大会提出了包括"妇女在政治上、法律上、经济上、社会地位上，均应与男子享平等权利"在内的十三条要求，从而团结了大批进步女知识分子和女工。国民会议运动的浪潮激励了妇女界，上海、天津、广东等地纷纷成立女界国民会议促成会，形成了争女权与争民权有机结合的第一次大规模的妇女参政活动。

共产党倡导的男女平权，与中国早期的女权主义又不尽相同。后者与前者最大的不同在于，后者侧重于民权与女权的联系，并不反对资本主义制度。前者强调私有制是妇女受压迫的根源，将男女平等与推翻资本主义制度联系在一起。所以，强调建立以苏俄模式为理想的新型社会制度。对于在赤裸裸的金钱关系中实现男女平等深表怀疑甚至否定。中共二大在《妇女运动决议》案中指出：在资本主义制度之下妇女是得不到解放的。她们不但成为资本家用以操纵劳动市价更廉贱的生产奴隶，并且负担资本主义社会组织中家庭和母性的负担。现在妇女在世界上开始得着解放地位的，就只有苏维埃俄罗斯。他们业已在实际上参与改造社会的工作，与男子毫无区别。如共产团、公共洗濯场、儿童养育院等都渐在建设之中，以图根本解除妇女家庭的奴隶地位。可见妇女们在无产阶级专政之下五年功夫所得的自由和平等，远过于妇女们在欧洲资产阶级专政之下经过一世纪奋斗的结果。这便可证明妇女解放要在社会主义的社会，才得完全实现。消灭私有制建立社会主义制度，才能使妇女获得彻底解放。争取妇女各种权利的努力"不过为达到完全解放目的必须经过的驿站，在私有财产制度之下，妇女的真正解放是不可能的"①。在共产党的四大会议上，第一次提出了私有制是妇女受压迫根源的观点。并且要求将实现男女平权作为近期目标之一，将消灭私有制建设社会主义制度作为远期目标，争取近期目标要与远期目标相结合。

第二，工农劳动妇女是妇女运动的主体。

在中国共产党看来，无产阶级革命运动依靠的阶级力量是工农，工农一半是妇女，工农妇女成为妇女运动的主要依靠力量。毛泽东在1929年指出，"妇女占人口的半数，劳动妇女在经济上的地位和她们特别受压迫的状况，不但证明妇女对革命的迫切的需要，而且是决定革命胜败的一个力量"②。所以，共产党推进的妇女运动，不仅限于城市，还深入到农村，关注到农村妇女的权利和利益。1928年7月，中共六大通过的《妇女运动决议案》提出，要发动农妇"应直接提出关于农妇本身利益的具体要求，如继承权、土地权、反对多妻制、反对童养媳、反对强迫出嫁、离婚权、反对买卖妇女、保护女雇农的劳动"。应当说，注重发动城市女工和农村妇女，是中共妇女运动独到之处。这一运动使中国的妇女解放运动触及到封建势力最顽固的农村，触及到农村的宗法家族势力，成为中国妇女解放历史上不可忽视的也颇值得反思和探讨的一部分。

中共三大关于妇女运动的决议指出，"在去年的蓬勃罢工运动之中，已表现劳动妇女在阶级斗争之中之重要与意义"；四大决议更鲜明地提出，"本党妇女运动应以工农妇女为骨干……使工农妇女渐渐成为妇女运动中的主要成分"，显示了在妇女运动中，党的主要依靠力量是工农劳动妇女。1926年，党的四届三中全会关于妇女运动的决议预见到农妇运动

---

① 中华全国妇女联合会妇女运动历史研究室编：《中国妇女运动历史资料1921—1927》，人民出版社1986年版，第30页。
② 中华全国妇女联合会编：《毛泽东周恩来刘少奇朱德论妇女解放》，人民出版社1988年版，第30页。

"在中国妇女运动中一定要占一个很重要的位置",要求各地"开始严重注意这个问题",并"开始准备做农妇工作的人才"。特别是国共两党发生内战,共产党转移到农村,强调农村妇女作为阶级基础,成为中国共产党领导的妇女运动的突出特点。六大决议认为,"为有系统的在农妇中工作起见,必须在农民协会中组织妇女委员会",召集"农妇代表会","必要时,可以召集关于妇女的各种讨论会议",将农妇中"最觉悟的分子吸收入共产党",并提出为了培养妇女干部,"在党的与一切职工会的学校、训练班中,都应当吸收一定百分比的妇女",这是在党的文献中最早出现的保证女性比例的提法。六大决议还提出了"妇女运动群众化"的问题,认为只有把基础建立在工农妇女群众之中,才能真正群众化。

第三,必须结成妇女运动联合战线。

毫无疑问,共产党领导的妇女运动主要依靠工农妇女,但在不影响长远目标的前提下,不排除其他阶层的妇女参加女权运动,而且主张全国妇女运动大联合。特别是在国共合作时期,联合各个派别的妇女建立联合战线,成为中国共产党扩大妇女运动的策略之一。1923—1926 年,国共两党第一次合作,中共三大 1923 年 6 月在广州召开,会议决议除充分肯定劳动妇女运动的作用外,还提出了"全国妇女运动的大联合""打倒军阀、打倒外国帝国主义"的口号,以联合全国妇女参加国民革命运动。在三大提出的"全国妇女运动的大联合"的方针指导下,党领导的妇女组织努力争取和团结各地女权运动组织,扩大各界妇女的革命联合。党的四大决议延续了这一思想,要求资产阶级、小资产阶级的妇女运动投入到反帝反军阀的斗争中去,使之成为民族解放运动的一部分。1926 年 9 月,党的第四届中央执行委员会第三次全体(扩大)会议通过的《关于妇女运动议决案》,重申了同各种派别的妇女建立联合战线是"很重要的问题",并提出要多注意妇女本身的利益,尊重其他妇女团体的主张,加强各界妇女的团结。从而,使得 20 世纪 20 年代的妇女运动迅速发展并不断壮大,为 20 世纪 20 年代末 30 年代初男女平权进入立法奠定了社会基础。

第三股力量:逐渐转变性别立场的国民党

国民党创建于 1912 年 8 月,由同盟会、统一共和党、国民公党、国民共进会、共和实进会组成,起初,国民党中的核心成员并不赞成妇女参政。1919 年和 1922 年孙中山改组国民党。1923 年在孙中山的"联俄、联共、扶助农工"的主张下,国民党与共产党第一次合作,接受了国际共产主义运动中的部分性别平等主张,开始倡导男女平等,成为性别平等的又一支推动力量。

1. 提出男女平权的一系列主张

从 1924 年开始,国民党开始倡导男女平权,内容越来越具体,乃至逐渐注意到农工妇女。1924 年 1 月,国民党在《一大宣言》中首次提出,"于法律上、经济上、教育上、社会上确认男女平等之原则,助进女权之发展"。[1] 1926 年 1 月,国民党二大《妇女运动决议案》规定,"各职业机关开放",并"开放各行政机关,容纳女子充当职员""切实提高女子教育",以及"注意农工妇女教育",并提出了"男女教育平等"的口号。[2] 国民党二大通过的《工人运动决议案》规定,"保护童工、女工。禁止十四岁以下之儿童作工,并规定学徒制。女工在生育期内,应休息十六日,并照给工资","例假休息照给工资"。[3] 二大通过的《妇女运动决议案》中也规定"女子有财产继承权",并规定"根据同工同酬、保护母性及童工的原则,制定妇女劳动法",还提出了"男女职业平等""男女工资平等"的口号。[4] 1926 年 10 月,第二届中央执委会及各省区联席会议通过决议案,确立了"凡服务各机关之妇女,在生育期间应给予两个月休息,并发薪金",以及"制定劳动法,以保障工人之组织自由,及罢工自由,并取缔雇工过甚之剥削,特别注意女工童工之保护","例假休息照给工资"等项原则。规定"妇女在法律上、政治上、经济上、教育上及社会上一切地位与男子有同权制"。[5]

2. 在国民党内建立妇女机构,使妇女运动机制化

国民党一大后在中央执行委员会设立了妇女部,第一任部长是曾醒,但很快辞职,最后由何香凝担任部长。接着,国民党在上海、北京、汉口三个特别区执行部中设立妇女部,以后国民党各级党部均设立妇女部作为妇女运动的领导机构,由此形成了一个较完整的组织系统,并成为国共合作妇女联合的组织形式。国民党内的女党员中也有一些是以个人身份参加

---

[1] 荣孟源主编:《中国国民党历次代表大会及中央全会资料》(上),光明日报出版社 1985 年版,第 22 页。

[2] 同上书,第 137 页。

[3] 同上书,第 128 页。

[4] 同上书,第 137 页。

[5] 同上书,第 285—287 页。

国民党的中共党员。由于何香凝的出色领导，在国民革命运动中，逐步将妇女组织起来。

国民党各级妇女部建立后，逐渐开始了一系列有组织有系统的活动。1924年10月，国民党中央妇女部为谋求妇女运动的发展，又设立了一个妇女运动委员会。她们着眼于发动各阶层妇女（包括知识妇女、家庭妇女和女工、农工妇女等）参加反帝反封建的国民革命运动，并把妇女自身解放同整个民族的解放斗争结合起来。其中，最突出的一次行动是首次在中国公开纪念"三八"国际妇女节。1925年3月8日上午，何香凝和曾醒先后发表演说，大会的口号有："解放妇女所受资本制度的压迫，要求妇女劳动权、平等教育权、平等工价权、女子参政权及一切妇女应得之权，排除纳妾及一夫多妻制度，要求女工保护、生育保护、儿童保护的立法、八小时工作，排除买卖女子为婢的习惯、排除童养媳的习惯、废除娼妓制度。"由于这些口号与妇女切身利益相关联，颇能激发广大妇女的热情。

1926年1月，国民党二大通过的《妇女运动决议案》明确提出，"妇女运动之方针，领导妇女群众参加国民革命外，同时尤应注意妇女本身的解放"，并主张"设立妇女运动讲习所，以造就从事妇女运动的人才"。[①] 1928年，国民党内部组织发生变化，妇女部与农民、个人、商民、青年四部同时取消，另设民众训练委员会。

国民党倡导并推进男女平权，其意义在于，在北伐战争胜利之后，国民党由在野党成为执政党，可以直接影响国家的立法。

在三种力量的联合推动下，确立男女平等的国家立法开始出现。

（三）第一次确立男女平权的国家立法

20世纪30年代，在中国男女平等的立法上是值得纪念的时期。1930年10月中华民国颁布了《约法草案》，1931年5月颁布《约法》。1930年12月颁布《民法》，1931年施行。在这里，史无前例地确定了男女平权的国家立法。《民法》规定：没有男女、宗教、阶级之分别，法律上一律平等。从立法上的性别歧视转向性别平权，是中国社会政策上的一个历

[①] 荣孟源主编：《中国国民党历次代表大会及中央全会资料》（上），光明日报出版社1985年版，第137页。

史性的进步。由此，中国的性别平等立法得以确立。这对于有着两千多年男尊女卑性别制度的国家，是一件异乎寻常、颠覆传统性别制度的事情，具有里程碑的意义。

由此，在选举与被选举权中，女性第一次作为公民同男性一样享有选举权与被选举权。1930年10月《中华民国约法草案》规定："人民依法律有选举及被选举之权"；"人民依法律有担任公职之权"。① 早期女权主义的梦想终于实现，女性有了参政议政的权利，而限制女性参政的规定得以废止。

确定了男女教育平等的权利。《中华民国训政时期约法》规定，"男女教育之机会，一律平等"。而且，在约法草案中提出六年义务教育的主张。1930年10月，《中华民国约法草案》提出，"中华民国人民凡及学龄之男女儿童，至少使受六年之基本教育"；"基本教育不收学费"。② 《中华民国训政时期约法》规定"已达学龄之儿童，应一律受义务教育"，"未受义务教育之人民，应一律受成年补习教育"。③ 此时，国民政府已经意识到政府对于国民基础教育方面的责任，而要履行这一责任，需要国民政府在教育上有适当比例的财政投入，从而保障国民享有六年义务教育，否则就会使法定权利画饼充饥，不能转变为实际权利。

确定了男女都有继承财产的权利。1926年1月，国民党二大明文规定：女子有财产继承权，当时的最高法院和司法院只承认未嫁女子和与夫离异，留居父母家中女子享有财产继承权，出嫁女子无财产继承权。直至1929年4月27日，司法院才正式规定：女子不分已嫁未嫁，应与男子有同等财产继承权。1930年国民政府法制局颁布《继承法草案》，《继承法草案》第八条规定：关于遗产之继承，不问男女。《民法》第五编第1144条规定：配偶有相互继承遗产之权，已嫁女子及亲女在法律上与男子有相等的继承权。④ 此时，国民政府关于男女平等立法面临三大问题：

第一，婚姻制度上保留相当多的父权制规定，男女平等在原则上与具体规定上有着明显的距离。一方面，民国立法已经开始倡导男女平

---

① 荣孟源主编：《中国国民党历次代表大会及中央全会资料》（上），光明日报出版社1985年版，第856—861页。
② 同上书，第875页。
③ 同上书，第945—949页。
④ 刘宁元：《中国女性史类编》，北京师范大学出版社1999年版，第177页。

等，如《民法》规定：承认男女平等、婚姻自主，妇女有姓名权；一方面，依然以法律的形式保留着从夫居和从夫姓：婚后妻子必在己姓前冠以夫姓，妻子婚后以丈夫之居处为居处，妻子应将原有财产归丈夫统一管理。在私人领域，已婚女性不能选择自己的居住地，不能管理自己的原有财产，也不能保留原有的父姓，否则都属于违法。明显体现出夫权至上的原则。

甚至，在重婚方面男女依然不能拥有平等权利。1931年在民法刑法中规定：有夫之妇与人通奸者处二年以下有期徒刑。男女有着双重法律标准。由此，引起20世纪30年代争取民法刑法男女享有平等权利的运动。1931年5月，国民政府召开国民会议。南京妇女团体为此召开全国妇女团体代表联席会议，成立提案委员会，将修改民法刑法中男女不平等条款的提案上呈立法院。1932—1933年，妇女共鸣社、妇女救济会等再次向立法院递交呈文，提出对重婚者加重刑罚；将有夫之妇改为有配偶，增纳妾罪。直到1934年11月29日，立法院终于通过了妇女界提出的改为"有配偶"的条款①。反思这种婚姻立法上的不彻底性，与立法者的阶级地位密切相关。国民时期的立法者往往是有权有钱的男性阶层，他们实际上是一夫多妻制的最大受益者，而妇女要求平等权利，是对于他们已经享有的特权的剥夺。所以，利用制定立法的权力，千方百计保护已有的夫权婚姻制，就成为一种权力的较量。在这种较量中，当妇女力量越来越不能忽视的时候，立法者才不得不作出让步。

第二，国民政府的立法与国民党的决议相比有所收敛。考察国民党的妇女运动决议以及后来的立法规定，会发现前者更加富于改革创新，后者更为谨慎保守。在争取劳动权益保护方面，早在1926年，国民党二大通过的《工人运动决议案》就规定，"保护童工、女工。禁止十四岁以下之儿童作工，并规定学徒制。女工在生育期内，应休息十六日，并照给工资"，"例假休息照给工资"。② 二大通过的《妇女运动决议案》中也规定"女子有财产继承权"，并规定"根据同工同酬、保护母性及童工的原则，制定妇女劳动法"，还提出了"男女职业平等""男

---

① 刘宁元：《中国女性史类编》，北京师范大学出版社1999年版，第175页。
② 荣孟源主编：《中国国民党历次代表大会及中央全会资料》（上），光明日报出版社1985年版，第128页。

女工资平等"的口号。① 1926 年 10 月，第二届中央执委会及各省区联席会议通过决议案，确立了"凡服务各机关之妇女，在生育期间应给与两个月休息，并发薪金"，以及"制定劳动法，以保障工人之组织自由，及罢工自由，并取缔雇工过甚之剥削，特别注意女工童工之保护"，"例假休息照给工资"等项原则。② 1929 年 3 月，在国民党第三次全国代表大会上，各省市妇女协会代表唐国桢等向联席会议提交了制定妇女劳动法等项提案。

但是，到 1930 年，国民约法草案已经看不到这些具体明确的规定，而是极为笼统的说法。《中华民国约法草案》规定，"妇女儿童从事劳动者，应量其体质年龄及特别情形，予以适当之保护"。③ 1931 年，《中华民国训政时期约法》重申了这一规定。在这里，保护什么，怎样保护，都显得模糊而不确定。早先，在国民党决议中非常具体的妇女权利规定已经看不见了。何以至此？民国政府立法上的收缩意味着有产者对于自身利益的维护，因为维护妇女利益，是需要有产者出让自己的利益，作出一定的让步和妥协，不妥协的办法就是首先不让牺牲有产者利益的规定进入立法。所以，能否在立法中确立维护妇女利益的规定，是不同力量较量的结果。

第三，民国政府的消极被动性与妇女团体的能动性。应当看到，1930 年代是国民政府男女平等部分立法的确立时期，国家法律开始赋予女性参政权、教育权、继承权等法定权利。但是，民国政府在履行男女平等责任时，却表现得消极被动，几乎没有采取积极的措施。民国的立法承诺了六年义务教育，政府却没有任何财力支持和投入，读书是有钱人的权利，穷人读不起书，特别在农村文盲比比皆是，妇女文盲更是数不胜数。而且，对于妇女参政没有任何积极措施，能够参与公共事务管理的女性在民国政府中凤毛麟角，1940 年在第一届国民参政会上有女参政员 10 名，占参政员总数的 5%。而且，女性进入机关任职员受到阻拦，男女机会平等难以兑现。

与此同时，有限的妇女参政代表却注意到女性利益的表达，她们利用

---

① 荣孟源主编：《中国国民党历次代表大会及中央全会资料》（上），光明日报出版社 1985 年版，第 137 页。
② 同上书，第 285—287 页。
③ 同上书，第 876 页。

当时的民主政治提供的一定空间，不断争取自身的权利，成为20世纪三四十年代的积极力量，推动立法反性别歧视。邓颖超在第一届国民参政会上提出：女参政员不仅要代表人民的意见，尤其要替最受压迫的各界妇女大众说话，成为妇女大众的喉舌；女参政员在提交议案时，应注意到妇女的议案。在一届二至五次会议上，女参政员提出《请政府普遍设立托儿所以便利全国妇女参加抗战建国之需要案》《请中央切实改进女子教育以适应抗战建国之需要案》《请政府通令全国各机关不得禁用女职员案》等，在第二届国民参政会二次会议上，女参政员吴贻芳等人提交《请政府命令各机关不得藉故禁用女职员，以符男女职业机会均等之原则案》《请政府明令警官学校及警政训练班招收女生，以符男女职业教育机会平等之原则案》，获得会议通过，并得到一定程度的实行。①

此时，中国共产党却在根据地进行关于男女平等的另外一种道路的探索和实践。

（四）根据地男女平等立法与措施

需要指出的是，当中华民国男女平等的立法确立时，国民党与共产党已经形成势不两立的政治派别，开始内战。共产党转到农村建立根据地，与当时的民国政府分庭抗礼，建立中华苏维埃共和国，在20世纪20年代末到30年代初的立法中也提出男女平等的一系列规定，以便实现中国共产党领导的长远目标。对于中华人民共和国成立以后的立法产生了很大的影响。

第一，工农妇女享有参政议政权利。

1931年，《中华苏维埃共和国宪法大纲》明确规定了男女平等的选举权和被选举权：凡16岁以上工农兵劳苦民众不分男女种族宗教皆享有选举权和被选举权。保证彻底实行妇女解放为目的，实行各种解放妇女的办法。在这里，阶级性被凸显出来，在强调依靠工农劳苦大众的前提下，倡导男女政治权利平等，联合各种民主力量的说法已经被阶级论取代，资产阶级和地主阶级成为革命的对象。

享有选举权与是否行使选举权是两个不同的概念。在苏维埃选举中，农村妇女一开始对于行使选举权并不踊跃。为了使选举具有广泛的群众基

---

① 中华全国妇女联合会：《中国妇女运动史》，春秋出版社1989年版，第439页。

础，中共中央组织局要求各级党部组织妇女进行选举，同时要求有一定的妇女代表比例。"经过女工农妇代表会来切实动员，必须达到妇女代表占25%的任务"（《红色中华》1933年9月21日）。此后，各地党组织纷纷召集妇委书记联席会议和女农工妇代表大会，动员妇女参加选举，使许多地方的选民达到90%以上。经过广泛动员，多数乡苏维埃的妇女代表达到25%。

早在20世纪30年代初的革命根据地创建初期，共产党就开始探索以规定比例的方式来保障妇女参政的问题。1930年湖北省委通过的《妇女运动草案》中提出，"从乡苏维埃直至县或省苏维埃，应有一定百分比妇女代表参加"。① 之所以特别强调工农妇女参政的比例，其根本原因与中国共产党所依靠的阶级力量有关。当时的共产党领袖看到，要推翻资产阶级和地主阶级，最终建立社会主义制度，就必须依靠工农，而工农妇女占了其中的一半。毛泽东在1929年指出，"妇女占人口的半数，劳动妇女在经济上的地位和她们特别受压迫的状况，不但证明妇女对革命的迫切的需要，而且是决定革命胜败的一个力量"。②

革命根据地建立之初，妇女干部异常缺乏，1930年10月中共湘赣边特委书记朱昌谐在关于赣西南妇运报告中指出：现在最困难的问题，就是做妇女工作的同志没有，在上级做妇女工作的女同志能力亦非常差……。据1933年江西16县统计，419名县级干部中，女干部只占6.4%。为了改变苏区妇女干部严重缺乏的状况，根据地将培养女干部提到议事日程。一方面提出按照一定的比例促进农村妇女参加革命，壮大工农力量，性别比例就是在这种背景下提出来的，成为中国共产党推进女性参与政治的一个创举和传统。其中包括大力普及文化教育，举办各种培训班，同时在劳动妇女中选拔女干部，进行突击培训和扫盲，培训时间短则10天、长则三个月，分为县区乡三级进行培训，成为根据地时期共产党发动妇女的成功经验③。这一选拔女干部的经验一直延续到新中国成立后创办女干部学校。

---

① 全国妇联妇运史研究室编：《中国妇女运动历史资料1927—1937》，中国妇女出版社1991年版，第124页。
② 中华全国妇女联合会编：《毛泽东周恩来刘少奇朱德论妇女解放》，人民出版社1988年版，第30页。
③ 中华全国妇女联合会：《中国妇女运动史》，春秋出版社1989年版，第308页。

第二，婚姻制度上的革命。

苏维埃的婚姻制度与民国政府相比，前者更具有革命性以及对于封建婚姻制度的颠覆性，它在法律上废止了封建婚姻制度的两项主要规定，一是一夫多妻制，二是包办买卖婚姻。1931年11月《中华苏维埃共和国婚姻条例》正式颁布，1934年4月，《中华苏维埃共和国婚姻法》修改补充，确定男女婚姻自由的原则，实行一夫一妻制。中华苏维埃婚姻条例和婚姻法规定：确定男女婚姻以自由为原则，废除一切包办和买卖的婚姻制度，禁止童养媳，实行一夫一妻，废除一夫多妻和一妻多夫。一夫一妻制是男女平等原则在婚姻制度上的体现，对于变革婚姻制度有着历史性的意义，也由此形成了中华人民共和国婚姻法的基本原则。而民国政府的婚姻家庭立法，在许多条文中保留男性特权和包办婚姻。如民法第974条规定：未成年人订婚约，应得法定代理人同意。第981条规定：未成年人结婚，应得法定代理人同意。第1049条规定：未成年人离婚应得法定代理人同意。在早婚十分严重的中国，未成年人的婚姻需得法定代理人同意，这意味着大多数年轻人仍然摆脱不了包办婚姻。

此外，苏区根据地的婚姻条例将苏区妇女看作经济上未独立、身体上受到伤害（如缠足）的弱者，于是，从照顾弱者的角度对于离婚后的小孩抚养、财产处理等进行了维护妇女利益为主的规定，在离婚方面偏重保护妇女利益，成为苏区婚姻法中非常有特点的规定。《中华苏维埃共和国婚姻条例》第五章离婚后男女财产的处理，第17条：男女各得田地，财产债务各自处理，结婚满一年，男女共同经营所增加的财产，男女平分。第18条：男女同居所负的债务，归男子负责结偿。还规定：离婚后，女子如未再行结婚，男子须维持其生活，或代种田地，直到再行结婚为止。子女归女子抚养，如女子不愿抚养，则归男子抚养。对于16岁以内的小孩，如由女方抚养的，男方要负担生活费的2/3。

但是，苏区维护妇女的婚姻权利又是有限度的。应当看到，权利与利益是两个不同的概念，前者侧重于个体的自主的要求，后者侧重于个体要获得的利益。应当说，苏区婚姻制度更注重给予妇女一定的利益，却没有充分赋予妇女的婚姻权利。以军婚的权利受到限制为例，《中华苏维埃共和国婚姻法》第11条规定：红军战士之妻要求离婚，需得其夫同意。但在通信便利的地方，经过两年其夫无信回家者，其妻可向当地政府请求登记离婚；在通信困难的地方，经过四年其夫无信回家者，其妻可向当地政府请求登记离婚。从中可以看到，红军的妻子是没有权利与红军提出离婚的，其是否离婚是红军的权利。之所以作出这一规定，是依据革命利益高于一切，一旦妇女利益与革命利益发生冲突，妇女权利就要让位于革命利益。这一原则确定下来之后，成为限制妇女婚姻权利的又一障碍，特别是在红军内部，一旦年轻的女红军被为革命作出贡献的男性领导看重，就失去了婚姻选择的自主性，更失去了自主离婚的权利，这种规定一直持续到20世纪末。

第三，妇女劳动与资源分配上的变革。

中国共产党领导的苏维埃共和国与民国政府的又一区别，是剥夺地主的土地财产，将其重新分配给贫雇农，分配土地的原则是按照人口实行均田制包括农村妇女。在这里，我们暂且不去论证革命方式是否合理，也不去分析平均主义分配方式的利弊，只是考察其中体现的男女平等资源分配原则。1928年12月，《井冈山土地法》规定："以人口多少为原则，男女老幼一律平分。"1931年11月，《中华苏维埃共和国土地法》中明确规定："劳动人民不分男女都有得到分配土地的权利"①。

封建时代妇女作为男子的附属物，历来与土地所有权无关，历次农民起义尽管也曾打出均田地的口号，都是根据男性户主来分配土地。农村妇女在苏区土地分配中开始拥有土地权，是中国历史上翻天覆地的事情，也引起与农村传统习俗的剧烈冲突，一些拥有土地的妇女离婚以后是否可以带走土地，就成为争论的议题。1932年6月，中央苏维埃政府主席毛泽东同志亲自签署了《临时中央政府文告人民委员会训令（第六号）》，对一些地方出现的侵犯妇女权利的现象，如妇女离婚后不能带走她的土地、政府工作人员干涉妇女财产享受的自由权、男女同工不能同酬等进行严厉的批评，称"这是蔑视无产阶级妇女最不可容许的错误！""这不仅是苏维埃政权下的耻辱，而且证明这些政府反抗中央的法令，继续过去压迫女子的封建行为！"在土改结束颁发土地证时，中央还特别强调"要由政府明令保障妇女的土地权。在以家庭为单位发土地证时，须在土地证上注明男女均有同等的土地权。全家成员有民主处理财产之权，必要时，还可单独另发土地证给妇女。"维护农村妇女土地权利，在接连不断的土地革命中不断引发与传统文化的冲突。对此，中共中央表现出不妥协的态度。

---

① 中华全国妇女联合会：《中国妇女运动史》，春秋出版社1989年版，第298页。

1949年6月6日，中共中央一份文件更是意味深长："报告中有'农民极不安心，不知何时会失掉妻子、土地、财产'等字样，'失掉'二字意味着土地、财产均属男人所有，因而也即否定了妇女同样有土地，财产所有权的原则。这须引起你们的注意，并希望你们在农民和干部中进行教育和说服工作。"这表明中央对妇女土地权的问题是何等重视，维护妇女财产权的原则是何等坚定！①

第四，中国共产党与妇女运动关系。

中国共产党始终重视妇女的价值，这一方面来源于马克思主义的理论指导，一方面来源于当时革命的需要与对妇女作用的认识。共产党对于妇女作用的认识有两点：第一决定着革命的成败，共产党领袖早在1929年就意识到没有妇女革命就不能胜利。第二是劳动生产的一支力量。在战争年代，男性到战场上打仗，农业劳动以及支援前线都是依靠农村妇女，毛泽东指出："妇女的伟大作用第一在经济方面，没有她们，生产就不能进行。"② 所以，妇女是一支重要的经济力量。承认妇女的生产力价值，并不意味着承认妇女的所有权利和其他价值，对于女性超越贤妻良母和革命以外的权利要求，常常遭到共产党领袖的斥责。在延安整风时，对于那些企图做政治家的知识女性，往往被视为好高骛远，"要求她们照顾好自己的丈夫，抚育革命后代"。③ 传统的性别分工依然支配着共产党领袖的意识。

在中国共产党看来，妇女作用不可忽视，妇女运动十分必要，但不应当成为独立的运动，不能与党讨价还价，不能独立于党的总体目标之外，而必须纳入到党的总体目标当中，成为党所领导的革命斗争的"整体"部分，广大妇女必须参加革命斗争，在斗争中赢得解放，而不能偏离党的路线和轨道。任何超越于共产党目标和方向的做法，都是错误的，都要得到纠正。正是本着这一思想，对于知识分子对于延安时期党的路线的怀疑、对于知识女性对于延安妇女状况的不满，开始进行延安整风。从而，牢固确立了中国共产党对于妇女运动的绝对领导权。

在苏区开展的农村妇女运动，一方面极大地激发了农村劳动妇女的革

---

① 陈本建：《为实现平等权利领航》，《中国妇女报》2001年7月10日。
② 中华全国妇女联合会编：《毛泽东周恩来刘少奇朱德论妇女解放》。
③ 区梦觉：《改造我们的思想意识》，载《中国妇女运动历史资料》（1937—1945），第733—738页。

命热情，同时，也冲击了男性农民的利益。特别是苏区的婚姻自由，提出离婚的女性越来越多，引起红军丈夫的不满：革命把老婆都革没了。可见，劳动妇女利益的维护不仅有利于革命，甚至还会引发革命内部隐蔽的性别紧张关系。如何处理妇女权利与男性红军利益的关系？1929年12月，中共中央第58号通告也提出，"在不与整个农民的利益冲突时，要特别注意提出农妇的特殊要求"，"在必要时，可为农妇特殊利益的要求发动斗争，但必须得到一般农民的同情和赞助，而不与整个农民利益相违背"。在这里，妇女运动要以不与男性农民利益冲突为前提，而怎样鉴别是否与农民利益冲突，就要依靠共产党的方针来决定了。

三 男女平等的国家立法全面确立与实施阶段（1949—1978年）

1949年中国社会由中华民国进入了中华人民共和国，中国共产党成为执政党，由此，中国共产党开始全面推行社会主义主张和实践，消灭私有制建立单一公有制，创立了一系列社会保障制度，将原先由家庭承担的托儿、教育、养老职能转向政府公共职能。与此同时，中央政府不仅明确提出男女平等五项权利，而且承担了实现男女平等的责任，中国妇女在就业、教育、参政等方面迅速发展，中国的男女平等逐渐处于世界领先水平。

（一）国家立法明确规定了男女平等的基本原则与妇女的五项权利

新中国的成立，中国共产党执政，使得原本以阶级—政权形式出现的中国共产党的一系列男女平等主张，终于以国家立法的形式确立下来。男女平等原则最初在《共同纲领》得到体现，总纲第六条明确指出："中华人民共和国废除束缚妇女的封建制度。妇女在政治的、经济的、文化教育的、社会生活的各方面，均有与男子平等的权利。实行男女婚姻自由。"《共同纲领》代行《宪法》之责，以法律的权威性确定了妇女同男子的权利平等。在1954年《中华人民共和国宪法》——国家的根本大法中明确规定：妇女在政治的、经济的、文化的、社会的和家庭的生活方面五个领域享有同男子平等的权利。妇女的五项权利首次明确在国家立法中提出。在这里，公共领域的各项权利是女性追求性别平等的主要目标，男性权利是女性权利的参照系。

所有这些男女平权的思想还体现在与此相关的各个专门法——《选举法》、《婚姻法》、《劳动保险条例》、《土地法》等中。1950年，在一系列国家立法中，《婚姻法》首先颁布。《婚姻法》的修订领先于其他法律的修改，成为中华人民共和国法律改革的一大特色。也许与家庭婚姻的私有性、封建性有关，使《婚姻法》更容易成为公有制和社会主义批判和改造的对象。新《婚姻法》是一部具有鲜明男女平等指向的立法。它反对男主外、女主内的性别分工，强调夫妻双方均有选择职业参加工作和参加社会活动的自由（第9条）；反对男性拥有的家庭财产特权，夫妻双方对于家庭财产有平等的所有权和处理权（第10条）；反对妇女结婚从夫姓，规定夫妻有各用自己姓名的权利（第11条）。其革命性和批判性比周边国家，如日本和韩国都要彻底和明确。

政治权利方面，在《选举法》中规定了18岁公民均有选举权和被选举权。1953年2月，中央人民政府委员会通过了《中华人民共和国全国人民代表大会及地方各级人民代表大会选举法》，在第一章总则的第四条规定："凡年满十八岁之中华人民共和国公民，不分民族和种族、性别、职业、社会出身、宗教信仰、教育程度、财产状况和居住期限，均有选举权和被选举权。"但值得注意的是，在法律中并未规定妇女参政比例，妇女参政比例却时常体现在各种章程制度中。例如，在《高级农业生产合作社示范章程》第60条规定："在合作社的领导人员和工作人员里面，女社员要占有一定的名额。在合作社主任和管委会副主任当中，至少要有妇女一人。"[①] 妇女参政比例也体现在女干部和女代表的推选中，例如，1949年，全国妇联主席蔡畅在工会工作会议上做题为《关于女工工作的几个问题》的讲话中，强调指出："要有计划的培养女工干部。""在工人代表会议中，要保证一定数量的女代表当选。生产组长、班长、工会小组长、工厂管理委员会，都应有计划的提拔一定数量的女工。"[②] 在1953年4月3日中央选举委员会关于基层选举工作的指示中，明确指出："代表候选人的提名，应注意到人民代表大会的广泛的代表性……尤其要注意到妇女代表的名额。"邓小平同志在《关于选举法草案的说明》中指出：

---

① 《新中国妇女参政的足迹》，中共党史出版社1998年版，第57页。
② 同上书，第56页。

"必须着重指出草案中虽然无须专门规定妇女代表的名额,但在各级人民代表大会的选举中,必须注意选出适当数目的妇女代表。"

就业和劳动权益保障方面,新中国也特别强调妇女就业与男女同工同酬。出于对男女平等的考虑,中央政府较好地解决了伴随妇女就业而引发的两个问题:其一,妇女工作报酬。在西方女性就业过程中,女性往往作为廉价的劳动力,男女同工不同酬是司空见惯的现象。而中国妇女的普遍就业很快就得到政策上的一视同仁。1951年2月,政务院颁布的《中华人民共和国劳动保险条例》明确规定:男女劳动要同工同酬。1955年公布的《农业生产合作社示范章程草案》也对男女同工同酬作出规定。这一政策在农村成为妇女干部维护妇女劳动报酬的依据,在城市成为女工获取合理报酬免受歧视的保障。其二,女工生育问题。女性就业之后仍然承担着怀孕、生育、哺乳等一系列再生产责任,这一职责的履行势必中断女工的生产过程。中央政府没有将生育看作妇女的私事,也没有放权交给各级组织或单位自行处理,而是看作政府必须履行的职责,推出一项前所未有的有利于妇女连续就业、解除生育之忧的政策。《中华人民共和国劳动保险条例》明确规定:女工在产前后休假56天,工资由单位照发。这一政策表面看来是将责任推给了"单位",其实是将责任留给了政府。在计划经济时期,社会组织的基本细胞是"单位",它的职能类似政府的派驻机构,由政府决定人事名额、工资幅度、计划任务、福利待遇,"单位"根据政府的指令、名额及工资额度照章执行。当政府要求"单位"为生育妇女照发工资时,就意味着政府将这一部分工资交给"单位",由"单位"发给个人。由于计划经济时期政府与"单位"(包括企业)的特殊关系,"单位"能够顺利履行政府的政策,从而比较成功地解决了女工生育与就业之间的矛盾。

50年代初期中国的性别立法在诸多方面都处于世界领先水平,妇女的财产权利比韩国早获得39年,妇女与男子共同参与社会的权利比日本早34年。规定女性参政的比例,妥善地解决男女同工同酬和女性生育的政策,更是中国妇女政策的创举。

(二)妇女领袖和妇联的参政议政

在任何一项国家性别平等政策颁布的背后,都是一批女性精英主动而富有成效地推动的结果,我国性别平等政策的问世也不例外。这一时期,妇女运动的领袖以强烈的使命感与责任感，创建了了极具中国特色的妇女组织联合会，成功地促使中央政府将男女平等的原则纳入《中华人民共和国宪法》、《中华人民共和国婚姻法》、《中华人民共和国选举法》和《劳动保险条例》等一系列法律，并竭尽全力推进公共政策的操作与落实。

1. 妇女领袖的能动性

在中国革命和妇女运动中，孕育了一批智慧而勇敢的妇女领袖，如宋庆龄、邓颖超、蔡畅等。她们是妇女运动的倡导者和组织者，没有她们的才干难以引导妇女运动的发展。同时，她们又深知组织力量远远大于个人力量，中国妇女发展需要一个强大的妇女组织作支撑。在她们的努力下，1949年，建立了新中国最大的妇女组织——中华全国民主妇女联合会。1949年3月24日到4月3日，中国妇女第一次全国代表大会在中南海怀仁堂举行。大会制定了中国妇女运动的方针、任务以及章程，成立了全国妇女运动的领导机构——中华全国民主妇女联合会（1957年改为中华全国妇女联合会）。这是一个遍及全国城乡的妇女组织网络，妇女组织的人员享有与政府官员同等待遇，同时又要接受执政党的领导，与各级政府有密切的横向联系。通常的说法是：妇联是联结党和群众的桥梁与纽带。妇联组织的建立是中国妇女运动的宝贵财富，对于持续性地推进性别平等发挥着着不可低估的作用。

此外，妇女领袖还善于扩大妇女组织在人大、政协中的议政渠道，在妇联与人大之间、妇联与政协之间建立沟通机制，乃至直接进入人大、政协参政议政。在中国人民政治协商会议第一届委员会中就有12名女委员，宋庆龄、邓颖超、李德全、史良、许广平、陈少敏等。51名常务委员中，有邓颖超、李德全、史良、许广平四位女性，占常务总数的8%。中央人民政府委员会由63人组成，何香凝、蔡畅当选为中央人民政府委员会委员。在新中国的领导机构中，女性参政已形成令人瞩目的群体。她们是一批具有参政议政能力的女性精英，这些女革命家和妇女领袖积极推动具有男女平等意识的政策、法规的制定，在人大会议中提交具有性别敏感意识的议案，为实现男女平等的发展做出不懈努力。

2. 妇联组织的群体参与

妇联组织参与制定1950年的《婚姻法》。在《婚姻法》制定过程中，妇联参与了各个重要环节的工作。为了使这部法律充分体现广大妇女群众的利益，各地区妇联对当地的婚姻状况做了大量的调查研究，提供了翔实的调查数据。全国妇联在调查报告中指出：在民事案件中，婚姻案件占33.3%—90%。离婚的主要原因是包办强迫、买卖婚姻、虐待妇女、重婚遗弃等。以此为理由占离婚总数的78%—92%，其中女方提出离婚的占58%—92%。这些调查数据为婚姻法男女平等、婚姻自由原则的确立提供了依据。

妇联还协助司法机关处理婚姻案件。1950年9月，在全国妇联的建议下，最高人民法院及全国妇联先后发出了婚姻案件由妇联陪审的通知。不到一年时间，北京、上海、天津、武汉、广州、河北、山东、江西、青海等地先后建立了陪审制度。有些尚未建立陪审制度的地区，法院在审理有较大社会影响的婚姻案件时，也随时征求妇联的意见。据1951年6月统计，北京市妇联参加陪审的案件有40件，青岛市妇联配合法院处理的案件有107件，上海市妇联配合法院组织巡回审判组到工厂巡回审判。天津及武汉市妇联派干部到法院协助清理积压的离婚案件。妇联协助司法机关处理婚姻案件，使妇女与子女的合法利益得到了合理合法的保护。同时提高了妇女干部的政治水平，密切了妇联与群众的联系。

除了参与制定法律和实施法律的过程，妇联还督促政府有关部门维护妇女权益。1950年1月至3月，在《人民日报》刊登招收工作人员或学员广告的83个单位中，规定不收孕妇的有11个单位，占14%。全国妇联经过深入细致的调查研究后，向中央人民政府有关部门及时反映情况，并建议采取适当措施解决这一问题。1951年5月24日，中央人民政府政务院人事部发出了《关于废除招考工作人员及学员时"不收孕妇"规定的通知》，指出："今后各机关招考工作人员及学员时，应废去不收孕妇或类似含义的规定。因为这是和《共同纲领》的精神不相符合的……建议各机关，首先是各机关的人事部门，从这一问题出发，采用具体有效的方法检查一下是否存在歧视妇女的错误思想……"妇联组织的这一做法，为更多的妇女参加机关工作创造了条件，特别是保障了已婚妇女的工作权利。

随着广大妇女广泛参加社会生产和新中国的各项建设事业，妇女的劳动保护问题和报酬待遇问题日益突出。在农村，许多农业合作社，妇女和男子承担同样的劳动任务，但同工不同酬，妇女只能得到相当于男子一半或60%—70%的报酬。为此，妇联多次向有关部门建议解决妇女的劳动保护、生产待遇、男女同工同酬等问题。1951 年 2 月，政务院颁布的《中华人民共和国劳动保险条例》对妇女的保护和生育待遇都作出明确规定：不但实行同工同酬，而且产前产后实行休假，工资照发，使妇女的特殊权益得到了保护。①

（三）妇女就业与政府的拉动作用

在西方，女性走向社会参与经济建设，是由西方工业化和城市化逐渐推动的。而中国女性在妇女运动中参加工作，是由中国共产党领导的人民政府拉动的。新中国成立后，中央政府对于妇女运动的重要政策之一，就是大规模地动员和组织妇女走出家庭，走向工业农业第一线，参加劳动。而产生这一动机的直接原因是解决当时社会主义经济建设劳动力严重不足的问题。这一历史时期，城乡二元分立格局逐渐形成，与此同时，计划经济体制下的劳动力配置与储备的中国特色的"蓄水池"结构也基本形成，城镇妇女劳动力构成一级"蓄水池"，农村劳动力构成"二级蓄水池"。对此，中央政府主席毛泽东在 1956 年《中国农村的社会主义高潮》一书按语中明确指出："发动妇女投入生产，解决了劳动力不足的困难。中国的妇女是一种伟大的人力资源，必须挖掘这种资源，为了建设一个伟大的社会主义国家而奋斗。"政府推动女性就业的另一个重要原因，与中国共产党的指导思想——马克思主义有关，马克思主义妇女观的一个基本思想，是鼓励妇女参加公共生产劳动，这被视为妇女解放的决定条件。以此为指导原则，中国共产党大力推进女性就业，鼓励妇女参与公共生产活动。从当时人民日报社论的标题就可以看到政府动员妇女就业的力度，《人民日报》"三八"社论，1955 年的社论题目是《把妇女动员起来》，1957 年是《发挥女工的积极性》，1958 年是《行行都出女状元》，1959 年是《妇女们突起冲天的干劲》，1965 年是《充分发挥妇女在社会主义建设中的伟大作用》。成效十分显著：从 1949 年到 1959 年，妇女参加生产劳动的比例直线上升，在世界历史上是空前的。请看以下几组数字：

城市女工情况：

1949 年女工总数为 60 万，占职工总数的 7.5%；

---

① 《新中国妇女参政的足迹》，中共党史出版社 1998 年版，第 53—56 页。

1952年女工总数为184.8万,占职工总数的11.69%;

1957年女工总数为328.6万,占职工总数的25%以上;

1958年大批妇女参加民办工业,当年兴建的73万民办工业中85%的职工是女性;

1959年国营企业女工人数800万。

农村妇女劳动力:

1952年妇女劳力占女性总劳力的60%以上;

1958年妇女劳力占女性总劳力的90%左右。

以上数字表明,中国传统的男外女内的性别分工已经发生了根本性的变化,女性的职业角色已经形成,女性在经济上取得了独立,大多数女性与社会经济生活隔绝的历史开始结束。

(四)国家履行公共职能,促进性别平等

在全面推进社会主义所有制的同时,中央政府还卓有成效地建立了覆盖城乡的公共教育、公共医疗、公共福利等保障,将家庭育儿、养老等职能转交国家承担。此外,国家提供免费托幼服务,鼓励妇女参与社会生产,解决妇女生产与再生产之间的冲突。共产党人曾经多年追求的性别平等主张,正在通过政府这只看得见的手转变成现实。

先看公共教育,新中国成立初期,中国文盲率极高,90%以上妇女是文盲。低廉的学费和减免学杂费,根据大众需要设立的多样教学模式,是公共教育的重要举措,通过这些措施可以保障更多的工农大众读书上学。1949年以来,国家运用政治动员方式,结合土改、抗美援朝等政治运动进行了大规模的全国性扫盲运动,采取正规教育与非正规教育相结合的方式,普及基础教育。根据不同人群的需要,包括女性的需要,开办冬学、夜校、识字班,或采取送字上门等灵活多样的办学形式,方便广大工农子女及妇女学文化。例如,中小学办在老百姓的家门口,收取极为低廉的学杂费,允许超龄女学生入学、同意女童背弟妹上学、同意女童学生提早放学,以便承担家务等,从而有效地抑制了家庭内部的教育资源向男孩倾斜,使女性基础教育得到发展。妇女教育所取得的积极成效举世瞩目,得到联合国的高度肯定:过去50年间,中国妇女的识字率已经翻了一番,多达70%(截至1992年);而预期寿命比男人增加得更为迅速,从1970年的平均60岁到1991的平均70岁;妇女的入学率也比男子增加得更快,从 1979 年到 1988 年期间平均每年递增 5%[①]。

在公共卫生医疗方面，最突出的成果是公费医疗制度的建立。我国从 1950 年代开始建立覆盖城市和农村的公共医疗卫生网络，以预防为主，提高人民的健康水平。1961 年，全国妇联派人分赴各地进行调查研究，并在给中央《关于进一步贯彻农村妇女劳动保护政策的请示报告》中建议：在农业生产中，要实现男女分工合作，合理安排妇女劳动力；因地制宜地做好"四期"保护工作；卫生部门应把治疗妇女病作为经常的医疗工作，坚持治疗、休息、营养散结合的方法，切实维护妇女权益。20 世纪 50 年代，为了降低孕产妇死亡率，促进母婴保健，政府在城市建立了一批妇幼保健院。公共卫生网络的建立大大提高了人均预期寿命，降低了孕产妇及婴儿死亡率。1950—1975 年，中国的婴儿死亡率从 195‰ 降到 41‰，人均预期寿命从 40 岁提高到 65 岁。

公共托儿机构的建立是社会主义中国推进社会性别平等的一个创举。妇女就业与抚育儿女的角色是有冲突的，如果不能解决照顾幼儿的问题，妇女就业就难以保障。为了保证女性就业，消除抚养孩子给女性造成的拖累，政府与妇联开始大力兴办托儿所、幼儿园，通过社会和单位来解决女性后顾之忧。托幼事业被政府提到全党事业的高度来看待，兴办各式各样的托儿所、幼儿园在 50 年代蔚然成风。据 1952 年年底统计，工矿企业机关学校中的托儿所已达 2738 所，比 1949 年增加了 22 倍。在大中城市还建立了街道托儿站 4346 所。在农村，全国已有托儿互助组和农忙托儿所 14.82 万。到 1956 年底，全国城市各种托儿机构 2.67 万所，收托儿童 125 万余人。这些托儿所、幼儿园是针对女性实用性性别需求建立的，为了从妇女的需要着想，托儿所幼儿园的工作时间往往超过妇女的工作时间，保障女性安心工作。托儿的费用低廉，能够为职业妇女承受，幼儿生病由看护人员护理，母亲不必请假影响工作。为了母亲生育小孩 56 天可以不被幼儿拖累，托儿所 56 天后就可以接纳小孩入托，同时规定了母亲哺乳时间。这些托儿所、幼儿园收费不仅低廉，而且经费大多是由单位承担，具有明显的公共性和服务性。可以说，这一时期中国托儿所、幼儿园的大量建立和良好服务，为妇女广泛就业提供了保证，它的成功经验不应随着社会经济的转型被抛弃，而应作为社会主义的宝贵财富加以传承与发展。

---

① 联合国计划开发署：《1995 人类发展报告》中文版序言。

（五）妇女参政与性别比例政策

促进妇女参政，建立性别保障措施，也是中央政府在国家层面成功推进性别平等的创举。

1. 妇女参政的数量发展

50年代至70年代末，中央政府的性别保障政策和措施有三个特点：其一，有较明确的比例，大约在20%，这一比例与当时女性受教育情况相比要高得多。50年代知识女性的数量十分有限，在校女大学生仅有2.9万人，高校女教师不足2000人，仅占教师总数的11%。1988年在校女生68.9万人，是新中国成立初的24倍；高校女教师有11.1万人，占教师总数的28.2%，改革开放以后在立法机构的性别保障比例并没有变化和提高，领导岗位的女性比例大致在10%左右。其二，性别比例政策的涵盖面较为广泛，有高层也有基层，在工厂、农村都有性别比例，对正职和副职的性别构成都有一定规定。全国妇联主席蔡畅在1949年的工会工作会议上做了《关于女工工作的几个问题》的讲话，强调指出：在工人代表会议中，要保证一定数量的女代表当选。生产组长、班长、工会小组长、工厂管理委员会都应有计划地选拔一定数量的女工[①]。其三，执行的力度比较大，计划经济时期性别比例政策往往是作为政治任务来看待和对待的。

这一时期的性别比例政策对于中国妇女权力参与产生了不可低估的积极影响。一位女领导干部评价说，规定妇女参政比例是妇女参政的一次解放，在重男轻女根深蒂固的国度，强硬的性别比例政策才能保障女性走上政治舞台。事实上，性别保障政策有效地促进了妇女执政数量的攀升，这种作用和影响在20世纪50—70年代突出地反映出来。从数量上看，"文革"期间女性参政达到新中国成立以来的最高水平。在党内女中央委员数量呈几何形上升，而且进入了中央政治局，打破了中央政治局长期以来没有女委员的局面。全国人民代表大会的女副委员长从一名增至三名，创造了女性进入国家权力机关的最高纪录。"文革"期间女性领导增加之迅猛的确令人惊讶。

从妇女参政人员的比例来看，妇女参政的人数大大增加。50年代地

---

① 《新中国妇女参政的足迹》，中共党史出版社1998年版，第56页。

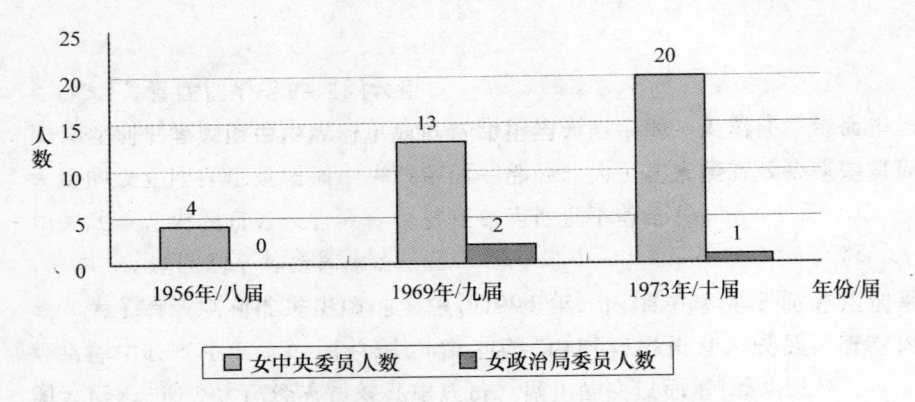

```
    25 ┐                                           20
    20 ┤
人  15 ┤                    13
数  10 ┤
     5 ┤    4                                              
     0 ┤         0                    2                    1
        1956年/八届      1969年/九届      1973年/十届      年份/届

        ■ 女中央委员人数    ■ 女政治局委员人数
```

图 1　中国共产党第八、九、十届女中央委员统计数字

方各级政权中，都有妇女担任市长、行署专员、县长、州长和乡长，70%的乡村有女乡长，县处级女领导干部占干部总数的7%左右。1951年，全国女干部人数仅有366000人，到了1978年，达到了6630000人①。妇女积极参与政治生活，改变了过去远离政治的局面，丰富了妇女的生活经历，对提高妇女的整体素质具有重要意义。从基层来看，妇女参政的比例也有很大提高。《在农业社和基层政权工作中，妇女骨干分子越来越多》中提到："山西省有1221个农业社有了女社长。据河南省91个县的统计，有89%以上的合作社有了正副女社长。贵州省90%以上的高级社有了女主任或副主任，平均每个社有2个到3个女社务委员。""黑龙江省996个乡中有864个乡有女乡长。贵州省在去年基层选举后有2059个乡有女乡长，比选举前增加3倍多。"②

从不同民族妇女参政的情况来看，妇女参政已经延伸到了少数民族当中。少数民族妇女参政工作也已经开展。《三万女职工战斗在甘肃，天山南北民族女干部大批成长》：目前在巴音郭楞蒙古族自治州、阿克苏专区和疏勒、鄯善、乌恰、乌鲁木齐、喀什市等12个县、市，都有了少数民族的女副州长、副专员、副县长和副市长。③

从第一届到第五届全国女人大代表的数量变化上也可看出性别政策对女性参政的影响。

---

① 《人民日报》，1989年3月7日。
② 《人民日报》，1957年3月3日第3版。
③ 《人民日报》，1957年3月8日第1版。

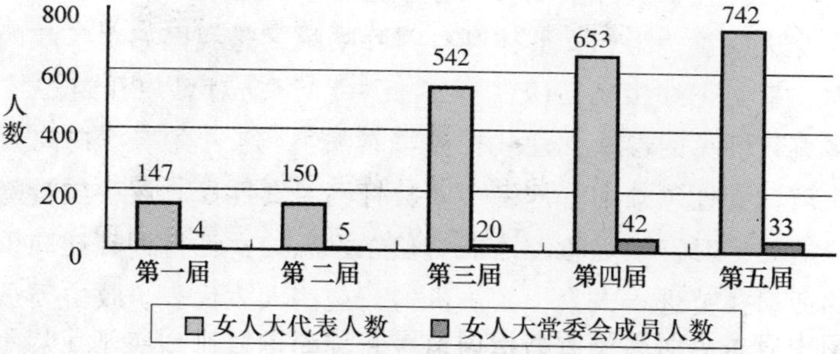
800
600
人数
400
200
0
147
4
150
5
542
20
653
42
742
33
第一届
第二届
第三届
第四届
第五届
女人大代表人数
女人大常委会成员人数

图 2（1）　第一届至第五届全国人大女代表统计图（1）

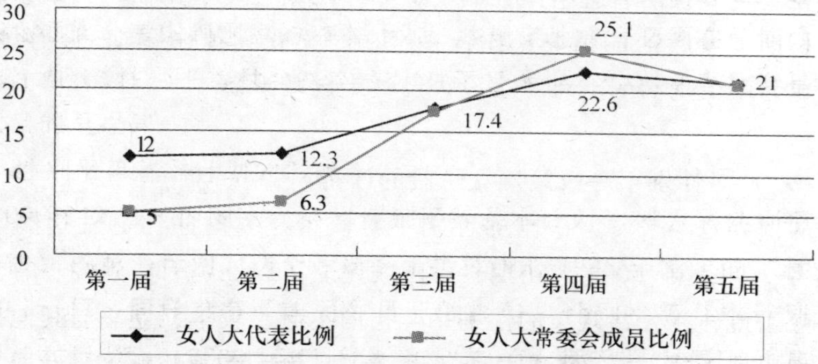
30
25
20
比例%
15
10
5
0
12
12.3
17.4
22.6
21
25.1
6.3
5
第一届
第二届
第三届
第四届
第五届
女人大代表比例
女人大常委会成员比例

图 2（2）　第一届至第五届全国人大女代表统计图（2）

不过，需要注意的是，参政女性大都是处于政治权力的边缘，在权力核心几乎没有实现过零的突破，这已成为社会主义国家妇女参政的普遍现象。这与女性参政的人员构成有一定的联系。

2. 20 世纪 50 年代参政女性构成耐人寻味

在这里有女政治家、女性专家，也有工农劳动妇女，她们的参政意识和参政能力差异甚大。对于活跃在国家政治舞台的女性政治家来说，她们具有清醒的政治头脑和坚定的政治信仰，具有强烈的参政意识和参政能力，是妇女参政的主体和杰出代表。而对于工农劳动妇女来说，她们大多出身贫寒，对于拯救民众于水火之中的共产党，怀有深厚的感激之情，她们选择共产党，并非出自理性与信仰，而是出自朴素的阶级感情。在她们看来，工作第一，他人第一，集体利益高于一切，其价值观隐含着无视个人合法权益的取向。

应当说，提升工农劳动妇女的参政意识，由依附人格转向独立人格，正视个人合法权益，为妇女群体利益呼吁呐喊，是我国妇女参政的迫切任务。然而，事实正好相反，1957年"反右"运动对思想和组织控制的强化，大多直言己见的参政女性被打成"右派"。到"文革"期间，妇联组织完全瘫痪，女性领袖和管理者一律被打倒。女性参政议政质量降到历史最低点。与此同时，缺乏管理才能与独立思想的女性得到升迁和重视，任劳任怨的劳动模范进入人大、政协机构，这些人大代表、政协委员的参政意识等于零，成为地地道道的橡皮图章和举手机器。

妇女参政的意识与能力，不仅取决于女性自身，更取决于政治管理机制。在高度集权的管理机制控制下，人才的错位司空见惯，欠缺参政能力的人长期"参政"的情况比比皆是。在"文化大革命"期间，女性参政议政成为政治生活的点缀和摆设，已经走向畸形。

（六）对性别平等政策确立阶段的评价

从世界范围来看，中国的性别平等政策建立时间比起发达国家提前20多年，20世纪50年代初期，中国就建立了以性别平等为核心的公共政策。应当说，在公共政策的性别平等指向上起步较早，立法与其他地区和国家相比处于领先水平。规定女性参政的比例，妥善地解决男女同工同酬和女性生育的政策，更是中国妇女政策的创举。

新中国成立后，承袭了根据地时期的政策，对于女性权利的强调在历史上是前所未有的，但我国的性别平等政策更多强调女性参与社会公共劳动与管理，并没有倡导男方分担家务，家务依然视为女性责任，家务劳动价值受到贬低。从夫居的婚姻制度几乎没有受到触动，从夫居、从父姓等父权制比较完整地保留下来，为家庭联产承包责任制与计划生育双重作用下强化男孩偏好埋下隐患。

到20世纪60—70年代，性别平等政策越来越强调义务平等，个人的选择权利在国家对社会的严格控制下消失殆尽。"男女平等"不再是权利平等，而变成义务平等，男性的标准视为女性的标准。于是，出现了不顾男女的生理差异，一味鼓励妇女向男性看齐，从事超体力强度的劳动和高温、高寒、高空和高压的作业，严重损害了妇女的身体健康。这种男女平等对待的模式走入两个误区：第一，将权利平等理解为结果平均。中国缺乏权利意识的启蒙，却有平均主义的思想传统。人的权利往往被忽视，却极易从自己熟悉的平均主义的思维方式中来解读平等，在平均主义的思想左右下，权利平等往往被扭曲为性别平均：男女都一样，干活多少要一样，分配结果要一样。这种误读导致的结果，使得一个严肃的权利话题转变为要不要承认男女生理性别差别的常识话题。由此常常进入第二误区：忽略或抹杀性别之间存在的差异，根据男性的角色来对待女性，根据男性的特点来要求女性。于是，女性干部怀孕期也和男人一样拼命干，一旦由于生理差异不能与男性都一样，就会认为女性不行。反对任何积极的行动方案，将任何积极的行动方案都视为对男女平等的反动。

在我国的男女平等运动中，权利的失落是值得注意的问题。"权利"是从西方工业社会移植过来的概念，它有两层含义：其一是承认并尊重个体，即每个个体的尊严和权利都应当受到尊重，不能以任何党派、阶级、年龄、宗教为理由而剥夺。其二是尊重个体的主体选择，每个个体都是自主的，可以争取自身的权利，可以表达自己的观点、言论，拥有择业等权利。在现有的立法中，个体的权利已经有其名而少有其实了。

首先，新中国成立之后的男女权利平等是有阶级属性的，并不是所有的男女都拥有平等的权利，而只有无产阶级的男女才有平等权利，而资产阶级的权利无论男女都要剥夺。对此，早在《中华苏维埃共和国土地法大纲》中就有明确规定："凡是雇农、苦力、劳动贫农，不分男女，均享有同样分配土地的权利。"就是说，劳动阶级以外的阶级并不享有这些权利。只有在劳动阶级的范围内，权益的享有才不分男女、年龄。因而，个体的权利已经排除了有产阶级。那么，在劳动阶级内部呢？是不是就可以享有个体权利，来自主地选择。也不尽然。在劳动阶级内部，所遵循的原则是局部服从整体。对于妇女运动的局部来说，则意味着：妇女群体利益要服从党的整体目标的大局。中国共产党与其发动的妇女运动是什么关系？对此，在中国共产党的决议中有明确的规定：妇女运动不是独立的运动，不能独立于党的总体目标之外，而是党所领导的革命斗争的"整体"部分，广大妇女必须参加革命斗争，在斗争中赢得解放。因此，整体论又一次制约了阶级内部个体的空间，从而使个体"权利"受到全面消解。所以，个体权利的含义在这里已经演变为一种标识，不具有权利本身的内涵和意义了。

此外，整体论限制了妇女进一步争取自身权利。提出整体论的中国共产党曾经在推进妇女运动方面发挥着不可低估的作用，而且在妇女独立争取权利的斗争中扮演着重要角色。它在推进妇女解放上的特别卓越之处是将男女同工同酬转变为一种毋庸置疑的现实：通过兴办社会福利机构成功解决妇女就业与生育之间的矛盾；通过性别倾斜政策使封建势力最为顽固的农村妇女参与政治。同时，应当看到整体论的主张和实践，在计划经济制度的支持下得到强化，而成为禁锢个体权利的紧箍咒，遏制了独立的妇女运动发展。从此，在中华人民共和国成立后的三十多年时间内，再也没有出现独立的妇女社团，任何在党的目标之外争取妇女权利的妇女运动都受到抑制。所以，女权运动在这个时期已经被打入冷宫，走出家庭走向社会的女人，在挑战传统的性别角色同时，与男人一样成为螺丝钉，完全失去人的自主性，曾经辉煌的妇女参政走向畸形的发展。

四 性别平等政策遭遇严峻挑战
（1978—2003 年）

经历了"文革"的动荡和经济的衰败，中国共产党开始进行社会变革，从阶级斗争为纲转向采用以经济为中心的社会发展模式，推动社会从单一社会体制向多种经济形式转变，依靠市场经济这一看不见的手调控经济与社会发展。此时在公有制基础上建立起来的公共福利制度迅速瓦解，家庭功能重新突现出来。妇女发展伴随着社会转型面临着一系列严峻挑战，传统性别文化也在卷土重来。与此同时，中国开始从封闭走向开放，与国际社会特别是与联合国签署一系列国际公约包括妇女公约，成为国际公约的缔约国。从此，推进性别平等就成为必须履行的国际义务。在国际社会的推动下，中国性别平等国家机制与综合女性发展规划逐渐建立并实施。

（一）妇女回家论与"阶段性就业"

女性平等就业权利、同工同酬与生育公共服务在社会转型期渐渐消失，马克思主义妇女观面临前所未有的挑战。高度集权的计划经济体制的弊端经过30年的实践明显暴露出来：经济缺乏持续发展动力，导致短缺经济，普遍贫困。80年代，中央政府开始对计划经济体制进行改革，渐渐从直接微观干预企业走向宏观调控企业。90年代建立了市场经济的体制框架，制定一系列政策推动国有企业进入市场经济。此时，劳动力资源相当丰富，总量过剩两三亿，劳动力市场供大于求。如何解决供求矛盾？在学术界，一些男性知识精英极力主张妇女回家，认为这种超前的动用行动力量造就的妇女解放后果使家庭关系混乱，主张恢复已有的男女秩序和家庭关系解决劳动力市场供大于求的矛盾。自20世纪80年代以来，中国劳动力供过于求的矛盾显性化，同时产业结构调整带来的结构性失业加剧了这一矛盾，出现一波又一波就业危机。每当就业形势危机之时，"让一部分人暂时或永久退出劳动岗位的竞争"，具体而言就是让妇女回家或实行阶段性就业的设想就成为部分经济学家减缓供求矛盾的主要对策之一。早在20世纪80年代就有以向日本等发达国家学习为由，让妇女为男人腾出岗位回家的暗流涌动，当时曾有人动情疾呼："妈妈们，发发慈悲吧，给我们男人腾出就业岗位！"

甚至在公共政策制定中，也将性别分工作为依据。20世纪80年代，妇女"回家论"以"阶段性就业"形式再次强烈反弹——劳动部在1988年也在《女工宜实行阶段性就业》的专项报告中说："阶段性就业是指在一些发达国家里，随着国民收入水平和文化水平的提高，职业妇女婚后自动退职回家，从事家务劳动和抚育子女，待孩子长大后，再重新就业"，"妇女阶段性就业是社会经济发展到一定时期的产物。它有利于劳动资源的充分和合理使用，有利于保护和促进妇婴健康，对于增加就业岗位和就业机会，减少就业压力具有一定的经济作用"。当然，劳动部门也客观地指出："但从我国目前经济发展状况和职工工资水平来看，还不具备普遍实行阶段性就业的条件。"妇女实行阶段性就业的观点，受到劳动部和体改委的关注，欲在一些地区试点，拟试点的城市也跃跃欲试。

就在第四次世界妇女大会召开的第二年，劳动部门又一次研究阶段性就业的可行性，全国妇联在1997年、1998年的全国人大和政协会议上，专门就反对妇女阶段性就业问题再提议案，劳动部在提案答复中又承诺"三年不出台妇女阶段性就业政策"，但在2000年，妇女弹性就业和阶段性就业又一次提到议事日程上。2000年10月，《中共中央关于制定国民经济和社会发展第十个五年计划的建议》在"积极扩大就业，健全社会保障制度"一节中出现了"建立阶段性就业制度"的提法。[①]

有关妇女阶段性就业的三次争论，尽管每一次都因妇联的坚决反对及

---

① 参见丁娟《妇联组织在参与立法中的作用及其自身的决策功能》，李秋芳等主编《半个世纪的妇女发展——中国妇女五十年理论研讨会论文集》，当代中国出版社2001年版，第137—139页。

党和国家领导人的干预而未能实行,但我们可以看到在中国整个转型时期,让妇女回家(或阶段性回家)的制度设想,就如达摩克利斯之剑,始终悬在妇女头顶。而所谓阶段性就业的最重要论据,就是妇女要生养抚育孩子。这种观念与公私两域的划分有着密切关系,因为在观念上,决策者仍然把妇女与照顾家庭和孩子联系在一起,所以尽管事实上女性已经很大程度上参与了公共领域的活动,还是随时可以让她回家。这是一个更保险的选择,因为女人失业不会造反,不会产生社会危机。如果男人大规模地失业,就会造成动荡,成为严重的社会问题,而且男人在主流观念中就是养家糊口的。这一政策选择一旦得以确定,就会将男主外女主内的性别分工制度化,促进和巩固劳动力市场的性别分层,使女性失去独立的经济地位,丧失工作权利,在经济上以至精神上重新依附男性。如此下去,中国妇女经过一个多世纪奋斗争取到的就业权利就会得而复失。

(二) 家庭功能渐趋强化,资源分配向男性倾斜

随着所有制变革,在公有制基础上建立起来的公共福利迅速瓦解。公共医疗、公共教育、公共入托让位于市场,以追求利润为导向。家庭的功能重新得到强化,资源分配向男孩倾斜成为一个不争的事实。

改革开放以来,以经济建设为目标,在各项政策和各级宣传中,体现的都是"效益优先、兼顾公平"。在教育上,强调的是质量和升学率,为尽快培养现代化建设所需的各级各类人才,在学校布点和设置上,划分出重点和非重点学校,将一个地区优秀的教师、好的学生和充足的资源都投向重点学校;为了效率和"质量",自然牺牲了一些公平价值。例如,为保证质量和规模,把过去办到农民家门口的村小学和教学点合并或撤销,一些县城,常常只有一两所中学,农村孩子如果要读书,必须住到学校,住宿费和伙食费的增加,使许多孩子不得不选择辍学。至今在中小学学校布点的政策方面,仍然是以质量、规模和效益为主的。

以甘肃省临夏回族自治州的学校变化情况为例:1976 年该州学校数为 3529 所,在校学生数为 247649 人,到 1983 年,减少至 1249 所,学生数减少至 191311 人。其中,小学由 3352 所减少为 1163 所,中学从 173 所减少为 55 所。到 1996 年,全州的学生数为 230931 人,学校数为 1191 所。[①]

---

① 《临夏回族自治州教育志》,甘肃文化出版社 1999 年版。

边远贫困地区又出现了上学难的问题,这对女童的影响尤为明显。学校数量的减少,使得女童上学的距离远了,在封闭的农村社区,许多家长不愿意让女孩子离家很远去上学,学校缺乏女性教师也使父母不放心女孩子到很远的学校去读书。此外在"文革"以后的拨乱反正运动中,许多旧的社会习俗、宗教习俗得到恢复,使得一些边远贫困地区女孩子入学负向社会支持增加,通常在一个家庭中,教育资源更倾向于为男孩子享有。

在市场经济的条件下,旧公共教育原则(也就是毛泽东计划经济时代的公共教育原则)教育失范的情况下,在追求效率和质量的过程中,为维持学校的生存和竞争性的发展,政府给了学校许多面向市场的倾向性政策。例如,从80年代开始的结构工资制,90年代开始的公立学校民营化等,对于学校的办学积极性以及教育质量(升学率)来说,这些政策是有效的。学校,尤其是升学率高的学校的收费也不断提高。但是,所有这些变化对于差距日渐拉大的社会底层家庭来说,加重了家庭负担,许多这类家庭的孩子被排除在义务教育之外,或者只能接受低质量的义务教育。在城市里,好一点的中学招收的学生,要么是分数特别高,要么是有能力支付高额学费的学生。义务教育的普及性和公平性受到严重的挑战,其中,妇女和女性的教育权利受损的情形更为严重。家庭的教育权利呈现出非制度化的原始特点,在资源稀缺的情形下,更倾向于让家庭中的男性接受教育。于是,在我国文盲率不断下降的情况下,女性的文盲构成出现了比男性增高的情况。

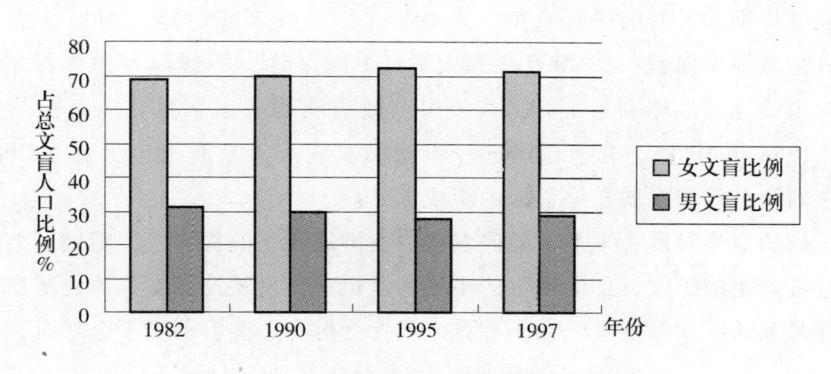

图3　我国文盲的性别构成情况

资料来源:国家统计局,《中国社会中的女人和男人——事实和数据》(1999年)

再看公共卫生医疗。伴随着市场化进程，公立医疗机构商业化、市场化的倾向日益彰显，卫生医疗的公平性问题凸显。2000年，在世界卫生组织对其成员国卫生筹资与分配公平性的评估中，中国位居第188位，在191个成员国中排倒数第四位；2005年7月29日，国务院发展研究中心与世界卫生组织合作的《中国医疗卫生体制改革》研究报告中指出：改革开放以来，中国的医疗卫生体制改革从总体上讲是不成功的。在性别方面主要表现在：

妇女对于基本医疗保障的可获得性降低。中国的医疗卫生体制改革是按城乡、所有制、就业状态分别实施的。从性别视角看，妇女在这一改革中更多地受到不公平对待。与男子相比，首先，妇女更多的是农村的、体制外的、非正规就业的；而农村者、体制外者、非正规就业者在这一改革中的利益是后置的。据卫生部2003年有关居民医疗保障制度的调查显示，居民中无任何医疗保险的占70.3%，其中城市占44.8%，农村则高达79.0%。① 其次，农村医保采取自愿参加原则，而相比之下，在农村，妇女不仅往往比男子收入少，生育风险也往往由妇女承担，她们往往因为缺乏缴费能力无法得到医疗保障。这无疑加剧了性别不平等和农村妇女保健的边缘化。

医疗费用大幅度攀升，降低了妇女保健服务的可及性和可获得性。在市场机制作用的刺激下，不少质优价廉的医疗服务逐渐隐退，代之而来的是医疗费用的一再攀升。对于许多妇女而言，医疗保健的可及性和可获得性大幅度降低。目前中国有1亿人口缺乏应有的医疗服务，2000多万贫困人口得不到及时的医疗救助，近五分之一的县未能达到"2000年人人享有初级卫生保健"（"2000年人人享有卫生保健"是1977年世界卫生组织提出的全球战略目标）。1986年中国政府明确表示了对这一目标的承诺。1988年10月，李鹏总理进一步阐明实现人人享有卫生保健是2000年中国社会经济发展总体目标的组成部分。②

妇幼卫生发展不平衡，阻碍农村妇女健康水平的提高。伴随城乡差距和贫富差距的扩大，妇幼卫生的不平衡性也突出反映在妇女群体内部享有保健服务的巨大差距上。在一些城市妇女为健身、美容一掷千金之时，不

---

① 中华人民共和国卫生部编：《2005年中国卫生统计年鉴》，人民卫生出版社2005年版，第176页。
② 联合国驻华机构评估报告：《中国实施千年发展目标进展情况》，2003年，第24页。

少农村贫困妇女却因无钱治病而走向死亡。实际上，保障农村贫困妇女的健康，在很大程度上就是保障她们自身和家庭的生存能力。贫困妇女具有疾病风险大、治疗率低、带病期长和心理抑郁等特点，是最需要诊治与救助的群体。但是，由于医疗资源再分配中存在着某种不公平，她们中的大多数人无法获得安全、可靠、价格低廉的基本医疗服务。①

在医疗卫生资源有限的前提下，男婴也往往比女婴得到更及时的医疗救助。在正常的情况下，男、女婴儿的死亡率的比例为 1.1∶1，即婴儿从出生到周岁前死亡的可能性应该是男婴高于女婴，婴儿死亡的男女性别比应高于 100，这也就是我国在 20 世纪 80 年代中期以前的情况，但此后就发生了逆转。在婴儿死亡率不断下降的总趋势中，出现了女婴的死亡率高于男婴、婴儿死亡性别比低于 100 的反常趋势，而且这种趋势有愈演愈烈的倾向（见图 2）。女婴健康生存权利遭受剥夺。

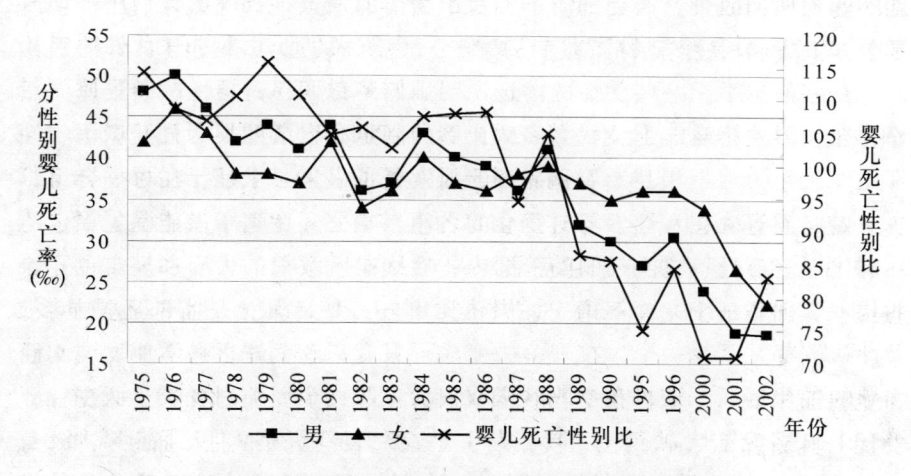

图 4　我国婴儿死亡性别比和分性别婴儿死亡率

资料来源：国家统计局，2003

（三）女性参政与性别比例的弱化

20 世纪 80 年代以来，我国干部人事制度正在经历由委任制向选聘制和民主选举制的转变。随着这个过程的推进，我国妇女参政的基础和内涵

---

① 《中国妇女发展报告 No.1（'95 + 10）》，王金玲，社会科学文献出版社 2006 年版，第 162—163 页。

发生了根本性变革,表现为两个方面:第一,由对上负责转向对下负责,关注选民的意愿和需求,构成新型的妇女参政模式。倾听和了解选民的声音和呼声,将其合理的成分转化为政策和法律,使民众成为受益的群体,构成自下而上然后自上而下的权力运行轨迹。我国的妇女参政不仅要适应这一转变,而且要主动地推进这一转变。西方的妇女参政是民主政治的产物,换句话说,先有民主政治然后产生妇女参政。而新中国成立以来的妇女参政则先于民主制度,所以她义不容辞的使命是推进民主化进程,与民主政治一起成长和发展。第二,彻底打破干部终身制,实行干部任期制。选聘制和民主选举制给妇女参政带来的效果表现为截然相反的两面:一些地方的女性候选人在差额选举中全部落选,农村妇女参政的比例不断下滑;而另一些地方则出现了女性在权力结构中高层零的突破,女性执政的比例大大突破了原有性别比例的限制。与此同时,我国在计划经济时期建立的性别比例政策开始受到质疑,一个突出的论点是,既然我们已经转向了公开竞争和民主选举的制度,按照公平竞争的原则就应当取消性别比例。在差额选举中一些女性的落选说明她们不称职,是男性领导集体的点缀,并无参政议政能力,妇女参政比例的制定是拔苗助长。公开竞争与性别比例被作为两个相互矛盾和冲突的因素提了出来。于是,在村委会组织法中始终没有确立女性参与村委会的名额,在公开竞聘中未能确定一定的性别比例。而且,在委任制的范围内,性别比例政策的力度和规定也开始弱化,表现在三个方面:第一,岗位比例一刀切,无论是省部还是县乡,女性执政都是至少一个,在理解中变成了只有一个,缺乏科学地发展女性领导的量化目标。结果在乡政府指数很少,四五个乡长副乡长,而在省部级有十二三个省长副省长。同样是1个,在省部级是1/12,在乡一级是1/5,可见比例的设定不科学。第二,比例规定过低且缺乏滚动发展的目标管理意识。我国中高层的女性领导的比例均为10%以下,这一比例大大低于竞聘当政的副局级女性20个百分点。如何与时俱进地推进我国性别比例政策,一直未被明确具体地提到议事日程,大多停留在原则上和口号上。第三,性别比例的范围在缩小,不包括农村和工厂的最基层,也不包括公务员的基数,更不包括学校和教育领域,只是在各级党政领导班子。以至于在一些农村的村民小组长都是男性,女性村干部的来源严重不足。在公务员中女性的比例只占1/3,导致中国妇女参政长期停滞不前。

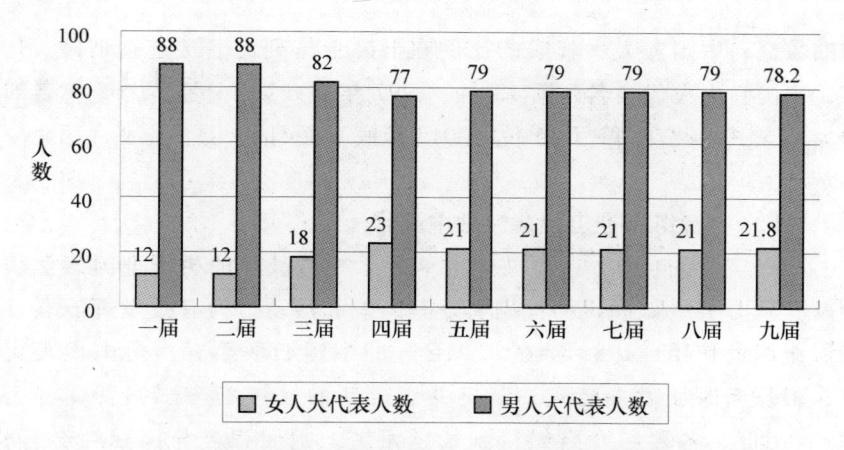

图 5　历届全国人民代表大会的代表人数和性别构成

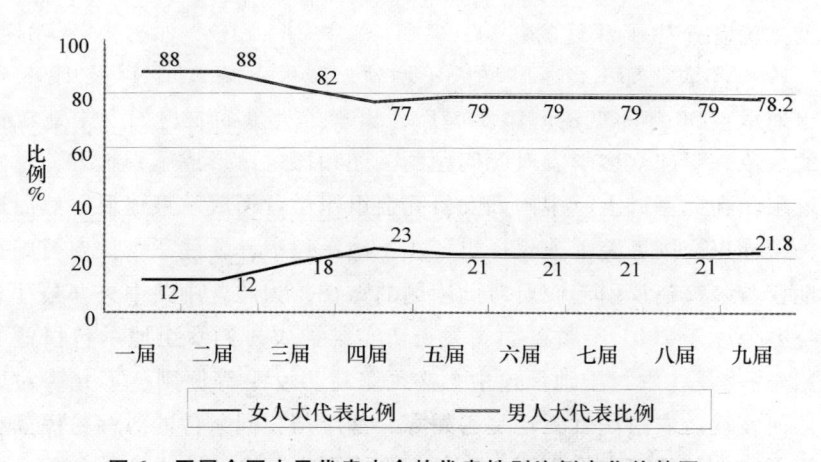

图 6　历届全国人民代表大会的代表性别比例变化趋势图

从我国全国人民代表大会的代表人数和性别构成可以看出，1978—1993 年，改革开放 15 年以来女人大代表的比例一直是稳定地保持在 21% 的比例上，直到 1998 年才开始增加了 0.8 个百分点。可以说，20 年来女人大代表几乎是一种停滞局面。

女人大代表和女议员的比例是国际社会衡量妇女参政的重要指标，联合国提高妇女地位委员会每隔几年都要根据各国女议员的比例进行排名。根据各国议会联盟《世界 178 国国会中男女议席分布状况——1994 年 6 月 30 日》《国会中的女性——1997 年 1 月 1 日》和国际互联网 2006 年公布的数据，中国女人大代表的比例在国际上排列的名次连续下降。1994年，中国女人大代表名列第 12 名，1997 年名列第 16 名，2006 年名列第 47 名，比 1994 年下降了 35 位。2013 年底下降到 60 位。

（四）妇女组织推进社会性别主流化

20 世纪 70 年代，在"文化大革命"中被破坏的中华全国妇女联合会及其地方各级妇联机构开始恢复其组织和活动。为有效发挥妇联及各基层组织的作用，1983 年在北京召开的中国妇联第五次全国代表大会上，根据新时期发展特点，制定并通过新的《中华全国妇女联合会章程》，由此，各种妇女组织得到长足发展。她们积极与国际社会合作，用社会性别方法影响立法走向和导向，将性别意识纳入决策主流已成为中国妇女组织的战略和行动。她们的行动取得了很好的效果，对于推进性别主流化产生了深远的影响。

1995 年农业部出台了"增人不增地，减人不减地"，以及 1998 年有关土地承包 30 年不变的政策实施后，出现了大量的农村妇女土地权益受损的现象，引起众多学者对此问题的关注和探讨，形成了一批有分量的研究成果。在此基础上，中国妇女研究会组织学者形成政策建议，然后通过相关领导提交国务院。建议提出，在土地承包中，要注意维护农村妇女的土地权益。该建议引起政府对此问题的重视，为此，中共中央办公厅、国务院办公厅于 2001 年颁布了《关于切实维护农村妇女土地承包权益的通知》，指出：在农村土地承包中，必须坚持男女平等原则，不允许对妇女有任何歧视。农村妇女无论是否婚嫁，都应与相同条件的男性村民享有同等权利，任何组织和个人不得以任何形式剥夺其合法的土地承包权、宅基地使用权、集体经济组织收益分配权和其他有关经济权益；各地县委、县政府要组织一次检查，对侵害妇女土地承包权益的现象立即予以纠正；对涉及土地承包的规定、村民代表会议或村民大会的决议、乡规民约等进行一次清理，对其中违反男女平等原则、侵害妇女合法权益的内容要坚决废止。

反对针对妇女的暴力的政策/法律倡导涉及诸多领域。如在反对针对妇女的"文化暴力"方面，针对愈演愈烈的"美女炒作""少女裸体秀"等社会现象，2005 年全国妇联妇女研究所提出了遏制美女经济的议案，这一议案不仅力图通过立法制止美女与经济的畸形结合，更直接反对在文化层面针对妇女的暴力,由此引起宣传文化部门领导的强烈关注,"美女经济"的势头受到了遏制。如果说,遏制美女经济的政策倡导还处在初级阶段,那么,通过妇女组织的不懈努力,反对家庭暴力的政策法规已经逐步自下而上地建立起来。迄今为止,通过反家暴全国性网络的努力,全国已有16个省(区、市)出台了预防和制止家庭暴力的地方性法规,90余个地(市)制定了相关政策,而2000年修改的《婚姻法》也首次将反家庭暴力的内容列入其中。需要指出的是,这些政策法规的建立或议案的提出首先不是出自理论的推论,而是源于社会问题的凸显和包括研究者在内的大众的性别敏感度的提高,同时,也是妇女组织转变认识,将针对妇女的暴力逐渐上升到人的基本权利受损这一高度的结果。

总之,近十年来,妇女群体不断提出有利于性别平等的公共政策建议,使社会问题转化为政策议题,正在努力填补性别政策的空白。使社会问题转化为政策议题,往往是两种妇女力量,即妇女研究力量和妇联组织力量。两者联合最终达到这一效果。其中,前者往往在分析事实和形成理论说服力上形成独有的优势,后者则利用独特的地位,游说政府、人大、政协等部门,进行政策倡导。①

(五) 将社会性别意识纳入决策主流

如果说,1980年以前中国推进男女平等是中国共产党的政策主张,那么,从1980年起,中国的性别平等运动已经开始与国际社会接轨。1980年7月,以康克清同志为首的中国政府代表团出席了在哥本哈根召开的联合国妇女十年——中期会议,签署了《消除对妇女一切形式歧视公约》。1985年7月,陈慕华同志率领中国政府代表团出席了在内罗毕召开的"审议联合国妇女十年成就世界会议",我国政府参与审议和制定了《到2000年提高妇女地位的内罗毕前瞻性战略》报告。1995年8月,在北京主办的第四次世界妇女会议上,我国签署了《北京行动纲领》。由此,推进性别平等就成为我国政府必须履行的国际义务。作为缔约国要定期向联合国提交政府报告,接受联合国的审查和建议,并按照联合国的要求建立相应机构,制定国家级妇女发展规划,有步骤、有计划地推进妇女发展。

---

① 《中国妇女发展报告 No.1 ('95+10)》,王金玲,社会科学文献出版社2006年版,第250—252页。

为了兑现对国际社会的承诺,中国政府于1990年建立了国务院妇女儿童工作委员会。这是1949年中国共产党执政以来创建的第一个推进性别平等的国家机构,这一机构由相关的32个政府部门负责人组成,当时由国务院副总理吴仪担任主任。可以说,国务院妇女儿童工作委员会是中国政府跨部门合作的最大协调机构。由于性别平等涉及诸多领域和部门,建立跨部门的协调机构无疑是十分必要的。它的必要性会随着时间的推移和各部门性别平等工作的开展而逐渐凸显出来。但是,这一协调机构存在两个缺陷:第一,定位于协调,缺乏决策功能,不能制定公共政策,也不能限制其他部门损害妇女权利的规定。第二,它的办公实体是一个办公室,设在妇联,其编制和人员仅仅相当于妇联机构的一个处室。妇女儿童工作委员会之所以建在妇联,与政府的认识有关。20世纪80年代中期,中国政府的工作重心转向经济发展,不再把性别平等视为政府的责任,而是转交给了妇联。既然是妇联的责任,那么将妇女儿童工作委员会办公室建在妇联就是顺理成章的了。然而,妇儿工委的建制决定了它远远无法保障推进性别平等的艰巨工作。众所周知,妇联是一个群众组织,而非政府部门,它对于掌握实权的政府机构缺乏权威性和影响力。所以,推进妇女发展需要一个强有力的政府机构来推动。否则,妇女规划的实施就会大打折扣。

除了建立推进性别平等的国家机构,我国还制定了综合性的妇女发展纲要来保障我国性别平等的推进。1995年以来,妇女儿童工作委员会制定了两个《中国妇女发展纲要》,第一个时间跨度是1995—2000年,第二个是2001—2010年。这两个发展纲要的第一个特点是引用国际社会公认的量化指标进行目标设定、监测和评估,使之科学化、具体化和明晰化。这是计划经济时期政府履行性别平等责任所欠缺的。比如,对"全国孕产妇保健覆盖率和孕产妇接受健康教育率到达85%""农村新法接生率到达95%""使适龄女童失学率、辍学率均控制在2%以下"等具体规定①。但是,在政治、就业等领域缺乏明确的指标,目标制定含糊不清,比如,"切实做好培养、选拔女干部工作""积极开发适合妇女就业特点的就业领域和就业方式,为妇女提供更多的就业机会"②等。所以,进行分性别统计,在此基础上制定发展规划和量化指标,依然是政府贯彻

---

① 《中国妇女发展纲要》白皮书,(1995—2000年),第6页。
② 同上书,第9页。

《妇女发展纲要》的必要前提。

《妇女发展纲要》突出特点之二是性别角色定型与性别敏感同时并存。性别刻板定型几乎不知不觉成为制定《妇女发展纲要》（以下简称《纲要》）的依据之一。在《纲要》中经常出现"适合妇女就业"的说法，正是这种按照性别安排职业的适合论，往往限制男女获得平等就业机会，乃至会强化职业和行业的性别隔离。但制定者往往没有意识到其中隐含的性别陷阱，并对其予以肯定和推崇。与此同时，《纲要》的性别敏感也初露端倪。如在谈到避孕和计划生育时，不仅把其视为妇女应承担的责任，也看到男性应承担的责任，开始倡导开发男性避孕工具和措施。在《纲要》中贯彻社会性别意识，也将是必须长期坚持的工作。

20世纪80年代以来，我国大量法律法规纷纷问世，立法体系逐步建立起来。1992年，综合性立法《妇女权益保障法》颁布。13年后，《妇女权益保障法》重新修订，并将"男女平等是一项基本国策"纳入其中。1980年《婚姻法》的修改也体现了从根本上改变父系、从夫居、父姓传承的家庭观念，由父系单系制度向双系制转变的趋势。1980年《婚姻法》第8条规定：登记结婚后，根据男女双方约定，女方可以成为男方家庭的成员，男方也可以成为女方家庭的成员。第16条：子女可以随父姓，也可以随母姓。应当说，这些否定父权制的世系、命名、居制密切相关的规定是对于2800年前建立的父权制婚姻制度的一种彻底颠覆。需要指出的是，我国的性别平等立法大多是倡导式、宣言式的规定，缺乏禁止性、可操作性、程序性的条例。这使得我国性别平等立法滞后于国际社会同期立法水平。此时，国际社会反歧视法律通常具有三个特点：第一，对"性别歧视"有明确的界定。第二，有明确的罚责。第三，有执法机构和经费来源。对于受害人竞选救济，使之主张权利。对于侵权者进行处罚和纠正。从而保证性别平等立法的权威性和有效性。长期以来，我国一直欠缺反性别歧视的立法。从性别平等立法的倡导走向反性别歧视立法，是国际性别立法的大趋势，也应当成为中国性别平等立法的承诺和发展方向。

后　　记

　　这是一本难产的书稿。

　　从 2009 年就开始酝酿，为的是接续 2002 年出版的第一本《社会性别与公共政策》，将 21 世纪第一个十年中国本土的公共政策的性别思考和实践探索记录下来。为了与第一本书相区别，我们一开始将目光聚焦于社会政策，编写过程中感觉到社会政策的范围过于狭窄，不能涵盖经济政策、文化政策与政治政策与性别视角的交叉联系，再三斟酌，终于重新改成社会性别与公共政策之二。

　　2011 年完成了初稿，不少作者付出了艰辛的努力，但不尽如人意。要出书，首先要过的是我们自己这道关，第一道关过不了，怎么能向读者交代。为了创作出一点有思考有启发的书稿，最终，我们忍痛割爱，推倒了重来。在西直门的一家酒店，杜洁、丽珊、刘澄和慧英整整讨论了一天。重新策划、设计、组稿和编写，渐渐形成了我们今天看到的这本书的框架。

　　2013 年的夏天，书稿终于要交付出版社了，要和读者见面了，我们期待着与读者交流互动，也期待着读者的建议和反馈，让我国社会性别与公共政策的推进走得更远，也更能扎根在自己的土地上。

　　在此，我们要感谢为本书撰稿的所有作者，感谢你们对社会性别与公共政策的支持和贡献，感谢中央党校性别平等政策倡导团队提供的带着泥土芳香的行动研究成果，感谢香港乐施会与我们一路走来，协商、交流、互动，提供了宝贵的智力和财力支持，感谢中央党校社会学的研究生陈菊红、南储鑫所做的大量劳务与编辑工作，更感谢在第一线默默无闻的探索者和实践者，在没有路的地方走出了一条路。

　　期望读者批评指正。
　　电子邮件：Lihy1957@163.com

编　者

2013 年 6 月 21 日